CBAC

Astudiaethau Crefyddol U2

Bwdhaeth

Nick Heap, gyda Richard Gray
a Paula Webber

Golygydd y Gyfres: Richard Gray

Illuminate
Publishing

CBAC Astudiaethau Crefyddol U2: Bwdhaeth

Addasiad Cymraeg o *WJEC/Eduqas Religious Studies for A Level Year 2 & A2: Buddhism* a gyhoeddwyd yn 2019 gan Illuminate Publishing Ltd, P.O. Box 1160, Cheltenham, Swydd Gaerloyw GL50 9RW.

Archebion: Ewch i www.illuminatepublishing.com neu anfonwch e-bost at sales@illuminatepublishing.com

Ariennir yn Rhannol gan
Lywodraeth Cymru
Part Funded by
Welsh Government

Cyhoeddwyd dan nawdd Cynllun Adnoddau Addysgu a Dysgu CBAC

Data Catalogio Cyhoeddiadau y Llyfrgell Brydeinig

Mae cofnod catalog ar gyfer y llyfr hwn ar gael gan y Llyfrgell Brydeinig.

ISBN 978-1-911208-93-8

Argraffwyd gan: Severn, Caerloyw

11.19

Polisi'r cyhoeddwr yw defnyddio papurau sy'n gynhyrchion naturiol, adnewyddadwy ac ailgylchadwy o goed a dyfwyd mewn coedwigoedd cynaliadwy. Disgwylir i'r prosesau torri coed a gweithgynhyrchu gydymffurfio â rheoliadau amgylcheddol y wlad y mae'r cynnyrch yn tarddu ohoni.

Gwnaed pob ymdrech i gysylltu â deiliaid hawlfraint y deunydd a atgynhyrchwyd yn y llyfr hwn. Os cânt eu hysbysu, bydd y cyhoeddwyr yn falch o gywiro unrhyw wallau neu hepgoriadau ar y cyfle cyntaf.

Mae'r deunydd hwn wedi'i gymeradwyo gan CBAC, ac mae'n cynnig cefnogaeth o ansawdd uchel ar gyfer cymwysterau CBAC. Er bod y deunydd wedi bod trwy broses sicrhau ansawdd CBAC, mae'r cyhoeddwr yn dal yn llwyr gyfrifol am y cynnwys.

Atgynhyrchir cwestiynau arholiad CBAC drwy ganiatâd CBAC.

Gosodiad y llyfr Cymraeg: Neil Sutton, Cambridge Design Consultants

Dyluniad a gosodiad gwreiddiol: EMC Design Ltd, Bedford

Cydnabyddiaeth

Delwedd y clawr: © Romolo Tavani / Shutterstock.com

Delweddau:

Cynnwys

Ynglŷn â'r llyfr hwn

Yn y Safon Uwch newydd mewn Astudiaethau Crefyddol, mae llawer o waith i'w drafod a'i wneud i baratoi ar gyfer yr arholiadau ar ddiwedd y Safon Uwch. Nod y llyfrau hyn yw rhoi cefnogaeth i chi a fydd yn arwain at lwyddiant, gan adeiladu ar lwyddiant y gyfres UG.

Unwaith eto, mae'r gyfres lyfrau U2 yn canolbwyntio ar sgiliau wrth ddysgu. Mae hyn yn golygu mai'r bwriad yw parhau i drafod cynnwys y fanyleb a pharatoi ar gyfer yr arholiadau. Mewn geiriau eraill, y nod yw eich helpu i weithio drwy ail ran y cwrs, gan ddatblygu rhai sgiliau uwch pwysig sydd eu hangen ar gyfer yr arholiadau ar yr un pryd.

Er mwyn eich helpu i astudio, mae adrannau sydd wedi'u diffinio'n glir ar gyfer meysydd AA1 ac AA2 y fanyleb. Mae'r rhain wedi eu trefnu yn ôl themâu'r fanyleb ac maen nhw'n defnyddio penawdau'r fanyleb, pan fydd hynny'n bosibl, er mwyn eich helpu i weld bod y cynnwys wedi'i drafod ar gyfer Safon Uwch.

Mae'r cynnwys AA1 yn fanwl iawn ac yn benodol, gan roi cyfeiriadau defnyddiol at weithiau crefyddol/athronyddol a barn ysgolheigion. Mae'r cynnwys AA2 yn ymateb i'r materion sy'n cael eu codi yn y fanyleb ac yn cynnig syniadau i chi ar gyfer trafodaeth bellach, i'ch helpu i ddatblygu eich sgiliau dadansoddi beirniadol a gwerthuso eich hun.

Sut i ddefnyddio'r llyfr hwn

Wrth ystyried ffyrdd gwahanol o addysgu a dysgu, penderfynwyd bod angen hyblygrwydd yn y llyfrau er mwyn eu haddasu at bwrpasau gwahanol. O ganlyniad, mae'n bosibl eu defnyddio ar gyfer dysgu yn yr ystafell ddosbarth, gwaith annibynnol unigol, gwaith cartref, a 'dysgu fflip' hyd yn oed (os yw eich ysgol neu eich coleg yn defnyddio'r dull hwn).

Fel y byddwch yn gwybod, mae amser dysgu yn werthfawr iawn adeg Safon Uwch. Rydyn ni wedi ystyried hyn drwy greu nodweddion a gweithgareddau hyblyg, er mwyn arbed amser ymchwilio a pharatoi manwl i athrawon a dysgwyr fel ei gilydd.

Nodweddion y llyfrau

Mae pob un o'r llyfrau'n cynnwys y nodweddion canlynol sy'n ymddangos ar ymyl y tudalennau, neu sydd wedi'u hamlygu yn y prif destun, er mwyn cefnogi'r dysgu a'r addysgu.

Termau allweddol – yn esbonio geiriau neu ymadroddion technegol, crefyddol ac athronyddol

> **Termau allweddol**
> Pitaka: basged i gadw'r testunau Bwdhaidd gwreiddiol

Cwestiynau cyflym – cwestiynau syml, uniongyrchol i helpu i gadarnhau ffeithiau allweddol am yr hyn rydych chi'n ei ystyried wrth ddarllen drwy'r wybodaeth

> **cwestiwn cyflym**
> 1.1 Beth yw'r Tipitaka a sut cafodd ei enw?

Dyfyniadau allweddol – dyfyniadau o weithiau crefyddol ac athronyddol a/neu weithiau ysgolheigion

> **Dyfyniad allweddol**
> Dydy'r Mahayana ddim yn gwrthod unrhyw un o ddysgeidiaethau cynnar y Bwdha, er eu bod nhw weithiau'n eu hailddehongli nhw mewn ffyrdd radical. (Keown)

Awgrymiadau astudio – cyngor ar sut i astudio, paratoi ar gyfer yr arholiad ac ateb cwestiynau

Awgrym astudio

Mae System Cymryd Nodiadau Cornell yn ddull gweithredol o weithio gyda gwybodaeth o wersi, llyfrau, cyfryngau sain neu weledol, ymweliadau a siaradwyr gwadd. Mae'n eich helpu chi cyn, yn ystod ac ar ôl gwersi ac mae'n adnodd ardderchog er mwyn adolygu. Fe gewch chi lawer o gyngor ar sut i ddefnyddio'r dull hwn yn effeithiol ar y Rhyngrwyd.

Gweithgareddau AA1 – pwrpas y rhain yw canolbwyntio ar adnabod, cyflwyno ac esbonio, a datblygu'r wybodaeth a'r ddealltwriaeth sydd eu hangen ar gyfer yr arholiad

Gweithgaredd AA1

Defnyddiwch y cyngor yn yr awgrym astudio uchod i greu (ac i ddefnyddio) map meddwl sydd â'r teitl: strwythur a chynnwys y Canon Pali.

Gweithgareddau AA2 – pwrpas y rhain yw canolbwyntio ar gasgliadau, fel sail ar gyfer meddwl am y materion, gan ddatblygu'r sgiliau gwerthuso sydd eu hangen ar gyfer yr arholiad

Gweithgaredd AA2

Wrth i chi ddarllen drwy'r adran hon ceisiwch wneud y pethau canlynol:

1. Dewiswch y gwahanol ddadleuon sy'n cael eu cyflwyno yn y testun a nodwch unrhyw dystiolaeth gefnogol a roddir.

Geirfa o'r holl dermau allweddol er mwyn cyfeirio atyn nhw'n gyflym.

Nodwedd benodol: Datblygu sgiliau

Mae'r adran hon yn canolbwyntio'n fawr ar 'beth i'w wneud' â'r cynnwys a'r materion sy'n cael eu codi. Maen nhw i'w gweld ar ddiwedd pob adran, gan roi 12 gweithgaredd AA1 a 12 gweithgaredd AA2 gyda'r nod o ddatblygu sgiliau penodol sydd eu hangen ar gyfer astudiaeth uwch ar lefel U2.

Mae'r adrannau Datblygu sgiliau ar gyfer U2 wedi'u trefnu fel bod pob Thema yn canolbwyntio ar elfen benodol a fydd yn cael ei datblygu a'i pherffeithio'n raddol drwy gydol y Thema honno.

Atebion a sylwadau AA1 ac AA2

Yn yr adran olaf mae detholiad o atebion a sylwadau yn fframwaith ar gyfer barnu beth yw ymateb effeithiol ac aneffeithiol. Mae'r sylwadau yn tynnu sylw at rai camgymeriadau cyffredin a hefyd at enghreifftiau o arfer da fel bod pawb sy'n ymwneud ag addysgu a dysgu yn gallu ystyried sut mae mynd i'r afael ag atebion arholiad.

Richard Gray
Golygydd y Gyfres
2019

Mae'r adran hon yn cwmpasu cynnwys a sgiliau AA1

Cynnwys y fanyleb
Y Tipitaka.

Termau allweddol

Abhidhamma Pitaka: trydedd ran y Canon Pali o ysgrythurau; mae'r rhan hon yn cynnwys trafodaethau ac esboniadau athronyddol ysgolheigion diweddarach

Canon: casgliad o ysgrythurau sydd ag awdurdod

Pali: iaith hynafol o India

Pitaka: basged i gadw'r testunau Bwdhaidd gwreiddiol

Sutta Pitaka: ail ran ysgrythurau'r Canon Pali; mae'r rhan hon yn cynnwys storïau a dysgeidiaeth y Bwdha

Tipitaka: enw ar y Canon Pali (tair basged, wedi'u ffurfio o'r Vinaya Pitaka, y Sutta Pitaka a'r Abhidhamma Pitaka); corff o ysgrythurau'r Bwdhyddion Theravada; dyma'r awdurdod yn eu golwg nhw

Vinaya Pitaka: rhan gyntaf y Canon Pali; mae'r rhan hon yn cynnwys y rheolau a'r rheoliadau yn ymwneud â disgyblaeth y gymuned o fynachod a lleianod

cwestiwn cyflym

1.1 Beth yw'r Tipitaka a sut cafodd ei enw?

A: Y Canon Pali: ei swyddogaeth mewn Bwdhaeth yn gyffredinol

Y Canon Pali neu Tipitaka

Casgliad mawr o ysgrythurau yw'r **Canon Pali**, neu **Tipitaka**; maen nhw wedi'u hysgrifennu yn Pali, un o ieithoedd hynafol India. Mae'r Canon Pali yn cynnwys dysgeidiaethau'r Bwdha a dyma'r casgliad cyflawn hynaf o'r ysgrythurau Bwdhaidd sydd wedi goroesi. Mae ganddyn nhw awdurdod o fewn Bwdhaeth Theravada a hefyd o fewn rhai ysgolion Bwdhaidd eraill fel Bwdhaeth Tibet.

I ddechrau roedd dysgeidiaethau'r Bwdha wedi cael eu trosglwyddo ar lafar drwy wahanol dafodieithoedd India, ond dydy hyn ddim yn awgrymu o gwbl bod y trosglwyddo'n annibynadwy. Mae ymchwil wedi dangos bod technegau hynafol i drosglwyddo llenyddiaeth lafar mewn crefyddau Indiaidd fel Hindŵaeth a Bwdhaeth yn sicrhau lefel uchel o gywirdeb.

Credir bod y fersiwn ysgrifenedig cyntaf o'r Canon Pali wedi cael ei lunio yn Sri Lanka yn y ganrif gyntaf CCC. Mae'r gair Tipitaka yn cyfieithu fel 'tair basged'. Mae'n cyfeirio at y ffordd wreiddiol o storio'r testunau. Roedden nhw wedi'u hysgrifennu ar ddail hir wedi'u gwnïo wrth ei gilydd ac wedi'u trefnu mewn tair basged ar wahân yn ôl natur y wybodaeth yn y testun. Yr enw ar y tair adran, neu'r tair 'basged' (pitaka), oedd y **Vinaya Pitaka**, y **Sutta Pitaka** a'r **Abhidhamma Pitaka**.

Awgrym astudio

Mae System Cymryd Nodiadau Cornell yn ddull gweithredol o weithio gyda gwybodaeth o wersi, llyfrau, cyfryngau sain neu weledol, ymweliadau a siaradwyr gwadd. Mae'n eich helpu chi cyn, yn ystod ac ar ôl gwersi ac mae'n adnodd ardderchog er mwyn adolygu. Fe gewch chi lawer o gyngor ar sut i ddefnyddio'r dull hwn yn effeithiol ar y Rhyngrwyd.

Gweithgaredd AA1

Wrth i chi weithio drwy'r wybodaeth yn yr adran ar y Canon Pali, defnyddiwch Ddull Gwneud Nodiadau Cornell i'ch helpu chi i gael mwy o wybodaeth a dealltwriaeth.

Y Canon Pali

Awdurdod y Vinaya ar gyfer y sangha Theravada

Mewn Sansgrit a Pali, ystyr y term Vinaya yw 'disgyblaeth'. Mae'r Vinaya Pitaka, basged disgyblaeth, yn cynnwys y **Patimokkha**, y rheolau a'r rheoliadau sy'n rheoli'r sangha mynachaidd. Mae awdurdod y Vinaya ar ei gryfaf o fewn lleoliad sy'n gartref neu'n perthyn i urdd fynachaidd gan mai dyma oedd ei bwrpas gwreiddiol. Fel arfer mae **sima** (ffin) o gwmpas y deml neu'r fynachlog yn dynodi'r lleoliad mynachaidd. Er bod y Vinaya yn benodol i fynachod a lleianod, mae unrhyw un sy'n camu dros ffiniau'r lleoliad mynachaidd, fel ymwelwyr Bwdhaidd lleyg neu'r rhai sy'n encilio, yn gorfod derbyn ei awdurdod.

Mae cyfanswm o 227 o reolau i bhikkhus (mynachod) a 311 i bhikkhunis (lleianod). Roedd Bwdhyddion yn credu mai'r Bwdha a gyflwynodd y cod ymddygiad hwn ond i'r cod ddatblygu wrth i'r sangha dyfu yn ystod gweinidogaeth y Bwdha. Credir bod mynach goleuedig o'r enw **Upali** wedi adrodd y rheolau wrth i arhatau a oedd yn bresennol yn y cyngor gytuno eu bod nhw'n gywir. I gael rhagor o wybodaeth ar y Vinaya a'r Patimokkha gweler tudalennau 38–42 o lyfr UG, *Bwdhaeth* (Illuminate Publishing, 2018) Thema 1 Adran C *Testunau Bwdhaeth fel ffynonellau o ddoethineb ac awdurdod.*

Mae'r cysylltiad â'r Bwdha a'i brif ddisgyblion yn rhoi lle pwysig ac awdurdodol i'r Vinaya Pitaka mewn Bwdhaeth Theravada ac mewn rhai traddodiadau Mahayana. Trosglwyddwyd rheolau'r Vinaya drwy'r traddodiad llafar, ac yn y pen draw ysgrifennwyd nhw yn Pali yn y Vinaya Pitaka yn y Pedwerydd Cyngor (y ganrif gyntaf CCC). Ar y pryd hwnnw cofnodwyd y rheolau mewn ieithoedd eraill hefyd. Gadawodd un o sectau cynnar Bwdhaeth, y **Dharmaguptaka**, gofnod ysgrifenedig o'r Vinaya. Dyma'r fersiwn o'r rheolau mynachaidd y mae'r rhan fwyaf o'r urddau mynachaidd Mahayana yn eu dilyn heddiw. Mae gan Fwdhyddion Tibet eu Vinaya eu hunain, a ddatblygodd yn un o ysgolion cynnar eraill Bwdhaeth.

Awgrym astudio

Mae'n bwysig nad ydych chi'n dysgu am destunau cysegredig o ffynonellau eilaidd yn unig. Edrychwch ar yr ysgrythurau eu hunain. O wneud hyn, efallai y bydd gennych chi fwy o ddiddordeb a deallltwriaeth o Fwdhaeth a'r cwrs Bwdhaeth Safon Uwch yn ei gyfanrwydd. Cofiwch gynnwys cyfeiriadau at destunau cysegredig mewn atebion arholiad.

Gweithgaredd AA1

Cyrchwch fersiwn ar-lein o'r Vinaya Pitaka o'r Canon Pali a dewiswch:

1. Pum rheol sy'n ymddangos yn rhesymol i aelodau'r sangha eu dilyn.
2. Pum rheol sy'n fwy anodd i chi eu deall neu sy'n ymddangos yn amherthnasol yn yr 21ain ganrif.

Fel dosbarth, neu mewn grwpiau bach, rhannwch a thrafodwch eich canfyddiadau. Dyma enghreifftiau o rai cwestiynau i'w hystyried:

- Pam gallai hi fod wedi bod yn bwysig cynnwys y rheolau hyn?
- A fydden nhw'n ddefnyddiol er mwyn galluogi'r sangha mynachaidd i fyw mewn cytgord?
- Sut gallai'r rheolau hyn helpu bhikkhus neu bhikkhunis ar eu llwybr i oleuedigaeth?

Cynnwys y fanyleb

Awdurdod y Vinaya ar gyfer y sangha Theravada.

Termau allweddol

Dharmaguptaka: un o ddeunaw ysgol gynnar Bwdhaeth

Patimokkha: 227 o reolau'r gymuned Fwdhaidd o fynachod sydd yn y Vinaya; mae 311 o reolau gan leianod

Sima: ffin o gwmpas y deml neu'r fynachlog

Upali: un o ddeg prif ddisgybl y Bwdha a oedd yn adalw holl reolau'r Vinaya

Awgrym astudio

Mae'r derminoleg sy'n cael ei defnyddio wrth astudio Bwdhaeth yn dod o nifer o ieithoedd, ac oherwydd hyn bydd y sillafu'n amrywio'n aml. Yn gyffredinol mae'n well defnyddio termau Pali yng nghyd-destun Bwdhaeth Theravada a thermau Sansgrit yng nghyd-destun Bwdhaeth Mahayana. Ond, weithiau mae'r cyd-destun yn amwys neu mae Sansgrit yn cael ei ffafrio; er enghraifft, ar brydiau yn y Fanyleb. Oherwydd hyn, bydd arholwyr yn derbyn unrhyw sillafiad dilys o'r termau gan fyfyrwyr wrth ateb cwestiwn, a does dim rhaid i fyfyrwyr nodi ai term Sansgrit neu Pali yw e.

Awgrym astudio

Mae'n bwysig defnyddio termau allweddol yn gywir ac yn eu cyd-destun drwy gydol eich arholiad. Mae'n bwysig sillafu'r rhain yn gywir. Meddyliwch am ffyrdd creadigol i ddysgu'r termau allweddol. Efallai y byddwch chi eisiau gwneud rhai cardiau fflach neu gadw llyfr geirfa A–Y i gasglu termau allweddol a diffiniadau drwy gydol y cwrs. Dull da o ddysgu yw torri geiriau'n sillafau a'u dweud yn uchel. Dylech chi ddefnyddio'r dull edrych, gorchuddio, ysgrifennu a gwirio. Pan rydych chi'n meddwl eich bod chi wedi meistroli'r termau, beth am ofyn i ffrind neu aelod o'r teulu i'ch profi chi?

cwestiwn cyplym

1.2 Faint o reolau sydd i bhikkhus (mynachod) a faint sydd i bhikkhunis (lleianod)?

Termau allweddol

Bhikkhu: mynach

Bhikkhuni: lleian

Dasa sila: y deg argymhelliad y mae mynachod a lleianod yn eu cymryd

Suttavibhanga: llyfr cyntaf Vinaya Pitaka Bwdhaeth Theravada

Wrth i bobl anghytuno mwy a mwy yn y sangha, daeth pobl at y Bwdha i roi gwybod bod eraill yn camymddwyn, a datblygwyd y rheolau i roi sylw i bob sefyllfa. Er enghraifft, dywedir bod y rheol i **bhikkhus** a **bhikkhunis** o ran ymatal rhag cael cyfathrach rywiol wedi codi ar ôl darganfod bod bhikkhus yn cysylltu â'u cyn-wragedd. Roedd hi'n bwysig datblygu cod ymddygiad oherwydd mai nibbana (nirvana) yw prif nod Bwdhaeth, a byddai gwrthdaro a chamymddwyn yn niweidiol i'r nod eithaf hwn. Mae'r Vinaya Pitaka yn cynnwys arweiniad ar sut i ddatrys anghydfod yn ogystal â'r cosbau i'r rhai sy'n tramgwyddo. Mae Clarke a Thompson yn nodi bod hyn yn ddefnyddiol wrth roi 'pwyslais bod y rheolau i gyd wedi'u seilio ar realiti bywyd'. Drwy'r Vinaya gallwn ni greu darlun o sut roedd bywyd yn y sangha mynachaidd cynnar. Cadwyd yr un ffordd o fyw i'r sangha mynachaidd mewn Bwdhaeth Theravada hyd heddiw.

Yasothon, Gwlad Thai – Mai 2017: Blychau pren wedi'u goreuro sy'n cynnwys llawysgrifau Pali wedi'u harddangos yn ho trai neu yn llyfrgell Tipitaka (Canon Pali) sydd yn Nheml Wat Mahathat.

Gweithgaredd AA1

Ysgrifennwch baragraff byr i esbonio pam ffurfiwyd y Vinaya a sut roedd o fudd i'r sangha cynnar.

Dyma adrannau'r Vinaya Pitaka:

- Y **Suttavibhanga**, sy'n cynnwys y Patimokkha, sef rheolau disgyblaeth a hyfforddiant i fynachod a lleianod. Y **dasa sila** yw'r pwysicaf o'r rheolau hyn a rhaid i bob bhikkhu a bhikkhuni eu dilyn. Yn y pen draw ehangwyd y rhain yn 227 o reolau i bhikkhus a 311 o reolau i bhikkhunis. Mae rheolau'r Patimokkha yn cynnwys rhestr o eiddo yr oedd hawl gan y gymuned fynachaidd fod yn berchen arno: tri gŵn, powlen elusen, rasel, nodwydd, gwregys, a hidlydd dŵr. Mae rheolau yn yr adran hon sy'n rhoi'r protocol ar gyfer y gylchdaith elusen a'r rheol na ddylai unrhyw fwyd solet gael ei fwyta ar ôl hanner dydd. Does dim hawl storio bwyd i'w fwyta wedyn; mae hyn yn gwneud synnwyr o gofio dysgeidiaeth y Bwdha ar y Ffordd Ganol sy'n osgoi trachwant. Mae'r Suttavibhanga yn rhestru wyth categori o droseddau i fynachod a lleianod gan gynnwys y pedwar **parajika**, sy'n rheolau yn erbyn cyfathrach rywiol, dwyn, llofruddio a gwneud datganiad ffug bod gan rywun bwerau goruwchnaturiol. Os yw bhikkhu neu bhikkhuni yn torri'r rheolau hyn, gall gael ei (d)diarddel o'r sangha mynachaidd. Os torrir rheolau eraill yn yr adran hon, byddai hyn yn arwain, ymhlith pethau eraill, at gyfarfod o'r sangha i ymdrin â'r canlyniadau: cael penyd, fforffedu, cyffesu neu gydnabod yn gyhoeddus bod y weithred wedi digwydd. Hefyd mae'r adran hon yn cynnwys rheolau ar gyfer hyfforddi bhikkhus a bhikkhunis, yn ogystal â rheolau i ddatrys anghydfodau cyfreithiol. Os ydyn nhw wedi torri rheol, dydy mynachod a lleianod ddim yn cael dweud eu bod nhw wedi gwneud hyn mewn anwybodaeth; mae'n rhaid iddyn nhw dderbyn canlyniadau eu gweithredoedd o hyd. Er enghraifft, dydyn nhw ddim yn cael honni nad oedden nhw'n gwybod bod diod yn cynnwys alcohol. Petaen nhw wedi yfed y ddiod, byddai'n rhaid iddyn nhw gyffesu o hyd, a fyddai anwybodaeth ddim yn amddiffyniad. Enghraifft arall bosibl fyddai bod mynach neu leian yn cyffesu iddo/iddi fwyta pryd bwyd ar ôl canol dydd, hyd yn oed os oedd wedi colli synnwyr o'r amser.

- Yn yr ail adran, y Khandhaka, cewch hanes bywyd y Bwdha ar ôl ei oleuedigaeth, yn ogystal â storïau am ddisgyblion amlwg. Hefyd, mae'r adran hon yn rhoi hanes y ddau Gyngor Bwdhaidd cyntaf, gan roi arweiniad eto ar foesau ac ymddygiad mynachaidd. A gwelwn y gweithdrefnau ar gyfer defodau derbyn ac ordeinio, yn ogystal ag arweiniad ar drefniadaeth y sangha. Hefyd, mae fformat y diwrnodau uposatha; sut mae trefnu enciliadau, codau gwisg; rheolau ynglŷn â bwyd; meddyginiaeth a gofalu am gleifion; a sut i ymdrin â rhaniadau ymysg aelodau'r sangha. O hyn, gallwn ni weld bod rheolau'r Vinaya yn aml yn rhai ymarferol iawn. Mae'r mynachod a'r lleianod yn cadarnhau eu bod nhw'n gyfarwydd â'r rheolau gan eu bod nhw'n eu hadrodd yn rheolaidd yn ystod y seremonïau uposatha adeg pob lleuad newydd a llawn. Mae hyn yn un ffordd o gynnal y dharma a chadw disgyblaeth. Ar ôl adrodd pob rheol, mae mynachod a lleianod sydd wedi torri'r rheol yn cyffesu.

- Y Parivara. Mae'n rhoi crynodeb o'r rheolau ac arweiniad gwerthfawr ar sut i ddilyn y Vinaya. Defnyddir hyn yn bennaf mewn hyfforddiant mynachaidd er mwyn cyfarwyddo ac arholi bhikkhus a bhikkhunis.

Felly, mae'n ymddangos bod grym normadol gan awdurdod y Vinaya i'r sangha Theravada. Hynny yw, mae'n cyfarwyddo ymddygiad unigolion yn yr amgylchedd mynachaidd mewn dwy ffordd: (1) drwy'r ffordd maen nhw'n rhyngweithio ag eraill bob dydd; a, (2) ar gyfer eu llwybr a'u datblygiad ysbrydol eu hunain. Mae'n bwysig nad ydyn ni'n gweld bod y term 'awdurdod' o ran yr ysgrythurau Bwdhaidd yn ymwneud yn uniongyrchol â rhyw ffurf ar reolaeth neu reolwr eithaf neu fetaffisegol cyffredinol. Mae'r awdurdod sydd gan y Vinaya yn y sangha Theravada yn fwy o grynodeb ymarferol o ffyrdd sydd wedi'u profi a'u cadarnhau, ac sy'n

cwestiwn cyplym

1.3 Pa bedair rheol sy'n arwain at gael eich diarddel o'r urdd os ydych chi'n eu torri?

Dyfyniad allweddol

Mae'n bosibl, rwy'n credu, nodi pedwar mater penodol yn y rheolau mynachaidd Bwdhaidd fel maen nhw wedi'u gosod yn y Vinaya: (1) undod a chydlyniad y Sangha, (2) y bywyd ysbrydol, (3) dibyniaeth y Sangha ar y gymuned ehangach, a (4) sut mae'r gymuned honno'n gweld y Sangha. (Gethin)

Sangha yn Burma/Myanmar: mae rheolau'r Patimokkha yn rheoli bywyd pob dydd.

llwyddo yn y lleoliad mynachaidd. Felly, mae'r ffordd gywir yn dod yn ffordd orau bosibl. Mewn gwirionedd yr hyn sydd gan y Vinaya yw'r doethineb sy'n hanfodol i lwyddiant ysbrydol. Felly mae'n bosibl gweld bod y gwaharddiadau a'r rhybuddion amrywiol yn allweddi cadarnhaol i ddatgloi hualau ymlyniad sy'n gallu arwain at ddioddefaint a gwyro oddi ar y llwybr.

Mynachod nofis yn dilyn rheolau'r Vinaya ar gyfer y ddefod dderbyn.

Mynach Bwdhaidd o Burma/Myanmar yn darllen o'r Tipitaka.

cwestiwn cyflym

1.4 I ba rannau mae'r Vinaya wedi'i rannu?

cwestiwn cyflym

1.5 Enwch ddau beth a allai ddigwydd os torrwch chi'r rheolau.

cwestiwn cyflym

1.6 Sut mae'r Parivara yn cael ei ddefnyddio?

Cynnwys y fanyleb

Awdurdod ac arwyddocâd ehangach y Sutta Pitaka.

Gweithgaredd AA1

Gwnewch dabl i ddangos y mathau o reolau sydd yn y Vinaya. Esboniwch sut maen nhw'n cefnogi'r sangha mynachaidd.

Math o reol	Cefnogaeth i'r sangha mynachaidd

Gweithgaredd AA1

Ysgrifennwch gymaint o atebion i'r cwestiwn canlynol ag y gallwch chi mewn dwy funud: Pam mae'r Vinaya Pitaka mor bwysig i Fwdhyddion? Rhannwch eich syniadau â pherson arall neu â grŵp bach ac ychwanegwch eu syniadau nhw at eich atebion chi. Wedyn dylech chi gael trafodaeth dosbarth cyfan. Bydd y gweithgaredd hwn yn darparu rhai dadleuon i chi ar gyfer traethodau AA2 hefyd.

Awdurdod ac arwyddocâd ehangach y Sutta Pitaka

Casgliad o sgyrsiau yw'r Suttas Pali sydd wedi'u priodoli i'r Bwdha a rhai o'i ddisgyblion cynnar. Yn ôl y sôn, adroddodd Ananda, disgybl mwyaf ymroddedig y Bwdha, y rhain yn y Cyngor Cyntaf. Mae Richard Gombrich yn awgrymu mai ystyr y term Sansgrit cyfatebol, *sūkta*, yw 'rhywbeth sy'n cael ei ddweud yn dda'. Yn draddodiadol roedd Bwdhyddion yn defnyddio'r term hwn i gyfeirio at y testunau Vedaidd Indiaidd hynafol. Mae Gombrich yn nodi bod y Bwdhyddion cynnar, wrth ddefnyddio'r term hwn, 'yn honni bod gan yr hyn ddywedodd y Bwdha statws cyfartal â'r Vedau' (dyfyniad gan Gethin). Yn yr ysgrythurau drwyddi draw, mae'r ymadrodd 'Felly rwyf wedi clywed' yn cael ei ailadrodd o hyd i ychwanegu awdurdod at y testunau. Mae hyn yn dynodi iddyn nhw gael eu trosglwyddo o'r rhai a dystiodd i ddysgeidiaeth y Bwdha ei hun. Mae Sutta, sy'n golygu 'edefyn', yn pwysleisio'r syniad bod cysylltiad yn rhedeg drwy wahanol ddysgeidiaethau'r Bwdha. Mae Sarah Shaw yn eu disgrifio nhw fel tapestri, neu frodwaith cain, oherwydd yr ailadrodd a chroesgyfeirio sydd yn y dysgeidiaethau.

Maen nhw'n cael eu hystyried yn **Bwdha vacana**, 'gair y Bwdha'. Fodd bynnag, mae Gethin yn nodi nad yw defnyddio'r fformiwla hwn ar ddechrau testun o angenrheidrwydd yn arwydd mai'r Bwdha ei hun lefarodd y testun; y mynachod a'r lleianod a oedd wedi bod yn ddisgyblion iddo a wnaeth, rhai ohonyn nhw amser maith ar ôl ei farwolaeth. Felly, defnyddir yr ymadrodd fel ffordd o roi awdurdod i'r hanesyn; a hyd yn oed os nad yw'n uniongyrchol gysylltiedig â'r Bwdha, mae'n aml yn cael ei gydnabod fel cadarnhad anuniongyrchol o'i eiriau. Mae dysgeidiaethau sylfaenol y Bwdha sydd yn y Suttas yn cynnwys y Pedwar Gwirionedd Nobl a'r Llwybr Wythblyg. Dau o'r ysgrythurau mwyaf poblogaidd sydd yn y Suttas yw'r Dhammapada a Chwedlau Jataka.

Felly mae'r Sutta Pitaka yn awgrymu cynulleidfa ehangach na lleoliad mynachaidd ac mae'n cyfleu math gwahanol o awdurdod, sef awdurdod y **Bwdha sasana** (dysgeidiaeth neu athrawiaeth y Bwdha). Mae hyn yn golygu ei fod yn cynnwys pob Bwdhydd ac y dylai fod yn hawdd i bawb ei ddeall. Defnyddir y Sutta Pitaka yn helaeth fel ffynhonnell doethineb ac arweiniad i fyw fel Bwdhydd, ac mae'n bosibl cael cyngor ysbrydol, moesol ac ymarferol oddi wrtho.

Mae'r sgyrsiau, neu'r deialogau, sydd yn y Suttas wedi'u casglu ynghyd yn bum adran:

1. Y Digha Nikaya, sef y sgwrs hiraf ohonyn nhw. Mae'n cynnwys 34 o bregethau sydd â themâu fel dysgeidiaethau anghywir; ffordd o fyw asgetig; y safbwynt mai gweithredoedd drwg yw aberthu anifeiliaid a hunan-gosbi; deuddeg cyswllt achosiaeth, parinirvana y Bwdha, pedwar math o fyfyrio, pam roedd y Bwdha yn gwrthod siarad am Dduw; a'r ddysgeidiaeth ar ddyletswydd deiliad tŷ.

2. Casgliad thematig o sgyrsiau canolig eu hyd yw'r Majjhima Nikaya. Mae 152 o bregethau wedi'u cynnwys yma gyda themâu fel Deffroad neu oleuedigaeth y Bwdha; ei ymwrthod a'i chwilio ysbrydol; cyngor ar fyfyrdod a roddodd y Bwdha i Rahula; hanesion ei fywyd yn y gorffennol; y Llwybr Wythblyg Nobl; a'r Pedwar Gwirionedd Nobl; nodweddion arhat; a **Pratyekabuddha**.

3. Y Samyutta Nikaya, sy'n antholeg o 'Ymadroddion tebyg' neu 2889 o sgyrsiau byr ar bynciau fel y Llwybr Wythblyg Nobl a'r Pedwar Gwirionedd Nobl; y deuddeg nidana (cysylltiadau achosiaeth) y pum skandha; lefelau jhana a nibbana.

4. Mae'r Anguttara Nikaya yn cynnwys 2308 o ymadroddion byrion neu 'Ymadroddion Cynyddol' ar bynciau fel karma; un Bwdha; myfyrdod ar garedigrwydd cariadus (metta-bhavana); y pum rhwystr meddyliol; a dyletswyddau mynachaidd.

Termau allweddol

Bwdha sasana: dysgeidiaeth neu athrawiaeth y Bwdha

Bwdha vacana: geiriau neu ddywediadau'r Bwdha

Pratyekabuddha: yn llythrennol 'bwdha unig', 'bwdha ar ei ben ei hun' neu 'fwdha preifat', mae'n un o dri math o fod goleuedig yn ôl rhai o ysgolion Bwdhaeth. Bwdha sy'n cyrraedd goleuedigaeth ac sydd ddim yn mynd ymlaen i fod yn athro

cwestiwn cyflym

1.7 Ble mae sgyrsiau'r Bwdha i'w cael a beth yw'r term am 'air y Bwdha'?

Cerflun hynafol o'r Arglwydd Bwdha yn pregethu yn rhanbarth Nakhon Nayok, Gwlad Thai. Mae'r Suttas yn cael eu gweld fel Bwdha vacana.

Termau allweddol

Brahma: y duw cyntaf yn trimurti Hindŵaeth – yn draddodiadol mae'n cael ei ystyried fel duw y creawdwr

Upaya kosalla: yn llythrennol, 'dulliau medrus', sy'n disgrifio ffordd wedi'i symleiddio i ddysgu cysyniadau anodd yn effeithlon i'r rhai sydd heb allu (hefyd mae'n cael ei alw'n upaya kausalya mewn Bwdhaeth Mahayana)

5. Yn y Khuddaka Nikaya mae casgliad o'r testunau byrraf. Y gred yw ei fod wedi'i ychwanegu at y Tipitaka yn ddiweddarach. Mae'n cynnwys 15 o destunau llenyddol hynafol, gan gynnwys y Dhammapada a'r Jatakas. Mae'r llenyddiaeth hon, barddoniaeth yn aml, yn cynnwys y Pedwar Gwirionedd Nobl; y Tair Noddfa; caredigrwydd cariadus; dameg adnabyddus y deillion a'r eliffant; stori temtasiynau Mara; dysgeidiaethau am ailenedigaeth; a hanesion sy'n ymwneud â bywydau'r Bwdha yn y gorffennol.

Er nad yw mewn trefn gronolegol, mae hanes darniog bywyd Siddhartha Gautama (Siddhattha Gotama) – y mae pobl yn cyfeirio ato'n aml fel y 'Bwdha hanesyddol' – wedi'i wau drwy'r Suttas. Defnyddiodd y Bwdha enghreifftiau o'i fywyd, neu ei fywyd cynnar neu fywydau cynt, yn ei ddysgeidiaethau. Felly, mae'n bosibl i ddarllenwyr y Sutta Pitaka greu darlun eithaf llawn o'i fywyd. Y digwyddiadau allweddol yn ei fywyd – ei enedigaeth; y Pedair Golygfa; yr Ymadawiad Mawr; Y Deffroad neu'r Oleuedigaeth; ei Bregeth Gyntaf a'i Farwolaeth (parinirvana) – yw'r rhai sy'n cael eu dathlu mewn gwyliau, pererindodau, celf a llenyddiaeth Fwdhaidd heddiw. Yn aml mae digwyddiadau allweddol bywyd y Bwdha yn cael eu darllen yn hagiograffig. I gael rhagor o wybodaeth, gweler tudalennau 13–20 o lyfr UG, *Bwdhaeth* (Illuminate Publishing, 2018) Thema 1.

Murlun yn arddull Gwlad Thai o fywyd y Bwdha yn Wat Chian Grai yn Lampang, Gwlad Thai.

Mae'n amlwg o'r Suttas bod y Bwdha yn fedrus wrth addasu ei ddysgeidiaethau i bobl unigol. Roedd ei gynulleidfaoedd yn cynnwys gwragedd tŷ, ffermwyr ac offeiriaid Brahmin. Mae Sarah Shaw yn awgrymu bod hyn yn rhoi 'apêl eang a dynol' i Suttas y Digha Nikaya. Unwaith eto, mae hyn yn cadarnhau awdurdod ac apêl ehangach y Sutta Pitaka. Mewn ffordd, mae'r Sutta Pitaka yn cynnwys yr enghreifftiau cynharaf o sut roedd y Bwdha yn defnyddio **upaya kosalla** (Pali am 'ddulliau medrus'), term a gysylltir yn aml â Bwdhaeth Mahayana a'r Sutra Lotus (upaya kausalya yn Sansgrit – gweler isod). Fodd bynnag, efallai bydd yn ddefnyddiol cofio mai ymateb gwreiddiol y Bwdha i'w Ddeffroad oedd nad oedd hi'n hawdd cyfleu'r Dhamma pan ddywedodd, 'Fydd y rhai sydd wedi'u lliwio â chwant, wedi'u lapio mewn tywyllwch, byth yn dirnad y Dhamma cymhleth hwn sy'n mynd yn erbyn y llif bydol, yn gynnil, yn ddwfn, ac yn anodd ei weld.' Y duw Hindŵaidd **Brahma** a anogodd y Bwdha i gyflwyno'r sgyrsiau sydd gennym ni nawr yn Suttas y Canon Pali.

Casgliad o ddywediadau'r Bwdha yw'r Dhammapada, 'llwybr y Gwirionedd'. Credir mai ei ddisgyblion agosaf gasglodd nhw'n uniongyrchol, ac maen nhw wedi'u cynnwys mewn 423 o adnodau. Mae'n debyg mai dyma'r adran fwyaf adnabyddus o'r Sutta Pitaka. Yn ôl Richard Gray, credir ei fod yn 'fersiwn wedi'i hidlo o ddysgeidiaethau'r Bwdha o'r Canon Pali'. Does dim o'r storïau ynddo, na'r damhegion a'r esboniadau o ddysgeidiaethau a chyfarwyddiadau sydd wedi'u cynnwys fel arfer yng ngweddill y Sutta Pitaka; ac eto dydy ei ddysgeidiaethau ddim yn llai dwfn na'n llai ymarferol. Mae'n hawdd ei ddysgu ar y cof ac mae ganddo gymaint o awdurdod ac apêl fel bod Bwdhyddion Theravada yn ei ddefnyddio'n aml iawn, ac mae Bwdhyddion o rai ysgolion Mahayana yn ei barchu'n fawr. At hynny, byddai gan lawer o Fwdhyddion lleyg gopi o'r Dhammapada yn eu cartrefi. Mae lleygwyr yn ei ddefnyddio fel ffynhonnell

Mae'r Bwdha yn dysgu am y llwybr i nirvana.

ysbrydoliaeth ac yn arweiniad ymarferol ar gyfer byw. Maen nhw'n ei lafarganu fel fformiwla i'w hamddiffyn neu pan maen nhw mewn trafferthion. Mae Bwdhyddion yn chwilio am ddoethineb y Bwdha i'w harwain pan maen nhw'n ei ddarllen. Mae'n 'esbonio llwybr y Dhamma, y llwybr i oleuedigaeth' yn ôl J. Fowler. Felly, yn y pen draw, nod y dysgeidiaethau sydd yn y Dhammapada yw diddymu dukkha.

Mae'r Jatakas yn dyddio o tua 300 CCC i 400 OCC ac yn cynnwys casgliad o dros 500 o hanesion a chwedlau a adroddodd y Bwdha am brofiadau yn ei fywydau blaenorol. Dinas Benares yn India yw lleoliad y storïau. Mae'r Bwdha fel y prif gymeriad yn ymddangos fel amrywiaeth o gymeriadau lliwgar ar ffurf ddynol ac fel anifeiliaid. Mae'n cael ei ystyried fel y storïwr gorau. Pan mae'n adrodd hanes ei fywydau blaenorol, mae'n cyfeirio ato'i hun fel y bodhisattva, neu ddarpar Fwdha. Mae'n dewis y storïau gorau i esbonio sefyllfaoedd dryslyd. Er enghraifft, mae'n cael ei weld fel mwnci sy'n gwneud i'w hunan fod yn bont er mwyn achub gweddill mwncïod ei bac. Yn aml, y darpar Fwdha yw arwr y chwedlau hyn, sy'n gallu bod yn rhai doniol. Fodd bynnag, dydy e byth yn cael ei ddangos fel menyw yn y Jatakas sydd wedi'u casglu yn y Canon Pali. Yn y Jatakas mae'n aml yn gweithredu'n anhunanol ac yn ymgorffori'r rhinweddau sy'n ganolbwynt y chwedl. Wrth wraidd y deg Jakata olaf sy'n cael eu dwysbarchu mae moesoldeb a'r Deg Perffeithder (haelioni, rhinwedd, ymwadu/ymwrthod, doethineb, egni, amynedd, geirwiredd, penderfyniad, caredigrwydd cariadus a phwyll). Mae pwyslais ar feithrin y Deg Perffeithder er mwyn cael karma da a Bwdhadod yn y pen draw. Mae'r Jatakas yn cadarnhau athrawiaeth Fwdhaidd ailenedigaeth ac, efallai, yn dangos cysylltiad cryfach o fewn y storïau rhwng un bywyd a'r un nesaf na'r hyn sy'n cael ei gyflwyno yng nghysyniad anatta. Ar y wyneb, mae'n ymddangos nad oes gan storïau'r Jataka ddim llawer i'w wneud ag athroniaeth Bwdhaeth. Fodd bynnag, maen nhw'n ddeniadol i Fwdhyddion lleyg yn enwedig, ac maen nhw wedi llunio credoau Bwdhyddion heddiw. Yn ystod gwyliau, fel Vesak, mae'r chwedlau'n aml yn cael eu hail-greu. Hefyd mae'r Jatakas yn dal i fod yn ffynhonnell awdurdod i bregethau a dysgeidiaethau crefyddol. Mewn gwledydd sy'n rhai Bwdhaidd yn bennaf fel Gwlad Thai, Laos, Cambodia a Burma/Myanmar, mae amrywiaeth gyfoethog o waith celf yn seiliedig ar y Jatakas. Yn ogystal, defnyddir y Jatakas yn aml fel cyfrwng i ddysgu moesoldeb i blant, a defnyddiwyd nhw fel ysbrydoliaeth i lawer o gartwnau; mae nifer ohonyn nhw ar y Rhyngrwyd nawr.

Cerfluniau o gymeriadau o chwedlau Jataka

Perthnasedd yr Abhidhamma i ddatblygiad esboniadol Bwdhaeth

Mae'r Abhidhamma Pitaka yn cynnwys dysgeidiaethau athronyddol sy'n datgelu safbwynt Bwdhaeth ar y byd ac ar realiti. Yn ôl traddodiad, dysgodd y Bwdha yr Abhidhamma i'w fam mewn teyrnas nefol, felly rhoddodd awdurdod i'r rhan hon o'r Canon Pali. Mae'r Abhidhamma wedi'i rannu'n saith adran; cyfeirir ato

cwestiwn cyflym

1.8 Beth yw'r Dhammapada a sut mae'r Dhammapada wedi ei drefnu?

Dyfyniadau allweddol

Codwch, byddwch yn ddiwyd, gan ffynnu mewn Dhamma. Mae'r sawl sy'n byw mewn Dhamma yn hapus yn yr enedigaeth hon a'r un nesaf. (Dhammapada Pennod 13:167)

Wedi'u gyrru gan ofn, mae pobl yn rhedeg am ddiogelwch i fynyddoedd a choedwigoedd, i fannau cysegredig ac i greirfeydd. Ond does dim un o'r rhain yn gallu bod yn noddfa ddiogel, oherwydd nad ydyn nhw'n gallu rhyddhau'r meddwl o ofn.

Ewch i gael noddfa yn y Bwdha, y dharma, a'r sangha, a byddwch chi'n deall y Pedwar Gwirionedd Nobl: dioddefaint, achos dioddefaint, diwedd dioddefaint, a'r Llwybr Wythblyg Nobl sy'n mynd â chi y tu hwnt i ddioddefaint.

Dyna eich noddfa orau, eich unig noddfa. Wrth ei chyrraedd hi, mae pob tristwch yn diflannu. (Dhammapada 14:188–192)

cwestiwn cyflym

1.9 Beth yw chwedlau Jataka?

Cynnwys y fanyleb

Perthnasedd yr Abhidhamma i ddatblygiad esboniadol Bwdhaeth.

Termau allweddol

Achosiaeth: y weithred o achosi rhywbeth; neu'r berthynas rhwng achos ac effaith

Dhammas: yr unedau neu'r elfennau y mae popeth wedi'i wneud ohonyn nhw

Yangon, Burma/Myanmar: y Neuadd Urddo Fwdhaidd yn Ogof Mahapasana lle mae arholiadau Tipitaka yn digwydd.

fel y 'Dhamma uwch' a'r gred yw ei fod yn fwy priodol i fynachod mwy dysgedig y sangha ei ddefnyddio. Felly dydy lleygwyr ddim yn ei ddefnyddio cymaint. Nid dysgeidiaethau'r Bwdha hanesyddol yw'r rhain; credir eu bod nhw wedi'u hychwanegu'n ddiweddarach at y Canon, yn y trydydd Cyngor yn y drydedd ganrif CCC, siŵr o fod. Dadl Gethin yw mai'r cyfan y mae'r Abhidhamma yn ei wneud yw parhau 'y broses o gyfundrefnu sy'n amlwg yn barod yn Nikayas' y Canon Pali a bod 'esbonio a dehongli bob amser wedi bod yn rhan o Fwdhaeth' (Gethin). Yr hyn sy'n gwneud i'r Abhidhamma fod yn wahanol i'r Vinaya a'r Suttas yw bod y ddwy ran arall o'r Tipitaka yn esboniadau ar sefyllfaoedd sydd wedi codi, ond mai 'dysgeidiaeth y Bwdha wedi'i nodi'n ddiaddurn ac yn gyffredinol heb gyfeirio at unrhyw amgylchiadau penodol' yw'r Abhidhamma (Gethin).

Mae'r Abhidhamma Pitaka yn disgrifio proses samsara, fel bod y darllenydd yn gallu cael mewnwelediad i realiti. Mae Richard Gombrich yn disgrifio'r Abhidhamma 'fel datblygiad addysgol o'r ddysgeidiaeth, yn enwedig o ran dadansoddi'r meddwl'. Mae'n trafod materion fel **dhammas**; yr angen am osgoi llunio syniad o 'hunan' neu 'fy', nad yw'n realiti; mathau gwahanol o bersonoliaethau; ac **achosiaeth**. Dywed Paul Williams wrthon ni fod yr Abhidhamma yn ymwneud â 'datod natur ddynamig pethau ac esbonio sut mae'r byd cyfan ynghlwm wrth ei gilydd serch hynny'. Mae'n awgrymu bod yr Abhidhamma yn cynnig disgrifiad o'r dhammas, neu flociau adeiladu sy'n creu'r byd fel rydyn ni'n cael profiad ohono, a bod y rhain hefyd yn ymwneud â moesoldeb a'r llwybr i ryddhad. Felly, gellid awgrymu bod ysgrifeniadau athronyddol iawn yr Abhidhamma yn cynnig mewnwelediad i'r darllenydd i realiti absoliwt.

cwestiwn cyflym

1.10 Beth sydd yn Abhidhamma Pitaka?

Awgrym astudio

Gwnewch fapiau meddwl drwy gydol eich cwrs. Gallan nhw fod yn adnoddau adolygu ardderchog. Mae mapiau meddwl yn eich helpu i brosesu ac adalw gwybodaeth, yn ogystal ag i wneud cysylltiadau rhwng elfennau amrywiol y cwrs. Ceisiwch eu llenwi â chymaint o wybodaeth ag sy'n bosibl. Defnyddiwch eiriau, rhifau, llinellau, darluniau a lliw. Bydd hyn yn eich helpu i gofio'r wybodaeth sydd ynddyn nhw. Peidiwch â rhoi'r map meddwl i gadw mewn ffeil ar ôl ei greu; ewch yn ôl ato yn rheolaidd er mwyn cadw'r wybodaeth yn fyw yn eich meddwl. Meddyliwch am ffyrdd i ddefnyddio'r map meddwl er mwyn ehangu ar y wybodaeth sydd ynddo. Er enghraifft, gallech chi lunio rhestr o gwestiynau 'pam' ohono er mwyn cyfoethogi eich sgiliau AA2.

Gweithgaredd AA1

Defnyddiwch y cyngor yn yr awgrym astudio uchod i greu (ac i ddefnyddio) map meddwl sydd â'r teitl: strwythur a chynnwys y Canon Pali.

Pwysigrwydd y Canon Pali fel ffynhonnell doethineb

Yn y DU, sefydlodd T. W. Rhys Davids Gymdeithas y Testun Pali yn 1881 'i feithrin ac i hyrwyddo astudiaeth o'r testunau Pali'. Cyfieithwyd y Canon i'r Saesneg, fel ei fod ar gael i fwy o bobl. Tyfodd diddordeb academaidd yn yr iaith a'r ysgrythurau Pali. Heddiw mae cyfieithiadau, mewn nifer o ieithoedd, ar gael i unrhyw un eu darllen ar y Rhyngrwyd. Heddiw dydy hi ddim yn anarferol gweld dyfyniadau gan y Bwdha hanesyddol (sydd yn anghywir weithiau, gwaetha'r modd) neu o'r Dhammapada ar y Rhyngrwyd a gwefannau'r cyfryngau cymdeithasol. Ond dydy'r ffynhonnell doethineb hon ddim wedi bod ar gael i bobl ledled y byd tan y cyfnod diweddar.

Wrth iddi ddod yn haws cael gafael ar ddysgeidiaeth Fwdhaidd, mae rhagor o bobl wedi ymgysylltu â'i hathroniaeth ac â'i harferion. Felly, mae dylanwad y Canon Pali fel ffynhonnell doethineb i Fwdhyddion yn y DU, yn ogystal ag mewn gwledydd eraill ledled y byd, wedi cryfhau. Mae ei gyngor ymarferol i ymarferwyr, e.e. ar sut i fyfyrio a dilyn y dharma, yn dal i fod yn greiddiol i Fwdhyddion heddiw.

Mae'r Canon Pali yn cynnig mewnwelediad i ddysgeidiaethau craidd Bwdhaeth, gan gynnwys dysgeidiaethau'r Bwdha hanesyddol ar y Pedwar Gwirionedd Nobl a'r Llwybr Wythblyg Nobl. Mae'n ffynhonnell doethineb i Fwdhyddion Theravada sy'n credu ei fod yn cynnwys yr holl ddysgeidiaethau y mae eu hangen i'w harwain nhw tuag at nibbanna. Mae mynachod Bwdhaeth Theravada yn dysgu'r testunau ar eu cof ac yn eu hadrodd yn ystod seremonïau a myfyrdod. Mae'n draddodiad mewn Bwdhaeth Theravada i gredu bod y Canon Pali yn darlunio'r Fwdhaeth wreiddiol. Felly ystyrir y Canon Pali fel gair y Bwdha ac mae ganddo awdurdod fel ffynhonnell doethineb.

Dyma'r fersiwn ysgrifenedig hynaf o ddysgeidiaethau'r Bwdha hanesyddol ac felly, 'mae hyd yn oed Bwdhyddion o'r traddodiadau Mahayana yn derbyn bod yr ysgrifeniadau Pali hyn yn adlewyrchiad cywir … o'r hyn a ddysgodd y Bwdha' (Landaw a Bodian). Serch hynny, mewn Bwdhaeth Theravada, ac i rai ysgolion Mahayana a Vajrayana, mae'r Canon Pali yn dal i fod yn ffynhonnell awdurdod ganolog ar gyfer dysgeidiaethau ac arferion, gan gynnwys y Pedwar Gwirionedd Nobl, y Llwybr Wythblyg Nobl, y Tri Lakshana a chyngor ar fyfyrdod.

Mae arfer Sangiti, sy'n golygu cydadrodd, yn draddodiad pwysig mewn Bwdhaeth. Dyma sut trosglwyddwyd dharma y Bwdha ers i'r sangha ymgasglu yng Nghyngor Cyntaf Bwdhaeth. Erbyn hyn mae cynnwys yr adroddiadau hyn yn y Canon Pali. Dywed yr Athro Bhikshu Satyapala wrthon ni, mewn Bwdhaeth, fod gan Sangiti 'ystyr penodol, dyfnach ac ehangach ac yn yr ystyr hwnnw mae'n golygu adrodd dysgeidiaethau'r Bwdha er mwyn eu casglu, eu crynhoi, eu dosbarthu, eu gwirio, neu er mwyn eu dilysu, eu cymeradwyo a'u dysgu ar y cof'. Mae arfer Sangiti yn parhau heddiw. Nid yn unig mae'n allweddol i gadw trefn yn y gymuned fynachaidd ond mae'r arfer hefyd yn sicrhau bod geiriau'r Bwdha yn parhau ar eu ffurf buraf a mwyaf cywir. Yn wir, mae'r ffordd y mae'r Canon wedi'i drefnu'n canolbwyntio ar yr arfer hwn gan ei fod wedi'i rannu'n adrannau, yn dibynnu ar sut dylai gael ei adrodd.

Yn unigol, mae rhaniad triphlyg y basgedi'n golygu ei bod hi'n bosibl gwahaniaethu o ran sut mae'n cael ei ddefnyddio fel ffynhonnell doethineb. Ar y cyfan mae'r Vinaya Pitaka yn ffynhonnell doethineb a chyngor ymarferol ar sut i ddilyn y llwybr Bwdhaidd. Mae'n canolbwyntio'n benodol ar leoliad mynachaidd; mae hefyd ar gyfer cymuned o leianod a mynachod sy'n arfer eu crefydd. Yn ogystal, mae'n helpu'r rhai sydd y tu allan i ffiniau'r fynachlog, wrth fynd i mewn, i weld amgylchedd sy'n addas i chwilio am nibbana. I'r gwrthwyneb, mae'r Sutta Pitaka yn fwy didactig, moesegol a 'hanesyddol' neu 'hagiograffig' ei natur o ran ei fod yn datgelu'r sasana – hynny yw, dysgeidiaeth dorfol y Bwdha i bob Bwdhydd. Unwaith eto, mae ffocws athronyddol yr Abhidhamma Pitaka yn gwneud iddo fod yn drywydd mwy 'arbenigol' ac uwch i'r rhai sy'n anelu at ddealltwriaeth ddyfnach o ddysgeidiaeth y Bwdha.

Felly mae'r Canon Pali yn bwysig i Fwdhaeth i gyd fel ffynhonnell doethineb; yn ymarferol mae'r Canon Pali yn ffynhonnell doethineb sydd â rhannau gwahanol sy'n darparu ar gyfer anghenion ymarferol ac ysbrydol ei ddilynwyr.

Cynnwys y fanyleb

Pwysigrwydd y Canon Pali fel ffynhonnell doethineb.

Dyfyniad allweddol

Dydy hi ddim yn bosibl lleihau Bwdhaeth i gasgliad o ysgrifeniadau damcaniaethol neu i system o syniadau athronyddol – er bod y ddau beth hyn yn rhan bwysig o'i thraddodiad. Yr hyn sydd wrth wraidd Bwdhaeth, yn ôl ei ddealltwriaeth ei hun o'r mater, yw dharma. **(Gethin)**

Sgiliau allweddol Thema 1

Mae'r thema gyntaf yn cynnwys tasgau sy'n ymdrin â hanfodion AA1 o ran blaenoriaethu a dewis y wybodaeth berthnasol allweddol, ei chyflwyno ac yna defnyddio tystiolaeth ac enghreifftiau i gefnogi ac ehangu ar hyn.

Sgiliau allweddol

Mae gwybodaeth yn ymwneud â:

Dewis ystod o wybodaeth (drylwyr) gywir a pherthnasol sydd â chysylltiad uniongyrchol â gofynion penodol y cwestiwn.

Mae hyn yn golygu:

- Dewis deunydd perthnasol i'r cwestiwn a osodwyd
- Canolbwyntio ar esbonio ac archwilio'r deunydd a ddewiswyd.

Mae dealltwriaeth yn ymwneud ag:

Esboniad helaeth, gan ddangos dyfnder a/neu ehangder gyda defnydd rhagorol o dystiolaeth ac enghreifftiau gan gynnwys (lle y bo'n briodol) defnydd trylwyr a chywir o destunau cysegredig, ffynonellau doethineb a geirfa arbenigol.

Mae hyn yn golygu:

- Defnydd effeithiol o enghreifftiau a thystiolaeth gefnogol i sefydlu ansawdd eich dealltwriaeth
- Perchenogaeth o'ch esboniad sy'n mynegi gwybodaeth a dealltwriaeth bersonol, NID eich bod yn ailadrodd darn o destun o lyfr rydych wedi ei baratoi a'i gofio.

Wrth i chi weithio drwy bob adran yn y llyfr, bydd y pwyslais ar amrywiaeth o agweddau gwahanol sy'n gysylltiedig ag AA1 er mwyn i chi berffeithio'r sgiliau cyffredinol sy'n gysylltiedig ag AA1.

Datblygu sgiliau AA1

Nawr mae'n bwysig ystyried y wybodaeth sydd wedi'i chyflwyno yn yr adran hon; fodd bynnag, mae'r wybodaeth fel y mae yn llawer rhy helaeth ac felly mae'n rhaid ei phrosesu er mwyn bodloni gofynion yr arholiad. Gallwch wneud hyn drwy ymarfer y sgiliau uwch sy'n gysylltiedig ag AA1. Bydd yr ymarferion yn y llyfr hwn yn eich helpu i wneud hyn ac yn eich paratoi ar gyfer yr arholiad. Ar gyfer Amcan Asesu 1 (AA1), sy'n cynnwys dangos sgiliau 'gwybodaeth' a 'dealltwriaeth', rydyn ni am ganolbwyntio ar ffyrdd gwahanol o ddangos y sgiliau yn effeithiol, gan gyfeirio hefyd at sut bydd eich perfformiad ym mhob un o'r sgiliau hyn yn cael ei fesur (gweler disgrifyddion band cyffredinol AA1 ar gyfer U2).

▶ **Dyma eich tasg:** Isod mae crynodeb o **rôl y Dhammapada**. Mae'n 209 gair o hyd. Mae angen i chi ei ddefnyddio ar gyfer eich ateb, ond ni fyddai'n bosibl i chi ailadrodd hyn i gyd mewn traethawd o dan amodau arholiad, felly bydd rhaid i chi grynhoi'r deunydd. Trafodwch pa bwyntiau sydd bwysicaf yn eich barn chi ac yna ailddrafftiwch y gwaith i roi crynodeb 100 gair o hyd.

Casgliad o ddywediadau'r Bwdha yw'r Dhammapada, 'llwybr y Gwirionedd'. Credir mai ei ddisgyblion agosaf gasglodd nhw'n uniongyrchol, ac maen nhw wedi'u cynnwys mewn 423 o adnodau. Mae'n debyg mai dyma'r adran fwyaf adnabyddus o'r Sutta Pitaka. Yn ôl Richard Gray, credir ei fod yn 'fersiwn wedi'i hidlo o ddysgeidiaethau'r Bwdha o'r Canon Pali'. Does dim o'r storïau ynddo, na'r damhegion a'r esboniadau o ddysgeidiaethau a chyfarwyddiadau sydd wedi'u cynnwys fel arfer yng ngweddill y Sutta Pitaka; ac eto dydy ei ddysgeidiaethau ddim yn llai dwfn na'n llai ymarferol. Mae'n hawdd ei ddysgu ar y cof ac mae ganddo gymaint o awdurdod ac apêl fel bod Bwdhyddion Theravada yn ei ddefnyddio'n aml iawn, ac mae Bwdhyddion o rai ysgolion Mahayana yn ei barchu'n fawr. At hynny, byddai gan lawer o Fwdhyddion lleyg gopi o'r Dhammapada yn eu cartrefi. Mae lleygwyr yn ei ddefnyddio fel ffynhonnell ysbrydoliaeth ac yn arweiniad ymarferol ar gyfer byw. Maen nhw'n ei lafarganu fel fformiwla i'w hamddiffyn neu pan maen nhw mewn trafferthion. Mae Bwdhyddion yn chwilio am ddoethineb y Bwdha i'w harwain pan maen nhw'n ei ddarllen. Mae'n 'esbonio llwybr y Dhamma, y llwybr i oleuedigaeth' yn ôl J. Fowler. Felly, yn y pen draw, nod y dysgeidiaethau sydd yn y Dhammapada yw diddymu dukkha.

Ar ôl i chi orffen y dasg, cyfeiriwch at y disgrifyddion band ar gyfer U2 ac edrychwch yn benodol ar y gofynion sydd wedi'u disgrifio yn y disgrifyddion band uwch y dylech chi fod yn anelu atyn nhw. Gofynnwch i chi'ch hun:

- A yw fy ngwaith yn dangos gwybodaeth a dealltwriaeth drylwyr, gywir a pherthnasol o grefydd a chred?
- A yw fy ngwaith yn dangos cydlyniad (cysondeb neu synnwyr rhesymegol), eglurder a threfn o safon ragorol?
- A fydd fy ngwaith, ar ôl ei ddatblygu, yn ateb helaeth a pherthnasol sy'n bodloni gofynion penodol y dasg?
- A yw fy ngwaith yn dangos dyfnder a/neu ehangder sylweddol ac yn gwneud defnydd rhagorol o dystiolaeth ac enghreifftiau?
- Os yw'n briodol i'r dasg, a yw fy ateb yn cynnwys cyfeiriadau trylwyr a chywir at destunau cysegredig a ffynonellau doethineb?
- A ellir gwneud unrhyw gysylltiadau treiddgar ag elfennau eraill o fy nghwrs?
- A fydd fy ateb, ar ôl ei ddatblygu a'i ehangu i gyfateb i'r hyn sy'n ddisgwyliedig mewn ateb arholiad, yn cynnwys ystod eang o safbwyntiau ysgolheigion/ysgolion o feddwl?
- Pan fyddan nhw'n codi, a yw'r defnydd o iaith a geirfa arbenigol yn drylwyr a chywir?

Materion i'w dadansoddi a'u gwerthuso

Pwysigrwydd cymharol y Canon Pali mewn Bwdhaeth

Heddiw, mae'r Vinaya yn dal i fod yn ddylanwad mawr, yn bennaf i sanghas mynachaidd Bwdhaeth Theravada a Vajrayana. Mae'n sail i fywyd pob dydd yn eu cymunedau mynachaidd penodol. Mewn traddodiadau Bwdhaidd eraill o fewn Bwdhaeth Mahayana, dydy e ddim yn cael yr un pwyslais, er ei bod hi'n bosibl cymharu'r bywyd mynachaidd yn ymarferol.

Gan fod y Vinaya ar gyfer bywyd mynachaidd yn benodol, efallai bydd ei reolau'n ymddangos yn hen ffasiwn ac yn amherthnasol yn y gymdeithas heddiw. Felly mae'n gymharol ddibwys i'r rhan fwyaf o Fwdhyddion sydd ddim yn byw mewn lleoliad mynachaidd, hynny yw, y gymuned leyg.

Un enghraifft a ddefnyddir yn helaeth yw ei bod hi'n anodd iawn i fynachod neu leianod oroesi heddiw heb drin arian, yn enwedig mewn cymunedau Gorllewinol heb boblogaeth Fwdhaidd fawr. Yn aml dydy'r gylchdaith elusen ddim yn ddigon, ac mae sanghas wedi gorfod addasu er mwyn sicrhau eu bod nhw'n goroesi. Nawr mae'n rhaid i rai canolfannau Bwdhaidd yn y Gorllewin awgrymu swm penodol o arian fel dana er mwyn gallu cyflwyno dysgeidiaethau. Wedi'r cyfan, rhaid talu am dreuliau athrawon teithiol. Byddai modd gofyn sut mae'r broblem hon, sy'n hawdd cydymdeimlo â hi ac yn un enghraifft yn unig ymysg nifer, yn cyd-fynd mewn gwirionedd â rheolau'r sangha a ysgrifennwyd filoedd o flynyddoedd yn ôl? Yn yr ystyr hwn gellid dadlau bod pwysigrwydd yr agwedd hon ar y Canon Pali wedi lleihau.

Fodd bynnag, mae'r Sutta Pitaka yn bwysig, nid i'r sangha mynachaidd yn unig ond hefyd fel arweiniad i leygwyr. Mae Bwdhyddion Theravada yn credu ei fod yn cynnwys geiriau'r Bwdha neu ddysgeidiaethau ei ddisgyblion agos, felly mae hyn yn rhoi llawer o awdurdod iddo. Yn ogystal â dysgu'r llwybr i oleuedigaeth drwy ddysgeidiaethau Bwdhaidd allweddol fel y Pedwar Gwirionedd Nobl, mae'n cynnig cyngor ar lawer o faterion ymarferol hefyd. Mae'r rhain yn cynnwys pynciau fel perthnasoedd; priodas; cyflogaeth; trin arian; a gweithgareddau sy'n gallu arwain at gaethiwed fel gamblo. Hefyd mae argymhellion cadarnhaol ar bethau fel sut i ddefnyddio amser yn ddoeth yn hytrach na segura, ac ar arferion fel myfyrdod.

Serch hynny, y mynachod a'r lleianod sy'n ei gyflwyno fel arfer yn hytrach na bod lleygwyr yn cael mynediad uniongyrchol ato. Felly gellid dweud nad yw e'n bwysig iawn yn uniongyrchol i leygwyr.

Er gwaethaf hyn, mae'n un rhan o'r Tipitaka sy'n crynhoi holl ddysgeidiaeth a hanesion bywgraffyddol y Bwdha. Er bod rhai o'r testunau yn y Pali yn anghyfarwydd i lawer o Fwdhyddion, mae'r Sutta Pitaka yn cynnwys y testunau Pali mwyaf enwog, h.y. y Dhammapada a'r Jatakas. Mae hyn yn dangos cymaint mae'n cael ei ddefnyddio a'i barchu. Mae'r Canon Pali yn arweiniad ymarferol i arferion fel myfyrdod, ac oherwydd hyn mae Bwdhaeth wedi cael ei chynnal a'i chadw.

Ffordd arall mae'r Canon Pali yn llai pwysig o ran ei ddarllenwyr ac ysgolheictod yw'r ddysgeidiaeth haniaethol a chymhleth yn yr Abhidhamma Pitaka. Mae hyn yn awgrymu efallai ei fod yn berthnasol i

Mae rheolau'r Patimokkha yn sicrhau bod cytgord yn y Sangha.

Mae'r adran hon yn cwmpasu cynnwys a sgiliau AA2

Cynnwys y fanyleb
Pwysigrwydd cymharol y Canon Pali fel ffynhonnell doethineb.

Term allweddol
Dana: rhoi

Dyfyniadau allweddol
Dydy'r Mahayana ddim yn gwrthod unrhyw un o ddysgeidiaethau cynnar y Bwdha, er eu bod nhw weithiau'n eu hailddehongli nhw mewn ffyrdd radical. **(Keown)**

Llawer mwy cyffredin yw taro ar frawddeg neu baragraff unigol fel golygfa wedi'i cherfio ar garreg sydd wedi'i tholcio, a honno'n cynnig cipolwg byr a phryfoclyd i'w fyd. **(Batchelor)**

Gweithgaredd AA2
Wrth i chi ddarllen drwy'r adran hon ceisiwch wneud y pethau canlynol:

1. Dewiswch y gwahanol ddadleuon sy'n cael eu cyflwyno yn y testun a nodwch unrhyw dystiolaeth gefnogol a roddir.

2. Ar gyfer pob dadl a gyflwynir, ceisiwch werthuso a yw'r ddadl yn un gryf (yn argyhoeddi) neu wan (heb fod yn argyhoeddi) yn eich barn chi.

3. Meddyliwch am unrhyw gwestiynau yr hoffech chi eu gofyn wrth ymateb i'r dadleuon.

Bydd y gweithgarwch hwn yn eich helpu chi i ddechrau meddwl yn feirniadol am yr hyn rydych chi'n ei ddarllen, ac yn eich helpu i werthuso effeithiolrwydd dadleuon gwahanol, gan ddatblygu eich sylwadau, a'ch barn a'ch safbwyntiau eich hun. Bydd hyn yn eich helpu wrth ddod i gasgliadau y byddwch yn eu gwneud yn eich atebion i'r cwestiynau AA2 sy'n codi.

Dyfyniadau allweddol

Wrth i Fwdhaeth gyrraedd y Gorllewin ... mae'r rhaniad rhwng arferion mynachaidd a lleyg yn mynd yn llai amlwg, gyda llawer o leygwyr ymroddedig ac addysgedig iawn yn astudio'r ysgrythurau mewn cyfieithiad. (Gwefan Clear Vision)

Mae'r Canon Pali yn dapestri cymhleth o arddulliau ieithyddol a rhethregol, gyda syniadau, athrawiaethau a delweddau sy'n gwrthdaro drwyddo draw, a'r cyfan wedi'i grynhoi a'i ddatblygu dros ryw bedair canrif. Dydy'r canon ddim yn llefaru ag un llais. (Batchelor)

Hen lawysgrif Tipitaka o Yasothon, Gogledd Ddwyrain Gwlad Thai

Gweithgaredd AA2

Rhestrwch rai casgliadau y byddai'n bosibl dod iddynt ar sail y rhesymeg AA2 yn y testun uchod; ceisiwch gyflwyno o leiaf dri chasgliad gwahanol posibl. Ystyriwch bob un o'r casgliadau a chasglwch dystiolaeth gryno i gefnogi pob casgliad o'r deunydd AA1 ac AA2 ar gyfer y testun hwn. Dewiswch y casgliad sy'n argyhoeddi fwyaf yn eich barn chi ac esboniwch pam mae hyn yn wir. Ceisiwch gyferbynnu hyn â'r casgliad gwannaf ar y rhestr, gan gyfiawnhau eich dadl gyda rhesymu clir a thystiolaeth.

fynachod, lleianod ac ysgolheigion yn unig sy'n astudio dhama ar lefel uwch. Felly, gallai hyn awgrymu bod ei bwysigrwydd cyffredinol yn gyfyngedig.

Hefyd gall y Canon Pali ymddangos yn amherthnasol i ysgolion Mahayana fel Bwdhaeth Nichiren sy'n gweld ei ddysgeidiaeth fel Upaya neu 'ddulliau medrus'. Eu safbwynt nhw yw bod testunau diweddarach fel y Sutra Lotus wedi disodli'r dysgeidiaethau hyn. Fodd bynnag, gellid dadlau bod llawer o'r syniadau yn yr Abhidhamma wedi cael eu datblygu mewn testunau Mahayana. At hyn, mae'r Abhidhamma Pitaka yn dal i ddenu diddordeb ysgolheigaidd fel ffynhonnell doethineb ymysg ysgolheigion yn ogystal ag aelodau mwy datblygedig o'r sangha mynachaidd.

Er mwyn cefnogi'r ddadl hon, mae gwefan Clear Vision yn ein hatgoffa ni nad yw hi'n hanfodol astudio'r ysgrythurau'n fanwl er mwyn arfer Bwdhaeth ac nad yw llawer o Fwdhyddion yn y byd yn gallu darllen. Yn wir, mae'r wefan yn nodi mai myfyrdod ac arfer moesegol sy'n greiddiol i hunandrawsfudo.

Mae Stephen Batchelor yn awgrymu nad ydych chi'n aml yn dod o hyd i rannau hir sy'n cynnwys bywgraffiad y Bwdha hanesyddol wrth ddarllen y Canon Pali. Dadl Batchelor yw bod dod ar draws unrhyw fanylyn am ei fywyd fel dod o hyd i nodwydd mewn tas wair. Er gwaethaf ymchwil modern i draddodiadau llafar, mae Batchelor yn dadlau fel hyn: pan oedd mynachod yn traddodi'r manylion hyn drwy'r traddodiad llafar 'does dim dwywaith bod rhai manylion wedi'u hanghofio, wedi'u gadael allan neu'u drysu, ac roedd darnau athrawiaethol yn cael eu datblygu a'u mireinio'. Fodd bynnag, mae Batchelor yn mynd yn ei flaen i ddweud 'fel mae pob carreg wedi'i thorri a'i threulio'n dod o hyd i'w lle ... mae trasiedi ddyrchafedig bywyd Siddhartha Gotama yn dechrau datblygu o flaen eich llygaid syn'. Felly hyd yn oed gyda hyn i gyd mewn cof, dros 2500 o flynyddoedd ar ôl bywyd y Bwdha hanesyddol, mae cynnwys y Canon Pali yn dal i fod yn ffynhonnell arwyddocaol awdurdod, gwybodaeth, ysbrydoliaeth a doethineb i Fwdhyddion.

Byddai rhai'n dadlau, fel Batchelor, ei bod hi'n annhebygol y byddai'r Bwdha hanesyddol byth wedi siarad iaith Pali a'i bod hi'n annhebygol mai union eiriau'r Bwdha yw'r geiriau sydd yno. Yn ogystal, detholiad yn unig o ddysgeidiaeth y Bwdha sydd yma, gan y byddai wedi bod yn amhosibl cofnodi popeth a ddywedodd dros ei yrfa ddysgu 45 mlynedd o hyd. Felly cofnod rhannol o'i fywyd a'i waith sydd yma. Serch hynny, oherwydd mai fersiwn 'wedi'i olygu' yn unig sydd gennym, dydy hi ddim yn dilyn bod hynny'n lleihau ei statws fel ffynhonnell arwyddocaol awdurdod, gwybodaeth, ysbrydoliaeth a doethineb.

I gloi, casgliad helaeth o lenyddiaeth yw'r Canon Pali, ac ychydig o Fwdhyddion fyddai'n eistedd ac yn ei ddarllen i gyd. Y sangha mynachaidd yw ceidwaid y dharma. Maen nhw'n dehongli'r ysgrythurau ac yn eu trosglwyddo i'r lleygwyr. Wrth gwrs, mae rheolau'r Vinaya Pitaka a'r Abhidhamma Pitaka i fod i gael eu defnyddio gan y sangha mynachaidd yn unig. Mae'r Suttas yn fwy perthnasol i Fwdhyddion yn y sangha lleyg, gyda rhai'n fwy cyfarwydd ac yn cael eu defnyddio'n amlach na'r lleill. Mae rhai o storïau, damhegion, a dysgeidiaethau'r Bwdha yn gyfarwydd iawn, e.e. rhai fel y Jatakas, a ddefnyddir i ddysgu plant, a'r noddfeydd sy'n cael eu defnyddio i ddangos ymrwymiad mewn arferion dyddiol. Weithiau adroddir rhannau o'r Canon er mwyn amddiffyn Bwdhyddion. Defnyddir rhai eraill i fyfyrio ar fendithion bywyd, e.e. y Sutta Metta ar gariad cyffredinol. Mae mynachod yn dysgu rhai darnau o'r Canon ar y cof. Mae rhai rhannau o'r Canon yn cael eu llafarganu bob dydd. Yr hyn sy'n amlwg yw mai o'r Canon Pali y daw'r dysgeidiaethau sylfaenol a naratifau bywgraffyddol y Bwdha hanesyddol sydd mor gyfarwydd i Fwdhyddion heddiw. Mae'r Canon yn cael ei drin â'r un parch mawr â chreiriau'r Bwdha.

Awgrym astudio

Cofiwch fod amrywiaeth fawr o fewn Bwdhaeth a bod gan ysgolion gwahanol Bwdhaeth safbwyntiau gwahanol. Bydd atebion arholiad mwy soffistigedig yn adlewyrchu hyn. Mae'r arholwr eisiau gweld eich bod chi'n ymwybodol o'r gwahaniaeth rhwng ysgolion Bwdhaeth Theravada, Mahayana a Vajrayana. Hefyd dylech chi fod yn ceisio defnyddio safbwyntiau gwahanol ffynonellau doethineb.

Arwyddocâd y Vinaya ar gyfer y sangha

Does dim dwywaith bod gan y rheolau yn y Vinaya Pitaka arwyddocâd mawr i'r sangha mynachaidd, a'u bod nhw'n ddefnyddiol iawn hefyd. Y prif nodau i'r rhai mewn lleoliad mynachaidd yw cael gwared ar ymlyniadau materol; atal ymlyniad wrth y tri gwenwyn; cael gwared ar yr ego a dukkha; a chanolbwyntio ar lwybr **arahatiaeth** sy'n arwain at nod eithaf nibbana. Mae'n bosibl dadlau mai dyma'r agwedd fwyaf arwyddocaol i bob Bwdhydd yn y pen draw, er nid o angenrheidrwydd yn y bywyd presennol hwn. Felly er bod gan y Vinaya ffocws arbenigol, efallai nad yw'n 'arwyddocaol' i bob Bwdhydd yma a nawr. Y mater go iawn yma yw p'un a yw hyn felly yn lleihau ei arwyddocâd ar y cyfan o fewn Bwdhaeth yn gyffredinol?

Gallai rhai ddadlau ei fod yn gwneud hynny. Mae'r Vinaya yn cynnwys rheolau sydd yno er mwyn meithrin perthnasoedd da a chynnal trefn mewn cymuned fynachaidd. Felly nid i Fwdhyddion lleyg mae'r Vinaya, mewn gwirionedd. Er gall Bwdhyddion lleyg gael mynediad at y sangha mynachaidd er mwyn encilio, pan mae Bwdhyddion lleyg y tu allan i'r ffin, mae rheolau'r Vinaya yn mynd yn ddi-rym.

Fodd bynnag, byddai'n bosibl cydnabod bod Bwdhyddion mynachaidd sy'n dilyn rheolau'r Patimokkha yn dod yn fodelau rôl da i'r gymuned leyg. Mae'r rheolau'n cyflwyno gwerthoedd yn anuniongyrchol i'r gymuned Fwdhaidd leyg drwy roi arweiniad i'r lleygwyr, cael gwared ar demtasiwn ac atal pethau sy'n tynnu sylw. Drwy gadw at y rheolau, mae mynachod a lleianod yn gallu byw bywyd syml a chanolbwyntio ar y Dharma, gan ddatblygu **prajna** a dangos ymrwymiad ac ymroddiad i'r Ffordd Ganol. Mae eu dylanwad ar y gymuned Fwdhaidd ehangach yn arwyddocaol iawn fel hyn.

Er gwaethaf hyn, gallai rhai ddadlau bod rheolau'r Vinaya Pitaka yn rhai patriarchaidd yn y bôn ac felly eu bod nhw'n amherthnasol ac yn hen ffasiwn mewn Bwdhaeth fodern. Er enghraifft, o ran rôl menywod yn y sangha, gallwn ni weld o'r Vinaya bod lleianod yn ogystal â mynachod yn cael eu hordeinio'n llawn yn ystod oes y Bwdha. Roedd hyn yn cynnwys Mahaprajapati, llysfam y Bwdha ei hun. Fodd bynnag, yn ôl y rheolau, roedd rhaid bod cworwm o aelodau ordeiniedig o'r sangha yn bresennol er mwyn i ordeinio ddigwydd. Ar un adeg yn hanes Bwdhaeth, doedd hi ddim yn bosibl cael y cworwm hwn ac roedd nifer annigonol o leianod yn bresennol. Felly, torrwyd llinach lleianod yn y traddodiad Theravada. Mae hi wedi cymryd amser maith i ailsefydlu urdd y lleianod Bwdhaidd, ac mae stigmâu o hyd heddiw ynghlwm wrth leianod oherwydd rhai rhagfarnau traddodiadol. Fodd bynnag, byddai rhai'n dadlau nad yw rhagfarnau fel hyn yn adlewyrchu dysgeidiaeth Fwdhaidd mewn unrhyw ffordd, dim ond y ffaith fod rhai lleoliadau cymdeithasol yn annigonol a'u bod nhw'n methu bod yn hollol rydd o hualau ymlyniadau'r byd sy'n dod gyda safbwyntiau rhagfarnllyd. Fodd bynnag, dydy hyn ddim yn egluro sut mae safle menywod yn dal i fod yn anghyfartal yn sangha Bwdhaeth Theravada o ran mai hierarchaeth a strwythur patriarchaidd sy'n ei reoli.

Syniad arall fyddai awgrymu mai canlyniad cymhwyso rheolau'r Vinaya yn ymarferol yw'r argraff hon o anghydraddoldeb, yn hytrach na'u bod nhw'n adlewyrchu statws menywod yn y sangha. Er enghraifft, mae Rita Gross yn edrych ar y Canon Pali o safbwynt ffeministaidd ac yn awgrymu bod 'y testunau ... yn annelwig ac yn gwrth-ddweud ei gilydd yn fwy o ran menywod na'r rhai o unrhyw gyfnod arall'. Ond mae hi'n dweud mai camddehongli yw awgrymu eu bod nhw'n dangos gwreig-gasineb. Mae hi'n dadlau y byddai hi'n anodd dadlau bod gwreig-gasineb mewn Bwdhaeth gynnar a bod stereoteipiau diwylliannol am fenywod ar y pryd.

Felly, mae rheolau'r Vinaya yn arwyddocaol mewn Bwdhaeth ond efallai mai cam-gymhwyso a chamddehongli'r rheolau hyn sydd wedi gwneud i'r anghydraddoldeb hwn godi. Er enghraifft, does dim lleisiau menywod yn y testunau gan eu bod nhw wedi eu cofnodi gan ddynion. Yn ogystal, efallai mai 'ffrwydrad mynach rhwystredig unigol' yw peth o'r gwreig-gasineb yn y Canon Pali, yn ôl Gross. Yn yr ystyr hwn, gellid dadlau bod hyn hyd yn oed yn fwy arwyddocaol heddiw oherwydd bod y Canon Pali yn ofynnol i bawb, yn fenywod ac yn ddynion, er mwyn cyrraedd goleuedigaeth. Felly mae hi yr un mor bwysig cael gwared ar unrhyw gam-gymhwyso.

Cynnwys y fanyleb

Arwyddocâd y Vinaya ar gyfer y sangha.

Dyfyniad allweddol

Oni bai am y Vinaya a'r rhai sy'n parhau i'w gadw'n fyw hyd heddiw, fyddai dim Bwdhaeth. (gwefan **accesstoinsight**)

Hen destunau Tipitaka yng Ngwlad Thai

Termau allweddol

Arahatiaeth: dod yn arahant (arhat (Sansgrit)), 'un anrhydeddus neu glodwiw' sydd wedi cyrraedd goleuedigaeth

Prajna: doethineb

Gweithgaredd AA2

Wrth i chi ddarllen drwy'r adran hon ceisiwch wneud y pethau canlynol:

1. Dewiswch y gwahanol ddadleuon sy'n cael eu cyflwyno yn y testun a nodwch unrhyw dystiolaeth gefnogol a roddir.

2. Ar gyfer pob dadl a gyflwynir, ceisiwch werthuso a yw'r ddadl yn un gryf (yn argyhoeddi) neu wan (heb fod yn argyhoeddi) yn eich barn chi.

3. Meddyliwch am unrhyw gwestiynau yr hoffech chi eu gofyn wrth ymateb i'r dadleuon.

Bydd y gweithgaredd hwn yn eich helpu chi i ddechrau meddwl yn feirniadol am yr hyn rydych chi'n ei ddarllen, ac yn eich helpu i werthuso effeithiolrwydd dadleuon gwahanol, gan ddatblygu eich sylwadau, a'ch barn a'ch safbwyntiau eich hun. Bydd hyn yn eich helpu wrth ddod i gasgliadau.

Dyfyniad allweddol

Fel ymarferwr Bwdhaidd, rwy'n troi at sgyrsiau'r Bwdha, nid am wybodaeth ysgolheigaidd yn unig, ond er mwyn fy helpu i ddod i delerau â'r hyn y mae'r Tsieineaid yn ei alw'n 'fater mawr genedigaeth a marwolaeth'. Yn yr ystyr hwn mae gan fy Mwdhaeth seciwlar ansawdd grefyddol iddi o hyd, oherwydd dyma fynegiad ymwybodol fy 'ymwneud eithaf' – fel diffiniodd Paul Tillich y diwinydd yr hyn yw 'ffydd' unwaith.
(Batchelor)

Gweithgaredd AA2

Rhestrwch rai casgliadau y byddai'n bosibl dod iddynt ar sail y rhesymeg AA2 yn y testun uchod; ceisiwch gyflwyno o leiaf dri chasgliad gwahanol posibl. Ystyriwch bob un o'r casgliadau a chasglwch dystiolaeth gryno i gefnogi pob casgliad o'r deunydd AA1 ac AA2 ar gyfer y testun hwn. Dewiswch y casgliad sy'n argyhoeddi fwyaf yn eich barn chi ac esboniwch pam mae hyn yn wir. Ceisiwch gyferbynnu hyn â'r casgliad gwannaf ar y rhestr, gan gyfiawnhau eich dadl gyda rhesymu clir a thystiolaeth.

Yn amlwg, un o'r rhesymau pam mae Bwdhaeth wedi goroesi i'r 21ain ganrif yw oherwydd llinach ddi-dor y sangha mynachaidd ordeiniedig. Mae'r sangha mynachaidd, drwy gadw at reolau'r Patimokkha, wedi diogelu'r dharma ers cyfnod y Bwdha hanesyddol. Mae'n siŵr nad ydyn ni'n gorliwio pethau wrth awgrymu na fyddai Bwdhaeth Theravada yn ffordd mor fyw o arfer dharma heddiw heb fod rheolau'r Vinaya yn cael eu cymhwyso.

Mae beirniadaeth arall o'r Vinaya yn y gymdeithas gyfoes yn aml yn ymwneud â'r rheolau ychwanegol y mae'n rhaid i bhikkhunis eu dilyn. Nod pennaf y rheolau yw osgoi tensiwn rhywiol yn y sangha. Mae tipyn o drafod wedi bod ynghylch a yw hyn yn dystiolaeth o anghydraddoldeb yn y sangha. Fodd bynnag, o gofio safle menywod yng nghyfnod y Bwdha hanesyddol, roedd gadael i fenywod gael eu hordeinio o gwbl yn beth radical iawn. Mae pobl yn dadlau'n aml bod y rheolau wedi'u gosod yn wreiddiol er mwyn amddiffyn lleianod yn y sangha, yn hytrach nag i'w gormesu nhw. Serch hynny, yn y gymdeithas heddiw y ddadl yw ei bod hi'n rhesymol disgwyl cydraddoldeb rhwng y rhywiau, ac yn y gymuned fynachaidd Theravada mae camau i roi sylw i hyn. Er enghraifft, yn y sangha yn Burma/Myanmar, mae mynachod erbyn hyn yn ymgymryd â dilyn pob un o'r 311 o reolau.

Awgryma Denise Cush fod y rheolau yn y Vinaya Pitaka yn aml 'yn ymwneud yn gwbl ddidwyll â hyrwyddo lleihau trachwant a'r llwybr i nirvana' ond bod rhai rheolau'n ymarferol yn unig ac 'mae eraill fel petaen nhw'n cynnal delwedd dda'r sangha yng ngolwg y cyhoedd'.

Beth bynnag sy'n wir, wrth ddod i gasgliad, gellid dadlau efallai fod angen i'r sangha, fel noddfa rhag dioddefaint, fod yn ddisgybledig er mwyn bod yn addas i ddileu dukkha. Hefyd gellid dadlau bod y doethineb cyflawn sy'n dod gyda'r Vinaya yn ffordd ymarferol o gyflawni hyn ac y bydd yn arwyddocaol bob amser.

Lleianod o Burma yn myfyrio ym Mhagoda Shwedagon yn Yangon, Burma/Myanmar.

Awgrym astudio

Problem i'w datrys yw pob teitl traethawd. Ystyr hyn yw deall – neu ddadgodio – y cwestiwn. Mae teitlau traethodau'n cynnwys un neu ragor o eiriau sy'n rhoi gorchmynion manwl i chi o ran yr hyn mae'r arholwr yn chwilio amdano. 'Geiriau gorchymyn' yw'r enw ar y geiriau allweddol hyn ac maen nhw'n dangos pa sgiliau sydd angen i chi eu dangos er mwyn ateb y cwestiwn yn llwyddiannus. Mae'n hanfodol eich bod chi'n gwybod beth yw ystyr y geiriau gorchymyn a beth maen nhw'n gofyn i chi ei wneud. Fel arfer mae traethodau mewn Astudiaethau Crefyddol Safon Uwch yn profi eich gwybodaeth a'ch dealltwriaeth (AA1) neu eich gallu i werthuso, dod i farn ac asesu gwerth gwahanol syniadau neu gysyniadau (AA2).

Datblygu sgiliau AA2

Nawr mae'n bwysig ystyried y wybodaeth sydd wedi'i chyflwyno yn yr adran hon; fodd bynnag, mae'r wybodaeth fel y mae yn llawer rhy helaeth ac felly mae'n rhaid ei phrosesu er mwyn bodloni gofynion yr arholiad. Gallwch wneud hyn drwy ymarfer y sgiliau uwch sy'n gysylltiedig ag AA2. Bydd yr ymarferion yn y llyfr hwn yn eich helpu i wneud hyn ac yn eich paratoi ar gyfer yr arholiad. Ar gyfer Amcan Asesu 2 (AA2), sy'n cynnwys dangos sgiliau 'dadansoddi beirniadol' a 'gwerthuso', rydyn ni am ganolbwyntio ar ffyrdd gwahanol o ddangos y sgiliau yn effeithiol, gan gyfeirio hefyd at sut bydd eich perfformiad ym mhob un o'r sgiliau hyn yn cael ei fesur (gweler disgrifyddion band cyffredinol AA2 ar gyfer U2).

▶ **Dyma eich tasg:** Isod mae crynodeb o ddau safbwynt gwahanol ynghylch **a yw'r Abhidhamma yn ddefnyddiol ai peidio**. Mae'n 165 gair o hyd. Rydych chi eisiau defnyddio'r ddau safbwynt a'r dadleuon hyn ar gyfer gwerthusiad; fodd bynnag nid yw eu rhestru yn unig yn gyfystyr â'u gwerthuso. Cyflwynwch y ddau safbwynt hyn mewn arddull mwy gwerthusol gan grynhoi pob dadl yn gyntaf; yna, rhowch sylwadau yn nodi pa mor effeithiol yw pob un (mae gwan neu gryf yn dermau da i ddechrau arni). Dylech ysgrifennu cyfanswm o tua 200 gair.

Mae'r Abhidhamma yn ddefnyddiol iawn; mae ar gyfer y rhai sydd eisiau deall y Dhamma yn fwy manwl. Mae'n helpu i ddatblygu mewnwelediad i dair nodwedd bodolaeth: byrhoedledd, annigonoldeb, a'r di-hunan. Mae'n ddefnyddiol nid yn unig ar gyfer y cyfnodau sydd wedi'u neilltuo i fyfyrdod ffurfiol, ond hefyd yn ystod gweddill y dydd pan mae Bwdhyddion yn gwneud amryw o dasgau pob dydd. Mae Bwdhyddion mynachaidd yn cael budd mawr o astudio'r Abhidhamma gan ei fod yn eu helpu i gael profiad o realiti absoliwt.

Fyddai'r Abhidhamma ddim o unrhyw ddefnydd gwirioneddol i fynach nofis neu i berson lleyg oherwydd ei fod yn llawer rhy ddatblygedig a chymhleth. Yn yr ystyr hwn, ac o ystyried Bwdhaeth i gyd, mae'r Abhidhamma yn dda i ddim mewn gwirionedd, ac yn anaml iawn y mae Bwdhyddion yn edrych arno neu'n cyfeirio ato. Hefyd dydy e ddim o unrhyw ddefnydd ymarferol i unrhyw un heblaw am y rhai sydd ymhell ymlaen ar y llwybr Bwdhaidd fel mynachod a lleianod.

Ar ôl i chi orffen y dasg, cyfeiriwch at y disgrifyddion band ar gyfer U2 ac edrychwch yn benodol ar y gofynion sydd wedi'u disgrifio yn y disgrifyddion band uwch y dylech chi fod yn anelu atyn nhw. Gofynnwch i chi'ch hun:

- A yw fy ateb yn ddadansoddiad beirniadol hyderus a gwerthusiad craff o'r mater?
- A yw fy ateb yn nodi'r materion a godwyd gan y cwestiwn yn llwyddiannus ac yn mynd i'r afael â nhw'n drylwyr?
- A yw fy ngwaith yn dangos cydlyniad, eglurder a threfn o safon ragorol?
- A fydd fy ngwaith, ar ôl ei ddatblygu, yn cynnwys safbwyntiau trylwyr, cyson a chlir wedi'u cefnogi gan resymeg a/neu dystiolaeth helaeth, fanwl?
- A yw safbwyntiau ysgolheigion/ysgolion o feddwl yn cael eu defnyddio'n helaeth a phriodol, ac yn eu cyd-destun?
- A yw fy ateb yn cyfleu dadansoddiad hyderus a chraff o natur unrhyw gysylltiadau posibl ag elfennau eraill o fy nghwrs?
- Pan fyddan nhw'n codi, a yw'r defnydd o iaith a geirfa arbenigol yn drylwyr a chywir?

Sgiliau allweddol Thema 1

Mae'r thema gyntaf yn cynnwys tasgau sy'n ymdrin â hanfodion AA2 o ran datblygu arddull gwerthusol, adeiladu dadleuon a chodi cwestiynau beirniadol.

Sgiliau allweddol

Mae dadansoddi'n ymwneud â:

Nodi materion sy'n cael eu codi gan y deunyddiau yn adran AA1, ynghyd â'r rhai a nodwyd yn adran AA2, ac mae'n cyflwyno safbwyntiau cyson a chlir, naill ai gan ysgolheigion neu safbwyntiau personol, yn barod i'w gwerthuso.

Mae hyn yn golygu:

- Bod eich atebion yn gallu nodi meysydd trafod allweddol mewn perthynas â mater penodol
- Eich bod yn gallu nodi'r gwahanol ddadleuon a gyflwynir gan eraill, a rhoi sylwadau arnyn nhw
- Bod eich ateb yn rhoi sylwadau ar effeithiolrwydd cyffredinol pob un o'r meysydd neu ddadleuon hyn.

Mae gwerthuso'n ymwneud ag:

Ystyried goblygiadau amrywiol y materion sy'n cael eu codi, yn seiliedig ar y dystiolaeth a gafwyd wrth ddadansoddi ac mae'n rhoi dadl fanwl eang gyda chasgliad clir.

Mae hyn yn golygu:

- Bod eich ateb yn pwyso a mesur canlyniadau derbyn neu wrthod y dadleuon amrywiol a gwahanol a gafodd eu dadansoddi
- Bod eich ateb yn dod i gasgliad drwy broses rhesymu clir.

Wrth i chi weithio drwy bob adran yn y llyfr, bydd y pwyslais ar amrywiaeth o agweddau gwahanol sy'n gysylltiedig ag AA2 er mwyn i chi berffeithio'r sgiliau cyffredinol sy'n gysylltiedig ag AA2.

Cynnwys y fanyleb

Sutra'r Galon: cynnwys athronyddol yn ymwneud â chyd-hunaniaeth gwacter a ffurf.

Termau allweddol

Madhyamaka: Yr Ysgol Ganol, Bwdhaeth sy'n seiliedig ar ddysgeidiaeth Nagarjuna. Mae'r ysgol hon wrth wraidd Bwdhaeth Mahayana

Nagarjuna: yr athronydd Bwdhaidd cynnar mwyaf adnabyddus (tua 150–250 OCC)

Prajnaparamita: sy'n golygu 'y doethineb sydd wedi mynd ymhellach neu y tu hwnt' neu 'perffeithder/ rhagoriaeth doethineb' ac mae'n gasgliad o ysgrythurau Bwdhaidd cynnar o draddodiad Bwdhaeth Mahayana

Sambhogakaya: y corff nefolaidd neu nefol o fwdhau sy'n aml mewn bydoedd fel y Wlad Bur

Sutra Hrdaya: 'Sutra'r Galon' sydd hefyd yn cael ei alw'n 'Sutra Calon Doethineb Perffaith' neu'n 'Sutra Hanfod Doethineb'

B: Prif themâu a chysyniadau mewn dau o destunau'r Mahayana

Llenyddiaeth Prajnaparamita

Mae'r **Sutra Hrdaya** neu 'Sutra'r Galon' yn rhan o grŵp o destunau Bwdhaidd Mahayana hynafol o'r enw y **Prajnaparamita**. Llyfrgell yw'r Prajnaparamita o dros 40 o destunau, yn cynnwys rhai o'r Sutras Mahayana hynaf. Mae'r etymoleg fwyaf poblogaidd ar gyfer y term Sansgrit yn cyfieithu prajna fel 'doethineb'; ystyr para yw 'y tu hwnt' neu 'y lan bellaf', ac mae mita yn derm am 'fynd' neu 'gyrraedd'. Yr ystyr gyda'i gilydd yw 'yr hyn sy'n mynd y tu hwnt' neu 'wedi cyrraedd y lan bellaf'. Felly, mae rhai pobl yn cyfeirio at y Prajnaparamita fel 'y doethineb sydd wedi mynd y tu hwnt'.

Mae Donald S. Lopez, athro astudiaethau Bwdhaeth Tibet, yn gweld bod esboniad arall i'r gair. Mae'n dweud ei fod yn deillio o'r term parama sy'n golygu 'uchaf' neu 'mwyaf rhagorol' a'i ffurf enwol paramita sy'n golygu 'rhagoriaeth' neu 'berffeithder'. Fel hyn, wedi'i gyfuno â prajna, mae'r term Prajnaparamita hefyd fel arfer yn cael ei gyfieithu fel 'perffeithder doethineb' neu 'ragoriaeth doethineb'. Mae'n well gan rai pobl y cyfieithiad hwn, gan fod y term Sansgrit paramita ('mwyaf rhagorol') yn wahanol wedyn i'r mantra clo, 'gate… paragate … bodhi', sy'n golygu'n fwy llythrennol 'goleuedigaeth sydd y tu hwnt'.

Edward Conze, yr ysgolor Bwdhaeth o'r Almaen, a wnaeth lawer o'r gwaith ar gronoleg a dyddio'r Prajnaparamita. Credir bod y Sutras hyn wedi'u cyfansoddi yng nghanrifoedd cynnar OCC, er iddyn nhw ddatblygu dros lawer o ganrifoedd mewn gwirionedd. Mae tarddiad y Sutras yn fater cymhleth a dadleuol iawn ac, yn ôl Edward Conze, mae eu cronoleg nhw rhwng 100 CCC a 600 OCC. Mae Sutra Hrdaya yn dyddio tua diwedd y cyfnod hwn.

Ar y naill law, maen nhw'n cael eu hystyried yn Bwdha vacana drwy'r ysgolion Mahayana ac felly maen nhw'n ddywediadau 'dwyfol' y Bwdha sy'n dal i fodoli yn ei gorff nefol (**sambhogakaya**). Ar y llaw arall, mae'r testunau Prajnaparamita cynharaf fel arfer yn cael eu cysylltu'n betrus ag ysgol Mahasamghika Bwdhaeth gynnar India, ysgol a grëwyd yn yr ail Gyngor Bwdhaidd. Yn aml gwelir mai dyma'r dystiolaeth go iawn gyntaf dros ddatblygiad y Mahayana. Felly sefydlir y cysyniad bod Bwdhaeth Mahayana wedi datblygu o'r traddodiadau Theravada.

Mae ysgrifeniadau athronyddol **Nagarjuna** a sefydlodd ysgol **Madhyamaka** Bwdhaeth, yn adlewyrchu ac yn cefnogi'r Sutras. Yn benodol, cyd-hunaniaeth gwacter a ffurf, sy'n brif ffocws Sutra'r Galon, yw'r prif ganolbwynt i Nagarjuna a Madhyamaka hefyd. Yn ogystal mae'r cysylltiad yn eithaf cymhleth oherwydd bod Sutra'r Galon yn aml yn cael ei ddehongli o safbwynt Madhyamaka, ac mae llawer o'r esboniadau ar Sutra'r Galon naill ai'n defnyddio Nagarjuna neu'n seiliedig ar syniadau Madhyamaka. Er enghraifft, mae ysgol Gelug Tibet yn defnyddio fersiwn hirach Sutra'r Galon ac yn dibynnu ar esboniadau Tsongkhapa sydd â safbwynt Madhyamaka. Ym Mwdhaeth China (Yogacara Asiaeth Ddwyreiniol), mae esboniadau Kuiji ar Sutra'r Galon o safbwynt Madhyamaka hefyd.

Sutra'r Galon – Prajnaparamita Hrdaya

Nagarjuna ac ysgol Madhyamaka

Mae llawer o Fwdhyddion yn gweld mai Nagarjuna oedd yr athronydd enwocaf mewn Bwdhaeth, yn ail i'r Bwdha yn unig. Galwyd ef yn 'Einstein India', oherwydd ei ddylanwad mawr. Fodd bynnag, mae llawer o ddirgelwch amdano, gan mai prin yw'r wybodaeth am ei fywyd ac mae llawer o ddadlau ynghylch beth yn union a ysgrifennodd. Mae Nagarjuna yn hynod o arwyddocaol i Sutra Prajnaparamita a Hrdaya gan mai ei esboniadau ar y Prajnaparamita neu ei ddeallwriaeth benodol o'r Sutras yw'r sylfaen i Fwdhaeth Tibet, China, y Wlad Bur a Zen.

Yn gyffredinol, derbynnir mai Nagarjuna a ysgrifennodd lawer o weithiau athronyddol a oedd yn canolbwyntio ar wacter, dwy lefel gwirionedd a tharddiad dibynnol. Fel arfer, y testunau lle mae mwyaf o ddadlau ai Nagarjuna oedd yr awdur dilys yw'r rhai sy'n cynnwys cyfeiriad at ddatblygiadau diweddarach mewn athroniaeth Mahayana, fel tathagatagarbha (natur-Bwdha) a llwybr y bodhisattva. Er enghraifft, mae'n ymddangos mai'r Catuhstava (Emynau), sy'n dod yn agos iawn at ddysgeidiaeth ddiweddarach tathagatagarbha heb ddefnyddio'r term mewn gwirionedd, yw'r trothwy y mae problemau'n codi y tu hwnt iddo o ran pwy oedd awdur dilys rhai o'r emynau.

Wedyn mae llawer o weithiau eraill sy'n cael eu priodoli i Nagarjuna sy'n cysylltu'n uniongyrchol â dysgeidiaethau Bwdhaeth Mahayana wrth iddyn nhw ddatblygu, fel gwacter, llwybr y bodhisattva, dau wirionedd neu ddoethineb confensiynol ac eithaf, dulliau medrus a'r tathagata. Yn gyffredinol, mae'r rhan fwyaf o ysgolion Bwdhaeth Mahayana yn derbyn bod gweithiau fel hyn yn ddilys. Yn y gweithiau hyn mae Nagarjuna yn cyfeirio'n uniongyrchol at y llenyddiaeth am ddoethineb perffaith; maen nhw'n esboniadau sy'n dehongli'r cymhlethdodau athronyddol yn y tudalennau a ysgrifennwyd.

Er gwaethaf hyn, yr unig destun lle mae pob ysgolhaig yn cytuno mai Nagarjuna yw'r awdur dilys yw ei Mulamadhyamikakarikas ('adnodau ar hanfodion y Ffordd Ganol'). Dyma ei waith enwocaf o bell ffordd, ac mae'n edrych ar y dysgeidiaethau ar sunyata mewn 27 pennod.

Pam mae dysgeidiaeth Nagarjuna yn arwyddocaol er mwyn i ni ddeall Sutra'r Galon?

Dysgodd Nagarjuna ei bod hi'n bosibl canfod dysgeidiaeth eithaf Bwdhaeth yn y ddysgeidiaeth am wacter (sunyatavada). Hefyd roedd yn awyddus iawn i ddangos ei fod yn gydnaws â dysgeidiaethau Bwdhaeth draddodiadol fel y Pedwar Gwirionedd Nobl, y tri Lakshana a tharddiad dibynnol. Mae hyn i gyd yn arwyddocaol oherwydd bod y gosodiad allweddol yn Sutra'r Galon yn ymwneud â gwacter a beth 'yw' gwacter. Mae Mulamadhyamikakarikas Nagarjuna i gyd yn edrych ar y pwnc hwn – beth yn union 'yw' a 'nad yw' gwacter. Hefyd mae dyfnder dadansoddiad Nagarjuna yn mynd at 'wraidd' y ddadl am oblygiadau'r ddysgeidiaeth am wacter. Felly mae hyn yn gwneud iddi fod yn benodol yn Mahayana ei natur ac nid yn ddatblygiad o Fwdhaeth Theravada yn unig.

Mae rhai wedi gweld bod Mulamadhyamikakarikas Nagarjuna yn ddadl uniongyrchol rhwng Bwdhaeth Mahayana ac ysgol Sarvastivada Bwdhaeth Theravada a oedd yn gweld bod 'dhammas' yr Abhidhamma yn endidau mwy statig na rhai'r Theravada ehangach. Yn wir, awgrymwyd un ddamcaniaeth mai mynach Theravada arloesol a blaengar oedd Nagarjuna ei hunan. Mae eraill yn gweld bod ei waith wedi'i seilio'n gadarn ar yr ysgol Mahayana er mwyn egluro dysgeidiaeth benodol sunyata i Fwdhaeth Theravada. Mae'r ddamcaniaeth olaf wedi tueddu i fod yn fwy dylanwadol ymysg ysgolheigion yn ddiweddar. Eto i gyd, mae yna ysgolheigion sy'n gweld nad Bwdhydd Theravada na Mahayana chwaith yw Nagarjuna. Maen nhw'n gweld ei fod mewn cyfnod pontio yn natblygiad Bwdhaeth Mahayana o Fwdhaeth Theravada.

Dyfyniadau allweddol

Heb sylfaen yn y gwirionedd confensiynol, mae'n amhosibl dysgu arwyddocâd yr eithaf. Heb ddeall arwyddocâd yr eithaf, dydy rhywun ddim yn cyrraedd Rhyddhad. Drwy gamddeall gwacter, mae person heb lawer o ddeallusrwydd yn cael ei ddinistrio ... Oherwydd hynny – bod y Dharma yn ddwfn ac yn anodd ei ddeall a'i ddysgu – doedd gan feddwl y Bwdha ddim gobaith o allu ei ddysgu. (Nagarjuna)

Mae'r rhai buddugoliaethus wedi dweud mai rhoi'r gorau i bob safbwynt yw gwacter. I bwy bynnag mae gwacter yn safbwynt, dydy hwnnw ddim wedi cyflawni dim byd. (Nagarjuna)

Mae'r Prajna Paramita, neu Ddoethineb Rhyfeddol, yn symud fel cwch sy'n cludo pob bod ymdeimladol ar draws môr llygredd i'r lan arall, sef Nirvana. (T'an Hsu y Meistr Mawr)

Un peth y gallwn ni ei ddweud heb amheuaeth am *Sutra'r Galon* yw ei fod yn hollol wallgof. O'i ddarllen, dydy e ddim yn gwneud unrhyw synnwyr. Wel, efallai fod y dechrau a'r diwedd yn gwneud synnwyr, ond mae popeth yn y canol yn swnio fel ffurf soffistigedig ar nonsens, a gellir dweud mai dyna nodwedd sylfaenol *Sutras Prajnaparamita* yn gyffredinol. Os ydyn ni'n hoffi'r gair 'dim', efallai y bydden ni'n hoffi'r Sutra oherwydd dyna'r prif air mae'n ei ddefnyddio – dim hyn, dim y llall, dim byd. Hefyd gallen ni ddweud mai Sutra am ddoethineb yw e, ond Sutra am ddoethineb gwallgof yw e. (Karl Brunnholzl)

Er enghraifft, yn ôl Stephen Batchelor, er bod gweithiau Nagarjuna yn aml yn cael eu gweld fel esboniadau o'r Sutras Prajnaparamita, mae'n arwyddocaol nad yw Nagarjuna yn cyfeirio atyn nhw ar unrhyw adeg nac at ddelfryd y bodhisattva. Mae'n tueddu i weld y ffordd i oleuedigaeth fel y ffordd i ddod yn arhat. Mae hyn yn cadarnhau'r syniad bod y Mahayana wedi codi o Theravada drwy draddodiadau fel rhai'r Mahasamghikas a'r Lokottaravadins. Efallai nad oedd dealltwriaeth Nagarjuna o wacter yn ganlyniad uniongyrchol y Prajnaparamita, ond yn ganlyniad rhyw ddysgeidiaethau llafar cynnar ym Mwdhaeth gynnar India a oedd â chysylltiad llac â datblygiad diweddarach llenyddiaeth Prajnaparamita.

Yn gyffredinol, mae ysgolheigion wedi ymateb i hyn drwy nodi bod Nagarjuna, wrth ddeall mai ffordd y gŵr doeth wedi'i ryddhau (arhat) yw'r llwybr i Fwdhaeth, yn cwrdd â mynachod Theravada ar eu lefel dealltwriaeth eu hunain.

Sut bynnag mae hi, mae ysgolheigion wedi bod wrthi ers tro yn ceisio esbonio pam nad yw gweithiau Nagarjuna yn cyfeirio at lenyddiaeth Prajnaparamita yn ei waith er bod ei ysgrifeniadau'n rhyfeddol o debyg iddyn nhw, yn enwedig Sutra'r Galon.

Serch hynny, maen nhw fel petaen nhw'n derbyn bod cyd-hunaniaeth gwacter a ffurf, gyda Nagarjuna yn esbonio hyn drwy Madhyamaka, wedi dod yn allweddol i ddatgloi arwyddocâd Sutra'r Galon i'r rhan fwyaf o draddodiadau Bwdhaeth Mahayana.

Sutra'r Galon – Prajnaparamita Hrdaya

Sutra Prajnaparamitahrdaya (Sutra Perffeithder Doethineb y Galon) yw'r Sutra Prajnaparamita byrraf oll ac mae fersiynau byrrach a hirach o'r testun ar gael. Mae'r Sutra wedi cael ei gyfieithu i'r Saesneg o ieithoedd fel Sansgrit, Tsieinëeg ac iaith Tibet. Mae Bwdhyddion Tibet a Zen yn enwedig yn ei barchu. Mae ysgolion amrywiol Bwdhaeth Tibet yn astudio'r Sutra hirach yn helaeth ac fel arfer maen nhw'n ei ddeall o safbwynt tantrig. Mae Sutra'r Galon yn bendant yn dyddio ar ôl Nagarjuna, ond mae'r esboniadau cynharaf mewn Tsieinëeg – gan Kuiji – yn dehongli Sutra'r Galon mewn ffordd Madhayamaka nodweddiadol. Mae rhai'n dadlau mai yn China y cafodd Sutra'r Galon byrrach ei gyfansoddi.

Mae'r gair hrdaya, sy'n cael ei gyfieithu fel 'calon', yn arwyddocaol mewn sawl ffordd. Yn gyntaf, mae'n amlwg ei fod yn cynnwys hanfod dysgeidiaeth Prajnaparamita, y ddysgeidiaeth ar sunyata. Fodd bynnag, arwyddocâd arall sy'n codi ohono yw nad rhywbeth i'w ddeall yn ddeallusol yw Prajnaparamita ond rhywbeth sy'n cael ei wireddu drwy brofiad, drwy'r 'galon'. Dyma pam mae'n cael ei gyflwyno drwy ailadrodd a myfyrdod. Fodd bynnag, nid cyd-ddigwyddiad yw hi chwaith bod Sutra'r Galon yn cael ei ystyried fel datganiad hanfodol Bwdhaeth Mahayana, nid yn unig oherwydd ei fod yn dangos y mewnwelediad dwfn i wacter, ond hefyd – fel y gwelwn ni wedyn – oherwydd ei fod yn borth i ddeall pob damcaniaeth Mahayana penodol arall sy'n gwahaniaethu rhwng Bwdhaeth Mahayana a Bwdhaeth Theravada.

Mae ysgolheigion wedi dadlau ers tro bod craidd y Sutras byrrach hyn yn crynhoi dysgeidiaethau'r Sutras Prajnaparamita hirach. Sutra'r Galon yw un o'r testunau sy'n cael ei ddefnyddio fwyaf yn y traddodiad Mahayana, nid yn unig oherwydd ei fod yn fyr i'w adrodd. Mae Sutra'r Galon yn destun athronyddol iawn sy'n rhoi mewnwelediad i sut mae pethau. Mae Sutra'r Galon yn llawn paradocsau, sy'n gallu ymddangos yn ddisynnwyr. Felly, mae'n amhosibl deall y testun yn llawn drwy ddefnyddio'r deall yn unig. Yn wir, mae Brunnholzl yn awgrymu: 'Pan fyddwn ni'n ei ddarllen, mae'n swnio'n hurt, ond dyna mewn gwirionedd lle mae'r doethineb yn chwarae ei ran'. Mae Cush yn cefnogi'r safbwynt hwn drwy awgrymu mai Sutra'r Galon yw 'doethineb y Bwdhau'.

Mae Sutra'r Galon yn dechrau gydag **Avalokitesvara** (Avalokita), bodhisattva tosturi mawr, yn ystyried Doethineb Perffaith. Mae'r Sutra yn mynd ymlaen i ddisgrifio Deffroad y bodhisattva. Mae Avalokitesvara yn datblygu prajna drwy fyfyrdod vipassana. Mae'r Sutra yn seiliedig ar ddeialog rhwng **Sariputra** ac Avalokitesvara.

Y Sutra Hrdaya byrrach

Gwrogaeth i Berffeithder Doethineb, yr Hyfryd, y Sanctaidd!

*Roedd **Avalokita**, Yr Arglwydd Sanctaidd a Bodhisattva, yn symud yn llwybr dwfn **y Doethineb sydd wedi mynd y tu hwnt**. Edrychodd i lawr oddi uchod, gwelodd bum pentwr yn unig, a gwelodd yn **eu bod eu hunain** eu bod nhw'n wag.*

*Yma, Sariputra, **gwacter yw ffurf, a ffurf yw'r union wacter hwnnw**; dydy gwacter ddim yn wahanol i ffurf, dydy ffurf ddim yn wahanol i wacter; beth bynnag yw ffurf, dyna yw gwacter, beth bynnag yw gwacter, dyna yw ffurf, mae'r un peth yn wir am deimladau, canfyddiadau, ysgogiadau ac ymwybyddiaeth.*

*Yma, Sariputra, **mae gwacter yn nodi pob dharma**; dydyn nhw ddim wedi'u cynhyrchu nac wedi'u hatal, ddim wedi'u llygru nac yn ddilychwin, ddim yn ddiffygiol nac yn gyflawn.*

*Felly, Sariputra, mewn gwacter does dim ffurf, na theimlad, na chanfyddiad, nac ysgogiad, nac ymwybyddiaeth; Dim llygad, clust, trwyn, tafod, corff, meddwl; Dim ffurfiau, seiniau, arogleuon, blasau, teimladau, na gwrthrychau'r meddwl; Dim elfen organ-golwg ac yn y blaen, tan i ni ddod i: Dim elfen ymwybyddiaeth-meddwl; **Does dim anwybodaeth, dim difodiant anwybodaeth, ac yn y blaen, tan i ni ddod i: does dim pydredd a marwolaeth, dim difodiant pydredd a marwolaeth. Does dim dioddefaint, dim tarddiad, dim stopio, dim llwybr. Does dim adnabyddiaeth, dim cyrhaeddiad a diffyg cyrhaeddiad**.*

*Felly, Sariputra, **oherwydd ei ddiffyg cyrhaeddiad** y mae Bodhisattva, er iddo ddibynnu ar Berffeithder Doethineb, yn byw heb orchuddion meddyliau. Gan nad oes gorchuddion meddyliau, does dim byd wedi gwneud iddo grynu, mae wedi goresgyn y pethau sy'n gallu tarfu arno, ac yn y pen draw mae'n cyrraedd Nirvana.*

Mae pob un o'r rhai sy'n ymddangos fel Bwdhau yn nhri chyfnod amser yn deffro'n llawn i'r Oleuedigaeth eithaf, gywir a pherffaith oherwydd eu bod nhw wedi dibynnu ar Berffeithder Doethineb.

Felly dylai rhywun wybod am y Prajnaparamita fel y swyn mawr, swyn gwybodaeth fawr, y swyn eithaf, y swyn digyffelyb, sy'n lleddfu pob dioddefaint, mewn gwirionedd – oherwydd beth allai fynd o'i le? Drwy'r Prajnaparamita mae'r swyn hwn wedi'i roi. Dyma'r swyn:

Wedi mynd, wedi mynd, wedi mynd y tu hwnt, wedi mynd y tu hwnt yn llwyr, O am Ddeffroad, henffych!

(cyfieithiad o fersiwn Saesneg Edward Conze)

Dyfyniadau allweddol

Does dim anwybodaeth, dim difodiant anwybodaeth, ac yn y blaen, tan i ni ddod i: does dim pydredd a marwolaeth, dim difodiant pydredd a marwolaeth. Does dim dioddefaint, dim tarddiad, dim stopio, dim llwybr. Does dim adnabyddiaeth, dim cyrhaeddiad a diffyg cyrhaeddiad. (**Sutra'r Galon**)

Felly, Sariputra, oherwydd ei ddiffyg cyrhaeddiad y mae Bodhisattva, er iddo ddibynnu ar Berffeithder Doethineb, yn byw heb orchuddion meddyliau. (**Sutra'r Galon**)

Yma, Sariputra, gwacter yw ffurf, a ffurf yw'r union wacter hwnnw; dydy gwacter ddim yn wahanol i ffurf, dydy ffurf ddim yn wahanol i wacter; beth bynnag yw ffurf, dyna yw gwacter, beth bynnag yw gwacter, dyna yw ffurf. (**Sutra'r Galon**)

cwestiwn cyplym

1.11 Beth yw ystyr y termau Prajnaparamita a Hrdaya?

cwestiwn cyplym

1.12 Enwch ddwy ysgol Bwdhaeth sy'n defnyddio'r Prajnaparamita Hrdaya.

Sariputra, un o ddisgyblion agosaf y Bwdha hanesyddol

Termau allweddol

Avalokitesvara: 'Yr un sy'n clywed cri'r byd.' Bodhisattva tosturi

Sariputra: mewn Bwdhaeth Theravada, un o brif ddisgyblion y Bwdha, ond mewn rhai testunau – fel y Sutra Lotus – mae'n cael ei gyflwyno fel un sy'n cael trafferth deall Dharma Mahayana

Dyfyniadau allweddol

Felly mae pob bod yn ffurf ac yn wacter ar yr un pryd. Yn wir, 'ffurfiau ar wacter' ydyn nhw o ran mai eu diffyg annibyniaeth a sylwedd sy'n eu galluogi i fod y prosesau rhyng-gysylltiedig ydyn nhw. (Davis)

Gyda phob un o'r skhandhas eraill yn unig y gall pob un fod â rhyngfodolaeth. Felly mae'n dweud wrthon ni bod ffurf yn wag. Mae ffurf yn wag o hunan ar wahân, ond mae'n llawn o bopeth yn y cosmos. Mae'r un peth yn wir gyda theimladau, canfyddiadau, ffurfiadau meddyliol, ac ymwybyddiaeth.
(Thich Nhat Hanh)

Termau allweddol

Pratityasamutpada: tarddiad dibynnol

Svabhava: bodolaeth ymfodol; eich 'bod' eich hun, yn annibynnol ar bopeth arall

Awgrym astudio

Mae'r ddwy dudalen ganlynol yn anodd iawn ac yn adlewyrchu natur athroniaeth Mahayana. Mae'r penawdau (1) a (2) a'r prif destun ar dudalennau 26–28 yn cynnwys dadleuon ysgolheigaidd sy'n helpu i egluro'r dehongliadau gwahanol o 'wacter' gan Fwdhaeth Theravada a Mahayana yn gyffredinol. Efallai bydd y wybodaeth hon yn ddefnyddiol i athrawon ac i ddisgyblion sydd eisiau mynd i fwy o fanylder. Neu, mae dau grynodeb ar ymyl y ddalen o dan luniau ar dudalennau 27–28 sy'n ceisio symleiddio'r mater heb i chi orfod darllen drwy fanylion y testun.

Fel man cychwyn, mae dysgeidiaethau'r Bwdha, ar fyrhoedledd (anicca) a dim hunan parhaol (anatta), yn cael eu datblygu ymhellach yn Sutra'r Galon; felly hefyd ddysgeidiaeth benodol tarddiad dibynnol (pratityasamutpada). Mae Sutra'r Galon yn esbonio cysyniad sunyata, bod **popeth** yn wag o fodolaeth ymfodol (svabhava, yn llythrennol 'eich bodolaeth eich hun'). Mae modd gweld hyn o honiadau Avalokitesvara yn Sutra'r Galon, a'r man cychwyn yw cyfeiriad at y pum skandha ('pentyrrau'), hynny yw, y cysyniad traddodiadol am yr elfennau sylfaenol sy'n rhyngweithio â'i gilydd mewn unigolyn. Mae Sutra'r Galon yn dechrau fel hyn: 'Gwelodd bum pentwr yn unig, a gwelodd **yn eu bod eu hunain** mai gwag oedden nhw.'

Mae Avalokitesvara yn gweld 'mewn gwacter does dim ffurf, na theimlad, na chanfyddiad, nac ysgogiad, nac ymwybyddiaeth'. Ystyr hyn yw nad oes dim byd sy'n gallu honni bodolaeth annibynnol; dim ond cydnabod 'bodolaeth' mewn perthynas â phethau eraill sy'n bosibl. Felly, gan fod y skandhas yn wag o ran eu bodolaeth eu hunain ac nad ydyn nhw'n bodoli'n annibynnol, mae natur **pob** bodolaeth yr un fath. Yna daw datganiad allweddol: 'Yma, Sariputra, **mae gwacter yn nodi pob dharma**; dydyn nhw ddim wedi'u cynhyrchu nac wedi'u hatal, ddim wedi'u llygru nac yn ddilychwin, ddim yn ddiffygiol nac yn gyflawn.' Does gan ddim un 'peth' svabhava neu ei fodolaeth ei hun. Felly mae cysyniad svabhava yn cael ei gymryd y tu hwnt i'r 'pentyrrau' ac yn cael ei gymhwyso i bob dharma sy'n ffurfio unrhyw fath o fodolaeth.

Yn wir mae'r 'mewnwelediad dwfn' hwn yn cael ei nodi yn Sutra'r Galon – 'llwybr dwfn y Doethineb sydd wedi mynd y tu hwnt' – ond efallai nad yw'r mewnwelediad yn union fel mae pobl yn ei ddeall yn aml.

Yn aml, mae llawer o bobl yn dweud mai'r mewnwelediad hwn yw'r sylweddoliad bod pethau, bodolaeth, ffenomenau heb svabhava (eu bodolaeth eu hunain) a'u bod wedi'u rhyng-gysylltu (pratityasamutpada). Does dim dwywaith bod hyn yn 'fewnwelediad dwfn', ond y broblem gyda safbwynt fel hwn yw mai hanner y ddysgeidiaeth yn unig sy'n cael ei esbonio, ac mai un hanner y paradocs gwirioneddol yn unig sydd ar ôl i ni. Yn ogystal â nodi mai gwag yw pethau y mae pobl yn aml yn meddwl bod ganddyn nhw sylwedd, sylwch fod Sutra'r Galon hefyd yn nodi mai rhywbeth gwag yw'r union ddull o wireddu gwacter. 'Does dim anwybodaeth, **dim difodiant anwybodaeth** … does dim pydredd a marwolaeth, **dim difodiant pydredd a marwolaeth**. Does dim dioddefaint, **dim tarddiad, dim stopio, dim llwybr …**'

Yma, felly, mae gwacter yn cyfeirio at anwybodaeth a'r modd mae gwirionedd yn dinistrio anwybodaeth. Hwn, felly, yw'r paradocs:

> *Mae ein mewnwelediad dwfn yn ein helpu i weld mai gwag mewn gwirionedd yw ein cysyniadau confensiynol am fodolaeth sy'n cael eu cefnogi gan anwybodaeth; fodd bynnag, mae'r llwybr i gael y mewnwelediad hwn yr un mor wag!*

Mae'n ymddangos mai'r paradocs yw ein bod ni'n gwybod bod mewnwelediad i wacter yn 'goleuo' ac yn sylweddoliad 'cadarnhaol' sy'n 'dyrchafu'n ysbrydol'. Ond sut gall e fod yn 'gadarnhaol' ac yn dyrchafu'n 'ysbrydol' os yw'n wag? Wel, yr ateb, yn ôl Nagarjuna, yw mai **dim ond oherwydd bod y llwybr i nirvana (a nirvana ei hun) yn wag y gall fod yn realiti**: 'pe na bai popeth yn wag, fyddai dim tarddiad a dim dinistr'.

Mae hyn yn allweddol er mwyn deall y gwahaniaeth gwirioneddol rhwng dealltwriaeth Theravada o wacter a dealltwriaeth Mahayana o wacter fel mae Sutra'r Galon ac ysgrifeniadau Nagarjuna yn eu cyflwyno nhw. Felly, mae angen esbonio dau beth o ran union natur y 'mewnwelediad dwfn' hwn:

(1) Nid cysyniad gwacter (h.y. diffyg bodolaeth ymfodol) yn unig yw 'mewnwelediad dyfnach' Bwdhaeth Mahayana oherwydd dim ond cadarnhau dysgeidiaeth Fwdhaeth sylfaenol anatta y mae hyn yn ei wneud.

Mae Rupert Gethin yn dadlau bod cysyniad dhammas yn yr Abhidhamma Pitaka yn cyflwyno map ar gyfer sut mae pethau ac nad yw hyn i fod i gael ei dderbyn fel y realiti eithaf yn nysgeidiaethau Sutra'r Galon. Felly, yn Sutra'r Galon, gwelir yn benodol bod pob dharma yn wag a heb fodolaeth ymfodol. Mewn un ystyr mae'n wir bod dysgeidiaethau'r Prajnaparamita Hrdaya yn wahanol i ddysgeidiaethau testunau'r Abhidhamma Pali. Dehongliad poblogaidd o'r Abhidhamma yw bod y dysgeidiaethau Pali yn tueddu i ystyried bod y blociau adeiladu, neu'r **dhammas** (dharmas) y mae popeth wedi'i ffurfio ohonyn nhw, yn fwy fel endidau sefydlog. Un ddealltwriaeth yn unig yw hyn a dylid ei thrin yn ofalus mewn perthynas â Bwdhaeth Theravada.

Er enghraifft, term Bwdhaeth Theravada yw sunnata (gwacter yn Pali) ac mae'n cael ei ddefnyddio yn y Canon Pali (Samyutta Nikaya XXXV, 85). Mae ysgolheigion Theravada fel Peter Harvey yn ei lyfr *The Selfless Mind*, yn dadlau bod cysyniad anatta a gwacter yn dal i alluogi Bwdhyddion i ystyried yr hunan fel 'hunan empirig' yn hytrach na 'hunan metaffisegol' er mwyn gwahaniaethu rhyngddo a nihiliaeth (y safbwynt bod di-hunan a gwacter yn golygu bod 'diddymdra'). Mae'n amlwg bod Harvey yn ymwybodol, o safbwynt goleuedig, mai'r hunan empirig yw'r dehongliad cywir o anatta a sunnata. Mae'n ysgrifennu: 'Mae'n 'wacter' neu'n 'wag' o ran bod yn rhydd o bob camddehongli (abhinivesa) fel 'Hunan' neu 'fod parhaol' ... Mae deall nibbana fel gwacter diarwydd, fel rhywbeth sy'n 'gweld drwy' ffenomenau gwag, yn atgoffa rhywun o safbwynt ysgol Madhyamaka Mahayana. Yn wir, mae diffiniad o'r term sunnata yn y Geiriadur Pali ac mae esboniad yn y Visuddhi Magga, y testun pwysicaf mewn Bwdhaeth Theravada ac eithrio'r Canon Pali.

Awgrym astudio

Wrth ddysgu termau allweddol, mae'n ddefnyddiol i chi ofyn y cwestiynau canlynol:

- Ble mae'r gair hwn yn codi yn fy nghwrs i?
- Beth gallen nhw ei ofyn i mi am hyn mewn arholiad?
- Beth yw'r cysylltiadau â thermau allweddol eraill yn yr eirfa?

Fel hyn, mae'n bosibl dehongli dysgeidiaethau'r Abhidhamma ar dhammas fel ymarfer athronyddol empirig sy'n cynnwys dealltwriaeth o'r ffaith bod pob ffenomen wedi'i rhyng-gysylltu. Mae Ronkin (Canolfan Rhydychen ar gyfer Astudiaethau Bwdhaidd) yn cefnogi hyn: 'Yma, digwyddiadau seicogorfforol yw dhammas, neu weithredoedd o greu cysyniadau lle mae'r meddwl yn uno ac yn cymhathu data a syniadau'r synhwyrau i greu cyfan gwybyddol sy'n gwneud synnwyr'. Mae'n ychwanegu hefyd, ***fflachiadau o brofiad*** yw'r dhammas Abhidhammikas sy'n gwneud ***prosesau sy'n creu'r byd***. Dyma elfennau, nad oes modd eu lleihau, y ffenomenau y mae rhywun yn dod ar eu traws a'r eitemau terfynol sy'n cael eu datguddio wrth ddilyn y dadansoddiad o brofiad ymwybodol i'r eithaf.' Mae'n debyg i giplun ar gyfrifiadur sy'n ceisio dal dealltwriaeth gonfensiynol o eiliad wib o realiti er mwyn gwneud synnwyr o realiti, yn hytrach na dadansoddiad o eiliad sefydlog mewn amser. Ofer yw gweld y 'fflach o brofiad' fel endid sefydlog gan fod realiti wedi symud ymlaen yn barod oherwydd bod rhyngweithio'r dhammas mor symudol.

Yn yr ystyr hwn mae dealltwriaeth Abhidhamma Pitaka o'r Canon Pali, sef cynnig bod dhammas yn 'gyflwr sefydlog', yn ddehongliad ac yn ddealltwriaeth o'r Abhidhamma sy'n amheus a dadleuol ynddo'i hun. Yn wir, mae Peter Harvey yn dweud yn ei lyfr *An Introduction to Buddhism*:

'Dhammas ydyn nhw oherwydd eu bod nhw'n cynnal eu natur eu hunain [sabhaava]. Dhammas ydyn nhw oherwydd eu bod nhw'n cael eu cynnal gan amodau neu eu bod nhw'n cael eu cynnal "yn unol â'u natur eu hunain" (Asl.39). Yma, byddai "eu natur eu hunain" yn golygu natur nodweddiadol, sydd ddim yn rhywbeth o sylwedd mewn dhamma fel realiti eithaf ar wahân. Mae'n codi oherwydd amodau ategol dhammas eraill ac enghreifftiau blaenorol o'r dhamma hwnnw'n digwydd. Mae hyn yn arwyddocaol oherwydd ei fod yn gwneud i feirniadaeth Bwdhaeth Mahayana o gysyniad ysgol Sarvastivada o 'ei natur ei hun' fod yn amherthnasol i raddau helaeth i Fwdhaeth Theravada.'

CHWYDDO MEWN! *Mae Bwdhaeth Theravada a Mahayana yn gweld mai 'gwacter' yw 'ffurf' pan maen nhw'n dadansoddi union sylfaen bodolaeth ar lefel ficrosgopig.*

CHWYDDO ALLAN! Mae ysgrythurau Mahayana yn mynd i'r afael o ddifrif â 'ffurf yw gwacter' ac yn gweld bydysawd(au) o 'ffurf' neu fodolaeth drwy'r canfyddiadau sy'n dod gyda 'gwacter'. Ystyr hyn yn y pen draw yw nad oes gwahaniaethau na chwaith unrhyw gyfyngiadau ar yr hyn sy'n gallu 'bod'. Felly does dim gwahaniaeth rhwng samsara a nirvana, mae gennym ni i gyd natur-Bwdha ynom ni ac mae llu o fydysawdau a Bwdhau! Mae'n ymddangos nad yw Bwdhaeth Theravada yn mynd cyn belled â hyn.

Yr hyn sy'n amlwg yw bod dysgeidiaeth sunyata, sef bod pethau'n wag o fodolaeth ymfodol, wrth wraidd Bwdhaeth Theravada, athroniaeth Ysgol Mahdhyamaka Nagarjuna, a hefyd Sutra'r Galon a gweddill llenyddiaeth Prajnaparamita. A bod yn deg, mae Rupert Gethin hefyd yn dadlau bod Sutras Prajnaparamita, gan gynnwys Sutra'r Galon, yn cyflwyno eu doethineb 'nid fel rhywbeth arloesol ond fel ailddatganiad o ddysgeidiaeth wreiddiol y Bwdha'. Yn wir, mae Christmas Humphreys yn dweud mai 'Annicca wedi'i gymryd i'w gasgliad rhesymegol yw sunyata'. Mae'n dadlau hefyd mai 'natur pethau yw'r nodwedd honno sy'n eu gwneud nhw'n un ag egwyddor Goleuedigaeth'. Felly, mae'r cysylltiad mwyaf pendant â sunyata i'w gael yn nysgeidiaeth unigryw anatta (di-hunan neu ddim hunan) lle mae cysyniad sylwedd cynhenid yn cael ei wrthod.

Efallai mai'r ffordd orau o edrych ar Sutra Hrdaya yw yn ôl ei rinweddau ei hun ac nid wrth ochr Abhidhamma Theravada. Mae'r 14eg Dalai Lama yn esbonio, 'Does neb yn dadlau ynghylch *bodolaeth* pethau a digwyddiadau; *y modd* maen nhw'n bodoli sy'n rhaid ei egluro.' Mae ein meddwl, a'r iaith rydyn ni'n ei defnyddio i ddisgrifio pethau, yn ein twyllo mewn gwirionedd i feddwl bod pethau'n bodoli go iawn. Fodd bynnag, oherwydd bod popeth sy'n bodoli'n dibynnu ar achosion ac amodau er mwyn iddo fodoli, a bod popeth wedi'i ryng-gysylltu yn ôl dysgeidiaethau Sutra'r Galon, mae'n wag o ran ei hunan. Mae Cush yn ein hatgoffa ni: 'Dydy gwacter ddim yn golygu "diddymdra", na chwaith yn sylwedd y mae pob peth yn cael ei wneud ohono. Does gan ddim byd o gwbl fodolaeth eithaf neu angenrheidiol – gan gynnwys *nirvana*, Bwdhau, doethineb perffaith a gwacter.'

Felly os nad yw mewnwelediadau Sutra'r Galon i 'wacter' a diffyg 'eich bodolaeth eich hun' yn rhoi darlun llawn o 'fewnwelediad dyfnach' Bwdhaeth Mahayana, beth sy'n gwneud hynny?

(2) Beth yw'r 'mewnwelediad dyfnach' yn Sutra'r Galon sy'n benodol i Fwdhaeth Mahayana?

Yr hyn wnaeth y Prajnaparamita oedd datblygu cysyniad anatta i'w ganlyniad rhesymegol; fodd bynnag, dydy hyn ddim yn dod i ben gyda'r mewnwelediad bod popeth yn wag. Mae'n ddiddorol bod pobl yn aml yn cyfeirio at ddysgeidiaeth eithaf Bwdhaeth a Sutra'r Galon fel 'gwacter yw ffurf' neu 'mae popeth yn wag'. Er bod hyn yn wir, hanner y darlun yn unig yw e.

Mae rheswm pam mae Sutra'r Galon yn ei ddweud fel hyn:

'gwacter yw ffurf, *a ffurf yw'r union wacter hwnnw; dydy gwacter ddim yn wahanol i ffurf*, dydy ffurf ddim yn wahanol i wacter; beth bynnag yw ffurf, dyna yw gwacter, *beth bynnag yw gwacter, dyna yw ffurf*.'

Mae'r ymadrodd hwn yn aml yn cael ei ddeall o ran y rhan gyntaf yn unig: 'gwacter yw ffurf' fel sydd ym mhwynt (1) uchod. Yma mae pawb yn rhyfeddu at y mewnwelediad nad oes bodolaeth ymfodol eithaf gan fod popeth yn wag o ran hanfod, ac mae chwilio am esboniad o ystyr hyn. Dadl dealltwriaeth fel hyn fyddai mai'r mewnwelediad dyfnach yw dyfnder y sylweddoliad hwn mewn Bwdhaeth Mahayana o anatta i sunyata. Fodd bynnag, does dim byd yn newydd nac yn arloesol am hyn. Mae Bwdhaeth Mahayana a Theravada yn cytuno ar hyn fel rydyn ni wedi'i weld uchod. Yn wir, rhaid i ni beidio â mynd dros ben llestri wrth ymhyfrydu yn y mewnwelediad hwn o'i ran ei hun. Gwaetha'r modd, mae llawer o bobl sy'n astudio Sutra'r Galon yn tueddu i orffen gyda'r union argraff hon. Dyma un o'r rhesymau pam mae Thich Nhat Hanh wedi gwneud cyfieithiad newydd o Sutra'r Galon yn ddiweddar.

Mae Sutra'r Galon, ysgrifeniadau Nagarjuna a Sutras Prajnaparamita yn wirioneddol yn rhai nodweddiadol o Fwdhaeth Mahayana oherwydd eu bod nhw'n newydd ac yn arloesol. Mae'n bosibl darganfod yr arloesedd hwn drwy ganolbwyntio ar *oblygiadau* y ddysgeidiaeth ar wacter. O hyn wedyn datguddiwyd rhagor o ddysgeidiaethau penodol i Fwdhaeth Mahayana. Trawsnewidiwyd llwybr yr arhat yn llwybr y bodhisattva a thrwy roi mwy o bwyslais ar ddulliau medrus, cafodd Bwdhaeth ei ddatgelu'n rhesymegol i'r werin bobl. Nawr roedd doethineb a thosturi'n cael eu gweld fel dwy ochr yr un geiniog.

I grynhoi:

> Fel rydyn ni wedi'i weld, mae'n ymddangos mai craidd Sutra'r Galon
> yw'r ymadrodd, *'gwacter yw ffurf, a ffurf yw'r union wacter
> hwnnw'*. Mae hyn yn allweddol er mwyn deall y ddadl hanesyddol mai
> Bwdhaeth Mahayana yw'r 'cerbyd mawr'.

Mae hyn yn cyfeirio'n eglur at oblygiadau rhesymegol cyd-hunaniaeth gwacter a ffurf ('gwacter yw ffurf') yn yr ystyr mai 'ffurf yw'r union wacter hwnnw'. Yr hyn sy'n hanfodol, yn allweddol ac yn greiddiol i Sutra'r Galon – ac mae'n amhosibl gorbwysleisio hyn – yw nad yw hi dim ond yn cydnabod beth yw ystyr y ffaith 'gwacter yw ffurf', ond hefyd beth sydd **ymhlyg** yn hyn, hynny yw, **'ffurf yw'r union wacter hwnnw'**. Nid mater o ailadrodd yn unig yw gweddill Sutra'r Galon. Mae'r geiriau yno i'w hystyried yn ddwfn, i fyfyrio arnyn nhw.

Drwy ystyried yn ddwfn daw Bwdhyddion i sylweddoli mai **cadarnhad** yw gwacter mewn gwirionedd, ac nid nacáu neu ddifodi natur wirioneddol ein bodolaeth sydd yma. Yn wir, mae hyn yn rhyddhau effeithiau rhagweithiol iawn. Mewn gwirionedd mae *'ffurf yw'r union wacter hwnnw'* yn rhyddhau Bwdhyd i sylweddoli nad 'diddymdra' yw ystyr gwacter ond y gwrthwyneb yn llwyr – llawnder ffurf rhyfeddol. Mae'n cadarnhau gwacter fel realiti, ein realiti ni. Fodd bynnag, mae'r 'cadarnhau realiti' yn rhywbeth gwag ynddo'i hunan, ac nid safbwynt yw e. Yn ôl Nagarjuna, 'Dysgeidiaeth y Bwdha yw bod popeth yn realiti, yn afrealiti, yn realiti ac yn afrealiti, ac nad yw'n realiti nac yn afrealiti.'

Dyma brif oblygiad arloesol hyn: os nad oes gwahaniaethau rhwng dhammas, achosion, effaith oherwydd bod hanfod popeth yn wag, rhaid ei fod yn dilyn hefyd **nad oes unrhyw gyfyngiadau'n bosibl** gan fod pob ffin a chyfyngiad wedi cael ei symud o'r neilltu. Y realiti (neu, y gwirionedd) 'eithaf' yw bod gwacter a ffurf yn dod yn ddwy ochr yr un geiniog, yn union fel nirvana a samsara, neu fel doethineb perffaith a thosturi.

Goblygiadau cynnwys athronyddol Sutra'r Galon sy'n ymwneud â chyd-hunaniaeth gwacter a ffurf

Dysgeidiaeth ychwanegol yn Madhyamaka a Sutra'r Galon yw bod dau wirionedd. Dyma'r syniad y gallwn ni ddeall bodolaeth ac anfodolaeth mewn dwy ffordd: **eithaf** a **chonfensiynol**. Rydyn ni'n gweld y byd yn bennaf drwy *gwirionedd confensiynol* yn yr ystyr ein bod ni'n gweld pethau fel rhai ar wahân ac amrywiol. Felly rydyn ni'n gweld llawer o fyrddau, cadeiriau, coed, mynyddoedd, afonydd, anifeiliaid a phobl fel pethau sydd â sylwedd neu sy'n bodoli. Mae gweld y byd fel hyn yn golygu ffordd gonfensiynol o ddeall, yn union fel yn 'hunan empirig' Harvey neu 'dim ond confensiwn' Milinda wrth gysylltu enw â 'pherson', neu'n wir y 'dhammas' yn Abhidhamma Pitaka y traddodiad Theravada.

Y *gwirionedd eithaf* yw (1) nad oes bodolaeth ar wahân a (2) nad oes ffiniau neu gyfyngiadau amlwg.

Mae O'Brien yn nodi ei bod hi'n bwysig gweld bod dau wirionedd ac 'nid un gwirionedd a chelwydd' gan nad yw gwirionedd confensiynol yn anghywir. Fodd bynnag, mae'n bwysig deall hefyd nad oes hierarchaeth chwaith gan fod gwirionedd eithaf yn datgelu'r gwirionedd confensiynol, felly dydy gwireddu gwirionedd confensiynol ddim yn israddol mewn unrhyw ffordd.

Yn ôl Koller, y rheswm pam mae Sutras Prajnaparamita yn ceisio egluro realiti drwy baradocsau athronyddol 'lle mae dysgeidiaethau heb fod yn ddysgeidiaethau, lle mae Bwdhau heb fod yn Fwdhau a lle mae nirvana yn cael ei uniaethu â samsara' yw 'perswadio neu roi sioc i'r gwrandäwr i fynd y tu hwnt i ddeuoliaeth gwirionedd confensiynol' a chydnabod pwynt (2) uchod. Fel hyn mae'n bosibl deall neu wireddu gwirionedd eithaf a gwirionedd confensiynol.

Dyfyniadau allweddol

Felly, Sariputra, oherwydd ei ddiffyg cyrhaeddiad y mae Bodhisattva, er iddo ddibynnu ar Berffeithder Doethineb, yn byw heb orchuddion meddyliau. Gan nad oes gorchuddion meddyliau, does dim byd wedi gwneud iddo grynu, mae wedi goresgyn y pethau sy'n gallu tarfu arno, ac yn y pen draw mae'n cyrraedd Nirvana. **(Sutra'r Galon)**

Gan fod popeth yn wag, mae popeth yn bosibl. **(Nagarjuna)**

Ddylai neb honni 'mae popeth yn wag', na chwaith 'dydy popeth ddim yn wag', 'mae popeth yn wag a heb fod yn wag', na chwaith 'dydy popeth ddim yn wag na heb fod yn wag.' Yng nghyd-destun realiti confensiynol yn unig mae pob un yn cael ei gynnal. **(Nagarjuna)**

Heb sylfaen yn y gwirionedd confensiynol, mae'n amhosibl dysgu arwyddocâd yr eithaf. Heb ddeall arwyddocâd yr eithaf, dydy rhywun ddim yn cyrraedd nirvana. **(Nagarjuna)**

Termau allweddol

Gwirionedd confensiynol: gwirionedd sy'n gweithredu yn y byd empirig ac sy'n gwneud synnwyr o'r ddysgeidiaeth am wacter; ffordd o esbonio'r byd o'n cwmpas ni gan ddefnyddio dulliau medrus; weithiau cyfeirir at hyn fel gwirionedd 'rhannol' neu 'dros dro' neu 'berthynol'

Gwirionedd eithaf: safbwynt goleuedig o fodolaeth fel sunyata (gwag)

Mae ein meddyliau'n ein twyllo ni i feddwl bod gennym fodolaeth ymfodol.

cwestiwn cyflym

1.13 Pwy yw Avalokitesvara?

cwestiwn cyflym

1.14 Beth dydy gwacter ddim yn ei feddwl?

Dyfyniadau allweddol

Mae gweld bod unrhyw dharma yn bodoli ynddo'i hun yn golygu cydio ynddo, ceisio dal gafael arno, ond mae dharmas fel breuddwydion, yn rhithiau hudol, yn atseiniau, yn ddelweddau wedi'u hadlewyrchu, yn rhithluniau, yn ofod; fel y lleuad wedi'i hadlewyrchu mewn dŵr, castell tylwyth teg, cysgod, neu greadigaeth hudol; fel y sêr, dafnau gwlith, swigen, fflach y fellten, neu gwmwl – maen nhw yno, ond dydyn nhw ddim yno, ac os estynnwn ni amdanyn nhw, gwelwn ni nad oes dim i gydio ynddo. (Gethin)

Mewn gwirionedd, mae gwacter a allai gael ei gamgymryd fel cysyniad o ddiddymdra, yn gronfa o bosibiliadau diderfyn. (Suzuki)

Mae'r rhan fwyaf yn cydio mewn ffurf ac yn ei chamgymryd am Fodolaeth Wirioneddol, gan oddef dioddefaint difesur ar Olwyn Bywyd-a-Marwolaeth.
(Meistr Dharma Lok To)

Yma rydyn ni'n dechrau taith ddarganfod wirioneddol ac arloesol 'Mahayana' yn yr ystyr bod **cysyniad gwacter yn agor pob math o bosibiliadau eithaf**: mae'n bosibl i bawb gael ei oleuo; mae gan bawb natur-Bwdha (tahagatagarbha), mae'n bosibl trosglwyddo teilyngdod drwy dosturi; mae llwybr y bodhisattva yn dod yn ddelfryd newydd; mae nifer mawr o fydysawdau (Bwdha ksetras neu 'gaeau Bwdha'). Yn wir, mae'r goblygiad hwn mai 'ffurf yw'r union wacter hwnnw' wedi arwain at rai syniadau athronyddol cymhleth iawn fel ysgol Bwdhaeth Hua Yen a'i dysgeidiaethau am gyd-dreiddiad. Yn wir, safbwynt Nagarjuna yw bod gwacter yn golygu bod rhaid bod yn agored i newid pan ysgrifennodd, 'Diolch i wacter, **mae popeth yn bosibl**.' Unwaith eto, os nad oes gwahaniaethau, yna does dim cyfyngiadau.

Gellir dadlau, felly, er ei bod hi'n bwysig ystyried y Prajnaparamita Hrdaya mor fanwl ag sy'n bosibl, y bwriad hefyd yw iddo gael ei gymryd i'r galon fel bod dealltwriaeth yn datblygu'n raddol, yn reddfol drwy ymarfer, yn hytrach na thrwy astudio'n unig. Adroddir y Sutra yn ddyddiol mewn miloedd o fynachlogydd a themlau Mahayana ledled y byd. Mae arfer llafarganu Sutra'r Galon, fel mantra allweddol, yn arbennig o bwysig mewn Bwdhaeth Zen. Mae hyn yn aml yn digwydd ddwywaith y dydd mewn mynachlogydd Zen. Mae'n rhoi pwyslais mawr ar ddeall yr ysgrythurau'n uniongyrchol, ac mae'n helpu Bwdhyddion i wireddu neu i gael profiad uniongyrchol o ryng-gysylltedd a Deffroad dros dro i natur y realiti sy'n cael ei alw'n nibbana mewn Bwdhaeth Theravada, nirvana, thusness neu sukhavati (Y Wlad Bur) a satori (Zen).

Dyfyniadau allweddol

Prif thema Nagarjuna ... yw llwybr y bodhisattva i Fwdhadod a'r teilyngdod a'r doethineb y mae'n rhaid i'r bodhisattva eu casglu er mwyn cyrraedd Goleuedigaeth. I Nagarjuna, roedd doethineb yn golygu perffeithder doethineb, sef gwybodaeth o wacter, yn ôl y Sutras. Mae Nagarjuna yn cael y clod am drawsnewid datganiadau'r Sutras am wacter, sy'n rhai barddonol a pharadocsaidd weithiau, i system athronyddol. (Lopez)

Yn sydyn, gwelais fath o ddoethineb tebyg iawn i'r doethineb sydd wedi'i gynnwys yn *Sutra'r Galon*. Rhaid i chi *weld* bywyd. Ddylech chi ddim dweud, bywyd y ddeilen, ond bywyd *yn* y ddeilen, a bywyd *yn* y goeden. Dim ond Bywyd yw fy mywyd, ac rydych chi'n gallu ei weld ynof i ac yn y goeden. (Thich Nhat Hanh)

Ynys Lantau, Hong Kong: Llwybr Doethineb Sutra'r Galon wedi'i ysgythru i foncyffion o bren.

Yn ystod y blynyddoedd diweddar, cyflwynodd Thich Nhat Hanh, y meistr Zen o Viet Nam, gyfieithiad newydd o Sutra'r Galon. Gwnaeth hyn oherwydd ei fod yn credu bod y cyfieithiadau gwreiddiol yn arwain at lawer o gamddealltwriaeth. Mae Thich Nhat Hanh yn cyflwyno syniad llawnder gwacter ac yn cadarnhau'r hyn rydyn ni wedi'i drafod uchod (gweler tudalen 29). Mae hyn yn swnio'n baradocsaidd ond mae'n golygu, os yw rhywun yn wag o hunan ar wahân neu o 'fod yr hunan', mae rhywun yn llawn o bopeth arall mewn gwirionedd. Felly, mae'n dadlau na ddylech chi ofni gwacter, gan nad oes dim i'w ofni. Wrth ddeall Sutra'r Galon fel hyn, mae Thich Nhat Hanh yn wir yn pwysleisio 'ffurf yw'r union wacter hwnnw'!

Gallwn ni weld eto fod safbwynt Thich Nhat Hanh ar 'wacter' yn ddealltwriaeth gadarnhaol, sef mai 'ffurf yw'r union wacter hwnnw'. Mae'n agor y cyfyngiadau sy'n dod gyda'r anwybodaeth honno am wacter fel bod rhywun yn sylweddoli bod cyfyngiadau wedi cael eu tynnu i ffwrdd.

Mae'n ysgrifennu:

'Oherwydd mai gwacter yw ffurf, mae ffurf yn bosibl. Mewn ffurf rydyn ni'n cael popeth arall – teimladau, canfyddiadau, ffurfiau meddyliol, ac ymwybyddiaeth. Ystyr "gwacter" yw gwag o hunan ar wahân. Mae'n llawn o bopeth, yn llawn o fywyd. Ddylai'r gair "gwacter" ddim codi ofn arnon ni. Mae'n air rhyfeddol.'

Un ffordd bosibl o fynegi profiad Sutra'r Galon yw dweud bod rhywun yn gwneud cylch llawn ac yn cyrraedd y man cychwyn, ond gan werthfawrogi a deall yn llawn, nid yn unig bod pethau'n wag, ond eu bod nhw'n ddiedifar, yn gonfensiynol – fel dywed Thich Nhat Hanh – 'rhyngfodolaeth'. Yma, ar y pwynt hwn, mae mewnwelediad eithaf yn cyfuno â thosturi diddiwedd dros bob bod ymdeimladol a dyma sydd wrth wraidd llwon y bodhisattva mewn Bwdhaeth Mahayana.

Er bod Sutra'r Galon yn gorffen gyda'r geiriau 'Gate Gate Paragate Parasamgate Bodhi Svaha!' (y cyfieithiad yw, 'O'r Deffroad sydd wedi mynd, mynd, mynd i'r lan bellaf, wedi mynd yn llwyr i'r lan bellaf') mae'r nod hon o gyrraedd Goleuedigaeth ragorol a pherffaith, sydd 'y tu hwnt', mewn gwirionedd, yma nawr, yr eiliad hon.

Gweithgaredd AA1

Esboniwch pam mae Thich Nhat Hanh yn awgrymu na ddylai pobl ofni gwacter.

Mae stori enwog mewn Bwdhaeth am Tue Trung, y Meistr Zen, a ofynnodd gwestiynau i nofis (mynach sy'n ddechreuwr) am ei ddealltwriaeth o Sutra'r Galon. Ar ôl trafodaeth am y pum skandha a gwacter, dywedodd y nofis ei fod yn deall 'Does dim llygaid, clustiau, trwyn, tafod, corff neu feddwl; does dim ffurfiau, seiniau, arogleuon, blasau, teimladau, neu wrthrychau'r meddwl; dydy'r chwe ymwybyddiaeth ddim yn bodoli, dydy deunaw teyrnas ffenomenau ddim yn bodoli, dydy deuddeg dolen tarddiad dibynnol ddim yn bodoli, a dydy doethineb a chyrhaeddiad hyd yn oed ddim yn bodoli.' Yn syth, trodd y Meistr drwyn y nofis a gofyn 'os nad yw'r trwyn yn bodoli, beth sy'n dy frifo di?'

Gweithgaredd AA1

Gan ddefnyddio'r wybodaeth am y Prajnaparamita Hrdaya yn y bennod hon ac mewn ffynonellau eraill, ac ar ôl darllen cyfieithiad o'r Sutra ar-lein:

1. Trafodwch mewn grwpiau bach beth allai fod prif nodau Prajnaparamita Hrdaya. Cofnodwch eich canfyddiadau.

2. Esboniwch pam mae rhai pobl wedi disgrifio cynnwys Prajnaparamita Hrdaya fel 'gwallgof'.

3. Esboniwch pam efallai nad yw sunyata yn golygu diddymdra.

cwestiwn cyflym

1.15 Pam mae Sutra'r Galon yn cael ei lafarganu ddwywaith y dydd mewn mynachlogydd Zen?

Dyfyniadau allweddol

Rhyngfodolaeth yw bodolaeth. Allwch chi ddim bod ar eich pen eich hun yn unig. Rhaid i chi fod â rhyngfodolaeth â phob peth arall.
(Thich Nhat Hanh)

Ystyr gwacter yw gwag o hunan ar wahân. Mae'n llawn o bopeth.
(Thich Nhat Hanh)

Does dim anwybodaeth, dim pydredd a marwolaeth, dim difodiant pydredd a marwolaeth, dim dioddefaint, dim tarddiad dioddefaint, dim stopio, dim llwybr.
(Sutra'r Galon)

Yr hyn y mae *Sutra'r Galon* (fel pob *Sutra Prajnaparamita*) yn ei wneud yw torri drwy bob un o'n fframweithiau cysyniadol arferol, pob un o'n syniadau caeth, pob un o'n systemau credu, pob un o'n pwyntiau cyfeirio, gan gynnwys unrhyw un sy'n ymwneud â'n llwybr ysbrydol, gan eu dadadeiladu, a'u dinistrio. (Brunnholzl)

cwestiwn cyflym

1.16 Beth yw ystyr y termau 'gwirionedd confensiynol' a 'gwirionedd eithaf'?

Dyfyniadau allweddol

Mae meithrin y Prajnaparimita, rhinwedd wedi'i pherffeithio o adnabod y gwirionedd drwy fewnwelediad greddfol, yn ein rhyddhau o'n dioddefaint ac yn ein helpu i oresgyn pob math o drychinebau.
(Meistr Dharma Lok To)

Mae'r Mantra mawr, llachar hwn yn tywynnu Doethineb dihalog, ac mae ei bŵer i godi uwchlaw'r Teyrnasoedd Triphlyg a chyrraedd Nirvana goruchaf y tu hwnt i gymhariaeth.
(Meistr Dharma Lok To)

Cynnwys y fanyleb

Dameg y tŷ a oedd ar dân yn y Sutra Lotus: dangos enghraifft o gysyniad dulliau medrus a natur dros dro'r dysgeidiaethau.

Termau allweddol

Hinayana: term a ddefnyddir mewn Bwdhaeth Mahayana, yn y Sutra Lotus, i ddisgrifio dysgeidiaethau Bwdhaeth Theravada

Upaya kausalya: dulliau medrus mewn Sansgrit, cyflwyno Dhamma (Dharma) Bwdhaeth i bobl yn ôl eu gallu a'u hanghenion ysbrydol, a hefyd yn ôl gallu emosiynol a deallusol

Dulliau medrus mewn Bwdhaeth Theravada a Bwdhaeth Mahayana

Mae cysyniad dulliau medrus yn dechrau gyda Bwdhaeth Theravada. Mewn gwirionedd, mae'n dod yn syth ar ôl Deffroad y Bwdha. Ar ôl ei Ddeffroad, sylweddolodd y Bwdha fod ei fewnwelediad yn rhy ddwfn i'w gyfathrebu. Roedd yn amharod i rannu ei fewnwelediad dim ond oherwydd bod y dasg yn ymddangos yn rhy anodd, os nad yn amhosibl. Yn ôl yr ysgrythurau Pali, mae Brahma, y duwdod Hindŵaidd, yn ymbil ar y Bwdha i rannu ei fewnwelediad â phob bod ymdeimladol. Mae'r Bwdha yn ymateb drwy esbonio, 'Oherwydd imi sylweddoli y byddai helbul, O Brahma, soniais i ddim wrth y bobl am y Dhamma cain, aruchel ...'. Ond wedyn, oherwydd tosturi'r Bwdha, o weld bod anwybodaeth yn dal pob bod yn ôl, cafodd ei orfodi i gyflwyno'r Dhamma.

Yn ôl y Samyutta Nikaya:

'Yna dyma'r Un Bendigedig, ar ôl deall gwahoddiad Brahma, o dosturi dros fodau, yn edrych ar y byd â llygad Un a gafodd Ddeffroad. Wrth iddo wneud hynny, gwelodd fodau ag ychydig o lwch yn eu llygaid a rhai â llawer, y rhai hynny â chyneddfau awchus a'r rhai hynny â chyneddfau pŵl, y rhai hynny â nodweddion da a'r rhai hynny â rhai gwael, y rhai hynny a oedd yn hawdd eu dysgu a'r rhai hynny a oedd yn anodd eu dysgu, rhai ohonyn nhw'n gweld gwarth a pherygl yn y byd arall ...' (Cyfieithiad gan Thanissaro Bhikkhu)

Fodd bynnag, y mater oedd **sut** i wneud hyn. Penderfynodd y Bwdha ar upaya kosalla (dulliau medrus), a thrwy gydol ei weinidogaeth, bu'n dysgu pobl yn ôl eu gallu a'u hanghenion ysbrydol, a hefyd yn ôl eu gallu emosiynol a deallusol. Mae'r ateb hwn, ar ei ffurf sylfaenol, yn ymddangos drwy'r testunau Bwdhaidd cynnar i ddechrau fel 'hyfforddiant graddol' neu gynyddol (anupubbi katha) ar y Dhamma. Mewn geiriau eraill, roedd y Bwdha yn cyflwyno'r dysgeidiaethau ar ffurf symlach yn unig. Fodd bynnag, fel mae'r storïau a'r traddodiadau ynghylch Kisagotami mewn testunau Pali yn cadarnhau, roedd pwrpas ymarferol hefyd i ddulliau medrus yng ngweinidogaeth fugeiliol y Bwdha.

Yn ôl Peter Nelson, 'darparodd paradeim "dulliau medrus" a arloeswyd gan y Bwdha yn y suttas cynnar batrwm i holl ddatblygiadau'r dyfodol mewn addysgeg Fwdhaidd'.

Mae cysyniad dulliau medrus mewn Bwdhaeth Mahayana (Sansgrit: **upaya kausalya**) yn cael ei newid yn gynnil. Mae Bwdhaeth Mahayana yn dysgu bod Sutra Saddharmapundarika wedi disodli'r Canon Pali. Sefydlodd T'ien-t'ai, Bwdhydd Tsieineaidd yn y chweched ganrif, y Sutra Lotus fel yr ysgrythur oruchaf. Yn wir, cyfeirir yn aml at ddatblygiad Bwdhaeth Mahayana fel ail droad olwyn Dhamma lle mae ffurf fwy datblygedig ar y dysgeidiaethau yn cael ei hesbonio. Felly, mae Dhamma Bwdhaeth Theravada yn ei gyfanrwydd yn dod yn un dull medrus o hyrwyddo mewnwelediad eithaf y Bwdha, ac mewn Bwdhaeth Mahayana mae hyn yn cael ei gymryd i lefel hollol newydd. Felly, nid yn unig roedd y Dhamma yn cael ei ddysgu drwy ddulliau medrus mewn Bwdhaeth Theravada ond roedd y Dhamma ei hun yn ffurf ar ddulliau medrus fel cafodd ei egluro drwy'r Pedwar Gwirionedd Nobl a'r Llwybr Wythblyg. Dyma ffordd yr arhat; fodd bynnag, mewn Bwdhaeth Mahayana, datblygodd llwybr mwy datblygedig o gwmpas cysyniad bodhisattva. Roedd hyn yn unol â'r dysgeidiaethau roedd Bwdhaeth Mahayana wedi'u datgelu, bod pob bod ymdeimladol yn ddarpar Fwdha, oherwydd o weld y llun llawn, doedd dim rhwystrau na chyfyngiadau.

Felly roedd dysgeidiaethau cynharach y Bwdha o Fwdhaeth Theravada yn rhai dros dro erbyn hyn. Yma mae tensiwn yn codi rhwng Bwdhaeth Mahayana a'r 'cerbyd mawr' yn hytrach na 'cherbyd bach' (**Hinayana**) Bwdhaeth Theravada. Mae hyn yn aml yn canolbwyntio ar y ddadl ynghylch p'un ai llwybr unig yr arhat, neu lwybr y bodhisattva sy'n cynnwys pawb, yw'r un gorau. Felly mae'r Sutra Lotus yn defnyddio dulliau medrus fel parodi ar ddysgeidiaethau 'llai' Theravada. Rydyn ni wedi dod ar draws y term dulliau medrus o'r blaen mewn perthynas â goblygiadau'r dysgeidiaethau yn Sutra'r Galon, ond mae Bwdhaeth Mahayana yn rhoi mwy o bwyslais ar y term hwn gyda'r Sutra Lotus.

Y Sutra Lotus (Sutra Suddharmapundarika)

Yn aml cyfeirir at Sutra Suddharmapundarika, 'Sutra Blodyn Lotus y Gyfraith Wych', fel y Sutra Lotus yn unig. Mae ysgolheigion yn dadlau am ddyddiad y Sutra. Credir iddo gael ei lunio tua 200 OCC. Fodd bynnag, efallai fod ei rannau hynaf yn dyddio'n ôl cyn belled â'r ganrif gyntaf CCC. Er gwaetha'r ffaith bod awdur y Sutra yn anhysbys, mae'n dal i fod yn un o'r ysgrythurau mwyaf adnabyddus ac arwyddocaol ymysg yr holl ysgrythurau mewn Bwdhaeth Mahayana. Yn wir, dyma un o'r ysgrythurau cyntaf i gyfeirio at Fwdhaeth Mahayana fel y 'Cerbyd Mawr'.

Y Sutra Lotus yw un o'r ysgrythurau mwyaf poblogaidd yn China a Japan, er mai o India mae'n dod. Er mwyn rhoi mwy o awdurdod iddo, mae'n debygol iddo gael ei gyfieithu o dafodiaith leol i Sansgrit. Cyfieithwyd fersiwn Tseinëeg enwocaf y testun tua 406 OCC. Hyd heddiw, fodd bynnag, mae'r Sutra Lotus wedi'i gyfieithu i nifer o ieithoedd, gan gynnwys Saesneg. Felly mae wedi chwarae rôl arwyddocaol wrth ledaenu Bwdhaeth Mahayana i Brydain a'r Gorllewin. Mae'r Sutra Lotus wedi cael effaith fawr ar Fwdhaeth Zen Japan ac mae'n destun defosiwn mawr mewn Bwdhaeth Nichiren heddiw.

Dywed Paul Williams fod y traddodiad Tsieineaidd-Japaneaidd yn honni mai'r 'Sutra Lotus oedd dysgeidiaeth olaf y Bwdha, wedi'i phregethu'n union cyn iddo amlygu ei **parinirvana**'. Gellid dadlau bod hyn yn rhoi awdurdod i'r Sutra gan ei fod yn cael ei ystyried fel geiriau'r Bwdha, 'Bwdha vacana'. Er bod rhai ysgolion yn honni mai dysgeidiaeth y Bwdha yw'r Sutra Lotus, mae llawer yn credu na chafodd ei ysbrydoli gan ddatguddiad ond mai dyma eiriau uniongyrchol Bwdha **Shakyamuni**. Gan nad Bwdha y traddodiad Theravada yw hwn, dydy hanesoldeb y Sutra Lotus ddim o bwys.

Dyfyniadau allweddol

Roedd y ddysgeidiaeth am y llwybr sy'n arwain at nirvana yn cael ei rhoi fel y ddysgeidiaeth gyntaf i annog pobl nad oedden nhw'n barod am y ddysgeidiaeth olaf i ddechrau ar y llwybr ysbrydol. Mae'r grŵp mawr o 5000 o fynachod, lleianod a lleygwyr (dynion a menywod) sy'n gadael mewn diflastod ar y pwynt hwn yn dangos nad oedden nhw'n barod. Mae'r rhain yn cynrychioli'r holl Fwdhyddion sydd ddim yn gallu derbyn dysgeidiaeth Mahayana. (Cush)

Y Sutra Lotus yn unig sy'n cynnwys gwirionedd eithaf dysgeidiaeth Shakyamuni, gwirionedd sydd ar yr un pryd yn codi uwchlaw ei holl ddysgeidiaethau blaenorol, ac eto'n eu huno nhw. (Fowler)

Awgrym astudio

Ffordd dda i ddysgu ac i gofio termau allweddol a'u diffiniadau yw eu recordio nhw a gwrando arnyn nhw dro ar ôl tro.

Mae'r diddordeb mawr sydd gan Fwdhyddion Mahayana yn y Sutra Lotus yn gryfach na'r honiadau nad oes tystiolaeth i gysylltu'r testun â Bwdha Shakyamuni, Siddhartha Gautama, ac yn syml iawn mai cael ei ddyfeisio a wnaeth, yn ddiweddarach. Mae iaith theatraidd a mytholegol y Sutra Lotus yn sicrhau nad yw hanesoldeb o bwys mawr. Yn yr olygfa agoriadol, mae drama gosmig yn cael ei llwyfannu wrth i Fwdha Shakyamuni roi anerchiad i gynulleidfa o fodau nefol, bodhisattvau, arhatau, disgyblion enwog, ac ati. Mae'r ysgrifennu creadigol hyfryd yn darlunio golygfa o ddigwyddiadau gwyrthiol a goruwchnaturiol.

Termau allweddol

Parinirvana: y symud terfynol i nirvana o gylch bywyd, marwolaeth ac ailenedigaeth

Shakyamuni: term a ddefnyddir, mewn Bwdhaeth Mahayana yn bennaf, i gyfeirio at y Bwdha, Siddhartha Gautama, a'i ystyr yw 'dyn doeth y Shakya'. Mae Shakyamuni o'r Sutra Lotus yn cael ei weld fel y Bwdha Tragwyddol hefyd

cwestiwn cyplym

1.17 Beth yw teitl llawn y Sutra Lotus?

cwestiwn cyplym

1.18 Pwy yw Shakyamuni?

Blodyn Lotus: symbol o Oleuedigaeth

cwestiwn cyflym

1.19 Pa ymadrodd, sy'n aml yn gysylltiedig ag ysgrythurau Bwdhaidd, sy'n ychwanegu awdurdod at agoriad Sutra Saddharmapundarika?

Termau allweddol

Bwdhadod: cysyniad Bwdhaeth Mahayana o Ddeffroad neu Oleuedigaeth sydd ar gael i bawb

Dharmakaya: corff dharma

Natur-Bwdha: natur sylfaenol pob bod, sef eu *bod* nhw'n oleuedig yn barod a bod angen iddyn nhw sylweddoli hynny yn y bôn

Nirmanakaya: corff deillio'r Bwdha (ffurf y Bwdha sy'n ymddangos yn y byd) yn ôl athroniaeth Trikaya

Trikaya: y 'tri chorff' neu ffyrdd bodolaeth y Bwdha, dharmakaya, sambhogakaya a nirmanakaya

Gosodiad agoriadol y Sutra yw 'Felly rwyf wedi clywed'. Mae'r ymadrodd hwn yn cael ei ddefnyddio'n aml mewn ysgrythurau cynharach, gan gynnwys y Canon Pali, er mwyn rhoi awdurdod y Bwdha i'r ysgrythurau. Yma mae'n cadarnhau awdurdod Sutra Saddharmapundarika fel gair Bwdha Shakyamuni. Mae'r olygfa agoriadol yn cynnwys pregeth gan y Bwdha ar Fynydd Gridhrakuta (Copa'r Fwltur) ger Rajagriha. Mae hyn yn gosod y Sutra mewn lleoliad daearyddol go iawn sy'n gysylltiedig â'r Bwdha hanesyddol, felly mae'n rhoi mwy o arwyddocâd iddo. Fodd bynnag, mae'r Sutra Lotus yn datgelu nad yw'r Bwdha wedi marw mewn gwirionedd, fel roedd y Canon Pali wedi'i awgrymu, ond ei fod yn bendant yn dal i fod yn fyw ac ar gael i'r rhai sydd â ffydd.

Prif themâu y Sutra Lotus

(1) Y Bwdha Tragwyddol a Bwdhadod i bawb ('natur-Bwdha')

Nid Siddhartha Gautama y Canon Pali yw'r Bwdha sydd yn y Sutra Lotus, ond y Shakyamuni Tragwyddol. Mae Bwdha Sutra Saddharmapundarika y tu hwnt i amser. Y rheswm am hyn yw nad yw hi'n bosibl cyfyngu ei dosturi i un oes ddynol. Felly, mae'r Sutra yn disgrifio natur Shakyamuni fel un barhaus. Mae safbwynt gwahanol iawn ar Fwdhadod yn y Canon Pali. Yno mae Siddhartha Gautama yn cael ei weld fel enghraifft ddynol neu fodel rôl sydd wedi mynd i mewn i parinirvana ac wedi gadael y dharma fel canllaw i bobl y llwybr i nirvana. Yma yn y Sutra Lotus, gwelir y Bwdha Tragwyddol fel rhywun sydd ar gael yma a nawr.

Mae Paul Williams yn cefnogi'r ddadl hon wrth awgrymu fel hyn: 'p'un a yw'r Bwdha yn dragwyddol yn llythrennol ai peidio, mae Bwdha'r Sutra Lotus yn dragwyddol grefyddol, fel petai – mae yno bob amser i unrhyw ddilynwr'. Mae Merv Fowler yn mynd gam ymhellach drwy awgrymu bod y Bwdha Tragwyddol yn 'un sy'n hollwybodus ac yn hollbresennol yn y byd, yn helpu eraill sy'n ceisio Goleuedigaeth'. Hefyd mae Denise Cush yn ein hatgoffa bod y Sutra hwn, oherwydd ei dosturi dros y byd, yn hyrwyddo'r syniad 'dydy pob bod ddim yn cael ei alw i fod yn arhat, ond i fod yn Fwdha'. Felly, neges allweddol y Sutra Lotus yw bod y Bwdhadod hwn ar gael i bawb fel nod eithaf, a bod y Bwdha Tragwyddol yno i helpu ar y ffordd bob amser.

Er mwyn deall cysyniadau Bwdha a Bwdhadod yn y Sutra Lotus, byddai'n ddefnyddiol deall dysgeidiaeth Mahayana am y Trikaya, bod y Bwdha yn gallu bod yn amlwg mewn tair ffordd: nirmanakaya, sambhogakaya a dharmakaya. Mae'r ddysgeidiaeth hon ymhlyg yn y Sutra, yn hytrach na'i bod yn cael esboniad llawn, ond yn sicr mae hon wedi dod yn ddysgeidiaeth bwysig mewn Bwdhaeth Mahayana. Cyflwynir Bwdha'r Sutra Lotus fel dharmakaya, neu'r realiti eithaf sy'n uno pob dim. Mae'r Bwdha Tragwyddol y tu hwnt i amser, lle, bodolaeth ac anfodolaeth a hefyd ym mhob bod. Yn wir, union natur pob bod yw natur-Bwdha. Credir bod pob bod yn Fwdha a bod angen i bawb ddeffro a sylweddoli hyn. Nirvana yw'r Deffroad hwn a dywedir, os Bwdha yw pob bod, yna mae samsara yn ddwy ochr yr un geiniog. Mae nirvana ar gael yma a nawr i bawb.

Nid Shakyamuni yw'r unig Fwdha sy'n cael sylw yn y Sutra Lotus. Ym Mhennod 11, mewn stupa sy'n arnofio ac yn codi o'r ddaear, mae Bwdha Prabhetaratna y gorffennol yn ymddangos. Yn wir, tyngodd lw y byddai'n ymddangos pa bryd bynnag mae'r Sutra Lotus yn cael ei ddysgu. Mae hyn yn dangos 'nad yw'r Sutra Lotus yn newydd, ond mae ei bregethu'n rhan o weinidogaeth pob Bwdha' a 'gall fod mwy nag un Bwdha yn bodoli ar yr un pryd ac yn yr un rhanbarth' (Williams). Hefyd mae hyn yn awgrymu mai anghywir yw'r ddysgeidiaeth bod y Bwdha wedi mynd i mewn i parinirvana a'i fod yn amhosibl ei gyrraedd. Fel esbonia Williams, 'mae Prabhetaratna i fod wedi marw, ac eto i gyd, dyma lle mae e'n fywiog braf ac yn ymddangos fel petai'n byw yn ei stupa.'

Gweithgaredd AA1

1. Gan ddefnyddio'r testun yn yr adran uchod, a detholiad o ffynonellau eraill hefyd, disgrifiwch y prif wahaniaethau rhwng y Bwdha hanesyddol a Bwdha'r Sutra Lotus.
2. O'r ffynonellau doethineb hyn, dewch o hyd i ddau ddyfyniad defnyddiol y gallech chi eu defnyddio mewn traethawd AA1 ac esboniwch pam rydych chi wedi'u dewis nhw.
3. Rhannwch eich canfyddiadau gyda phartner neu mewn grŵp bach a thrafodwch nhw.

(2) Un cerbyd neu lwybr ('ekayana')

Ekayana yw'r syniad mai un cerbyd neu 'un ffordd' yn unig sydd, sef ffordd Bwdhadod. Mae ail bennod y Sutra Lotus, sy'n cael ei galw'n Hoben, yn cyflwyno'r syniad bod tri cherbyd o'r blaen er mwyn gwireddu Bwdhadod. Yn gyntaf roedd y Sravakas, neu'r rhai oedd yn clywed y dharma, a fyddai'n cyrraedd statws arhat. Yn ail, y Pratyekabuddhas, y rhai a oedd wedi dod o hyd i oleuedigaeth eu hunain. Ac, yn drydydd, roedd y bodhisattvau a ddaeth yn oleuedig a mynd ymlaen i ddysgu. Felly, y tri math o 'gerbyd' neu yana a gyflwynir yn y Sutra Lotus yw'r sravaka-yana, y pratyekabuddha-yana a'r bodhisattva-yana. Fodd bynnag, mae'r Sutra Lotus yn hyrwyddo'r syniad mai llwybr y bodhisattva yw'r unig ffordd wirioneddol at oleuedigaeth neu Fwdhadod nawr, sef Ekayana, sy'n ffordd well. Gwelir bod y ffyrdd eraill yn Hinayana, cerbyd llai, a oedd yn upaya kausalya yn unig. Mewn gwirionedd, mae'r cysyniad o ystyried syniadau fel 'un' yn sylfaenol yn y Sutra Lotus, felly credir bod yr enw Sutra Lotus ei hun yn cynnwys pob gwirionedd ynddo.

(3) Dulliau medrus ('upaya kausalya')

Mae cysyniad upaya kausalya yn y Sutra Lotus yn ymwneud â'r strategaethau a ddefnyddir er mwyn i fodau allu dianc o samsara a gwireddu nirvana. Mae'r Sutra yn honni, yn y gorffennol, fod y ffyrdd o ddysgu'r dharma yn cael eu haddasu i'r gynulleidfa er mwyn eu helpu i'w ddeall. Un ffordd o ddeall hyn yw gweld, yn union fel na fyddai athro'n defnyddio'r un dulliau i ddysgu plentyn pum mlwydd oed a myfyriwr ugain mlwydd oed, felly mae angen addasu'r dharma i lefel dealltwriaeth y gynulleidfa. Wrth geisio esbonio cysyniadau sy'n amhosibl eu disgrifio, fel hanfod nirvana, mae angen amrywio sut mae'n cael ei esbonio. Dydy hi ddim yn bosibl dweud beth yw nirvana, felly dylai popeth a ddywedir amdano gael ei ystyried fel rhywbeth dros dro neu upaya. Yn wir, awgryma Michael Pye mai 'upaya yw pob dysgeidiaeth Fwdhaidd – yn ddim ond bysedd sy'n pwyntio at y lleuad'. Hefyd mae'r Sutra Lotus yn cyflwyno'r syniad bod ailymddangosiad y Bwdha ar adegau amrywiol drwy oesoedd di-rif yn cael ei weld fel enghraifft arall o upaya. Bwriad y Bwdha wrth wneud hyn oedd datgelu'r dharma gystal ag y gallai, er mwyn arwain bodau i oleuedigaeth aruchel. Dadl Cush yw, mewn gwirionedd, 'dyfais ddysgu yn unig oedd yr enedigaeth, Goleuedigaeth a marwolaeth. Roedd y Bwdha yn esgus mynd i mewn i nirvana, ond mewn gwirionedd mae'n dal i fod o gwmpas, yn gweithio i ryddhau pob bod'.

Drwy syniad upaya-kausalya mae'r Sutra Lotus yn honni ei fod yn rhagori ar bob Sutra arall. Yn ôl egwyddor upaya, does dim rhaid i'r Dharma fod yn wir; yr hyn sy'n penderfynu ei werth yw a yw'n helpu person tuag at oleuedigaeth. Wrth gwrs, mae hyn yn golygu mai dros dro mae'r Sutra Lotus ei hun. Wedi dweud hynny, prin mae dysgeidiaeth upaya i'w gael yn y Sutra Lotus, a dydy Bwdhyddion ddim yn credu ei bod hi'n un o ddysgeidiaethau'r Bwdha hanesyddol. Serch hynny, gellid dadlau efallai fod cysyniad upaya yn cyfeirio'n ôl at ddameg y rafft yn Majjhima Nikaya y Canon Pali. Dyma gysyniad y Bwdha o'r dharma fel rafft sy'n mynd â chi at Oleuedigaeth ond y gallwch chi gael gwared arno wedyn. Felly, byddai'n bosibl

Termau allweddol

Ekayana: cysyniad un cerbyd neu 'un ffordd', sef ffordd Bwdhadod

Hoben: pennod 2 y Sutra Lotus, sy'n cael ei galw'n 'Ddulliau Rhwyddhau'

Pratyekabuddhas: y rhai a oedd wedi dod o hyd i Oleuedigaeth eu hunain

Sravakas: y rhai oedd yn clywed y dharma, a fyddai'n cyrraedd statws arhat

Yana: cerbyd

Dyfyniad allweddol

Prif neges hanner cyntaf y Sutra Lotus [yw] dulliau medrus y Bwdha, athrawiaeth Un Cerbyd, a llawenydd llwyr disgyblion y Bwdha wrth ganfod y byddan nhw'n cyrraedd Bwdhadod Perffaith, yn wir bod rhaid iddyn nhw wneud hynny. (Williams)

cwestiwn cyflym

1.20 Beth yw'r tri cherbyd i Oleuedigaeth neu Fwdhadod?

Dyfyniad allweddol

Mae'r Bwdha yn dysgu oherwydd ei dosturi diderfyn dros fodau ymdeimladol. Mae pob dysgeidiaeth yn hollol briodol i lefel y rhai y mae hi wedi'i bwriadu ar eu cyfer. Mae unrhyw addasiad o gwbl, os tosturi a doethineb y Bwdha sy'n ei ysgogi, a'i fod yn addas i'r derbynnydd, yn rhan o Fwdhaeth neu'n gymharol dderbyniol iddi. Mae'r Bwdha, neu Bodhisattva yn wir mewn rhai cyd-destunau, yn ddigon abl i ddysgu dysgeidiaethau heb fod yn Fwdhaidd hyd yn oed os yw hynny er lles bodau. (Williams)

gweld bod y ddysgeidiaeth hon yn rhagflaenu cysyniad upaya. Yn ogystal, oherwydd nad yw nirvana byth yn gallu cael ei fynegi'n llawn, byddai'n bosibl gweld bod pob dysgeidiaeth yn annigonol wrth fynegi'r gwirionedd ac felly, mai dros dro maen nhw i gyd. Mae'r cysyniad hwn o upaya yn glyfar iawn wrth egluro gwrthddywediadau a allai fod mewn dysgeidiaethau Bwdhaidd. Mae'r Sutra yn cyfiawnhau bod dysgeidiaethau ac arferion Bwdhaidd yn cael eu newid i fod yn addas i ddiwylliant penodol, a dydy'r dysgeidiaethau ddim yn cael eu gweld cymaint fel y gwirionedd ond yn hytrach eu bod yn ddefnyddiol er mwyn gwireddu nirvana.

(4) Tosturi ('karuna')

Mae tosturi (karuna) yn thema bwysig yn y Sutra Lotus. Mae'r Sutra yn condemnio dysgeidiaethau 'Hinayana' fel rhai hunanol oherwydd mai goleuedigaeth iddo ef yn unig yw'r nod y mae'r arhat yn ei geisio. O'r dechrau'n deg mae'r Sutra Lotus yn gwneud y pwynt bod rhai arhatau, gan ddangos eu natur hunanbwysig, yn gadael pan mae'r Bwdha yn dechrau dysgu. Bwriad hyn yw dangos nad yw'r rhai sy'n ymddwyn fel hyn yn gallu bod yn Oleuedig; felly dydy arhatau Bwdhaeth Theravada ddim wedi cyrraedd y nod eithaf hwn. Y gwrthwyneb, wrth gwrs, yw tosturi diddiwedd y Shakyamuni Tragwyddol. Mae Bwdhyddion Nichiren, yn y gobaith y byddan nhw'n datblygu'r tosturi ac yn gwireddu natur-Bwdha, yn llafarganu'r ymadrodd hwn o'r Sutra Lotus bob dydd:

> Rwyf bob amser yn meddwl i mi fy hun:
> Sut gallaf achosi i greaduriaid byw
> gael mynediad i'r ffordd ddigyffelyb
> a chael corff bwdha yn gyflym? (O Bennod 16 y Sutra Lotus)

Damhegion y Sutra Lotus

Mae'r Sutra Lotus yn llawn o ddamhegion sy'n cael eu defnyddio i egluro ei brif ddamcaniaethau. Mae detholiad o'r rhain wedi'u crynhoi a'u trafod isod. Mae dameg y tŷ a oedd ar dân wedi'i rhestru ym Manyleb CBAC; dyma brif ran y dadansoddiad isod wrth drafod dulliau medrus a natur dros dro'r dysgeidiaethau. Fodd bynnag, mae dadansoddiad byr iawn hefyd o bedair dameg arall er mwyn rhoi rhagor o dystiolaeth ac enghreifftiau er mwyn eu datblygu neu eu defnyddio mewn ateb AA2.

Dameg y tŷ a oedd ar dân (Pennod 3)

Mae dameg y tŷ a oedd ar dân ym mhennod 'Cymhariaeth a Dameg' y Sutra Lotus, yn syth ar ôl Pennod 2, 'Dulliau Rhwyddhau', lle mae Bwdha Shakyamuni yn gwneud datganiad mai pwrpas presenoldeb y Bwdha yw sicrhau bod pob bod ymdeimladol yn cyrraedd Bwdhadod. Mae'r Bwdha yn defnyddio damhegion ym Mhennod 3 i gadarnhau hyn.

Mae'r ddameg am hen ddyn sy'n berchen ar dŷ mawr, mewn cyflwr gwael, sydd ag un drws yn unig. Un diwrnod mae'r tŷ'n mynd ar dân. Mae plant y dyn, sy'n chwarae y tu mewn, mewn perygl o golli eu bywydau. Dydyn nhw ddim yn sylwi ar y tân gan eu bod nhw wedi ymgolli yn eu gemau a dydyn nhw ddim yn clywed eu tad yn eu galw i rywle diogel. Yn y ddameg hon, dywedir bod yr hen ddyn yn defnyddio upaya, neu ddulliau medrus, i achub bywydau ei blant annwyl. Mae'n eu hadnabod nhw'n dda ac yn gweiddi arnyn nhw bod certi geifr, certi ceirw, a cherti teirw'n disgwyl amdanyn nhw os dôn nhw allan. Mae'r plant yn clywed hyn ac yn rhuthro allan o'r tŷ. Maen nhw'n cael eu hachub o'r tân. Ond pan maen nhw'n dod o'r tŷ, nid y certi a addawodd eu tad sy'n disgwyl amdanyn nhw, ond golygfa hyd yn oed yn fwy rhyfeddol, sef tarw gwyn sy'n tynnu cerbyd gwych.

Mae'r ddameg hon yn llawn dop o alegori. Mae'r Bwdha yn nodi bod tri llwybr gwahanol i'w dilyn tuag at oleuedigaeth. Fodd bynnag, un yn unig o'r llwybrau hyn sy'n bodoli go iawn, mae'r ddau arall yn cael eu defnyddio'n unig er mwyn annog pobl i ddechrau arfer dysgeidiaethau Bwdhaidd. Yn y ddameg, mae'r tŷ a oedd ar dân yn cynrychioli samsara lle mae pob bod ymdeimladol wedi'i ddal. Mae'r plant ifanc sy'n sownd yn y tŷ yn symbol medrus o hyn. Mae'r darllenydd yn dod yn ymwybodol o'r

Mae'r tŷ a oedd ar dân yn symbol o berygl samsara.

perygl sydd iddyn nhw gan fod yr hen ddyn, sy'n cynrychioli'r Tathagata (Bwdha),
yn gwneud popeth posibl i'w hachub nhw o'r tân. Mae'r anwybodaeth hon o
berygl uniongyrchol y tân yn cynrychioli'r tri gwenwyn sef trachwant, casineb ac
anwybodaeth sydd, yn ôl dysgeidiaethau Bwdhaidd, yn cadw pobl yn gaeth mewn
samsara. Mae cynnig tair cert wahanol yn anrhegion yn cynrychioli'r tri llwybr
gwahanol i nirvana. Yn olaf, mae'r wobr y maen nhw'n ei chael wrth ddianc o'r tŷ yn
y pen draw y tu hwnt i'w disgwyliadau nhw. Dyma nirvana neu Fwdhadod.

Hefyd mae'r Sutra Lotus yn trafod p'un a ddywedodd y tad gelwydd wrth y plant.
Mae Sariputra, disgybl y Bwdha, yn bendant nad yw hynny'n wir. Mae'n esbonio bod
dulliau medrus yn cael eu defnyddio i gael y plant allan o'r adeilad peryglus. Os yw'r
nod yn cyfiawnhau'r dull, a'r cymhelliad yw achosi datblygiad ysbrydol, mae'r weithred
neu'r ddysgeidiaeth yn foesol. Felly, mae dameg y tŷ a oedd ar dân yn dangos y sefyllfa
ddifrifol y mae'r ddynoliaeth ynddi a chymaint maen nhw'n gallu ymgolli yn rhywbeth
pan fyddan nhw mewn samsara. Felly mae angen defnyddio dulliau medrus; y syniad
mai dros dro'n unig mae dysgeidiaethau Bwdhaeth; a rhagoriaeth llwybr y bodhisattva.

Dyfyniad allweddol

Mae'r athrawiaeth bod y Bwdha yn
aros, nad yw wedi gadael ei blant
ond ei fod yno o hyd, yn ein helpu
ni mewn llawer o ffyrdd tosturiol
diderfyn ... yn gonglfaen ail ran y
Sutra Lotus. (Williams)

Gweithgaredd AA1

1. Llenwch dabl i ddangos y symbolaeth a'r alegori yn nameg y tŷ a oedd ar dân.

Symbol	Esboniad
Hen ddyn	
Tŷ a oedd ar dân	
Plant	
Tân	
Tair cert	
Cerbyd a tharw gwyn	

2. Esboniwch sut gallai defnyddio upaya yn nameg y tŷ a oedd ar dân fod yn
gwrthdaro â dilyn y pum argymhelliad. Meddyliwch am resymau sut gallai
hyn gael ei weld fel eithriad derbyniol i ddilyn yr argymhelliad.

Dameg y mab colledig (Pennod 4)

Dameg adnabyddus arall o'r Sutra Lotus yw honno am fab colledig a adawodd
ei gartref, a aeth yn dlawd, ac yn ddiweddarach a gafodd waith fel gwas yn nhŷ
meistr caredig. Mae'r gwaith isel a wnaeth yn cynrychioli bod yn arhat. Cyn i'r tad
farw, mewn camau bach yr oedd y mab yn gallu eu deall, datgelwyd yn y pen draw
mai mab y meistr oedd e mewn gwirionedd. Wedyn cafodd ei le priodol fel etifedd
y cartref. Gwelir hyn fel enghraifft o upaya, oherwydd nad oedd neb yn credu y
byddai'r mab yn gallu ymdopi â gwybod y gwirionedd i gyd ar y dechrau.

Dameg y ddinas rithiol (Pennod 7)

Yn y ddameg hon, mae grŵp o bobl, o dan arweiniad tywysydd doeth, yn teithio
drwy ddiffeithwch. Maen nhw'n cael gwybod y bydd trysor mawr ar ddiwedd
eu taith. Ond, maen nhw'n blino a heb gymhelliad i ddal ati. Mae'r tywysydd yn
defnyddio dulliau medrus drwy ddweud y byddan nhw'n dod o hyd i ddinas lle gallan
nhw aros, gorffwyso a dadflino. Pan maen nhw'n teimlo'n well, ar ôl gorffwyso,
mae'r ddinas yn diflannu'n wyrthiol. Roedd y tywysydd wedi creu'r ddinas rithiol
er mwyn bodloni eu hanghenion. Ar ôl i'r ddinas gyflawni ei phwrpas, gwnaeth y
tywysydd iddi hi ddiflannu. Mae'r tywysydd yn eu hannog i barhau â'u taith ac yn eu
sicrhau bod y trysor yn agos ac y byddan nhw, gyda rhagor o ymdrech, yn dod o hyd
iddo. Yn y ddameg hon, mae'r tywysydd yn cynrychioli'r Bwdha; ei ddisgyblion yw'r
grŵp o bobl; Bwdhaeth yw'r ddinas rithiol; a natur-Bwdha yw'r trysor sydd i'w ganfod.

Awgrym astudio

Bydd defnyddio llawer o enghreifftiau'n dilysu eich dadleuon; dyma eich tystiolaeth i gefnogi eich dadl. Ceisiwch ymarfer defnyddio'r damhegion yn y Sutra Lotus i esbonio ei ddysgeidiaethau allweddol.

Dameg meibion y meddyg (Pennod 16)

Mae'r ddameg hon yn sôn am feddyg sy'n darganfod bod ei feibion wedi llyncu cemegau gwenwynig. Mae rhai o'i feibion yn ddigon ymwybodol i gymryd y gwrthwenwyn a baratôdd iddyn nhw. Ond, mae'r lleill yn eithriadol o ddryslyd a dydyn nhw ddim yn gweld ei bod hi'n argyfwng. Mae'r meddyg yn gadael y wlad, ond yn esgus ei fod wedi marw, er mwyn i'r meibion eraill gael sioc a chymryd y gwrthwenwyn. Yna, mae'r tad yn dychwelyd adref ac yn byw'n hapus byth wedyn. Mae'r ddameg hon yn dangos dulliau medrus yn cael eu defnyddio hefyd. Yn ogystal, fodd bynnag, mae cyfieithiadau Japaneeg o'r Sutra yn dangos bod y Bwdha (y meddyg) yn byw am byth, gan ei ddisgrifio fel 'Tad y byd, wedi'i eni ohono'i hunan, iachawr ac amddiffynnwr pob creadur' (dyfyniad gan Cush). Ar y llaw arall, mae Paul Williams yn ein hatgoffa ni mai'r dehongliad Tibetaidd yw bod bywyd y Bwdha yn 'hir dros ben, ond o hyd meidrol'. Felly, mae dehongliad gwahanol o fewn Bwdhaeth Mahayana. Mae traddodiadau Japan yn awgrymu bod bodau'n Fwdhau yn barod ac mai gwireddu hynny'n unig sydd ei angen. Ond mae'r traddodiad Tibetaidd o'r farn y byddwn ni i gyd yn dod yn Fwdhau yn y pen draw.

Dameg y perlysiau meddygol (Pennod 5)

Mae'r ddameg hon yn disgrifio cwmwl enfawr sy'n gorchuddio'r byd i gyd. Ohono, mae glaw yn arllwys i lawr ar amrywiaeth fawr o blanhigion a pherlysiau meddygol o bob lliw a llun. Yn eu tro mae'r planhigion yn tyfu, yn blodeuo ac yn dwyn ffrwythau. Maen nhw i gyd yn tyfu o'r un tir a'r un glaw sy'n eu dyfrio nhw, eto i gyd mae pob un yn dal i fod yn wahanol i'w gilydd. Yn yr un ffordd, mae'r Bwdha yn ymddangos fel y cwmwl enfawr. Mae'n dysgu'r dharma i fodau yn gyfartal er budd iddyn nhw. Mae pob bod yn anhygoel o wahanol ond mae'r Dharma yr un fath. Mae Dharma y Bwdha fel y glaw ac mae ar gael i bawb yn ddiwahân. Mae'r Sutra yn awgrymu mai pa mor dda mae'r gynulleidfa'n deall y Dharma sy'n bwysig ac nid dyfnder y sgwrs.

Pwysigrwydd y Sutra Lotus

Mae'r Saddharmapundarika yn un o'r ysgrythurau enwocaf mewn Bwdhaeth. Gydag ysgolion Bwdhaidd gwahanol yn rhoi graddau gwahanol o awdurdod iddo, mae ei ddysgeidiaethau wrth wraidd ysgolion Bwdhaeth Japan, China a Korea. Y Sutra Lotus yn unig y mae Bwdhyddion Nichiren yn ei ddefnyddio fel ffynhonnell awdurdod. Mae Bwdhyddion Nichiren yn adrodd rhannau o'r Sutra bob dydd. Mewn gwirionedd, maen nhw'n credu y gallwch chi wireddu nirvana wrth lafarganu ei deitl yn unig. Mae Bwdhyddion Nichiren yn credu bod seiniau'n dangos yr hyn maen nhw'n ei gynrychioli. Prif arfer Bwdhyddion Nichiren yw llafarganu'r **daimoku**, Nam Myoho Renge Kyo 'Parch i'r Sutra Lotus, cyfraith oruchaf bywyd'. Maen nhw'n credu, wrth iddyn nhw lafarganu, fod gwirionedd y Sutra Lotus yn cael ei adrodd, ac yn wir, wrth lafarganu teitl y Sutra Lotus eu bod nhw'n adrodd y Sutra i gyd. Mae Merv Fowler yn esbonio bod Bwdhyddion Nichiren yn credu bod 'y rhai sy'n llafarganu teitl y Sutra Lotus, hyd yn oed heb ddeall ei ystyr, yn gwireddu craidd y Sutra Lotus yn ogystal â hanfod dysgeidiaeth y Bwdha'.

Mae Bwdhyddion Nichiren yn cefnogi'r arfer hwn drwy adrodd penodau Hoben a Juryo o'r Sutra Lotus. Felly, byddai modd dadlau bod gan y Sutra Lotus bŵer hudol, bron, i achub bodau sydd â ffydd ac sy'n dangos ymroddiad. Credir bod Bwdhaeth yn annog pobl i sylweddoli bod ganddyn nhw botensial diderfyn i Ddeffro i Fwdhadod yn eu bywydau ac i'w roi ar waith ym mywydau pobl eraill. Mae Bwdhaeth Nichiren yn dysgu, pan fydd pobl yn ymwybodol o hyn, y bydd yn

---

Dyfyniad allweddol

I Fwdhyddion Nichiren, mae'r Sutra Lotus yn ymgorffori dysgeidiaethau Sakyamuni ac yn rhagori arnyn nhw. Ond does dim pwynt bod yn gyfarwydd â'r testun os nad yw Bwdhyddion yn troi ei nerth i fod yn fyw ymarferol. Dro ar ôl tro mae'r ysgolion hyn yn gwneud yr un pwynt hwn, a dro ar ôl tro, arfer daimoku sy'n troi dynameg y Sutra Lotus yn ddynameg bywyd. (Fowler)

Term allweddol

Daimoku: llafargan (neu fantra) ganolog pob ffurf ar Fwdhaeth Nichiren

eu galluogi nhw i drin eraill â'r parch y maen nhw'n ei haeddu. Yn ei dro bydd hyn yn deffro'r un hunanymwybyddiaeth yn y rhai y maen nhw'n rhyngweithio â nhw. Wedyn mae hyn yn galluogi hunanwellhad di-ben-draw. Fel rydyn ni wedi'i weld, o safbwynt Nichiren, mae llafarganu teitl y Sutra Lotus yn cynnig llwybr uniongyrchol i oleuedigaeth. Felly, mae'r safle breintiedig sy'n cael ei roi i'r Sutra Lotus a'i bwysigrwydd enfawr i Fwdhyddion Nichiren yn amlwg i bawb.

Awgrym astudio

Mae'r gallu i ddefnyddio dyfyniadau'n effeithiol yn sgil hanfodol i bob myfyriwr Astudiaethau Crefyddol. Gwnewch yn siŵr bod y dyfyniadau rydych chi'n eu defnyddio'n gywir ac yn berthnasol. Gallan nhw fod o amrywiaeth o ffynonellau cynradd ac eilaidd a dylech chi eu defnyddio i gyfoethogi cynnwys eich traethawd. Mae dyfyniadau'n ffordd ddefnyddiol o edrych ar dystiolaeth ac enghreifftiau a'u rhoi i gyfiawnhau eich safbwynt. Fel arfer dylech chi roi rhyw fath o gyd-destun i'r dyfyniad a nodi sylw am beth sy'n ddiddorol amdano.

Efallai fod Sutra Saddharmapundarika mor boblogaidd oherwydd bod pobl yn credu bod ganddo ryw fath o bŵer hudol, yn enwedig gan fod y pŵer hwn ar gael i bawb. Mae adrodd y Sutra Lotus gyda ffydd fawr yn gallu achub y bobl fwyaf llygredig, fel y gallan nhw gael eu haileni i'r Wlad Bur. Mae Pennod 25 yn sôn sut mae Avalokitesvara yn achub lleidr rhag niwed oherwydd ei ymroddiad. Mae menywod yn gallu cael eu denu i ddysgeidiaethau'r Sutra, gan ei fod yn dangos menywod yn datblygu'n ysbrydol. Er enghraifft, ym Mhennod 12 mae tywysoges naga wyth mlwydd oed yn dod yn bodhisattva ac yn pregethu i **Manjushri**. Ar amrantiad, mae'r dywysoges yn cael ei thrawsnewid yn wryw ac yna'n cyrraedd Bwdhadod. Mae'r ffaith bod rhaid i'r ferch ddod yn wryw cyn cyrraedd Bwdhadod yn destun peth dadlau ymysg y rhai sy'n hyrwyddo safbwyntiau ffeministaidd mewn Bwdhaeth gyfoes. Fodd bynnag, mae'n bwysig sylweddoli y byddai'r ddysgeidiaeth hon wedi bod yn chwyldroadol yn ystod yr adeg pan gofnodwyd y Sutra Lotus gan y byddai gwahaniaethu mawr yn erbyn menywod y pryd hwnnw.

Ers yr Ail Ryfel Byd, bu mwy o ddiddordeb yn y Sutra Lotus mewn traddodiadau newydd Bwdhaeth Japan, fel Sokka Gakkai a Rissho Kosei Kai. Mae'r ysgolion newydd hyn wedi annog Bwdhyddion ledled y byd i astudio'r testun. Defnyddiodd Etai Yamada, 253ydd prif offeiriad ysgol Bwdhaeth Tendai, y Sutra Lotus fel sylfaen i drafodaethau eciwmenaidd ag arweinwyr crefyddol y byd yn ystod uwchgynhadledd yn 1987. Hefyd anogodd Bwdhyddion i'w ddefnyddio'n sail i Fwdhaeth sy'n Ymgysylltu'n Gymdeithasol.

Serch hynny, gellid dadlau bod Saddharmapundarika wedi dod yn bwysig yn y bôn oherwydd arwyddocâd y dysgeidiaethau y mae'n eu cyfleu. Mae'r rhain wedi dylanwadu ar fywydau Bwdhyddion Mahayana ledled y byd. Mae'r ysgrythur yn cyflwyno safbwynt newydd ar y Bwdha ac ar nirvana. Mae'n cyflwyno cysyniadau upaya a delfryd y bodhisattva, felly mae'n pwysleisio tosturi'r Bwdha (a bodhisattvau) dros bob bod. Mae pwyslais yr ysgrythur ar y nod o sylweddoli mai Bwdha yw pob bod, a'i fod yn un â'r Bwdha Trosgynnol, wedi dod yn ddysgeidiaethau gwerthfawr iawn mewn Bwdhaeth Mahayana.

Gweithgaredd AA1

Ar ôl darllen yr adran ar y Sutra Lotus, caewch y llyfr ac ysgrifennwch beth yw'r prif bwyntiau yn eich barn chi. Gallai hyn fod mewn map meddwl neu mewn rhestr.

Awgrym astudio

Dylai myfyriwr Astudiaethau Crefyddol fod yn darllen drwy'r amser. Peidiwch â dibynnu ar un gwerslyfr yn unig. Does dim rhaid i chi eu prynu nhw: defnyddiwch eich llyfrgell leol i fenthyg rhai. Maen nhw bob amser yn barod i anfon am lyfrau a ffynonellau eraill perthnasol.

Dyfyniadau allweddol

Does dim dwywaith bod nerth hudolus y Sutra Lotus wedi bod yn un rheswm dros ei boblogrwydd. (**Williams**)

Does dim gwahaniaeth faint o eiriau ac ymadroddion o'r testun y mae rhywun wedi'u dysgu ar y cof, does dim gwahaniaeth pa mor huawdl ac addas y mae rhywun yn gallu eu dehongli nhw, os na all rhywun gymhwyso dysgeidiaethau'r testun i fywyd pob dydd a'u troi'n weithredoedd ymarferol a diriaethol, yna dydy dealltwriaeth person o'r Sutra ddim yn werth dim. (**Ikeda**)

Nid gwaith ysgolheigaidd i arbenigwyr yw'r Sutra Lotus, ond canllaw ymarferol i fyw ein bywydau yma a nawr. Bodhisattvau ydyn ni i gyd: dyna graidd dysgeidiaeth y Sutra Lotus, ffordd bodhisattva y Cerbyd Mawr. Gallwn ni ddefnyddio'r Sutra, a'r mewnwelediad y mae'n ei roi i ni i'r chwe paramita, yn ein bywyd o ddydd i ddydd. Pan fyddwn ni'n astudio'r Sutra, nid er ein mwyn ein hunain yn unig rydyn ni'n ei astudio, ond er lles yr holl bobl. (**Thich Nhat Hanh**)

Mae *dramatis personae* y Sutra Lotus yn cynnwys bwdhau a *bodhisattvau* yn ogystal â bodau dynol, ac mae ei neges yn ddiamwys: mae Bwdhadod i'r ddynoliaeth i gyd; yn wir, dyma gyflwr naturiol y natur ddynol. Yn y ddrama fawr sy'n cael ei chwarae yn y Sutra Lotus, mae Bwdha Sakyamuni fel y Bwdha cosmig ar ffurf ddynol yn helpu eraill yn yr un llwybr i Oleuedigaeth ag y mae ef ei hun yn ei droedio. (**Fowler**)

Term allweddol

Manjushri: un o'r bodhisattvau mwyaf pwysig mewn Bwdhaeth Mahayana sy'n ymgorffori doethineb

Sgiliau allweddol

Mae gwybodaeth yn ymwneud â:

Dewis ystod o wybodaeth (drylwyr) gywir a pherthnasol sydd â chysylltiad uniongyrchol â gofynion penodol y cwestiwn.

Mae hyn yn golygu:

- Dewis deunydd perthnasol i'r cwestiwn a osodwyd

- Canolbwyntio ar esbonio ac archwilio'r deunydd a ddewiswyd.

Mae dealltwriaeth yn ymwneud ag:

Esboniad helaeth, gan ddangos dyfnder a/neu ehangder gyda defnydd rhagorol o dystiolaeth ac enghreifftiau gan gynnwys (lle y bo'n briodol) defnydd trylwyr a chywir o destunau cysegredig, ffynonellau doethineb a geirfa arbenigol.

Mae hyn yn golygu:

- Defnydd effeithiol o enghreifftiau a thystiolaeth gefnogol i sefydlu ansawdd eich dealltwriaeth

- Perchenogaeth o'ch esboniad sy'n mynegi gwybodaeth a dealltwriaeth bersonol, NID eich bod yn ailadrodd darn o destun o lyfr rydych wedi ei baratoi a'i gofio.

Datblygu sgiliau AA1

Nawr mae'n bwysig ystyried y wybodaeth sydd wedi'i chyflwyno yn yr adran hon; fodd bynnag, mae'r wybodaeth fel y mae yn llawer rhy helaeth ac felly mae'n rhaid ei phrosesu er mwyn bodloni gofynion yr arholiad. Gallwch wneud hyn drwy ymarfer y sgiliau uwch sy'n gysylltiedig ag AA1. Ar gyfer Amcan Asesu 1 (AA1), sy'n cynnwys dangos sgiliau 'gwybodaeth' a 'dealltwriaeth', rydyn ni am ganolbwyntio ar ffyrdd gwahanol o ddangos y sgiliau yn effeithiol, gan gyfeirio hefyd at sut bydd eich perfformiad ym mhob un o'r sgiliau hyn yn cael ei fesur (gweler disgrifyddion band cyffredinol AA1 ar gyfer U2).

▶ **Dyma eich tasg:** Isod mae crynodeb o **upaya kausalya yn y Sutra Lotus**. Rydych chi eisiau esbonio hyn mewn traethawd ond nodiadau'r athro ydyn nhw. Felly byddai eu hailadrodd yn golygu dim mwy na'u copïo ac ni fyddai'n dangos unrhyw ddealltwriaeth. Ailysgrifennwch nodiadau'ch athro ond mae angen i chi newid y geiriau a ddefnyddir (ar wahân i dermau crefyddol neu athronyddol allweddol) i eiriau gwahanol fel y gallwch ddangos eich bod chi'n deall yr hyn sy'n cael ei ysgrifennu a bod gennych chi eich fersiwn unigryw eich hun.

Mae'r thema hon yn y Sutra Lotus yn ymwneud â'r strategaethau sy'n cael eu defnyddio er mwyn i fodau allu dianc o samsara a gwireddu nirvana. Mae'r Sutra yn honni, yn y gorffennol, fod y ffyrdd o ddysgu'r dharma yn cael eu haddasu i'r gynulleidfa er mwyn eu helpu i'w ddeall. Un ffordd o ddeall hyn yw gweld, yn union fel na fyddai athro'n defnyddio'r un dulliau i ddysgu plentyn pum mlwydd oed a myfyriwr ugain mlwydd oed, felly mae angen addasu'r dharma i lefel dealltwriaeth y gynulleidfa. Wrth geisio esbonio cysyniadau sy'n amhosibl eu disgrifio, fel hanfod nirvana, mae angen amrywio sut mae'n cael ei esbonio. Dydy hi ddim yn bosibl dweud beth yw nirvana, felly dylai popeth a ddywedir amdano gael ei ystyried fel rhywbeth dros dro neu upaya. Yn wir, awgryma Michael Pye mai 'upaya yw pob dysgeidiaeth Fwdhaidd – yn ddim ond bysedd sy'n pwyntio at y lleuad'. Hefyd mae'r Sutra Lotus yn cyflwyno'r syniad bod ailymddangosiad y Bwdha ar adegau amrywiol drwy oesoedd di-rif yn cael ei weld fel enghraifft arall o upaya. Bwriad y Bwdha wrth wneud hyn oedd datgelu'r dharma gystal ag y gallai, er mwyn arwain bodau i oleuedigaeth aruchel.

Ar ôl i chi orffen y dasg, cyfeiriwch at y disgrifyddion band ar gyfer U2 ac edrychwch yn benodol ar y gofynion sydd wedi'u disgrifio yn y disgrifyddion band uwch y dylech chi fod yn anelu atyn nhw. Gofynnwch i chi'ch hun:

- A yw fy ngwaith yn dangos gwybodaeth a dealltwriaeth drylwyr, gywir a pherthnasol o grefydd a chred?

- A yw fy ngwaith yn dangos cydlyniad (cysondeb neu synnwyr rhesymegol), eglurder a threfn o safon ragorol?

- A fydd fy ngwaith, ar ôl ei ddatblygu, yn ateb helaeth a pherthnasol sy'n bodloni gofynion penodol y dasg?

- A yw fy ngwaith yn dangos dyfnder a/neu ehangder sylweddol ac yn gwneud defnydd rhagorol o dystiolaeth ac enghreifftiau?

- Os yw'n briodol i'r dasg, a yw fy ateb yn cynnwys cyfeiriadau trylwyr a chywir at destunau cysegredig a ffynonellau doethineb?

- A ellir gwneud unrhyw gysylltiadau treiddgar ag elfennau eraill o fy nghwrs?

- A fydd fy ateb, ar ôl ei ddatblygu a'i ehangu i gyfateb i'r hyn sy'n ddisgwyliedig mewn ateb arholiad, yn cynnwys ystod eang o safbwyntiau ysgolheigion/ ysgolion o feddwl?

- Pan fyddan nhw'n codi, a yw'r defnydd o iaith a geirfa arbenigol yn drylwyr a chywir?

Materion i'w dadansoddi a'u gwerthuso

Y ddysgeidiaeth yn y Sutras Mahayana yn cynrychioli realiti

Gan nad yw'r syniad o 'ddulliau medrus' yn bwysig o ran cynrychioli 'realiti', byddai edrych ar ddysgeidiaethau'r Prajnaparamita yn fwy perthnasol, yn enwedig Sutra'r Galon a Nagarjuna.

Un ddadl bosibl yw mai safbwynt Bwdhaeth ar realiti mewn gwirionedd yw'r dysgeidiaethau am realiti sydd yn y Prajnaparamita, yn enwedig, Sutra'r Galon a Nagarjuna. Mae hyn yn cynnwys safbwynt empirig o'r 'hunan' neu 'hanfod' neu 'unedau' fel confensiynau'n unig ac, yn y pen draw, bod y dadansoddiad o realiti'n fwy cynnil. Mae wedi'i wreiddio yn nysgeidiaethau Bwdha Shakyamuni, sef anicca ac anatta ond mae wedi'i fynegi ar ei ffurf lawnaf drwy'r dysgeidiaethau am wacter – y sunyatavada – sydd yn Prajnaparama, yn enwedig, Sutra'r Galon a Nagarjuna. Yn hyn o beth, mae'n gwneud synnwyr i'r rhai sy'n dilyn y llwybr Bwdhaidd, ac mae'n ffordd hollol synhwyrol o esbonio realiti. Y tu hwnt i hyn, efallai na fydd rhai pobl yn gwerthfawrogi'r safbwynt mwy cynnil hwn ar realiti oherwydd nad ydyn nhw'n ymwybodol o'r broses resymegol mae'n ei dilyn neu o oblygiadau llawn y term 'gwacter'. Serch hynny, mae rhai Bwdhyddion yn defnyddio dadansoddiad mwy confensiynol o realiti ac mae'n well ganddyn nhw ddilyn arweiniad mwy 'diriaethol' na dim ond dweud bod popeth yn wag. Gellid dadlau bod dilyn y Pedwar Gwirionedd Nobl, y Llwybr Wythblyg ac arferion fel danna, metta bhavana, defnyddio mandalas a malas, neu adrodd y nembutsu yn syml ddigon yn fwy realistig i'r rhan fwyaf o Fwdhyddion, gan fod dadansoddi a sylweddoli mewn gwirionedd bod popeth yn wag yn lefel eithaf uchel o Fwdhadod.

Fodd bynnag, a yw Sutra'r Galon yn wahanol wrth fynnu ar sunyata neu a yw hyn yn cynrychioli realiti yn llwyr fel mae safbwynt gwyddonol yn ei ddeall? Yn wir, efallai bydd rhai'n nodi bod pethau tebyg mewn gwyddoniaeth fodern. Mae'n arwyddocaol bod ffisegwyr modern, ar ddechrau'r 20fed ganrif, wedi gwrthod y syniad o 'wacter' fel disgrifiad, oherwydd iddyn nhw ddarganfod gronynnau atomig. Ond wedyn, ar ôl darganfod 'cwarciau', dyma nhw'n cadarnhau efallai nad yw realiti'n union fel rydyn ni'n meddwl amdano. Yn wir, mae'n bosibl cymharu gwaith gwyddonwyr â'r ddamcaniaeth ar wacter. Un enghraifft yw Brian Greene a'i lyfrau; mae'n edrych ar fydysawdau paralel yn *The Hidden Reality*, ac yn apelio at gynulleidfa gyffredinol ehangach. Mewn gwirionedd, flynyddoedd yn gynharach, roedd Fritjof Capra wedi nodi bod pethau tebyg mewn gwyddoniaeth a syniadau Asiaidd yn ei waith, *The Tao of Physics*. Felly, canlyniadau deall y bydysawd fel rhywbeth 'gwag' yw sôn am fydysawd paralel a bydysawdau lluosog. Eto, gellid dadlau nad yw'r cysyniadau o fydysawdau niferus yn wahanol i ddysgeidiaethau cyd-dreiddio Sutra Avatamsaka (Sutra'r Blodyn Garlant), ym Mwdhaeth Hua Yen China: mae Pennod 39 Y Gandavyuha yn dweud: 'gyda Bodhisattvau mor niferus â'r brychau llwch mewn kshetrau Bwdha y tu hwnt i eiriau'. Felly, gellid ystyried bod esboniad Sutra'r Galon, oherwydd bod popeth yn wag mewn perthynas â bodolaeth ymfodol (svabhava) ac felly bod posibiliadau diddiwedd yn datblygu o ganlyniad, yn gyson â dealltwriaeth wyddonol o realiti, er enghraifft, drwy ffiseg ronynnol a'r cysyniad o fydysawdau lluosog hefyd.

Wrth ddweud hyn i gyd, mae'n ymddangos bod pwynt lle mae damcaniaeth wirioneddol yn cael ei chynnig, yn cyrraedd ei phen draw, ac mae dyfalu creadigol yn cymryd drosodd. Mae'n ymddangos bod gwyddoniaeth a Bwdhaeth yn gallu bod yn gydnaws o ran eu canfyddiadau o realiti, hyd at ryw bwynt. Mae'n ymddangos mai'r pwynt hwn yw posibilrwydd bydysawdau lluosog neu nifer o kshetrau Bwdha (meysydd neu fydysawdau Bwdha). Fodd bynnag, mae'n

Mae'r adran hon yn cwmpasu cynnwys a sgiliau AA2

Cynnwys y fanyleb

Y ddysgeidiaeth yn y Sutras Mahayana yn cynrychioli realiti.

Termau allweddol

Gandavyuha: 39ain pennod yr Avatamsaka

Malas: gleiniau myfyrio Tibetaidd

Mandala: diagram Tibetaidd o'r cosmos i ganolbwyntio arno yn ystod myfyrdod

Nembutsu: adroddiad a ddefnyddir ym Mwdhaeth y Wlad Bur

Sutra Avatamsaka: yn llythrennol, Sutra 'Garlant Blodau', sy'n bwysig ym Mwdhaeth De Asia, yn enwedig ysgol Hua Yen

Dyfyniadau allweddol

Gwacter yw ffurf, a ffurf yw'r union wacter hwnnw. (**Sutra Hrdaya**)

Mae popeth yn bosibl pan mae gwacter yn bosibl. (**Nagarjuna**)

Gweithgaredd AA2

Wrth i chi ddarllen drwy'r adran hon ceisiwch wneud y pethau canlynol:

1. Dewiswch y gwahanol ddadleuon sy'n cael eu cyflwyno yn y testun a nodwch unrhyw dystiolaeth gefnogol a roddir.

2. Ar gyfer pob dadl a gyflwynir, ceisiwch werthuso a yw'r ddadl yn un gryf (yn argyhoeddi) neu wan (heb fod yn argyhoeddi) yn eich barn chi.

3. Meddyliwch am unrhyw gwestiynau yr hoffech chi eu gofyn wrth ymateb i'r dadleuon.

Bydd y gweithgaredd hwn yn eich helpu chi i ddechrau meddwl yn feirniadol am yr hyn rydych chi'n ei ddarllen, ac yn eich helpu i werthuso effeithiolrwydd dadleuon gwahanol, gan ddatblygu eich sylwadau, a'ch barn a'ch safbwyntiau eich hun. Bydd hyn yn eich helpu wrth ddod i gasgliadau.

A yw Bwdhaeth yn debyg i ffiseg ronynnol sydd wedi dechrau ymchwilio gwyddonol i natur 'realiti'?

Term allweddol

Sukhavati: y term am 'y Wlad Bur', kshetra Bwdha i'r Bwdha Amitabha

Dyfyniadau allweddol

Ym mhob llychyn o'r bydoedd hyn mae bydoedd dirifedi a Bwdhau … o flaen pob blewyn o gorff y Bwdha mae'r Gwledydd Pur annisgrifiadwy'n cael eu datguddio …
(Sutra Avatamsaka)

… un elfen yn unig yw'r bydysawd o realiti llawer mwy, llawer mwy rhyfedd efallai, sy'n guddiedig ar y cyfan.
(Greene)

… mae pob un o'r cynigion am fydysawdau paralel y byddwn ni'n eu cymryd o ddifrif yn dod i'r amlwg yn ddigymell o fathemateg damcaniaethau a ddatblygwyd i esbonio data ac arsylwadau confensiynol. **(Greene)**

Awgrym astudio

Cofiwch mai ansawdd eich ysgrifennu ac nid faint rydych chi'n ei ysgrifennu sy'n bwysig yn yr arholiad. Ar yr un pryd, maint cywir o ansawdd sy'n dod â llwyddiant! – mae golygu ac amseru eich atebion yn ffordd dda o wneud hyn.

ymddangos bod ehangu wedyn ar natur posibiliadau fel hyn y tu hwnt i'r hyn sy'n cael ei awgrymu. Mae gwyddoniaeth a Bwdhaeth yn cytuno mai 'gwacter yw ffurf' ac mae'r ddwy'n cytuno mai 'ffurf yw'r union wacter hwnnw'; ond mae'r posibiliadau y mae'r gosodiad diwethaf yn eu hagor i Fwdhyddion yn destun dyfalu llawer mwy na rhai gwyddoniaeth. At ei gilydd, mae'r Sutras Mahayana yn portreadu bydysawd o ddemoniaid, brenhinoedd, aswras, devas, bodhisattvau nefol, teyrnasoedd lluosog, sydd ddim yn cynrychioli realiti yn ôl y paradeim gwyddonol. Er enghraifft, gellid dadlau bod dysgeidiaeth gyd-dreiddio Hua Yen China – y mae Chang wedi ei galw'n 'ddysgeidiaethau cyfanrwydd' – hynny yw, Bwdhau lluosog, bodhisattvau a bydysawdau'r Avatamsaka, yn cyrraedd byd ffantasi ar ei waethaf, neu fyd delweddaeth ar ei orau. Dydy hi ddim yn ymddangos bod Sutra Sukhavati hyd yn oed, sy'n cynnwys disgrifiad o greu'r Wlad Bur a bydoedd eraill y Bwdha, yn cynrychioli realiti o gwbl fel mae unrhyw baradeim gwyddonol yn ei ddeall; yn wir, dydy damcaniaeth y byd paralel mewn mecaneg cwantwm ddim yn awgrymu dim am natur benodol bydoedd o'r fath chwaith.

Serch hynny, o ddeall cysyniadau fel hyn fel delweddaeth, ac nid fel maen nhw'n ymddangos, efallai eu bod nhw'n realistig gan eu bod nhw'n cynrychioli perthynas resymegol â dysgeidiaethau Bwdhaidd 'go iawn'. Yn wir, mae'n hawdd dadfytholegu'r sutras, er enghraifft, i weld bod bodhisattvau yn cynrychioli tosturi ar waith yn y bydysawd. Gellid dadlau hefyd, os derbynnir cysyniad Nagarjuna o gydraddoldeb a chyd-ddibyniaeth nirvana a samsara, dydy realiti ddim yn debygol o gydymffurfio â'r ffordd o feddwl anoleuedig, gwahaniaethol sydd yn y paradeim gwyddonol beth bynnag. Mewn gwirionedd, mae hyn yn agor cwestiwn ac ymchwiliad newydd. Ydy Bwdhyddion yn gyffredinol yn cytuno ar yr hyn rydyn ni'n ei olygu mewn gwirionedd wrth 'realiti'?

Yn ogystal, mae'r Sutras Mahayana yn disgrifio haen o bodhisattvau y mae'n bosibl galw arnyn nhw am eu cymorth. Gellid dadlau bod hyn yn tynnu sylw oddi ar bwyslais gwirioneddol Bwdhaeth, ar unigolyn yn ceisio cyflawni goleuedigaeth drwy ei ymdrechion ei hun. Fodd bynnag, mae'n bosibl esbonio hyn drwy ddulliau medrus fel ffordd gonfensiynol o gael mynediad at yr eithaf, a dewis mwy realistig i lawer. Ond mater hollol wahanol yw penderfynu a yw hyn yn ddigon i'w gyfiawnhau fel rhywbeth sy'n cynrychioli realiti.

Dadl bosibl arall yw, er mwyn cynrychioli realiti yn llwyr, rhaid cyflwyno rhyw gysyniad o darddiad mewn perthynas â'r bydysawd, fel damcaniaeth y Glec Fawr – does dim unrhyw gysyniad o'r fath yn y Sutras Mahayana. Fodd bynnag, dydy hyn ddim yn wrthwynebiad mor gryf o ystyried y ffaith bod sunyatavada (y ddysgeidiaeth ar wacter) yn gwneud i'r cysyniad o darddiad fod yn ddiangen. Mae Nagarjuna hyd yn oed yn cwestiynu cysyniad amser (y presennol, y gorffennol a'r dyfodol).

Os yw rhywun yn derbyn mai mater o ddyfalu yw hyn o ran Bwdhaeth Mahayana, yna efallai fod realiti ysbrydol i'w gael y tu hwnt i derfynau ymchwil empirig? Mae dadleuon cryf gan Fwdhaeth a gwyddoniaeth sy'n awgrymu efallai nad yw 'realiti' yn union fel rydyn ni'n meddwl amdano yn y lle cyntaf, a bod llawer sy'n gydnaws. Fodd bynnag, mae'n ymddangos bod ceisio manylu ar union natur y realiti hwn yn codi problemau. Yn wir, gellid mynd mor bell ag awgrymu y byddai hyn yn ceisio ateb cwestiynau drwy ddyfalu ofer, yn ôl y Bwdha. Yn nameg y saeth wenwynig (Y Sutta Cula-Malunkyovada), mae'r Bwdha yn dangos pa mor ffôl yw gofyn cwestiynau am darddiad a natur rhywbeth, fel saeth, pan mae'n achosi dioddefaint uniongyrchol. Mae synnwyr cyffredin yn dweud bod gwrthrych y dioddefaint yn cael ei dynnu i ffwrdd, ac wedyn gall rhywun ofyn cwestiynau fel hyn. Fodd bynnag, efallai nad oes angen gofyn cwestiynau fel hyn pan nad oes unrhyw ddioddefaint mwyach?

Hefyd, dangosodd y Bwdha yn ystod ei weinidogaeth fod llawer o gwestiynau 'anesboniadwy', 'amhendant' neu 'amhosibl eu hateb' – mae'r cwestiynau hyn yn rhedeg drwy'r Canon Pali ac roedd y Bwdha yn ddifater pan oedd yn wynebu materion oedd yn ymwneud â'r byd metaffisegol. Efallai mai ofer yw obsesiwn am faterion fel hyn?

Dulliau medrus fel cysyniad sy'n allweddol i ddeall yr amrywiaeth o fewn Bwdhaeth

Byddai'n ddefnyddiol nodi'n union beth yw ystyr 'yr amrywiaeth o fewn Bwdhaeth'. Byddai'r ddealltwriaeth fwyaf amlwg yn ymwneud â'r rhaniad hanesyddol, ac 'enwadol', rhwng Bwdhaeth Theravada a Bwdhaeth Mahayana.

Os felly mae hi, gellid dadlau bod dulliau medrus yn sicr yn allwedd i ddeall yr amrywiaeth o fewn Bwdhaeth o ran dysgeidiaethau ac arferion. Yn gyntaf, mae'n sicr bod y cysyniad o 'gyflwyno Dhamma Bwdhaeth i bobl yn ôl eu gallu a'u hanghenion ysbrydol, a hefyd yn ôl eu gallu emosiynol a deallusol' yn nodwedd ar Fwdhaeth Theravada. Mewn Bwdhaeth Theravada mae hyn yn esbonio nid yn unig y ffyrdd gwahanol y cyflwynodd y Bwdha ei weinidogaeth grefyddol a bugeiliol, ond hefyd y gwahaniaethu rhwng y sangha pedwarplyg yn ôl gallu ac anghenion ysbrydol, a hefyd yn ôl gallu emosiynol a deallusol. Yn gryno, roedd y Bwdha yn cydnabod bod angen dulliau medrus er mwyn bodloni holl anghenion yr amrywiaeth fawr o fodau ymdeimladol yr oedd yn dod ar eu traws. Yn ôl y Sutta Ayacana, yn syth ar ôl Goleuedigaeth y Bwdha, 'edrychodd ar y byd ... gwelodd fodau gydag ychydig o lwch yn eu llygaid a rhai â llawer, rhai â chyneddfau awchus a rhai â chyneddfau pŵl'. Felly roedd bob amser yn dysgu'n unol â hynny gan ddefnyddio dulliau medrus. Yn ogystal, mae'r gwahaniaethu rhwng camau datblygiad ysbrydol Bwdhyddion lleyg a mynachaidd a'r camau amrywiol ar y llwybr i fod yn arhat, yn dangos cymhwyso dulliau medrus yn ymarferol. Felly mae hyn yn esbonio'r amrywiaeth o ddysgeidiaethau ac arferion mewn Bwdhaeth Theravada. Fodd bynnag, rhaid ystyried y gwahaniaeth rhwng Bwdhaeth Theravada a Mahayana hefyd.

Yn wir, o safbwynt Bwdhaeth Mahayana, gellid dadlau bod Mahayana, fel ail droad olwyn Dhamma, yn gweld Bwdhaeth Theravada yn gyfan fel dealltwriaeth dros dro o Fwdhaeth gan ddefnyddio dulliau medrus, ac mai Bwdhaeth Mahayana sydd â'r ffordd fwy datblygedig neu 'fawr'. Er bod dadlau a thensiwn wedi bod erioed ynghylch y gwahaniaethu hwn, mae'n un ffordd o weld sut mae dulliau medrus yn cyfiawnhau ac yn gwneud synnwyr o Fwdhaeth Mahayana, gan y gellid herio ei bod hi'n ddilys oherwydd mai datblygiad diweddarach o Fwdhaeth yw hi. Wrth weld Mahayana fel 'cerbyd mawr' a thrwy hyrwyddo llwybr y bodhisattva, mae dulliau medrus yn esboniad cyfleus. Felly, mae hyn yn gwneud synnwyr o'r amrywiaeth o fewn Bwdhaeth. Er enghraifft, mae traddodiadau yn Tibet, a ffurfiau arni yn China a Japan. Ym mhob un o'r rhain mae amrywiaeth o gredoau ac arferion, yn amrywio o Fwdhaeth Gelugpa Tibet, Bwdhaeth Hua Yen, Cha'n a Bwdhaeth y Wlad Bur yn China a Japan, a Bwdhaeth Nichiren a Zen Japan. Ac mae mwy o gymhlethdodau eto. Er enghraifft, mae ysgolion gwahanol o draddodiadau Bwdhaidd yn Tibet, a hyd yn oed o fewn Zen mae gwahaniaeth rhwng Rinzai a Soto.

At hynny, honnwyd bod trydydd troad olwyn Dhamma wedi bod, sef troad Bwdhaeth Vajrayana. Mae'n fynegiant mwy esoterig, tantrig o'r Dhamma ac yn gyffredin yn Tibet, Bhutan a Nepal. Mae'r ffurf hon ar Fwdhaeth yn dweud ei bod yn wahanol i Fwdhaeth Theravada a Mahayana ac, yn ôl dulliau medrus, dyna'r mynegiant uchaf o Fwdhaeth.

Mewn Bwdhaeth Mahayana a Vajrayana mae amrywiaeth o gredoau ac arferion, ac unwaith eto, fel gyda Bwdhaeth Theravada, gellid gweld mai datblygiad ymarferol o ddulliau medrus ydyn nhw.

Fodd bynnag, safbwynt arall posibl ydy nad dulliau medrus yn unig sy'n gyfrifol am y fath amrywiaeth oherwydd efallai nad ydyn nhw'n ganlyniad uniongyrchol i ddulliau medrus. Mae'n bosibl iawn bod dulliau medrus yn esbonio sut mae amrywiadau'n bosibl, ond gellid dadlau nad yw hi'n wir mai dulliau medrus yw'r allwedd i ddealltwriaeth lawn o'r amrywiaeth o fewn Bwdhaeth. Os felly mae hi, a oes gennym ni esboniad arall o ran amrywiaeth Bwdhaeth?

Cynnwys y fanyleb

Dulliau medrus fel cysyniad sy'n allweddol i ddeall yr amrywiaeth o fewn Bwdhaeth.

Sawl gwaith mae 'olwyn Dhamma' wedi troi?

Dyfyniad allweddol

Yna dyma'r Un Bendigedig, ar ôl deall gwahoddiad Brahma, o dosturi dros fodau, yn edrych ar y byd â llygad Un a gafodd Ddeffroad. Wrth iddo wneud hynny, gwelodd fodau gydag ychydig o lwch yn eu llygaid a rhai â llawer, rhai â chyneddfau awchus a rhai â chyneddfau pŵl' ...
(Samyutta Nikaya)

Gweithgaredd AA2

Wrth i chi ddarllen drwy'r adran hon ceisiwch wneud y pethau canlynol:

1. Dewiswch y gwahanol ddadleuon sy'n cael eu cyflwyno yn y testun a nodwch unrhyw dystiolaeth gefnogol a roddir.

2. Ar gyfer pob dadl a gyflwynir, ceisiwch werthuso a yw'r ddadl yn un gryf (yn argyhoeddi) neu wan (heb fod yn argyhoeddi) yn eich barn chi.

3. Meddyliwch am unrhyw gwestiynau yr hoffech chi eu gofyn wrth ymateb i'r dadleuon.

Bydd y gweithgarwch hwn yn eich helpu chi i ddechrau meddwl yn feirniadol am yr hyn rydych chi'n ei ddarllen, ac yn eich helpu i werthuso effeithiolrwydd dadleuon gwahanol, gan ddatblygu eich sylwadau, a'ch barn a'ch safbwyntiau eich hun. Bydd hyn yn eich helpu wrth ddod i gasgliadau y byddwch yn eu gwneud yn eich atebion i'r cwestiynau AA2 sy'n codi.

Dyfyniadau allweddol

Mae fel petai pan mae rhywun yn pwyntio at y lleuad i'w dangos i rywun arall. Gydag arweiniad y bys, dylai'r person weld y lleuad. Os yw'n edrych ar y bys yn lle hynny ac yn ei gamgymryd am y lleuad, nid yn unig mae'n colli'r lleuad, ond y bys hefyd.
(Sutra Shurangama)

Wrth i'r anwybodus gydio ym mlaen y bys ac nid yn y lleuad, felly dydy'r rhai sy'n dal eu gafael yn y llythyren ddim yn adnabod fy ngwirionedd.
(Sutra Lankavatara)

Awgrym astudio

Mae rhyw fath o gasgliad gan bob gwerthusiad da. Gall fod ar y dechrau, ar y diwedd neu hyd yn oed yn cael ei adeiladu drwy gydol dadl drwy ddefnyddio casgliadau bob hyn a hyn. Does dim gwahaniaeth ble mae'n ymddangos, ond rhaid i ddadl fod â chasgliad.

Rhestrwch rai casgliadau y byddai'n bosibl dod iddynt ar sail y rhesymeg AA2 yn y testun uchod; ceisiwch gyflwyno o leiaf dri chasgliad gwahanol posibl. Ystyriwch bob un o'r casgliadau a chasglwch dystiolaeth gryno i gefnogi pob casgliad o'r deunydd AA1 ac AA2 ar gyfer y testun hwn. Dewiswch y casgliad sy'n argyhoeddi fwyaf yn eich barn chi ac esboniwch pam mae hyn yn wir. Ceisiwch gyferbynnu hyn â'r casgliad gwannaf ar y rhestr, gan gyfiawnhau eich dadl gyda rhesymu clir a thystiolaeth.

Mae'n bosibl bod elfennau crefyddol, hanesyddol neu ddiwylliannol yn un ddadl yn erbyn yr honiad bod dulliau medrus yn esbonio holl amrywiaeth Bwdhaeth. Dydy'r 'Bwdhaethau' amrywiol sydd wedi datblygu'n fyd-eang ddim wedi gwneud hynny ar eu pennau eu hunain. Mae amrywiadau diwylliannol o fewn pob dosbarth o Fwdhaeth ym modelau Theravada, Mahayana a Vajrayana. Dydy Bwdhaeth Tibet ddim yn bodoli mewn gwirionedd fel un ffenomen. Mae amrywiaeth fawr o fewn ysgolion. Gallwn ni ddweud yr un peth am ffurfiau Bwdhaeth China a Japan. Oherwydd dylanwadau safbwyntiau brodorol wrth i Fwdhaeth ledaenu, mae elfennau o Bon drwy Fwdhaeth Vajrayana, elfennau o Daoaeth a Chonfiwsiaeth drwy Fwdhaeth China ac elfennau o Shinto mewn Bwdhaeth Japan. Crafu'r wyneb yn unig yn unig yw hyn; mae llawer mwy. Mae confensiynau a normau cymdeithasol wedi'u cynnwys hefyd.

Sut bynnag mae hi, mae dulliau medrus yn egluro y gall amrywiaeth eang o dechnegau gyflawni diben goleuedigaeth. Mae dameg y tŷ a oedd ar dân yn dangos bod dulliau medrus yn allweddol gan ei bod yn pwysleisio bod natur frys y cyflwr dynol a chyflwr dryslyd bodau dynol yn golygu bod angen amrywiaeth o gyfryngau i sicrhau goleuedigaeth. Mae dameg y tŷ a oedd ar dân yn dangos mai dros dro mae dysgeidiaeth y Bwdha, ac mae hyn yn esbonio amrywiaeth Bwdhaeth o ran y rhaniad rhwng Bwdhaeth Theravada a Mahayana ond hefyd y gwahaniaethau o fewn Bwdhaeth Mahayana yn enwedig.

I'r gwrthwyneb, byddai ekayana (un llwybr/cerbyd) fel petai'n awgrymu nad oes amrywiaeth yn gyffredinol; yn wir, bod pob llwybr yn arwain i'r un llwybr i oleuedigaeth. Mae dulliau medrus yn helpu i egluro'r dywediad o'r Sutta Shurangama nad oes unrhyw rai o'r llwybrau amrywiol yn cyfateb i'r gwirionedd fel y cyfryw, ond bod pob un fel bysedd yn pwyntio at y lleuad.

I gloi, yr hyn sy'n eglur yw i'r Bwdha, o'r cychwyn cyntaf, addasu a mabwysiadu amrywiaeth o ddulliau er mwyn helpu pob bod ymdeimladol i gyflawni goleuedigaeth, ac fel yn achos dameg y saeth wenwynig, mae'n bwysig ein bod yn cadw'n ffocws ar y nod ar ddiwedd y daith yn hytrach na'r amrywiol lwybrau. Ar y llaw arall, mae'n bosibl gweld bod ffactorau mwy bydol yn allwedd i'r amrywiaeth o fewn Bwdhaeth, fel y ffocws ar dosturi a chynnwys mwy mewn Bwdhaeth Mahayana, i'r gwrthwyneb i Fwdhaeth Theravada sy'n fwy mynachaidd. Ond efallai y byddai hyn yn golygu ein bod ni'n manylu gormod, yn canolbwyntio gormod ar y bys, ac felly'n colli gogoniant llawn y lleuad.

Ydy eich gwerthusiad yn gweld gogoniant y lleuad neu'n dadansoddi'r bys yn unig?

Datblygu sgiliau AA2

Nawr mae'n bwysig ystyried y wybodaeth sydd wedi'i chyflwyno yn yr adran hon; fodd bynnag, mae'r wybodaeth fel y mae yn llawer rhy helaeth ac felly mae'n rhaid ei phrosesu er mwyn bodloni gofynion yr arholiad. Gallwch wneud hyn drwy ymarfer y sgiliau uwch sy'n gysylltiedig ag AA2. Ar gyfer Amcan Asesu 2 (AA2), sy'n cynnwys dangos sgiliau 'dadansoddi beirniadol' a 'gwerthuso', rydyn ni am ganolbwyntio ar ffyrdd gwahanol o ddangos y sgiliau yn effeithiol, gan gyfeirio hefyd at sut bydd eich perfformiad ym mhob un o'r sgiliau hyn yn cael ei fesur (gweler disgrifyddion band cyffredinol AA2 ar gyfer U2).

▶ **Dyma'ch tasg nesaf:** Isod mae crynodeb o ddau safbwynt gwahanol ar **dhammas (dharmas) a'r realiti eithaf (sunyata)**. Rydych chi eisiau defnyddio'r ddau safbwynt a'r dadleuon hyn ar gyfer gwerthusiad; fodd bynnag, mae angen mwy o resymau a thystiolaeth gefnogol i ddatblygu'r ddadl yn llawn. Ailgyflwynwch y ddau safbwynt hyn mewn arddull gwerthusol llawn gan ychwanegu rhesymau a thystiolaeth ychwanegol sy'n cysylltu â'u dadleuon. Ceisiwch ysgrifennu 100 gair ychwanegol.

Ar y naill law, mae dysgeidiaethau'r Hrdaya Prajnaparamita yn wahanol i ddysgeidiaethau'r testunau Abhidhamma Pali yn yr ystyr bod y dysgeidiaethau Pali yn tueddu i ystyried bod y blociau adeiladu, neu'r dhammas (dharmas) y mae popeth wedi'i ffurfio ohono, yn fwy fel endidau sefydlog. Er bod yr Abhidhamma Pitaka yn cynnig map ar gyfer sut mae pethau, yn nysgeidiaethau Sutra'r Galon rhaid i hyn beidio â chael ei dderbyn fel y realiti eithaf oherwydd mai sunyata (gwag) yw popeth yn y pen draw.

Ar y llaw arall, mae dysgeidiaeth yr Abhidhamma ar dhammas yn fwy fel ymarfer athronyddol empirig gyda dealltwriaeth ymhlyg o'r ffaith bod pob ffenomen wedi'i rhyng-gysylltu. Yn ôl Ronkin 'Yma, digwyddiadau seicogorfforol yw dhammas, neu'n hytrach gweithredoedd o greu cysyniadau lle mae'r meddwl yn uno ac yn cymhathu data a syniadau'r synhwyrau i greu cyfan gwybyddol sy'n gwneud synnwyr'. Felly, mae'n amheus a ddylai Bwdhyddion ddeall bod Pitaka Abhidhamma y Canon Pali yn cynnig dhammas fel 'cyflwr sefydlog'.

Ar ôl i chi orffen y dasg, cyfeiriwch at y disgrifyddion band ar gyfer U2 ac edrychwch yn benodol ar y gofynion sydd wedi'u disgrifio yn y disgrifyddion band uwch y dylech chi fod yn anelu atyn nhw. Gofynnwch i chi'ch hun:

- A yw fy ateb yn ddadansoddiad beirniadol hyderus a gwerthusiad craff o'r mater?
- A yw fy ateb yn nodi'r materion a godwyd gan y cwestiwn yn llwyddiannus ac yn mynd i'r afael â nhw'n drylwyr?
- A yw fy ngwaith yn dangos cydlyniad, eglurder a threfn o safon ragorol?
- A fydd fy ngwaith, ar ôl ei ddatblygu, yn cynnwys safbwyntiau trylwyr, cyson a chlir wedi'u cefnogi gan resymeg a/neu dystiolaeth helaeth, fanwl?
- A yw safbwyntiau ysgolheigion/ysgolion o feddwl yn cael eu defnyddio'n helaeth a phriodol, ac yn eu cyd-destun?
- A yw fy ateb yn cyfleu dadansoddiad hyderus a chraff o natur unrhyw gysylltiadau posibl ag elfennau eraill o fy nghwrs?
- Pan fyddan nhw'n codi, a yw'r defnydd o iaith a geirfa arbenigol yn drylwyr a chywir?

Sgiliau allweddol
Mae dadansoddi'n ymwneud â:

Nodi materion sy'n cael eu codi gan y deunyddiau yn adran AA1, ynghyd â'r rhai a nodwyd yn adran AA2, ac mae'n cyflwyno safbwyntiau cyson a chlir, naill ai gan ysgolheigion neu safbwyntiau personol, yn barod i'w gwerthuso.

Mae hyn yn golygu:

- Bod eich atebion yn gallu nodi meysydd trafod allweddol mewn perthynas â mater penodol
- Eich bod yn gallu nodi'r gwahanol ddadleuon a gyflwynir gan eraill, a rhoi sylwadau arnyn nhw
- Bod eich ateb yn rhoi sylwadau ar effeithiolrwydd cyffredinol pob un o'r meysydd neu ddadleuon hyn.

Mae gwerthuso'n ymwneud ag:

Ystyried goblygiadau amrywiol y materion sy'n cael eu codi, yn seiliedig ar y dystiolaeth a gafwyd wrth ddadansoddi ac mae'n rhoi dadl fanwl eang gyda chasgliad clir.

Mae hyn yn golygu:

- Bod eich ateb yn pwyso a mesur canlyniadau derbyn neu wrthod y dadleuon amrywiol a gwahanol a gafodd eu dadansoddi
- Bod eich ateb yn dod i gasgliad drwy broses rhesymu clir.

Mae'r adran hon yn cwmpasu cynnwys a sgiliau AA1

Cynnwys y fanyleb

Cymharu cefndir a gwaith y 14eg Dalai Lama a Thich Nhat Hanh: Safbwyntiau Thich Nhat Hanh ar dosturi a dim niweidio.

cwestiwn cyplym

1.21 Beth yw enw'r sangha a sefydlodd Thich Nhat Hanh?

Termau allweddol

Dharmacharya: athro/athrawes

Enw Dharma: yr enw sy'n cael ei roi i Fwdhydd yn ystod defod dderbyn i'r sangha

Thay: athro/athrawes

Thich Nhat Hanh: Meistr Bwdhaeth Zen Viet Nam a sylfaenydd Urdd Rhyngfodolaeth

Urdd Rhyngfodolaeth: Tiep Hien – sangha lleyg a mynachaidd a sefydlodd Thich Nhat Hanh, gyda'i bencadlys yn Plum Village yn Ne Ffrainc

Ffilm Thich Nhat Hanh, Walk With Me

cwestiwn cyplym

1.22 Beth yw enw'r cyfnodolyn lle mae Thich Nhat Hanh yn ysgrifennu a beth yw enw'r rhaglen ddogfen am Thich Nhat Hanh?

C: Y cyfraniad a wnaed i ddatblygiad meddylfryd Bwdhaidd gan waith athrawon Bwdhaidd cyfoes

Safbwyntiau Thich Nhat Hanh ar dosturi a dim niweidio

Mae'r Hybarch **Thich Nhat Hanh** (1926–heddiw) yn Feistr Bwdhaeth Zen Viet Nam ac yn sylfaenydd **Urdd Rhyngfodolaeth**. Nguyen Xuan Bao oedd ei enw pan gafodd ei eni, yn rhanbarth Quang Ngai, Viet Nam. Yn ôl arfer Viet Nam, dylai naill ai gael ei deitl llawn, a gafodd wrth fynd i mewn i'r fynachlog yn 16 oed, neu dylai gael ei alw'n Nhat Hanh. **Enwau dharma** Thich Nhat Hanh yw Phung Xuan, sy'n golygu 'Nant sy'n Cwrdd', neu 'Nhat Hanh', sy'n golygu 'un weithred'. Fodd bynnag, enw anwes ei ddisgyblion arno yw **Thay** (athro). Yn aml cyfeirir ato fel yr athro Bwdhaeth anwylaf yn y Gorllewin.

Fel meistr Bwdhaeth cyfoes amlwg a **dharmacharya**, mae Thich Nhat Hanh wedi ysgrifennu dros gant o lyfrau gan gynnwys *The Miracle of Mindfulness*, *Peace Is Every Step* a *Being Peace*. Mae'n cyfrannu i'r cyfnodolyn y mae Urdd Rhyngfodolaeth yn ei gyhoeddi'n chwarterol, sef *Mindfulness Bell*. Cafodd Nhat Hanh gefnogaeth gan Dr Martin Luther King, y gweithredwr dros Hawliau Dynol, a'r Tad Thomas Merton, y mynach a'r ysgrifennwr Catholig enwog a ysgrifennodd draethawd amdano o'r enw 'Nhat Hanh is my Brother'. Dydy llyfr Nhat Hanh *Living Buddha, Living Christ* byth yn gadael ymyl gwely Oprah Winfrey, a roddodd gyfweliad iddo ar ei sioe deledu o'r enw *Soul Sunday*. Yn sicr, Thich Nhat Hanh yw un o arweinwyr Bwdhaeth enwocaf y byd, gyda Bwdhyddion a rhai nad ydyn nhw'n Fwdhyddion yn ei barchu. Hefyd mae ganddo gannoedd o filoedd o ddilynwyr ar Facebook a Twitter sy'n dyst o hyn.

Mae Thich Nhat Hanh yn areithiwr tawel, huawdl. Mae wedi teithio'n helaeth, gan rannu'r dharma yn fyd-eang. Rhoddodd un o'i sgyrsiau mwyaf adnabyddus, am ymwybyddiaeth ofalgar, i weithwyr Google. Hefyd mae wedi cyflwyno cyrsiau hyfforddiant ar ymwybyddiaeth ofalgar yn Silicon Valley. Mynychodd arweinwyr a chyfarwyddwyr cwmnïau technoleg mwyaf pwerus y byd y cyrsiau hyn. Nid sut mae gwneud arian yw ei neges i'r cwmnïau mawr hyn, ond sut i wneud i'r byd fod yn lle gwell i fyw ynddo. Mae ffilm ddogfen, o'r enw *Walk With Me*, am fywyd Thich Nhat Hanh, wedi cael ei dangos mewn sinemâu ledled y byd. Mae Benedict Cumberbatch, llefarydd y ffilm, yn Fwdhydd mewn gair a gweithred. Felly mae'n hawdd gweld bod y mynach Zen diymhongar hwn, Thich Nhat Hanh, wedi bod yn allweddol iawn o ran twf diddordeb mewn Bwdhaeth ac arfer ymwybyddiaeth ofalgar yn fyd-eang.

Gweithgaredd AA1

Fel gweithgaredd gwaith cartref, gwyliwch sgwrs neu gyfweliad gan Thich Nhat Hanh ar-lein a gwnewch nodiadau Cornell. Nodwch gwestiynau neu bwyntiau i'w trafod yn y wers nesaf.

Teimlodd Thich Nhat Hanh alwad i fod yn fynach pan oedd yn saith mlwydd oed, ar ôl darganfod darlun o wyneb y Bwdha ar glawr cylchgrawn. Gwnaeth wyneb hapus a thangnefeddus y Bwdha iddo eisiau cyfleu'r un nodweddion. Felly aeth i fynachlog pan oedd yn un ar bymtheg oed cyn cael ei ordeinio'n llawn yn 1949. Oherwydd safbwyntiau Thich Nhat Hanh ar dosturi a dim niweidio fel mynach Bwdhaidd, cafodd ei alltudio o Viet Nam yn 1966 o ganlyniad i arwain protest yn erbyn y gyfundrefn Gomiwnyddol ac oherwydd i'r rhyfel cartref ddigwydd. Ar ôl cael ei alltudio, penderfynodd mai ei genhadaeth fyddai lledaenu neges tosturi a heddwch (dim niweidio) sydd mewn Bwdhaeth i bedwar ban y byd. I ddechrau symudodd i'r Unol Daleithiau. Fodd bynnag, mae'n byw nawr yn **Plum Village** tua 85 km i'r dwyrain o Bordeaux, ger Sainte Foy La Grande yn ne Ffrainc. Bu'n rhaid i Nhat Hanh aros tan 2005 cyn cael caniatâd i fynd yn ôl i ymweld â Viet Nam, ei famwlad.

Mae'n debyg mai am weithredu dros heddwch mae Thich Nhat Hanh yn fwyaf adnabyddus. Roedd Dr Martin Luther King yn teimlo'n gryf bod cefnogaeth Nhat Hanh i hyrwyddo heddwch yn Viet Nam adeg y rhyfel yn haeddu cael ei gydnabod, felly enwebodd ef am Wobr Heddwch Nobel yn 1967. Gwaetha'r modd, enillodd neb y wobr y flwyddyn honno.

Yn ystod y rhyfel cartref hwnnw, cyhuddodd llywodraeth Viet Nam y mynachod Bwdhaidd o gefnogi Comiwnyddiaeth. Defnyddiodd Thich Nhat Hanh a mynachod Bwdhaidd eraill ddulliau di-drais i hyrwyddo eu hachos. Mewn dogfen o'r enw *Call to Peace*, galwodd Thich Nhat Hanh am 'ffordd i ddod â'r rhyfel i ben ac i helpu holl bobl Viet Nam i fyw'n heddychlon a gyda pharch tuag at ei gilydd'. Cododd ei lais yn erbyn llywodraeth yr Unol Daleithiau, a oedd wedi dechrau ymwneud â'r rhyfel. Cwrddodd â Martin Luther King yng nghanol y 1960au i'w annog i godi ei lais yn erbyn Rhyfel Viet Nam. Mae Thich Nhat Hanh yn dal i geisio cael atebion i wrthdaro drwy ddulliau fel protestio di-drais a deialog. Arweiniodd gynrychiolaeth Bwdhaeth yn Nhrafodaethau Heddwch Paris.

Cenhadaeth Thich Nhat Hanh yw **Bwdhaeth sy'n Ymgysylltu â'r Gymdeithas**. Bathodd Nhat Hanh y term 'Bwdhaeth sy'n Ymgysylltu' yn ei lyfr, *Vietnam: Lotus in a Sea of Fire*, fel ymateb i'r dioddefaint a achosodd Rhyfel Viet Nam. Dechreuodd ddefnyddio'r term yn 1954, ond mae'n cydnabod bod yr arfer yn mynd yn ôl yn llawer ymhellach i Tran Nhan Tong a sefydlodd Draddodiad y Goedwig Fambŵ yn Viet Nam yn y 13eg ganrif. Mae Bwdhaeth sy'n Ymgysylltu yn gweithredu'r mewnweleddiadau, sy'n dod drwy fyfyrdod ymwybyddiaeth ofalgar ac o'r dharma, a hynny mewn sefyllfaoedd lle mae dioddefaint ac anghyfiawnder. Mae Bwdhaeth sy'n Ymgysylltu yn dod ag atebion ymarferol i ddioddefaint mewn bywyd pob dydd. Enghraifft dda o hyn yw iddo sefydlu Ysgol Ieuenctid ar gyfer Gwasanaethau Cymdeithasol (*School of Youth for Social Services* SYSS), mudiad ar lawr gwlad, yn nechrau'r 1960au. Mae'r mudiad hwn yn cynnig addysg a gofal iechyd yng nghefn gwlad Viet Nam. Hefyd mae'n canolbwyntio ar wella'r seilwaith. Yn dilyn y rhyfel, ailgododd bentrefi a oedd wedi'u bomio ac ailsefydlu teuluoedd digartref.

Plum Village, y ganolfan encilio yn Ne Ffrainc

cwestiwn cyflym

1.23 Pam cafodd Nhat Hanh ei alltudio o Viet Nam a ble mae ei gartref nawr?

Termau allweddol

Bwdhaeth sy'n Ymgysylltu â'r Gymdeithas: mudiad y mae llawer yn credu iddo gael ei sefydlu gan arferion Thich Nhat Hanh (ond mae hefyd yn cael ei olrhain yn ôl i Viet Nam y 13eg ganrif) sy'n dweud bod rhaid i Fwdhyddion ymwneud â materion cymdeithasol a'u bod yn ymrwymo mewn amgylchiadau eithriadol o wrthdaro, anghyfiawnder a thrais (weithiau cyfeirir ati hefyd fel Bwdhaeth sy'n Ymgysylltu)

Plum Village: canolfan encilio a sefydlodd Thich Nhat Hanh yn Ne Ffrainc. Dyma leoliad pencadlys Urdd Rhyngfodolaeth

Dyfyniadau allweddol

Dydw i'n bersonol ddim yn gwybod am neb mwy teilwng [o'r wobr hon] na'r mynach addfwyn hwn o Viet Nam. Byddai ei syniadau dros heddwch, petaen nhw'n cael eu rhoi ar waith, yn adeiladu cofeb i eciwmeniaeth, i frawdoliaeth fyd-eang, i ddynoliaeth. (**Martin Luther King**)

Er mwyn newid y byd, mae angen i ni ddechrau gyda ni ein hunain a deffro'r rhan dragwyddol ohonon ni lle mae heddwch pur yn byw, ein natur-Bwdha ein hunain. (**Thich Nhat Hanh**)

Cynnwys y fanyleb

Thich Nhat Hanh: dehongliad ymarferol o ddysgeidiaethau Bwdhaeth i fywyd yn y Gorllewin gan gyfeirio at bwyslais Thich Nhat Hanh ar arferion syml (gwenu, anadlu a cherdded).

cwestiwn cyflym

1.24 Beth yw prif ffocws yr enciliadau sy'n cael eu cynnal yn Plum Village ac ar beth mae dysgeidiaethau Thich Nhat Hanh yn canolbwyntio?

Dyfyniadau allweddol

Ystyriais bob gweithred gydag ymwybyddiaeth ofalgar, gan ddechrau wrth imi roi fy mag dros nos yn fy ystafell, berwi dŵr i baratoi bath, yna gwisgais fy nillad myfyrdod. Yn gyntaf, gwnes fyfyrdod cerdded ar fy mhen fy hun yn y goedwig a thynnu rhai blodau gwylltion a changhennau bambŵ er mwyn trefnu blodau. Yna ar ôl ychydig oriau o ystyried pob gweithred gydag ymwybyddiaeth ofalgar a rhyddhau'r rhan fwyaf o'm pryderon, dechreuais deimlo fy mod wedi fy adnewyddu.

(Y Chwaer Chan Khong)

Cewch heddwch ynoch chi eich hun, cewch heddwch drwy gerdded.

(Thich Nhat Hanh)

Term allweddol

Prasangika: dehongliad penodol o athroniaeth Nagarjuna sy'n dadlau yn erbyn y syniad o wrthod gwacter ac eto i gyd sy'n cydnabod rhyw ffurf ar hanfod empirig confensiynol neu natur gynhenid. Mae'r safbwynt olaf hwn, a wrthododd Nagarjuna, yn cael ei gysylltu fel arfer â dehongliad Svatantrika yr ysgolhaig Bwdhaidd o India yn y 6ed ganrif, sef Bhaviveka

Dehongliad ymarferol o ddysgeidiaethau Bwdhaidd ar gyfer bywyd (gwenu, anadlu a cherdded)

Sefydlodd Thich Nhat Hanh Urdd Rhyngfodolaeth (Tiep Hien) yn 1966. Ysgol llinach Fwdhaidd yw hon, yn Plum Village yn Ne Ffrainc, lle mae Thich Nhat Hanh yn byw nawr. Mynachlog i fynachod a lleianod yn bennaf yw Plum Village. Hefyd mae'n bentref ecogyfeillgar sy'n cynnig enciliadau, sesiynau dysgu a digwyddiadau drwy'r flwyddyn i leygwyr. Mae Thich Nhat Hanh yn cynnig sesiynau dysgu ddwywaith yr wythnos yn ystod enciliadau, sy'n cael eu cynnal yn ystod y gaeaf, y gwanwyn, a'r hydref. Mae'r enciliadau hyn yn canolbwyntio ar fyw gydag ymwybyddiaeth ofalgar gan ddilyn Pedwar Hyfforddiant ar Ddeg Ymwybyddiaeth Ofalgar, sef dehongliad yr urdd o lwybr y bodhisattva. Mae'r dysgeidiaethau hyn yn cynnwys canolbwyntio ar ddim ymlyniad wrth safbwyntiau, anicca, pratityasamutpada ac upaya. Mae ymwybyddiaeth ofalgar yn cael ei harfer bob eiliad, wrth i'r ymarferwyr anadlu, gwenu, bwyta, cerdded a gweithio, yn ogystal â phan maen nhw'n ymarfer eistedd yn ystod myfyrdod. Mae Thich Nhat Hanh yn dysgu pobl i gerdded fel petaen nhw'n cusanu'r ddaear â'u traed. Y nod yw bod bywyd cyfan yn cael ei arfer yn llawn ymwybyddiaeth ofalgar a thosturi.

Llwon ffurfiol y mae aelodau Urdd Rhyngfodolaeth yn eu cymryd yw Pedwar Hyfforddiant ar Ddeg Ymwybyddiaeth Ofalgar. Maen nhw'n greiddiol i'r Urdd. Mae pob aelod yn cael ei weld fel arweinydd neu athro. Mae'r Hyfforddiant yn galluogi'r aelodau i ddeall natur Rhyngfodolaeth, realiti bywyd, sy'n gallu cael ei brofi yma a nawr. Maen nhw'n galluogi pobl i weld y rhyng-gysylltiad rhwng eu hapusrwydd eu hunain a hapusrwydd pobl eraill oherwydd nad oes hunan ar wahân.

Mae'r cysyniad o 'Ryngfodolaeth' wedi'i wreiddio yn nealltwriaeth sylfaenol Bwdhaeth Mahayana o natur bodolaeth fel mae Sutra'r Galon yn ei egluro (gweler yn gynharach) a'r egwyddor, er mai 'gwacter yw ffurf', bod gwerthfawrogiad o wacter a llawnder yn cael ei godi eto a 'Rhyng-fod-olaeth' popeth, yn yr un ffordd â 'ffurf yw'r union wacter hwnnw'. Dydy hynny ddim yn golygu bod gwacter yn unrhyw fath o sylwedd gwaelodol o gwbl – dyma'r safbwynt yr ymladdodd Nagarjuna yn ei erbyn – ac mae'n gyfystyr â safbwynt *pransangika* a hyrwyddodd Nagarjuna a'r ysgolion o fewn Bwdhaeth Tibet.

Yr hyfforddiant yw bod yn agored; dim ymlyniad wrth safbwyntiau; rhyddid meddwl; ymwybyddiaeth o ddioddefaint; byw tosturiol, iach; cadw llygad ar ddicter; byw'n hapus yn yr eiliad hon; cymuned a chyfathrebu gwirioneddol; siarad onest, cariadus; gwarchod a maethu'r sangha; bywoliaeth gywir; parch at fywyd; haelioni; a chariad go iawn.

Wrth i Urdd Rhyngfodolaeth ddatblygu, mae cannoedd o sanghas tebyg wedi'u sefydlu ledled y byd. Mae Thich Nhat Hanh wedi dylanwadu ar lawer o fyfyrwyr nodedig gan gynnwys y Chwaer Chan Khong, y lleian Fwdhaidd, a oedd hefyd yn allweddol o ran helpu i sefydlu Plum Village. Nawr mae hi'n dysgu ac yn arwain enciliadau ledled y byd. Mae rhai enghreifftiau o fyfyrwyr niferus Nhat Hanh yn cynnwys Skip Ewing, y canwr a'r cyfansoddwr o America; Noah Levine, a welodd fod Bwdhaeth yn ddefnyddiol wrth iddo wella o gaethiwed i gyffuriau ac alcohol. Nawr mae'n athro dharma ac yn awdur llyfrau gan gynnwys *Dharma Punx: A*

Cerdded mewn ffordd ymwybyddol ofalgar, cusanu'r ddaear â'ch traed

Memoir a *Refuge Recovery: A Buddhist Path to Recovering from Addiction*; a Joan Halifax sy'n athrawes Bwdhaeth Zen a sefydlodd Sefydliad Upaya yn New Mexico, sy'n dysgu Bwdhaeth sy'n Ymgysylltu. Mae'r dilynwyr hyn, ynghyd â llawer o rai eraill, yn trosglwyddo dysgeidiaethau Thich Nhat Hanh nawr.

Mae athroniaeth Thich Nhat Hanh wedi cyfuno dysgeidiaethau Bwdhaeth Zen, Theravada â thraddodiadau Mahayana eraill. Hefyd mae'n ystyried amrywiaeth o ddisgyblaethau, gan gynnwys agweddau ar seicoleg. Dydy Thich Nhat Hanh ddim yn credu yn Nuw, ond mae'n credu bod Iesu yn athro goleuedig fel y Bwdha. Mae Nhat Hanh yn hyrwyddo dilyn llwybr y bodhisattva, sy'n ddysgeidiaeth ganolog mewn Bwdhaeth Mahayana. Mae'n gweld hyn fel ffordd ymarferol o arfer Bwdhaeth sy'n Ymgysylltu â'r Gymdeithas, ac mae wedi ymroi ei fywyd a'i waith i geisio cael trawsnewid mewnol er lles pob bod ymdeimladol arall. Mae Nhat Hanh yn credu nad bodau perffaith yw bodhisattvau ond bodau ar lwybr o ddatblygu ymwybyddiaeth a helpu eraill. Ei safbwynt yw nad oes ffordd i hapusrwydd, ond mai hapusrwydd yw'r ffordd.

Gweithgaredd AA1

Mewn grwpiau bach neu fel dosbarth, trafodwch y cwestiynau canlynol:

1. Yn eich barn chi, beth gallai Thich Nhat Hanh ei olygu wrth ddweud 'does dim ffordd i hapusrwydd, ond hapusrwydd yw'r ffordd'?
2. Sut gallai hyn fod yn gysylltiedig â Bwdhaeth sy'n Ymgysylltu â'r Gymdeithas?

Mae dysgeidiaeth Thich Nhat Hanh am fyfyrdod ymwybyddiaeth ofalgar wedi dylanwadu ar lawer yn y Gorllewin. Ei brif ddysgeidiaeth yw byw mewn ymwybyddiaeth ofalgar yn yr eiliad hon. Felly mae'n dilyn athroniaeth Bwdhaeth Mahayana fod Deffroad i'w gael yma a nawr. Byddai'n bosibl dadlau mai'r hyn sy'n wahanol yw esboniadau syml, ond dwfn, Thich Nhat Hanh o'r cysyniadau Mahayana hyn. Yn sicr, mae ei arferion syml yn ddeniadol iawn i bobl yn y byd cyflym rydyn ni'n byw ynddo yn yr 21ain ganrif. Ac, mae Thich Nhat Hanh yn awgrymu ei bod hi'n bosibl cyrraedd nirvana drwy'r arferion hyn yma a nawr, wrth i ymarferwyr ymryddhau o ganfyddiadau anghywir: 'Nirvana yw'r peth Eithaf. Duw ydyw ac mae ar gael i ni 24 awr y dydd' (Thich Nhat Hanh).

Mae Thich Nhat Hanh yn annog pawb i fyw bywyd yn ôl Llwybr Wythblyg y Bwdha, gan mai dyma'n union sydd ei angen ar y byd heddiw. Dyma arfer Bwdhaeth sy'n Ymgysylltu, gyda'r Pum Hyfforddiant Ymwybyddiaeth Ofalgar yn greiddiol iddi. Mae Thich Nhat Hanh wedi eu datblygu nhw fel eu bod nhw'n hawdd i'r gymuned leyg eu harfer ac er mwyn bod yn addas i bobl yn yr oes fodern. Gwnaeth y newidiadau hyn oherwydd ei fod yn teimlo bod yr argymhellion gwreiddiol yn cael eu camddeall i fod yn orchmynion yn hytrach nag yn arweiniad tuag at ymwybyddiaeth, cariad a thosturi. Mae'r Pum Hyfforddiant Ymwybyddiaeth Ofalgar yn ymarferol iawn ac yn gofyn am ymgysylltu cymdeithasol.

Pum Hyfforddiant Ymwybyddiaeth Ofalgar

1. Parch at fywyd – Diogelu bywyd, lleihau trais yn yr hunan, yn y teulu ac yn y gymdeithas.
2. Hapusrwydd gwirioneddol – Arfer cyfiawnder cymdeithasol, haelioni, peidio â dwyn a pheidio ag ecsbloetio bodau byw eraill.
3. Cariad gwirioneddol – Arfer ymddygiad rhywiol cyfrifol er mwyn amddiffyn unigolion, parau, teuluoedd a phlant.
4. Siarad cariadus a gwrando dwfn – Arfer gwrando dwfn a siarad cariadus er mwyn adfer cyfathrebu a chymodi.
5. Meithrin ac iacháu – Arfer bwyta ymwybodol ofalgar, i'n helpu ni i beidio â dod â thocsinau a gwenwyn i'n cyrff neu i'n meddwl.

cwestiwn cyflym

1.25 Beth mae aelodau Urdd Rhyngfodolaeth yn gallu ei ddeall drwy Bedwar Hyfforddiant ar Ddeg Ymwybyddiaeth Ofalgar?

Dyfyniadau allweddol

Ymwybyddiaeth ofalgar yw egni bod yn ymwybodol ac yn effro i'r eiliad hon. Dyma'r arfer o gyffwrdd â bywyd yn ddwfn ym mhob eiliad o fywyd pob dydd drwy'r amser. Wrth fod yn ymwybyddol ofalgar, rydych chi'n wirioneddol fyw, yn bresennol ac yn un â'r rhai o'ch cwmpas ac â'r hyn rydych chi'n ei wneud. Rydyn ni'n dod â'n corff a'n meddwl mewn cytgord wrth olchi'r llestri, wrth yrru'r car neu wrth gael cawod yn y bore. (gwefan Plum Village)

Yn yr eiliad hon yn unig mae bywyd i'w ganfod. Mae'r gorffennol wedi mynd, dydy'r dyfodol ddim yma eto, ac os nad awn ni'n ôl i ni ein hunain yn yr eiliad hon, allwn ni ddim bod mewn cysylltiad â bywyd. (Thich Nhat Hanh)

Pan mae bomiau'n dechrau syrthio ar bobl, allwch chi ddim aros yn y neuadd myfyrio drwy'r amser. Mae myfyrdod yn golygu bod yn ymwybodol o'r hyn sy'n digwydd – nid yn eich corff ac yn eich teimladau'n unig, ond o'ch cwmpas i gyd. (Thich Nhat Hanh)

Dyfyniadau allweddol

Gydag ymwybyddiaeth ofalgar, rydyn ni'n ymwybodol o'r hyn sy'n digwydd yn ein cyrff, yn ein teimladau, yn ein meddyliau ac yn y byd, ac rydyn ni'n osgoi gwneud niwed i ni ein hunain ac i eraill. Mae ymwybyddiaeth ofalgar yn ein hamddiffyn ni, ein teuluoedd a'n cymdeithas. Pan rydyn ni'n ymwybyddol ofalgar, gallwn ni weld, wrth ymatal rhag gwneud un peth, y gallwn ni atal rhywbeth arall rhag digwydd. Rydyn ni'n dod at ein mewnwelediad unigryw ein hunain. Nid rhywbeth sy'n cael ei osod arnon ni gan awdurdod y tu allan yw e.

(Thich Nhat Hanh)

Mae Thay wedi gwneud i'r argymhellion fod yn fwy perthnasol i bryderon cyfoes, gan gynnwys y bygythiad cynyddol i'r amgylchedd, y ffordd y mae corfforaethau amlwladol yn ecsbloetio gwledydd sy'n datblygu, a'r gwrthdaro a'r derfysgaeth y mae ffanatigiaeth grefyddol yn eu hachosi. Drwy ei ddylanwad byd-eang ar bobl sy'n gweithio dros heddwch, mae'r mynach addfwyn hwn, sy'n arfer y cerdded araf a'r ymwybyddiaeth ofalgar y mae'n eu dysgu, wedi helpu i hyrwyddo achos heddwch a chyfiawnder drwy ymgorffori heddwch a chyfiawnder ei hun.

(Landaw a Bodian)

Gweithgaredd AA1

Mewn 3 munud, meddyliwch am gymaint o enghreifftiau ymarferol â phosibl o sut gallai Bwdhyddion sy'n Ymgysylltu'n Gymdeithasol roi Pum Hyfforddiant Ymwybyddiaeth Ofalgar ar waith. Rhannwch eich enghreifftiau â'r dosbarth yn rhan o drafodaeth.

Datblygiadau diweddar

Ar ôl ei ymweliadau â Viet Nam ar ôl 2005, mae Eglwys Fwdhaidd Unedig annibynnol Viet Nam (UBCV) wedi ymosod ar Thich Nhat Hanh. Maen nhw'n credu i ymweliadau Nhat Hanh gefnogi Eglwys Fwdhaidd Viet Nam (BCV) y mae'r llywodraeth yn ei sancsiynu. Arestiodd y llywodraeth aelodau o UBCV a'u herlid. Mae'r aelodau hyn yn credu bod Thich Nhat Hanh yn gweithio gyda'r llywodraeth drwy beidio â gwrthwynebu'r erlid. Maen nhw'n awgrymu y dylai fod wedi dangos ei wrthwynebiad. Yn ogystal, roedd Thich Nhat Hanh wedi ymweld â mynachlog UBCV yn Bat Nha i hyfforddi ei ddilynwyr, ond ers hynny, mae wedi datgan yn gyhoeddus y dylai'r Dalai Lama gael caniatâd i ddychwelyd i Tibet. Wrth ymateb i'r datganiad gwleidyddol hwn, dechreuodd llywodraeth Viet Nam wrthwynebu'r sangha mynachaidd yn Bat Nha, gan eu gorfodi'n gorfforol allan o'r fynachlog. O ganlyniad, mae Thich Nhat Hanh wedi parhau i deithio'r byd, ond dydy e ddim wedi dychwelyd i Viet Nam. Gan nad yw ei iechyd wedi bod cystal yn y blynyddoedd diweddar, mae'n ymddangos yn annhebygol, efallai, y bydd yn dychwelyd eto i'r famwlad y mae'n ei charu. Yn y cyfamser, mae Thich Nhat Hanh wedi canolbwyntio ar addasu ei ddysgeidiaethau i bobl yng nghymdeithas y Gorllewin. Er enghraifft, mae'n dysgu Pum Hyfforddiant Ymwybyddiaeth Ofalgar, sef rhai y mae wedi'u haddasu o arweiniad moesegol Pum Argymhelliad y Bwdha.

Yn 2014 cafodd Thich Nhat Hanh waedlif ar yr ymennydd ac mae wedi treulio amser yn gwella ers hynny. Pan oedd yn ysgrifennu ei lyfr, roedd yn cael triniaeth yn yr Unol Daleithiau a bellach mae'n ôl yn ei gartref yn Plum Village lle mae'n parhau i fyw gydag ymwybyddiaeth ofalgar ac i ddysgu'r dharma, gyda chefnogaeth y sangha. Gellid awgrymu mai gwaddol Thich Nhat Hanh fydd iddo annog cymhwyso ymarferol drwy Fwdhaeth sy'n Ymgysylltu â'r Gymdeithas, sy'n berthnasol i'r byd cyfoes, wrth geisio galluogi pob bod ymdeimladol i ddioddef llai ac i fod yn hapus. Drwy ymgysylltu â bywyd fel hyn mae pobl yn dod o hyd i ystyr yn eu bywydau. Mae Nhat Hanh yn awgrymu bod dioddefaint, a bod ffordd allan o ddioddefaint, a bod llawer o lawenydd i'w gael wrth helpu pobl.

Awgrym astudio

Torrwch unrhyw gynnwys rydych chi'n ceisio ei ddysgu yn ddarnau hawdd eu treulio. Drwy ddysgu un peth ar y tro a rhoi'r darnau at ei gilydd, fyddwch chi ddim yn hir cyn dysgu llwyth o ddeunydd. Mae awgrym adnabyddus sy'n holi: Sut rydych chi'n bwyta eliffant? Drwy gnoi un darn ar y tro!

Y Dalai Lama (1935–heddiw)

Mae'r **Dalai Lama** presennol yn ei ddisgrifio ei hun fel mynach Bwdhaidd syml, ond mae Bwdhyddion a rhai nad ydyn nhw'n Fwdhyddion ledled y byd yn ei edmygu. Bwdhydd o Tibet yw'r Dalai Lama.

Mae'r term Bwdhaeth Tibet yn codi problem oherwydd bod rhagor o draddodiadau gwahanol o fewn y traddodiad. Yn ogystal, dydy Bwdhyddion ddim yn ystyried mai o Tibet yn unig mae Bwdhaeth Tibet yn dod gan ei bod hi'n bosibl olrhain llinach y trosglwyddo mewn Bwdhaeth **Nyingmapa** (sy'n golygu 'hynafol', ysgol hynaf Bwdhaeth Tibet) yn ôl i **Padmasambhava**, mynach Bwdhaeth Mahayana tantrig o India. Dyma pam datblygodd ffurfiau'n seiliedig ar arferion mantra, mudra a mandala (gweler t. 157 Thema 4). Yn ogystal, mae dylanwad crefydd frodorol **Bon** yn dal i fod yn bwnc llosg (gweler t. 154 Thema 4). Yn ddiweddar, mae ysgolheigion yn ffafrio'r term Bwdhaeth Tibet-India. Fodd bynnag, cyn belled â'n bod ni'n ymwybodol o'r materion hyn, er hwylustod, ac yn gyson â'r Fanyleb, byddwn ni'n cyfeirio at y ffenomen fel 'Bwdhaeth Tibet'.

Mae ei Sancteiddrwydd y 14eg Dalai Lama yn cyflwyno dysgeidiaethau yn ei gartref yn Dharmasala, India.

Mae'r Dalai Lama yn cael ei weld fel yr arweinydd pwysicaf ym Mwdhaeth Tibet. Ef yw arweinydd ysbrydol a gwleidyddol ysgol **Gelugpa** (ffordd rinweddol, enw arall yw Kadampa) Bwdhaeth Tibet. Enw arall arno hefyd yw traddodiad 'Het Felen'. Yn niwylliant Tibet mae hetiau'n aml yn cynrychioli agweddau tuag at gysyniadau haniaethol; mae hetiau melyn y Gelugpa yn tynnu gwahaniaeth rhyngddyn nhw eu hunain a 'Hetiau Coch' tri phrif draddodiad arall Tibet, sef Nyingmapa, Sakyapa a Kagjugpa.

Tenzin Gyatso yw'r Dalai Lama. Term Tibetaidd yw 'Tenzin' sy'n golygu 'daliwr y dysgeidiaethau'. Mae Gyatso yn deitl parchus sydd gan Dalai Lamas yn eu henwau. Mae'n golygu 'cefnfor'. Teitl sydd wedi cael ei roi iddo yw'r term Dalai Lama. Mae 'Dalai' hefyd yn golygu 'Cefnfor' yn iaith Mongolia ac ystyr y term '**lama**' yw guru neu athro. Felly gwelir bod y Dalai Lama yn 'Gefnfor Doethineb'.

Mae traddodiad Gelugpa Bwdhaeth Tibet yn canolbwyntio ar arferion tantrig hynafol o draddodiad Bwdhaeth India, disgyblaeth fynachaidd a chod Vinaya, yn ogystal â rôl allweddol ysgolheictod. Y Dalai Lama oedd arweinydd gwleidyddol gwlad Tibet nes i'r Tsieineaid ei alltudio yn niwedd y 1950au. Roedd yn byw ym **Mhalas Potala** yn Lhasa.

Dydy lama pwysig yn Tibet ddim yn etifeddu'r safle hwn fel genedigaeth-fraint. Mae Bwdhyddion Tibet yn credu bod y prif lamas yn gallu rheoli prosesau ailenedigaeth ac ailymgnawdoli eu hunain. Gwelir mai 14eg ailymgnawdoliad y Dalai Lama yw Tenzin Gyatso. Mae'r llinach hon dros 500 mlwydd oed, yn estyn yn ôl i **Tsongkhapa** (1357–1419), sylfaenydd traddodiad Gelug. '**Tulku**' yw'r term sy'n cael ei roi i lama sydd wedi'i ymgnawdoli'n ifanc, sydd, yn ôl y Dalai Lama, yn cyfeirio at 'gorff deillio'r Bwdha' neu nirmanakaya (i gael gwybodaeth am athrawiaeth y 'Tri Chorff', gweler llyfr UG *Bwdhaeth* Illuminate Publishing t.83).

Cynnwys y fanyleb

Cymharu cefndir a gwaith y 14eg Dalai Lama a Thich Nhat Hanh: Y 14eg Dalai Lama a dehongliad ymarferol dysgeidiaethau Bwdhaidd i fywyd yn y Gorllewin.

Termau allweddol

Bon: crefydd wreiddiol yn Tibet cyn Bwdhaeth

Dalai Lama: 'Cefnfor o Ddoethineb' yw ei ystyr, dyma'r teitl sy'n cael ei roi i arweinydd Bwdhaeth Tibet sydd wedi'i ailymgnawdoli

Gelugpa: 'ffordd rinweddol' yw'r ystyr; dyma sect o Fwdhaeth Tibet sy'n canolbwyntio ar reolau Vinaya, ymgadw'n ddibriod mynachaidd ac ysgolheictod

Lama: guru neu athro/athrawes

Nyingmapa: traddodiad Bwdhaidd hynaf Tibet

Padmasambhava: mynach Bwdhaeth Mahayana tantrig hynafol o India y mae pob traddodiad o'r farn iddo gyflwyno Bwdhaeth i Tibet

Palas Potala: pencadlys Bwdhaeth Tibet a chartref y Dalai Lama cyn iddo gael ei alltudio o Tibet

Tsongkhapa: 'y dyn o Gwm y Winwns/Nionod' yw'r ystyr, sylfaenydd ysgol Gelugpa Bwdhaeth Tibet

Tulku: lama wedi'i ymgnawdoli sy'n cael ei hyfforddi o oedran ifanc i drosglwyddo'r dysgeidiaethau o linach benodol o Fwdhaeth Tibet

cwestiwn cyflym

1.26 Sut mae'r Dalai Lama yn ei ddisgrifio ei hun a pha ysgol o Fwdhaeth mae'r Dalai Lama yn ei harwain?

Dyfyniadau allweddol

Mae dwy ffordd y gall rhywun gymryd ailenedigaeth ar ôl marwolaeth: ailenedigaeth o dan ddylanwad karma ac emosiynau dinistriol, ac ailenedigaeth drwy nerth tosturi a gweddi ... Dyma'r ffordd y mae bodau cyffredin yn cylchu'n ddiddiwedd drwy fodolaeth fel troad olwyn. (Dalai Lama)

Ymhlith Tulkus Tibet gall fod rhai sy'n ymgnawdoliad o bodhisattvau uwch, bodhisattvau ar lwybrau crynhoi a pharatoi, yn ogystal â meistri sy'n amlwg heb ddechrau ar y llwybrau bodhisattva yma eto. Felly, mae'r teitl Tulku yn cael ei roi i lamas wedi'u hailymgnawdoli naill ai oherwydd eu bod nhw'n debyg i fodau goleuedig neu drwy eu cysylltiad â rhinweddau penodol bodau goleuedig. (Dalai Lama)

Mae bodhisattvau uwch ... yn gallu dewis lle ac amser eu genedigaeth yn ogystal â'u darpar rieni. Mae ailenedigaeth fel hyn, sydd er lles pobl eraill yn unig, yn ailenedigaeth drwy rym tosturi a gweddi. (Dalai Lama)

Cyn edrych yn llawn ar gysyniad Tulku, mae'n bwysig egluro unrhyw gamddealltwriaeth gyda Bwdhaeth Tibet am ailenedigaeth ac ailymgnawdoliad. Mae Bwdhaeth yn dysgu ailenedigaeth yn hytrach nag ailymgnawdoliad, yn unol ag anatta a chysyniad anghywir hanfod neu 'enaid' sy'n bodoli'n dragwyddol ac sy'n trawsfudo o un ffurf gorfforol i'r ffurf gorfforol nesaf rhwng bywydau. Er gwaethaf hyn, bu awgrymiadau, yn groes i anatta a chysyniad gwacter mewn Bwdhaeth Mahayana, bod meysydd o Fwdhaeth sy'n awgrymu bod rhyw sylfaen ontolegol dros fodolaeth. Mae Bwdhaeth bob amser wedi gwrthod hyn ac, fel rydyn ni wedi'i weld gyda chysyniad dhamma a'r ddadl Abdhidhamma a Madhayamaka, caiff hyn ei gamddeall weithiau.

Felly hefyd gyda Bwdhaeth Tibet, mae rhai wedi awgrymu ei bod hi'n hyrwyddo ffurf ar 'ailymgnawdoliad'. Mae'r canfyddiad hwn o Fwdhaeth Tibet wedi codi'n gyntaf drwy ddehongliad penodol o'r Bardo Thedol (Llyfr Meirw Tibet) o fewn traddodiad Nyingmapa (ac a dderbyniwyd gan dri phrif draddodiad arall Bwdhaeth Tibet); dadansoddiad yw hwn o gamau ailenedigaeth o ran 'ymwybyddiaeth' y cyfeiriwyd ato fel bardo (cyflwr hanner ffordd neu bontio). Fodd bynnag, nid 'enaid' neu hanfod o unrhyw fath yw hwn gan fod holl athroniaeth syniadau Bwdhaeth India-Tibet 'wedi'u gwreiddio' mewn gwacter!

Mae'r ail ffordd y mae'r dryswch hwn wedi codi'n ymwneud â chamddeall y term Tulku. Mae cysyniad Tulku yn eithaf cymhleth, yn gyntaf oherwydd bod angen iddo esbonio'r hyn sy'n ymddangos fel gwrth-ddweud rhwng cysyniad ailymgnawdoliad ac anatta. Yn hytrach na cheisio cyfiawnhau safbwynt penodol, y ffordd orau fyddai cyfeirio at sut mae'r Dalai Lama yn esbonio hyn.

Yn gyntaf mae'r Dalai Lama yn gwahaniaethu rhwng dau fath o ailenedigaeth: (1) a achoswyd gan rym karma ac emosiynau negyddol, a (2) o dan ddylanwad gweddi a thosturi. Ailenedigaeth bodau cyffredin yw'r math cyntaf. Mae'r ail fath o ailenedigaeth yn neilltuol i fodau ysbrydol uwch. Felly, ym Mwdhaeth Tibet, mae'r cysyniad hwn o ailenedigaeth yn unigryw i'r Tulku gan fod y Tulku yn cael ei weld i fod yn amlygiad o fod ysbrydol uwch.

Mae'r Dalai Lama yn esbonio bod y Bwdhau yn eu Sambhogakaya ('corff mwynhad/corff nefol' Bwdhadod) yn caniatáu i'w hunain gael eu hamlygu drwy'r 'corff deillio' sy'n cynnwys bodau ysbrydol uwch fel bodhisattvau:

'Felly, agwedd gorfforol eithaf Bwdha yw Corff Mwynhad Llwyr (Sambhogakaya), sydd ar gael i bodhisattvau uwch, ac y mae iddo bum nodwedd benodol fel byw yn Nefoedd Akanishta. Ac o Gorff Mwynhad Llwyr amlygir y llu o Gyrff Deillio neu Tulkus (Nirmanakaya) y Bwdhau, sy'n ymddangos fel duwiau neu fodau dynol ac sydd ar gael i fodau cyffredin hyd yn oed.'

Yn ôl y Dalai Lama, mae tri math o nirmanakaya ac mae'r Tulku yn nodweddiadol o'r trydydd math – y 'Corff Deillio Ymgnawdoledig' – fel arfer, Bod Goleuedig ydyw. Felly mae'r Tulku yn ganlyniad uniongyrchol tosturi Bwdha sambhogakaya sy'n dewis ymgymryd ag ailenedigaeth drwy ailymgnawdoliad. Felly dyma'r ail fath o ailenedigaeth ym Mwdhaeth Tibet ac mae'n neilltuol i Tulkus. Yn ôl y Dalai Lama:

'Dydy bodhisattvau uwch, sydd wedi cyrraedd llwybr gweld, ddim yn cael eu haileni drwy rym eu karma a'u hemosiynau dinistriol, ond oherwydd nerth eu tosturi dros fodau ymdeimladol ac yn seiliedig ar eu gweddïau er lles eraill. Maen nhw'n gallu dewis lle ac amser eu genedigaeth yn ogystal â'u darpar rieni. Mae ailenedigaeth fel hyn, sydd er lles pobl eraill yn unig, yn ailenedigaeth drwy rym tosturi a gweddi.'

Mae'r Dalai Lamas yn cael eu gweld i fod yn amlygiad nirmanakaya (ymgorfforiad daearol) bodhisattva nefol tosturi mawr (Avalokitesvara neu Chenrezig). Felly bodhisattva yw'r Dalai Lama, neu fod goleuedig, ond bod sydd wedi gohirio goleuedigaeth lawn a chyflawn er mwyn helpu eraill. Mae hyn yn dilyn llwon y bodhisattva. Felly, gellid dadlau na fyddan nhw byth yn 'mynd i mewn i nirvana' (parinirvana).

Sut bynnag mae hi, y gred yw iddo ddewis ailenedigaeth drwy ailymgnawdoliad er mwyn gwasanaethu'r ddynoliaeth. Gwelir mai'r Dalai Lama, ynghyd â lamas pwysig eraill, yw 'ffurfiau go iawn y bodau hyn'. Fodd bynnag, dywed Paul Williams fod y Dalai Lama ei hun o'r farn bod lamas 'yn ymgorffori eu rhinweddau a'u bod wedi'u bendithio'n arbennig ganddyn nhw'. Doethineb a thosturi yw'r ddwy golofn bwysicaf mewn Bwdhaeth Mahayana a dyma'r rhinweddau y mae'r Dalai Lama yn ceisio eu hyrwyddo. Mae Bwdhyddion Tibet yn credu bod unrhyw un yn gallu cael ei oleuo ond nad yw'n hawdd cyflawni neu wireddu hyn, er bod nirvana yn bresennol yma a nawr.

Mae'r chwilio'n dechrau i ddod o hyd i'r Dalai Lama newydd ar ôl i'r un blaenorol farw, a oedd mor bell i lawr y llwybr ysbrydol tuag at oleuedigaeth fel ei fod wedi gallu dewis rhieni ei ailenedigaeth. Fel arfer disgybl y Dalai Lama blaenorol sy'n darganfod Dalai Lamas, gan ei fod yn gallu ei adnabod yn hawdd. Mae pob Dalai Lama wedi bod yn wrywaidd. Ond mae ychydig o lamas benywaidd ym Mwdhaeth Tibet. Mae Machig Labdrong yn enghraifft hanesyddol ac mae Jetsunma Chime Luding Rinpoche a Khandro Rinpoche (sy'n dysgu weithiau yng Nghanolfan Fwdhaidd Brynmawr, Blaenau Gwent) yn ddwy enghraifft gyfoes.

Pan fu farw'r 13eg Dalai Lama, rhagfynegodd **Oracl y Wladwriaeth** y byddai'r Dalai Lama newydd yn cael ei eni yn y gogledd ddwyrain gerllaw'r ffin â China. Cafodd y Rhaglyw, rheolwr dros dro, weledigaethau pan ymwelodd â Llyn yr Oracl. Gwelodd fynachlog, tŷ, coed meryw a chyfres o lythrennau. Dehonglwyd y gweledigaethau a phenderfynwyd rhaid mai mynachlog Kumbum oedd lleoliad genedigaeth y Dalai Lama, oherwydd mai yma y ganwyd Tsongkhapa, y guru Bwdhaidd mawr a oedd wedi dysgu'r Dalai Lama Cyntaf.

Aeth criw o lamas uchel i chwilio am Tulku. Ar ôl cyrraedd pentref Taktser daethon nhw o hyd i **Lhamo Thondup**, plentyn dwy oed, ac roedd Keusang Rinpoche, ffrind agos y Dalai Lama blaenorol, yn argyhoeddedig mai dyma'r plentyn yr oedden nhw'n chwilio amdano. Fel plentyn, felly, un o'r profion yr oedd yn rhaid i Lhamo Thondup eu gwneud er mwyn profi mai ef oedd y Dalai Lama oedd adnabod gwrthrychau a oedd yn perthyn i'w ragflaenydd, y 13eg Dalai Lama. Pan oedd yn bedair oed, dechreuodd y Dalai Lama gael addysg arbennig ym Mhalas Potala, Lhasa, Tibet.

Mae Landaw a Bodian yn esbonio, gan fod Dalai Lamas yn gyfarwydd â'r dysgeidiaethau'n barod, a hwythau wedi eu dysgu i eraill mewn bywyd blaenorol, fod eu haddysg yn symud ymlaen mor gyflym fel y byddan nhw cyn hir yn gallu ailgydio yn eu safle fel arweinydd ac athro ysbrydol er lles pob bod arall. Cafodd y 14eg Dalai Lama ei orseddu yn 1940 a'i wisgo mewn dillad mynach, a dechreuodd ddilyn ffordd o fyw nofis. Dechreuodd fod yn arweinydd gwleidyddol yn 1950 pan oedd yn 15 mlwydd oed yn unig.

Termau allweddol

Lhamo Thondup: enw'r Dalai Lama pan gafodd ei eni

Oracl y Wladwriaeth: mynach clirweledol (*clairvoyant*) ym Mwdhaeth Tibet

cwestiwn cyflym

1.27 Pwy ragfynegodd fan geni'r 14eg Dalai Lama?

Palas Potala, Lhasa, Tibet

Cerflun aur Chenrezig yn Kathmandu, Nepal

cwestiwn cyplym

1.28 Pwy geisiodd berswadio mai 'gwenwyn yw crefydd' a pham na ddaeth y byd i roi cymorth i Tibet?

Cynnwys y fanyleb

Cymharu cefndir a gwaith y 14eg Dalai Lama a Thich Nhat Hanh: pwyslais y Dalai Lama ar weithredoedd caredig, tosturi a dim niweidio.

Fel arweinydd gwleidyddol yn Tibet, roedd disgwyl i'r Dalai Lama fynychu cyfarfodydd y llywodraeth pan oedd yn ifanc. Rhoddodd ymosodiad China ar Tibet yn 1949 gyfrifoldeb enfawr ar y person ifanc hwn. Wedi'r ymosodiad gwnaeth ei orau glas i drafod â llywodraeth Gomiwnyddol China, gan gynnwys ymweld â Beijing yn bersonol. Ceisiodd y Tsieineaid gael y Dalai Lama i droi at Gomiwnyddiaeth. Dywedodd Cadeirydd Mao wrth y Dalai Lama mai 'Gwenwyn yw crefydd' a dechreuodd y Tsieineaid gael gwared ar lywodraeth, crefydd, diwylliant a hunaniaeth Tibet. Ysgrifennodd y Dalai Lama ifanc at arweinwyr gwleidyddol ledled y byd am gymorth. Fodd bynnag, yn ystod y cyfnod ar ôl yr Ail Ryfel Byd, dim ond edrych wnaeth y rhan fwyaf o'r byd heb geisio cefnogi pobl Tibet yn eu helbul. Yn y pen draw, ar ôl i'r Dalai Lama ymweld ag India yn 1956, cynigiodd Prif Weinidog India help. Cynigiodd loches i bobl Tibet petai rhyfel yn dechrau yn Tibet.

Ddiwrnodau'n unig ar ôl i'r Dalai Lama orffen ei radd geshe (sy'n cyfateb i PhD mewn Athroniaeth a Diwinyddiaeth) ym mis Mawrth 1959, daeth hi i'r amlwg y byddai lluoedd China yn ei herwgipio. Amgylchynodd miloedd o bobl Tibet ei gartref er mwyn ceisio ei amddiffyn. Ymbiliodd pobl Tibet arno i adael y wlad. Heb wybod ei fod yn ddiogel ac yn fyw, fyddai dim gobaith i'r dyfodol wedi bod ganddyn nhw. Gan gymryd cyngor Oracl y Wladwriaeth, penderfynodd y Dalai Lama adael y wlad a mynd i India. Roedd ei daith dros gopaon y mynyddoedd dan eira yn un anodd iawn. O dros filiwn o bobl Tibet a geisiodd ddianc rhag y gyfundrefn Tsieineaidd greulon ar y pryd hwnnw, tua chan mil yn unig a lwyddodd i gyrraedd diogelwch India a gwledydd eraill cyfagos mewn gwirionedd.

Pwyslais y Dalai Lama ar weithredoedd caredig, tosturi a dim niweidio

Ar ôl cael ei alltudio, gwnaeth y Dalai Lama ei gartref newydd, ar wahoddiad Jawaharlal Nehru, Prif Weinidog India, yn Dharmasala yng Ngogledd India. Mae Landaw a Bodian yn awgrymu bod y Dalai Lama wedi cael y rhyddid yn India i symud o gwmpas, i deithio, i archwilio gwyddoniaeth ac i ystyried ei egwyddorion ei hun a oedd yn seiliedig ar ddemocratiaeth. Yn 1959 sefydlodd Weinyddiaeth Ganolog Tibet neu lywodraeth alltud Tibet. Dechreuodd lunio polisïau gan ddilyn ei syniadau ei hun a sefydlodd lywodraeth alltud Tibet yn seiliedig ar hyn. Ers i'r Dalai Lama adael Tibet, mae ffoaduriaid wedi llifo'n gyson oddi yno i India, yn y gobaith y gallen nhw gwrdd â'r Dalai Lama, neu i gael bywyd gwell, gwaith ac addysg. Gyda chymorth cyrff anllywodraethol rhyngwladol a Llywodraeth India, sefydlodd llywodraeth alltud Tibet Bentref Plant Tibet (*Tibetan Children's Village (TCV)*) yn 1972. Yn 2009 agorwyd Sefydliad y Dalai Lama ar gyfer Addysg Uwch yn Bangalore. Dyma'r Coleg Tibetaidd cyntaf yn India.

Mae'r Dalai Lama wedi parhau i fonitro'r sefyllfa yn Tibet drwy'r amser ac i godi ymwybyddiaeth o hyn ledled y byd. Mae ei gynigion manwl am ateb i'r gwrthdaro rhwng Tibet a China yn seiliedig ar ddysgeidiaeth Pregeth Gyntaf y Bwdha hanesyddol. Mae'n dangos y dylen nhw fod yn chwilio am ateb drwy Ddull y Ffordd Ganol a'r Cynllun Heddwch Pum Pwynt. Cyfaddawd fyddai sefydlu llywodraeth sydd wedi'i hethol yn ddemocrataidd yn rhanbarthau traddodiadol Tibet yn rhoi ymreolaeth i bobl Tibet yn hytrach nag annibyniaeth lawn, ond

gan gadw eu tiriogaeth yn gyfan i China (Jacoby a Terrone). Mae'r gymuned
ryngwladol wedi cefnogi'r cynnig hwn i gael cyfaddawd â Gweriniaeth Pobl China,
ond mae'r Weriniaeth wedi cyhuddo'r Dalai Lama o 'fod yn anonest, gan bwyso'n
breifat am annibyniaeth er ei fod yn galw'n gyhoeddus am ymreolaeth yn unig, ac
yn defnyddio crefydd fel esgus i ddilyn agenda sy'n un gwleidyddol fel arall' (Jacoby
a Terrone).

Felly hefyd, er bod mwyafrif pobl Tibet yn dal i gefnogi'r polisi hwn, mae'r Dalai
Lama yn cael ei feirniadu fwyfwy oherwydd bod hawliau dynol yn cael eu torri
yn Tibet ac am nad oes unrhyw gynnydd gyda'r trafodaethau heddwch (Jacoby
a Terrone). Cyhoeddodd y Dalai Lama ei ymddeoliad fel Pennaeth Gwladwriaeth
Llywodraeth Alltud Tibet yn 2011. Datganolodd ei bŵer gwleidyddol a'i
theocratiaeth ac annog democratiaeth seciwlar. Ym mis Mawrth 2011 pleidleisiodd
pobl o Tibet ledled y byd dros eu Prif Weinidog cyntaf (Kalon Tripa) a dros 44 aelod
seneddol newydd. Mae'r Dalai Lama wedi ailadrodd sawl gwaith mai 'y bobl sydd i
benderfynu a yw sefydliad y Dalai Lama ei hun yn mynd i barhau'. Yn wir ers 1969,
mae'r Dalai Lama wedi awgrymu, pan fydd pobl Tibet yn gallu llywodraethu eu
hunain, efallai na fydd angen sefydliad y Dalai Lama. Mae Gweriniaeth Pobl China
wedi bod yn gofidio am hyn, a hefyd am y cefnogaeth gynyddol sydd i'r Dalai Lama
gan y gymuned ryngwladol, oherwydd bod y Weriniaeth eisiau gallu rheoli ethol
y 15ed Dalai Lama. Fodd bynnag, dydy'r ffaith bod y Dalai Lama wedi rhoi'r gorau
i'w awdurdod gwleidyddol ddim yn golygu bod y llinach ailymgnawdoliad ym
Mwdhaeth Tibet yn dod i ben. Awgrymwyd hyd yn oed y gallai'r Dalai Lama nodi
pwy fydd yr un nesaf cyn ei farwolaeth neu hyd yn oed y gallai pobl Tibet ethol
ei olynydd (Jacoby a Terrone). Mae wedi cadarnhau 'na fydd yn cael ei aileni yn
Tibet o dan reolaeth China, hyd yn oed os yw hyn yn golygu mai fe yw'r Dalai Lama
olaf (dyfynnwyd gan Harvey). Yn y cyfamser, mae'r Dalai Lama hefyd yn parhau
i frwydro'n heddychlon dros ryddid Tibet. Mae'n hyrwyddo ymwybyddiaeth fyd-
eang o'r sefyllfa bresennol yn Tibet ac yn 1989 enillodd Wobr Heddwch Nobel am y
frwydr ddi-drais hon.

Mae tri phrif ymrwymiad y Dalai Lama yn cynnwys:

1. Hyrwyddo gwerthoedd dynol – tosturi, maddeuant, goddefgarwch,
   bodlonrwydd a hunanddisgyblaeth.

2. Hyrwyddo cytgord a dealltwriaeth grefyddol ymysg prif draddodiadau
   crefyddol y byd.

3. Gweithio i gadw diwylliant Bwdhaeth Tibet o heddwch a dulliau di-drais.

Protestwyr Tibet Rydd yn Llundain, mis Mawrth 2018

Dyfyniadau allweddol

Mae pobl Tibet yn ystyried bod bywyd, unrhyw fywyd, yn rhywbeth cysegredig iawn, yn rhywbeth sanctaidd a phwysig, felly hyd yn oed pan mae pryfyn bach yn cael ei ladd, rydyn ni'n ymateb yn syth gyda rhyw deimlad o dosturi. Mae hyn yn dal i fod yn rym yn ein cymdeithas. (Dalai Lama)

Mae fy nghrefydd yn syml. Caredigrwydd yw fy nghrefydd. (Dalai Lama)

cwestiwn cyplym

1.29 Pam cafodd y Dalai Lama Wobr Heddwch Nobel?

cwestiwn cyplym

1.30 Pam mae'r Dalai Lama yn hyrwyddo Bwdhaeth sy'n Ymgysylltu â'r Gymdeithas?

Cynnwys y fanyleb

Y 14eg Dalai Lama a dehongliad ymarferol o ddysgeidiaethau Bwdhaidd am fywyd yn y Gorllewin.

O dan arweinyddiaeth y Dalai Lama, mae Bwdhaeth Tibet wedi dod yn un o ysgolion byd-eang Bwdhaeth. Mae'r Dalai Lama wedi sefydlu mynachlogydd yn India ac mewn rhannau eraill o'r byd hefyd. Mae'r Dalai Lama wedi bod yn llysgennad sy'n siarad mewn llawer o wledydd ledled y byd am werthoedd Bwdhaeth gan gynnwys heddwch a gwrthdaro di-drais. Bu'n allweddol wrth hyrwyddo twf Bwdhaeth Tibet ledled y byd. Mae Jacoby a Terrone yn awgrymu ei fod 'yn symbol byw ac yn ymgorfforiad o ysbrydolrwydd dwfn, ymgysylltu cymdeithasol ac allgaredd'. Fel athro byw mae'n cael ei ddwysbarchu mewn mynachlogydd Tibetaidd ledled y byd.

Ffotograff o'r Dalai Lama ym Mynachlog Thrangu Tashi yn Kathmandu, Nepal

Oherwydd ymgyrchoedd y Dalai Lama ar broblemau amgylcheddol, daeth yn enillydd cyntaf Gwobr Nobel i gael ei gydnabod am ei bryderon ynghylch hyn. Mae'n parhau i hyrwyddo materion amgylcheddol ledled y byd. Mae ei gynllun heddwch ar gyfer Tibet yn cynnwys cynllun cadwraeth yn Tibet oherwydd bod llywodraeth China wedi dinistrio ardaloedd enfawr o goedwigoedd Tibet, gan arwain at lifogydd cyn belled ag India gan fod y pridd o'r fforestydd yn cael ei olchi i'r afonydd. Mae'r Dalai Lama wedi tynnu sylw at effaith y gweithgarwch hwn ar fywyd gwyllt wrth i gynefin naturiol gael ei ddinistrio. Mae dysgeidiaethau Bwdhaeth, fel ahimsa yn amlwg ar waith yn ymgyrchoedd gwleidyddol y Dalai Lama. Mae'r Fwdhaeth sy'n Ymgysylltu â'r Gymdeithas y mae'r Dalai Lama yn ei hyrwyddo i'w gweld yn glir pan mae'n dweud, 'Ein planed yw ein tŷ ni, a rhaid i ni gadw trefn arni a gofalu amdani os yw ein hapusrwydd, ein plant, ein ffrindiau a bodau eraill sy'n rhannu'r tŷ mawr hwn â ni o bwys gwirioneddol i ni.'

Dehongliad ymarferol o ddysgeidiaethau Bwdhaidd am fywyd yn y Gorllewin

Yn fwy diweddar, bu tystiolaeth bod crefydd Tibet yn adfywio yn Tibet. Tra oedd yn alltud, sefydlodd y Dalai Lama fynachlogydd ac addysg Dibetaidd ledled y byd fel bod Bwdhaeth Tibet yn gallu ffynnu'r tu allan i Tibet. O fewn dau ddegawd yn unig mae Bwdhaeth Tibet wedi sefydlu mwy o ganolfannau a grwpiau na phob traddodiad Bwdhaidd arall, ac mae wedi cynyddu nifer y canolfannau ym Mhrydain bedair gwaith (Jacoby a Terrone). Roedd y Dalai Lama yn credu y dylai fod system addysg gryf ar gael i bobl Tibet a bu'n genhadaeth ganddo i ddatblygu hyn pan oedd yn alltud.

Mae'r Dalai Lama yn ceisio tir cyffredin ac yn chwarae rhan bwysig mewn deialog rhwng crefyddau. Mae'n cael ei barchu gan Fwdhyddion a rhai nad ydyn nhw'n

Fwdhyddion oherwydd ei ddoethineb a'i dosturi mawr. Mae wedi gweithio'n ddiflino i sefydlu 'perthnasoedd cynnes ag arweinwyr, gweithredwyr cymdeithasol, seicotherapyddion, artistiaid, cerddorion ac unigolion a grwpiau di-rif eraill o bob maes, gan ddangos parch i'r ddwy ochr' (Landaw a Bodian). Wrth godi llais dros Fwdhaeth dosturiol a Bwdhaeth sy'n Ymgysylltu â'r Gymdeithas, mae'r Dalai Lama yn dysgu mai hyn sydd wrth wraidd y dharma: 'Dylech chi helpu eraill os gallwch chi; ond os na allwch chi, o leiaf peidiwch â niweidio eraill'. Gan fod y Dalai Lama yn hyrwyddo ymchwil gwyddonol yn frwd, mae'n dweud os yw'r ysgrythur yn dweud un peth a gwyddoniaeth yn dweud rhywbeth arall, byddai'n rhaid i chi gymryd y safbwynt gwyddonol. Serch hynny, dydy e ddim yn gweld bod unrhyw wrthdaro rhwng Bwdhaeth a gwyddoniaeth. Mae ganddo ddiddordeb arbennig mewn astudiaethau ar weithgarwch yr ymennydd ac mewn ystyried sut gallan nhw ddatblygu athroniaeth Fwdhaidd ar ymwybyddiaeth a'r meddwl. Mae'n cefnogi astudiaethau ymchwil ymarferwyr uwch o Tibet, sy'n edrych ar natur drawsnewidiol arferion ysbrydol fel myfyrdod.

Er bod Gweriniaeth Pobl China wedi gwahardd lluniau a ffotograffau o'r Dalai Lama yn Tibet ar ôl 1996, mae wyneb y Dalai Lama wedi dod yn gyfarwydd iawn i bobl ledled y byd. Mae miliynau o bobl yn gwybod am ei gymeriad siriol oherwydd iddo fod ar y teledu ac yn y cyfryngau. Mae wedi bod yn destun nifer o raglenni dogfen ac yn brif gymeriad mewn ffilmiau pwysig, *Kundun* a *Seven Years in Tibet*. Mae wedi ysgrifennu dros gant o lyfrau *The Art of Happiness: A Handbook for the Living; Beyond Religion: Ethics for a Whole World* a *Freedom in Exile: The Autobiography of the Dalai Lama*. Yn y cyfamser, yn Tibet, gwrthwynebodd pobl y gwaharddiad ar gario ei ddarlun drwy arddangos fframiau ffotograffau gwag i ddangos eu hymroddiad iddo. Adeg ei ben-blwydd yn 80 oed, bu'r awdurdodau'n fwy goddefgar am ei ddelweddau yn Tibet er mwyn osgoi terfysgoedd posibl gan y werin bobl.

Enillodd Wobr Heddwch Nobel yn 1989 am ei weithredu heddychlon i gefnogi pobl Tibet.

Ond mae safle'r Dalai Lama ar lwyfan y byd wedi bod yn bwnc llosg weithiau. Achosodd gynnwrf yn y cyfryngau pan honnodd, er mwyn i fenyw ei olynu, y byddai'n rhaid iddi fod 'yn ddeniadol iawn, iawn' neu fyddai hi 'ddim llawer o iws'. Oherwydd y sylwadau hyn, cafodd y Dalai Lama ei gyhuddo o fod yn rhywiaethol, a mynegodd llefarwyr dros gyrff cydraddoldeb eu siom mai model rôl sydd i fod i gyfleu doethineb a thosturi wnaeth y sylw hwn. Serch hynny, o ganlyniad i ymdrech ac arweinyddiaeth y Dalai Lama mae Bwdhaeth Tibet gyda'i hysbrydolrwydd unigryw, cyfoethog ac amrywiol wedi dod yn ffenomen fyd-eang erbyn hyn. Fel awgryma Merv Fowler, China yn goresgyn Tibet oedd 'yr un digwyddiad mwyaf dramatig sydd wedi dylanwadu ar lwybr Bwdhaeth yn yr ugeinfed ganrif' (Fowler).

Dyfyniadau allweddol

Gan fod gwyddoniaeth yn cael mwy a mwy o effaith ar ein bywydau, mae gan grefydd ac ysbrydolrwydd fwy o rôl i'w chwarae er mwyn ein hatgoffa o'n dynoliaeth. Dydy'r ddau beth ddim yn gwrth-ddweud ei gilydd. Mae'r naill yn rhoi mewnwelediad gwerthfawr i'r llall. Mae gwyddoniaeth a dysgeidiaethau'r Bwdha yn dweud wrthon ni am undod sylfaenol pob peth. Mae'r ddealltwriaeth hon yn hanfodol er mwyn i ni weithredu'n gadarnhaol ac yn bendant am y pryder byd-eang difrifol am yr amgylchedd. **(Y Dalai Lama yn ei araith i dderbyn Gwobr Heddwch Nobel)**

Rwy'n gweddïo dros bob un ohonon ni, yn ormeswr ac yn ffrind, y byddwn ni gyda'n gilydd yn llwyddo i adeiladu byd gwell drwy ddealltwriaeth a chariad dynol, a thrwy wneud hynny y gallwn ni leihau poen a dioddefaint pob bod ymdeimladol. **(Y Dalai Lama yn ei araith i dderbyn Gwobr Heddwch Nobel)**

Dyfyniadau allweddol

O dan ei arweiniad, sefydlwyd ysgolion plant, cyfleusterau meddygol, canolfannau gwaith llaw, a chyrff diwylliannol eraill yn India (ac mewn gwledydd eraill hefyd). Yn y ffyrdd hyn ac mewn ffyrdd di-rif eraill, mae'r Dalai Lama, drwy hyrwyddo, cefnogi ac annog, wedi llwyddo i gadw hunaniaeth ddiwylliannol Tibet er gwaethaf y dinistrio a'r hil-laddiad trychinebus. **(Landaw a Bodian)**

... daeth y Dalai Lama yn Fwdhydd mwyaf adnabyddus y byd ac yn symbol o barch ar gyfer rhinweddau Bwdhaidd doethineb, tosturi, goddefgarwch, a pharch. Mae hyd yn oed pobl sydd heb ddiddordeb mewn crefydd yn cydnabod ei ddaioni, ei ddynoliaeth syml, a'i hiwmor, ac yn ymateb iddyn nhw. Yn wir, mae wedi dod yn llysgennad Bwdhaidd i'r byd. **(Landaw a Bodian)**

Fel mynach Bwdhaidd, mae fy mhryder yn cwmpasu pob aelod o'r teulu dynol ac, yn wir, pob bod ymdeimladol sy'n dioddef. Credaf mai anwybodaeth sy'n achosi pob dioddefaint. Mae pobl yn rhoi poen i eraill wrth fynd ati'n hunanol i geisio eu hapusrwydd neu eu bodlonrwydd. Eto, o ymdeimlad o frawdgarwch a chwaeroliaeth y daw hapusrwydd gwirioneddol. Mae angen i ni feithrin cyfrifoldeb cyffredinol dros ein gilydd a'r blaned rydyn ni'n ei rhannu. Er i mi weld bod fy nghrefydd Fwdhaidd fy hun yn ddefnyddiol wrth gynhyrchu cariad a thosturi, hyd yn oed i'r rhai rydyn ni'n eu hystyried yn elynion i ni, rwy'n argyhoeddedig y gall pawb ddatblygu calon lân ac ymdeimlad o gyfrifoldeb cyffredinol, gyda chrefydd neu hebddi. **(Y Dalai Lama yn ei araith i dderbyn Gwobr Heddwch Nobel)**

cwestiwn cyplym

1.31 Pam mae Bwdhyddion Tibet yn aml yn cario ffotograff o'r Dalai Lama?

Sgiliau allweddol

Mae gwybodaeth yn ymwneud â:

Dewis ystod o wybodaeth (drylwyr) gywir a pherthnasol sydd â chysylltiad uniongyrchol â gofynion penodol y cwestiwn.

Mae hyn yn golygu:

- Dewis deunydd perthnasol i'r cwestiwn a osodwyd
- Canolbwyntio ar esbonio ac archwilio'r deunydd a ddewiswyd.

Mae dealltwriaeth yn ymwneud ag:

Esboniad helaeth, gan ddangos dyfnder a/neu ehangder gyda defnydd rhagorol o dystiolaeth ac enghreifftiau gan gynnwys (lle y bo'n briodol) defnydd trylwyr a chywir o destunau cysegredig, ffynonellau doethineb a geirfa arbenigol.

Mae hyn yn golygu:

- Defnydd effeithiol o enghreifftiau a thystiolaeth gefnogol i sefydlu ansawdd eich dealltwriaeth
- Perchenogaeth o'ch esboniad sy'n mynegi gwybodaeth a dealltwriaeth bersonol, NID eich bod yn ailadrodd darn o destun o lyfr rydych wedi ei baratoi a'i gofio.

Datblygu sgiliau AA1

Nawr mae'n bwysig ystyried y wybodaeth sydd wedi'i chyflwyno yn yr adran hon; fodd bynnag, mae'r wybodaeth fel y mae yn llawer rhy helaeth ac felly mae'n rhaid ei phrosesu er mwyn bodloni gofynion yr arholiad. Gallwch wneud hyn drwy ymarfer y sgiliau uwch sy'n gysylltiedig ag AA1. Ar gyfer Amcan Asesu 1 (AA1), sy'n cynnwys dangos sgiliau 'gwybodaeth' a 'dealltwriaeth', rydyn ni am ganolbwyntio ar ffyrdd gwahanol o ddangos y sgiliau yn effeithiol, gan gyfeirio hefyd at sut bydd eich perfformiad ym mhob un o'r sgiliau hyn yn cael ei fesur (gweler disgrifyddion band cyffredinol AA1 ar gyfer U2).

▶ **Dyma eich tasg nesaf:** Isod mae crynodeb byr o **ddehongliad ymarferol o ddysgeidiaethau Bwdhaidd i'r Gorllewin gan y Dalai Lama**. Rydych chi eisiau esbonio hyn mewn traethawd ond ar hyn o bryd mae'n rhy fyr. Er mwyn dangos mwy o ddyfnder dealltwriaeth, datblygwch y crynodeb hwn drwy roi enghreifftiau fydd yn eich helpu i'w hesbonio ymhellach. Anelwch at tua 200 o eiriau i gyd.

Mae'r Dalai Lama yn ceisio tir cyffredin â'r Gorllewin. Mae'n cael ei barchu gan Fwdhyddion a rhai nad ydyn nhw'n Fwdhyddion am ei ddoethineb a'i dosturi mawr. Mae wedi gweithio'n ddiflino i sefydlu 'perthnasoedd cynnes ag arweinwyr, gweithredwyr cymdeithasol, seicotherapyddion, artistiaid, cerddorion ac unigolion a grwpiau di-rif eraill o bob maes, gan ddangos parch i'r ddwy ochr' (Landaw a Bodian). Mae'n hyrwyddo Bwdhaeth dosturiol sy'n Ymgysylltu â'r Gymdeithas a chysyniad ahimsa. Hefyd mae'n hyrwyddo ymchwil gwyddonol a dydy e ddim yn gweld bod Bwdhaeth a gwyddoniaeth yn gwrthdaro.

Ar ôl i chi orffen y dasg, cyfeiriwch at y disgrifyddion band ar gyfer U2 ac edrychwch yn benodol ar y gofynion sydd wedi'u disgrifio yn y disgrifyddion band uwch y dylech chi fod yn anelu atyn nhw. Gofynnwch i chi'ch hun:

- A yw fy ngwaith yn dangos gwybodaeth a dealltwriaeth drylwyr, gywir a pherthnasol o grefydd a chred?
- A yw fy ngwaith yn dangos cydlyniad (cysondeb neu synnwyr rhesymegol), eglurder a threfn o safon ragorol?
- A fydd fy ngwaith, ar ôl ei ddatblygu, yn ateb helaeth a pherthnasol sy'n bodloni gofynion penodol y dasg?
- A yw fy ngwaith yn dangos dyfnder a/neu ehangder sylweddol ac yn gwneud defnydd rhagorol o dystiolaeth ac enghreifftiau?
- Os yw'n briodol i'r dasg, a yw fy ateb yn cynnwys cyfeiriadau trylwyr a chywir at destunau cysegredig a ffynonellau doethineb?
- A ellir gwneud unrhyw gysylltiadau treiddgar ag elfennau eraill o fy nghwrs?
- A fydd fy ateb, ar ôl ei ddatblygu a'i ehangu i gyfateb i'r hyn sy'n ddisgwyliedig mewn ateb arholiad, yn cynnwys ystod eang o safbwyntiau ysgolheigion/ ysgolion o feddwl?
- Pan fyddan nhw'n codi, a yw'r defnydd o iaith a geirfa arbenigol yn drylwyr a chywir?

Materion i'w dadansoddi a'u gwerthuso

Llwyddiant cymharol y Dalai Lama a Thich Nhat Hanh o ran sicrhau perthnasedd Bwdhaeth yn y byd cyfoes

Mae'n ymddangos mai'r mater gwirioneddol yma yw i ba raddau y mae'r Dalai Lama a Thich Nhat Hanh yn arbenigwyr ar lwyddo i esbonio dulliau medrus wrth gyflwyno Bwdhaeth? Er mwyn sefydlu egwyddorion Bwdhaidd yn y byd modern mae angen cymhwyso'n ofalus er mwyn caniatáu ar gyfer seciwlareiddio, rhyfel, tlodi, newyn, datblygiadau technolegol ac yn y blaen. Sut gallai neges traddodiad mynachaidd, sy'n draddodiadol wedi'i ynysu, ddod yn berthnasol?

Does dim gwahaniaeth i ba raddau maen nhw'n cynrychioli Bwdhaeth yn gyffredinol, gellid dadlau bod y Dalai Lama a Thich Nhat Hanh wedi llwyddo i wneud i Fwdhaeth fod yn berthnasol yn y byd modern drwy fod yn 'fysedd sy'n pwyntio at y lleuad'. Mewn geiriau eraill, er bod llawer o ffyrdd sy'n gwneud i ffurf fynachaidd ar grefydd fod yn amherthnasol i'r byd modern, maen nhw wedi llwyddo serch hynny i anfon neges o dosturi at bawb ym mhopeth y maen nhw'n ei wneud a'r hyn y maen nhw'n ei ddysgu. Gellid dadlau mai dyma un hanner neges Bwdhaeth Mahayana.

Fodd bynnag, gellid dadlau, er eu bod nhw wedi gwneud hynny, dydy hyn ddim yn golygu iddyn nhw fod yn hollol lwyddiannus o ran dangos yn amlwg yr hyn sy'n 'Fwdhaidd' yn y neges; mae ffigyrau a chyrff dyngarol a chrefyddol eraill wedi gwneud yr un fath, er enghraifft, Gandhi, Martin Luther King, y Fam Teresa a mudiadau fel UNICEF, y Cenhedloedd Unedig a'r Groes Goch. Yn wir, gellid cwestiynu hefyd, er eu bod nhw'n cynrychioli Bwdhaeth Dibetaidd a Thien Fietnamaidd (Zen), i ba raddau mae'r Dalai Lama a Thich Nhat Hanh yn llwyddo i sicrhau bod elfennau Theravada neu Fwdhaeth y Wlad Bur yn berthnasol yn y byd modern? A ydyn nhw wedi bod yn llwyddiannus wrth hyrwyddo'r amrywiaeth a'r cyfoeth sydd mewn traddodiadau Bwdhaidd ledled y byd? Byddai rhai'n dadlau mai ffurf syml a phoblogaidd iawn ar Fwdhaeth yn unig – heb ddyfnder athronyddol na sylwedd ymarferol, technegol – y mae'r Dalai Lama a Thich Nhat Hanh wedi eu hyrwyddo. Mae eu ffurfiau ar Fwdhaeth wedi dod yn dderbyniol yn y byd modern, dim ond oherwydd eu bod nhw'n cyflwyno egwyddorion sy'n gadarnhaol yn gyffredinol ac oherwydd nad ydyn nhw wedi gwneud unrhyw ymgais i gyflwyno dysgeidiaethau penodol Bwdhaeth. Gallai'r ddadl hon awgrymu hefyd mai lleiafrif yn unig o fewn Bwdhaeth y mae credoau'r Dalai Lama a Thich Nhat Hanh yn ei gynrychioli. Felly, dydyn nhw ddim wedi sicrhau bod Bwdhaeth yn gyffredinol yn berthnasol yn y byd modern.

Ar y llaw arall, gellid dadlau bod modd gweld bod y Dalai Lama a Thich Nhat Hanh wedi bod yn neilltuol o lwyddiannus wrth wneud i Fwdhaeth fod yn berthnasol yn y byd modern oherwydd y ffordd maen nhw'n cysylltu ac yn cyfathrebu â llawer o bobl a llawer o genhedloedd, beth bynnag yw eu cenedligrwydd, eu hethnigrwydd, eu statws neu eu rhywedd. At hynny, maen nhw'n barod i gwrdd â phobl lle maen nhw, ac nid o 'bulpud' Bwdhaeth. Mae'r Dalai Lama yn adnabyddus am dderbyn gwyddoniaeth a'r byd seciwlar. Yn wir, meddai, 'mae atebion i'r argyfwng amgylcheddol a'r gwrthdaro treisgar sy'n ein hwynebu ni yn yr 21ain ganrif ... y tu hwnt i grefydd, drwy hyrwyddo cysyniad rwy'n ei alw'n foeseg seciwlar'.

Serch hynny, wrth hyrwyddo Bwdhaeth, i ba raddau y mae'r Dalai Lama a Thich Nhat Hanh wedi denu sylw ac yn ymgysylltu fel sêr y cyfryngau yn hytrach nag fel cenhadon Bwdhaeth yn y byd modern? Drwy ymddangos ar y teledu ac yn y cyfryngau, gellid meddwl eu bod nhw naill ai'n hyrwyddo Bwdhaeth neu eu hachos personol eu hunain. Efallai mai llym fyddai'r casgliad olaf ond mae'n codi'r cwestiwn eto am y 'math' o Fwdhaeth y maen nhw'n ei hyrwyddo.

Mae'r adran hon yn cwmpasu cynnwys a sgiliau AA2

Cynnwys y fanyleb

Llwyddiant cymharol y Dalai Lama a Thich Nhat Hanh o ran sicrhau perthnasedd Bwdhaeth yn y byd cyfoes.

Dyfyniadau allweddol

Er mwyn dod o hyd i atebion i'r argyfwng amgylcheddol a'r gwrthdaro treisgar sy'n ein hwynebu ni yn yr 21ain ganrif, mae angen i ni chwilio am atebion newydd. Er mai mynach Bwdhaidd ydw i, credaf fod yr atebion hyn y tu hwnt i grefydd, drwy hyrwyddo cysyniad rwy'n ei alw'n foeseg seciwlar.
(Dalai Lama)

Tosturi yw radicaliaeth ein hoes ni.
(Dalai Lama)

Mae fy nghrefydd yn syml iawn. Caredigrwydd yw fy nghrefydd.
(Dalai Lama)

Gweithgaredd AA2

Wrth i chi ddarllen drwy'r adran hon ceisiwch wneud y pethau canlynol:

1. Dewiswch y gwahanol ddadleuon sy'n cael eu cyflwyno yn y testun a nodwch unrhyw dystiolaeth gefnogol a roddir.

2. Ar gyfer pob dadl a gyflwynir, ceisiwch werthuso a yw'r ddadl yn un gryf (yn argyhoeddi) neu wan (heb fod yn argyhoeddi) yn eich barn chi.

3. Meddyliwch am unrhyw gwestiynau yr hoffech chi eu gofyn wrth ymateb i'r dadleuon.

Bydd y gweithgarwch hwn yn eich helpu chi i ddechrau meddwl yn feirniadol am yr hyn rydych chi'n ei ddarllen, ac yn eich helpu i werthuso effeithiolrwydd dadleuon gwahanol, gan ddatblygu eich sylwadau, a'ch barn a'ch safbwyntiau eich hun. Bydd hyn yn eich helpu wrth ddod i gasgliadau y byddwch yn eu gwneud yn eich atebion i'r cwestiynau AA2 sy'n codi.

Dyfyniad allweddol

Mae llawer o resymau i ni fod yn obeithiol. Mae cydnabod hawliau dynol cyffredinol, gan gynnwys yr hawl i hunanbenderfyniad, wedi ehangu y tu hwnt i unrhyw beth a ddychmygwyd ganrif yn ôl. Mae mwy a mwy o gonsensws rhyngwladol dros gefnogi cydraddoldeb rhwng y rhywiau a pharch at fenywod. Mae pobl yn gyffredinol, yn enwedig y genhedlaeth iau, yn gwrthod rhyfel fel ffordd o ddatrys problemau. Ledled y byd, mae llawer o bobl yn gwneud gwaith gwerthfawr i atal terfysgaeth, gan sylweddoli dyfnder y camddealltwriaeth a'r syniad o 'ni' a 'nhw' sy'n ein rhannu ni mewn ffordd mor beryglus. (Dalai Lama)

Mae byd y cyfryngau modern yn gofyn am neges syml a negesydd diddorol – ydy naill ai'r Dalai Lama neu Thich Nhat Hanh yn cynnig hyn?

Gweithgaredd AA2

Rhestrwch rai casgliadau y byddai'n bosibl dod iddynt ar sail y rhesymeg AA2 yn y testun uchod; ceisiwch gyflwyno o leiaf dri chasgliad gwahanol posibl. Ystyriwch bob un o'r casgliadau a chasglwch dystiolaeth gryno i gefnogi pob casgliad o'r deunydd AA1 ac AA2 ar gyfer y testun hwn. Dewiswch y casgliad sy'n argyhoeddi fwyaf yn eich barn chi ac esboniwch pam mae hyn yn wir. Ceisiwch gyferbynnu hyn â'r casgliad gwannaf ar y rhestr, gan gyfiawnhau eich dadl gyda rhesymu clir a thystiolaeth.

Does dim dwywaith bod llawer yn ystyried mai'r Dalai Lama a Thich Nhat Hanh yw wynebau a lleisiau rhyngwladol allweddol Bwdhaeth, gan sicrhau ei bod hi'n parhau'n berthnasol yn y byd modern. Drwy deithio'n rhyngwladol, cyfweliadau a thrwy sicrhau eu bod nhw'n gwbl hygyrch i bob math o gyfryngau modern, mae'r Dalai Lama a Thich Nhat Hanh wedi sicrhau bod Bwdhaeth yn parhau'n berthnasol. Fel awduron sawl llyfr poblogaidd i'r boblogaeth gyffredinol ar Fwdhaeth, mae'r Dalai Lama a Thich Nhat Hanh wedi cyflwyno Bwdhaeth i gynulleidfa eang, gan gynnwys llawer o bobl ifanc. Mae'r Dalai Lama a Thich Nhat Hanh wedi rhoi llwyfan i Fwdhaeth ledled y byd mewn perthynas â materion gwleidyddol a chymdeithasol, o faterion yn ymwneud â rhyfel a heddwch i'r amgylchedd. Nhw yw cynrychiolwyr mwyaf adnabyddus yr hyn a alwodd Thich Nhat Hanh yn 'Bwdhaeth sy'n Ymgysylltu â'r Gymdeithas'.

Er mai eu traddodiadau Bwdhaidd eu hunain yn unig maen nhw'n eu cynrychioli'n llawn, mae'r Dalai Lama a Thich Nhat Hanh wedi bod yn llwyddiannus iawn wrth sicrhau bod dysgeidiaeth Fwdhaidd allweddol yn hygyrch yn y byd modern. Mae byd y cyfryngau modern yn gofyn am neges syml a negesydd diddorol, ac mae'r Dalai Lama a Thich Nhat Hanh yn cynnig y ddau beth hyn. Yn enwedig, mae natur hynaws, diymhongar ac addfwyn Thich Nhat Hanh ynghyd â'i ddoethineb mawr yn apelio'n fawr at drwch y boblogaeth. Mae'n cyflwyno ffurf ymarferol a realistig ar Fwdhaeth ac mae wedi ysbrydoli miliynau drwy ei waith ysgrifennu hygyrch. Does dim dwywaith bod ei waith ar ymwybyddiaeth ofalgar wedi cyrraedd llawer o bobl ac wedi bod yn effeithiol ledled y byd. I'r gwrthwyneb, mae'r Dalai Lama yn cael ei drin gyda mwy o 'barchedig ofn' ffurfiol oherwydd yr honiad bod ganddo statws Tulku, ond hefyd oherwydd ei safle fel llefarydd dros Fwdhaeth Tibet a phobl Tibet yn gyffredinol – bron fel ffigwr 'Brenhinol'. Mae'n ymddangos ei fod yn cyfeirio ei ddylanwad, yn ogystal ag at drwch y boblogaeth ar brydiau, yn fwy tuag at bwysigion, sêr a ffynonellau'r cyfryngau.

Felly, does dim dwywaith o gwbl bod y Dalai Lama a Thich Nhat Hanh yn ffigyrau adnabyddus iawn yn y byd modern. Rydyn ni wedi trafod mater y 'mathau' o Fwdhaeth y maen nhw'n eu cynrychioli, ond mater arall yw mai dau beth gwahanol yw eu dylanwad a'u statws neu'r adnabyddiaeth ohonyn nhw. Ond dydy hynny ddim yn golygu bod pobl yn gwrando'n llwyr ar yr hyn sydd ganddyn nhw i'w ddweud am Fwdhaeth neu'n ei ddeall yn llwyr. Efallai fod y Dalai Lama yn protestio yn erbyn rhyfel, gwrthdaro a gormes a sefyllfa druenus ei bobl, ond a yw pethau wedi symud ymlaen o ran achos Tibet? Efallai fod Thich Nhat Hanh wedi bod yn ddylanwadol wrth hyrwyddo ymwybyddiaeth ofalgar ledled y byd, ond mae rhai ysgolheigion Bwdhaidd wedi cwestiynu sut mae'r Gorllewin yn defnyddio ac yn cymhwyso myfyrdod gan nad yw'n adlewyrchu natur wirioneddol Bwdhaeth yng ngwir ystyr y gair, os yw'n Fwdhaidd o gwbl!

Wrth ddod i gasgliad, gallwn weld bod y Dalai Lama a Thich Nhat Hanh wedi llwyddo'n wych i hyrwyddo Bwdhaeth i gynulleidfa fodern. Ar y naill law, byddai rhai'n dehongli hyn fel enghraifft wych o gymhwyso dulliau medrus ac o gadarnhau o'r newydd bod neges y Bwdha ar gyfer pob cyfnod a lle. Ar y llaw arall, byddai rhai'n fwy gofalus ac yn dweud mai darlun mwy cywir yw bod gennym ni fersiwn teneuach o Fwdhaeth ar ffurf sy'n cael ei derbyn yn gyffredinol. Fodd bynnag, mae tensiwn ers amser maith ynghylch i ba raddau mae cydbwysedd rhwng elfennau dogma Bwdhaeth a chymhwyso Bwdhaeth yn ymarferol, o'r mynachod yn Sri Lanka hynafol a oedd yn byw mewn coedwigoedd a phentrefi, i neges gyffredinol doethineb a mewnwelediad sy'n llawn tosturi mewn Bwdhaeth Mahayana.

I ba raddau y mae'r Dalai Lama a Thich Nhat Hanh wedi datblygu ffyrdd newydd ac arloesol o fynegi Bwdhaeth

Gallwn weld o'n dehongliad a'n gwerthusiad blaenorol mai un mater o ran bywyd a gwaith y Dalai Lama a Thich Nhat Hanh fu cwestiynu natur y math o Fwdhaeth y maen nhw'n ei gyflwyno i'r byd. Roedd rhai wedi awgrymu, yn hytrach na mynegiadau newydd ac arloesol o Fwdhaeth, ai dim ond mynegiad wedi'i symleiddio'n fawr o Fwdhaeth y mae'r Dalai Lama a Thich Nhat Hanh wedi'i gyflwyno i'r boblogaeth gyffredinol? Ochr arall y geiniog oedd awgrymu nad yw'r Dalai Lama a Thich Nhat Hanh wedi hyrwyddo Bwdhaeth fel y cyfryw, ond yn hytrach, eu bod nhw wedi defnyddio dulliau medrus ac wedi addasu Bwdhaeth draddodiadol i weddu i'r byd modern. Yma mae angen i ni ystyried, wrth ddefnyddio dulliau medrus, a oes mynegiad newydd ac arloesol o Fwdhaeth wedi datblygu ai peidio?

Un ddadl yw mai ar gyfer Bwdhaeth Tibet a Thien (Zen) yn unig mae'r Dalai Lama a Thich Nhat Hanh wedi cynnig mynegiadau newydd ac arloesol, ac, felly, nad ydyn nhw'n cynrychioli Bwdhaeth Theravada, Bwdhaeth y Wlad Bur na Bwdhaeth Nichiren. Yn yr ystyr hwn, mae rhai pobl yn dweud na allan nhw fod wedi datblygu mynegiadau newydd ac arloesol o Fwdhaeth. Serch hynny, byddai'n eithaf hawdd dadlau yn erbyn y pwynt hwn drwy nodi'n gyntaf nad oes un mynegiad unigryw o Fwdhaeth ac mai ofer yw chwilio am Fwdhaeth hollgyffredinol. Ystyr hyn yn gyntaf yw ei bod hi mewn gwirionedd yn bosibl gweld bod eu 'cyfuniadau' eu hunain o Fwdhaeth yn unigryw, yn newydd ac yn arloesol. Yn ail, hyd yn oed os nad ydyn nhw'n cynrychioli Bwdhaeth Theravada, y Wlad Bur neu Nichiren, dydy hynny ddim yn golygu na allan nhw gael eu gweld fel mynegiadau newydd ac arloesol o Fwdhaeth.

Fodd bynnag, y mater go iawn i rai pobl yw y gall fod cwestiwn yn codi ynghylch beth mae'r Dalai Lama a Thich Nhat Hanh yn ei gyflwyno: a oes rhannau gwirioneddol Fwdhaidd yn yr hyn y maen nhw wedi'i ysgrifennu a'i ddweud o ran pwysigrwydd tosturi, gwenu, cerdded a bod yn garedig? Hyd yn oed os yw rhywun yn derbyn bod hyn yn eithaf Bwdhaidd, prin ei fod yn chwyldroadol ac yn arbennig o wahanol.

At hynny, mae'n ymddangos mai mynegiadau newydd ac arloesol mewn rhannau bach iawn, neilltuol o Fwdhaeth y mae'r Dalai Lama a Thich Nhat Hanh wedi'u datblygu mewn ymwybyddiaeth ofalgar (o bosibl heb nodwedd Fwdhaidd) ac yn egwyddor gyffredinol y dull di-drais. Ar y naill law, gellid dadlau mai'r cyfan mae'r Dalai Lama a Thich Nhat Hanh wedi'i wneud yw cyflwyno mynegiadau traddodiadol dethol o Fwdhaeth i fyd modern sy'n agored i gysyniadau o'r fath ac sy'n gyfarwydd â nhw: dydy myfyrdod na heddychiaeth ddim yn newydd ac maen nhw'n cael eu derbyn yn gyffredinol. Ar y llaw arall, gellid gweld mai'r cyfan mae'r Dalai Lama a Thich Nhat Hanh wedi'i wneud yw cyflwyno mynegiadau traddodiadol o Fwdhaeth i fyd modern mewn ffordd newydd ac arloesol – bron fel ymarferiad marchnata mewn ailbecynnu. Felly, maen nhw'n ymddangos yn newydd ac yn arloesol ond mewn gwirionedd, dydyn nhw ddim.

Dadl arall bosibl fyddai mai rhyngweithio seciwlar yn unig yw rhyngweithio'r Dalai Lama a Thich Nhat Hanh â'r gymdeithas. Er enghraifft, ysgrifennodd y Dalai Lama, 'Rwy'n credu, er mwyn ateb her ein dyddiau ni, y bydd rhaid i fodau dynol ddatblygu ymdeimlad mwy o gyfrifoldeb cyffredinol. Mae'n rhaid i bob un ohonon ni ddysgu gweithio nid dros ei hunan, ei deulu neu ei wlad, ond er lles y ddynoliaeth i gyd. Cyfrifoldeb cyffredinol yw'r allwedd wirioneddol i oroesi dynol.' Mae'r gosodiad hwn, sy'n amlwg ddim yn un Bwdhaidd, yn ymddangos fel petai'n hollol arloesol o fydolwg crefyddol. Felly hefyd, yn ôl Thich Nhat Hanh, 'Pan fyddwn ni'n dod i gysylltiad â'r person arall, dylai ein syniadau a'n gweithredoedd fynegi ein meddwl llawn tosturi, hyd yn oed os yw'r person hwnnw'n dweud ac yn gwneud pethau anodd eu derbyn. Rydyn ni'n gwneud hyn tan i ni weld yn eglur nad yw ein cariad ni'n amodol ar fod y person arall yn hawddgar.' Mae hyn hefyd yn ymddangos yn neges fwy seciwlar am oddefgarwch.

Awgrym astudio

Fel arfer mae traethodau mewn Astudiaethau Crefyddol Safon Uwch yn profi eich gwybodaeth a'ch dealltwriaeth (AA1) neu eich gallu i werthuso, dod i farn ac asesu gwerth gwahanol syniadau neu gysyniadau (AA2). Wrth fynd ati i ysgrifennu ateb AA2, gwnewch yn siŵr eich bod chi'n dadansoddi'n feirniadol ac yn gwerthuso unrhyw dystiolaeth AA1 rydych chi'n ei defnyddio.

Wyneb gwahanol ond yr un hen stori?

Gweithgaredd AA2

Wrth i chi ddarllen drwy'r adran hon ceisiwch wneud y pethau canlynol:

1. Dewiswch y gwahanol ddadleuon sy'n cael eu cyflwyno yn y testun a nodwch unrhyw dystiolaeth gefnogol a roddir.

2. Ar gyfer pob dadl a gyflwynir, ceisiwch werthuso a yw'r ddadl yn un gryf (yn argyhoeddi) neu wan (heb fod yn argyhoeddi) yn eich barn chi.

3. Meddyliwch am unrhyw gwestiynau yr hoffech chi eu gofyn wrth ymateb i'r dadleuon.

Bydd y gweithgarwch hwn yn eich helpu chi i ddechrau meddwl yn feirniadol am yr hyn rydych chi'n ei ddarllen, ac yn eich helpu i werthuso effeithiolrwydd dadleuon gwahanol, gan ddatblygu eich sylwadau, a'ch barn a'ch safbwyntiau eich hun. Bydd hyn yn eich helpu wrth ddod i gasgliadau y byddwch yn eu gwneud yn eich atebion i'r cwestiynau AA2 sy'n codi.

Dyfyniadau allweddol

Pan fyddwn ni'n dod i gysylltiad â'r person arall, dylai ein syniadau a'n gweithredoedd fynegi ein meddwl llawn tosturi, hyd yn oed os yw'r person hwnnw'n dweud ac yn gwneud pethau anodd eu derbyn. Rydyn ni'n gwneud fel hyn tan i ni weld yn eglur nad yw ein cariad ni'n amodol ar fod y person arall yn hawddgar. (Thich Nhat Hanh)

Yn hytrach na gofalu am ein gilydd, rydyn ni'n defnyddio'r rhan fwyaf o'n hymdrechion i fod yn hapus er mwyn ceisio cael pethau materol unigol. Rydyn ni wedi ymgolli cymaint yn hyn fel ein bod ni, yn ddiarwybod, wedi peidio â meithrin yr anghenion dynol mwyaf sylfaenol sef cariad, caredigrwydd a chydweithredu. (Dalai Lama)

Cerddwch fel petaech chi'n cusanu'r Ddaear â'ch traed. (Thich Nhat Tanh)

Mae pobl yn ymwneud gormod â'r negyddol, â'r hyn sy'n anghywir. Beth am geisio gweld pethau cadarnhaol, cyffwrdd â'r pethau hynny'n unig a gwneud iddyn nhw flodeuo? (Thich Nhat Tanh)

Cenhadaeth Sefydliad y Meddwl a Bywyd yw lleihau dioddefaint a hyrwyddo ffyniant drwy integreiddio gwyddoniaeth â thraddodiadau arferion myfyrdod a doethineb. (Sefydliad y Meddwl a Bywyd)

Yn ogystal, gellid dadlau bod mynegiadau newydd ac arloesol o Fwdhaeth mewn mannau eraill, nid o ran yr hyn sydd gan unigolion i'w ddweud, ond gan fudiadau fel Triratna. Yn sicr, mae'r Dalai Lama a Thich Nhat Hanh yn gyfathrebwyr effeithiol ym maes Bwdhaeth, ond does ganddyn nhw ddim byd newydd nac arloesol i'w ddysgu i ni, yn wahanol i unigolion fel Sangharakshita. Yn wir, nod mudiad Triratna yw meithrin a chefnogi 'mudiad byd-eang o bobl sy'n ceisio ymgysylltu â dysgeidiaethau'r

Pa mor fawr yw cyflawniad naill ai Thich Nhat Hanh neu'r Dalai Lama? Sut rydyn ni'n mesur eu llwyddiant ac yn erbyn beth?

Bwdha yn amodau'r byd modern'. [Yn wir, gellid cyflwyno'r ddadl hon yn erbyn y ddau werthusiad yn adran AA2]. Fodd bynnag, gallai rhai ddweud, wrth sicrhau bod neges Bwdhaeth yn hygyrch i'r gynulleidfa fyd-eang ehangaf bosibl, onid yw'r Dalai Lama a Thich Nhat Hanh yn ddi-os wedi cyflwyno mynegiad newydd ac arloesol o Fwdhaeth yn yr un ffordd â Triratna?

Does dim dwywaith bod Thich Nhat Hanh a'r Dalai Lama wedi chwarae rhan flaenllaw mewn hyrwyddo Bwdhaeth sy'n Ymgysylltu â'r Gymdeithas sy'n anelu at roi mynegiant newydd ac arloesol i Fwdhaeth. Er mwyn cyflwyno mynegiadau newydd ac arloesol o Fwdhaeth, rhaid deall o'r newydd beth sy'n allweddol i Fwdhaeth; o ran Bwdhaeth sy'n Ymgysylltu â'r Gymdeithas, ymarfer yw'r neges hon. Drwy eu dealltwriaeth o garedigrwydd, tosturi a dim niwed, mae'r Dalai Lama a Thich Nhat Hanh wedi cyflawni hyn. Fodd bynnag, unwaith eto dydy cwestiynau anghyfiawnder ac ymgysylltu cymdeithasol ddim yn unigryw i Fwdhaeth Zen neu Tibet. Mae hanes Bwdhaeth yn frith o enghreifftiau o ymgysylltu cymdeithasol.

Dadl arall sy'n cefnogi arloesi yw bod y symudiad o syniadau haniaethol a metaffisegol megis karma, aileni a hyd yn oed goleuedigaeth, tuag at garedigrwydd, tosturi a dim niwed, yn fynegiad newydd ac arloesol o Fwdhaeth, a'r Dalai Lama a Thich Nhat Hanh sy'n gyfrifol am hynny. Unwaith eto, dydy hyn ddim yn hollol 'newydd' neu'n unigryw i ddysgeidiaethau'r Dalai Lama a Thich Nhat Hanh. Fodd bynnag, mae achos dros ddweud bod model 'Plum Village' Nhat Hanh yn wahanol iawn i'r rhaniad traddodiadol rhwng y fynachlog a'r gymdeithas. Gellid dadlau bod hyn wedi torri i ffwrdd o'r model pentref mynachaidd neilltuol i system fwy integredig o fywyd Bwdhaidd. Fodd bynnag, unwaith eto, dydy hyn ddim yn hollol newydd ac roedd yn llawer mwy grymus gyda Triratna. Hefyd mae achos o blaid gwaith unigryw y Dalai Lama yn sefydlu Sefydliad y Meddwl a Bywyd, sy'n dangos Bwdhaeth yn ymgysylltu mewn ffordd newydd ac arloesol â'r byd gwyddonol modern er mwyn amlygu manteision myfyrdod. Serch hynny, mae'r arloesedd hwn wedi'i gynnwys yn safbwynt Bwdhaeth Tibet ac, er ei fod yn ffenomen fyd-eang, byddai rhai pobl yn awgrymu unwaith eto ei bod hi'n bosibl ei beirniadu oherwydd ei bod yn gwanhau nod terfynol Bwdhaeth.

Wrth ddod i gasgliad, mae'n amhosibl gwadu bod llawer o enghreifftiau o waith, cyflawniadau a chyfraniadau neilltuol y mae'r Dalai Lama a Thich Nhat Hanh wedi'u gwneud. Maen nhw wedi parhau i ddefnyddio dulliau medrus wrth gael mwy o fysedd i bwyntio at y lleuad. Fodd bynnag, byddai'n bosibl dadlau o hyn nad pwrpas eu gwaith yw sefydlu ffurfiau newydd ac arloesol ar Fwdhaeth, ond ymgysylltu'n syml ddigon â'r byd modern anwadal a newidiol o'n cwmpas ni. Yn yr ystyr hwn, mae man cychwyn ein gwerthusiad yn anghywir.

Datblygu sgiliau AA2

Nawr mae'n bwysig ystyried y wybodaeth sydd wedi'i chyflwyno yn yr adran hon; fodd bynnag, mae'r wybodaeth fel y mae yn llawer rhy helaeth ac felly mae'n rhaid ei phrosesu er mwyn bodloni gofynion yr arholiad. Gallwch wneud hyn drwy ymarfer y sgiliau uwch sy'n gysylltiedig ag AA2. Ar gyfer Amcan Asesu 2 (AA2), sy'n cynnwys dangos sgiliau 'dadansoddi beirniadol' a 'gwerthuso', rydyn ni am ganolbwyntio ar ffyrdd gwahanol o ddangos y sgiliau yn effeithiol, gan gyfeirio hefyd at sut bydd eich perfformiad ym mhob un o'r sgiliau hyn yn cael ei fesur (gweler disgrifyddion band cyffredinol AA2 ar gyfer U2).

▶ **Dyma eich tasg nesaf:** Isod mae dadl sy'n ymwneud â'r **mynegiadau newydd ac arloesol o Fwdhaeth y mae'r Dalai Lama a Thich Nhat Hanh yn eu cyflwyno.** Mae angen i chi ymateb i'r ddadl hon drwy feddwl am dri chwestiwn allweddol y gallech chi eu gofyn i'r awdur a fyddai'n herio ei safbwynt ac yn ei orfodi i amddiffyn ei ddadl ymhellach.

Drwy sicrhau, yn syml ddigon, fod neges Bwdhaeth yn hygyrch i'r gynulleidfa fyd-eang ehangaf bosibl, onid yw'r Dalai Lama a Thich Nhat Hanh heb amheuaeth wedi cyflwyno mynegiad newydd ac arloesol o Fwdhaeth? Mae'r symudiad o syniadau haniaethol a metaffisegol megis karma, aileni a hyd yn oed goleuedigaeth, tuag at garedigrwydd, tosturi a dim niwed yn fynegiad newydd ac arloesol o Fwdhaeth ac mae'r Dalai Lama a Thich Nhat Hanh yn gyfrifol am hynny.

Ar ôl i chi orffen y dasg, cyfeiriwch at y disgrifyddion band ar gyfer U2 ac edrychwch yn benodol ar y gofynion sydd wedi'u disgrifio yn y disgrifyddion band uwch y dylech chi fod yn anelu atyn nhw. Gofynnwch i chi'ch hun:

- A yw fy ateb yn ddadansoddiad beirniadol hyderus a gwerthusiad craff o'r mater?
- A yw fy ateb yn nodi'r materion a godwyd gan y cwestiwn yn llwyddiannus ac yn mynd i'r afael â nhw'n drylwyr?
- A yw fy ngwaith yn dangos cydlyniad, eglurder a threfn o safon ragorol?
- A fydd fy ngwaith, ar ôl ei ddatblygu, yn cynnwys safbwyntiau trylwyr, cyson a chlir wedi'u cefnogi gan resymeg a/neu dystiolaeth helaeth, fanwl?
- A yw safbwyntiau ysgolheigion/ysgolion o feddwl yn cael eu defnyddio'n helaeth a phriodol, ac yn eu cyd-destun?
- A yw fy ateb yn cyfleu dadansoddiad hyderus a chraff o natur unrhyw gysylltiadau posibl ag elfennau eraill o fy nghwrs?
- Pan fyddan nhw'n codi, a yw'r defnydd o iaith a geirfa arbenigol yn drylwyr a chywir?

Cynnwys y fanyleb

Datblygiad traddodiadau Bwdhaidd allweddol yn Japan.

Teml Shitennoji yn Osaka a godwyd gan y Tywysog Shotoku rhwng 574 a 622 OCC.

Dyfyniad allweddol

Tynnodd Bwdhyddion Japan o gyd-destunau amrywiol ar syniadau ac arferion Bwdhaidd i wneud synnwyr o'u bywydau, i ddatrys problemau ac i greu byd ystyrlon – cosmos – allan o anhrefn. (**Deal a Ruppert**)

Termau allweddol

Bwdhaethau: term sy'n adlewyrchu'r safbwynt nad un system gredoau unedig yn unig yw Bwdhaeth fel sy'n wir am rai eraill o grefyddau'r byd

Kami: yr egni dwyfol sydd yn y byd naturiol a'r bodau dwyfol y mae dilynwyr Shinto yn arfer defosiwn iddyn nhw

Mappo: y drydedd o'r tair oes yn dilyn y Bwdha, sef oes dadfeiliad y Dhamma

Shinto: crefydd frodorol Japan sydd heb un sylfaenydd na thestun sanctaidd, ac sydd â defod yn hytrach na chred yn ganolbwynt iddi

---

A: Datblygiad hanesyddol Bwdhaeth yn Japan

Datblygiad traddodiadau Bwdhaidd allweddol yn Japan

Fel arfer, derbynnir bod Bwdhaeth wedi cyrraedd Japan fel hyn: o China, daeth Bwdhaeth i Korea ac yna o Korea i Japan. Mae llawer o drafod ynghylch pryd digwyddodd hyn, ond mae croniclau diweddarach yn nodi 552 OCC fel y dyddiad. Yn y flwyddyn honno daeth cynrychiolwyr brenhinol o Korea i Japan gyda datganiad yn canmol Dhamma y Bwdha. Hefyd, daethon nhw â cherflun aur a chopr o'r Bwdha, arteffactau Bwdhaidd eraill y bydden nhw'n eu defnyddio wrth addoli, a nifer o gyfrolau o Sutras. Ar yr adeg honno yn Japan, Shinto oedd y prif draddodiad crefyddol – fel heddiw. Mae Shinto yn canolbwyntio ar addoli kami, term cyffredinol sy'n cyfeirio at yr egni dwyfol ac aruthrol sydd mewn amrywiaeth eang o nodweddion ym myd natur. Hefyd gall 'kami' gyfeirio at fodau dwyfol unigol. Doedd gan Shinto 'ddim dimensiwn moesegol cryf, ond roedd wedi dod i werthfawrogi harddwch naturiol, ac i ymwneud â phurdeb defodau' (Harvey). O'r dechrau'n deg, roedd Shinto a Bwdhaeth yn cyd-fodoli mewn cytgord ac mae agweddau ar y naill draddodiad crefyddol wedi treiddio i'r llall.

Ar ôl i Fwdhaeth gael ei chyflwyno i Japan, denodd ddilynwyr yn gyflym ac yn 604 OCC ysgrifennodd y Tywysog Shotoku – a oedd yn Fwdhydd selog – gyfansoddiad cenedlaethol a oedd yn dweud y dylai'r tair noddfa – y Bwdha, y Dhamma a'r sangha – gael eu hanrhydeddu. Nodwedd unigryw ar Fwdhaeth yn Japan yw bod ganddi gysylltiadau agos o'r dechrau â'r dosbarthiadau llywodraethol. Nhw a dalodd am godi temlau a mynachlogydd Bwdhaidd ac am waith mynachod Bwdhaidd. Un canlyniad i hyn oedd bod digwyddiadau ym maes gwleidyddiaeth fewnol yn Japan wedi dylanwadu'n fawr ar ddatblygiad Bwdhaeth o 552 OCC ymlaen, yn enwedig yr elyniaeth a'r rhyfeloedd rhwng y teuluoedd llywodraethol.

Mae gwaith ysgolheigaidd modern ar draddodiadau crefyddol y byd yn amau fwyfwy a ddylai Bwdhaeth gael ei chyflwyno fel un system unedig. Yn hytrach awgrymir ei bod hi'n well meddwl am Fwdhaethau. Mae hyn yn golygu bod y cymysgedd cymhleth o ddiwylliant brodorol, traddodiadau a normau cymdeithasol yn llunio'r cysyniadau Bwdhaidd creiddiol fel y Pedwar Gwirionedd Nobl, y tri lakshana a'r tair noddfa, ac mae'r cysyniadau hyn yn dylanwadu arnyn nhw yn eu tro. Mae hyn yn berthnasol i'r amrywiaeth o 'Fwdhaethau' sydd yn Japan. Yma, ffactor arall oedd effaith mynachod Bwdhaidd unigol a'u dilynwyr. Buon nhw'n teithio'r wlad, yn dysgu ac yn sefydlu sectau a oedd â'u set unigol eu hunain o gredoau ac arferion.

Un cysyniad pwysig sy'n gefndir i ddatblygiad traddodiadau Bwdhaidd allweddol yn Japan yw mappo. Mae'r term yn cyfeirio at y drydedd o dair oes ar ôl y Bwdha. Oes y Dhamma gwirioneddol oedd y cyfnod cyntaf o fil o flynyddoedd, oes y Dhamma wedi'i gopïo oedd yr ail gyfnod o fil o flynyddoedd, ac oes mappo – oes dirywiad y Dhamma oedd y trydydd cyfnod o ddeg mil o flynyddoedd. Roedd Bwdhyddion yn Japan yn cyfrifo'r flwyddyn pan ddechreuodd mappo mewn amrywiaeth o ffyrdd, ond erbyn yr 11eg ganrif OCC roedd cynnwrf cymdeithasol a gwleidyddol, trychinebau naturiol a gwrthdaro i gyd fel petaen nhw'n dangos bod oes mappo wedi dechrau'n sicr. 'Yng nghyd-destun un brif broblem yn unig mae'n bosibl deall crefyddoldeb Japan ar ôl y cyfnod hwn, sef, sut gall rhywun fod yn Fwdhydd, sut gall Bwdhaeth oroesi, yn ystod y Dyddiau Diwethaf – oes trychineb cosmig a chrefyddol pan mae'n ymddangos na fydd hi'n bosibl dibynnu ar unrhyw rai o'r ffynonellau arferol ar gyfer ysbrydoliaeth grefyddol.' (Williams)

Awgrym astudio

Er mwyn cael dealltwriaeth well o'r traddodiadau Bwdhaidd allweddol yn Japan, byddai'n syniad da i chi ymchwilio i hanes Japan yn fwy manwl.

Cafodd Bwdhaeth ei sefydlu'n llawn yn Japan mewn nifer o demlau a mynachlogydd cysylltiedig. Yma, roedd mynachod a lleianod yn hyffordi am flynyddoedd lawer, yn astudio'r Dhamma ac yn ymarfer eu myfyrio. Ffactor pwysig i berson wrth benderfynu ble i hyfforddi ac i gael ei ordeinio oedd **llinach** y fynachlog a'i hathrawon. Ystyr hyn yn syml oedd bod y math o Fwdhaeth a oedd yn cael ei ddysgu wedi cael ei throsglwyddo o brif athro neu sylfaenydd y fynachlog, a'i bod hi'n driw iddo. Ar yr un pryd, rhaid cofio na ddatblygodd y gwahanol Fwdhaethau yn Japan ar eu pennau eu hunain. Efallai byddai mynachod yn dechrau drwy fod yn rhan o un traddodiad, ac yna'n symud ymlaen i draddodiad arall. Hefyd gallen nhw deithio i wahanol rannau o Japan, i Korea ac i China. 'Cariodd **mynachod rhwydweithiol** ... gredoau Bwdhaidd rhwng canolfannau a chyrion daearyddol a diwylliannol.' (Deal a Ruppert)

Dros y canrifoedd bu dilynwyr gwahanol Fwdhaethau yn Japan yn gwrthdaro â'i gilydd yn aml. O gofio pŵer y temlau a'r mynachlogydd cysylltiedig, a'r cefnogaeth roedd pob un yn ei chael gan lywodraethwyr gelyniaethus a oedd yng ngyddfau ei gilydd, roedd gwrthdaro arfog yn digwydd yn aml. Digwyddodd un enghraifft nodedig yn 1571 pan ddinistriwyd teml a mynachlog **Enryaku-ji**, sef canolfan â dros dair mil o adeiladau ar y mynydd sy'n edrych dros Kyoto. Roedd arglwydd rhyfel lleol eisiau diddymu pŵer y mynachod a'u milwyr cefnogol yn y deml oherwydd eu bod nhw'n cefnogi llwythau gwrthwynebus. Gyda byddin o 30,000 o ddynion, dinistriwyd y ganolfan gyfan a lladdwyd tua 20,000 o sifiliaid gan gynnwys y mynachod.

Gweithgaredd AA1

Ar ôl darllen yr adran ar 'Datblygiad traddodiadau Bwdhaidd allweddol yn Japan', nodwch a rhestrwch enghreifftiau sy'n dangos gwybodaeth gefndir bwysig o ran Bwdhaeth yn Japan.

Mae hyn yn arfer sgìl AA1, sef gallu dangos gwybodaeth drylwyr, gywir a pherthnasol am grefydd a chred a dealltwriaeth ohonyn nhw.

cwestiwn cyplym

2.1 Ym mha flwyddyn cafodd Bwdhaeth ei chyflwyno i Japan?

Termau allweddol

Enryaku-ji: adeiladau'r deml/ fynachlog ar gopa Mynydd Hiei a gafodd eu dinistrio yn 1571

Llinach: roedd y math o Fwdhaeth a oedd yn cael ei ddysgu wedi cael ei throsglwyddo o brif athro neu sylfaenydd y fynachlog, ac yn driw iddo

Mynachod rhwydweithiol: mynachod oedd yn cario credoau Bwdhaidd rhwng canolfannau a chyrion daearyddol a diwylliannol

Enryaku-ji yn cael ei roi ar dân a chyflafan y mynachod.

Dyfyniadau allweddol

Rinzai i'r shogun; Soto i'r gwerinwr. (Dywediad Japaneeg)

Rydyn ni wedi gweld llawer o arwyddion yn y nefoedd ac ar y ddaear: newyn, pla, mae'r wlad gyfan yn llawn dioddefaint. Mae ceffylau a gwartheg yn marw ar ymyl y ffyrdd, a dynion hefyd, a does neb i'w gladdu nhw ... Edrychwch o gwmpas ar ddioddefaint yr oes, ar ddadfeiliad Bwdhaeth. (Nichiren)

Termau allweddol

Cyfnod Kamakura yn hanes Japan: y cyfnod 1185–1333 a ddechreuodd drwy lywodraeth gan y Shogun cyntaf

Zazen: myfyrdod sy'n golygu gwneud dim ond eistedd yn yr ystum cywir a gollwng gafael ar y meddwl a'r corff

Zen, y Wlad Bur a Nichiren

Cyn iddi gael ei dinistrio, bu'r ganolfan lle roedd teml a mynachlog Enryaku-ji yn un o'r prif ganolfannau Bwdhaeth yn Japan. Yn ystod cyfnod Kamakura yn hanes Japan (1185–1333) roedd gan sylfaenwyr tri thraddodiad Bwdhaidd allweddol yn Japan – Zen, y Wlad Bur a Nichiren – gysylltiadau agos â'r Fwdhaeth a oedd yn cael ei harfer yn Enryaku-ji.

Roedd Bwdhaeth Zen yn tarddu o Bodhidharma, y mynach lled chwedlonol a deithiodd yn y 5ed ganrif OCC o India i China, lle dechreuodd ddysgu rhywbeth a gafodd yr enw Bwdhaeth Ch'an. Mae'r gair Tsieinëeg 'Ch'an' a'r gair Japaneeg 'Zen' hefyd yn dod o'r gair Sansgrit 'dhyana' sydd fel arfer yn cael ei gyfieithu fel 'myfyrdod'. Hefyd sefydlodd Bodhidharma fynachlog Shao-lin sydd fwyaf adnabyddus heddiw am hyfforddi crefftau ymladd. Parhaodd ei linach, a thraddodiad Ch'an hefyd, er iddo ymrannu'n amrywiadau gwahanol. Yn ystod cyfnod Kamakura, teithiodd dau fynach o Japan, Eisai (1141–1215) a Dogen (1200–1253) i China ar wahân i'w gilydd a dychwelyd gan ddod â Ch'an yn ôl gyda nhw.

Dychwelodd Eisai yn 1191, a sefydlodd y ffurf gyntaf ar Zen o'r enw Rinzai yn seiliedig ar yr hyn roedd wedi'i astudio. Yn ogystal â myfyrdod, roedd y ffurf hon yn meithrin crefftau ymladd, yn dilyn rheolau seremonïol ac yn amddiffyn y wladwriaeth. Cyn hir enillodd gefnogaeth y dosbarthiadau milwrol a gwleidyddol addysgedig.

Gan deimlo bod ymagwedd Rinzai yn anfoddhaol, dychwelodd Dogen o China yn 1227 a sefydlodd yr ail ffurf ar Zen o'r enw Soto yn seiliedig ar yr hyn roedd wedi'i astudio. Roedd y ffurf hon yn gwrthod unrhyw ymwneud â gwleidyddiaeth ac â chrefftau ymladd. Yn hytrach roedd yn cynnal bywyd o dlodi ac arfer zazen neu fyfyrdod wrth eistedd. Daeth Soto yn fwy poblogaidd gyda phobl yn gyffredinol.

Roedd Bwdhaeth y Wlad Bur wedi bod â hanes hir yn China hefyd. Un o'i phrif sylfaenwyr oedd Hui Yuan a fu'n byw yn y 6ed ganrif OCC. Cafodd weledigaeth o Fwdha Amitabha, a dysgodd mai myfyrdod ar Fwdha Amitabha yn unig oedd yn rhoi'r llwybr i oleuedigaeth yn y nefoedd berffaith neu'r Wlad Bur roedd Amitabha wedi'i chreu. Cafodd agweddau ar draddodiad y Wlad Bur eu cynnwys mewn amryw o Fwdhaethau yn Japan o'r 9fed ganrif OCC ymlaen. Roedd y ffocws o hyd ar Amitabha – sef Amida mewn Japaneeg.

Roedd Honen (1133–1212) wedi bod yn fynach ym mynachlog Enryaku-ji er pan oedd yn naw oed. Dechreuodd boeni mwy a mwy am ba mor anodd roedd goleuedigaeth yn oes mappo, hyd yn oed petai person fel roedd e, yn ddysgedig ac yn ddoeth yn y Dhamma. Er ei fod wedi rhagori fel ysgolhaig, ysgrifennodd: 'Rwy'n un sydd â'i lygaid yn ddall i'r gwirionedd ac y mae ei draed, sydd wedi'u parlysu, yn methu cerdded y Llwybr Sanctaidd. Rwy'n edifarhau bod fy meddyliau'n troi at fri ac at arian ddydd a nos.' Ar ôl darllen llawer o destunau sanctaidd Bwdhaeth y Wlad Bur, gadawodd Honen y fynachlog pan oedd yn 43 oed er mwyn pregethu neges y Wlad Bur yn ehangach, sef defosiwn i Fwdha Amida. Daliodd ei ddilynwyr ati – yn enwedig Shinran (1173–1262) – i ddatblygu ei syniadau, ac felly cafodd traddodiad Bwdhaeth y Wlad Bur ei sefydlu'n eang. Roedd 'y ddysgeidiaeth syml a deniadol hon ... yn cynnig iachawdwriaeth i'r rhai na allai eu cyfiawnhau eu hunain drwy ddysg na thrwy weithredoedd da' (Eliot).

Datblygodd Bwdhaeth Nichiren hefyd yn ystod cyfnod Kamakura. Roedd Nichiren (1222–1282) wedi bod yn fynach ym mynachlog Enryaku-ji. Roedd yn dod o gefndir tlawd teulu o bysgotwyr, a daeth yn fynach pan oedd yn un ar ddeg oed. Roedd ei gred gadarn yn realiti oes mappo yn y wlad yn ddylanwad cryf ar ei gredoau a'i ddysgeidiaethau.

Apeliodd Nichiren yn uniongyrchol at y llywodraeth filwrol gyda thraethawd ar sut i gael heddwch yn y wlad a sut i sefydlu'r gwirionedd. Roedd yn feirniadol o'r gwahanol Fwdhaethau yn Japan. 'Y diafol nefol' oedd ei enw ar Zen, a galwodd y Wlad Bur yn 'Uffern ddi-dor'. Ei ddadl oedd mai dyletswydd y llywodraeth oedd mygu Bwdhaethau anghywir gan felly greu heddwch drwy sefydlu'r gwirionedd. Credai mai yn y Sutra Lotus yn unig roedd y gwirionedd, a thrwy ffydd yn y Sutra Lotus, sef y gwirionedd perffaith a therfynol. Ysgrifennodd: 'rhaid i un Ysgrythur fod yn frenin mawr yr holl Ysgrythurau Bwdhaidd'. Pan fyddai hyn yn digwydd yn Japan, yna byddai hi'n bosibl lledaenu heddwch a gwirionedd dros y byd i gyd. Roedd Nichiren yn ei weld ei hun yn broffwyd ac efallai hyd yn oed yn bodhisattva: 'Rwyf i, Nichiren, yn feistr ac yn arglwydd y goruchaf, a hefyd ar holl Fwdhyddion yr ysgolion eraill.'

Mae hanes a datblygiad Bwdhaeth Zen, y Wlad Bur a Nichiren o hynny ymlaen yn gymhleth a heb fod yn llinol. Fodd bynnag, dyma dri thraddodiad allweddol Bwdhaeth yn Japan.

Arfer canolog koan mewn traddodiadau Zen

Yn ôl rhai traddodiadau, mae Zen yn deillio o stori Pregeth y Blodyn a'r Wên. Roedd y Bwdha yn pregethu'r Dhamma bob dydd ond ar un achlysur, wrth wynebu'r sangha a oedd wedi ymgasglu, eisteddodd heb ddweud gair. Arhosodd pawb i'r bregeth ddechrau, ond yn hytrach, tynnodd y Bwdha lotus a'i godi heb ddweud gair. Ymysg y sangha a oedd wedi ymgasglu, rhoddodd Mahakasyapa wên gynnil. Roedd hyn yn dangos i'r Bwdha bod Mahakasyapa wedi derbyn y Dhamma yn uniongyrchol drwy gyfathrebu o un meddwl i'r llall. Mae hyn yn cael ei esbonio ymhellach mewn dywediad sy'n cael ei briodoli i Bodhidharma: 'Trosglwyddo arbennig y tu hwnt i'r ysgrythurau sanctaidd, heb ei seilio ar eiriau a llythrennau. Mae'n pwyntio at y meddwl yn uniongyrchol. Gan weld ei natur ei hun, mae rhywun yn cyrraedd Bwdhadod.'

I lawer o ddilynwyr Zen, mae dywediadau Bodhidharma yn esbonio mai'r natur-Bwdha yw pob un a phopeth. Natur-Bwdha yw pob bod, ymdeimladol a heb fod yn ymdeimladol. O safbwynt traddodiad Zen, dim ond pan mae hyn wedi'i ddeall yn llawn y mae goleuedigaeth yn digwydd.

Mae rhai dilynwyr Zen yn credu bod testunau sanctaidd yn gallu helpu ond mae eraill yn gwrthod hyn yn llwyr. Mae rhai'n llafarganu mantras a dydy eraill ddim. Mae dilynwyr Soto yn tueddu i ganolbwyntio'n llwyr ar zazen – dim ond eistedd yn yr ystum cywir a gollwng gafael ar y meddwl a'r corff. At ei gilydd, y patrwm sy'n cael ei dderbyn yn gyffredinol yw bod rhaid bod gan y myfyriwr Zen athro sydd wedi cael goleuedigaeth er mwyn i'r 'trosglwyddiad arbennig' o un meddwl i'r llall ddigwydd.

Roedd traddodiad Rinzai yn dilyn arferion eraill a oedd yn tarddu o Fwdhaeth Ch'an. Roedd yr ymagwedd hon yn dysgu y gallai goleuedigaeth ddigwydd yn sydyn mewn unrhyw sefyllfa i rywun a oedd wedi'i hyfforddi. Yn benodol, gallai ddigwydd pan oedd rhywun yn cael profiad o osodiad paradocsaidd a oedd yn groes i feddwl rhesymegol arferol. Koan yw'r enw cyffredinol ar osodiadau fel hyn a chafodd llawer eu cofnodi a'u trosglwyddo o athro i fyfyriwr dros y canrifoedd. Weithiau mae cerdd fer a sylwadau'n dilyn y koan. Gan amlaf mae koan ar ffurf deialog neu set o gwestiynau ac atebion rhwng yr athro Zen a'r myfyriwr Zen. Ar ôl clywed y koan, mae'r myfyriwr yn cael ei adael i ystyried pob agwedd arno, yn ystod zazen o bosibl. Gallai rhagor o ddeialog ddigwydd gyda'r athro Zen, ond y prif bwynt yw mai'r myfyriwr sydd i fod i ddeall y koan drosto'i hun.

Dyfyniadau allweddol

Koan y Byfflo: I roi enghraifft, mae fel byfflo sy'n mynd drwy ffenestr. Mae ei ben, ei gyrn a'i bedair coes i gyd wedi mynd drwyddi. Pam nad yw ei gynffon yn gallu gwneud hynny?

Koan Aeliau Ts'ui Yen: Ar ddiwedd enciliad yr haf, meddai Ts'ui Yen wrth y gymuned, 'Drwy'r haf rydw i wedi bod yn siarad â chi, frodyr; edrychwch i weld a yw fy aeliau yno o hyd.' Meddai Pao Fu , 'Mae calon y lleidr yn llwfr.' Meddai Ch'ang Ch'ing, 'Wedi tyfu.' Meddai Yun Men, 'Rhwystr.'

Cynnwys y fanyleb

Arfer canolog koan mewn traddodiadau Zen.

cwestiwn cyflym

2.2 Â pha fynachlog mae'n bosibl cysylltu Eisai, Dogen, Honen a Nichiren?

Term allweddol

Pregeth y Blodyn a'r Wên: y bregeth ddieiriau a roddodd y Bwdha drwy godi lotus a gafodd ei hadnabod gan Mahakasyapa, a roddodd wên

Dyfyniadau allweddol

Dydw i, ysywaeth, ddim yn gwybod yr hyn a ddeallodd Mahakasyapa! Fodd bynnag, mae'r stori'n dangos natur uniongyrchol, ddieiriau llawer o ddysgeidiaeth Zen, sy'n torri drwy eriach meddwl rhesymegol. (Williams)

Meddwl yw porfa, coed, a thiroedd; felly bodau ymdeimladol ydyn nhw. Oherwydd mai bodau ymdeimladol ydyn nhw, natur-Bwdha ydyn nhw. Meddwl yw'r haul, y lleuad a'r sêr; felly bodau ymdeimladol ydyn nhw; felly natur-Bwdha ydyn nhw. (Dogen)

Termau allweddol

Mu Koan: y koan sy'n holi a oes gan gi natur-Bwdha ai peidio

Ymarfer delweddu: ffurf ar fyfyrdod sy'n cynnwys creu darlun yn eich meddwl, er enghraifft, o'r Wlad Bur a greodd Amida

Dyfyniad allweddol

Gwnewch i'ch corff i gyd fod yn llawn amheuaeth, a gyda'ch 360 o esgyrn a chymalau a'ch 84,000 o ffoliglau blew, canolbwyntiwch ar yr un gair hwn, sef 'Mu'. Ddydd a nos, daliwch i balu i mewn iddo. Peidiwch ag ystyried mai diddymdra ydyw. Peidiwch â meddwl amdano yn nhermau 'mae ganddo' neu 'does dim ganddo'. Mae fel llyncu pelen haearn chwilboeth. Rydych chi'n ceisio ei chwydu allan, ond allwch chi ddim. **(Huikai)**

cwestiwn cyplym

2.3 Pwy wenodd pan gododd y Bwdha y lotus?

Cynnwys y fanyleb

Arfer canolog nembutsu yn nhraddodiadau'r Wlad Bur.

'Diben y koan yw torri'r prosesau meddwl arferol; torri trwy ein meddwl rhesymegol fel bod sythwelediad pur yn gallu digwydd.' (Baggott) Wedyn gallai goleuedigaeth unionsyth ddigwydd naill ai'n syth neu ar ôl cyfnod o amser.

Mae llawer o enghreifftiau o koan yn nhraddodiad Bwdhaeth Rinzai ond yr un cyntaf sy'n cael ei roi i'r myfyriwr Zen yw **Mu Koan**. Mae'n dod o gasgliad o'r enw'r 'Porth heb Borth' gan Huikai (1183–1260), Bwdhydd Zen o China.

'Gofynnodd mynach i'r Meistr Zhaou-Zhou: "Oes gan gi natur-Bwdha ai peidio?" Meddai'r Meistr Zhaou-Zhou "Mu".'

Mae llawer o sylwadau wedi'u gwneud ar y koan hwn dros y canrifoedd, ond nid ei esbonio yw eu bwriad; yn hytrach, sicrhau bod rhagor o bwyntiau'n codi a allai symud y myfyriwr ymlaen wedyn y tu hwnt i resymeg. Felly, mae'n bosibl cyfieithu 'mu' fel 'na' neu 'dim byd'. Fodd bynnag, fel rydyn ni wedi'i weld, yn ôl Bwdhaeth Zen, natur-Bwdha yw pob bod ymdeimladol. Os yw hynny'n wir, yna does bosib y dylai Zhaou-Zhou fod wedi ateb 'oes' yn hytrach na 'Mu'? Pam mai 'Mu' oedd ei ateb? Yn draddodiadol, cafodd Huikai drafferth gyda'r koan hwn am chwe blynedd cyn i'w oleuedigaeth ddigwydd pan darodd menyw ef ar ei ben ag ysgub.

Mae gan y ci natur-Bwdha neu does gan y ci ddim ohono.

Awgrym astudio

Er mwyn cael dealltwriaeth well o koan, byddai'n syniad da i chi ymchwilio'n fwy manwl i gasgliadau o koan.

Arfer canolog nembutsu yn nhraddodiadau'r Wlad Bur

Cyn Honen, roedd llawer o fynachod Bwdhaidd yn Japan wedi cynnwys defosiwn i Fwdha Amida gyda'u harferion eraill. Bydden nhw'n darllen ac yn astudio testunau sanctaidd am Amida, ac yn fwy na dim, byddai myfyrdod a oedd yn cynnwys **ymarfer delweddu**. Roedd hyn yn golygu y byddai mynachod yn canolbwyntio ar greu yn eu meddyliau weledigaeth ysbrydol o Amida neu o'r Wlad Bur roedd Amida wedi'i chreu. Pan oedd Honen ym mynachlog Enryaku-ji, dilynodd yr arfer hwn. Fodd bynnag, roedd yn teimlo nad oedd hyn yn ddigon, gan fod goleuedigaeth iddo mor bell i ffwrdd ag erioed.

Yn oes mappo, daeth Honen i gredu y dylai pobl ddibynnu ar Fwdha Amida. Pan adawodd y fynachlog, dysgeidiaeth Honen oedd nad oedd angen astudio testunau sanctaidd neu ddelweddu er mwyn dibynnu ar Amida.

Ond pwy yw Bwdha Amida? Mae amryw o Sutras Bwdhaeth y Wlad Bur yn esbonio hyn. Esboniodd y Bwdha mai Dharmakara oedd enw gwreiddiol Amida a'i fod wedi gwneud 48 o lwon amdano ef ei hun a'r Wlad Bur y byddai'n ei chreu. Ym mhob un o'r llwon hyn cyhoeddodd pe na byddai'n cyflawni'r llwon, yna fyddai e ddim yn dod yn Fwdha. Yn un o'r llwon, cyhoeddodd na fyddai'n dod yn Fwdha oni bai bod y rhai a oedd yn galw ar ei enw, hyd yn oed cyn lleied â deg gwaith ac yn ymddiried eu hunain iddo, yn gallu cael eu haileni yn y Wlad Bur. O hynny, byddai'n hawdd iddyn nhw wedyn gyrraedd goleuedigaeth neu ddod yn eu tro yn bodhisattva neu'n Fwdha. Daeth y Bwdha i gasgliad drwy ddweud bod Amida wedi dod yn Fwdha ac felly bod y llwon i gyd wedi'u cyflawni.

Y ffordd roedd Honen yn deall y ddysgeidiaeth hon oedd bod person, wrth fynd am noddfa yn Amida, yn cael gwarant o ailenedigaeth yn y Wlad Bur. Er mwyn mynd am noddfa yn Amida, roedd angen adrodd y nembutsu. Ymadrodd byr iawn yw hwn: 'namu amida butsu' sy'n cael ei gyfieithu fel arfer fel 'Rwy'n mynd am noddfa yn Bwdha Amida'.

Fel gallwch chi ddychmygu, roedd y ddysgeidiaeth hon yn hynod o boblogaidd oherwydd ei bod hi mor syml ac oherwydd y ffaith nad oedd angen dim byd arall o ran arfer ddefosiynol, neu fywyd moesol hyd yn oed. Mae cofnod bod Honen ei hun yn adrodd y nembutsu chwe deg mil o weithiau'r dydd. Fodd bynnag, doedd dim gwahaniaeth rhwng mynach defosiynol a sanctaidd iawn yn adrodd y nembutsu a pherson lleyg a oedd gyda'r pechadur gwaethaf yn adrodd y nembutsu. Byddai'r canlyniad yr un fath yn union: ailenedigaeth yn y Wlad Bur.

Doedd Honen ddim yn annog ei ddilynwyr i beidio â dilyn defosiynau eraill neu i beidio ag astudio testunau sanctaidd eraill. Yn ogystal, arhosodd yn fynach a daeth nifer o fynachod yn ddilynwyr iddo. Hefyd, roedd Honen yn awyddus i ddadlau yn erbyn y feirniadaeth bod ei ddysgeidiaeth yn antinomaidd – roedd hi fel petai'n cael gwared yn llwyr ar yr angen am unrhyw reolau ymddygiad moesol. Wedi'r cyfan, yn ddamcaniaethol, gallai person dorri'r dasa sila gymaint ag y mynnen nhw, ond iddyn nhw adrodd y nembutsu wedyn. Ysgrifennodd: 'er ein bod ni'n credu bod hyd yn oed dyn sy'n euog o'r deg gweithred ddrwg a'r pum pechod marwol yn gallu cael ei eni i'r Wlad Bur, gadewch i ni, cyn belled ag rydyn ni yn y cwestiwn, beidio â chyflawni'r pechod lleiaf hyd yn oed'.

Roedd Shinran yn un o brif ddilynwyr Honen. Gadawodd fynachlog Enryaku-ji ar yr un pryd ag ef. Yn ei ddysgeidiaeth, dilynodd Shinran resymeg dysgeidiaeth Honen i'w gasgliad rhesymegol o ran y nembutsu. Felly galwodd ei ddilynwyr hyn yn Wlad Bur Wirioneddol. Er enghraifft, rhoddodd y gorau i fod yn fynach a phriododd. Roedd hwn yn gam pwysig oherwydd ei fod yn dangos: 'yng ngolwg Amida does dim gwahaniaeth rhwng mynachod a lleygwyr; mae pawb yn gallu cael goleuedigaeth, nid rhywbeth i'r urddau mynachaidd yn unig yw goleuedigaeth' (Williams). Yn ogystal, anogodd Shinran ei ddilynwyr i beidio ag astudio unrhyw destunau sanctaidd na dilyn unrhyw ffurf ar ddefosiwn heblaw am adrodd y nembutsu.

Doedd Shinran ddim yn gweld bod angen amddiffyn ei ddysgeidiaeth am y Wlad Bur Wirioneddol rhag y cyhuddiad y gallai fod yn ddeniadol i'r pechaduriaid gwaethaf. Disgrifiodd ei hun hyd yn oed fel rhywun oedd 'wedi boddi mewn môr o nwyd'. I Shinran, holl bwynt tosturi Amida oedd achub y bodau isaf nad oedden nhw'n gallu eu hachub eu hunain. Gallai'r bodau hyn fod â baich o karma afiach ac anffrwythlon ac o ddrygioni cyffredinol bywyd, pob un yn dangos y bydden nhw'n cael ailenedigaeth yn nheyrnas uffern. Fodd bynnag, byddai'n bosibl newid hyn i gyd ar amrantiad drwy alw ar Amida.

Daeth Shinran i'r casgliad nad oedd pobl yn gallu cael eu hachub drwy eu hymdrechion eu hunain. Jiriki (eich pŵer eich hun) yw'r enw ar hyn mewn Japaneeg. Drwy alw ar bŵer arall y tu allan iddyn nhw eu hunain y gallen nhw gael eu hachub. Tariki (pŵer arall) yw'r enw ar hyn mewn Japaneeg. Y tariki yr oedd Amida yn ei gynnig yn unig a allai helpu.

Caligraffeg y nembutsu

南
無
阿
弥
陀
佛

Dyfyniad allweddol

Drwy adrodd enw Amida, dydw i ddim yn golygu myfyrdod, neu ei adrodd o ganlyniad i astudio a deall ei ystyr dwfn. Nac ydw – y cyfan rwy'n ei olygu yw, drwy adrodd enw'r Bwdha, does dim dwywaith y bydd hyn yn arwain at ailenedigaeth yn y Wlad Bur. **(Honen)**

Bwdha Amida yn y Wlad Bur

Olwyn Bywyd Bwdhaeth

Cynnwys y fanyleb

Arfer canolog mantra daimoku yn nhraddodiadau Nichiren.

cwestiwn cyplym

2.4 Beth yw geiriau'r nembutsu?

cwestiwn cyplym

2.5 Beth yw'r Tair Deddf Gyfrinachol Fawr?

> **Term allweddol**
>
> Shodai: llafarganu'r daimoku am amser hir

Gohonzon Nichiren

Dyfyniadau allweddol

Wrth fyfyrio'n ddwfn ar y Llw Mawr … rwy'n argyhoeddedig iddo gael ei wneud er fy mwyn i'n unig ac yn llwyr. A minnau wedi fy rhwymo â kamma dwfn a thrwm, rwy'n teimlo'n hynod ddiolchgar i'r llw gael ei wneud i achub rhai fel fi. (Shinran)

Gallwn ni weld i Nichiren … wau naratif y Sutra Lotus i'w oes ei hun, gan ail-ddehongli'r Bwdha absoliwt fel cyfrwng hanesyddol a oedd yn gallu ymgysylltu â sut roedd y deyrnas ei hun yn gweithredu. (Deal a Ruppert)

Arfer canolog mantra daimoku yn nhraddodiadau Nichiren

Ar y naill law, doedd dim byd yn arbennig o newydd am ddysgeidiaeth Nichiren gan ei fod e'n canolbwyntio'n llwyr ar y Sutra Lotus, y testun sanctaidd a oedd wedi hen ennill ei blwyf. Ar y llaw arall, yr hyn oedd yn newydd oedd ei ddysgeidiaeth mai'r Sutra Lotus oedd unig destun dilys Bwdhaeth yn oes mappo. Roedd yn gwrthod popeth arall fel rhan o'i gred bod 'trychinebau a gwrthdaro treisgar yr oes yn ganlyniad penodol i gredoau anwybodus llawer o Fwdhyddion' (Deal a Ruppert).

At hynny, roedd Nichiren yn credu, yn oes mappo, fod natur-Bwdha bodau ymdeimladol wedi mynd mor aneglur fel mai dim ond dysgeidiaeth syml a oedd yn cyhoeddi hanfod y Sutra Lotus fyddai'n ddefnyddiol, i ddechrau ledled Japan ac yna ledled y byd. Dyma oedd yn ofynnol gan Fwdhyddion, yn ôl y Bwdha Shakyamuni cosmig a thragwyddol fel y Bod Goruchaf. Efallai mai'r ffordd orau o grynhoi dysgeidiaeth Nichiren yw edrych ar y Tair Cyfraith Gyfrinachol Fawr y mae gweddïo dyddiol Bwdhaeth Nichiren yn dal i ddiolch amdanyn nhw.

Y cyntaf o'r rhain yw Gohonzon Nichiren y mae Bwdhyddion Nichiren yn ei ddwysbarchu. Mandala caligraffig crog yw hwn a ysgrifennwyd yn wreiddiol gan Nichiren yn 1279 ac mae llafarganu defosiynol yn cael ei gyfeirio ato. Wedi'i ysgrifennu ar y mandala mae enw'r Bwdha cosmig a thragwyddol Shakyamuni fel mae'n cael ei gyflwyno yn y Sutra Lotus, a hefyd enwau bodhisattvau a bodau eraill sydd yn y Sutra. Mae enw Nichiren wedi'i ysgrifennu hefyd. Kaidan yw'r drydedd Gyfraith Gyfrinachol Fawr. Efallai fod hyn yn cyfeirio at y man lle mae'r Gohonzon wedi'i sefydlu a'i addoli yng nghartref neu deml person. Mae eraill yn credu ei fod yn cyfeirio at y man ysbrydol mewn person y mae defosiwn yn llifo ohono.

Ond yr ail Gyfraith Gyfrinachol Fawr yw ffocws ein hastudiaethau. Dyma'r daimoku sydd hefyd wedi'i ysgrifennu yng nghanol y Gohonzon. Ymadrodd byr yw'r daimoku sy'n cael ei lafarganu mewn gweddi Nichiren. Mae'r term **shodai** yn cyfeirio at lafarganu'r daimoku am gyfnod hir. Llafarganu'r daimoku, yn enwedig o flaen Gohonzon Nichiren, yw'r prif arfer defosiynol i Fwdhyddion Nichiren.

Y daimoku ei hun yw: 'namu myoho renge kyo'. Mae'n bosibl cyfieithu'r gair 'namu' fel 'rwy'n mynd am noddfa'. Yn dilyn hyn, 'myoho renge kyo' yw'r teitl Japaneeg sy'n cael ei roi i'r Sutra Lotus sy'n gallu cael ei gyfieithu fel 'myoho' sy'n golygu 'cyfraith gyfriniol', 'renge' sy'n golygu 'blodyn lotus' a 'kyo' sy'n golygu 'Sutra'. O roi'r cyfan at ei gilydd, gellir cyfieithu hyn fel 'rwy'n mynd am noddfa yng nghyfraith gyfriniol y Sutra Lotus'.

Yn ôl Nichiren, y cyfan sydd angen i Fwdhydd ei wneud yw llafarganu'r daimoku. Does dim angen darllen y Sutra Lotus neu ei astudio gan fod teitl y Sutra ei hun yn cynnwys hanfod popeth sydd ynddo. Fel gellir gweld, mae'n cyflwyno ffurf syml iawn ar Fwdhaeth, a dyma roedd Nichiren yn credu roedd ei angen yn oes mappo. Ar yr un pryd, o gofio ei fod yn ystyried y Sutra Lotus fel 'Brenin mawr yr holl Ysgrythurau Bwdhaidd', i Nichiren, llafarganu'r daimoku oedd arfer uchaf Bwdhaeth.

Mae Gyokei Umada, ysgolhaig Bwdhaeth Nichiren yn esbonio, wrth edrych ar Gohonzon Nichiren ac adrodd y daimoku, fod 'calon ac enaid, goddrychedd a gwrthrychedd yn dod yn undod cyfan, ac mae'r addolwr yn sylweddoli ynddo'i hun rinweddau rhagorol y Bod Goruchaf, ac felly mae ei fywyd byr yn cael ei wneud yn dragwyddol a'i rinwedd gyfyngedig yn anfeidraidd … dyma lle mae uchafbwynt Sect Nichiren: tawelwch meddwl pob crediniwr a bywyd crefyddol. Canlyniad hyn i gyd yw gwireddu Gwlad y Bwdha yng nghyflwr presennol bodolaeth.'

Gweithgaredd AA1

Esboniwch sut gallai Bwdhydd ymateb i'r safbwynt canlynol: 'Dydy'r traddodiadau Bwdhaidd allweddol yn Japan ddim yn rhai Bwdhaidd mewn gwirionedd.'

Esboniwch eich ateb gan ddefnyddio tystiolaeth ac enghreifftiau o'r hyn rydych chi wedi ei ddarllen.

Datblygu sgiliau AA1

Nawr mae'n bwysig ystyried y wybodaeth sydd wedi'i chyflwyno yn yr adran hon; fodd bynnag, mae'r wybodaeth fel y mae yn llawer rhy helaeth ac felly mae'n rhaid ei phrosesu er mwyn bodloni gofynion yr arholiad. Gallwch wneud hyn drwy ymarfer y sgiliau uwch sy'n gysylltiedig ag AA1. Bydd yr ymarferion yn y llyfr hwn yn eich helpu i wneud hyn ac yn eich paratoi ar gyfer yr arholiad. Ar gyfer Amcan Asesu 1 (AA1), sy'n cynnwys dangos sgiliau 'gwybodaeth' a 'dealltwriaeth', rydyn ni am ganolbwyntio ar ffyrdd gwahanol o ddangos y sgiliau yn effeithiol, gan gyfeirio hefyd at sut bydd eich perfformiad ym mhob un o'r sgiliau hyn yn cael ei fesur (gweler disgrifyddion band cyffredinol AA1 ar gyfer U2).

▶ **Dyma eich tasg nesaf:** Isod mae amlinelliad o **gysyniad mappo**. Ar hyn o bryd nid yw'n cynnwys unrhyw ddyfyniadau i gefnogi'r pwyntiau sy'n cael eu nodi. O dan yr amlinelliad mae dau ddyfyniad y byddai'n bosibl eu defnyddio er mwyn ei wella. Eich tasg yw ailysgrifennu'r amlinelliad gan ddefnyddio'r dyfyniadau. Efallai bydd ymadroddion fel 'yn ôl ...', 'mae'r ysgolhaig ... yn dadlau', neu, 'mae ... wedi awgrymu' o gymorth i chi.

Datblygodd Bwdhaeth yn Japan o'r 6ed ganrif OCC ymlaen. Dylanwadodd yr hyn oedd yn digwydd ym maes gwleidyddiaeth fewnol yn Japan yn drwm ar Fwdhaeth, yn arbennig yr elyniaeth a'r rhyfeloedd rhwng y teuluoedd llywodraethol. Gwelwyd bod y cynnwrf cyffredinol yn rhannau o'r wlad yn dystiolaeth o mappo. (*) Roedd bod yn Fwdhydd adeg dirywiad y Dhamma yn broblem, ac ymateb rhai Bwdhyddion oedd ceisio symleiddio credoau, dysgeidiaeth ac arferion Bwdhaidd fel bod pobl yn gallu cael gobaith a chysur drwy eu ffydd. Dyma sut roedd hi, er enghraifft, gyda Nichiren. (*) Roedd eisiau helpu i sefydlu heddwch ledled y wlad drwy ddilyn y Sutra Lotus.

'Yng nghyd-destun un brif broblem yn unig mae'n bosibl deall crefyddoldeb Japan ar ôl y cyfnod hwn, sef, sut gall rhywun fod yn Fwdhydd, sut gall Bwdhaeth oroesi, yn ystod y Dyddiau Diwethaf – oes trychineb cosmig a chrefyddol pan mae'n ymddangos na fydd hi'n bosibl dibynnu ar unrhyw rai o'r ffynonellau arferol ar gyfer ysbrydoliaeth grefyddol.' **(Williams)**

Rydyn ni wedi gweld llawer o arwyddion yn y nefoedd ac ar y ddaear: newyn, pla, mae'r wlad gyfan yn llawn dioddefaint. Mae ceffylau a gwartheg yn marw ar ymyl y ffyrdd, a dynion hefyd, a does neb i'w claddu nhw ... Edrychwch o gwmpas ar ddioddefaint yr oes, ar ddadfeiliad Bwdhaeth. **(Nichiren)**

Ar ôl i chi orffen y dasg, ceisiwch ddod o hyd i ddyfyniad arall y gallech ei ddefnyddio ac ymestyn eich ateb ymhellach.

Sgiliau allweddol Thema 2

Mae'r ail thema yn cynnwys tasgau sy'n canolbwyntio ar agwedd benodol ar AA1 o ran defnyddio dyfyniadau o ffynonellau awdurdod a'r defnydd o gyfeiriadau.

Sgiliau allweddol

Mae gwybodaeth yn ymwneud â:

Dewis ystod o wybodaeth (drylwyr) gywir a pherthnasol sydd â chysylltiad uniongyrchol â gofynion penodol y cwestiwn.

Mae hyn yn golygu:

- Dewis deunydd perthnasol i'r cwestiwn a osodwyd
- Canolbwyntio ar esbonio ac archwilio'r deunydd a ddewiswyd.

Mae dealltwriaeth yn ymwneud ag:

Esboniad helaeth, gan ddangos dyfnder a/neu ehangder gyda defnydd rhagorol o dystiolaeth ac enghreifftiau gan gynnwys (lle y bo'n briodol) defnydd trylwyr a chywir o destunau cysegredig, ffynonellau doethineb a geirfa arbenigol.

Mae hyn yn golygu:

- Defnydd effeithiol o enghreifftiau a thystiolaeth gefnogol i sefydlu ansawdd eich dealltwriaeth
- Perchenogaeth o'ch esboniad sy'n mynegi gwybodaeth a dealltwriaeth bersonol, NID eich bod yn ailadrodd darn o destun o lyfr rydych wedi ei baratoi a'i gofio.

Cynnwys y fanyleb

I ba raddau y mae Bwdhaeth Japan yn unigryw.

Dyfyniad allweddol

Cafodd syniadau ac arferion Bwdhaidd eu trawsnewid o ganlyniad i ymwybyddiaeth ddiwylliannol Japan. Mae'n well meddwl am yr amrywiaeth o syniadau, athrawiaethau, defodau a diwylliant materol sy'n llunio Bwdhaeth Japan fel nifer o Fwdhaethau sy'n cael eu defnyddio ar adegau gwahanol ac mewn lleoedd gwahanol er mwyn ateb amrywiaeth o anghenion a dibenion. Mae'n bosibl bod yr holl Fwdhaethau hyn yn rhannu tebygrwydd teuluol, ond hefyd mae'n bwysig deall bod gwahaniaethau ac anghytuno rhwng y traddodiadau hyn i gyd. (Deal a Ruppert)

Gweithgaredd AA2

Wrth i chi ddarllen drwy'r adran hon ceisiwch wneud y pethau canlynol:

1. Dewiswch y gwahanol ddadleuon sy'n cael eu cyflwyno yn y testun a nodwch unrhyw dystiolaeth gefnogol a roddir.

2. Ar gyfer pob dadl a gyflwynir, ceisiwch werthuso a yw'r ddadl yn un gryf neu wan yn eich barn chi.

3. Meddyliwch am unrhyw gwestiynau yr hoffech chi eu gofyn wrth ymateb i'r dadleuon.

Bydd y gweithgaredd hwn yn eich helpu chi i ddechrau meddwl yn feirniadol am yr hyn rydych chi'n ei ddarllen, ac yn eich helpu i werthuso effeithiolrwydd dadleuon gwahanol, gan ddatblygu eich sylwadau, a'ch barn a'ch safbwyntiau eich hun. Bydd hyn yn eich helpu wrth ddod i gasgliadau y byddwch yn eu gwneud yn eich atebion i'r cwestiynau AA2 sy'n codi.

Materion i'w dadansoddi a'u gwerthuso

I ba raddau y mae Bwdhaeth Japan yn unigryw

O'r dechrau'n deg, mae'n ddefnyddiol egluro dealltwriaeth gyffredinol rhywun o Fwdhaeth o safbwynt athronyddol ac ieithyddol. Mewn llyfr a gyhoeddwyd yn 1989, *Mahayana Buddhism: The Doctrinal Foundations*, mynegodd Williams ei bryderon am rywbeth a alwodd yn 'dwyllresymiad yr hanfodwyr' sy'n arbennig o bellgyrhaeddol a dwfn. Mae hyn yn achosi 'y teimlad oherwydd ein bod ni'n defnyddio'r un gair [h.y. Bwdhaeth], felly rhaid bod rhyw graidd, hanfod, y mae'r diffiniad perthnasol yn ei nodi'.

Mae'n bosibl gweld bod 'twyllresymiad yr hanfodwyr' yn berthnasol i Fwdhaeth yn gyffredinol lle, wedi'r cyfan, nad oes unrhyw ymdrech wedi bod i orfodi uniongrededd – unffurfiaeth a chydymffurfiad o ran cred – ac unionarfer – unffurfiaeth a chydymffurfiad o ran arfer ddefosiynol.

Mae ystyried y mater hwn yn gallu ein helpu ni i holi a oes y fath beth â Bwdhaeth 'Japan'. Yma, eto, efallai fod 'twyllresymiad yr hanfodwyr' ar waith.

Ar y cam hwn gall fod yn ddefnyddiol ystyried anicca – byrhoedledd – sy'n un o'r lakshanas. Fel nododd Williams, o'r dechrau'n deg, mae credoau Bwdhaidd wedi dadansoddi 'pethau' erioed fel bod 'undodau'n cael eu datod i'w helfennau ac mae amrywiaeth wirioneddol yn cael ei datguddio'. O gofio hyn, gallwn ni edrych ar y gosodiad gan fod yn hollol ymwybodol bod yr ymadrodd 'Bwdhaeth Japan' yn undod ieithyddol ac yn lluniad sydd wedi'i orfodi gan un ymadrodd sy'n enw ar rywbeth.

Hefyd efallai fod ymchwil hanesyddol a thystiolaeth empirig yn cael eu gweld i fod yn herio'r dybiaeth y tu ôl i'r ymadrodd 'Bwdhaeth Japan'.

Roedd rhai mynachod a oedd yn rhwydweithio yn gallu teithio o fewn Japan ac, yn bwysicach, i China ac i Korea. Daethon nhw ar draws credoau ac arferion a addasodd eu credoau a'u harferion nhw eu hunain. Wedyn, efallai y bydden nhw'n trosglwyddo'r hyn roedden nhw wedi'i dderbyn i'w myfyrwyr yn y sangha – mynachaidd a lleyg. Yn eu tro, efallai'n wir y byddai'r myfyrwyr hynny'n addasu'r hyn a gawson nhw o ganlyniad i'w credoau a'u harferion eu hunain. Mae'r patrwm hwn i'w weld yn y ffyrdd y dylanwadodd y math o Fwdhaeth a oedd yn cael ei harfer ym mynachlog Enryaku-ji ar Eisai, Dogen, Honen, Shinran a Nichiren. Eto, ar yr un pryd, 'sefydlodd' pob un ei sect ei hun gyda chredoau ac arferion penodol.

Fodd bynnag, gellid dadlau bod Bwdhaeth yn cyflwyno set greiddiol o gredoau ac arferion y mae'n hawdd eu hadnabod yn yr amrywiaeth eang o Fwdhaethau sydd ledled y byd. Mae pob un sy'n ei alw ei hun yn Fwdhydd yn tystio i'r Pedwar Gwirionedd Nobl, y Llwybr Wythblyg Nobl, y Tair Noddfa a'r Tri Lakshana. Felly hefyd, o ran ailenedigaeth a'r posibilrwydd o gael goleuedigaeth. Mae dhyana – myfyrdod – yn arfer sy'n uno pob Bwdhydd, er bod ei arwyddocâd a sut mae'n cael ei ddangos yn amrywio'n sylweddol.

At hynny, gellid dadlau bod rhywun yn gallu sôn am Fwdhaeth 'Japan'. Mae hyn oherwydd rhyngweithio unigryw grymoedd cymdeithasol, gwleidyddol a diwylliannol Japan a luniodd ddatblygiad Bwdhaeth, ac a gafodd eu llunio yn eu tro gan Fwdhaeth.

O edrych ar y tri thraddodiad Bwdhaidd allweddol yn Japan, sef Zen, y Wlad Bur a Nichiren, dydyn nhw ddim yn unigryw o gwbl o un safbwynt.

Er enghraifft, mae traddodiad Bwdhaeth Zen yn ddatblygiad llinol o Fwdhaeth Cha'an sydd yn China. Mae Zen Soto a Zen Rinzai yn seiliedig ar ysgolion Bwdhaeth Cha'an ac mae'n bosibl olrhain eu llinach. Hefyd dydy Bwdhaeth Zen ddim mor unigryw gan fod yr hyn y mae'r athro'n ceisio ei drosglwyddo i'r myfyriwr yn ffordd o gael goleuedigaeth. Dyma'n union wnaeth Siddhartha Gautama am chwe blynedd ar ôl yr ymwrthod. Ar ôl cyflawni hyn o dan y Goeden Bodhi, trosglwyddodd hyn i'w ddilynwyr. Yn yr ystyr hwn does dim byd unigryw am Fwdhaeth Zen gan ei bod hi'n defnyddio zazen a koan i roi myfyrdod ar waith, sef traean hyfforddiant triphlyg y Llwybr Wythblyg Nobl: samma vayama, samma sati a samma samdahi.

O ran Bwdhaeth y Wlad Bur, dydy hi ddim yn unigryw gan mai karuna oedd cymhelliant Honen. Roedd yn poeni'n arbennig am sut gallai'r Bwdhyddion isaf o ran eu diffyg moesoldeb gael eu haileni mewn unrhyw le heblaw am yn nheyrnas uffern. Mae hyn yn rhoi rhinwedd Fwdhaidd metta a karuna ar waith. Efallai fod ffurf Shinran ar Fwdhaeth y Wlad Bur yn ymddangos yn unigryw ond fel nododd Williams, bodhicitta ac awydd i helpu bodau ymdeimladol i gyrraedd goleuedigaeth yw'r cymhelliant i ddibynnu ar Fwdha Amida ac i gael ailenedigaeth yn y Wlad Bur. Mae hyn yn dilyn llwon y bodhisattva yn agos iawn. Hefyd roedd Williams yn dadlau bod Bwdhaeth y Wlad Bur yn hollol driw i athroniaeth Mahayana – dyma'r cerbyd mawr 'sy'n dysgu rhyddhad a thosturi cyffredinol'.

Gyda Bwdhaeth Nichiren, does dim byd yn unigryw oherwydd mai egwyddor Fwdhaidd gyffredinol upaya – dulliau medrus – yn unig a ddefnyddiodd Nichiren er mwyn helpu Bwdhyddion ei oes i gyrraedd goleuedigaeth. Felly dydy Gohonzon Nichiren fel canolbwynt defosiwn i Fwdhyddion Nichiren ddim yn wahanol i'r Kamakura Daibutsu neu'r rupas Bwdha niferus eraill sy'n cael eu defnyddio ar gyfer defosiwn ledled y byd Bwdhaidd.

Awgrym astudio

Ar gyfer AA2, mae'n hanfodol eich bod chi'n trafod dadleuon yn hytrach nag esbonio'r hyn y gallai rhywun fod wedi'i ddweud yn unig. Ceisiwch ofyn i chi'ch hun, 'a oedd hwn yn bwynt teg i'w wneud?', 'a yw'r dystiolaeth yn ddigon cadarn?', 'a oes unrhyw beth i herio'r ddadl hon?', 'a yw'r ddadl hon yn un gref neu wan?' Bydd dadansoddi beirniadol o'r fath yn eich helpu i ddatblygu eich sgiliau gwerthuso.

Fodd bynnag, mae'n eithaf posibl gweld yn nhri thraddodiad allweddol Bwdhaeth yn Japan, sef Zen, y Wlad Bur a Nichiren, agweddau sy'n gwneud iddyn nhw fod yn unigryw.

Er enghraifft, mae'n ymddangos mai yn Japan yn unig y cafodd traddodiadau Bwdhaidd eu cysylltu mor barod â statws yn y gymdeithas. Felly, er enghraifft, am ganrifoedd roedd Zen Rinzai yn perthyn i'r dosbarth llywodraethol – fel y Shoguns – tra mai'r boblogaeth yn gyffredinol oedd yn dilyn Zen Soto gan fwyaf. Hefyd mae'n ymddangos yn llinyn unigryw yn yr ystyr bod Zen Rinzai yn adnabyddus fel ffurf ar Fwdhaeth sydd â chysylltiad cryf â chreffftau ymladd fel yn nhraddodiad y Samurai.

At hynny, mae traddodiad Honen a Shinran yn enwedig ym Mwdhaeth y Wlad Bur yn ymddangos yn unigryw. Mae hyn oherwydd, yn hollol wahanol i Fwdhaeth Theravada ac yn llawer mwy nag unrhyw ffurf arall ar Fwdhaeth Mahayana, nad yw Bwdhydd yn gorfod dibynnu arno'i hun ac ar ei ymdrech ei hun er mwyn cyrraedd goleuedigaeth neu gael ailenedigaeth well. Mewn geiriau eraill, mae jiriki (eich pŵer eich hun) yn cael ei ddisodli gan tariki (pŵer arall) fel mae Bwdha Amida yn ei roi.

Hefyd mae Bwdhaeth Nichiren yn ymddangos yn unigryw yn enwedig yn y ffordd roedd yn cysylltu mappo a gwladwriaeth Japan â'i chredoau. Yn wahanol i Fwdhaethau eraill, mae ymdeimlad eglur o'r credoau a'r arferion a ddysgodd Nichiren sy'n cael eu derbyn a'r rhai nad ydyn nhw'n cael eu derbyn. Mae'n canolbwyntio'n llwyr ar un testun sanctaidd, y Sutra Lotus, ac ar un arfer defosiynol – llafarganu'r daimoku. Yn ogystal, mae arfer Bwdhyddion Nichiren, sef llafarganu cyn Gohonzon Nichiren a'i drin yn ddefosiynol, yn wahanol iawn i ddelweddaeth unrhyw Fwdhyddion eraill lle gallai Bwdha neu rupa bodhisattva gael ei ddefnyddio.

Gallai'r tri thraddodiad ym Mwdhaeth Japan ymddangos yn unigryw hefyd yn y ffordd y mae cymaint o barch at y llinach, o'r myfyriwr yn ôl i'r athro. Felly mae Bwdhyddion y Wlad Bur yn canolbwyntio ar eu cysylltiad â Honen, ond mae Bwdhyddion y Wlad Bur Wirioneddol yn canolbwyntio ar eu cysylltiad â Shinran.

Cwestiynau allweddol

A yw Bwdhaeth yn ceisio bod yn gyson?

Os yw nodau Bwdhaethau Japan yr un peth, a oes llawer o ots am y dulliau?

A fyddai Eisai, Dogen, Honen, Shinran a Nichiren wedi derbyn ei gilydd fel Bwdhyddion dilys?

Dyfyniad allweddol

Mae'r pwyslais mewn Bwdhaeth ar *ddysgeidiaethau* y Bwdha(u) a deffroad y bersonoliaeth ddynol o ganlyniad iddyn nhw. Serch hynny, mae Bwdhyddion yn dangos parchedig ofn mawr tuag at Gotama fel athro goruchaf ac fel enghraifft o'r nod eithaf y mae pawb yn anelu ato. **(Harvey)**

Y daibutsu (Bwdha Mawr) a luniwyd yn 1252 yn ystod cyfnod Kamakura.

Gweithgaredd AA2

Rhestrwch rai casgliadau y byddai'n bosibl dod iddynt ar sail y rhesymeg AA2 yn y testun uchod; ceisiwch gyflwyno o leiaf dri chasgliad gwahanol posibl. Ystyriwch bob un o'r casgliadau a chasglwch dystiolaeth gryno i gefnogi pob casgliad o'r deunydd AA1 ac AA2 ar gyfer y testun hwn. Dewiswch y casgliad sy'n argyhoeddi fwyaf yn eich barn chi ac esboniwch pam mae hyn yn wir. Ceisiwch gyferbynnu hyn â'r casgliad gwannaf ar y rhestr, gan gyfiawnhau eich dadl gyda rhesymu clir a thystiolaeth.

Cynnwys y fanyleb

Pwysigrwydd koan, nembutsu
a daimoku fel ffyrdd o fynegi
dysgeidiaeth Fwdhaidd.

Dyfyniad allweddol

Mae'r Bwdhau yn dysgu'r Dhamma gyda llu o ddulliau medrus dirifedi, yn ôl gallu bodau ymdeimladol; dydy'r dibrofiad ddim yn gallu deall hyn. Yn sicr, rydych chi wedi dod i adnabod dulliau medrus y Bwdhau, Athrawon y Byd, sy'n cael eu hesbonio yn ôl gallu pobl. Bob un ohonoch chi, peidiwch â bod â rhagor o amheuon! Gadewch i lawenydd mawr godi yn eich calonnau gan wybod y byddwch i gyd yn dod yn Fwdhau!
(Y Sutra Lotus)

Gweithgaredd AA2

Wrth i chi ddarllen drwy'r adran hon ceisiwch wneud y pethau canlynol:

1. Dewiswch y gwahanol ddadleuon sy'n cael eu cyflwyno yn y testun a nodwch unrhyw dystiolaeth gefnogol a roddir.

2. Ar gyfer pob dadl a gyflwynir, ceisiwch werthuso a yw'r ddadl yn un gryf neu wan yn eich barn chi.

3. Meddyliwch am unrhyw gwestiynau yr hoffech chi eu gofyn wrth ymateb i'r dadleuon.

Bydd y gweithgaredd hwn yn eich helpu chi i ddechrau meddwl yn feirniadol am yr hyn rydych chi'n ei ddarllen, ac yn eich helpu i werthuso effeithiolrwydd dadleuon gwahanol, gan ddatblygu eich sylwadau, a'ch barn a'ch safbwyntiau eich hun. Bydd hyn yn eich helpu wrth ddod i gasgliadau y byddwch yn eu gwneud yn eich atebion i'r cwestiynau AA2 sy'n codi.

Pwysigrwydd koan, nembutsu a daimoku fel ffyrdd o fynegi dysgeidiaeth Fwdhaidd

Roedd Bwdhaeth Mahayana, fel cafodd ei mynegi yn ail bennod y Sutra Lotus, yn pwysleisio bod angen upaya – dulliau medrus. Mae angen upaya i ddod â phawb, yn ddieithriad, i oleuedigaeth ac er mwyn cael doethineb llawn Bwdha a thosturi Bwdha.

Felly, o'u hystyried gyda'i gilydd, mae koan, nembutsu a daimoku yn ffyrdd pwysig o fynegi dysgeidiaeth Fwdhaidd o ran upaya. Mae pob un yn darparu yn ei ffordd benodol ei hun 'yn ôl gallu bodau ymdeimladol' (y Sutra Lotus). Mae'r koan yn ymgysylltu â'r rhai a allai ystyried eu bod yn hunanadfyfyriol ac yn ddeallusol. Gallai'r nembutsu ymgysylltu â'r rhai sydd ag ymdeimlad o'u hanallu i symud ymlaen ar y magga ac sydd ag angen tariki (pŵer arall) y mae Amida yn ei roi. Gallai'r daimoku ddenu'r rhai sy'n byw bywydau prysur oherwydd gallai ailadrodd syml bob dydd fod yn ddigon iddyn nhw fel arfer defosiynol.

O safbwynt upaya, gellid dadlau hefyd nad yw koan, nembutsu a daimoku yn bwysig yn y pen draw o'u rhan nhw eu hunain. Gallai dameg y rafft (Majjhima Nikaya 22) gynnig cefnogaeth i'r ymagwedd hon. Mae'r Bwdha yn dysgu: 'Yn yr un ffordd, fynachod, rwyf wedi dysgu'r Dhamma a'i gymharu â rafft, i'w defnyddio i groesi drosodd, nid er mwyn dal gafael ynddi. Wrth ddeall y Dhamma fel mae'n cael ei ddysgu wedi'i gymharu â rafft, dylech chi ollwng gafael ar Dhamma hyd yn oed, heb sôn am bethau nad ydyn nhw'n Dhamma.'

Mae modd dadlau bod y broses o 'ollwng gafael' yn hytrach na 'dal gafael' yn bwysig iawn. Mae Bwdhaeth yn dysgu bod tri math o dukkha: dukkha-dukkha sef dioddefaint fel profiad o boen; virparinama-dukkha sef dioddefaint sy'n cael ei brofi oherwydd natur newidiol bodolaeth; sankhara-dukkha sef dioddefaint sy'n gynhenid i natur amodol bywyd. Yn ei dro, tanha neu ysfa sy'n achosi'r samudaya neu dukkha. Mae'r Bwdha yn dysgu ei bod hi'n bosibl cyflawni'r nirodha neu ddileu tanha drwy ddilyn y Llwybr Wythblyg Nobl.

Mae'r koan yn bwysig o ran mynegi dysgeidiaeth Fwdhaidd yn y maes hwn. Mae hyn oherwydd ei fod yn rhoi sylw i'r tanha sy'n ymwneud â pherson sydd: ag ymdeimlad ohono ef ei hun fel bod parhaol ar wahân; 'fi' y mae ei ego yn dyheu am ddileu dukkha; am atebion i broblemau dirfodol bywyd; am lwybr i hapusrwydd ac am ryw fath o ddatrysiad deallusol. Mae'r koan yn torri prosesau meddwl arferol fel hyn fel bod sylweddoliad sydyn yn gallu torri trwodd, er mwyn cael gwared ar yr ymdeimlad o fod yn 'fi' sydd ag ego. Wedyn mae 'gollwng gafael' go iawn yn gallu digwydd gan fod gwirionedd anatta – dim hunan parhaol – yn cael ei gydnabod.

Enghraifft dda o hyn yw Deg Darlun Gyrru'r Ych, sy'n aml yn cael eu defnyddio i ddangos camau arfer mewn Bwdhaeth Zen. Mae'r darluniau cyntaf yn dangos y gyrrwr – sy'n cynrychioli'r myfyriwr Zen – yn chwilio am yr ych – sy'n cynrychioli'r hyn y mae'r myfyriwr yn ei geisio. Fodd bynnag, erbyn yr wythfed darlun, cylch gwag yn unig sydd – dim gyrrwr, dim ych a dim chwilio. Drwy ddefnyddio'r koan mae Bwdhydd Zen yn gallu cwblhau'r dasg o 'ollwng gafael'.

Yn y llyfr *Mahayana Buddhism: The Doctrinal Foundations*, roedd Williams yn dadlau bod 'gollwng gafael' yn rhan allweddol o Fwdhaeth y Wlad Bur hefyd, yn enwedig yr un roedd Shinran yn ei dysgu: 'yr unig ystyr y mae'n bosibl ei roi i'r cysyniad o ddiffyg ego, di-hunan, yw gollwng gafael, gadael daioni a drygioni i drefn naturiol cyfraith karma a thrwy ildio'n llwyr' i'r llw a wnaeth Amida o ran ailenedigaeth yn y Wlad Bur. Felly, ystyr cred mewn anatta – dim hunan parhaol – yw nad yw Bwdhydd yn rhesymegol yn gallu dibynnu ar jiriki (ei bŵer ei hun) gan nad oes 'hunan' sydd ag unrhyw bŵer. Mae hyn yn golygu bod tariki (pŵer arall), fel mae Bwdha Amida yn ei roi, yn hanfodol.

Ffordd arall y mae'n bosibl ystyried bod y nembutsu yn ffordd bwysig o fynegi dysgeidiaeth Fwdhaidd yw nad ailenedigaeth yn y Wlad Bur yn unig yw ei nod ond yn hytrach bodhicitta ac awydd i helpu bodau ymdeimladol i gyrraedd goleuedigaeth.

Gan mai dyna'r nod, gellid dadlau hefyd bod adrodd y nembutsu yn bwysig er mwyn datblygu paramita (perffeithder) danna Bwdhaeth Mahayana – haelioni tuag at ddioddefaint ac anghenion eraill. Byddai hyn hefyd yn wir o gofio bod adrodd y nembutsu yn canolbwyntio ar Amida a thrwy estyniad ar dosturi Amida dros bob bod ymdeimladol. Mae hyn yn gallu helpu Bwdhyddion y Wlad Bur i gael gwared ag amodau ar gyfer karma afiach, yn enwedig dosa (casineb) oddi wrthyn nhw eu hunain.

Gallai'r pwynt hwn gael ei ddatblygu yn seiliedig ar ddadleuon yn *The New Buddhism* gan David Brazier a gyhoeddwyd yn 2001. Sylwodd ar y drafodaeth yn Japan a achosodd Matsumoto Shiro a Hakamaya Norikai yn y 1980au. Edrychon nhw ar y cwestiwn a oedd Bwdhaeth Japan sy'n seiliedig ar demlau a mynachlogydd ac sy'n cael ei dysgu gan fynachod 'yn wallus' gan ei bod hi'n ymddangos yn elitaidd ac yn genedlaetholgar. Byddai hyn yn gwneud i'r nembutsu a'r daimoku fod yn arferion Bwdhaidd pwysig iawn oherwydd nad ydyn nhw'n dibynnu ar demlau, mynachlogydd na mynachod. Roedd Honen, Shinran a Nichiren yn dweud yn eglur bod unrhyw un yn gallu adrodd y nembutsu a'r daimoku, beth bynnag oedd ei statws neu ei safle yn y gymdeithas. Doedd dim angen bod yn addysgedig na byw'r math o fywyd a oedd yn dderbyniol yn ôl normau'r gymdeithas.

Y Deg Darlun Gyrru'r Ych sy'n cael eu defnyddio mewn Bwdhaeth Zen.

Er y gallai rhai amau bod y daimoku yn ffordd bwysig o fynegi dysgeidiaeth Bwdhaeth, mae modd dadlau bod Nichiren yn gywir wrth ddod i'r casgliad mai'r Sutra Lotus oedd 'brenin mawr yr holl Ysgrythurau Bwdhaidd'. Wedi'r cyfan, mae llawer o Fwdhyddion Mahayana yn ystyried mai dyma ddysgeidiaeth olaf y Bwdha. Mae hyn oherwydd y ffocws ar upaya – dulliau medrus – natur-Bwdha hollgyffredinol, y Bwdha cosmig a hollgyffredinol ac amrywiaeth y llwybrau sy'n arwain at Fwdhadod perffaith. Oherwydd hyn, gellid gweld bod mynd am noddfa yn y Sutra Lotus drwy lafarganu'r daimoku yn arfer Bwdhaidd hollol berthnasol a phwysig.

Ar lefel ehangach, gellid gweld bod adrodd y nembutsu a'r daimoku yn rhan o'r traddodiad Bwdhaidd o ran llafarganu. Mae hyn i'w weld yn fwyaf eglur ym Mwdhaeth Tibet sydd weithiau wedi cael ei galw'n Mantrayana – 'Ffordd y Mantras'. Gallai llafarganu'r nembutsu helpu i ddelweddu Amida a'r Wlad Bur – er nad oes rhaid gwneud hyn; a gallai llafarganu'r daimoku helpu Bwdhydd i fewnoli neges y Sutra Lotus.

Eto, gellid gweld adrodd y nembutsu a'r daimoku yng nghyd-destun ehangach Mahayana fel rhywbeth sy'n annog datblygiad paramita (perffeithder) dhyana – un ffocws amlwg. Felly gallai Bwdhyddion y Wlad Bur benderfynu dilyn arfer Honen a oedd yn adrodd y nembutsu chwe deg mil o weithiau'r dydd.

At hynny, gallai rhai ddadlau bod Bwdhyddion yn dal i fyw yn oes mappo. Mae ymdeimlad o rywbeth y gellid ei alw'n Angst ar lefel unigol, cenedlaethol a byd-eang. Yn ogystal, mae chwilio am Dhamma dilys – o gofio'r traddodiadau Bwdhaidd niferus yn y Gorllewin – yn gallu bod yn dasg gymhleth sy'n cymryd llawer o amser. Yn y cyd-destun hwn gellid dadlau bod ailadrodd y nembutsu neu'r daimoku yr un mor berthnasol heddiw ag roedd yn ystod cyfnod Kamakura hanes Japan.

Cwestiynau allweddol

Os yw Bwdhaeth Zen, y Wlad Bur a Nichiren yn 'dal gafael' ar bwysigrwydd koan, nembutsu a daimoku, i ba raddau mae hyn yn annog 'gollwng gafael' mewn gwirionedd?

A yw pwysigrwydd y koan yn awgrymu bod Bwdhaeth Zen yn hunanganolog?

Yn hytrach na chanolbwyntio ar bwysigrwydd koan, nembutsu a daimoku, a ddylai Bwdhyddion Zen, y Wlad Bur a Nichiren ymgysylltu'n fwy yn gymdeithasol?

Dyfyniad allweddol

Roedd hi'n wybodaeth gyffredinol bod gan rai enwadau Bwdhaidd yn Japan record wael ... yn rhoi cefnogaeth dawel ac agored weithiau i amrywiaeth o draddodiadau ac arferion Japan sy'n gwahaniaethu yn erbyn menywod, y tlawd a grwpiau lleiafrifoedd ethnig, neu'n eu rhoi o dan anfantais. (Brazier)

Awgrym astudio

Ar gyfer AA2, mae'n hanfodol eich bod chi'n trafod dadleuon yn hytrach nag esbonio'r hyn y gallai rhywun fod wedi'i ddweud yn unig. Ceisiwch ofyn i chi'ch hun, 'a oedd hwn yn bwynt teg i'w wneud?', 'a yw'r dystiolaeth yn ddigon cadarn?', 'a oes unrhyw beth i herio'r ddadl hon?', 'a yw'r ddadl hon yn un gref neu wan?' Bydd dadansoddi beirniadol o'r fath yn eich helpu i ddatblygu eich sgiliau gwerthuso.

Gweithgaredd AA2

Rhestrwch rai casgliadau y byddai'n bosibl dod iddynt ar sail y rhesymeg AA2 yn y testun uchod; ceisiwch gyflwyno o leiaf dri chasgliad gwahanol posibl. Ystyriwch bob un o'r casgliadau a chasglwch dystiolaeth gryno i gefnogi pob casgliad o'r deunydd AA1 ac AA2 ar gyfer y testun hwn. Dewiswch y casgliad sy'n argyhoeddi fwyaf yn eich barn chi ac esboniwch pam mae hyn yn wir. Ceisiwch gyferbynnu hyn â'r casgliad gwannaf ar y rhestr, gan gyfiawnhau eich dadl gyda rhesymu clir a thystiolaeth.

Sgiliau allweddol Thema 2

Mae'r ail thema yn cynnwys tasgau sy'n canolbwyntio ar agwedd benodol ar AA2 o ran defnyddio dyfyniadau o ffynonellau awdurdod a'r defnydd o gyfeiriadau i gefnogi dadleuon a gwerthusiadau.

Sgiliau allweddol

Mae dadansoddi'n ymwneud â:

Nodi materion sy'n cael eu codi gan y deunyddiau yn adran AA1, ynghyd â'r rhai a nodwyd yn adran AA2, ac mae'n cyflwyno safbwyntiau cyson a chlir, naill ai gan ysgolheigion neu safbwyntiau personol, yn barod i'w gwerthuso.

Mae hyn yn golygu:

- Bod eich atebion yn gallu nodi meysydd trafod allweddol mewn perthynas â mater penodol

- Eich bod yn gallu nodi'r gwahanol ddadleuon a gyflwynir gan eraill, a rhoi sylwadau arnyn nhw

- Bod eich ateb yn rhoi sylwadau ar effeithiolrwydd cyffredinol pob un o'r meysydd neu ddadleuon hyn.

Mae gwerthuso'n ymwneud ag:

Ystyried goblygiadau amrywiol y materion sy'n cael eu codi, yn seiliedig ar y dystiolaeth a gafwyd wrth ddadansoddi ac mae'n rhoi dadl fanwl eang gyda chasgliad clir.

Mae hyn yn golygu:

- Bod eich ateb yn pwyso a mesur canlyniadau derbyn neu wrthod y dadleuon amrywiol a gwahanol a gafodd eu dadansoddi

- Bod eich ateb yn dod i gasgliad drwy broses rhesymu clir.

Datblygu sgiliau AA2

Nawr mae'n bwysig ystyried y wybodaeth sydd wedi'i chyflwyno yn yr adran hon; fodd bynnag, mae'r wybodaeth fel y mae yn llawer rhy helaeth ac felly mae'n rhaid ei phrosesu er mwyn bodloni gofynion yr arholiad. Gallwch wneud hyn drwy ymarfer y sgiliau uwch sy'n gysylltiedig ag AA2. Bydd yr ymarferion yn y llyfr hwn yn eich helpu i wneud hyn ac yn eich paratoi ar gyfer yr arholiad. Ar gyfer Amcan Asesu 2 (AA2), sy'n cynnwys dangos sgiliau 'dadansoddi beirniadol' a 'gwerthusiad', rydyn ni am ganolbwyntio ar ffyrdd gwahanol o ddangos y sgiliau yn effeithiol, gan gyfeirio hefyd at sut bydd eich perfformiad ym mhob un o'r sgiliau hyn yn cael ei fesur (gweler disgrifyddion band cyffredinol AA2 ar gyfer U2).

▶ **Dyma eich tasg nesaf:** Isod mae gwerthusiad o **i ba raddau mae Bwdhaeth Japan yn unigryw**. Ar hyn o bryd, does dim dyfyniadau o gwbl i gefnogi'r ddadl sydd wedi'i chyflwyno. O dan yr amlinelliad mae dau ddyfyniad y byddai'n bosibl eu defnyddio er mwyn ei wella. Eich tasg yw ailysgrifennu'r amlinelliad gan ddefnyddio'r dyfyniadau. Efallai bydd ymadroddion fel 'yn ôl ...', 'mae'r ysgolhaig ... yn dadlau', neu, 'mae ... wedi awgrymu' o gymorth i chi.

Gallai rhai ddadlau, pan fyddwn ni'n siarad yn gyffredinol am Fwdhaeth o gwbl, nad siarad am un grefydd, ffordd o fyw neu athroniaeth rydyn ni. Dydy'r ffaith ein bod ni'n ei galw hi'n 'Fwdhaeth' ddim yn golygu mai system unedig yw hi. (*) O'r safbwynt hwn, mae'r holl Fwdhaethau gwahanol sydd, fel Bwdhaeth Japan, yn unigryw. Wrth ddadlau bod Bwdhaeth Japan yn unigryw, gall rhywun gyfeirio hefyd at y gwahaniaethau mawr rhwng Zen, y Wlad Bur a Nichiren. Fodd bynnag, mae'n bosibl dadlau sut mae'r tri math hyn yn unigryw neu a yw Bwdhaeth Japan yn gyffredinol yn unigryw. (*) Gellid dadlau bod y gwahaniaethau'n gysylltiedig â sut mae'r Bwdhaethau hyn yn ymddangos ac nid â chredoau sylfaenol.

> 'Y teimlad oherwydd ein bod ni'n defnyddio'r un gair [h.y. Bwdhaeth], felly rhaid bod rhyw graidd, hanfod, y mae'r diffiniad perthnasol yn ei nodi.' **(Williams)**

> 'Cafodd syniadau ac arferion Bwdhaidd eu trawsnewid o ganlyniad i ymwybyddiaeth ddiwylliannol Japan. Mae'n well meddwl am yr amrywiaeth o syniadau, athrawiaethau, defodau a diwylliant materol sy'n llunio Bwdhaeth Japan fel nifer o Fwdhaethau sy'n cael eu defnyddio ar adegau gwahanol ac mewn lleoedd gwahanol er mwyn ateb amrywiaeth o anghenion a dibenion. Mae'n bosibl bod yr holl Fwdhaethau hyn yn rhannu tebygrwydd teuluol, ond hefyd mae'n bwysig deall y gwahaniaethau a'r anghytuno sydd rhwng y traddodiadau hyn i gyd.' **(Deal a Ruppert)**

Ar ôl i chi orffen y dasg, ceisiwch ddod o hyd i ddyfyniad arall y gallech ei ddefnyddio ac ymestyn eich ateb ymhellach.

B: Crefydd a chymdeithas: ymatebion i heriau o du gwyddoniaeth

Portreadau o Fwdhaeth fel crefydd sy'n osgoi 'ffydd ddall'

Mae gan y gair 'ffydd' nifer o ddiffiniadau. Mae *Geiriadur Prifysgol Cymru*, er enghraifft, yn diffinio ffydd fel 'ymddiriedaeth yng ngallu Duw neu ddyn … neu yn nilysrwydd athrawiaeth'. Yn rhai o grefyddau'r byd, mae sylfaen systematig yn cael ei rhoi i ffydd drwy osodiadau credo, ac y mae pawb sy'n perthyn i'r grefydd o dan sylw yn eu rhannu. Felly, mae pawb yn gallu defnyddio'r un fformiwla y maen nhw wedi cytuno arni: 'Credaf yn…'

Mewn rhai ffyrdd byddai'n bosibl gweld hyn fel 'ffydd ddall': hynny yw, am mai'r hyn sy'n rhaid ei gael – yn enwedig os oes gan y grefydd ymagwedd awdurdodaidd wedi'i chanoli – yw cred sy'n seiliedig, nid ar ddealltwriaeth neu ganfyddiad y person ei hun ond ar rywbeth sydd wedi'i drosglwyddo, ei ddysgu neu ei ddatguddio gan destun sanctaidd neu berson sy'n cael ei ystyried yn ffynhonnell doethineb ac awdurdod sanctaidd.

Efallai bydd angen ffydd, ac yn wir 'ffydd ddall', yn enwedig pan mae agweddau ar y grefydd yn ymwneud â'r goruwchnaturiol a'r gwyrthiol. Mewn achosion fel hyn, does dim modd galw ar ddata empirig o ran yr hyn sy'n anweledig, ac mae'n rhaid derbyn bod cyfreithiau natur wedi cael eu torri ac yn gallu cael eu torri. Yn aml efallai bydd angen naid ffydd, lle mae'r person yn derbyn bod angen symud y tu hwnt i'r synhwyrol a'r rhesymegol tuag at yr hyn nad yw byth yn gallu cael ei gadarnhau'n wrthrychol.

Mewn Bwdhaeth, defnyddir dau air o ran ffydd. Esboniodd Harvey fod **pasada** yn 'ffydd dawel a llawen' a bod **saddha** yn 'ffydd ar sail gadarn neu hyder llawn ymddiriedaeth'. I lawer o Fwdhyddion, *pasada* yn unig sy'n cael ei fynegi, sydd 'wedi'i ysbrydoli gan enghraifft y rhai sy'n gadarn ar y llwybr'. I'r gwrthwyneb, *saddha* yw canlyniad gwrando ar ddysgeidiaeth sy'n arwain wedyn at arfer. Wedyn mae arfer yn rhoi cadarnhad rhannol o'r ddysgeidiaeth, sy'n arwain at saddha dyfnach. Wedyn mae saddha dyfnach yn arwain at arfer dyfnach 'hyd nes i graidd y ddysgeidiaeth gael ei brofi'n uniongyrchol'. Mae Harvey hefyd yn dweud, pan mae person yn oleuedig, ei fod wedyn yn gallu disodli'r hyn oedd yn saddha o'r blaen â gwybodaeth.

Yr hyn sy'n cael ei wrthod yn benodol mewn Bwdhaeth yw **amulika saddha**, sef 'ffydd ddall'. Yn hytrach, yr hyn sydd ei angen yw **akaravati saddha**, sef 'hyder yn seiliedig ar reswm a phrofiad'.

O un safbwynt, wnaeth y Bwdha ddim unrhyw wyrthiau goruwchnaturiol rhyfeddol a arweiniodd at amulika saddha. Er enghraifft, yn stori Kisa Gotami y bu farw ei hunig blentyn, ddaeth y Bwdha ddim â'r plentyn yn ôl yn fyw gan achosi amulika saddha. Yn hytrach, dywedodd y Bwdha wrth Kisa Gotami am ddychwelyd ato gyda hadau mwstard o gartref lle doedd neb wedi cael profiad o farwolaeth aelod o'r teulu neu ffrind. Wrth gwrs roedd hi'n methu gwneud hyn. Ar ôl sylweddoli nad oes neb yn rhydd o farwoldeb, dychwelodd hi wedyn at y Bwdha. Pregethodd e'r Dhamma iddi, fel ei bod hi'n cael akaravati saddha, a arweiniodd at ei goleuedigaeth hi.

Mae ffordd ddefnyddiol o ddeall yr ymagwedd Fwdhaidd tuag at ffydd i'w chael hefyd yn y Sutta Alagaddupama a Chymhariaeth y Neidr Ddŵr. Ymateb yw dysgeidiaeth y Bwdha i fater ymlynu at safbwyntiau a pheidio â deall y Dhamma yn llawn. Dysgodd y Bwdha fel hyn: 'Dychmygwch ddyn oedd ag angen neidr ddŵr, yn chwilio am neidr ddŵr, ac yn crwydro i chwilio am neidr ddŵr. Byddai'n gweld neidr ddŵr fawr ac yn cydio ynddi gerfydd ei thorchau neu wrth ei chynffon. Byddai'r neidr ddŵr, gan droi o gwmpas, yn ei frathu ar ei law, ar ei fraich, neu ar un o'i aelodau, ac o'r brathiad hwnnw byddai'n dioddef marwolaeth neu ddioddefaint tebyg i farwolaeth. Pam hynny? Oherwydd iddo gydio'n anghywir yn y neidr ddŵr.

Cynnwys y fanyleb

Y berthynas rhwng crefydd a chymdeithas: parch a chydnabyddiaeth a'r ffyrdd y mae traddodiadau crefyddol yn gweld crefyddau eraill a safbwyntiau anghrefyddol byd-eang a'u honiadau ynghylch y gwir. Portreadau o Fwdhaeth fel crefydd sy'n osgoi 'ffydd ddall'.

Dyfyniad allweddol

Gallwn ni ddiffinio 'ffydd' fel cred gref mewn rhywbeth nad oes tystiolaeth ohono. Lle mae tystiolaeth, does neb yn sôn am 'ffydd'. Dydyn ni ddim yn sôn am ffydd bod dau a dau yn bedwar neu fod y Ddaear yn grwn. Rydyn ni'n sôn am ffydd pan rydyn ni eisiau cyflwyno emosiwn yn lle tystiolaeth. Mae cyflwyno emosiwn yn lle tystiolaeth yn siŵr o arwain at wrthdaro, gan fod grwpiau gwahanol yn cyflwyno emosiynau gwahanol. (Russell)

cwestiwn cyflym

2.6 Beth yw'r gwahaniaeth rhwng pasada a saddha?

Termau allweddol

Akaravati saddha: hyder yn seiliedig ar reswm a phrofiad

Amulika saddha: ffydd ddall

Pasada: ffydd dawel a llawen

Saddha: ffydd ar sail gadarn neu hyder llawn ymddiriedaeth

Dyfyniad allweddol

Roedd y Bwdha yn pwysleisio hunanddibyniaeth a bod rhaid rhoi cynnig ar bob dysgeidiaeth drwy brofiad, gan gynnwys ei ddysgeidiaeth ei hun. Roedd yn ymwybodol iawn o'r nifer o ddysgeidiaethau a oedd yn gwrthdaro â'i gilydd yn ystod ei oes, a oedd yn gyfnod o gynnwrf deallusol. Gwrthododd ddysgeidiaethau a oedd yn seiliedig ar draddodiad awdurdodol, neu ddyfalu rhesymegol yn unig, a phwysleisio archwilio a dadansoddi profiad go iawn. (Harvey)

cwestiwn cyplym

2.7 Beth wnaeth y Bwdha pan ddaeth Kisa Gotami â'i phlentyn marw ato?

Cynnwys y fanyleb

Portreadau o Fwdhaeth sy'n pwysleisio gwireddu gwirionedd mewn profiad (gan gyfeirio at y Sutta Kalama adnodau 9 a 10).

Yn yr un ffordd, mae'r achos lle mae rhai dynion diwerth yn astudio'r Dhamma. Ar ôl astudio'r Dhamma, dydyn nhw ddim yn defnyddio eu crebwyll i ddeall ystyr y Dhamma. Oherwydd nad ydyn nhw wedi deall ystyr Dhamma gyda'u crebwyll, dydyn nhw ddim yn dod i gytundeb drwy ystyried. Maen nhw'n astudio'r Dhamma er mwyn ymosod ar eraill ac er mwyn eu hamddiffyn eu hunain mewn dadl. Dydyn nhw ddim yn cyrraedd y nod y mae pobl yn astudio'r Dhamma ar ei gyfer. Oherwydd eu bod nhw'n deall y Dhamma yn anghywir, neu'n cydio ynddo yn y modd anghywir fel gyda'r neidr, bydd hyn yn arwain at eu niwed a'u dioddefaint yn y tymor hir. Pam hynny? Oherwydd iddyn nhw ddeall y Dhamma yn anghywir. ... Felly, fynachod, pan fyddwch chi'n deall ystyr unrhyw osodiad gen i, dyna sut dylech chi ei gofio. Ond pan na fyddwch chi'n deall ystyr unrhyw osodiad gen i, yna'n syth, dylech chi fy nghroesholi i neu'r mynachod profiadol.'

Cymhariaeth y Neidr Ddŵr sy'n sôn am gydio yn y neidr a deall y Dhamma.

Portreadau o Fwdhaeth sy'n pwysleisio gwireddu gwirionedd mewn profiad

Efallai fod y testun pwysicaf o ran osgoi amulika saddha yn y Sutta Kalama. Yn ôl y Sutta, cyrhaeddodd y Bwdha dref Kesaputta lle roedd pobl llwyth Kalama yn byw. Roedd nifer o athrawon crefyddol eraill wedi ymweld â Kesaputta yn barod. Roedd pob un yn dysgu ac yn canmol ei gredoau ei hun ond yna'n dangos dirmyg at gredoau'r athrawon crefyddol eraill ac yn eu gwrthod.

Felly mae llwyth Kalama yn gofyn i'r Bwdha: 'Maen nhw'n ein gadael ni'n hollol ansicr ac mewn amheuaeth: pa un o'r athrawon crefyddol anrhydeddus hyn sy'n dweud y gwir a pha rai sy'n dweud celwydd?'

Mae'r Bwdha yn ateb: 'Pan mae rhesymau dros amau, mae ansicrwydd yn cael ei eni.' Ychwanega: 'Peidiwch â mynd yn ôl adroddiadau, chwedlau, traddodiadau, ysgrythurau, dyfalu rhesymegol, casgliadau, cydweddiadau, cytundeb drwy ystyried safbwyntiau, tebygolrwydd, neu'r syniad, mai ein hathro yw'r dyn myfyrgar hwn.'

Yma, mae'r Bwdha yn dysgu nad yw hi'n ddigon dibynnu ar ddysgeidiaeth grefyddol dim ond oherwydd iddi gael ei derbyn a'i throsglwyddo, gan mai gwybodaeth ail-law yw hi. Yn hytrach dylai person farnu'r dystiolaeth drosto'i hun drwy brofiad uniongyrchol o'r nodweddion y mae athrawon crefyddol yn eu dysgu. Mewn sgwrs â llwyth Kalama, mae'r Bwdha wedyn yn sôn am weithredoedd sy'n fedrus ac yn anfedrus ac sy'n arwain naill ai at niwed a dioddefaint neu at les a hapusrwydd. Yn hyn i gyd, mae synnwyr cyffredin yn cael gwared ar amheuaeth.

Felly, mae'r Bwdha yn mynd yn ei flaen: 'Pan fyddwch chi'n gwybod hynny drosoch eich hun, fod y nodweddion hyn yn anfedrus; fod y nodweddion hyn yn feius; fod y doeth yn beirniadu'r nodweddion hyn; fod y nodweddion hyn, o'u mabwysiadu a'u gweithredu, yn arwain at niwed ac at ddioddefaint – yna dylech chi roi'r gorau iddyn nhw.'

Mae Bwdhyddion yn ystyried yma fod y Sutta Kalama yn dangos pwysigrwydd gwireddu'r gwirionedd mewn profiad a fydd yn arwain at akaravati saddha. O safbwynt Gorllewinol, gellid galw hyn yn ymagwedd empirig – sef bod gwybodaeth yn deillio o ymchwilio, o arsylwi ac o brofiad ac nad yw'n seiliedig ar dybiaethau wedi'u derbyn yn unig. Mae ymagwedd fel hon yn sail i ymchwil gwyddonol.

Awgrym astudio

Er mwyn cael mwy o ddealltwriaeth o'r Sutta Kalama a sut cofnodwyd i'r Bwdha ddysgu'r Dhamma, byddai'n ddefnyddiol darllen y Sutta byr yma i gyd sydd ar gael ar-lein.

Bydolygon Bwdhyddion Asia sy'n cynnwys amrywiaeth o fodau a theyrnasoedd

Mae amrywiaeth lawn y bodau a'r teyrnasoedd o safbwynt bydolwg Bwdhyddion Asia yn dibynnu'n fawr iawn ar ba un o'r Bwdhaethau rydych chi'n ei hasesu. At ei gilydd, maen nhw'n cyflwyno cyfuniad eang, cain a chymhleth o safbwyntiau a ddaeth yn rhannol o Hindŵaeth a Jainiaeth wrth i Fwdhaeth ei hun esblygu a datblygu. Yn ogystal, cafodd credoau brodorol y wlad lle ymsefydlodd Bwdhaeth eu hychwanegu at yr amrywiaeth hon gyda duwiau, diafoliaid, bodau goruwchnaturiol, nefoedd ac uffernau'n cael eu cynnwys mewn un system gredoau gyffredinol. Felly, wrth gwrs, bydd unrhyw ddisgrifiad o amrywiaeth bodau a theyrnasoedd yn anghyflawn.

O'r cyfnod hynafol, roedd bydolwg Bwdhyddion Asia – sef bydolwg y Bwdha ei hun – o'r farn bod y bydysawd wedi'i strwythuro'n drefnus gyda gwahanol deyrnasoedd ar gyfer ailenedigaeth. Pum teyrnas ailenedigaeth fel maen nhw wedi'u cofnodi yn yr Abhidhamma Pitaka yw: teyrnas uffern, teyrnas yr ysbrydion, teyrnas yr anifeiliaid, teyrnas bodau dynol a theyrnas y duwiau. Mae tair o'r teyrnasoedd hyn – teyrnas uffern, teyrnas yr ysbrydion a theyrnas y duwiau – yn amlwg yn awgrymu bodolaeth rhywbeth a allai gael ei alw'n oruwchnaturiol, h.y. amrywiaeth o deyrnasoedd anweledig nad yw unrhyw ddata empirig yn gallu cadarnhau eu bodolaeth nhw.

Mae'r Bwdha yn disgrifio teyrnas uffern yn fanwl yn y Sutta Devaduta. Mae'n disgrifio sut mae bodau sydd â gwaddol o ymddygiad drwg pan mae'r corff yn cael ei falurio ar ôl marwolaeth yn ailymddangos yn nheyrnas uffern. Yma, maen nhw'n cael eu cymryd gerbron Yama sy'n eu holi nhw am eu hymddygiad drwg. Wedyn maen nhw'n dioddef amryw o gosbau erchyll mewn gwahanol uffernau, fel honno yng Nghoedwig Simbali nesaf at Uffern y Lludw Poeth, 'gyda choed yn cyrraedd milltir Ffrengig o uchder, wedi'u gorchuddio â draen lled un deg chwe bys o hyd – yn llosgi, yn gwreichioni, ac yn eirias. Mae'r bod yn mynd i mewn ac yn cael ei orfodi i ddringo i fyny ac i lawr y coed. Yno mae'n teimlo poen ac artaith, ond eto i gyd dydy e ddim yn marw cyhyd â bod ei karma drwg heb ddod i ben.' Mae'r cosbau hyn yn parhau tan i'w karma drwg ddod i ben ac maen nhw'n cael eu haileni mewn man arall.

Bydolwg yr un mor bwysig yw bod y bydysawd yn cynnwys 31 o lefelau bodolaeth sydd wedi'u rhannu'n dair teyrnas: teyrnas y di-ffurf, teyrnas y ffurf a theyrnas dyheadau. Mae pob un o'r tair teyrnas hyn wedi'u rhannu eto yn llawer o deyrnasoedd eraill lle mae amrywiaeth o fodau'n byw. Fodd bynnag, un byd o blith llawer yw hwn. 'Y safbwynt Bwdhaidd at ei gilydd yw nad amser yn unig sy'n anfeidraidd ond mae'r gofod hefyd yn anfeidraidd mewn gwirionedd. Mae'r weledigaeth gosmolegol Fwdhaidd mor eang ag y mae'n bosibl ei dychmygu.' (Williams a Tribe)

cwestiwn cyflym

2.8 Ym mha dref y siaradodd y Bwdha â llwyth Kalama?

Cynnwys y fanyleb

Bydolygon Bwdhyddion Asia sy'n cynnwys amrywiaeth o fodau a theyrnasoedd.

Dyfyniad allweddol

Nid crefydd y llyfr mo Bwdhaeth, ac mae ei pherthynas â'i chofnod ysgrythurol yn hynod o amwys ... Fel mae'r ysgrythur Kalama enwog yn ei bwysleisio ... mae Bwdhaeth yn annog chwilwyr i ddibynnu yn y lle cyntaf ar eu profiad eu hunain, gan weithio drwy'r amser i ddyfnhau hyn ac felly i'w wneud yn ganllaw mwy dibynadwy. (Jones)

Mynydd Meru – yn ôl cosmoleg Fwdhaidd, dyma ganolbwynt y bydysawd.

Dyfyniad allweddol

Yn 1977 roeddwn i'n trafod y gosmoleg draddodiadol â lama Tibetaidd amlwg. Gofynnais iddo ... pam nad oedd Mynydd Meru wedi cael ei ddarganfod eto. Roedden ni'n siarad iaith Tibet, ac roedd hi'n bosibl cyfieithu ei ateb mewn dwy ffordd. Y ffordd gyntaf fyddai, 'Os oes gan rywun karma pur, gallwch chi ei weld.' Yr ail ffordd fyddai, 'Petai gennych chi karma pur, gallech chi ei weld.' **(Lopez)**

Termau allweddol

Deva: bod goruwchnaturiol, tebyg i dduw, sy'n byw ar Fynydd Meru

Dharmapalas: devas sy'n amddiffyn y dharma

Jambudvipa: y cyfandir lle mae bodau dynol yn byw

Mynydd Meru: mynydd mawr y byd

Yn gyffredinol gwelir bod y bydysawd Bwdhaidd yn wastad, gydag ehangder mawr o ddŵr o'i gwmpas, ac o gwmpas hwnnw mae ehangder mawr o wynt. Ynghanol ac uwchlaw popeth mae **Mynydd Meru** – mynydd mawr y byd – ac o gwmpas hwnnw mae saith cylch consentrig o fynyddoedd a moroedd, a'r tu hwnt iddyn nhw mae pedwar cyfandir. Mae gan Fynydd Meru bedair ochr o aur, arian, lapis-laswli a grisial. Ar un o'r cyfandiroedd hyn yn unig – **Jambudvipa** – mae bodau dynol.

Parhaodd y gosmoleg ddaear wastad hon tan i Fwdhyddion gael gwybod am ddarganfyddiadau gwyddonol y Gorllewin, sef bod y Ddaear yn grwn, a than iddyn nhw ddeall hyn. Digwyddodd hyn fwy a mwy yn y 19eg ganrif, ac yn raddol credodd llai a llai o Fwdhyddion yn realiti corfforol y bydysawd gwastad a Mynydd Meru.

Er efallai fod rhai Bwdhyddion yn ystyried mai i fyd mytholeg mae bodau annynol bydolwg Bwdhyddion Asia yn perthyn, mae Bwdhyddion eraill yn sicr eu bod nhw'n bodoli er nad yw eu rôl yn hollol eglur. 'Cred gyffredin ymysg y cyhoedd Bwdhaidd yw ei bod hi'n bosibl dylanwadu ar dduwiau fel hyn i roi ffafrau drwy drosglwyddo teilyngdod iddyn nhw bryd bynnag maen nhw'n gwneud gweithredoedd teilwng. Mae'r gred hon yn seiliedig ar orchymyn y Bwdha i'r duwiau i warchod y bodau dynol hynny sy'n dilyn ffordd grefyddol o fyw.' (Ven K. Sri Dhammananda Maha Thera)

Weithiau mae'r duwiau amddiffynnol hyn yn cael eu galw'n **Dharmapalas** sef 'amddiffynwyr y Dhamma'. Mae'r rhain yn aml yn cael eu darlunio ar ffurf erchyll fel bodau dig oherwydd bod eu dicter yn dangos eu bod yn barod i amddiffyn y Dhamma ac i warchod Bwdhyddion. Er enghraifft, Dharmapala benywaidd yw Ekajati sydd ym Mwdhaeth Tibet. Mae hi'n aml yn cael ei darlunio yn dawnsio ar gyrff marw gyda thorchau o benglogau am ei gwddf.

Ymagwedd gyffredinol ddefnyddiol fyddai edrych ar ddechrau'r Sutra Lotus. Mae'n rhoi disgrifiad manwl o'r Bwdha yn eistedd mewn myfyrdod ar Fynydd Gijjhakuta gyda thyrfa fawr o'i gwmpas, gan gynnwys deuddeg mil o fynachod – bodau dynol. Yn ogystal, mae'r Sutra yn disgrifio bod wyth deg mil o bodhisattvau yn bresennol.

Wrth ymyl y rhain mae'r astasena – wyth dosbarth o fodau heb fod yn ddynol. Mae'r rhain yn cynnwys **devas** sy'n byw mewn hierarchaeth o deyrnasoedd nefol uwchben Jambudvipa. Mewn Bwdhaeth, nid duwiau yn y ffordd mae pobl y Gorllewin yn deall y term yw devas. Bodau goruwchnaturiol anweladwy ydyn nhw sydd â nodweddion tebyg i dduwiau. Mae'r rhain yn gwneud iddyn nhw fod yn fwy pwerus na bodau dynol, ac maen nhw'n byw'n hirach na nhw. Gwnaethon nhw weithredoedd teilwng dros gyfnodau hir o amser, ac o ganlyniad maen nhw'n cael mynd i un o deyrnasoedd y nefoedd.

Sakra yw Brenin y devas, sy'n byw ar gopa Mynydd Meru yn Tavatimsa – un nefoedd Fwdhaidd. Un wyrth oruwchnaturiol a wnaeth y Bwdha oedd dringo i Tavatimsa lle pregethodd y Dhamma ac yna dychwelyd i'r ddaear yn ninas Sankassa ar ysgol o emau a roddodd Sakra iddo. Yn ddiweddarach, codwyd creirfa yn y man lle cyffyrddodd troed y Bwdha â'r ddaear wedi iddo ddringo i lawr.

Mae'r Sutra Lotus yn disgrifio sut mae'r Brenin Sakra yn eistedd gerbron y Bwdha gydag ugain mil o devaputras – meibion devas – a devas y pedwar chwarter gyda deg mil o devaputras. Mae'r bodau goruwchnaturiol eraill yn cynnwys yr wyth brenin naga. Bodau goruwchnaturiol yw nagas sydd ar ffurf nadredd neu ddreigiau. Weithiau maen

Ekajati sy'n amddiffyn y dharma ym Mwdhaeth Tibet.

nhw'n cael eu disgrifio fel eu bod nhw'n amddiffyn y Bwdha gan eu bod nhw'n warchodwyr ar Fynydd Meru. Yn ogystal, mae miloedd o kimnaras – wedi'u darlunio ar ffurf ddynol gyda phennau anifeiliaid – asuras – bodau llai na devas sy'n byw ar lethrau isaf Mynydd Meru – garudas – sydd wedi'u darlunio fel adar ag adenydd aur a gandharvas – devas llai.

Awgrym astudio

Er mwyn cael mwy o ddealltwriaeth o amrywiaeth bodau a theyrnasoedd yn ôl bydolwg Bwdhyddion, byddai'n ddefnyddiol i chi edrych ar ddelweddau o gosmoleg Fwdhaidd ac o devas a dharmapalas ar wahân i'r rhai sydd wedi'u nodi uchod.

Asesiad y Dalai Lama o werth gwyddoniaeth

Mae'r 14eg Dalai Lama, Tenzin Gyatso, wedi ysgrifennu cryn dipyn am wyddoniaeth. Mewn erthygl a gyhoeddodd y *New York Times* yn 2005 gyda'r teitl 'Our Faith in Science', dywedodd fod gwyddoniaeth bob amser wedi ei ryfeddu. 'Fel plentyn yn Tibet, roedd gen i chwilfrydedd mawr am sut roedd pethau'n gweithio. Pan fyddwn i'n cael tegan, byddwn i'n chwarae ag ef am dipyn, yna'n ei dynnu'n ddarnau i weld sut roedd yn cael ei roi at ei gilydd. Wrth i mi dyfu'n henach, roeddwn i'n mynd ati yn yr un ffordd i archwilio taflunydd ffilmiau a hen gar.'

Cosmoleg oedd un o'r gwyddorau cyntaf i ddenu'r Dalai Lama. Fel rydyn ni wedi'i weld, roedd credoau Bwdhaidd yn cynnwys Mynydd Meru a Jambudvipa yn eu dealltwriaeth o'r bydysawd. Er bod Bwdhyddion mewn gwledydd eraill fel Japan a Sri Lanka wedi cael gwybod ers y 19eg ganrif a chyn hynny am ddarganfyddiadau gwyddonol y Gorllewin bod y Ddaear yn grwn, roedd Bwdhaeth yn Tibet yn llawer mwy ynysig. Felly, pan oedd yn astudio fel mynach yn y 1950au, dysgodd y Dalai Lama am y gosmoleg Fwdhaidd hynafol sydd mewn Sutta o'r 4edd ganrif OCC yn yr Abhidhamma Pitaka. Fodd bynnag, roedd ganddo amheuon yn barod ynghylch pa mor ddibynadwy gallai hon fod.

Yn yr erthygl mae'n disgrifio sut roedd wedi dod o hyd i hen delesgop a'i ddefnyddio. 'Un noson wrth edrych ar y lleuad, sylweddolais fod cysgodion ar yr arwyneb. Cornelais fy nau brif diwtor i ddangos iddyn nhw, oherwydd roedd hyn yn groes i'r fersiwn hynafol o gosmoleg a oedd wedi'i ddysgu i mi. Roedd hwnnw'n mynnu mai corff nefol oedd y lleuad a oedd yn tywynnu ei olau ei hun. Ond drwy fy nhelesgop roedd hi'n amlwg mai craig anial yn unig oedd y lleuad, yn graterau i gyd.'

Oherwydd y profiad hwn a'i ymwybyddiaeth gynyddol o safbwyntiau Gorllewinol ar y bydysawd, daeth i'r casgliad bod y gosmoleg a oedd yn cael ei dysgu iddo yn anghywir ar sawl cyfrif ac y dylai hi gael ei rhoi o'r neilltu. 'Petai awdur y traethawd hwnnw o'r 4edd ganrif yn ysgrifennu heddiw, rwy'n siŵr y byddai'n ysgrifennu'r bennod ar gosmoleg yn wahanol.'

O ganlyniad i'r sylw ynghylch cosmoleg, gwnaeth y Dalai Lama asesiad pwysig am y berthynas rhwng gwyddoniaeth a Bwdhaeth: 'Os yw gwyddoniaeth yn profi bod un o gredoau Bwdhaeth yn anghywir, yna bydd rhaid i Fwdhaeth newid.'

Bum mlynedd yn gynharach yn 2000, rhoddodd y Dalai Lama araith gyda'r teitl *The Need and Significance of Modern Science* i abadau o brif ganolfannau dysgu mynachaidd Tibet ac i gannoedd o ysgolheigion ac arweinwyr mynachaidd allweddol Tibet. Yn yr araith cyhoeddodd: o hynny ymlaen byddai addysg gwyddoniaeth fodern – yn enwedig seicoleg, ffiseg a seryddiaeth – yn rhan o gwricwlwm mynachaidd Tibet.

Yn ei araith, esboniodd y Dalai Lama fod gwerth gwyddoniaeth i Fwdhaeth Tibet yn gyntaf yn y ffaith ei bod hi wedi cael dylanwad enfawr a chadarnhaol ar bobl drwy wella eu bywydau. 'Mae datblygiadau ym maes gwyddoniaeth a thechnoleg wedi cael effaith gadarnhaol ar fywyd pobl sy'n byw yn y byd hwn. Maen nhw wedi rhoi budd uniongyrchol i'r bobl drwy eu helpu nhw i fyw bywydau gwell a mwy cyfforddus.'

Cynnwys y fanyleb

Asesiad y Dalai Lama o werth gwyddoniaeth.

cwestiwn cyflym

2.9 Pwy yw Sakra?

Mae garudas ymysg yr astasena ac maen nhw hefyd yn Dharmapalas.

Dyfyniadau allweddol

Os yw gwyddoniaeth yn profi bod un o gredoau Bwdhaeth yn anghywir, yna bydd rhaid i Fwdhaeth newid. Yn fy marn i, mae gwyddoniaeth a Bwdhaeth yn chwilio am y gwirionedd ac am ffordd i ddeall realiti. Rwy'n credu bod Bwdhaeth yn cyfoethogi ei bydolwg ei hun drwy ddysgu gan wyddoniaeth am agweddau ar realiti lle gall ei dealltwriaeth gael ei datblygu'n fwy. (Tenzin Gyatso, 14eg Dalai Lama)

Bydd gwybodaeth am wyddoniaeth yn allweddol wrth gadw, hyrwyddo a chyflwyno Bwdhaeth i'r genhedlaeth newydd o bobl Tibet. Felly, mae gwir angen dechrau astudio gwyddoniaeth. (Tenzin Gyatso, 14eg Dalai Lama)

Termau allweddol

Bwdha Bhaishajya: Bwdha Meddygaeth

Cittamatra: ysgol Meddwl yn Unig Bwdhaeth Mahayana

Yn arbennig, dadl y Dalai Lama oedd mai'r hyn oedd wedi cael ei ystyried yn 'gelfyddyd gwella'r dieithryn' o'r Gorllewin a oedd wedi achosi diagnosis a meddyginiaeth gywir yn hytrach na 'dim ond defodau'n seiliedig ar ddysgeidiaethau fel y Tantra Meddyginiaethol yr oedd Bwdha Bhaishajya yn eu pregethu'. Bwdha Bhaishajya yw Bwdha Meddygaeth mewn Bwdhaeth Mahayana, ac mae'n cael ei ystyried fel yr iachawr goruchaf. Gwelir bod myfyrdod ar Bwdha Bhaishajya yn ddull pwerus iawn o ddod ag iechyd a gwellhad i chi eich hun ac i eraill. Pan mae salwch corfforol, mae adrodd mantra Bwdha Bhaishajya dros ddŵr ac yna yfed y dŵr yn cael ei weld yn ffordd bwysig i wella.

Ail bwynt a wnaeth y Dalai Lama oedd bod gwyddoniaeth yn werthfawr oherwydd ei bod hi'n 'fanwl gywir' wrth ddadansoddi 'y byd materol, esblygiad y bydysawd, a natur sylweddau cemegol'. Roedd o'r farn y byddai hyn yn ychwanegu at esboniadau Bwdhaidd yn y maes hwn ac yn eu datblygu.

Fel enghraifft, mae'n dyfynnu sut mae dadansoddiad Bwdhaidd yn trin amser ac egni yn 'hynod o enbyd', er enghraifft rhannu amser clecian eich bysedd yn 365 o eiliadau gwibiog. Eto, dydy dadansoddiad Bwdhaidd o atomau fel 'gronyn haearn, gronyn dŵr, gronyn pelydrau, gronyn ysgyfarnogod' ddim yn cyfateb i ddadansoddiad soffistigedig gwyddonwyr modern sy'n gallu gweithio 'ar y lefel fwyaf cynnil posibl'.

Mae trydydd maes y mae'r Dalai Lama yn ei nodi o ran gwerth gwyddoniaeth yn un syml, yn ymwneud â dyfodol Bwdhaeth i bobl Tibet, yn Tibet a'r tu allan i'r wlad. Mae'r byd modern yn dibynnu ar 'ymdrech ac arbrofi di-baid ym maes gwyddoniaeth a thechnoleg, yn hytrach nag ar glirwelediad cyfriniol neu bwerau gwyrthiol'. Felly mae'n dadlau mai drwy ddod â gwyddoniaeth a Bwdhaeth at ei gilydd yn unig y bydd hi'n bosibl ennyn 'cred ac argyhoeddiad' ym meddyliau'r genhedlaeth newydd o bobl Tibet, yn enwedig gan eu bod nhw'n mwynhau llawer o gynnyrch technoleg fodern yn barod.

Pedwerydd pwynt mwy athronyddol yw bod gwyddoniaeth o werth oherwydd ei bod hi'n seiliedig ar ymchwil empirig, ac felly mai realiti a gwirionedd yw'r unig beth sy'n bwysig iddi. Mae'r Dalai Lama o'r farn bod crefyddau eraill yn ideolegau 'sy'n seiliedig ar gred yn nuw fel y creawdwr hollalluog'. Mewn crefyddau fel hyn, 'defosiwn ag un pwynt yw ffydd'. I'r gwrthwyneb, mae e'n ystyried mai Bwdhaeth yn unig sy'n cyfuno ffydd â doethineb. O ganlyniad, mae Bwdhaeth, yn wahanol i unrhyw grefydd arall, yn seiliedig ar realiti a gwirionedd. Mae hyn yn golygu bod gwyddoniaeth yn werthfawr oherwydd mai dyna yn y bôn mae Bwdhaeth yn ei wneud. Ar sail ffeithiau, rhesymu rhesymegol, dadansoddi beirniadol, dull a doethineb, mae sylfaen gadarn yn cael ei rhoi ar gyfer cynnydd. Yn ôl y Dalai Lama: 'Mae'n amhosibl meithrin llwybrau a chyrraedd nodau ar yr hyn sy'n ddi-sail. Felly, dylen ni edrych am y gwirionedd lle bynnag mae ar gael. A bydd y gwirionedd a gawn drwy wneud hyn yn bendant yn gallu helpu i ddatblygu ein meddwl mewnol. Yn y pen draw bydd yn ein helpu i sylweddoli natur sylfaenol sut mae pob bod ymdeimladol eisiau hapusrwydd a ddim eisiau dioddefaint.'

Pumed pwynt y gellid ei wneud o ran gwerth gwyddoniaeth yw ei bod hi, i'r Dalai Lama, yn cadarnhau ac yn cynnal dysgeidiaeth Bwdhaeth oherwydd bod cefnogaeth wyddonol yn cael ei rhoi i fewnwelediadau Bwdhaeth. Yn y maes hwn, mae'r Dalai Lama yn cyfeirio'n benodol at gysyniadau byrhoedledd, yn yr ystyr nad oes dim byd yn bodoli mewn gwirionedd ac yn y pen draw. Mae hyn bob amser wedi bod yn rhan o'r Dhamma, ond yn ddiweddar yn unig mae gwyddonwyr wedi sylweddoli gwirionedd y Dhamma Bwdhaidd wrth iddyn nhw ddarganfod bod 'pethau heb fodolaeth wirioneddol' a'i bod hi'n 'amhosibl ei darganfod pan mae'n cael ei harchwilio a'i chwilio'n ofalus'. Efallai, heb iddyn nhw sylweddoli hynny eu hunain, fod gwyddonwyr yn mynd yn agos at ysgol Cittamatra – Meddwl yn Unig – Bwdhaeth Mahayana sydd hefyd yn esbonio sut mae'r meddwl yn rhoi natur ddychmygol i ffenomenau.

Yn olaf, mae'r Dalai Lama o'r farn bod gwyddoniaeth yn werthfawr oherwydd pan fydd pobl yn gweld pa mor agos yw hi at Fwdhaeth, bydd mwy yn deall ac yn derbyn Bwdhaeth. Mae'n dyfynnu casgliad seminar a gynhaliwyd gyda gwyddonwyr: 'o gymryd y ffaith y bydd gwyddoniaeth yn datblygu'n fawr wrth iddi fynd i'r 21ain ganrif, ac os oes crefydd sy'n gallu datblygu gyda gwyddoniaeth, Bwdhaeth yn unig allai hi fod'.

O ganlyniad i'r asesiad cyffredinol hwn o werth gwyddoniaeth, y mae'r Dalai Lama wedi ei gredu ers tro, sefydlodd Sefydliad y Meddwl a Bywyd gyda dau Fwdhydd arall yn 1997. Mae datganiad cenhadaeth y Sefydliad yn dweud bod gwyddoniaeth yn cynnig 'y prif fframwaith ar gyfer ymchwilio i natur realiti a ffynhonnell fodern gwybodaeth a allai helpu i wella bywydau bodau dynol a'r blaned'.

Fodd bynnag, maen nhw'n credu bod yr ymagwedd hon ar ei phen ei hun yn anghyflawn. Yn ogystal, mae'r sylfaenwyr yn credu y 'gallai ac y dylai arferion myfyriol a dulliau mewnsyllu wedi'u mireinio gael eu defnyddio fel offer ymchwilio cyfartal – offer a fyddai nid yn unig yn gwneud i wyddoniaeth ei hun fod yn fwy dynol ond hefyd yn sicrhau bod ei chasgliadau'n bellgyrhaeddol'. Drwy ddod â'r ddau beth at ei gilydd, mae Sefydliad y Meddwl a Bywyd yn gweld ei fod yn hyrwyddo 'cynnydd mewn llesiant dynol'.

Mae'r Dalai Lama yn ymddiddori'n arbennig ym maes niwrowyddoniaeth a gwyddoniaeth wybyddol. Mewn geiriau eraill, sut mae agweddau corfforol ar yr ymennydd yn gweithio yn ystod myfyrdod a'r effaith bosibl wedyn ar ymddygiad. Mae ymchwil niwrolegol yn faes cymhleth ac mae angen trin canlyniadau astudiaethau empirig gyda pheth gofal. Mae niwroblastigedd o ddiddordeb arbennig. Mae'r term yn cyfeirio at allu'r ymennydd i gynhyrchu celloedd nerfau a chysylltiadau niwral newydd, a thrwy hynny newid emosiynau, ymddygiad, a chanfyddiadau.

Mewn erthygl yn dwyn y teitl 'The Lama in the Lab', mae Marshall Glickman yn dyfynnu Richard Davidson, y niwrowyddonydd amlwg sy'n ymwneud â Sefydliad y Meddwl a Bywyd ac sydd wedi astudio iselder, gorbryder a ffobïau ynghyd â thosturi, hapusrwydd ac ymwybyddiaeth ofalgar. Gan ddefnyddio sganiau MRI ac EEG soffistigedig iawn, mae Davidson yn cofnodi gweithgarwch newidiol yn yr ymennydd yn fanwl iawn. Mae hyn yn awgrymu iddo fod myfyrdod yn arwain at newidiadau mesuradwy yn yr ymennydd ac at 'lai o orbryder, systemau imiwnedd gwell, a mwy o weithgarwch yn y rhan o'r ymennydd sy'n gysylltiedig ag emosiynau cadarnhaol fel llawenydd, brwdfrydedd, ac ewyllys da'.

Er bod Davidson yn cydnabod mai megis dechrau mae hyn o hyd, mae'n dadlau bod astudiaethau fel hyn yn cefnogi honiad y Dalai Lama y gellir defnyddio Bwdhaeth a gwyddoniaeth gyda'i gilydd i 'drawsnewid yr ymennydd a'r corff i wneud i ni fod yn hapusach ac yn iachach'.

Mae Glickman yn cyfeirio hefyd at waith y seicolegydd, yr Athro Paul Ekman, sydd wedi astudio mynegiant, esblygiad a ffisioleg emosiynau. Mae Ekman yn ymddiddori mewn project Meithrin Cydbwysedd Emosiynol. Y nod yma yw datblygu rhaglen sydd wedi'i phrofi'n wyddonol sy'n canolbwyntio ar y meddwl er mwyn lleihau emosiynau dinistriol a allai fod gan bobl.

Yn ôl Glickman: 'Os gall ymchwil ddangos bod myfyrdod yn newid strwythur yr ymennydd mewn ffyrdd sy'n cynyddu iechyd a hapusrwydd, bydd y goblygiadau'n enfawr. Yr hyn y mae Bwdhaeth yn dod ag e i'r Gorllewin yw ei ddealltwriaeth ddofn o'r meddwl.'

Awgrym astudio

Mae'r Dalai Lama wedi ysgrifennu cryn dipyn am werth gwyddoniaeth ac wedi rhoi nifer o gyfweliadau am hyn. Byddai'n ddefnyddiol i chi ymchwilio i'r hyn mae e wedi'i ysgrifennu a'i ddweud er mwyn ychwanegu at y deunydd sydd yma.

Gweithgaredd AA1

Esboniwch sut gallai Bwdhydd ymateb i'r safbwynt canlynol: 'Mae gwyddoniaeth a Bwdhaeth yn anghydnaws.'

Esboniwch eich ateb gan ddefnyddio tystiolaeth ac enghreifftiau o'r hyn rydych chi wedi ei ddarllen.

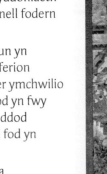

Santaraksita a gyflwynodd Cittamatra i Tibet yn yr 8fed ganrif OCC.

Termau allweddol

Niwroblastigedd: gallu'r ymennydd i gynhyrchu celloedd nerfau a chysylltiadau niwral newydd, a thrwy hynny newid emosiynau, ymddygiad, a chanfyddiadau

Sefydliad y Meddwl a Bywyd: cydsefydlwyd gan y Dalai Lama yn 1997 er mwyn dod â gwyddoniaeth fodern ac arferion myfyrdod at ei gilydd

Y Dalai Lama yn cwrdd â gwyddonwyr.

cwestiwn cyflym

2.10 Beth ychwanegodd y Dalai Lama at gwricwlwm mynachaidd Tibet yn 2000?

Sgiliau allweddol Thema 2

Mae'r ail thema yn cynnwys tasgau sy'n canolbwyntio ar agwedd benodol ar AA1 o ran defnyddio dyfyniadau o ffynonellau awdurdod a'r defnydd o gyfeiriadau.

Sgiliau allweddol

Mae gwybodaeth yn ymwneud â:

Dewis ystod o wybodaeth (drylwyr) gywir a pherthnasol sydd â chysylltiad uniongyrchol â gofynion penodol y cwestiwn.

Mae hyn yn golygu:

- Dewis deunydd perthnasol i'r cwestiwn a osodwyd
- Canolbwyntio ar esbonio ac archwilio'r deunydd a ddewiswyd.

Mae dealltwriaeth yn ymwneud ag:

Esboniad helaeth, gan ddangos dyfnder a/neu ehangder gyda defnydd rhagorol o dystiolaeth ac enghreifftiau gan gynnwys (lle y bo'n briodol) defnydd trylwyr a chywir o destunau cysegredig, ffynonellau doethineb a geirfa arbenigol.

Mae hyn yn golygu:

- Defnydd effeithiol o enghreifftiau a thystiolaeth gefnogol i sefydlu ansawdd eich dealltwriaeth
- Perchenogaeth o'ch esboniad sy'n mynegi gwybodaeth a dealltwriaeth bersonol, NID eich bod yn ailadrodd darn o destun o lyfr rydych wedi ei baratoi a'i gofio.

Datblygu sgiliau AA1

Nawr mae'n bwysig ystyried y wybodaeth sydd wedi'i chyflwyno yn yr adran hon; fodd bynnag, mae'r wybodaeth fel y mae yn llawer rhy helaeth ac felly mae'n rhaid ei phrosesu er mwyn bodloni gofynion yr arholiad. Gallwch wneud hyn drwy ymarfer y sgiliau uwch sy'n gysylltiedig ag AA1. Ar gyfer Amcan Asesu 1 (AA1), sy'n cynnwys dangos sgiliau 'gwybodaeth' a 'dealltwriaeth', rydyn ni am ganolbwyntio ar ffyrdd gwahanol o ddangos y sgiliau yn effeithiol, gan gyfeirio hefyd at sut bydd eich perfformiad ym mhob un o'r sgiliau hyn yn cael ei fesur (gweler disgrifyddion band cyffredinol AA1 ar gyfer U2).

▶ **Dyma eich tasg nesaf:** Isod mae crynodeb o **bortreadau o Fwdhaeth fel crefydd sy'n osgoi 'ffydd ddall'**. Ar hyn o bryd nid yw'n cynnwys unrhyw gyfeiriadau i gefnogi'r pwyntiau. O dan y crynodeb mae dau gyfeiriad at weithiau ysgolheigion, a/neu destunau crefyddol, y byddai'n bosibl eu defnyddio yn yr amlinelliad er mwyn gwella'r crynodeb. Eich tasg yw ailysgrifennu'r crynodeb gan ddefnyddio'r cyfeiriadau. Efallai bydd ymadroddion fel 'yn ôl ...', 'mae'r ysgolhaig ... yn dadlau', neu, 'mae ... wedi awgrymu' o gymorth i chi. Fel arfer, byddai cyfeiriad yn cynnwys troednodyn, ond mewn ateb ar gyfer traethawd Safon Uwch o dan amodau arholiad nid yw hyn yn ddisgwyliedig. Eto i gyd, mae gwybod am y llyfr y mae eich tystiolaeth yn cyfeirio ato yn ddefnyddiol (er nad yw bob amser yn angenrheidiol).

Mae ffydd yn air sy'n aml yn cael ei gysylltu â chredoau a dysgeidiaethau crefyddol. Mae'n golygu bod pobl yn credu mewn pethau nad oes prawf ar eu cyfer nhw, fel Duw, nefoedd ac uffern. (*) Mae Bwdhaeth yn disgrifio bod 'ffydd ddall' yn anghywir – amulika saddha yw hi. Yn hytrach, dysgodd y Bwdha fod profiad yn hanfodol er mwyn datblygu akaravati saddha, sef hyder yn seiliedig ar reswm a phrofiad. Yng Nghymhariaeth y Neidr ddŵr, er enghraifft, mae'n dweud bod deall y Dhamma yn anghywir yn beryglus. Yr unig ffordd o osgoi hyn yw drwy feddwl am bethau'n eglur, a thrwy holi'r Bwdha a mynachod profiadol er mwyn bod yn siŵr o'r hyn sy'n cael ei ddysgu. (*) Dyma'r ymagwedd sy'n cael sylw yn y Sutta Kalama pan mae'r Bwdha yn canolbwyntio ar y geiriau: 'pan fyddwch chi'n gwybod hynny drosoch eich hun'.

'Gallwn ni ddiffinio "ffydd" fel cred gref mewn rhywbeth nad oes tystiolaeth ohono. Lle mae tystiolaeth, does neb yn sôn am "ffydd". Dydyn ni ddim yn sôn am ffydd bod dau a dau yn bedwar neu fod y Ddaear yn grwn. Rydyn ni'n sôn am ffydd pan rydyn ni eisiau cyflwyno emosiwn yn lle tystiolaeth. Mae cyflwyno emosiwn yn lle tystiolaeth yn siŵr o arwain at wrthdaro, gan fod grwpiau gwahanol yn cyflwyno emosiynau gwahanol.' **(Bertrand Russell)**

'Roedd y Bwdha yn pwysleisio hunanddibyniaeth a bod rhaid rhoi cynnig ar bob dysgeidiaeth drwy brofiad, gan gynnwys ei ddysgeidiaeth ei hun. Roedd yn ymwybodol iawn o'r nifer o ddysgeidiaethau a oedd yn gwrthdaro â'i gilydd yn ystod ei oes, a oedd yn gyfnod o gynnwrf deallusol. Gwrthododd ddysgeidiaethau a oedd yn seiliedig ar draddodiad awdurdodol, neu ddyfalu rhesymegol yn unig, a phwysleisio archwilio a dadansoddi profiad go iawn.' **(Harvey)**

Ar ôl i chi orffen y dasg, ceisiwch ddod o hyd i gyfeiriad arall y gallech ei ddefnyddio ac ymestyn eich ateb ymhellach.

Materion i'w dadansoddi a'u gwerthuso

I ba raddau y mae perthynas agos rhwng Bwdhaeth a gwyddoniaeth

Mae nifer o Fwdhyddion yn honni bod perthynas agos rhwng Bwdhaeth a gwyddoniaeth.

Gellir gweld enghreifftiau o hyn o'r 19eg ganrif. Er enghraifft, sefydlodd Inoue Enryo (1858–1919), athronydd o Japan, sefydliad athroniaeth ac ysgrifennodd dros gant o lyfrau. Roedd yn awyddus – fel llawer o'i gyfoedion Bwdhaidd – i amddiffyn Bwdhaeth yn erbyn pregethu cenhadon Cristnogol, yr oedd eu dylanwad nhw'n cynyddu yn Japan ar y pryd. Roedd Inoue yn 'hynod feirniadol o Gristnogaeth oherwydd ei bod hi'n anwyddonol ac yn afresymegol, yn wahanol i Fwdhaeth, sy'n wyddonol ... roedd Bwdhaeth yn rhagori ar Gristnogaeth oherwydd ei bod hi'n gyson â ffeithiau gwyddonol' (Deal a Ruppert).

Mae ysgolheigion yn y Gorllewin hefyd wedi bod o'r farn hon, sef bod Bwdhaeth yn gyson â ffeithiau gwyddonol – yn wahanol i Gristnogaeth. Yn ei lyfr *Buddhism and Science: A Guide for the Perplexed*, mae Lopez yn dweud, i lawer o bobl Oes Fictoria, 'roedd Bwdhaeth yn draddodiad a oedd yn gweld bod y bydysawd yn dibynnu ar ddeddfau naturiol, heb fod angen unrhyw fath o ymyrryd dwyfol. Oherwydd hyn, dywedodd llawer o gefnogwyr Bwdhaeth yn Ewrop mai hi oedd y grefydd fwyaf addas i ymwneud o ddifrif â Gwyddoniaeth, oherwydd bod y naill a'r llall yn hawlio bod deddfau digyfnewid a oedd yn rheoli'r bydysawd.'

Mae dyfyniad sy'n cael ei briodoli i Einstein hefyd yn amlygu'r ffaith bod Bwdhaeth fel petai'n gyson â ffeithiau gwyddonol: 'Crefydd gosmig fydd crefydd y dyfodol. Dylai drosgynnu Duw personol ac osgoi dogmâu a diwinyddiaeth. Bydd yn cwmpasu'r naturiol a'r ysbrydol, a dylai fod yn seiliedig ar ymdeimlad crefyddol sy'n codi o brofi pob peth, yn naturiol ac yn ysbrydol, fel undod ystyrlon. Os oes unrhyw grefydd a fyddai'n ymdopi ag anghenion gwyddonol modern, Bwdhaeth fyddai hi.'

Mae hyn yn amlygu un o agweddau allweddol Bwdhaeth sy'n rhoi perthynas agos iddi â gwyddoniaeth, gellid dadlau: diffyg ffydd mewn Duw personol. Mae'r Dalai Lama yn dadlau bod crefyddau'n gyffredinol yn cael eu gweld fel ideolegau, yn bennaf oherwydd cred yn Nuw. Mae'n disgrifio hyn fel 'diriaethu ffug'. Ystyr diriaethu yw gweld rhywbeth haniaethol fel peth materol, hynny yw, yn ddiriaethol. Felly mae gwyddonwyr yn ystyried bod crefyddau'n gyffredinol yn 'ddi-sail a heb sylfaen' oherwydd 'dydyn nhw ddim yn gweld bod eu dysgeidiaethau'n cydymffurfio â natur wirioneddol bodolaeth ffenomenau'. Gan nad oes gan Fwdhaeth gred mewn Duw personol, dydy diriaethu ffug ddim yn ei llesteirio. Felly o'r dechrau'n deg, mae hi'n gyson â gwyddoniaeth.

At hynny, mae Bwdhaeth yn osgoi cred mewn Duw sy'n greawdwr, sy'n gyfrifol am y ddaear a phopeth sy'n byw arni. Mae hi hefyd yn gwrthod yr enaid a'i anfarwoldeb. Yn ogystal, mae hi'n gwrthod y cysyniad bod Duw yn ateb gweddi, neu fod Duw yn penderfynu ar gosb uffern a gwobr y nefoedd. O'r safbwynt hwn, mae Bwdhaeth yn gweld mai ar ddeddfau naturiol yn unig mae bywyd dynol a symudiad y bydysawd yn dibynnu, heb unrhyw ymyrraeth ddwyfol. Mae deddfau'r bydysawd fel hyn yn rhai sy'n agored i ymchwil empirig fel bod modd eu profi'n gywir neu'n anghywir. Felly, eto, gellid dadlau bod perthynas agos rhwng Bwdhaeth a gwyddoniaeth.

Fel rydyn ni wedi'i nodi, mae llawer o Fwdhyddion yn gweld bod yr ymagwedd a gymerodd y Bwdha tuag at lwyth Kalama yn Kesaputta yn un wyddonol. Yr ymadrodd allweddol a ddefnyddiodd y Bwdha yw 'pan fyddwch chi'n gwybod hynny drosoch eich hun' – hynny yw, pan mae'r wybodaeth a gewch chi yn dod o ddata empirig ac nid yn seiliedig ar yr hyn mae pobl eraill wedi'i dderbyn neu ei gredu. Goblygiad yr ymagwedd empirig hon yw bod Bwdhaeth yn agored o ran gwrthod hen syniadau a derbyn rhai newydd, pan ddaw hi'n fater o wirionedd a realiti. Yma, tystiolaeth yw'r mater allweddol.

Mae'r adran hon yn cwmpasu cynnwys a sgiliau AA2

Cynnwys y fanyleb

I ba raddau y mae perthynas agos rhwng Bwdhaeth a gwyddoniaeth.

Dyfyniad allweddol

Bu'r Bwdha ... bum ganrif ar hugain yn ôl, yn dysgu crefydd wyddonol oedd yn cynnwys y foeseg anhunanol unigolyddol uchaf, athroniaeth bywyd yn seiliedig ar gyfriniaeth seicolegol a chosmogoni sy'n cyd-fynd â daeareg, seryddiaeth, ymbelydredd a pherthynoledd. All dim un Duw sy'n greawdwr greu cosmos sy'n newid o hyd ac yn bodoli o hyd. Rai biliynau di-rif o oesau'n ôl roedd y Ddaear yn bodoli ond yn mynd drwy newid, ac mae biliynau o gysodau'r haul a oedd wedi bodoli ac sy'n bodoli ac a fydd yn bodoli. (**Anagarika Dharmapala yn siarad yn 1925, wedi'i ddyfynnu gan Lopez**)

Gweithgaredd AA2

Wrth i chi ddarllen drwy'r adran hon ceisiwch wneud y pethau canlynol:

1. Dewiswch y gwahanol ddadleuon sy'n cael eu cyflwyno yn y testun a nodwch unrhyw dystiolaeth gefnogol a roddir.

2. Ar gyfer pob dadl a gyflwynir, ceisiwch werthuso a yw'r ddadl yn un gryf neu wan yn eich barn chi.

3. Meddyliwch am unrhyw gwestiynau yr hoffech chi eu gofyn wrth ymateb i'r dadleuon.

Bydd y gweithgaredd hwn yn eich helpu chi i ddechrau meddwl yn feirniadol am yr hyn rydych chi'n ei ddarllen, ac yn eich helpu i werthuso effeithiolrwydd dadleuon gwahanol, gan ddatblygu eich sylwadau, a'ch barn a'ch safbwyntiau eich hun. Bydd hyn yn eich helpu wrth ddod i gasgliadau y byddwch yn eu gwneud yn eich atebion i'r cwestiynau AA2 sy'n codi.

Awgrym astudio

Ar gyfer AA2, mae'n hanfodol eich bod chi'n trafod dadleuon yn hytrach nag esbonio'r hyn y gallai rhywun fod wedi'i ddweud yn unig. Ceisiwch ofyn i chi'ch hun, 'a oedd hwn yn bwynt teg i'w wneud?', 'a yw'r dystiolaeth yn ddigon cadarn?', 'a oes unrhyw beth i herio'r ddadl hon?', 'a yw'r ddadl hon yn un gref neu wan?' Bydd dadansoddi beirniadol o'r fath yn eich helpu i ddatblygu eich sgiliau gwerthuso.

Dyfyniad allweddol

Gallai deialog ddyfnach rhwng niwrowyddoniaeth a'r gymdeithas – yn wir, rhwng pob maes gwyddonol a'r gymdeithas – helpu i ddyfnhau ein dealltwriaeth o beth yw ystyr bod yn ddynol a'n cyfrifoldebau am y byd naturiol rydyn ni'n eu rhannu â bodau ymdeimladol eraill. (Tenzin Gyatso, 14eg Dalai Lama)

Cwestiynau allweddol

I ba raddau mae'r Dalai Lama yn cynrychioli Bwdhaeth yn gyffredinol?

Ydy derbyn y dull gwyddonol yn golygu bod perthynas agos felly rhwng Bwdhaeth a gwyddoniaeth?

Beth yw canlyniad gwrthod cred ym Mynydd Meru a'r teyrnasoedd a'r bodau goruwchnaturiol sy'n gysylltiedig ag ef?

Gweithgaredd AA2

Rhestrwch rai casgliadau y byddai'n bosibl dod iddynt ar sail y rhesymeg AA2 yn y testun uchod; ceisiwch gyflwyno o leiaf dri chasgliad gwahanol posibl. Ystyriwch bob un o'r casgliadau a chasglwch dystiolaeth gryno i gefnogi pob casgliad o'r deunydd AA1 ac AA2 ar gyfer y testun hwn. Dewiswch y casgliad sy'n argyhoeddi fwyaf yn eich barn chi ac esboniwch pam mae hyn yn wir. Ceisiwch gyferbynnu hyn â'r casgliad gwannaf ar y rhestr, gan gyfiawnhau eich dadl gyda rhesymu clir a thystiolaeth.

Oherwydd tystiolaeth wyddonol empirig y gwrthododd y Dalai Lama y gosmoleg Fwdhaidd a oedd wedi cael ei dysgu ers canrifoedd ac roedd ef ei hun wedi'i hastudio. Yn ei lyfr, *The Universe in a Single Atom* mae'n dweud hyn yn benodol: 'Mae tystiolaeth empirig seryddiaeth fodern yn gwrth-ddweud y meintiau a'r pellteroedd hyn yn llwyr. Mae dywediad mewn athroniaeth Fwdhaidd sy'n dweud eich bod yn tanseilio eich hygrededd drwy gynnal credo sy'n gwrth-ddweud rheswm; mae gwrth-ddweud tystiolaeth empirig yn dwyllresymiad mwy eto. Felly, mae'n anodd cymryd cosmoleg yr Abhidhamma yn llythrennol. Fy marn i fy hun yw bod rhaid i Fwdhaeth roi llawer o agweddau ar gosmoleg yr Abhidhamma o'r neilltu.'

Yn yr un llyfr, mae'r Dalai Lama yn mynd hyd yn oed ymhellach drwy gefnogi rhywbeth a allai gael ei ystyried yn ddull gwyddonol. Yn seiliedig ar ymagwedd y Bwdha at lwyth Kalama mae'n ysgrifennu: 'Er bod Bwdhaeth wedi esblygu fel crefydd sydd â chorff nodweddiadol o ysgrythurau a defodau, a bod yn fanwl gywir, mewn Bwdhaeth dydy awdurdod yr ysgrythurau ddim yn drech na dealltwriaeth sy'n seiliedig ar reswm a phrofiad. Yn union fel byddai gof aur profiadol yn profi pa mor bur yw ei aur drwy ei archwilio'n fanwl, mae'r Bwdha yn cynghori y dylai pobl brofi gwirionedd yr hyn mae wedi'i ddweud drwy archwilio'n rhesymegol ac arbrofi personol. Felly, pan mae'n dod yn fater o gadarnhau gwirionedd honiad, mae Bwdhaeth yn rhoi'r awdurdod mwyaf i brofiad, gyda rheswm yn ail a'r ysgrythur yn olaf.' Mae hyn fel petai'n awgrymu bod rhaid i'r Dalai Lama a llawer o Fwdhyddion wrthod y gred ym Mynydd Meru a'r teyrnasoedd a'r bodau goruwchnaturiol cysylltiedig ag ef, er enghraifft.

Mae llawer yn honni bod cysyniad Bwdhaidd karma yn wyddonol. Yn ei hanfod, mae karma yn dysgu bod cysylltiad nad yw'n bosibl ei dorri rhwng achos ac effaith. Mae achosiaeth yn ymddangos yn gysyniad hollol fodern a gwyddonol gan ei bod hi'n amodol naill ai ar yr egwyddor wirio neu anwirio. Felly gwelir yr athrawiaeth Fwdhaidd hon fel deddf naturiol sy'n bresennol drwy'r bydysawd i gyd pan gaiff ei gweld mewn ffordd fecanistig Newtonaidd.

Yn 1894, ysgrifennodd Thomas Huxley, a oedd yn cefnogi Bwdhaeth: 'Os yw'r byd hwn yn llawn o boen a thristwch; os yw galar a drygioni'n syrthio, fel y glaw, ar y cyfiawn a'r anghyfiawn; mae hyn oherwydd, fel y glaw, eu bod nhw'n ddolenni yng nghadwyn ddiddiwedd achosiaeth naturiol sy'n cysylltu'r gorffennol, y presennol a'r dyfodol yn annatod; a does dim mwy o anghyfiawnder yn y naill achos na'r llall. Mae pob bod ymdeimladol yn medi fel mae wedi hau; os nad yn y bywyd hwn, yna yn y naill neu'r llall o'r gyfres ddiddiwedd o fywydau blaenorol y mae'n elfen ddiweddaraf iddi. Felly, dosbarthiad presennol daioni a drygioni yw swm algebreaidd yr haeddiant cadarnhaol a negyddol a gasglwyd. Neu, yn hytrach, mae'n dibynnu ar yr arian sy'n weddill yn y cyfrif.'

Cysyniad arall y byddai rhai'n dadlau sy'n dangos y berthynas agos rhwng Bwdhaeth a gwyddoniaeth yw'r un yn Sutra'r Galon. Yma, mae Avalokitesvara yn dysgu Sariputra mai 'gwacter yw ffurf a ffurf yw gwacter'. Sunyata yw'r term am wacter ac mae'n gysyniad canolog mewn Bwdhaeth Mahayana. Mae'n cysylltu'n agos â chred y Dalai Lama bod gwyddonwyr, wrth gydnabod bod 'pethau heb fodolaeth wirioneddol', yn mynd yn agos at Ysgol Cittamatra. Yn *The Universe in a Single Atom* mae'n gwneud i'r cysylltiad hwn fod yn amlwg: 'I Fwdhydd Mahayana does dim dwywaith bod cysyniad gwacter a'r ffiseg newydd yn swnio'n debyg. Os yw gwyddonwyr yn dangos bod mater, ar lefel cwantwm, yn llai solid a diffiniedig nag y mae'n ymddangos, yna mae'n ymddangos i mi fod gwyddoniaeth yn dod yn nes at fewnwelediadau Bwdhaeth am wacter a rhyngddibyniaeth.'

Kesariya yw Kesaputta heddiw lle rhoddodd y Bwdha anerchiad i lwyth Kalama.

Y ffyrdd nad yw Bwdhaeth yn cydweddu â safbwynt gwyddonol byd-eang

Dechreuodd pobl yng nghylchoedd deallusol y Gorllewin ddod i wybod am Fwdhaeth yn y 19eg, yn bennaf o ganlyniad i bresenoldeb Prydeinig yn India. Y pryd hwnnw, roedd pobl yn credu bod Bwdhaeth wedi dechrau yn India ond nad oedd hi yno erbyn y 19eg ganrif. Yn hytrach roedd hi yn Sri Lanka fel mae heddiw, de-ddwyrain Asia a gogledd-ddwyrain Asia.

Y farn gyffredin oedd yn dylanwadu ar safbwyntiau ar y pryd oedd bod Bwdhaeth wreiddiol, ddilys a phur wedi'i dysgu gan y Bwdha, a bod Bwdhaeth fel roedd wedi'i harfer dros y canrifoedd yn deillio ohoni. Yn gyffredinol, roedd pobl o'r farn bod y Fwdhaeth hon, a oedd yn cael ei harfer, wedi llygru Bwdhaeth wreiddiol, ddilys a phur y Bwdha. Bwdhaeth Theravada oedd yn cael ei hystyried yn ffurf fwyaf dilys y Fwdhaeth a oedd ar ôl – yn wahanol i Fwdhaeth Mahayana.

Mae Lopez yn honni ei bod hi'n bwysig deall y cyd-destun hanesyddol hwn oherwydd, mae'n dadlau, mai cysyniad hollol Orllewinol wedi'i greu gan ysgolheigion Ewropeaidd yn y 19eg ganrif yw'r cysyniad bod Bwdhaeth wreiddiol, ddilys a phur yn deillio o'r Bwdha hanesyddol. Mae'r cysyniad hwn yma o hyd heddiw. Felly, pan mae'r termau Bwdhaeth a gwyddoniaeth yn cael eu cysylltu, mae llawer o Fwdhyddion ac eraill yn canolbwyntio ar y cysyniad Gorllewinol penodol hwn am Fwdhaeth ac felly'n gwneud iddo fod yn gydnaws â gwyddoniaeth. Mewn gwirionedd, gellid dadlau'n hollol deg felly bod y Fwdhaeth sy'n cael ei harfer a'i chredu yn Asia yn anghydnaws â gwyddoniaeth.

Felly, yn ôl Lopez, 'Yn gyffredinol, er bod gwahaniaethau rhwng y Bwdhaethau amrywiol sydd wedi'u cysylltu â Gwyddorau amrywiol, maen nhw'n rhannu ychydig o resymoledd, gyda byd dychmygol enfawr Bwdhaeth yn eisiau ar y cyfan. Mae pob Bwdhaeth yn deillio o'r bydysawd Bwdhaidd, bydysawd sy'n drwch o dduwdodau.'

Hefyd gellid dadlau bod y sail dros ddweud bod gwyddoniaeth a Bwdhaeth yn gydnaws yn seiliedig ar ddehongliad braidd yn syml o'r Sutta Kalama. Mae Bhikkhu Bodhi yn nodi hyn: 'Yn rhannol er mwyn ymateb i grefydd ddogmataidd, yn rhannol er mwyn bod yn wasaidd i'r paradeim hollbwysig, sef gwybodaeth wyddonol wrthrychol, mae wedi dod yn ffasiynol honni, drwy apelio at y Sutta Kalama, bod dysgeidiaeth y Bwdha yn hepgor ffydd ac athrawiaeth benodol ac yn gofyn i ni dderbyn yr hyn rydyn ni'n gallu ei gadarnhau'n bersonol yn unig.

Mae Bhikkhu Bodhi yn dadlau nad Bwdhyddion yw pobl llwyth Kalama; eu cyfarfyddiad cyntaf nhw â'r Bwdha sy'n cael ei ddisgrifio. Dyma'r cyd-destun i'r Bwdha eu dysgu nhw i beidio â mynd yn ôl 'adroddiadau, chwedlau, traddodiadau, ysgrythurau, dyfalu rhesymegol, casgliadau, cydweddiadau, cytundeb drwy ystyried safbwyntiau, tebygolrwydd, neu'r syniad mai ein hathro yw'r dyn myfyrgar hwn'.

Dydy'r Bwdha *ddim* yn dweud mai dyma'r ymagwedd a ddylai gael ei chymryd at Dhamma Bwdhaeth: y cyfan mae'n ei wneud yw rhoi cyngor cyffredinol i lwyth Kalama ynghylch sut mae gwneud dewisiadau o ran cred. Ar ôl iddyn nhw ei glywed maen nhw'n cael eu hysgogi i gyhoeddi, 'Gogoneddus, arglwydd! Gogoneddus ... Rydyn ni'n mynd am noddfa at yr Un Bendigedig, i'r Dhamma ac i sangha y mynachod. Boed i'r Un Bendigedig ein cofio ni fel dilynwyr lleyg sydd wedi mynd ato am noddfa, o'r dydd hwn ymlaen, am oes.'

Mae'n bosibl dadlau mai drwy ymagwedd gul a dethol iawn yn unig mae Bwdhaeth a gwyddoniaeth yn gydnaws. Er enghraifft, er efallai fod llai o Fwdhyddion yn credu yn realiti corfforol Mynydd Meru, dydy hynny ddim yn wir am gredu yn y bodau sy'n byw ar Fynydd Meru, fel y devas, nac yn y teyrnasoedd sydd ar gopa Mynydd Meru, fel Tavatimsa, neu deyrnasoedd uffern sydd o dan gyfandir Jambudvipa. Mae'r goruwchnaturiol – ac felly'r anwyddonol – wedi'i

Cynnwys y fanyleb

Y ffyrdd nad yw Bwdhaeth yn cydweddu â safbwynt gwyddonol byd-eang.

Dyfyniad allweddol

Disgrifiwyd y sgwrs fel 'Siarter Ymholi Rhydd y Bwdha'.

Mae'n amheus a yw'r sutta yn gallu cefnogi pob safbwynt sydd wedi'i briodoli iddo. Ar sail un darn, mae'r Bwdha wedi cael ei gyflwyno fel empirydd pragmatig sy'n diystyru pob athrawiaeth a ffydd, ac nad yw ei Dhamma yn ddim ond adnodd i feddyliwr rhydd gyrraedd y gwirionedd. Mae hyn yn gwahodd pawb i dderbyn ac i wrthod beth bynnag mae'n ei ddymuno. **(Bhikkhu Bodhi)**

Gweithgaredd AA2

Wrth i chi ddarllen drwy'r adran hon ceisiwch wneud y pethau canlynol:

1. Dewiswch y gwahanol ddadleuon sy'n cael eu cyflwyno yn y testun a nodwch unrhyw dystiolaeth gefnogol a roddir.

2. Ar gyfer pob dadl a gyflwynir, ceisiwch werthuso a yw'r ddadl yn un gryf neu wan yn eich barn chi.

3. Meddyliwch am unrhyw gwestiynau yr hoffech chi eu gofyn wrth ymateb i'r dadleuon.

Bydd y gweithgaredd hwn yn eich helpu chi i ddechrau meddwl yn feirniadol am yr hyn rydych chi'n ei ddarllen, ac yn eich helpu i werthuso effeithiolrwydd dadleuon gwahanol, gan ddatblygu eich sylwadau, a'ch barn a'ch safbwyntiau eich hun. Bydd hyn yn eich helpu wrth ddod i gasgliadau y byddwch yn eu gwneud yn eich atebion i'r cwestiynau AA2 sy'n codi.

Cwestiynau allweddol

I ba raddau mae'n bosibl adfer Bwdhaeth wreiddiol, ddilys a phur?

Ydy cred yn y goruwchnaturiol crefyddol yn anwyddonol, felly?

I ba raddau mae'r cwestiwn ynghylch y berthynas rhwng Bwdhaeth a gwyddoniaeth mewn gwirionedd yn gwestiwn ynghylch a yw Bwdhaeth yn grefydd ai peidio?

Dyfyniad allweddol

Y cwestiwn, felly, yw pa athrawiaethau Bwdhaidd y mae'n bosibl eu dileu, a galluogi Bwdhaeth i aros yn Fwdhaeth ar yr un pryd. Ydy Bwdhaeth yn bosibl heb Fynydd Meru? Ydych chi'n gallu chwarae gwyddbwyll heb y frenhines? Mae Mynydd Meru – gyda'i bedwar llechwedd o aur, arian, lapis, a chrisial yn llethr llithrig. (Lopez)

Awgrym astudio

Ar gyfer AA2, mae'n hanfodol eich bod chi'n trafod dadleuon yn hytrach nag esbonio'r hyn y gallai rhywun fod wedi'i ddweud yn unig. Ceisiwch ofyn i chi'ch hun, 'a oedd hwn yn bwynt teg i'w wneud?', 'a yw'r dystiolaeth yn ddigon cadarn?', 'a oes unrhyw beth i herio'r ddadl hon?', 'a yw'r ddadl hon yn un gref neu wan?' Bydd dadansoddi beirniadol o'r fath yn eich helpu i ddatblygu eich sgiliau gwerthuso.

Gweithgaredd AA2

Rhestrwch rai casgliadau y byddai'n bosibl dod iddynt ar sail y rhesymeg AA2 yn y testun uchod; ceisiwch gyflwyno o leiaf dri chasgliad gwahanol posibl. Ystyriwch bob un o'r casgliadau a chasglwch dystiolaeth gryno i gefnogi pob casgliad o'r deunydd AA1 ac AA2 ar gyfer y testun hwn. Dewiswch y casgliad sy'n argyhoeddi fwyaf yn eich barn chi ac esboniwch pam mae hyn yn wir. Ceisiwch gyferbynnu hyn â'r casgliad gwannaf ar y rhestr, gan gyfiawnhau eich dadl gyda rhesymu clir a thystiolaeth.

wau drwy syniadau ac arferion Bwdhaeth. Dydy Tavatimsa a theyrnasoedd uffern ddim yn bethau sy'n gallu cael eu gwirio neu eu hanwirio fel byddai methodoleg wyddonol yn dweud bod rhaid.

Hefyd mae'r fath gulni a detholedd yn amlwg yn y ffocws ar nodweddion penodol y Dhama, fel sunyata. Mae'r Dalai Lama yn nodi sut gallai'r cysyniad hwn fod yn gyson â ffiseg cwantwm, ond dyma'r un Dalai Lama sy'n arfer myfyrdod Tantrig gyda mynachod Tibetaidd bob dydd. Mae myfyrdod fel hyn yn ymwneud â'r gred hollol anwyddonol yn effeithiolrwydd defnyddio'r vajra a'r gloch, mudras cymhleth a chreu a dinistrio mandalas. Yn ogystal, mae angen delweddu cymhleth wrth feddwl am y Bwdhau, y bodhisattvau, y devas, y devaputras a'r teyrnasoedd lle maen nhw'n bodoli. Mae rhan o'r broses fyfyrdod Tantrig gymhleth hefyd yn cynnwys addo peidio â thorri'r llwon tantrig sy'n cynnwys methu dibynnu ar y mudra, vajra a'r gloch a duwiau dirmygus, hanner duwiau a duwdodau cyfrinachol.

Mae Lopez yn awgrymu, er y gallai ymchwilwyr ganolbwyntio ar fyfyrdod Bwdhaidd a'r hyn mae sgan MRI yn gallu ei fesur, mae hynny'n anwybyddu pwrpas sylfaenol myfyrdod, yn ôl y Bwdha: 'Fynachod, dyma'r llwybr uniongyrchol er mwyn puro'r bod, er mwyn goresgyn tristwch a galarnadau, er mwyn cael gwared ar boen a galar, er mwyn cyrraedd y llwybr gwirioneddol, er mwyn gwireddu nibbana.'

Efallai fod cysyniadau fel anatta ac anicca yn ymddangos yn gydnaws â gwyddoniaeth, ond dydy hi ddim yn bosibl dweud yr un peth am yr athroniaeth ddiwinyddol sy'n sail i dukkha a karma sy'n arwain at ailenedigaeth yn nheyrnasoedd samsara.

Gellid dadlau bod ystyried yr avyakata – y cwestiynau sydd heb eu penderfynu – yn amlygu sut mae Bwdhaeth a gwyddoniaeth yn anghydnaws.

Cofnodir yn y Sutta Cula-Malunkyovada bod y mynach Malunkyaputta yn ymwneud â nifer o faterion roedd y Bwdha 'heb eu datgan, wedi'u rhoi a'u bwrw o'r neilltu'. Ymysg y rhain roedd cwestiynau'n ymwneud â'r bydysawd. Mae Malunkyaputta yn gofyn i'r Bwdha: 'Arglwydd, os yw'r Un Bendigedig yn gwybod bod y cosmos yn dragwyddol, yna gall ddatgan i mi fod y cosmos yn dragwyddol. Os yw'n gwybod nad yw'r cosmos yn dragwyddol, yna gall ddatgan i mi nad yw'r cosmos yn dragwyddol.' Mae'n codi'r un cwestiwn o ran a yw'r bydysawd yn feidraidd neu'n anfeidraidd.

Yn hytrach nag annog rhagor o ymchwil i'r cwestiynau hyn neu'n wir ateb y cwestiynau'n eglur, mae'r Bwdha yn ateb gyda dameg y saeth a gwenwyn arni. Yn hon, mae dyn sydd wedi'i glwyfo gan saeth sydd â gwenwyn drosti yn gwrthod i'r saeth gael ei thynnu tan i gwestiynau gael eu hateb, fel pwy saethodd y saeth, pa fath o fwa a ddefnyddiwyd i saethu'r saeth, o beth roedd llinyn y bwa wedi'i wneud, pa fath o bren oedd wedi'i ddefnyddio i wneud coes y saeth. Mae'r Bwdha yn dod i'r casgliad bod y cwestiynau hyn yn ddibwys ac y byddai'r dyn yn marw yn ystod yr amser y byddai'n ei dreulio'n gofyn y cwestiynau.

Mae'n cymhwyso'r ddameg hon i'r cwestiynau y mae Malunkyaputta yn eu gofyn ac yn cadarnhau: 'A beth dydw i ddim wedi'i ddatgan? Dydw i ddim wedi datgan bod y cosmos yn dragwyddol. Dydw i ddim wedi datgan nad yw'r cosmos yn dragwyddol. Dydw i ddim wedi datgan bod y cosmos yn feidraidd. Dydw i ddim wedi datgan bod y cosmos yn anfeidraidd.' Y rheswm mae'r Bwdha yn ei roi dros beidio ag ateb y cwestiynau hyn yw 'dydyn nhw ddim yn sylfaenol i'r bywyd sanctaidd'.

At ei gilydd, felly, er bod gwyddoniaeth yn ymwneud â data a ffeithiau gwrthrychol yn seiliedig ar ymchwil empirig er mwyn sefydlu gwirioneddau am realiti, mae Bwdhaeth yn ymwneud â'r rhain yn ymylol yn unig gan fod ei nod yn hollol anwyddonol: byw'r bywyd sanctaidd ac felly cyrraedd nibbana.

Datblygu sgiliau AA2

Nawr mae'n bwysig ystyried y wybodaeth sydd wedi'i chyflwyno yn yr adran hon; fodd bynnag, mae'r wybodaeth fel y mae yn llawer rhy helaeth ac felly mae'n rhaid ei phrosesu er mwyn bodloni gofynion yr arholiad. Gallwch wneud hyn drwy ymarfer y sgiliau uwch sy'n gysylltiedig ag AA2. Ar gyfer Amcan Asesu 2 (AA2), sy'n cynnwys dangos sgiliau 'dadansoddi beirniadol' a 'gwerthusiad', rydyn ni am ganolbwyntio ar ffyrdd gwahanol o ddangos y sgiliau yn effeithiol, gan gyfeirio hefyd at sut bydd eich perfformiad ym mhob un o'r sgiliau hyn yn cael ei fesur (gweler disgrifyddion band cyffredinol AA2 ar gyfer U2).

▶ **Dyma eich tasg nesaf:** Isod mae gwerthusiad o **ffyrdd mae bydolwg gwyddonol a Bwdhaeth yn anghydnaws**. Ar hyn o bryd nid yw'n cynnwys unrhyw gyfeiriadau i gefnogi'r dadleuon sy'n cael eu cyflwyno. O dan y gwerthusiad mae dau gyfeiriad at weithiau ysgolheigion, a/neu destunau crefyddol, y byddai'n bosibl eu defnyddio yn y gwerthusiad er mwyn ei wella. Eich tasg yw ailysgrifennu'r gwerthusiad gan ddefnyddio'r cyfeiriadau. Gall ymadroddion fel 'yn ei lyfr/ei llyfr ... mae ... (ysgolhaig) yn dadlau bod ...', 'gwneir dadl ddiddorol i gefnogi hyn gan ... sy'n awgrymu bod ...', neu 'mae gwaith (ysgolhaig) wedi gwneud cyfraniad mawr i'r ddadl drwy dynnu sylw at ...' eich helpu. Fel arfer, byddai cyfeiriad yn cynnwys troednodyn, ond mewn ateb ar gyfer traethawd Safon Uwch o dan amodau arholiad nid yw hyn yn ddisgwyliedig. Eto i gyd, mae gwybod am y llyfr y mae eich tystiolaeth yn cyfeirio ato yn ddefnyddiol (er nad yw bob amser yn angenrheidiol).

Mae'n rhaid i asesiad o a yw bydolwg gwyddonol a Bwdhaeth yn gydnaws neu'n anghydnaws gydnabod mai'r arfer yn y 19eg ganrif oedd cyflwyno Bwdhaeth fel crefydd wyddonol. Roedd hyn yn seiliedig ar y syniad, yn wahanol i Gristnogaeth a chrefyddau eraill Abraham, nad oes angen cred mewn Duw sy'n greawdwr. (*) Mae'r Dalai Lama presennol wedi pwysleisio, er enghraifft, nad yw hi'n bosibl cymryd y safbwynt ar gosmoleg yn yr Abhidhamma yn llythrennol, o gofio ffeithiau gwyddoniaeth. Fodd bynnag, gellid dadlau bod yr ymagwedd hon yn dibynnu ar safbwynt hollol unochrog o Fwdhaeth. Yn y bôn, gallai credoau, dysgeidiaeth ac arferion Bwdhaidd gynnwys cydnabod teyrnas oruwchnaturiol bodhisattvau a bodau a mannau ysbrydol eraill fel Mynydd Meru, sy'n amhosibl eu gweld ac nad ydyn nhw'n bodoli yn ystyr arferol y gair. (*) Gan nad oes tystiolaeth empirig ar gyfer hyn o gwbl, byddai'n ymddangos bod Bwdhaeth ar y lefel hon yn anghydnaws â bydolwg gwyddonol.

'Bu'r Bwdha ... bum ganrif ar hugain yn ôl, yn dysgu crefydd wyddonol oedd yn cynnwys y foeseg anhunanol unigolyddol uchaf, athroniaeth bywyd yn seiliedig ar gyfriniaeth seicolegol a chosmogoni sy'n cyd-fynd â daeareg, seryddiaeth, ymbelydredd a pherthynoledd. All dim un Duw sy'n greawdwr greu cosmos sy'n newid o hyd ac yn bodoli o hyd. Rai biliynau di-rif o oesau'n ôl roedd y Ddaear yn bodoli ond yn mynd drwy newid, ac mae biliynau o gysodau'r haul a oedd wedi bodoli ac sy'n bodoli ac a fydd yn bodoli.

(Anagarika Dharmapala yn siarad yn 1925 wedi'i ddyfynnu gan Lopez)

Y cwestiwn, felly, yw pa athrawiaethau Bwdhaidd y mae'n bosibl eu dileu, a galluogi Bwdhaeth i aros yn Fwdhaeth ar yr un pryd. Ydy Bwdhaeth yn bosibl heb Fynydd Meru? Ydych chi'n gallu chwarae gwyddbwyll heb y frenhines? Mae Mynydd Meru – gyda'i bedwar llechwedd o aur, arian, lapis, a chrisial yn llethr llithrig. **(Lopez)**

Ar ôl i chi orffen y dasg, ceisiwch ddod o hyd i gyfeiriad arall y gallech ei ddefnyddio ac ymestyn eich gwerthusiad ymhellach.

Cynnwys y fanyleb

Y berthynas rhwng crefydd a chymdeithas: parch a chydnabyddiaeth a'r ffyrdd y mae traddodiadau crefyddol yn gweld crefyddau eraill a safbwyntiau anghrefyddol byd-eang a'u honiadau ynghylch y gwir. Y ffordd mae Bwdhaeth yn aml yn cael ei phortreadu yn y Gorllewin fel athroniaeth seciwlar.

Thomas Huxley (1825–1895) a oedd yn dadlau nad yw Bwdhaeth yn adnabod unrhyw Dduw.

cwestiwn cyplym

2.11 I ba fynach yr esboniodd y Bwdha ddameg y saeth a gwenwyn arni?

Dyfyniad allweddol

Dyma'r math o ryddid y mae Bwdhaeth yn gallu helpu unrhyw un i'w gyrraedd. Pan rydyn ni'n datgysylltu ein hymatebion emosiynol oddi wrth yr hyn sy'n digwydd i ni, rydyn ni'n dod yn rhydd i fod yn weithwyr gwell, yn rhieni gwell, yn bartneriaid gwell, yn benaethiaid gwell, yn fodau dynol gwell. (Noah Rasheta)

C: Crefydd a chymdeithas: ymatebion i heriau yn sgil seciwlareiddio

Y ffordd mae Bwdhaeth yn aml yn cael ei phortreadu yn y Gorllewin fel athroniaeth seciwlar

Mae Lopez yn dadlau mai un o'r prif bethau oedd yn denu llawer o ysgolheigion y Gorllewin at Fwdhaeth yn y 19eg ganrif oedd ei bod hi'n bosibl ei hystyried yn athroniaeth seciwlar. Rydyn ni wedi gweld yn barod sut roedd y syniad bod modd adfer Bwdhaeth wreiddiol, ddilys a phur yn un deniadol iawn. Roedden nhw'n teimlo nad y Fwdhaeth oedd yn cael ei harfer mewn Bwdhaeth Theravada neu Mahayana oedd hon. Yn hytrach, ffurf seciwlar ar Fwdhaeth oedd hi lle roedd y ffocws yn llwyr ar sut i fyw bywyd a oedd yn rhoi boddhad yn yr eiliad hon.

Rydyn ni wedi nodi'n barod sut roedd Bwdhaeth yn ddeniadol i Thomas Huxley, yr ysgolhaig adnabyddus o Oes Fictoria. Y pwynt allweddol iddo oedd bod y Fwdhaeth wreiddiol, ddilys a phur yn ymagwedd athronyddol atheïstig a seciwlar at fywyd: 'System sydd ddim yn adnabod unrhyw Dduw yn yr ystyr gorllewinol; sy'n gwadu bod enaid gan ddyn; sy'n cyfrif mai camsyniad yw credu mewn anfarwoldeb, ac mai pechod yw gobeithio amdano; sy'n gwadu bod gweddi ac aberth yn effeithiol; sy'n gofyn i ddynion ddibynnu ar ddim byd ond ar eu hymdrechion eu hunain er mwyn cael iachawdwriaeth; a oedd, yn ei phurdeb gwreiddiol, yn gwybod dim am lwon ufudd-dod, anoddefgarwch ffiaidd, ac na chwiliodd erioed am gymorth y gangen seciwlar ... ac sydd o hyd, gyda pha gymysgedd wael bynnag o ofergoelion estron wedi'u hychwanegu ati, yn brif gred rhan fawr o'r ddynoliaeth.'

Gan droi at yr 21ain ganrif, mae gwaith Noah Rasheta, sylfaenydd Secular Buddhism.com a phodlediad Secular Buddhism yn nodweddiadol o ffyrdd cyfoes poblogaidd o bortreadu Bwdhaeth fel athroniaeth seciwlar. Yn ei lyfr *Secular Buddhism: Eastern Thought for Western Minds* mae'n esbonio nad crefydd yw Bwdhaeth iddo ef. Yn hytrach, ffordd o fyw yw hi: 'nid rhywbeth i gredu ynddo ond rhywbeth i sylwi arno ac i'w arsylwi'. I gefnogi ei safbwynt, mae'n dyfynnu bod Thich Nhat Hanh wedi dweud: 'Cyfrinach Bwdhaeth yw cael gwared ar bob syniad, pob cysyniad, er mwyn i'r gwirionedd gael cyfle i dreiddio, i'w ddatgelu ei hun.'

Gan ddyfynnu'r ddeialog gyda Malunkyaputta a dameg y saeth a gwenwyn arni, mae Rasheta yn dadlau nad yw Bwdhaeth yn ymwneud o gwbl â'r 'cwestiynau enfawr, annirnadwy, metaffisegol'. Yn hytrach, mae Bwdhaeth yn ymwneud ag ysbrydolrwydd. Fodd bynnag, iddo ef, does dim naws grefyddol i'r term hwn. Yn hytrach, mae'n golygu dau beth: gwneud cysylltiad, a dod o hyd i ystyr. I Rasheta, does dim un o'r rhain yn gofyn am yr hyn a allai gael ei alw'n grefydd. Ei ddiffiniad o grefydd yw cred gysyniadol wedi'i rhannu, wedi'i gwneud yn llwyr gan fodau dynol. Cred gysyniadol bersonol yw cred grefyddol unigol. Fodd bynnag, mae'r ddwy gred hyn yn ddiffygiol o ran yr hyn sydd bwysicaf, yn ôl Rasheta: 'dealltwriaeth o realiti drwy brofiad'. Fel Bwdhydd seciwlar, mae'n credu bod Bwdhaeth yn cynnig hyn: rhyddid rhag cred gysyniadol a'r posibilrwydd o gael dealltwriaeth drwy brofiad, drwy ddeall Bwdhaeth fel athroniaeth seciwlar.

Mae Rasheta yn cyflwyno'r Pedwar Gwirionedd Nobl drwy eu gosod yng nghyd-destun galluogi pobl i sylweddoli nad yw'r byd fel mae eu credoau cysyniadol personol efallai yn ei gyflwyno. Bwriad y Llwybr Wythblyg Nobl yw 'bod yn ganllaw i'r meysydd penodol o'n bywydau lle gallwn ni ganolbwyntio ar ddod yn fersiynau gwell ohonon ni ein hunain'. Fersiwn seciwlar Rasheta o fyfyrdod yw cytuno â'r safbwynt 'gallwch chi droi unrhyw weithgarwch dynol yn fyfyrdod drwy ymwneud yn llwyr ag ef, a'i wneud er mwyn ei wneud yn unig'.

Mae'n mynd ymlaen drwy ddadlau mai'r allwedd i ddeall Bwdhaeth fel athroniaeth seciwlar yw canolbwyntio ar ymwybyddiaeth – byw a phrofi'r eiliad hon. Er mwyn dangos enghraifft o'r ymagwedd athronyddol seciwlar honno, mae Rasheta yn adrodd koan Zen y Teigr a'r Fefusen.

'Un tro, roedd dyn oedd yn cael ei erlid gan deigr ffyrnig ar draws cae. Ar gyrion y cae roedd clogwyn. Er mwyn dianc rhag dannedd y teigr, daliodd y dyn ei afael yn dynn mewn gwinwydden a'i siglo ei hun dros ymyl y clogwyn. Wrth hongian yno, gwelodd, er gofid iddo, fod rhagor o deigrod ar y ddaear oddi tano! Pan oedd pethau'n edrych fel na allen nhw fynd yn waeth, ymddangosodd dwy lygoden fach a dechrau cnoi'r winwydden roedd e'n cydio ynddi. Gwyddai y byddai'n syrthio i farwolaeth sicr unrhyw eiliad. Ar hynny, sylwodd ar fefusen wyllt yn tyfu ar wal y clogwyn. Gan gydio yn y winwydden ag un llaw, tynnodd y fefusen â'r llall a'i rhoi yn ei geg. Doedd e erioed wedi sylweddoli o'r blaen pa mor felys oedd blas mefusen.'

Mae Bwdhaeth fel athroniaeth seciwlar yn canolbwyntio ar ymwybyddiaeth wrth fyw a phrofi'r eiliad hon, beth bynnag arall allai fod yn digwydd.

Yn ogystal, mae Rasheta yn dadlau bod gwacter yn hanfodol i Fwdhaeth fel athroniaeth seciwlar. Iddo ef mae hyn yn golygu cydnabod 'wrth i fywyd ddatblygu does dim ystyr iddo. Mae pob peth fel mae, a dyna i gyd'.

I Rasheta, karma yw cydnabod bod pob person yn gynnyrch cyfosodiad enfawr o achos ac effaith a bod marwolaeth yn rhan o'r broses honno. Mae'n defnyddio delwedd cerddoriaeth: 'Mae fel cydnabod bod cerddoriaeth (bywyd) ac yna bod caneuon (unigolion). Er mai caneuon ydyn ni, gyda nodyn i ddechrau (genedigaeth) a nodyn i gloi (marwolaeth), nid cân yn unig oedden ni byth, cerddoriaeth ydyn ni, ac mae'r gerddoriaeth yn parhau.' Fel athroniaeth seciwlar, mae Bwdhaeth yn ymwneud â helpu pobl i sylweddoli nad nhw yw'r labeli maen nhw'n eu rhoi arnyn nhw eu hunain, a bod pobl yn gallu gollwng gafael ar eu credoau cysyniadol personol a bod angen iddyn nhw wneud hynny.

Stephen Batchelor: Bwdhaeth fel athroniaeth a ffordd o fyw resymegol

Mae Stephen Batchelor (1953–) yn cyflwyno ymagwedd lawer mwy ysgolheigaidd at Fwdhaeth o'r safbwynt seciwlar. Mae'n awdur nifer mawr o lyfrau lle mae'n sôn am ei safbwynt ar Fwdhaeth fel athroniaeth a ffordd o fyw resymegol. Mae'n crynhoi ei syniadau yn *After Buddhism: Rethinking the Dharma for a Secular Age* a gyhoeddwyd yn 2015.

Mewn nifer o ffyrdd, mae ei ymagwedd yn datblygu ac yn mireinio'r hyn a gyflwynodd Huxley. Roedd wedi dadlau bod y Fwdhaeth wreiddiol, ddilys a phur wedi datblygu dros gyfnod gyda 'chymysgedd wael o ofergoelion estron'. Mae Batchelor yn mynd ati i ddadansoddi Bwdhaeth yn gyffredinol a bywyd y Bwdha hanesyddol yn benodol.

Mae Batchelor yn dehongli'r gair 'seciwlar' – yn seiliedig ar ei darddiad Lladin – fel gair sy'n golygu 'yr oes hon' ac 'y genhedlaeth hon'. Felly, ystyr bod yn seciwlar yw bod y prif bethau'n ymwneud â'r 'byd hwn – am bopeth sy'n gysylltiedig ag ansawdd y profiad personol, cymdeithasol ac amgylcheddol o fod yn fyw ar y blaned hon', ac mae'n gweld bod hyn yn dod â moderniaeth i Fwdhaeth.

Cydweddiad defnyddiol iawn yw meddwl am baentiad olew hen iawn heb ei gwblhau sydd wedi'i ddifrodi. Dros y blynyddoedd mae amryw o arlunwyr wedi ychwanegu eu gwaith eu hunain ato er mwyn ei gadw a'i orffen, ac mae haenau o farnais wedi'u hychwanegu er mwyn ei amddiffyn. Heddiw, mae'r gwaith o adfer yn cynnwys tynnu'r farnais a gwaith yr arlunwyr blaenorol hyd nes bod y gwreiddiol, fel peintiodd yr artist ef, yn dod i'r golwg.

Awgrym astudio

Ymchwiliwch i'r adnoddau ar wefan Secular Buddhism.com Noah Rasheta a gwnewch asesiad o'r math o Fwdhaeth a gyflwynir.

Cynnwys y fanyleb

Stephen Batchelor (Atheist Bwdhaidd) a'i bortread o Fwdhaeth fel athroniaeth a ffordd o fyw resymegol.

Canon Pali, y mae rhai Bwdhyddion seciwlar yn credu ei fod yn cyflwyno'r cofnod mwyaf eglur o'r Bwdha a'r dharma.

Dyfyniad allweddol

Er fy mod yn rhoi ystyriaeth i'r gwahanol leisiau yn y canon, rwy'n cael fy nenu at y rhai amheus feirniadol a phragmatig. Maen nhw'n sefyll allan fel y rhai mwyaf gwahanol a gwreiddiol yn nysgeidiaeth Gotama. (Batchelor)

cwestiwn cyflym

2.12 Â pha ganon o destun sanctaidd Bwdhaidd y mae Batchelor yn gweithio'n bennaf?

Wrth fynd ati i adfer y paentiad, un o ddulliau allweddol Batchelor yw trafod testunau Bwdhaidd yn amheus feirniadol (sgeptig). Mae'n gweithio gyda'r Canon Pali yn bennaf, oherwydd iddo ef, 'mae cyfoeth y deunydd ei hun yn codi anawsterau difrifol o ran dehongli'. Yn benodol, mae'n gweld eu bod nhw'n cyflwyno 'syniadau, athrawiaethau a delweddau sy'n gwrth-ddweud ei gilydd' yn ogystal â gwaith golygyddion a sylwebwyr. Er mwyn gweithio drwy'r haenau hyn, mae Batchelor yn gwahaniaethu rhwng chwe 'llais' gwahanol sydd i'w cael yn y testunau: barddonol, dramatig, amheus feirniadol, pragmatig, dogmatig a mytholegol. Wedyn mae'n gweld mai ei dasg ef, sy'n cael ei chyfiawnhau gan ei ddehongliad o athrawiaeth y Bwdha yn y Sutta Kalama, yw canolbwyntio ar ddau o'r 'lleisiau' hyn: yr amheus feirniadol a'r pragmatig fel y rhai mwyaf dilys ac sy'n cynrychioli'r hyn a ddysgodd y Bwdha yn fwyaf cywir. Yn ei dro, mae e'n dod â'i ymagwedd amheus feirniadol a phragmatig i Fwdhaeth.

O ran bywyd y Bwdha, gwelir enghraifft dda o hyn yn y stori lle mae Gotama, ar ôl cael goleuedigaeth, yn ansicr a ddylai ddysgu'r un y mae wedi'i ddarganfod. Mae storïau traddodiadol yn sôn am sut ymddangosodd y duw Brahma i Gotama a gofyn iddo fynd ati i ddysgu. O safbwynt Batchelor, gellid gweld mai'r lleisiau barddonol, dramatig, dogmatig a mytholegol oedd yn llunio'r stori hon, nid y lleisiau amheus feirniadol a phragmatig. Nid rhywbeth ddigwyddodd yw hi. Yn benodol, mae'n gweld y stori fel rhywbeth i'n hatgoffa ni o'r dechrau'n deg i Fwdhaeth ddatblygu o fewn normau cymdeithasol a chrefyddol Brahminiaeth. Wrth wneud i Brahma ymddangos i Gotama mae 'y dharma yn dod yn gyfreithiol oherwydd bod Duw wedi'i awdurdodi'. Mae elfennau goruwchnaturiol sy'n gysylltiedig o ran bywyd y Bwdha yn perthyn i leisiau mytholegol y gorffennol: 'maen nhw'n tarddu o fyd hudolus a gollwyd ers tro, lle disgynnodd duwiau a diafoliaid fel ei gilydd i'r ddaear i gymuno â 'bodau' dynol'.

Mae'n edrych ar y Dhamma yn ei gyfanrwydd yn yr un ffordd, yn amheus feirniadol ac yn bragmatig. Mae Batchelor yn amau ymagwedd Orllewinol nodweddiadol llawer o Fwdhyddion 'tröedigaeth' sy'n derbyn llais dogmatig Bwdhaeth yn ddi-gwestiwn ac mewn ffordd nad yw'n cyfateb i'r oes seciwlar fodern lle mae pobl yn byw. Mae'r llais dogmatig i'w weld, er enghraifft, yn 'y pedwar gwirionedd nobl, y deuddeg dolen tarddiad dibynnol, y ddau wirionedd, diwedd dioddefaint ... damcaniaethau cymhleth am karma, ailenedigaeth, a theyrnasoedd bodolaeth nad ydyn nhw'n ddynol'.

Wrth dynnu'r haenau sydd wedi gorchuddio'r Dhamma, dywed Batchelor ei bod hi'n bwysig cofio bod rhai o'r dywediadau sydd wedi'u priodoli i'r Bwdha yn rhai sydd 'wedi'u pennu gan safbwynt cyffredin yr oes honno' ac felly y gallwn ni eu rhoi nhw o'r neilltu fel rhai annilys. Yn hytrach, mae'n canolbwyntio'n unig ar y dysgeidiaethau hynny 'nad yw'n bosibl eu deillio o fydolwg India yn y 5ed ganrif CCC'.

Mae hyn yn gwneud i Batchelor ddod i'r casgliad bod yna'r hyn y mae'n ei alw'n 'bedair P' ('p' am *principle* yn y gwreiddiol Saesneg, a 'persbecif' a 'pŵer') sy'n rhoi'r sylfaen ar gyfer athroniaeth a ffordd o fyw resymegol:

1. Egwyddor Amodoldeb (*The Principle of Conditionality*)

Does gan hon ddim o'r ystyr cymhleth sy'n aml yn cael ei briodoli i pratitya-samutpada – tarddiad dibynnol. Dim ond bod yn bragmatig roedd y Bwdha yma, ac nid sôn am egwyddor haniaethol. Yn hytrach mae Batchelor yn ei ddehongli fel hyn: 'Rydych chi'n deall sut daeth dewisiadau, gweithredoedd, ac amgylchiadau blaenorol â chi i'ch sefyllfa bresennol a pha ddewisiadau a gweithredoedd presennol a allai arwain at ddyfodol llai cyfyngedig a mwy ffyniannus ... Y ffordd orau i chi wybod eich gorffennol yw edrych ar ansawdd eich profiad presennol, a'r ffordd fwyaf ffrwythlon o baratoi at y dyfodol yw ystyried ansawdd yr hyn rydych chi'n ei feddwl, ei ddweud, ac yn ei wneud wrth ymateb i sefyllfaoedd yr eiliad hon.'

2. Egwyddor Tasg Bedwarplyg (*The Principle of a Fourfold Task*)

Mae hyn yn cynnwys y canlynol:

a. Deall dioddefaint

b. Gollwng gafael ar adweithedd sy'n datblygu

c. Edrych ar adweithedd yn dod i ben

ch. Meithrin llwybr wythblyg: golwg cyflawn, meddwl cyflawn, siarad cyflawn, gweithredu cyflawn, bywoliaeth gyflawn, ymdrech gyflawn, ymwybyddiaeth ofalgar gyflawn a chanolbwyntio cyflawn. Yma mae'n well gan Batchelor ddefnyddio'r gair 'cyflawn' yn hytrach na'r gair 'cywir' oherwydd bod y ffordd o fyw y mae'n ei gweld yn golygu bod pob elfen o'r llwybr yn gallu dod 'yn rhan ganolog o rywbeth cyflawn'.

3. Persbectif Ymwybyddiaeth Ofalgar (*The Perspective of Mindful Awareness*)

I Batchelor, nid 'dim ond camu'n ôl a sylwi'n oddefol ar yr hyn sy'n digwydd o flaen y llygad mewnol' yw Ymwybyddiaeth Ofalgar. Mae e lawer mwy i'w wneud â sylwi mwy nag arfer ar bopeth sy'n cael ei wneud. Mae lle i fyfyrdod yn y cyd-destun hwn gan ei fod, yn bennaf oll, yn golygu bod yn gwbl ymwybodol. Er enghraifft, gall hyn olygu bod yn hollol ymwybodol o'ch corff eich hun drwy 'dynnu'r croen yn ddychmygol ac ystyried yr hyn sydd y tu mewn i'r corff'. Y pwynt allweddol yma yw bod person, drwy Ymwybyddiaeth Ofalgar, yn gallu datblygu 'perthynas ymchwiliol a allai fod yn drawsnewidiol â deunydd bywyd ei hun, sydd â phwls, sy'n sensitif ac yn ymwybodol'.

4. Pŵer Hunanddibyniaeth (*The Power of Self-Reliance*)

Er mwyn esbonio'r cysyniad hwn, gellir nodi sylwadau Batchelor ynghylch rhan o ddysgeidiaeth olaf y Bwdha. Pan oedd yn sâl iawn ac ar fin marw, mae'r Bwdha yn siarad â'i ddilynwr agosaf: 'Felly, Ananda, dylech chi fyw fel ynysoedd i chi eich hunan, gan fod yn noddfa i chi eich hunan, heb fod ag unrhyw noddfa arall, gyda'r dharma fel ynys, gyda'r dharma yn noddfa i chi, heb fod ag unrhyw noddfa arall.' Mae'r cysyniad o fod yn noddfa i chi eich hun yn hyrwyddo Hunanddibyniaeth. Mae hyn yn golygu bod yn annibynnol ar eraill yn yr ystyr o lunio eich bywyd eich hun gan ddefnyddio'r pedair P. Felly, dydy adweithedd ddim yn cyflyru ymatebion i ddioddefaint. 'Mae Gotama yn annog bywyd gofalgar a gofalus yn seiliedig ar gyfrifoldeb personol ac annibyniaeth, yn hytrach nag ar set o reolau neu argymhellion i'w defnyddio beth bynnag yw'r amgylchiadau.'

Gyda'r pedair P yn sail, mae Batchelor yn dadlau ei bod hi'n bosibl sefydlu cymuned egalitaraidd fel roedd y Bwdha wedi'i dychmygu, lle – yn wahanol i'r sefyllfa ym myd Bwdhaeth heddiw – mae pawb 'yn hollol gyfartal o ran yr hyfforddiant y maen nhw'n ei gael yn y dharma, yr arferion y maen nhw'n eu dilyn er mwyn ei feistroli a'i ddeall, a'r cyfrifoldeb sydd ganddyn nhw i gyfleu ei neges.' Mae'n pwysleisio'r pwynt hwn yn ei lyfr *Ten Theses of Secular Buddhism* lle mae'n sôn bod y canlynol yn gallu arfer y Dasg Bedwarplyg: 'Pob bod dynol, beth bynnag yw ei rywedd, ei hil, ei gyfeiriadedd rhywiol, ei anabledd, ei genedligrwydd, a'i grefydd.' Felly dylai Bwdhyddion Seciwlar weithio yn y gymdeithas yn y math o ffyrdd y mae Bwdhaeth sy'n Ymgysylltu â'r Gymdeithas yn eu hannog.

Dyfyniadau allweddol

Mae'r llwybr wythblyg yn fodel ar gyfer bywyd â ffocws, sy'n gytbwys, yn gytûn, ac yn integredig yn hytrach na bod yn anghytbwys, yn anghytûn, ac yn ddarniog. Dydy e ddim yn rysáit ar gyfer bodolaeth Fwdhaidd grefyddol lle mae'r ymarferwr yn gwneud popeth yn gywir ac yn cael dim byd yn anghywir. (**Batchelor**)

Mae'r dharma yn ateb anghenion pobl ar adegau penodol ac mewn mannau penodol. Mae pob ffurf ar y dharma yn tybio mai creadigaeth ddynol fyrhoedlog yw hi, yn amodol ar yr amodau hanesyddol, diwylliannol, cymdeithasol ac economaidd a oedd wedi ei chynhyrchu hi. (**Batchelor**)

Stephen Batchelor: un o hyrwyddwyr allweddol Bwdhaeth Seciwlar

cwestiwn cyplym

2.13 Beth yw'r 'pedair P'?

Dyfyniad allweddol

O edrych ar destun Bwdhaidd, mae'n ymddangos nad yw'r Gorllewinwr yn sylwi ar y cyfeiriadau at ailenedigaeth, at sgyrsiau â duwdodau, at ddigwyddiadau goruwchnaturiol, at ffydd, at oesoedd a fu, at Fwdhau nefol, ac at unrhyw beth arall sydd ddim yn gweddu i'r paradeim modernaidd. **(Brazier)**

cwestiwn cyflym

2.14 Beth yw enw Bwdhaidd David Brazier?

David Brazier: Bwdhaeth yn y Gorllewin fel crefydd

Y flwyddyn cyn llyfr Batchelor, *After Buddhism: Rethinking the Dharma for a Secular Age*, cyhoeddodd David Brazier (1947–) ei lyfr *Buddhism is a Religion: You Can Believe It*. Mae gan Batchelor a Brazier gefndir arwyddocaol ym maes Bwdhaeth, ond mae ymagwedd Brazier i'r gwrthwyneb yn llwyr i un Batchelor. Yn ogystal â bod yn awdur nifer o lyfrau ar Fwdhaeth, mae Brazier yn ei ddisgrifio ei hun fel offeiriad Bwdhaidd ac fel Pennaeth Urdd Bwdha Amida. Ei enw Bwdhaidd yw Dharmavidya, sy'n golygu 'canfyddiad eglur o'r hyn sy'n sylfaenol'.

I Brazier, yr hyn sy'n sylfaenol yw bod 'Bwdhaeth wedi cael ei deall fel crefydd erioed, a bod angen i hynny barhau'. Mae'n dadlau bod y math o safbwynt a esboniodd Huxley o ran Bwdhaeth wedi bod ar gynnydd yn y Gorllewin, yn enwedig yn yr oes fodern sy'n rhoi gwerth ar seciwlariaeth, dyneiddiaeth a materoliaeth. Oherwydd hyn, mae'n credu bod ei safbwyntiau'n mynd 'yn groes i dueddd sy'n boblogaidd ar hyn o bryd'.

Mae Brazier yn dadlau, oherwydd bod Bwdhaeth wedi cael ei gwneud i fod yn athroniaeth seciwlar, fel sydd wedi digwydd yn y Gorllewin, bod Bwdhaeth wedi cael ei hystumio fel mai 'dim ond rhai rhannau o rai ffurfiau arni' sydd wedi cael eu derbyn, eu mabwysiadu a'u haddasu. Mae'n defnyddio cydweddiad ceisio rhoi eryr i mewn i gawell caneri: 'Mae darnau'n sticio allan dros y lle i gyd a'r gwirionedd yw nad yw'r eryr i gyd yn gallu mynd i mewn. Petaech chi'n llwyddo i'w gael i gyd i mewn, byddech chi'n ei ladd wrth wneud hynny.'

Yn hytrach na helpu i ddod â Bwdhaeth i'r oes fodern, yr hyn sy'n aml wedi digwydd yn y Gorllewin yw arfer 'dallineb dethol'. Y 'darnau o'r eryr' sydd ddim yn gallu ffitio yn y cawell yw'r 'agweddau defosiynol, goruwchnaturiol a metaffisegol', sef craidd Bwdhaeth i Brazier. Wrth gael gwared ar y rhain neu wrth eu diystyru nhw fel 'cymysgedd wael o ofergoelion estron', mae'n golygu mewn gwirionedd bod Bwdhaeth wirioneddol yn cael ei dinistrio. Yn hytrach, mae Brazier yn awgrymu y dylai Bwdhyddion yn y Gorllewin 'dyfu i mewn i'r meddwl mwy eangfrydig a'r haelioni mwy y mae Bwdhaeth yn eu cynnig i ni'. Mae'n awgrymu bod dal gafael ar Fwdhaeth seciwlar ychydig fel bod 'yn bobl sydd byth yn dysgu nofio oherwydd nad ydyn nhw'n fodlon gollwng gafael ar y rheilen ar ymyl y pwll'.

Fel rydyn ni wedi'i weld, rhan o'r cysyniad bod Bwdhaeth wedi'i hystumio gan 'gymysgedd wael o ofergoelion estron' yw'r gred ei bod hi'n bosibl dod o hyd i Fwdha gwreiddiol, dilys a phur sydd yn ei hanfod yn ddyn sydd ag athroniaeth resymegol. Mae Brazier yn gwrthod yr honiad hwn. Mae'n cyflwyno'r Bwdha yn benodol fel rhywun a oedd 'yn drefnydd crefyddol'. Felly, er enghraifft, nid ychwanegiad diweddarach oedd yr urdd o fynachod ond un a sefydlodd y Bwdha ei hun.

Mynachod Bwdhaidd yn gweddïo mewn teml.

Yn ogystal, mae Brazier yn dadlau bod y ddelwedd o'r Bwdha fel bod metaffisegol sydd â doniau a gallu goruwchnaturiol yn un sydd wedi cael ei derbyn drwy gydol hanes Bwdhaeth ac yn un a ddylai gael ei derbyn o hyd heddiw: 'Mae Bwdhyddion yn cyflwyno'r Bwdha fel athro'r duwiau, sydd prin yn cyd-fynd â'r honiad hwn sy'n ei leihau. Mewn gwirionedd, i Fwdhyddion, mae'r Bwdha yn bresenoldeb parhaus tragwyddol ar ffurf fetaffisegol. Yn athrawiaeth Tri Chorff (Trikaya, gyda kaya yn golygu corff) natur y Bwdha, mae pob un o'r tri chorff yn fetaffisegol yn eu hanfod.'

Wrth esbonio natur Trikaya, mae Brazier yn nodi ym mhob achos rinweddau metaffisegol a goruwchnaturiol y Bwdha a'r Bwdhau sy'n cael eu cyflwyno:

a. Mae Dharmakaya yn cyfeirio at gorff Dhamma y Bwdha, sy'n cyfateb i 'gariad diamod, tosturi, gwirionedd a bod Bwdha sy'n treiddio drwy bob bodolaeth'. Rhaid cael goleuedigaeth ysbrydol a chrefyddol lwyr er mwyn deall y Dharmakaya fel hyn.

b. Mae Sambhogakaya yn cyfeirio at gyrff mwynhad. Dyma sut mae Bwdhau yn ymddangos o ganlyniad i brofiad ysbrydol, er enghraifft mewn breuddwyd neu weledigaeth. Mae Brazier yn eu disgrifio nhw fel rhai sy'n debyg i angylion sy'n dod â negeseuon o'r byd ysbrydol i'r byd daearol. Mae'n cyfeirio, er enghraifft, at yr hanesion sut gwelodd Atisha – sy'n un o'r rhai sy'n cael y clod am ddod â Bwdhaeth i Tibet – lawer o Fwdhau-sambhogakaya fel Tara a Maitreya mewn breuddwydion a gweledigaethau a fu'n ei annog i astudio.

c. Mae Nirmanakaya yn cyfeirio at gyrff trawsnewid. Mae hyn yn cyfeirio at y ffaith bod Bwdhau yn gallu ymddangos ar unrhyw ffurf o gwbl. Felly, mae pobl a gwrthrychau sy'n ymddangos yn gyffredin yn gallu dangos Dharmakaya ac felly eto mae'r ysbrydol yn torri trwodd i'r daearol a chyffredin.

Ymateb posibl y Bwdhydd seciwlar fyddai dweud 'Ond dim ond … yw hyn.' Mae Brazier yn dweud bod hyn yn syth yn dangos ymdrech arall i ffitio'r 'eryr i mewn i gawell y caneri': 'y bwriad i leihau'r bywyd ysbrydol i ffactorau sy'n gallu cael eu cynnwys mewn fframwaith materyddol'.

Dim ond obsesiwn Gorllewinol a modern â 'ffeithiolrwydd, y diriaethol, yr hanesyddol a'r seicolegol' sy'n golygu nad yw'r ffocws ar natur Trikaya, fel mae ym mhob man arall yn y byd Bwdhaidd, ond ar y Bwdha Shakyamuni hanesyddol yn unig a'r ymdrechion i ailddarganfod ei fywyd. Mae traddodiad Dwyrain Asia yn dangos bod ffeithiau, y diriaethol, yr hanesyddol a'r seicolegol, yn hollol ddibwys. Yma, yn eu creiriau, mae Bwdhau sy'n bodoli mewn 'dimensiynau eraill ac mewn bydoedd eraill' fel Kuan-Yin, Manjushri, Samantabhadra ac Amitabha.

Dydy Brazier ddim yn ceisio gwahaniaethu rhwng y 'lleisiau' gwahanol y mae Batchelor yn eu gweld mewn testunau Bwdhaidd, a'u gwahanu. Yn hytrach, mae'n tynnu sylw at rannau o'r Canon Pali sydd, mae'n dadlau, yn dangos y ddysgeidiaeth Fwdhaidd mai crefydd roedd y Bwdha wedi'i sefydlu, nid athroniaeth seciwlar. Un enghraifft y mae'n ei rhoi yw bod y Bwdha yn glir ei feddwl am bwysigrwydd addoli a dwysbarchu. Mae hyn yn amlwg yn ei ddysgeidiaeth i Ananda o ran lleoedd sanctaidd pererindod. Felly, mae'r Bwdha yn disgrifio mai'r pedwar lle 'y dylai person crefyddol ymweld â nhw a'u hystyried gyda theimladau o barchedig ofn' yw Lumbini, Bodh Gaya, Sarnath a Kushinara.

cwestiwn cyflym

2.15 Pa derm a ddefnyddir ar gyfer corff mwynhad y Trikaya?

Cerflun Kuan-Yin, bod sanctaidd tosturi

Yn ogystal, mae'r Bwdha yn rhoi cyfarwyddiadau o ran creu stupa ar ôl ei farwolaeth oherwydd bydd y rhai sy'n ei weld ac yn ymweld ag ef 'wrth i'r corff gael ei ddiddymu, ar ôl marwolaeth, byddan nhw'n cael eu haileni mewn teyrnas nefol o hapusrwydd'. Mae Brazier yn dadlau mai cylchdeithiau o amgylch stupas – lle roedd creiriau Bwdhaidd – wrth lafarganu mantras oedd un o'r ffurfiau cynharaf o arferion defosiynol Bwdhaidd. Roedd cylchdeithiau fel hyn yn ffurf ar addoli crefyddol ac roedd pobl yn credu y bydden nhw'n dod â phŵer ysbrydol ac iachâd ysbrydol.

Ffordd ddefnyddiol o ddeall ymagwedd Brazier at Fwdhaeth fel crefydd yw gweld sut mae'n cyflwyno dechrau'r Dhammapada.

'Mae'r meddwl yn rhedeg o flaen Dharma
mae'r meddwl yn arwain, mae'r meddwl yn creu.
Os yw rhywun, gyda meddwl amhur
yn siarad, yn gweithredu,
mae dukkha yn dilyn
fel mae'r olwyn yn dilyn y carn.
Mae'r meddwl yn rhedeg o flaen Dharma
mae'r meddwl yn arwain, mae'r meddwl yn creu.
Os yw rhywun, gyda meddwl pur
yn siarad, yn gweithredu,
mae sukha yn dilyn
fel cysgod nad yw'n pylu.'

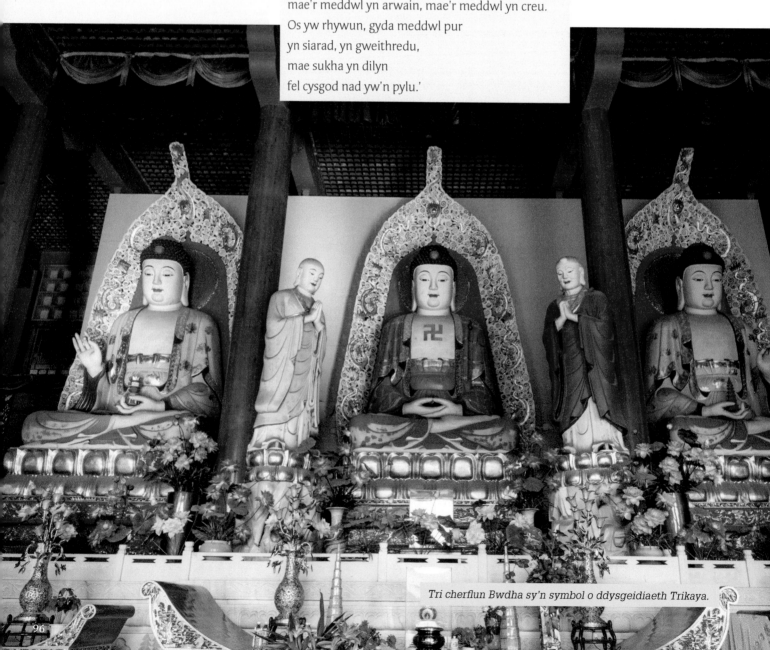

Tri cherflun Bwdha sy'n symbol o ddysgeidiaeth Trikaya.

Mae'n gwahaniaethu rhwng dukkha, sy'n golygu trallod, a sukha sy'n golygu dedwyddwch. Canlyniad meddwl amhur yw geiriau a gweithredoedd sy'n achosi bywyd llawn beichiau. Mae delwedd y gert sy'n cael ei thynnu'n araf gan yr ych yn dangos hyn. I'r gwrthwyneb, canlyniad meddwl pur yw geiriau a gweithredoedd sy'n gofyn dim oddi wrth berson. Mae'r cysgod sy'n dilyn heb fod angen unrhyw ymdrech yn dangos hyn.

Yn amlwg mae angen ymdrech foesol er mwyn osgoi cael meddwl amhur sy'n llawn o'r hunan, a hynny drwy osgoi geiriau a gweithredoedd sy'n creu effaith karma negyddol. Ond sut gall rhywun gael meddwl pur? Mae Brazier yn dyfynnu stori Fwdhaidd am fachgen o'r enw Mattakundali. 'Mae Mattakundali yn dioddef o'r clefyd melyn ac mae ar fin marw. Mae ei dad yn gyfoethog ond yn gybyddlyd. Oherwydd nad yw'r tad yn barod i wario arian ar feddyg, mae'r bachgen yn mynd yn fwy ac yn fwy sâl ac yn marw yn y pen draw. Mae'r Bwdha, sy'n gweld cyflwr truenus y bachgen â'i lygad dwyfol, yn ymddangos iddo cyn ei farwolaeth mewn gweledigaeth. Mae'r bachgen yn llawen o weld y Bwdha ac felly mae'n marw â chalon bur yn llawn ffydd. O ganlyniad, mae'r bachgen yn cael ei aileni mewn nefoedd.'

Gwelir hyn fel dysgeidiaeth bod y bachgen yn cael profiad o sukha dim ond oherwydd bod ganddo feddwl pur sy'n llawn o'r Bwdha. Does dim angen iddo wneud unrhyw ymdrech foesol. Yn hytrach, 'gyda meddwl llawn o ffydd yn y Bwdha, gall rhywun farw mewn heddwch. Yr egwyddor … yw sut mae pobl Dwyrain Asia yn deall neges ganolog Bwdhaeth fel arfer.'

Awgrym astudio

Er mwyn cael mwy o ddealltwriaeth o safbwyntiau Batchelor a Brazier, ewch ati i ymchwilio i'w cefndiroedd bywgraffyddol ac i amrywiaeth y safbwyntiau maen nhw wedi'u mynegi mewn erthyglau a phodlediadau sydd ar gael ar y we.

Awgrym astudio

Er mwyn cael mwy o ddealltwriaeth o amrywiaeth bodau a theyrnasoedd yn ôl bydolwg Bwdhyddion, byddai'n ddefnyddiol i chi edrych ar ddelweddau o gosmoleg Fwdhaeth ac o devas a dharmapalas ar wahân i'r rhai sydd wedi'u nodi uchod.

Gweithgaredd AA1

Esboniwch sut gallai gwahanol Fwdhyddion ymateb i'r safbwynt bod ffydd yn y Bwdha yn achosi ailenedigaeth yn un o deyrnasoedd y nefoedd.

Esboniwch eich ateb gan ddefnyddio tystiolaeth ac enghreifftiau o'r hyn rydych chi wedi ei ddarllen.

Dyfyniad allweddol

Roedd stori Mattakundali yn stori boblogaidd fythgofiadwy ac yn cael ei dyfynnu'n aml. Yn ôl y chwedl hon, bob bore roedd y Bwdha yn mynd i berlewyg mahakaruna (trugaredd mawr) i edrych ar y byd i weld y bodau a oedd yn dioddef ddwysaf a'r rhai a oedd ag angen arweiniad yn ogystal â'r rhai a oedd yn barod i elwa o'i ddysgeidiaeth yn syth … Ar ôl i Mattakundali weld disgleirdeb y Bwdha, roedd yn fodlon, bu farw'n heddychlon a chafodd ei eni mewn sefyllfa hapusach. (Wickremeratne)

cwestiwn cyplym

2.16 Beth yw ystyr Dharmavidya?

Sgiliau allweddol Thema 2

Mae'r ail thema yn cynnwys tasgau sy'n canolbwyntio ar agwedd benodol ar AA1 o ran defnyddio dyfyniadau o ffynonellau awdurdod a'r defnydd o gyfeiriadau.

Sgiliau allweddol

Mae gwybodaeth yn ymwneud â:

Dewis ystod o wybodaeth (drylwyr) gywir a pherthnasol sydd â chysylltiad uniongyrchol â gofynion penodol y cwestiwn.

Mae hyn yn golygu:

- Dewis deunydd perthnasol i'r cwestiwn a osodwyd

- Canolbwyntio ar esbonio ac archwilio'r deunydd a ddewiswyd.

Mae dealltwriaeth yn ymwneud ag:

Esboniad helaeth, gan ddangos dyfnder a/neu ehangder gyda defnydd rhagorol o dystiolaeth ac enghreifftiau gan gynnwys (lle y bo'n briodol) defnydd trylwyr a chywir o destunau cysegredig, ffynonellau doethineb a geirfa arbenigol.

Mae hyn yn golygu:

- Defnydd effeithiol o enghreifftiau a thystiolaeth gefnogol i sefydlu ansawdd eich dealltwriaeth

- Perchenogaeth o'ch esboniad sy'n mynegi gwybodaeth a dealltwriaeth bersonol, NID eich bod yn ailadrodd darn o destun o lyfr rydych wedi ei baratoi a'i gofio.

Datblygu sgiliau AA1

Nawr mae'n bwysig ystyried y wybodaeth sydd wedi'i chyflwyno yn yr adran hon; fodd bynnag, mae'r wybodaeth fel y mae yn llawer rhy helaeth ac felly mae'n rhaid ei phrosesu er mwyn bodloni gofynion yr arholiad. Gallwch wneud hyn drwy ymarfer y sgiliau uwch sy'n gysylltiedig ag AA1. Ar gyfer Amcan Asesu 1 (AA1), sy'n cynnwys dangos sgiliau 'gwybodaeth' a 'dealltwriaeth', rydyn ni am ganolbwyntio ar ffyrdd gwahanol o ddangos y sgiliau yn effeithiol, gan gyfeirio hefyd at sut bydd eich perfformiad ym mhob un o'r sgiliau hyn yn cael ei fesur (gweler disgrifyddion band cyffredinol AA1 ar gyfer U2).

▶ **Eich tasg olaf ar gyfer y thema hon yw:** Isod mae crynodeb o **sut mae Bwdhaeth yn aml yn cael ei phortreadu yn y Gorllewin fel athroniaeth seciwlar**. Rydych chi eisiau defnyddio hyn mewn traethawd, ond nid yw wedi'i ddatblygu fel y mae ac nid oes dyfyniadau na chyfeiriadau ynddo o gwbl. Y tro hwn, mae'n rhaid i chi ddod o hyd i'ch dyfyniadau eich hun (tua 3) a defnyddio'ch cyfeiriadau eich hun (tua 3) i ddatblygu'r ateb. Weithiau gall dyfyniad ddilyn o gyfeiriad ond gallan nhw hefyd gael eu defnyddio ar eu pennau eu hunain fel pwyntiau ar wahân.

Mae Bwdhaeth wedi cael ei phortreadu yn y Gorllewin fel athroniaeth seciwlar ers y 19eg ganrif OCC. Fel arfer, ffurf wedi'i symleiddio ar Fwdhaeth Theravada oedd y math o Fwdhaeth a oedd yn cael ei phortreadu. Roedd hi'n cael ei hystyried yn ddilys ac yn bur. Heddiw gwelir Bwdhaeth fel athroniaeth seciwlar yn yr ystyr ei bod hi'n ffordd o fyw y gall pobl ddewis ei dilyn ac nad yw hi'n gofyn am unrhyw ffydd fel y cyfryw. Does gan Fwdhaeth ddim diddordeb mewn cwestiynau metaffisegol. Er enghraifft, mae'r ymagwedd hon yn ystyried myfyrdod fel rhywbeth sy'n canolbwyntio ar fyw'n llawn yn yr eiliad hon. Yn gyffredinol, mae portreadu Bwdhaeth fel athroniaeth seciwlar yn golygu defnyddio'r Canon Pali yn unig a dilyn ymagwedd bragmatig y Bwdha ei hun. Felly mae Bwdhaeth ar y ffurf a dderbynnir heddiw fel hen baentiad olew a gormod o farnais arno, y mae'n rhaid ei adfer. Ar ôl i hyn ddigwydd, mae'n bosibl datgelu Bwdhaeth wirioneddol fel athroniaeth seciwlar.

Canlyniad hyn fydd ateb eithaf hir a gallech ei wirio yn erbyn y disgrifyddion band ar gyfer U2; edrychwch yn benodol ar y gofynion sydd wedi'u disgrifio yn y disgrifyddion band uwch y dylech chi fod yn anelu atyn nhw. Gofynnwch i chi'ch hun:

- A yw fy ngwaith yn dangos gwybodaeth a dealltwriaeth drylwyr, gywir a pherthnasol o grefydd a chred?

- A yw fy ngwaith yn dangos cydlyniad (cysondeb neu synnwyr rhesymegol), eglurder a threfn o safon ragorol?

- A fydd fy ngwaith, ar ôl ei ddatblygu, yn ateb helaeth a pherthnasol sy'n bodloni gofynion penodol y dasg?

- A yw fy ngwaith yn dangos dyfnder a/neu ehangder sylweddol ac yn gwneud defnydd rhagorol o dystiolaeth ac enghreifftiau?

- Os yw'n briodol i'r dasg, a yw fy ateb yn cynnwys cyfeiriadau trylwyr a chywir at destunau cysegredig a ffynonellau doethineb?

- A ellir gwneud unrhyw gysylltiadau treiddgar ag elfennau eraill o fy nghwrs?

- A fydd fy ateb, ar ôl ei ddatblygu a'i ehangu i gyfateb i'r hyn sy'n ddisgwyliedig mewn ateb arholiad, yn cynnwys ystod eang o safbwyntiau ysgolheigion/ ysgolion o feddwl?

- Pan fyddan nhw'n codi, a yw'r defnydd o iaith a geirfa arbenigol yn drylwyr a chywir?

Materion i'w dadansoddi a'u gwerthuso

Dilysrwydd portreadau Gorllewinol o Fwdhaeth fel crefydd ddi-ffydd a seciwlar

Un ymateb i'r mater hwn yw dadlau bod Bwdhaeth wedi datblygu yn y fath fodd fel ei bod bob amser wedi amsugno, addasu a mabwysiadu credoau'r diwylliant lle mae wedi gwreiddio. Gellid disgrifio credoau'r Gorllewin heddiw fel rhai ôl-Gristnogol, di-ffydd a seciwlar. Dyma pam roedd Dietrich Bonhoeffer (1906–1945), y diwinydd Cristnogol, yn dadlau dros ddatblygu 'Cristnogaeth ddigrefydd' a oedd yn addas i gyfnod hollol ddigrefydd. Mae Batchelor yn dyfynnu diwinydd Cristnogol arall, sef Don Cupitt (1934–). Ysgrifennodd: 'Mae'n rhaid i grefydd heddiw fynd yn ddi-gred. Does dim byd yno i gredu ynddo neu i obeithio amdano. Felly rhaid i grefydd ddod yn ffordd uniongyrchol, sy'n cael ei theimlo'n angerddol, i chi uniaethu â bywyd yn gyffredinol ac â'ch bywyd eich hun yn benodol.' Felly, gellid dadlau bod modd cyfiawnhau datblygu ffurf ddigrefydd a di-gred ar Fwdhaeth yn y Gorllewin.

Ymateb arall i'r mater a yw hi'n bosibl cyfiawnhau portreadau Gorllewinol o Fwdhaeth fel crefydd ddi-ffydd a seciwlar, yw dadlau nad oes rhaid i bortreadau Gorllewinol fel hyn amddiffyn dim byd: dydy Bwdhaeth ddim yn 'grefydd' yn ystyr arferol y gair a dyw hi erioed wedi bod felly. Mae wedi bod yn ddi-ffydd ac yn seciwlar erioed ac wedi osgoi'r hyn roedd y Dalai Lama yn ei alw'n 'ddiriaethu anghywir' – gwneud i'r haniaethol fod yn faterol.

Mae hyn yn amlwg oherwydd ei bod yn gwrthod cred mewn un duwdod hollalluog, hollwybodus a hollraslon sy'n greawdwr ac yn gynhaliwr pob peth. Nodwedd allweddol ar ddysgeidiaeth y Bwdha a Bwdhaeth yw ei bod hi o'r dechrau'n deg wedi gwahanu'i hun oddi wrth Brahminiaeth drwy wrthod cred yn Brahman fel y realiti cyson tragwyddol a digyfnewid.

Mae Batchelor yn dyfynnu Paul Tillich, y diwinydd Cristnogol, sy'n dweud mai crefydd yw'r 'consýrn eithaf' sydd gan berson. I gredinwyr mewn crefydd theistig – fel pob un o brif grefyddau'r byd – rhaid mai ffydd mewn Duw yw'r 'consýrn eithaf'. Does dim 'consýrn eithaf' fel hyn mewn Bwdhaeth, felly mae'n bosibl cyfiawnhau galw Bwdhaeth yn ddi-ffydd a seciwlar.

Hefyd mae crefydd yn rhoi sicrwydd o ran bywyd ar ôl marwolaeth. Eto, gellid dadlau nad yw hyn yn rhywbeth y mae Bwdhaeth yn ceisio ei wneud. Mae amryw o safbwyntiau ar yr hyn sy'n digwydd pan mae person yn marw, yn dibynnu ar ba ffurf ar Fwdhaeth sydd o dan sylw. Ond, yn bennaf oll, gellid dadlau nad oedd y Bwdha ei hun yn dangos ochr. Ar ddiwedd y Sutta Kalama, mae'r Bwdha yn disgrifio'r sicrwydd sy'n cael ei roi i'r rhai sydd â meddyliau sy'n rhydd o elyniaeth, ewyllys drwg, sy'n anllygredig ac yn bur. Y ddau sicrwydd cyntaf yw:

'Os oes byd ar ôl marwolaeth, os oes canlyniadau i weithredoedd cywir ac anghywir, wedyn dyma'r sail y byddaf i, wrth i'r corff ddadelfennu, ar ôl marwolaeth, yn ailymddangos mewn lle da ar ddiwedd y daith, y byd nefol. Os nad oes byd ar ôl marwolaeth, os nad oes canlyniadau i weithredoedd cywir ac anghywir, wedyn yma yn y byd presennol rwy'n gofalu amdanaf fy hun yn hawdd – yn rhydd o elyniaeth, yn rhydd o ewyllys drwg, yn rhydd o helbul.'

Mewn diwinyddiaeth Gristnogol Orllewinol, roedd llawer o ganolbwyntio yn y 19eg a'r 20fed ganrif ar geisio ailddarganfod yr Iesu hanesyddol a'i ddysgeidiaeth drwy ddadansoddi data economaidd-gymdeithasol, diwylliannol, crefyddol a hanesyddol yn ofalus. Yn ogystal, defnyddiwyd beirniadaeth destunol wrth geisio ail-lunio ei fywyd fel hyn. Mae'n bosibl gweld yr un ymagwedd yn union o ran y Bwdha a'i ddysgeidiaeth. Mae ysgolheigion fel Batchelor yn cynnig nad yw'r Bwdha gwreiddiol a'r Fwdhaeth ddilys a phur y maen nhw wedi'u datgelu yn grefyddol, ond yn hollol ddi-ffydd a seciwlar. Felly gellid dadlau bod hwn yn bortread o Fwdhaeth y mae'n bosibl ei gyfiawnhau'n llwyr.

Mae'r adran hon yn cwmpasu cynnwys a sgiliau AA2

Cynnwys y fanyleb

Dilysrwydd portreadau Gorllewinol o Fwdhaeth fel crefydd ddi-ffydd a seciwlar.

Dyfyniad allweddol

Mae ein traddodiadau crefyddol a moesol wedi pylu a does dim byd yn gallu eu hadfywio … Rydyn ni'n dweud bod y diwylliant newydd mor wahanol i unrhyw beth a oedd yn bodoli yn y gorffennol fel bod rhaid i grefydd gael ei hailddyfeisio'n llwyr. Gwaetha'r modd, mae'r math newydd o feddwl crefyddol rydyn ni'n ceisio ei gyflwyno mor rhyfedd ac mor newydd fel bod y rhan fwyaf o bobl yn ei chael hi'n anodd iawn ei adnabod fel crefydd o gwbl.
(Don Cupitt wedi'i ddyfynnu gan Batchelor)

Gweithgaredd AA2

Wrth i chi ddarllen drwy'r adran hon ceisiwch wneud y pethau canlynol:

1. Dewiswch y gwahanol ddadleuon sy'n cael eu cyflwyno yn y testun a nodwch unrhyw dystiolaeth gefnogol a roddir.

2. Ar gyfer pob dadl a gyflwynir, ceisiwch werthuso a yw'r ddadl yn un gryf neu wan yn eich barn chi.

3. Meddyliwch am unrhyw gwestiynau yr hoffech chi eu gofyn wrth ymateb i'r dadleuon.

Bydd y gweithgaredd hwn yn eich helpu chi i ddechrau meddwl yn feirniadol am yr hyn rydych chi'n ei ddarllen, ac yn eich helpu i werthuso effeithiolrwydd dadleuon gwahanol, gan ddatblygu eich sylwadau, a'ch barn a'ch safbwyntiau eich hun. Bydd hyn yn eich helpu wrth ddod i gasgliadau y byddwch yn eu gwneud yn eich atebion i'r cwestiynau AA2 sy'n codi.

Cwestiynau allweddol

A yw Bwdhyddion Tröedigaeth yn gallu derbyn a deall Bwdhaeth De Ddwyrain Asia mewn gwirionedd?

A yw Bwdhyddion seciwlar Gorllewinol yn ceisio ail-greu'r Bwdha ar eu delw eu hunain?

Beth yw agweddau gwleidyddol posibl Bwdhaeth?

Sarnath lle mae Ling, gyda'i bregeth gyntaf, yn dadlau mai nod y Bwdha oedd sefydlu gwareiddiad newydd.

Dyfyniad allweddol

Ddeugain mlynedd yn ôl, roedd Trevor Ling, yr ysgolhaig o Brydain, yn dadlau bod yr hyn rydyn ni'n ei alw'n Bwdhaeth nawr wedi dechrau fel gwareiddiad neu ddiwylliant embrionig a drodd yn grefydd Indiaidd gyfundrefnol. Mae project Bwdhaeth seciwlar yn adeiladu ar y mewnwelediad hwn. (Batchelor)

Gweithgaredd AA2

Rhestrwch rai casgliadau y byddai'n bosibl dod iddynt ar sail y rhesymeg AA2 yn y testun uchod; ceisiwch gyflwyno o leiaf dri chasgliad gwahanol posibl. Ystyriwch bob un o'r casgliadau a chasglwch dystiolaeth gryno i gefnogi pob casgliad o'r deunydd AA1 ac AA2 ar gyfer y testun hwn. Dewiswch y casgliad sy'n argyhoeddi fwyaf yn eich barn chi ac esboniwch pam mae hyn yn wir. Ceisiwch gyferbynnu hyn â'r casgliad gwannaf ar y rhestr, gan gyfiawnhau eich dadl gyda rhesymu clir a thystiolaeth.

Gwelir enghraifft o hyn yng ngwaith ymchwil Trevor Ling (1920–1995). Dylanwadodd ei waith ar y syniadau a ddatblygodd Bwdhyddion seciwlar yn y Gorllewin. Teitl un o'i lyfrau a gyhoeddwyd yn 1973 yw *The Buddha: The Social-Revolutionary Potential of Buddhism.* Mae hwn yn rhoi mewnwelediad i'w ddamcaniaeth gyffredinol, sef nad sylfaenydd crefydd oedd y Bwdha ac nad oedd ei ddysgeidiaeth yn grefyddol. Ffynnodd ei ddysgeidiaeth oherwydd ei bod hi'n gyfnod o dwf economaidd ac o drefoli, ac yn gyfnod pan oedd gweriniaethau llwythol a breniniaethau awtocratig yn pennu eu hunaniaeth.

Yn erbyn y cefndir hwn, daeth dosbarth o unigolion trefol, deallusol, cyfoethog i'r amlwg. Doedden nhw ddim ynghlwm wrth y tir, a dechreuon nhw ofyn cwestiynau newydd am y math newydd o fywyd roedden nhw'n gallu ei fyw. Rhoddodd y Bwdha gysyniadau anghrefyddol newydd iddyn nhw fel anatta, a oedd yn golygu nid hoelio sylw ar yr hunan ond yn hytrach ar y lles cyffredinol. Hefyd, rhoddodd gysyniad iddyn nhw o fath newydd o gymuned, y sangha, lle roedd y bhikkhus i gyd yn rhannu'n gyfartal yng nghyfoeth cyffredin y gymdeithas. Nid gweithredoedd ac aberthau crefyddol ofergoelus oedd yn penderfynu beth oedd yn digwydd i bobl, ond ffaith syml achos ac effaith. Felly roedd y Bwdha yn cynnig 'posibilrwydd go iawn i bobl gael dewis a rhyddid i weithredu'. Yn ôl Ling, y Bwdha oedd 'darganfyddwr, cychwynnydd, ac esboniwr athroniaeth gymdeithasol, seicolegol a gwleidyddol'. Yn fwy na dim, roedd hyn yn rhesymegol, yn seciwlar ac yn ddi-ffydd – nid yn grefyddol.

Dywedodd Ling fod y ffocws ar Fwdhaeth fel crefydd yn rhan o'r 'duedd ddynol i greu crefyddau o hyd ac o hyd'. Gellid dadlau bod tuedd o'r fath wedi trawsnewid y Bwdha o fod yn athronydd pragmatig a oedd yn rhoi rhesymeg ddigrefydd ar gyfer bywyd, yn fod goruwchnaturiol. Yn ôl Batchelor, nid rhywbeth cyfriniol neu ysbrydol oedd Goleuedigaeth y Bwdha ond ei sylweddoliad, yn syml ddigon, y gallai roi'r gorau i alaya – ei statws mewn bywyd – er mwyn cael tthana diogel – tir. Roedd y tthana y daeth y Bwdha o hyd iddo yn golygu deall y gwirionedd a bodolaeth amodoldeb yn llawn. Nid 'cael gwybodaeth freintiedig am ryw wirionedd uwch' oedd hyn. Yn ystod ei fywyd roedd Siddhatta Gotama 'yn wrthwynebwr, yn radical, yn eiconoclast. Doedd e ddim eisiau dim byd i'w wneud â chrefydd offeiriadol y Brahminiaid. Dywedodd fod ei ddiwinyddiaeth hi'n annealladwy, ei defodau'n ddibwrpas, a'r strwythur cymdeithasol roedd hi'n ei chyfiawnhau yn anghyfiawn.'

Ar un ystyr, gallai'r rhai sy'n cefnogi cyfiawnhau'r ymagweddau Gorllewinol at Fwdhaeth ddi-ffydd a seciwlar ddadlau bod modd beirniadu Bwdhaeth yn yr un ffordd ag y beirniadodd y Dalai Lama grefyddau eraill – ideoleg yw hi gyda diriaethu anghywir – gwneud i'r haniaethol fod yn faterol. Gellir gweld rhywbeth tebyg i hyn o ran karma, sy'n cael ei ystyried yn ddogma creiddiol i Fwdhaeth. Fodd bynnag, yn y Sutta Sivaka, mae'r Bwdha fel petai'n cymryd safbwynt pragmatig ac empirig ar y mater.

Mae Sivaka yn gofyn a yw teimladau unigolyn o ran pleser neu boen yn y presennol yn cael eu hachosi gan yr hyn a wnaeth o'r blaen. Mae'r Bwdha yn ateb y gall hyn fod yn bosibl, ond y gallai hefyd fod oherwydd cyflwr y corff o ran 'asidau bustlog, fflem, gwyntoedd mewnol, gofalu'n anghyson am y corff a thrin y corff yn galed'. Mae'r Bwdha yn dod i'r casgliad: 'Felly mae unrhyw brahminiaid a chynhelmwyr sy'n dilyn yr athrawiaeth a'r safbwynt bod beth bynnag y mae unigolyn yn ei ddeimlo – pleser, poen, dim-phleser-na-phoen – yn ganlyniad llwyr i'r hyn a wnaeth o'r blaen – yn llithro heibio i'r hyn y maen nhw eu hunain yn ei wybod, yn llithro heibio i'r hyn y mae'r byd yn cytuno arno. Felly, rwy'n dweud bod y brahminiaid a'r cynhelmwyr hynny'n anghywir.'

Y cwestiwn a yw Bwdhaeth yn grefydd

Wrth drafod a yw Bwdhaeth yn grefydd, mae Ling yn awgrymu y gellid dod at broblem: 'Mae gen i deimlad y dylai Bwdhaeth gael ei chynnwys , ac nid ei gadael allan, mewn unrhyw arolwg o grefyddau, oherwydd os nad crefydd yw hi, yna beth yw hi?' Mae eraill wedi dweud mai system foesol heb Dduw neu ffydd heb Dduw yw Bwdhaeth.

Mae Ling yn honni nad oedd y ffurfiau cynharaf ar Fwdhaeth yn grefyddol oherwydd eu bod nhw'n antheïstig; yn ogystal mae rhai ffurfiau ar Fwdhaeth, yn enwedig Theravada, fel petaen nhw'n dal i fod yn antheïstig. Fodd bynnag, ar yr un pryd, cafodd credoau theistig eu cynnwys yn gyflym iawn mewn Bwdhaeth, ac mewn ffurfiau eraill ar Fwdhaeth.

Mae un enghraifft o gredoau theistig fel hyn i'w gweld ym Mwdhaeth Tibet. Mae Batchelor yn rhoi enghraifft dda o hyn wrth drafod ei brofiadau fel mynach yn Tibet yn y 1970au yn Dharamsala lle mae'r Dalai Lama yn byw'n alltud. Wedi cyfres o ddigwyddiadau anffodus, roedden nhw'n credu bod diafol drwg yn rhydd. Felly cyrhaeddodd mynachod a oedd yn arbenigo ar fwrw allan ysbrydion. Ar ôl gwneud defodau cyfrinachol, cyhoeddon nhw fod 'y diafol wedi'i ddal mewn blwch trionglog, a gafodd ei selio â vajras a'i gladdu yn y ddaear'. Yn ôl Batchelor: 'Mae'r rhan fwyaf o Fwdhyddion drwy Asia yn amlдduwiaid erioed. Maen nhw'n credu bod amrywiaeth o ysbrydion a duwiau yn bodoli, a bod eu bydoedd nhw'n croestorri â'n byd ni. Nid bodolaeth symbolaidd yn unig sydd gan yr endidau hyn; bodau go iawn ydyn nhw gydag ymwybyddiaeth, natur a gallu annibynnol, sy'n gallu rhoi ffafrau os ydyn nhw'n fodlon a chreu llanast os ydyn nhw'n cael eu tramgwyddo. Er ein lles ni ein hunain, rhaid eu plesio nhw. Ond gan mai bodau anwadal yw llawer o'r ysbrydion hyn, fel ni ein hunain, dydy hi ddim yn bosibl ymddiried ynddyn nhw.'

Roedd Ninian Smart (1927–2001) yn allweddol wrth ddatblygu maes astudiaethau crefyddol academaidd fel pwnc prifysgol. Dyfeisiodd fethodoleg sy'n mynd i'r afael â'r cwestiwn a yw Bwdhaeth yn grefydd ac sy'n osgoi'r cwestiwn ar yr un pryd. Yn hytrach, dadleuodd, p'un a oedd crefydd yn theistig neu'n antheïstig, ei bod hi'n cynnwys dimensiynau hawdd eu hadnabod sydd i'w gweld ym mhob crefydd. Dimensiynau para-hanesyddol yw'r tri dimensiwn cyntaf. Mae hyn yn golygu eu bod nhw'n cyfeirio at brofiad crefyddol credinwyr y grefydd honno. Dimensiynau hanesyddol yw'r pedwar dimensiwn arall, ac maen nhw'n cyfeirio at feini prawf gwrthrychol y mae'n bosibl eu hastudio, eu dadansoddi a'u hasesu.

1. Defod: ffurfiau a threfn seremonïau

2. Naratif: storïau a hanesion mytholegol, yn enwedig am sylfaenydd y grefydd

3. Profiad: profiadau o ddefosiwn, rhyddhad, parchedig ofn, dirgelwch, ac ati, sy'n gyhoeddus ac yn breifat

4. Cymdeithasol a sefydliadol: system gredoau sy'n cael ei rhannu ar lefel gymunedol lai ac ar lefel gymdeithasol fwy

5. Moesegol a chyfreithiol codau o ran ymddygiad wedi'u trosglwyddo, o bosibl mewn ffordd oruwchnaturiol, i bawb eu dilyn

6. Athrawiaethol ac athronyddol: credoau a dysgeidiaethau crefyddol wedi'u cyfundrefnu'n systematig i gredinwyr eu derbyn

7. Materol: mae elfennau sanctaidd a goruwchnaturiol cred grefyddol yn amlwg mewn gwrthrychau a lleoedd y mae credinwyr yn rhoi ystyr sanctaidd iddyn nhw.

Y Sutta Nibbana sy'n cael ei ddyfynnu amlaf o ran p'un a yw Bwdhaeth yn grefydd ai peidio. Ar yr achlysur hwn, roedd y Bwdha yn dysgu'r mynachod ac yn gweld eu bod nhw'n barod i dderbyn ei neges. Oherwydd hynny, cyhoeddodd: 'Fynachod, mae yna'r hyn sydd heb ei eni, heb ddod, heb ei wneud, heb ei lunio. Petai hi ddim am yr hyn sydd heb ei eni, heb ddod, heb ei wneud, heb ei lunio, amhosibl fyddai dirnad y dianc hwnnw oddi wrth yr hyn sydd wedi'i eni, wedi dod, wedi'i wneud, wedi'i lunio. Ond yn

Dyfyniad allweddol

Wrth ddod yn Fwdhydd yn ffurfiol, mae rhywun yn 'mynd am noddfa' yn y Bwdha, y Dharma a'r Sangha ... Ond cael eu diraddio yn unig mae'r ysbrydion a'r duwiau, nid eu diddymu. Maen nhw'n parhau i chwarae rôl ym mywyd personol a chymdeithasol rhywun. Dyma'r meddylfryd sydd i'w gael drwy'r Canon Pali i gyd. Doedd Siddhattha Gotama ddim yn gwrthod bodolaeth y duwiau; eu gwthio nhw i'r cyrion wnaeth e. Efallai iddo wawdio eu mawrdra ond roedd yn cydnabod eu presenoldeb. **(Batchelor)**

Gweithgaredd AA2

Wrth i chi ddarllen drwy'r adran hon ceisiwch wneud y pethau canlynol:

1. Dewiswch y gwahanol ddadleuon sy'n cael eu cyflwyno yn y testun a nodwch unrhyw dystiolaeth gefnogol a roddir.

2. Ar gyfer pob dadl a gyflwynir, ceisiwch werthuso a yw'r ddadl yn un gryf neu wan yn eich barn chi.

3. Meddyliwch am unrhyw gwestiynau yr hoffech chi eu gofyn wrth ymateb i'r dadleuon.

Bydd y gweithgaredd hwn yn eich helpu chi i ddechrau meddwl yn feirniadol am yr hyn rydych chi'n ei ddarllen, ac yn eich helpu i werthuso effeithiolrwydd dadleuon gwahanol, gan ddatblygu eich sylwadau, a'ch barn a'ch safbwyntiau eich hun. Bydd hyn yn eich helpu wrth ddod i gasgliadau y byddwch yn eu gwneud yn eich atebion i'r cwestiynau AA2 sy'n codi.

Cwestiynau allweddol

A yw Bwdhaeth yn cyd-fynd â saith dimensiwn crefydd Smart mewn gwirionedd?

I ba raddau mae'r Sutta Nibbana yn cyfeirio at yr Absoliwt mewn gwirionedd?

Os oes y fath beth, sut mae'n bosibl adnabod yr Absoliwt?

Dyfyniad allweddol

Does dim modd dirnad yr empirig eithaf a'r nwmenaidd eithaf â geiriau, ond maen nhw'n sythwelediadau gwirioneddol o bwys mawr i'n bywydau go iawn. Mae bywyd yn cael ei fyw mewn rhyng-gyflwr. Yn y rhyng-gyflwr hwnnw, allan o'r metaffisegol rydyn ni'n crisialu delfrydau, gwerthoedd, a chymhellion. (Brazier)

Awgrym astudio

Ar gyfer AA2, mae'n hanfodol eich bod chi'n trafod dadleuon yn hytrach nag esbonio'r hyn y gallai rhywun fod wedi'i ddweud yn unig. Ceisiwch ofyn i chi'ch hun, 'a oedd hwn yn bwynt teg i'w wneud?', 'a yw'r dystiolaeth yn ddigon cadarn?', 'a oes unrhyw beth i herio'r ddadl hon?', 'a yw'r ddadl hon yn un gref neu wan?' Bydd dadansoddi beirniadol o'r fath yn eich helpu i ddatblygu eich sgiliau gwerthuso.

Gweithgaredd AA2

Rhestrwch rai casgliadau y byddai'n bosibl dod iddynt ar sail y rhesymeg AA2 yn y testun uchod; ceisiwch gyflwyno o leiaf dri chasgliad gwahanol posibl. Ystyriwch bob un o'r casgliadau a chasglwch dystiolaeth gryno i gefnogi pob casgliad o'r deunydd AA1 ac AA2 ar gyfer y testun hwn. Dewiswch y casgliad sy'n argyhoeddi fwyaf yn eich barn chi ac esboniwch pam mae hyn yn wir. Ceisiwch gyferbynnu hyn â'r casgliad gwannaf ar y rhestr, gan gyfiawnhau eich dadl gyda rhesymu clir a thystiolaeth.

union oherwydd bod yna'r hyn sydd heb ei eni, heb ddod, heb ei wneud, heb ei lunio, y mae'n bosibl dirnad y dianc oddi wrth yr hyn sydd wedi'i eni, wedi dod, wedi'i wneud, wedi'i lunio.'

Gellid dadlau mai'r hyn y mae'r Bwdha yn ei ddisgrifio yn yr ymadrodd 'mae yna'r hyn sydd heb ei eni, heb ddod, heb ei wneud, heb ei lunio' yw'r hyn y gallai diwinyddion ei alw yr Absoliwt. Os felly, o safbwynt penodol gellid gweld bod hyn yn grefyddol, gan mai un ffordd o ddeall crefydd yw ei diffinio fel y berthynas sydd gan fodau dynol â'r Absoliwt, sut bynnag mae'r Absoliwt hwnnw'n cael ei weld.

Roedd Kant yn dadlau ein bod ni'n byw yn nheyrnas bodolaeth ffenomenaidd. Dyma deyrnas yr hyn sy'n empirig, y canfyddadwy y mae modd ei wirio, y corfforol a'r mesuradwy. Fodd bynnag, mae ein meddyliau'n gallu amgyffred y deyrnas nwmenaidd. Dyma deyrnas yr haniaethol, yr anghanfyddadwy, y metaffisegol a'r anfesuradwy. Mae'r Absoliwt yn y deyrnas nwmenaidd.

Awgryma Brazier fod y math hwn o ymagwedd yn gwneud synnwyr o safbwynt Bwdhaidd oherwydd mai Bwdhaeth yw 'y ffordd rydyn ni, greaduriaid y byd perthynol, amodol hwn, yn uniaethu â'r absoliwt: â'r diamod, â'r hyn sydd heb ei eni, â'r hyn nad yw'n marw, yr hyn na allwn ni beidio â'i synhwyro'n reddfol'. Mewn Bwdhaeth, 'y lan bellaf' sy'n cyfateb i'r deyrnas nwmenaidd. 'Mae'n deyrnas sydd ... yn gwbl wag (shunya) o ran unrhyw beth empirig – dim ffurf, dim sain, dim blas, dim arogl, dim teimlad, a dim gwrthrychau dychmygol hyd yn oed. Mae'r gwacter hwn (shunya-ta) yn ddiamser.'

Lokavid yw un o deitlau'r Bwdha. Ystyr y term yw 'un sy'n adnabod y byd' ac awgryma Brazier fod hyn yn gwbl addas oherwydd bod y Bwdha yn gallu gweld y ddwy deyrnas. Ychwanega: 'Dyma un ffordd o ddeall beth yw Bwdhaeth. Bwdhaeth yw deffro i'r ddwy deyrnas hyn.'

Yn y pen draw, wrth drafod Bwdhaeth fel crefydd, mae popeth yn dibynnu ar y person sy'n trafod a'r hyn mae eisiau ei weld. Fel gyda'r rhith cwningen-hwyaden, mae rhai'n gweld crefydd gymhleth gyda phopeth y mae'r gair crefydd yn ei olygu; ar y llaw arall, mae eraill yn gweld athroniaeth bywyd resymegol, seciwlar a di-ffydd sydd wedi'i datblygu'n llawn. Un ffordd o ddeall pam mae hyn yn bod yw'r tensiwn rhwng yr ysgolhaig sy'n astudio'r grefydd o'r tu allan a'r crediniwr sy'n dilyn y grefydd o'r tu mewn.

Ym mis Ebrill 1994, ymwelodd y Dalai Lama â Phrifysgol Michigan am seminar preifat â myfyrwyr cyfadran a graddedig a oedd yn astudio Bwdhaeth. Rhoddon nhw gyflwyniad ar darddiad Bwdhaeth Mahayana yn ôl ysgolheictod Gorllewinol. Yn y bôn, mae hyn yn dyddio tarddiad testunau Mahayana i ddechrau oes y cyfnod cyffredin ac yn awgrymu mai mynachod a lleianod a'u cyfansoddodd nhw. Ymateb y Dalai Lama oedd bod 'hyn yn rhywbeth i'w wybod'. Yn ôl Lopez, ystyr hyn mewn gwirionedd oedd 'doedd e ddim yn perthyn i gategori'r hyn sy'n wirioneddol werth ei wybod'. Daeth Lopez i'r casgliad: 'yn y diwedd, roedd fel petai'n gweld bod arfer Bwdhaeth ac ysgolheictod Bwdhaidd (o leiaf y math Gorllewinol) yn amhosibl eu cysoni yn y pen draw.'

Aeth y Dalai Lama yn ei flaen i esbonio: petai e'n derbyn yr hyn roedd y myfyrwyr wedi dweud wrtho yn eu harolwg nhw o'r ysgolheictod Gorllewinol ynghylch testunau Bwdhaeth Mahayana, yna ni fyddai e'n gallu credu yn y sambhogakaya neu'r dharmakaya. Y cyfan fyddai ar ôl fyddai'r Bwdha hanesyddol heb ei natur hollwybodus. Daeth i'r casgliad: 'Petawn i'n credu'r hyn ddywedoch chi wrtha i, person neis yn unig fyddai'r Bwdha.'

Mae tensiwn fel hyn yn ymddangos yn yr hyn sydd gan Batchelor i'w ddweud am Fwdhaeth fel crefydd gyfundrefnol. Yma, y pwynt yw 'peidio â rhoi pob sefydliad a dogma o'r neilltu ond dod o

Welche Thiere gleichen ein-
ander am meisten?

Kaninchen und Ente.

Mae'r rhith cwningen-hwyaden yn cyflwyno delwedd amwys lle gallwn ni weld un peth mewn dwy ffordd.

hyd i ffordd i fyw gyda nhw'n fwy eironig, eu gwerthfawrogi am yr hyn ydyn nhw – chwarae'r meddwl dynol wrth iddo chwilio'n ddiddiwedd am gysylltiad ac ystyr – yn hytrach nag endidau diamser y mae'n rhaid eu hamddiffyn yn ddidostur neu eu gorfodi ar eraill.'

Datblygu sgiliau AA2

Nawr mae'n bwysig ystyried y wybodaeth sydd wedi'i chyflwyno yn yr adran hon; fodd bynnag, mae'r wybodaeth fel y mae yn llawer rhy helaeth ac felly mae'n rhaid ei phrosesu er mwyn bodloni gofynion yr arholiad. Gallwch wneud hyn drwy ymarfer y sgiliau uwch sy'n gysylltiedig ag AA2. Ar gyfer Amcan Asesu 2 (AA2), sy'n cynnwys dangos sgiliau 'dadansoddi beirniadol' a 'gwerthusiad', rydyn ni am ganolbwyntio ar ffyrdd gwahanol o ddangos y sgiliau yn effeithiol, gan gyfeirio hefyd at sut bydd eich perfformiad ym mhob un o'r sgiliau hyn yn cael ei fesur (gweler disgrifyddion band cyffredinol AA2 ar gyfer U2).

▶ **Dyma eich tasg olaf ar gyfer y Thema hon:** Isod mae gwerthusiad o'r **cwestiwn a yw Bwdhaeth yn grefydd.** Rydych chi eisiau defnyddio hwn mewn traethawd ond fel y mae'n sefyll mae'n ddadl wan oherwydd nad oes ganddi ddyfyniadau na chyfeiriadau o gwbl i'w chefnogi. Y tro hwn mae'n rhaid i chi ddod o hyd i'ch dyfyniadau eich hun (tua 3) a defnyddio'ch cyfeiriadau eich hun (tua 3) i gryfhau'r gwerthusiad. Cofiwch, weithiau gall dyfyniad ddilyn cyfeiriad ond gallan nhw hefyd gael eu defnyddio ar eu pennau eu hunain neu fel pwyntiau unigol.

Gellid dadlau bod rhaid bod Bwdhaeth yn grefydd oherwydd os nad yw, beth yw hi? Wedi'r cyfan, mae'n rhannu'r nodweddion sydd gan grefyddau eraill fel addoli a chredoau am yr hyn sy'n dda, yn ddrwg, yn gywir ac yn anghywir. Hefyd mae rhai ffurfiau ar Fwdhaeth wedi mabwysiadu a chynnwys llawer o gredoau brodorol am fodolaeth ysbrydion a diafoliaid, sy'n ychwanegu at yr ymdeimlad mai crefydd yw hi. Mae'r Bwdha ei hun, wrth siarad am nibbana, fel petai'n cyfeirio at gyflwr perffaith nad yw yn y byd hwn ond sy'n perthyn i deyrnas hollol wahanol. Gellid dadlau mai mater o ganfyddiad yn unig yw a yw Bwdhaeth yn grefydd ai peidio – gallai rhai pobl weld crefydd a gallai eraill weld ffordd o fyw. Mae'r ffordd mae llawer o Fwdhyddion yn gweld y Bwdha ei hun yn bwysig iawn yma naill ai fel person hanesyddol neu fel rhywbeth mwy.

Canlyniad hyn fydd ateb eithaf hir a gallech ei wirio yn erbyn y disgrifyddion band ar gyfer U2; edrychwch yn benodol ar y gofynion sydd wedi'u disgrifio yn y disgrifyddion band uwch y dylech chi fod yn anelu atyn nhw. Gofynnwch i chi'ch hun:

- A yw fy ateb yn ddadansoddiad beirniadol hyderus a gwerthusiad craff o'r mater?
- A yw fy ateb yn nodi'r materion a godwyd gan y cwestiwn yn llwyddiannus ac yn mynd i'r afael â nhw'n drylwyr?
- A yw fy ngwaith yn dangos cydlyniad, eglurder a threfn o safon ragorol?
- A fydd fy ngwaith, ar ôl ei ddatblygu, yn cynnwys safbwyntiau trylwyr, cyson a chlir wedi'u cefnogi gan resymeg a/neu dystiolaeth helaeth, fanwl?
- A yw safbwyntiau ysgolheigion/ysgolion o feddwl yn cael eu defnyddio'n helaeth a phriodol, ac yn eu cyd-destun?
- A yw fy ateb yn cyfleu dadansoddiad hyderus a chraff o natur unrhyw gysylltiadau posibl ag elfennau eraill o'm cwrs?
- Pan fyddan nhw'n codi, a yw'r defnydd o iaith a geirfa arbenigol yn drylwyr a chywir?

Sgiliau allweddol Thema 2

Mae'r ail thema yn cynnwys tasgau sy'n canolbwyntio ar agwedd benodol ar AA2 o ran defnyddio dyfyniadau o ffynonellau awdurdod a'r defnydd o gyfeiriadau i gefnogi dadleuon a gwerthusiadau.

Sgiliau allweddol

Mae dadansoddi'n ymwneud â:

Nodi materion sy'n cael eu codi gan y deunyddiau yn adran AA1, ynghyd â'r rhai a nodwyd yn adran AA2, ac mae'n cyflwyno safbwyntiau cyson a chlir, naill ai gan ysgolheigion neu safbwyntiau personol, yn barod i'w gwerthuso.

Mae hyn yn golygu:

- Bod eich atebion yn gallu nodi meysydd trafod allweddol mewn perthynas â mater penodol
- Eich bod yn gallu nodi'r gwahanol ddadleuon a gyflwynir gan eraill, a rhoi sylwadau arnyn nhw
- Bod eich ateb yn rhoi sylwadau ar effeithiolrwydd cyffredinol pob un o'r meysydd neu ddadleuon hyn.

Mae gwerthuso'n ymwneud ag:

Ystyried goblygiadau amrywiol y materion sy'n cael eu codi, yn seiliedig ar y dystiolaeth a gafwyd wrth ddadansoddi ac mae'n rhoi dadl fanwl eang gyda chasgliad clir.

Mae hyn yn golygu:

- Bod eich ateb yn pwyso a mesur canlyniadau derbyn neu wrthod y dadleuon amrywiol a gwahanol a gafodd eu dadansoddi
- Bod eich ateb yn dod i gasgliad drwy broses rhesymu clir.

Cynnwys y fanyleb

Y berthynas rhwng crefydd a chymdeithas: parch a chydnabyddiaeth a'r ffyrdd y mae traddodiadau crefyddol yn gweld crefyddau eraill a safbwyntiau anghrefyddol byd-eang a'u honiadau ynghylch y gwir. Y pwyslais mewn Bwdhaeth ar yr unigolyn yn profi'r ddysgeidiaeth ac yn aros yn driw i brofiad, hyd yn oed os yw hynny'n golygu dilyn llwybr sy'n wahanol i Fwdhaeth (gan gyfeirio at y Sutta Kalama a. 9 a 10 a Majjhima Nikaya 56.16 – sgwrs y Bwdha ag Upali).

Termau allweddol

Jain: yr enw ar ddilynwyr Jainiaeth – crefydd sy'n canolbwyntio ar asgetigiaeth a ddatblygodd o dan arweinyddiaeth Mahavira – a oedd hefyd yn cael ei alw'n Nigantha Nataputta (tua 599–527 CCC) – un o gyfoeswyr y Bwdha

Yr Ymwrthodiad Mawr: pan adawodd Gotama ei wraig, ei fab a'r palas yn dilyn y Pedair Golygfa; ei benderfyniad i ymwrthod â bywyd o hedoniaeth

---

A: Crefydd a chymdeithas: ymatebion i heriau plwraliaeth ac amrywiaeth

Profi'n unigol a chadw'n driw at brofiad mewn Bwdhaeth

O un safbwynt, mae traddodiadau am fywyd y Bwdha yn disgrifio rhywun sy'n benderfynol o ddod o hyd i'r atebion i gwestiynau drwy brofiad. Felly, ar ôl gweld y Pedair Golygfa, nid ei gam nesaf oedd chwilio am faterion trosgynnol a'u trafod â dynion sanctaidd yr oes honno. Yn hytrach, gwnaeth yr **Ymwrthodiad Mawr** – gadael ei wraig, ei fab a bywyd o hedoniaeth ar ôl. Ei chwe blynedd o arfer y bywyd asgetig gyda ffocws oedd ei ffordd ef o brofi'n unigol a oedd modd dod o hyd i ateb i broblem dukkha drwy ddilyn bywyd o galedi, arferion yoga eithafol a chosbi'r corff. Mae'n arwyddocaol nad blynyddoedd o esgus byw'r bywyd asgetig oedd y rhain, ond blynyddoedd o aros yn driw i'r profiad yr oedden nhw'n eu cynnig tan iddo sylweddoli – yn seiliedig ar ei brofi unigol ei hun – nad oedden nhw'n cynnig unrhyw atebion o gwbl.

Yn y Sutta Maha-Saccaka, mae'r Bwdha yn esbonio i Saccaka sy'n **Jain**: 'Aeth fy nghorff i'n denau iawn. Yn syml ddigon, drwy fwyta cyn lleied aeth fy nghymalau fel segmentau cam coesyn gwinwydd neu goesyn bambŵ ... Aeth fy mhen-ôl fel carn camel ... Roedd fy asgwrn cefn yn sefyll allan fel gemau ar fwclis ... Roedd fy asennau'n sticio allan fel trawstiau amlwg hen ysgubor wedi dirywio ... Roedd croen fy mol yn glynu cymaint wrth fy asgwrn cefn, felly pan oeddwn i'n meddwl am gyffwrdd â fy mol, roeddwn i'n cydio yn fy asgwrn cefn hefyd; a phan oeddwn i'n meddwl am gyffwrdd â'm hasgwrn cefn, roeddwn i'n cydio yng nghroen fy mol hefyd ... Dim ond o fwyta cyn lleied, petawn i'n ceisio lleddfu fy nghorff drwy rwbio fy nghymalau gyda fy nwylo, roedd y blew – a oedd wedi pydru yn y gwraidd – yn cwympo o fy nghorff wrth i mi rwbio, dim ond o fwyta cyn lleied.'

Daeth y Bwdha i'r casgliad: 'Ond ar ôl arfer yr holl lymdra hwn, dydw i ddim wedi cyrraedd unrhyw gyflwr dynol uwch, unrhyw ragoriaeth o ran gwybodaeth neu weledigaeth sy'n deilwng o'r rhai anrhydeddus. A allai fod llwybr arall i Ddeffroad?'

Felly profi unigol y Bwdha a wnaeth ei alluogi i wrthod llwybr asgetigiaeth ac felly dod o hyd i'r Ffordd Ganol. O un safbwynt, mae'r math hwn o ffocws ar eich profiad eich hun fel rhywbeth allweddol yn nodwedd arall ar Fwdhaeth, yn yr ystyr ei fod yn cynnal y cysyniad bod yr unigolyn yn dibynnu arno'i hun yn y pen draw, ac nad oes arweinydd arall i'w ddilyn. Yma, mae gwireb Fwdhaidd bwysig arall yn nechrau adnod 160 y

Aeth y Bwdha'n denau yn ystod ei chwe blynedd yn byw fel asgetig.

Dhammapada: 'Atta hi attano natho' y gellir ei chyfieithu fel 'Yr hunan yw noddfa'r hunan'. Dyma'r adnod lawn:

'Yr hunan yw noddfa'r hunan

Pa noddfa arall allai fod?

Gyda'r hunan o dan reolaeth dda

Caiff rhywun noddfa anodd ei chyrraedd.'

Gellid gweld bod hunanddibyniaeth wrth chwilio am y llwybr i'w ddilyn hefyd yn allweddol i ddeall y Sutta Kalama. Fel rydyn ni wedi'i weld yn barod, mae'r Bwdha yn esbonio i bobl llwyth Kalama beth yw'r ffordd orau o ddewis rhwng athrawon crefyddol sy'n cystadlu â'i gilydd. 'Peidiwch â mynd yn ôl adroddiadau, chwedlau, traddodiadau, ysgrythurau, dyfalu rhesymegol, casgliadau, cydweddiadau, cytundeb drwy ystyried safbwyntiau, tebygolrwydd, neu'r syniad mai ein hathro yw'r dyn myfyrgar hwn.' Mae'r cymal olaf yn arbennig o arwyddocaol: na ddylai dibyniaeth fod yn seiliedig ar mai 'ein hathro yw'r dyn myfyrgar hwn'. Yn hytrach, profi unigol ddylai'r unig athro priodol fod, ac os yw ei ganlyniadau'n fedrus, dylid ei ddilyn drwy dderbyn un llwybr a hefyd drwy wrthod un arall. Felly, mae'r Bwdha yn dod i'r casgliad: 'Pan fyddwch chi'n gwybod hynny drosoch eich hun fod y nodweddion hyn yn anfedrus; fod y nodweddion hyn yn feius; fod y doeth yn ceryddu'r pethau hyn; fod y nodweddion hyn, o'u mabwysiadu a'u gweithredu, yn arwain at niwed ac at ddioddefaint – yna dylech chi roi'r gorau iddyn nhw.'

Mae hyn i gyd yn cysylltu â chysyniad Bwdhaidd arall, **ehi-passiko**, y mae'n bosibl ei gyfieithu fel 'yr hyn rydych chi'n gallu dod i'w weld'. Myfyrio rhesymegol a phrofi manteision y llwybr yw'r rhesymau dros ddilyn y llwybr.

Yn erbyn y cefndir cyffredinol hwn y mae'n bosibl deall arwyddocâd sgwrs y Bwdha ag Upali. Yn Majjhima Nikaya 56, esbonnir bod Upali yn brif lefarydd dros Nigantha Nataputta, sef yr enw sy'n cael ei roi mewn rhai Suttas Bwdhaidd i 24ain sefydlydd ysbrydol Jainiaeth, Mahivira (599–527 CCC). Roedd y Bwdha a Mahivira yn gyfoeswyr ac roedd gan y naill a'r llall ei ddilynwyr ei hun.

Mae'r Sutta yn adrodd sut mae'r asgetig Jain, **Digha-Tapassi**, yn dod ar draws y Bwdha ac yn trafod y cysyniad bod gweithredoedd yn dda neu'n ddrwg. Wrth adael y Bwdha, mae'n cwrdd wedyn â Nigantha Nataputta sy'n ei holi am ei gyfarfyddiad ac yn ei ganmol am gynnal safbwynt Jain. Ar hyn, mae Upali, y perchennog tŷ Jain, yn cyhoeddi y bydd yn herio'r Bwdha mewn dadl ynghylch cynnal dysgeidiaeth Jain: 'Byddaf yn ei herio mewn dadl ac yn ei lusgo'n ôl ac ymlaen ac yma a thraw, fel byddai dyn cryf yn llusgo dafad wlanog yn ôl ac ymlaen ac yma a thraw!'

Mae Digha-Tapassi yn cynghori yn erbyn hyn, gan brotestio bod y Bwdha 'yn ddewin. Mae'n gwybod hud rhoi tröedigaeth, ac yn ei ddefnyddio i roi tröedigaeth i ddisgyblion y rhai sy'n dilyn llwybrau eraill'. Fodd bynnag, mae Nigantha Nataputta yn anfon Upali at y Bwdha gan ddweud, er ei bod hi'n *amhosibl* y bydd Upali yn dod yn ddilynwr i'r Bwdha, y *gallai fod yn bosibl* i'r Bwdha ddod yn ddilynwr i Upali.

Mae Upali yn dadlau â'r Bwdha ac yn dod i sylweddoli'r gwirionedd y mae'r Bwdha yn ei ddysgu. Mae Upali yn cyhoeddi: 'Rhagorol, syr! Rhagorol! Fel petai'n unioni'r hyn oedd wedi'i droi drosodd, neu'n datgelu'r hyn oedd wedi'i guddio, neu'n dangos y llwybr i'r rhai a oedd ar goll, neu'n goleuo lamp yn y tywyllwch fel bod pobl â llygaid da yn gallu gweld beth sydd yno, felly hefyd mae'r Bwdha wedi

Nigantha Nataputta (Mahavira) (599–527 CCC) yn eistedd mewn myfyrdod.

gwneud i'r ddysgeidiaeth fod yn eglur mewn llawer o ffyrdd.' O ganlyniad i hyn mae Upali yn cyhoeddi y bydd yn ddisgybl i'r Bwdha nawr: 'Rwy'n mynd am noddfa at y Bwdha, i'r ddysgeidiaeth, ac i'r Sangha crwydrol. O'r dydd hwn ymlaen, boed i'r Bwdha fy nghofio i fel dilynwr lleyg sydd wedi mynd am noddfa am oes.'

Mae ymateb y Bwdha i'r hyn sy'n ymddangos fel tröedigaeth Upali yn arwyddocaol. Yn hytrach na derbyn y dröedigaeth yn syth ac wedyn eisiau ei chyfrif yn fath o fuddugoliaeth dros Nigantha Nataputta i'w defnyddio i chwyddo ei gefnogaeth ei hun, mae'r Bwdha yn cyhoeddi: 'Berchennog tŷ, dylech chi weithredu ar ôl ystyried yn ofalus. Mae'n dda bod pobl adnabyddus fel chi yn gweithredu ar ôl ystyried yn ofalus.'

Fel sydd wedi'i awgrymu, mae tystiolaeth eto bod angen myfyrdod a rhesymu wrth ddewis pa bynnag lwybr sy'n mynd i gael ei ddewis. Dim ond ar ôl i Upali gadarnhau ei fwriad eto i fynd am noddfa at y Bwdha, y mae'r Bwdha yn dechrau ei ddysgu, 'gam wrth gam, gyda sgwrs am roi, ymddygiad moesegol, a'r nefoedd. Esboniodd anfanteision pleserau synhwyraidd, sydd mor fudr a llygredig, a manteision ymwrthod.'

Dim ond ar ôl iddi ddod yn amlwg bod Upali yn deall y ddysgeidiaeth hon y mae'r Bwdha yn mynd yn ei flaen: 'A phan oedd yn gwybod bod meddwl Upali yn barod, yn ystwyth, heb rwystrau, yn llawen, ac yn hyderus, esboniodd ddysgeidiaeth arbennig y Bwdhau: dioddefaint, ei darddiad, ei ddiddymiad, a'r llwybr.'

Pan mae Digha-Tapassi yn darganfod beth sydd wedi digwydd, mae'n dweud eto wrth Nigantha Nataputta mai oherwydd 'hud tröedigaeth' y Bwdha mae hyn. Ar ôl holi Upali ei hunan, mae Nigantha Nataputta yn dod i'r un casgliad, gan gyhoeddi i Upali: 'Rwyt ti'n wallgof, berchennog y tŷ! Ffŵl wyt ti ... Rwyt ti wedi cael tröedigaeth oherwydd hud tröedigaeth Gotama, yr asgetig!'

Mae Upali yn ymateb drwy roi cymhariaeth lle mae'n cymharu dysgeidiaeth y Bwdha â phâr newydd o ddillad sy'n gallu cael eu lliwio, eu curo yn y golch a'u smwddio: 'Yn yr un ffordd, mae athrawiaeth y Bwdha yn edrych yn iawn i ddechrau – i'r craff, nid i ffyliaid – ac mae'n gallu gwrthsefyll cael ei harchwilio a'i smwddio.' I Upali, 'hud rhoi tröedigaeth' y Bwdha yw gwneud dim ond rhoi dysgeidiaeth sy'n gallu gwrthsefyll cael 'ei harchwilio a'i smwddio'. Felly, mae Upali yn gallu cyhoeddi, gan uno cledrau ei ddwylo i gyfeiriad y man lle roedd y Bwdha yn aros, 'ef yw'r Bwdha, a fi yw ei ddisgybl'.

cwestiwn cyflym

3.1 Beth yw ystyr 'Atta hi attano natho'?

Awgrym astudio

Ymchwiliwch i gredoau a dysgeidiaethau Jainiaeth a gweld beth yw'r nodweddion tebyg a gwahanol sydd ganddi o'i chymharu â Bwdhaeth.

Cynnwys y fanyleb

Ymagwedd Bwdhaeth Mahayana: mae'r ddysgeidiaeth weithiau'n cael ei hystyried yn un dros dro, gan fod upaya (dulliau medrus) gwahanol yn cael eu defnyddio ar gyfer gwrandawyr gwahanol.

Defnyddio dulliau medrus mewn Bwdhaeth Mahayana

Yn dilyn Deffroad y Bwdha, mae hanesion yn esbonio sut treuliodd ychydig o amser yn penderfynu beth i'w wneud nesaf. Yn y Sutta Ariyapariyesana, mae'r Bwdha yn meddwl am ddysgu'r Dhamma ac mae'r syniad yn ei daro: 'Dyna ddigon o ddysgu'r hyn y llwyddais i i'w gyrraedd gydag anhawster yn unig. Dydy hi ddim yn hawdd i'r rhai sydd wedi'u goresgyn gan atgasedd ac angerdd gyrraedd y Dhamma hwn. Fydd y rhai sy'n ymhyfrydu mewn angerdd, sydd wedi'u cuddio yn y tywyllwch i gyd, ddim yn gweld yr hyn sy'n astrus, yn gynnil, yn anodd ei weld, sy'n mynd yn erbyn y llif'.

Ar hyn, mae Brahma yn ymddangos iddo ac yn ei annog i ddysgu, gan gyhoeddi: 'Wele'r bobl sy'n boddi mewn tristwch, wedi'u goresgyn gan enedigaeth a heneiddio. Cod, arwr, y buddugol mewn brwydr! ... Dysga'r Dhamma, O Un Bendigedig: Bydd rhai a fydd yn deall.'

Wedyn mae'r Bwdha yn edrych ar y byd ac yn dod i'r casgliad: 'Yn union fel byddai rhai lotysau, mewn pwll o lotysau glas neu goch neu wyn – wedi'u geni yn y dŵr ac yn tyfu ynddo – yn ffynnu tra maen nhw wedi'u trochi yn y dŵr, heb godi i fyny o'r dŵr; gallai rhai hyd yn oed sefyll ar lefel gyfartal â'r dŵr; tra gallai rhai godi o'r dŵr a sefyll heb gael eu baeddu gan y dŵr – felly hefyd, wrth edrych ar y byd gyda llygad Un a Gafodd Ddeffroad, gwelais fodau gydag ychydig o lwch yn eu llygaid a rhai â llawer, rhai â chyneddfau awchus a rhai â chyneddfau pŵl, rhai â nodweddion da a rhai â nodweddion drwg, rhai hawdd eu dysgu a rhai anodd eu dysgu.'

O'r dechrau'n deg felly, sylweddolodd y Bwdha y byddai amrywiaeth eang yn y bobl o ran pa mor barod oedden nhw i dderbyn y Dhamma. Gan hynny, defnyddiodd upaya (dulliau medrus) i fod yn addas i wahanol wrandawyr. Fel mae'r Bwdha yn esbonio yn y Sutta Ariyapariyesana, roedd y pum asgetig cyntaf a oedd wedi bod gydag ef tan iddo dorri ei ympryd yn fwy parod ac yn fwy addas nag eraill i dderbyn y Dhamma. Ar ôl iddo eu hargyhoeddi nhw i wrando arno, dechreuodd ei ddysgeidiaeth mewn ffordd syml ac ymarferol iawn: 'Byddwn i'n dysgu dau fynach tra byddai tri yn mynd i gael elusen, a bydden ni'n chwech yn byw ar yr hyn roedd y tri'n dod yn ôl gyda nhw o'u cylchdaith elusen. Yna byddwn i'n dysgu tri mynach tra byddai dau yn mynd i gael elusen, a bydden ni'n chwech yn byw ar yr hyn roedd y ddau'n dod yn ôl gyda nhw o'u cylchdaith elusen.' Felly, ar ôl cyfnod o gyfarwyddyd 'cododd gwybodaeth a gweledigaeth ynddyn nhw'. Fel rydyn ni wedi'i weld, defnyddiwyd upaya (dulliau medrus) tebyg gydag Upali: mae'r Bwdha yn ei ddysgu 'gam wrth gam' a dim ond pan mae'n barod mae'n dysgu 'dysgeidiaeth arbennig y Bwdha' iddo.

O'r safbwynt hwn, mae defnyddio upaya (dulliau medrus) yn gywir yn canolbwyntio ar y gynulleidfa sy'n cael gwersi am ddysgeidiaeth y Dhamma. Byddai hyn yn golygu gwahaniaethu – gan ddefnyddio cydweddiad y Bwdha – rhwng y rhai 'ag ychydig o lwch yn eu llygaid a'r rhai â llawer'. Gellid nodi datblygiad arall, lle mae'r ffocws yn dal i fod ar y gynulleidfa sy'n cael dysgeidiaeth y Dhamma ond hefyd sy'n ystyried natur y Dhamma ei hun a'i ddefnyddioldeb.

Yn hyn o beth, cyfeirir yn aml at ddameg y rafft sydd yn y Sutta Alagaddupama; rydyn ni wedi sôn amdani'n barod (gweler tudalen 77). Mae'r Bwdha yn esbonio bod y Dhamma yn debyg i rafft, 'ei phwrpas yw ei defnyddio i groesi drosodd, nid er mwyn dal gafael ynddi'. Mae dyn ar lan beryglus ac mae'n gallu gweld dros ehangder mawr o ddŵr i'r lan bellaf sy'n 'ddiogel a heb beryglon'. Oherwydd nad oes llong fferi neu bont, mae'n meddwl beth ddylai ei wneud, ac yna am y weithred ei hun. 'Byddai'r dyn, ar ôl casglu porfa, brigau, canghennau, a dail, ar ôl eu clymu wrth ei gilydd i wneud rafft, yn croesi drosodd i ddiogelwch ar y lan arall gan ddibynnu ar y rafft, gan wneud ymdrech gyda'i ddwylo a'i draed.'

Ar ôl croesi'r dŵr, mae'r Bwdha yn dangos y dewis y gallai'r dyn ei wneud. Gallai ystyried pa mor ddefnyddiol oedd y rafft a adeiladodd ac a helpodd ef i groesi'n ddiogel, a dod i'r casgliad: 'Beth petawn i, ar ôl ei chodi ar fy mhen neu ei chario ar fy nghefn, yn mynd i ble bynnag rwyf eisiau?' Neu, gallai ystyried yn yr un ffordd yn union, ond dod i'r casgliad wedyn: 'Beth petawn i, ar ôl ei llusgo ar dir sych neu ei suddo yn y dŵr, yn mynd i ble bynnag rwyf eisiau?' Mae'r Bwdha yn dysgu mai yn yr ail achos yn unig y byddai'r dyn yn gwneud yr hyn y dylid ei wneud â'r rafft.

Er bod amryw o ddeongliadau o ddameg y rafft, mae'n ymddangos bod ymdeimlad lle mae'r Bwdha yn dweud bod upaya (dulliau medrus) yn bwysig o ran sut mae'r Dhamma yn cael ei ddehongli a'i ddefnyddio fel y dull o gyrraedd y lan bellaf 'sy'n ddiogel a heb beryglon'. Er nad yw hyn yn cael ei ddweud yn y ddameg neu yn esboniad y Bwdha, mae'r lan bellaf wedi cael ei dehongli fel goleuedigaeth, sef nod y bywyd Bwdhaidd. Gellid dadlau felly nad yn y Dhamma ei hun y mae pwrpas y Dhamma – 'nid ei phwrpas yw ei defnyddio i ddal gafael ynddi' – ond yn hytrach yn ei natur ymarferol, gan fod modd ei defnyddio 'i groesi drosodd'.

Lotysau mewn pwll dŵr fel mae'r Bwdha yn eu disgrifio nhw.

Dyfyniad allweddol

Yn yr un ffordd, fynachod, rwyf wedi dysgu'r Dhamma a'i gymharu â rafft: ei phwrpas yw ei defnyddio i groesi drosodd, nid er mwyn dal gafael ynddi. Wrth ddeall y Dhamma fel mae'n cael ei ddysgu wedi'i gymharu â rafft, dylech chi ollwng gafael ar Dhammas hyd yn oed, heb sôn am bethau nad ydyn nhw'n Dhammas. (**Sutta Alagaddupama: dameg y rafft**)

Mae'r pratyekabuddha yn cael ei ddisgrifio yn y Sutta Khaggavisana fel rhinoseros sy'n crwydro ar ei ben ei hun.

Termau allweddol

Pratyekabuddha-yana: yana y Bwdha unig. Mae hyn yn cyfeirio at rywun sydd y tu allan i'r sangha mynachaidd, sydd heb athro ac sydd, felly, heb gael ei drwytho yn y Dhamma

Sravaka-yana: yana yr arhat a oedd, fel disgybl, wedi cael ei drwytho yn Dhamma y Bwdha ac sy'n rhan o'r sangha mynachaidd

Mae natur dros dro bosibl y Dhamma, y mae dameg y rafft o leiaf yn cyfeirio ati, yn cael ei datblygu'n llawer mwy ar gyfer Bwdhyddion Mahayana. Mae'r Athro Michael Pye yn ei lyfr *Skilful Means: A Concept in Mahayana Buddhism* (1978) yn esbonio: 'Mewn Bwdhaeth Mahayana cyhoeddir mai dulliau dros dro yw'r ffurfiau amrywiol ar ddysgeidiaeth ac arferion Bwdhaidd, gyda'r Bwdha wedi'u sefydlu i gyd yn fedrus er budd y rhai sydd heb gael goleuedigaeth. Mae Bwdhydd sy'n gwneud cynnydd ei hun yn dod i sylweddoli'r rhinwedd dros dro hon yn y ffurfiau ar ei grefydd. Trwy ddefnyddio'r dulliau a roddir iddo, rhaid iddo ddysgu i beidio ag ymlynu'n anghywir wrthyn nhw.' O'r safbwynt hwn, mae Bwdhaeth yn ei chyfanrwydd yn cael ei gweld yn bennaf fel crefydd upaya (dulliau medrus) gan fod y llwybr a roddodd y Bwdha yn bwysig dim ond o ran ei fod yn arwain at y nod.

Mae'r mynegiant mwyaf datblygedig o upaya yn y Sutra Lotus, yr ydyn ni wedi cyfeirio ato'n barod. Mae llawer o drafod ynghylch y cyd-destun y cododd y Sutra Lotus ohono ac felly sut dylid dehongli ei ddysgeidiaeth ar upaya (dulliau medrus). Un ffordd ddefnyddiol o edrych ar y Sutra Lotus yw drwy sylweddoli bod tri yana (cerbyd) i oleuedigaeth ymysg y Bwdhaethau amrywiol a oedd wedi datblygu pan oedd y testun yn cael ei lunio:

1. **Sravaka-yana:** yana yr arhat a oedd, fel disgybl, wedi cael dysgeidiaeth Dhamma y Bwdha ac sy'n rhan o'r sangha mynachaidd. Mae modd gweld hyn fel y llwybr Theravada nodweddiadol.

2. **Pratyekabuddha-yana:** yana y Bwdha unig. Mae hyn yn cyfeirio at rywun sydd y tu allan i'r sangha mynachaidd, sydd heb athro ac sydd, felly, heb gael dysgeidiaeth y Dhamma. Mae'r pratyekabuddha yn cael ei ddisgrifio yn y Khaggavisana fel rhinoseros. Mae hyn oherwydd bod y rhinoseros yn cael ei ystyried yn anifail unig. Y byrdwn drwy'r sutta yw 'crwydro'n unig fel rhinoseros'. Mae'r pratyekabuddha yn osgoi cwmni o bob math ac felly gallai gyhoeddi 'heb arweiniad gan eraill, mae gen i wybodaeth a gododd ynof i'.

3. **Bodhisattva-yana:** yana y bodhisattva. Mae hyn yn cyfeirio at rywun sy'n modelu ei ymagwedd ar un y Bwdha hanesyddol. Mae'n ystyried mai'r patrwm i'w ddilyn yw ei ailenedigaethau blaenorol di-rif, datblygiad y paramitas (perffeithderau) a'i bodhicitta – meddwl sydd wedi Deffro – a wnaeth iddo weithredu'n drugarog dros bob bod ymdeimladol. Mae'r llwybr hir ac anodd hwn yn arwain at gyrraedd Bwdhadod perffaith neu at tathagatagarbha – y natur-Bwdha oddi mewn.

Yn y Sutra Lotus – y mae Laumakis yn ei ddisgrifio fel 'y testun pwysicaf a mwyaf dylanwadol ledled Asia, gellid dadlau' – mae'r Bwdha yn eistedd o flaen cynulleidfa enfawr gan gynnwys mynachod, lleianod, duwdodau a bodhisattvau. Mae'n bwysig nodi bod y Bwdha yn cyfeirio ei eiriau nawr at Sariputra, sy'n cael ei ystyried fel y doethaf a'r mwyaf o'r arhatau sydd wedi dilyn y sravaka-yana. Mae'r Bwdha yn canmol doethineb bwdhau di-rif mewn ailenedigaethau di-rif dros oesoedd di-rif: 'Mae doethineb y bwdhau yn ddwfn a difesur. Mae'r porth i'w doethineb yn anodd mynd drwyddo ac yn anodd ei ddeall. Efallai na fydd un o'r sravakas a'r pratyekabuddhas yn gallu ei ddeall.'

Mae'r Bwdha yn mynd ymlaen drwy ddweud wrth Sariputra: 'Ar ôl cyrraedd Bwdhadod, ehangais y ddysgeidiaeth yn helaeth gydag amryw o esboniadau ac enghreifftiau, a gydag upaya (dulliau medrus) arweiniais fodau ymdeimladol i gael gwared ar eu hymlyniadau. Pam, felly? Oherwydd bod y bwdhau i gyd wedi dod yn feistri perffaith ar upaya (dulliau medrus), doethineb, a mewnwelediad.' *Dim ond* y bwdhau sydd wedi deall 'y dharma difesur, diderfyn, a digyffelyb hwn' sef y saddharma – y Dhamma gwirioneddol.

Yn yr adnodau sy'n dilyn, mae'r Bwdha yn pwysleisio'r pwynt y mae wedi'i wneud drwy ddweud, hyd yn oed petai 'bydoedd â deg cyfeiriad' yn cael eu llenwi â sravakas fel Sariputra neu'n cael eu llenwi â pratyekabuddhas a geisiodd ddeall y Dhamma dros oesoedd di-rif, 'fydden nhw ddim yn ei ddeall o gwbl'. Byddai'r un peth yn wir am bodhisattvau er eu bod nhw, mewn man arall yn y Sutra, yn cael eu hystyried yn rhagorach na sravkas a pratyekabuddhas. Mae'r Bwdha yn dod i'r casgliad: 'Fi a achosodd iddyn nhw ymryddhau oddi wrth gaethiwed dioddefaint, a chyrraedd nirvana. Rwyf wedi datguddio dysgeidiaeth y tri cherbyd gyda phŵer upaya (dulliau medrus) y bwdhau er mwyn rhyddhau bodau ymdeimladol oddi wrth eu hymlyniadau dynol amrywiol.'

Mae'r Bwdha yn dysgu bod tri yana y sravaka, y pratyebwdha a'r bodhisattva yn cael eu dysgu yn y gorffennol fel yr upaya (dulliau medrus) oedd fwyaf addas i bobl yng nghamau amrywiol eu dealltwriaeth. Yn ôl y saddharma, dim ond un yama sydd. Fel esboniodd Lopez, mae'r Bwdha yn dysgu mai 'dim ond un llwybr, un cerbyd (ekayana) sydd: y llwybr i fwdhadod, cerbyd y bwdha (buddhayana). Mae'n esbonio, petai wedi datguddio'r un llwybr hwn o'r dechrau, byddai llawer wedi teimlo eu bod nhw'n methu ei ddilyn. Felly, dyfeisiodd ddull medrus, addas iddyn nhw, gan ddysgu llwybr byrrach a symlach, y llwybr i nirvana yr arhat. Nawr, mae'n datguddio mai dim ond un llwybr sydd a bod y llwybr hwnnw ar gael i bawb.'

Y ddysgeidiaeth hon sy'n cael ei darlunio gan ddameg y tŷ a oedd ar dân. Yma, mae'r tad mewn gwirionedd yn twyllo'r plant yn y tŷ a oedd ar dân gyda chelwydd yn addo tair cert iddyn nhw, un wedi'i thynnu gan ddafad, un arall gan garw a'r drydedd gan ych. Ar ôl iddyn nhw ddianc o'r tŷ, un gert yn unig mae'r tad yn ei rhoi iddyn nhw, ac maen nhw i gyd yn dringo i mewn iddi. 'Mae'r Bwdha yn esbonio mai samsara, teyrnas ailenedigaeth, yw'r tŷ a oedd ar dân; ef yw'r tad, a'r plant yw bodau ymdeimladol y bydysawd, sydd wedi ymgolli cymaint yn y byd fel eu bod nhw'n anwybyddu ei beryglon. Gan wybod am hoffterau a gallu bodau ymdeimladol, mae'r Bwdha yn eu denu i lwybrau amrywiol i ddianc rhag samsara drwy gynnig rhywbeth iddyn nhw sy'n apelio at eu dyheadau cyfyngedig. Fodd bynnag, dyma ei ddull medrus.' (Lopez)

Ar ddiwedd dameg y tŷ a oedd ar dân, mae'r Bwdha yn gofyn i Sariputra a yw'r tad wedi twyllo ei blant ai peidio? Mae Sariputra yn ateb, 'Achubodd eu bywydau nhw a wnaeth e ddim o'u twyllo nhw. Nid twyll yw hyn o gwbl. Pam? Oherwydd, drwy achub eu bywydau, cawson nhw deganau rhyfeddol. At hynny, cawson nhw eu hachub o'r tŷ a oedd ar dân drwy ddulliau medrus.' Fel hyn, gellir gweld mai dysgeidiaethau dros dro yn unig yw rhai Bwdhaeth gan mai dim ond upaya (dulliau medrus) ydyn nhw. Mae'r Bwdha yn ateb Sariputra drwy ddweud mai ef yw'r tad ac yn dod i'r casgliad, 'fel tad y byd cyfan, mae'n dileu ofn, tristwch, pryder, anwybodaeth, a dallineb am byth. Mae wedi cael doethineb, mewnwelediad, pŵer, a dewrder difesur, yn ogystal â phwerau trosgynnol mawr a phŵer doethineb. Mae wedi cyrraedd perffeithder upaya (dulliau medrus) a doethineb. Gyda'i drugaredd a'i dosturi mawr, mae'n mynd ati'n ddiddiwedd ac yn ddiflino i geisio lles pob bod ac yn rhoi budd iddyn nhw i gyd.' Mewn Bwdhaeth Mahayana, bwriad 'trugaredd a thosturi mawr' sy'n cyfiawnhau upaya (dulliau medrus).

Awgrym astudio

Ymchwiliwch i gredoau a dysgeidiaethau Jainiaeth a gweld beth yw'r nodweddion tebyg a gwahanol sydd ganddi o'i chymharu â Bwdhaeth.

Dameg y tŷ a oedd ar dân o'r Sutra Lotus.

Dyfyniad allweddol

Yn ôl y safbwynt hwn, o leiaf fel y caiff ei gyflwyno yn y Sutra Lotus, mae'r Bwdha yn addasu ei ddysgeidiaeth i lefel ei wrandawyr. O'i dosturi mae'n rhoi'r ddysgeidiaeth sy'n briodol i'w hanghenion. Felly, efallai bydd yn rhoi un ddysgeidiaeth ar un adeg, a dysgeidiaeth i'r gwrthwyneb yn llwyr ar adeg arall. (Williams)

cwestiwn cyflym

3.2 Esboniwch y gwahanol ffyrdd y byddai'n bosibl dehongli dameg y rafft.

Dyfyniad allweddol

Yn ffigwr Ashoka, daeth Bwdhaeth o hyd i'r catalydd delfrydol i'w thrawsnewid o sect anhysbys o Ganol India yn egin crefydd byd. (Batchelor)

Term allweddol

Llinach Mauryaidd: llinach a oedd yn rheoli llawer o India o tua 321–187 CCC – Ashoka oedd trydydd rheolwr y llinach hon

Yr Ymerawdwr Ashoka: Cyhoeddeb y Graig NB 7 a Chyhoeddeb y Graig NB 12: a oes daioni ym mhob crefydd?

Agwedd bwysig ar stori Upali y Jain a'i dröedigaeth i ddod yn ddisgybl i'r Bwdha yw'r hyn y mae'n ei esbonio o ran cwestiwn cyffredinol Bwdhaeth a chrefyddau eraill.

Fel rydyn ni wedi'i weld, un o'r pethau sy'n creu argraff ar Upali yw bod y Bwdha yn dweud wrtho, 'Berchennog tŷ, dylech chi weithredu ar ôl ystyried yn ofalus. Mae'n dda bod pobl adnabyddus fel chi yn gweithredu ar ôl ystyried yn ofalus.' Yr hyn *nad* yw Bwdha a'i ddilynwyr yn ei wneud yw dathlu tröedigaeth Upali, ar ryw ystyr, fel buddugoliaeth i Fwdhaeth dros Jainiaeth. Felly, mae Upali yn cyhoeddi: 'Nawr rwyf hyd yn oed yn fwy hapus a bodlon â'r Bwdha, oherwydd ei fod yn dweud wrtha i am weithredu ar ôl ystyried yn ofalus. Oherwydd petai dilynwyr llwybrau eraill yn fy ennill fel disgybl, bydden nhw'n cario baner dros Nalanda i gyd, gan ddweud: "Mae Upali, y perchennog tŷ, wedi dod yn ddisgybl i ni!" Ac eto i gyd, mae'r Bwdha yn dweud "berchennog tŷ, dylech chi weithredu ar ôl ystyried yn ofalus".'

Yn ogystal, mae'r Bwdha yn atgoffa Upali: 'Ers tro byd nawr, berchennog tŷ, mae eich teulu'n ffynhonnell cefnogaeth i'r asgetigion Jain. Dylech chi ystyried rhoi iddyn nhw pan fyddan nhw'n dod.' Yma eto, mae Upali wrth ei fodd oherwydd bod hyn yn groes i'r hyn roedd pobl wedi'i ddyfynnu *ar gam* gan y Bwdha, sef iddo ddweud: 'Dylai rhoddion gael eu rhoi i mi, nid i eraill. Dylai rhoddion gael eu rhoi i'm disgyblion i, nid i ddisgyblion eraill. Dim ond yr hyn a roddir i mi sy'n ffrwythlon iawn, nid yr hyn a roddir i eraill. Dim ond yr hyn a roddir i'm disgyblion sy'n ffrwythlon iawn, nid yr hyn a roddir i ddisgyblion crefyddau eraill.' Er na fyddai Upali yn Jain bellach, mae'n deall yr hyn y mae'r Bwdha wedi'i ofyn ganddo: 'mae'r Bwdha yn fy annog i roi i'r asgetigion Jain'. Mae hyn i gyd yn awgrymu bod Bwdhaeth yn dysgu bod daioni ym mhob crefydd ac y dylid eu parchu.

Bron i ddau gan mlynedd ar ôl marwolaeth y Bwdha – erbyn hynny, roedd Bwdhaeth wedi gwreiddio fwyfwy – cafodd **llinach Mauryaidd** ei sefydlu gan Chandragupta (322–297 CCC) a dechreuodd lywodraethu dros ran o'r tir sydd yn India heddiw. Daliodd Bindusara, ei fab, ati i ehangu a chadarnhau'r diriogaeth a oedd wedi'i choncro, ac yna parhaodd Ashoka gyda'r polisi hwn pan olynodd ei dad tua 268 CCC. Teyrnasodd tan tua 232 CCC.

Piler a osododd Ashoka yn Lumbini yn tua 249 er mwyn dynodi ei ymweliad â man geni'r Bwdha.

Mae'n anodd iawn rhoi digwyddiadau bywyd Ashoka at ei gilydd gan nad yw'r deunydd ffynhonnell yn helaeth nac yn hollol ddibynadwy chwaith. Yr hyn sy'n cael ei awgrymu yw mai ar ôl cyfnod o ryfela treisgar yn unig roedd ei olyniaeth yn ddiogel, a bod hyn wedi parhau i mewn i ran gyntaf ei deyrnasiad. Tua 262 CCC, ymosododd Ashoka a'i fyddin ar deyrnas Kalinga a'i goresgyn. Mae traddodiadau'n awgrymu mai'r trais gwaedlyd a ddigwyddodd yn rhan o hyn a oedd yn gyfrifol am ymroddiad brwdfrydig newydd Ashoka i Fwdhaeth. Roedd hyn yn cynnwys rhoi'r gorau i drais a defnyddio egwyddorion Bwdhaeth wrth lywodraethu ei ymerodraeth.

Mae cryn dipyn o enw da Ashoka heddiw yn seiliedig ar y dystiolaeth a gafwyd gan arysgrifau sydd wedi'u darganfod ar bileri, ar greigiau ac mewn ogofâu yn India, Nepal, Pakistan ac Afghanistan. Yn y rhain, mae Ashoka yn ei enwi ei hun yn Devanampiya Piyadasi, y gellir ei gyfieithu fel 'Anwylyd y duwiau – Ef sy'n gwylio gyda charedigrwydd'. Mae nifer o arysgrifau fel petaen nhw'n cofnodi geiriau Ashoka ei hun yn hytrach na'u bod yn gyhoeddiadau swyddogol.

Wrth grynhoi eu cynnwys, mae'r Anrhydeddus S. Dhammika yn gwneud sylw ar yr hyn y maen nhw'n ei ddangos am ddylanwad Bwdhaeth ar Ashoka: 'Aeth ar bererindodau i Lumbini a Bodh Gaya, anfonodd fynachod i addysgu i amryw o ranbarthau yn India a thu hwnt i'w ffiniau, ac roedd yn ddigon cyfarwydd â'r testunau sanctaidd i argymell rhai ohonyn nhw i'r gymuned fynachaidd. Mae hi hefyd yn amlwg iawn bod Ashoka yn gweld bod y diwygiadau a gyflwynodd yn rhan o'i ddyletswyddau fel Bwdhydd.'

Does neb yn gwybod a oedd diwygiadau Ashoka yn effeithiol ac wedi para'n hir, ond mae Bwdhyddion diweddarach yn ei gynnig fel model o lywodraethwr oherwydd iddo ganolbwyntio ar dosturi a pharch at bob bywyd. Mae **Cyhoeddeb y Graig** NB 2, er enghraifft, yn cyhoeddi bod Ashoka 'wedi darparu ar gyfer dau fath o driniaeth feddygol: triniaeth feddygol i bobl a thriniaeth feddygol i anifeiliaid. Lle nad oes perlysiau meddygol addas i bobl neu i anifeiliaid ar gael, rwyf wedi gorchymyn iddyn nhw gael eu mewnforio a'u tyfu. Lle nad oes gwreiddiau neu ffrwythau meddygol addas ar gael, rwyf wedi gorchymyn iddyn nhw gael eu mewnforio a'u tyfu. Ar hyd y ffyrdd, rwyf wedi gorchymyn i ffynhonnau gael eu palu a choed gael eu plannu er lles pobl ac anifeiliaid.' Mae enghraifft arall yng Nghyhoeddeb y Graig NB 4 lle cyhoeddir bod 'sain y drwm wedi'i disodli gan sain y Dhamma' a bod y Brenin 'yn annog pobl i ymatal rhag lladd a niweidio bodau byw'.

Un o'r agweddau trawiadol eraill ar deyrnasiad y Brenin oedd ei agwedd at grefydd. Fel mae Dhammika yn nodi, 'er ei fod yn Fwdhydd brwdfrydig, doedd e ddim yn ffafrio ei grefydd ei hun neu'n anoddefgar tuag at grefyddau eraill. Mae'n ymddangos ei fod yn gobeithio'n wirioneddol y gallai annog pawb i ddilyn ei grefydd ei hun gyda'r un argyhoeddiad ag roedd ef yn dilyn ei grefydd yntau.' Mae hyn yn amlwg o Gyhoeddeb y Graig NB 7 sy'n dweud: 'Mae Devanampiya Piyadasi yn dymuno y dylai pob crefydd fyw ym mhob man, oherwydd bod pob un ohonyn nhw'n dymuno hunanreolaeth a phurdeb calon. Ond mae gan bobl ddyheadau amrywiol ac angerdd o bob math, ac efallai y byddan nhw'n arfer y cyfan a ddylen nhw neu ran ohono'n unig. Ond yr un sy'n cael rhoddion mawr ond eto sydd heb hunanreolaeth, purdeb calon, diolchgarwch ac ymrwymiad cadarn, mae person fel hyn yn gybyddlyd.'

Mae'r agwedd hon yn cael ei datgan yn fwy helaeth yng Nghyhoeddeb y Graig NB 12: 'Mae Devanampiya Piyadasi yn anrhydeddu asgetigion a pherchnogion tai pob crefydd, ac mae'n eu hanrhydeddu nhw â rhoddion ac anrhydeddau o fathau amrywiol. Ond dydy Devanampiya Piyadasi ddim yn gwerthfawrogi anrhegion ac anrhydeddau cymaint ag y mae'n gwerthfawrogi hyn – y dylai fod twf yn hanfodion pob crefydd.'

Yn dilyn y datganiad hwn, mae Ashoka yn mynd ati i ddweud bod daioni ym mhob crefydd ac y dylai pob person o un grefydd ddod o hyd i'r daioni yng nghredoau crefyddol gwahanol pobl eraill.

'Mae'n bosibl tyfu yn yr hanfodion mewn ffyrdd gwahanol, ond wrth wraidd pob un mae ymatal wrth siarad, hynny yw, peidio â chanmol eich crefydd eich hun, neu gondemnio crefydd pobl eraill heb achos da. Ac os oes achos i feirniadu, dylid gwneud hynny mewn

Dyfyniad allweddol

Mae Devanampiya Piyadasi yn llefaru fel hyn: Mae Dhamma yn dda, ond beth yw Dhamma? Ychydig iawn o ddrygioni sydd ynddo, llawer o ddaioni, caredigrwydd, haelioni, gonestrwydd a phurdeb. (Cyhoeddeb Piler 2 y Brenin Ashoka)

Termau allweddol

Cyhoeddeb y Graig: datganiadau Ashoka wedi'u harysgrifennu ar graig sydd wedi cael eu darganfod yn India ac mewn gwledydd cyfagos

Devanampiya Piyadasi: yr enw ar Ashoka – y gellir ei gyfieithu fel 'Anwylyd y duwiau – Ef sy'n gwylio gyda charedigrwydd'

ffordd garedig. Ond mae'n well anrhydeddu crefyddau eraill am y rheswm hwn. Wrth wneud hynny, mae eich crefydd eich hun yn elwa, a chrefyddau pobl eraill hefyd. Wrth wneud fel arall mae'n niweidio eich crefydd eich hun a chrefyddau pobl eraill.

Wedyn mae Ashoka yn amlinellu sefyllfa y gellid ei disgrifio fel goddefgarwch crefyddol, deialog a chytgord:

'Dim ond niweidio ei grefydd ei hun mae pwy bynnag sy'n canmol ei grefydd ei hun oherwydd gormodedd o ymroddiad, ac sy'n condemnio eraill gyda'r syniad "Gadewch i mi fawrygu fy nghrefydd fy hun". Felly, mae cyswllt rhwng crefyddau'n beth da. Dylai rhywun wrando ar yr athrawiaethau y mae eraill yn eu proffesu, a'u parchu. Mae Devanampiya Piyadasi yn dymuno bod pawb yn hyddysg yn athrawiaethau da crefyddau eraill.'

Pan mae person yn ymagweddu fel hyn, mae Ashoka yn dweud bod ei grefydd ei hun yn cael ei chryfhau ac nid ei pheryglu gan y cydfodoli heddychlon â phobl sydd â chrefydd arall.

'Dylai'r rhai sy'n fodlon â'u crefydd eu hunain gael gwybod hyn: Dydy Devanampiya Piyadasi ddim yn gwerthfawrogi anrhegion ac anrhydeddau cymaint ag y mae'n gwerthfawrogi y dylai fod twf yn hanfodion pob crefydd ... A ffrwyth hyn yw bod eich crefydd eich hun yn tyfu a bod y Dhamma yn cael ei esbonio hefyd.'

Darlun o'r Brenin Ashoka ar ei gerbyd rhyfel gyda'i ddilynwyr ar Stupa Sanchi.

Mae Bhikkhu Bodhi, sy'n ysgrifennu tua 2500 o flynyddoedd yn ddiweddarach o bersbectif Theravada, yn mynegi teimladau tebyg i rai Ashoka er bod y lleoliad hanesyddol yn wahanol iawn. Mae hyn yn arbennig o wir, o gofio nad oedd rhaid i Ashoka ystyried ymdrechion Cristnogaeth ac Islam i genhadu ac ehangu. Cyrhaeddodd y crefyddau hyn India a rhannau eraill o Asia yn ddiweddarach. Mae Bhikkhu Bodhi yn nodi 'mabwysiadu cadarnhad ymosodol o'ch credoau eich hun, ynghyd â sêl genhadol tuag at y rhai sy'n dal i fod y tu allan i gylch dethol eich cyd-grefyddwyr' a allai gael ei ganfod o hyd o fewn 'corlannau'r crefyddau monotheistig mawr, Cristnogaeth ac Islam'. Mae Bhikkhu Bodhi yn cydnabod y byddai'n bosibl gweld cadarnhad ymosodol o gred o fewn Bwdhaeth, ond mae'n ychwanegu, 'er nad oes sicrwydd na fydd ffwndamentaliaeth filwrol yn tyfu o fewn rhengoedd Bwdhaeth ei hun, dydy dysgeidiaethau'r Bwdha ddim yn gallu cynnig unrhyw gyfiawnhad, ddim un gwan hyd yn oed, dros ddatblygiad mor faleisus'.

Felly mae Bhikkhu Bodhi yn cadarnhau 'y goddefgarwch trwyadl a'r daioni hwyliog' y mae Bwdhaeth fel crefydd wedi'u dangos yn gyffredinol tuag at y crefyddau niferus y mae hi wedi dod i gysylltiad â nhw. 'Mae goddefgarwch Bwdhaidd yn deillio o gydnabod bod natur ac anghenion ysbrydol bodau dynol yn llawer rhy amrywiol i unrhyw un ddysgeidiaeth eu cwmpasu nhw, ac felly mae'n naturiol y bydd yr anghenion hyn yn cael eu mynegi ar amrywiaeth eang o ffurfiau crefyddol.

O un safbwynt mae'r ymagwedd hon at grefyddau eraill fel petai'n cyd-fynd â'r egwyddorion y mae Bwdhaeth Mahayana yn eu cynnal, yn seiliedig ar upaya (dulliau medrus) fel y'u trafodwyd nhw yn y Sutra Lotus. Fel mae'r Bwdha yn ei gyhoeddi amdano'i hun, 'Mae wedi cyrraedd perffeithder upaya (dulliau medrus) a doethineb. Gyda'i drugaredd a'i dosturi mawr, mae'n mynd ati'n ddiddiwedd ac yn ddiflino i geisio lles pob bod ac yn rhoi budd iddyn nhw i gyd.' Felly gallai rhai Bwdhyddion ystyried crefyddau eraill yn rhan o upaya (dulliau medrus) o ran eu bod nhw'n cynnig amrywiaeth o ffyrdd o ddianc o'r byd hwn fel mae dameg y tŷ a oedd ar dân yn ei ddangos. Yn yr ystyr hwn, mae crefyddau eraill yn debyg i'r rafft yn nameg y rafft o ran 'nid dal gafael ynddi' yw ei phwrpas – ond yn hytrach fel dull arall o fod yn ymarferol, – 'i groesi drosodd'. Ystyr hyn i gyd yw ei bod hi'n naturiol felly y gallai rhai Bwdhyddion dderbyn bod daioni ym mhob crefydd ac y dylid eu parchu nhw.

Mae'r pwynt olaf yn arbennig o wir pan mae egwyddorion moesegol fel tosturi mewn crefyddau eraill yn amlwg ac yn haeddu canmoliaeth. Er enghraifft, nid mewn Bwdhaeth yn unig mae karuna (tosturi) fel y mae modd ei weld ym mywyd a gwaith y Santes Gatholig, **Y Fam Teresa o Calcutta** (1910–1997). Oherwydd ei gwaith gyda'r newynog, y sâl a'r rhai a oedd yn marw ar strydoedd Calcutta, dywedodd y 5ed Samdhong Rinpoche, Lobsang Tenzin, yn ei rôl fel Prif Weinidog llywodraeth alltud Tibet: 'Mae hi'n cynrychioli cariad diwahaniaeth a thosturi dros y ddynoliaeth i gyd. I Fwdhaeth Tibet, y Fam yw ymgnawdoliad tosturi difesur Maha Karuna.'

Aeth y Dr Karma Lekshe Tsomo â'r ymagwedd hon ymhellach o safbwynt Bwdhaeth Mahayana ac edrychodd ar y cwestiwn a allai'r Fam Teresa o Calcutta gael ei hystyried yn bodhisattva. Mae Lekshe Tsomo yn cydnabod, o ran athrawiaeth a chred grefyddol, y gallai hyn ymddangos yn 'ymarfer ofer, fel ceisio gosod pegiau crwn mewn tyllau sgwâr, gan fod delfryd y bodhisattva yn seiliedig ar set o dybiaethau na fyddai'r Fam Teresa Gatholig, o bosibl, wedi'u hystyried erioed'. Ar yr un pryd, un casgliad posibl yw dweud 'o ystyried ymgysylltu gweithredol ym myd dioddefaint a thrallod, efallai fod y Fam Teresa yn nes at y delfryd bodhisattva nag unrhyw Fwdhydd'.

Fel mae Lekshe Tsomo yn ei nodi, dydy hi ddim yn bosibl cyfyngu'r delfryd bodhisattva i Fwdhyddion Mahayana yn unig gan y byddai hynny'n groes i'r gred bod tosturi'r bodhisattva yn hollgyffredinol ac yn ddiduedd. Yn ogystal, mae'r bodhisattva 'yn gallu ymddangos ar lu o ffurfiau er lles i fodau ymdeimladol'. O'r safbwynt hwn gellid ei weld fel enghraifft arall o upaya (dulliau medrus): 'mae'n rhesymol bod gan bodhisattva sy'n defnyddio terminoleg a chredoau Cristnogol y potensial i gyrraedd y nifer mwyaf o bobl drwy ddefnyddio iaith y maen nhw'n gallu ei deall. Gan ddefnyddio'r rhesymeg hon, dydy hi ddim yn amhosibl mai bodhisattva oedd y Fam Teresa a ymddangosodd ar ffurf Gristnogol er mwyn lledaenu moeseg tosturi.'

Awgrym astudio

Ymchwiliwch i'r storïau amrywiol am y Brenin Ashoka a sut mae wedi cael ei bortreadu mewn testunau Bwdhaidd diweddarach.

cwestiwn cyflym

3.3 Pa bwyntiau allweddol y mae Cyhoeddeb y Graig NB 12 yn eu gwneud o ran crefydd?

Gweithgaredd AA1

Esboniwch sut gallai rhai Bwdhyddion gymhwyso dameg y rafft a dameg y tŷ a oedd ar dân i'w dealltwriaeth o grefyddau eraill.

Esboniwch eich ateb gan ddefnyddio tystiolaeth ac enghreifftiau o'r hyn rydych chi wedi ei ddarllen.

Sgiliau allweddol Thema 2

Mae'r ail thema hon yn cynnwys tasgau sy'n ymdrin â hanfodion AA1 o ran blaenoriaethu a dewis y wybodaeth berthnasol allweddol, ei chyflwyno mewn ffordd bersonol (fel yn Thema 1) ac yna defnyddio tystiolaeth ac enghreifftiau i gefnogi ac ehangu ar hyn.

Sgiliau allweddol

Mae gwybodaeth yn ymwneud â:

Dewis ystod o wybodaeth (drylwyr) gywir a pherthnasol sydd â chysylltiad uniongyrchol â gofynion penodol y cwestiwn.

Mae hyn yn golygu:

- Dewis deunydd perthnasol i'r cwestiwn a osodwyd

- Canolbwyntio ar esbonio ac archwilio'r deunydd a ddewiswyd

Mae dealltwriaeth yn ymwneud ag:

Esboniad helaeth, gan ddangos dyfnder a/neu ehangder gyda defnydd rhagorol o dystiolaeth ac enghreifftiau gan gynnwys (lle y bo'n briodol) defnydd trylwyr a chywir o destunau cysegredig, ffynonellau doethineb a geirfa arbenigol.

Mae hyn yn golygu:

- Defnydd effeithiol o enghreifftiau a thystiolaeth gefnogol i sefydlu ansawdd eich dealltwriaeth

- Perchenogaeth o'ch esboniad sy'n mynegi gwybodaeth a dealltwriaeth bersonol, NID eich bod yn ailadrodd darn o destun o lyfr rydych wedi ei baratoi a'i gofio.

Datblygu sgiliau AA1

Nawr mae'n bwysig ystyried y wybodaeth sydd wedi'i chyflwyno yn yr adran hon; fodd bynnag, mae'r wybodaeth fel y mae yn llawer rhy helaeth ac felly mae'n rhaid ei phrosesu er mwyn bodloni gofynion yr arholiad. Gallwch wneud hyn drwy ymarfer y sgiliau uwch sy'n gysylltiedig ag AA1. Bydd yr ymarferion yn y llyfr hwn yn eich helpu i wneud hyn ac yn eich paratoi ar gyfer yr arholiad. Ar gyfer Amcan Asesu 1 (AA1), sy'n cynnwys dangos sgiliau 'gwybodaeth' a 'dealltwriaeth', rydyn ni am ganolbwyntio ar ffyrdd gwahanol o ddangos y sgiliau yn effeithiol, gan gyfeirio hefyd at sut bydd eich perfformiad ym mhob un o'r sgiliau hyn yn cael ei fesur (gweler disgrifyddion band cyffredinol AA1 ar gyfer U2).

▶ **Dyma'ch tasg:** Isod mae crynodeb o **sut byddai llawer o Fwdhyddion yn ystyried bod daioni ym mhob crefydd ac y dylid eu parchu**. Mae'n 160 gair o hyd. Mae tri phwynt wedi'u hamlygu sy'n bwyntiau allweddol i'w dysgu o'r darn hwn. Trafodwch pa ddau bwynt arall y mae'n fwyaf pwysig eu hamlygu yn eich barn chi, ac ysgrifennwch y pum pwynt.

Mae'n bwysig nodi, o ran Upali y Jain, nad yw'r Bwdha yn ceisio rhoi tröedigaeth iddo drwy fynegi safbwyntiau gelyniaethus am grefydd Nigantha Nataputta. Eto, fel mae Upali ei hun yn ei gyhoeddi, dydy'r Bwdha ddim yn dathlu tröedigaeth Upali i Fwdhaeth yn fuddugoliaethus fel petai Bwdhaeth wedi ennill cystadleuaeth yn erbyn Jainiaeth. Y cyfan mae'n ei wneud yw dweud wrth Upali am 'weithredu ar ôl ystyried yn ofalus'. Hefyd mae'r Bwdha yn dweud wrth Upali am barhau i roi i asgetigion Jain. Gellir gweld y math hwn o ymagwedd yng Nghyhoeddebau'r Graig yr ymerawdwr Bwdhaidd, Ashoka, a oedd yn teyrnasu yn y 3edd ganrif CCC. Yng Nghyhoeddeb y Graig 7, mae Ashoka yn dweud y dylai pob crefydd breswylio ym mhob man, oherwydd bod yr un nod ganddyn nhw, sef hunanreolaeth a phurdeb calon. Yng Nghyhoeddeb y Graig 12, mae'n dweud y dylai fod twf yn hanfodion pob crefydd ac y dylen nhw geisio dysgu oddi wrth ei gilydd.

Nawr, defnyddiwch eich pum pwynt i lunio eich crynodeb eich hun (fel yn Thema 1 Datblygu sgiliau) gan geisio gwneud y crynodeb yn fwy personol i'ch arddull ysgrifennu eich hun.

Materion i'w dadansoddi a'u gwerthuso

Gwerth profiad o'i gymharu â ffynonellau awdurdod eraill sy'n bosibl mewn Bwdhaeth

Mae'r adran hon yn cwmpasu cynnwys a sgiliau AA2

Cynnwys y fanyleb

Gwerth profiad o'i gymharu â ffynonellau awdurdod eraill sy'n bosibl mewn Bwdhaeth.

Un o'r problemau o ran ffynonellau awdurdod sy'n bosibl mewn Bwdhaeth yw'r holl amrywiaeth o Fwdhaethau a allai fod o dan sylw. Felly, byddai'r ffynhonnell awdurdod i bhikkhu mewn vihara yn Bangkok, Gwlad Thai, sy'n dilyn y sravaka-yana yn wahanol iawn i'r ffynhonnell awdurdod i Fwdhydd unig sy'n dilyn y pratyekabuddha-yana. Felly hefyd, byddai'r ffynhonnell awdurdod i fyfyriwr Bwdhaidd sy'n astudio o dan lama ym Mwdhaeth Tibet yn wahanol iawn i'r ffynhonnell awdurdod i fyfyriwr Bwdhaidd sy'n astudio i fod yn rhan o Urdd Rhyngfodolaeth yn Plum Village, Ffrainc.

Fodd bynnag, yn gyffredinol, gellid dadlau nad yw Bwdhaeth yn wahanol o gwbl i unrhyw un arall o grefyddau'r byd o ran y ffynonellau awdurdod sy'n bosibl. Felly, er enghraifft, mae traddodiad yn bwysig. Yma, mae Bwdhaeth Theravada yn cynnal pwysigrwydd y sangha mynachaidd. Mae bhikkhus uwch yn cael eu hystyried fel y rhai sy'n cynnal y ffordd uniongred o fyw y bywyd mynachaidd o ran ei drefn a'i ddefodau dyddiol. Felly gwelir mai nhw yw'r olynwyr i draddodiad sy'n cael ei drosglwyddo drwy'r cenedlaethau o'r Bwdha hanesyddol ei hun. Nod yr holl amrywiaeth o arferion yn y vihara yw uno'r gymuned fynachaidd o dan yr awdurdod hwn, boed o ran adrodd y Patimokkha neu ddathlu Kathina ar ddiwedd Vassa.

Mae strwythur hierarchaidd Bwdhaeth yng Ngwlad Thai yn y cyfnod modern yn nodedig yma o gofio mai Cyngor Goruchaf y Sangha yw'r awdurdod eithaf ar bob mater sy'n gysylltiedig â Bwdhaeth. Yn ei dro mae Cyngor Goruchaf y Sangha yn cael ei arwain gan y Somdet Phra Sanghraja neu'r patriarch goruchaf, sy'n bennaeth ar bob aelod o'r sangha.

Ym Mwdhaeth Tibet, mae traddodiad bob amser wedi rhoi llawer iawn o awdurdod i'r lama sy'n cyfarwyddo'r rhai sy'n dymuno cael eu grymuso. Er enghraifft, soniodd Choje Akong Tulku Rinpoche (1939–2013) a sefydlodd Fynachlog Samye Ling yn yr Alban ynghylch pa mor bwysig oedd hi bod rhywun a oedd eisiau bod yn Fwdhydd yn mynd am noddfa yn y Bwdha, y Sangha, y Dhamma ac yn y lama neu'r Rinpoche a oedd wedi agor y drws i Fwdhaeth iddyn nhw. Roedd rhaid i lama fel hyn berthyn i linach ddi-dor: 'Pan mae'r athro sy'n rhoi noddfa i chi yn gwneud hynny yn y llinach, yna gallwch chi olrhain sut rydych chi eich hun wedi derbyn noddfa, o'r athro i'r myfyriwr, yr holl ffordd yn ôl dros ddwy fil a hanner o flynyddoedd, o'r wlad hon i Tibet, o Tibet i India, yn ddi-dor, yr holl ffordd yn ôl i'r Arglwydd Bwdha ei hun.'

Ar yr un pryd, fodd bynnag, dydy dibynnu ar draddodiad er mwyn gwarantu awdurdod ddim yn gyfan gwbl heb anawsterau. Cynghorodd y Dalai Lama y dylai Bwdhyddion Gorllewinol fod yn ofalus o ran eu hagwedd tuag at eu lama. Gan ddyfynnu dihareb o Tibet, dywedodd, 'Ddylai disgybl ddim o'i daflu ei hun ar feistr ysbrydol fel mae ci'n ei daflu ei hun ar ddarn o gig. Rhaid i ddisgybl beidio â rhuthro i roi ei ffydd yn syth mewn meistr; yn hytrach, rhaid iddo gymryd amser i adfyfyrio yn ofalus ac archwilio rhinweddau'r meistr cyn sefydlu cwlwm ysbrydol ag ef drwy dderbyn ei ddysgeidiaethau.'

Mae 'cymryd amser i adfyfyrio'n ofalus' yn adleisio ymagwedd y Sutta Kamala: mae profiad yn allweddol a dylai penderfyniadau gael eu gwneud yn seiliedig ar: 'Pan fyddwch chi'n gwybod hynny drosoch eich hun …'

Fodd bynnag, mae'r broblem yn codi eto o ran ar beth y dylai rhywun seilio'r wybodaeth honno. O safbwynt Bwdhaeth Theravada, mae'r sylfaen mewn testunau sanctaidd sydd wedi cael eu trosglwyddo drwy'r traddodiad llafar o'r Bwdha ac yna ar ffurf ysgrifenedig hyd y dydd heddiw. Mae gan y Canon Pali

Gweithgaredd AA2

Wrth i chi ddarllen drwy'r adran hon ceisiwch wneud y pethau canlynol:

1. Dewiswch y gwahanol ddadleuon sy'n cael eu cyflwyno yn y testun a nodwch unrhyw dystiolaeth gefnogol a roddir.

2. Ar gyfer pob dadl a gyflwynir, ceisiwch werthuso a yw'r ddadl yn un gryf neu wan yn eich barn chi.

3. Meddyliwch am unrhyw gwestiynau yr hoffech chi eu gofyn wrth ymateb i'r dadleuon.

Bydd y gweithgaredd hwn yn eich helpu chi i ddechrau meddwl yn feirniadol am yr hyn rydych chi'n ei ddarllen, ac yn eich helpu i werthuso effeithiolrwydd dadleuon gwahanol, gan ddatblygu eich sylwadau, a'ch barn a'ch safbwyntiau eich hun. Bydd hyn yn eich helpu wrth ddod i gasgliadau y byddwch yn eu gwneud yn eich atebion i'r cwestiynau AA2 sy'n codi.

Dyfyniadau allweddol

Mae'n well derbyn dysgeidiaethau meistr gan ei ystyried ef neu ei hystyried hi yn bennaf oll fel ffrind ysbrydol ... Gam wrth gam, os ydyn ni'n argyhoeddedig ei fod ef neu hi'n feistr gwirioneddol ar ôl arsylwi arno/arni, yn gwbl gymwys ac yn haeddu ymddiriedaeth, gallwn ddilyn y dysgeidiaethau drwy ystyried mai nhw yw'r meistr arnon ni. (Tenzin Gyatso, 14eg Dalai Lama)

Pan ddaeth Bodhidharma i China, gwelodd nad oedd y rhan fwyaf o ddysgwyr China yn deall gwirionedd Bwdhaeth. Roedden nhw'n chwilio amdano drwy ddehongli testunau'n unig, ac yn meddwl am y ffenomenau a oedd yn newid o'u cwmpas i gyd fel gweithredu gwirioneddol. Roedd Bodhidharma eisiau gwneud i'r dysgwyr brwd hyn weld nad y bys sy'n pwyntio at y lleuad yw'r lleuad ei hun. Eich meddwl eich hun yn unig yw'r gwirionedd go iawn. (Guifeng Zongmi 780–841)

Cwestiynau allweddol

I ba raddau mae'n rhaid i rywun sy'n dilyn y pratyekabuddha-yana fod yn Fwdhydd?

Pa faterion fyddai'n codi wrth fabwysiadu model o Fwdhaeth Gwlad Thai gyda strwythur clir a Somdet Phra Sanghraja yn y DU?

Beth mae cydweddiad y bys yn pwyntio at y lleuad yn ei ddysgu am bwysigrwydd y Dhamma?

(y Vinaya, y Suttas ac Abhidhamma) awdurdod llwyr. Mae safbwynt Bwdhaeth Mahayana yn cynnwys y rhain fel testunau sanctaidd; ond yn ogystal mae Sutras eraill, fel y Sutra Lotus, y credir ei fod yn cynnwys dysgeidiaeth gudd y Bwdha hanesyddol a drosglwyddwyd mewn gwahanol ffyrdd.

Mae'r math o awdurdod a allai fod gan destunau fel hyn, gan mai dyma brif gyfryngau'r Dhamma, yn un cymhleth eto. Gellid dadlau na ddylai'r testunau sanctaidd yma gael eu dilyn yn llythrennol fel rhai sy'n cynnwys gwirioneddau absoliwt y mae angen eu derbyn yn llwyr yn seiliedig ar ffydd. Yma mae angen osgoi amulika saddha (ffydd ddall) gan ffafrio akaravati saddha (hyder yn seiliedig ar reswm a phrofiad).

Yma, gallai geiriau o'r Sutra Surangama a ddefnyddir yn gyffredinol mewn Bwdhaeth Zen fod yn berthnasol. Mae'r Bwdha yn dysgu Ananda, ond mae yntau'n methu deall ei ystyr gwirioneddol oherwydd ei fod yn canolbwyntio gormod ar y ddysgeidiaeth ei hun. Mae'r Bwdha yn cyhoeddi: 'Mae hyn fel dyn sy'n pwyntio bys at y lleuad er mwyn ei dangos i eraill a ddylai ddilyn cyfeiriad y bys er mwyn edrych ar y lleuad. Os ydyn nhw'n edrych ar y bys ac yn ei gamgymryd am y lleuad, maen nhw'n colli golwg ar y lleuad a'r bys. Pam? Oherwydd mai at y lleuad lachar mae'r dyn yn pwyntio; mae pawb yn colli golwg ar y bys ac yn methu gwahaniaethu rhwng cyflyrau disgleirdeb a thywyllwch.' Gellid dadlau y byddai'n bosibl defnyddio'r cydweddiad hwn i awgrymu bod testunau sanctaidd yn debyg i'r bys oherwydd mai pwyntio'n unig at y gwirionedd, y lleuad, maen nhw. Nid nhw eu hunain yw'r gwirionedd.

Awgrym astudio

Y gamp yn AA2 yw llunio dadl gredadwy drwy resymu a defnyddio tystiolaeth ac enghreifftiau. Ceisiwch osgoi 'rhoi' dadleuon yn unig drwy wirio bod tystiolaeth a/neu enghreifftiau yn cefnogi eich pwyntiau.

Mae Nhat Hanh yn cysylltu cydweddiad y Bys yn Pwyntio at y Lleuad â dameg y rafft er mwyn egluro'r hyn a nodwyd uchod: 'Cyfrwng i ddisgrifio'r gwirionedd yn unig yw'r ddysgeidiaeth. Peidiwch â'i chamgymryd hi am y gwirionedd ei hun. Nid y lleuad yw bys sy'n pwyntio at y lleuad. Mae angen y bys er mwyn gwybod ble i chwilio am y lleuad, ond os ydych chi'n camgymryd y bys am y lleuad ei hun, fyddwch chi byth yn dod i adnabod y lleuad go iawn. Mae'r ddysgeidiaeth fel rafft sy'n eich cario chi i'r lan arall. Mae angen y rafft, ond nid y rafft yw'r lan arall. Fyddai person deallus ddim yn cario'r rafft o gwmpas ar ei ben ar ôl cyrraedd y lan arall ... Defnyddiwch y rafft i gyrraedd y lan arall, ond peidiwch â dal gafael arni fel eich eiddo eich hun. Peidiwch â chael eich dal yn y ddysgeidiaeth. Rhaid i chi allu gollwng gafael arni.'

Mae'r pwyslais yma ar eich rheswm eich hun, a'r ffordd mae eich profiad personol eich hun bob amser yn cael blaenoriaeth dros y ffynonellau awdurdod eraill sy'n bosibl, yn un sy'n sicr yn ddeniadol i lawer o Fwdhyddion cyfoes, yn enwedig rhai yn y Gorllewin y gellid eu gweld fel Bwdhyddion 'tröedigaeth'. O'r safbwynt hwn, mae'r dywediad o'r Dhammapada 'Atta hi attano natho' ('yr hunan yw noddfa'r hunan') yn cael blaenoriaeth.

Ar yr un pryd, does dim dwywaith bod agweddau mewn Bwdhaeth sy'n cyfeirio at yr hyn y mae modd ei weld fel awdurdod uwchlaw profiad personol. Yn y Sutra Lotus ei hun, er enghraifft, mae rhybuddion i'r rhai a allai amau ei awdurdod: y rhai sy'n 'dibrisio'r Sutra hwn, ac yn dirmygu, yn casáu, ac yn dal dig yn erbyn y bobl sy'n ei adrodd, yn ei gopïo ac yn ei gadw'. Bydd pobl fel hyn yn dioddef yn nheyrnas uffern ac yn nheyrnas yr anifeiliaid. Hyd yn oed os llwyddan nhw i gael eu haileni yn y deyrnas ddynol, byddan nhw: 'Yn cael eu poenydio, eu casáu, a'u dirmygu gan bobl, byddan nhw'n dioddef o newyn a syched drwy'r amser. Gydag esgyrn a chnawd wedi gwywo, byddan nhw mewn trallod tra byddan nhw'n byw, ac yn cael eu gorchuddio â cherrig ar ôl marw.'

I ba raddau y mae parodrwydd Bwdhaeth i fod yn agored yn golygu ei bod yn peryglu ei hunaniaeth

Gellid dadlau mai un o gryfderau Bwdhaeth yw ei bod hi'n cynnig yr ehangder mwyaf posibl o ran cwmpasu'r fath amrywiaeth o gredoau, gan gynnwys Bwdhaeth Seciwlar ddyneiddiol a ffurfiau llawer mwy cymhleth Bwdhaeth Tibet. Mae ffurfiau gwahanol ar Fwdhaeth yn eu gwreiddio eu hunain mewn ffyrdd gwahanol yn y Bwdha hanesyddol – sy'n cael ei ddeall a'i ddehongli mewn amryw o ffyrdd – ac mewn credoau sylfaenol fel y Pedwar Gwirionedd Nobl a'r Llwybr Wythblyg Nobl – sydd eto'n cael eu deall a'u dehongli mewn amryw o ffyrdd. At hyn, gellid dadlau bod y ffocws ar ddysgeidiaethau fel sunyata (gwacter) ac upaya (dulliau medrus) yn rhoi hyblygrwydd i Fwdhaeth o ran hunaniaeth sydd ar goll yng nghrefyddau eraill y byd. Fel rydyn ni wedi'i weld, gallai dameg y rafft a chydweddiad y Bys yn Pwyntio at y Lleuad roi rhyw ansawdd dros dro i ddysgeidiaeth Fwdhaeth sy'n golygu nad yw ffiniau Bwdhaeth yn gadarn iawn.

Gallwn gael mewnwelediad i hyn ym mywyd ac etifeddiaeth Helena Blavatsky (1831–1931) a Henry Steel Olcott (1832–1907). Roedd pobl o bedwar ban y byd yn eu dilyn nhw yn eu dydd, yn enwedig gan iddyn nhw ddod â chredoau Hindŵaeth a Bwdhaeth i gynulleidfa Orllewinol. Gweithiodd Blavatsky ac Olcott yn India ac yn Sri Lanka. Yn Sri Lanka, helpodd Olcott i adfywio Bwdhaeth Theravada yng nghanol gwrthwynebiad cenhadon Cristnogol. Mae parch mawr iddi hi o hyd yn Sri Lanka heddiw. Yn 1880 y ddau yma oedd y Gorllewinwyr cyntaf i gael tröedigaeth swyddogol i Fwdhaeth. Fodd bynnag, roedd y ffurf ar Fwdhaeth yr oedden nhw'n ei hyrwyddo yn rhan o Theosoffi hefyd – mudiad crefyddol newydd yr oedden nhw wedi'i ffurfio yn 1875 ac sy'n parhau hyd heddiw. Credo allweddol Theosoffi yw cred mewn doethineb hynafol hollgyffredinol sy'n sail i bob crefydd ac yn eu huno nhw ar ôl cael gwared ar eu defodau allanol a datgelu'r credoau craidd.

Mae etifeddiaeth Blavatsky ac Olcott wedi parhau ac mae wedi cael effaith ar rai ymagweddau Gorllewinol tuag at grefydd yn gyffredinol. Felly, mae Bhikkhu Bodhi yn sôn sut mae'r hyn mae'n ei alw'n 'hollgyffredinolrwydd ysbrydol' yn denu rhai pobl. Disgrifia hyn fel y gred bod 'y prif grefyddau'n gwahaniaethu dim ond o ran eu bod nhw'n ddulliau gwahanol, yn ffyrdd gwahanol, o gyrraedd yr un profiad rhyddhaol. Mae modd galw hyn yn "oleuedigaeth", neu'n "achubiaeth", neu'n "sylweddoliad o Dduw", gan mai amlygu agweddau gwahanol ar yr un nod y mae'r termau gwahanol hyn. Fel mae'r wireb enwog yn ei ddweud: mae llawer o ffyrdd o ddringo'r mynydd, ond yr un yw golau'r lleuad ar y copa.' O gofio'r hyn sydd wedi'i nodi'n barod ac o gofio ffocws Bwdhaeth ar y 'profiad rhyddhaol', gellid dadlau bod Bwdhaeth, yn fwy nag unrhyw grefydd arall, yn dueddol o gael ei gweld fel mynegiant o'r doethineb hynafol hollgyffredinol y mae pob crefydd yn ei rannu. Esbonia Bhikkhu Bodhi: 'O'r safbwynt hwn, un amrywiad arall yn unig yw Dhamma y Bwdha ar yr "athroniaeth dragwyddol" sy'n sail i holl fynegiadau aeddfed chwilio ysbrydol dyn. Efallai ei fod yn sefyll allan oherwydd ei symlrwydd cain, ei eglurder a'i uniongyrchedd; ond dydy e ddim yn cynnwys datguddiad unigryw o'r gwirionedd sydd heb gael ei adrodd o'r blaen.'

Ar yr olwg gyntaf, mae llyfr Nhat Hanh *Living Buddha, Living Christ* fel petai'n darlunio'r natur agored hon sydd gan Fwdhaeth. Yn ôl rhai, gallai'r natur hon olygu ei bod hi mewn perygl o golli ei hunaniaeth. Er enghraifft, mae Nhat Hanh yn esbonio: 'Ar yr allor yn fy nghell meudwy yn Ffrainc mae delweddau o'r Bwdha ac Iesu, a phob tro rwy'n cynnau arogldarth, rwy'n cyffwrdd â'r ddau fel fy hynafiaid ysbrydol.' Hefyd mae'n esbonio sut rhannodd yr Ewcharist Cristnogol, neu'r Cymun Bendigaid, gydag offeiriad Catholig mewn cynhadledd o gynrychiolwyr o wahanol grefyddau: 'Cafodd rhai o'r Bwdhyddion sioc o glywed imi gymryd rhan yn yr Ewcharist, ac roedd rhai o'r Cristnogion yn ymddangos fel petaen nhw wedi arswydo go iawn.'

Wrth drafod hyn, mae Nhat Hanh yn dyfynnu Ail Argymhelliad Trefn Rhyngfodolaeth: 'Peidiwch â meddwl bod y wybodaeth sydd gennych chi ar hyn o

Cynnwys y fanyleb

I ba raddau y mae parodrwydd Bwdhaeth i fod yn agored yn golygu ei bod yn peryglu ei hunaniaeth.

Dyfyniad allweddol

Mae llawer yn meddwl am Fwdhaeth fel crefydd oddefgar, un sy'n cydnabod gwerth pob traddodiad crefyddol ... Gallai hyn awgrymu bod Bwdhaeth yn honni mai un yw pob crefydd, bod pob llwybr ysbrydol yn arwain at gopa'r un mynydd. Nid yw hynny'n wir o gwbl ... Yn hanesyddol, mae pob Bwdhydd wedi honni ei bod hi'n amhosibl cael rhyddhad o ailenedigaeth drwy gyfrwng unrhyw grefydd heblaw am Fwdhaeth. (**Lopez a Buswell**)

Gweithgaredd AA2

Wrth i chi ddarllen drwy'r adran hon ceisiwch wneud y pethau canlynol:

1. Dewiswch y gwahanol ddadleuon sy'n cael eu cyflwyno yn y testun a nodwch unrhyw dystiolaeth gefnogol a roddir.

2. Ar gyfer pob dadl a gyflwynir, ceisiwch werthuso a yw'r ddadl yn un gryf neu wan yn eich barn chi.

3. Meddyliwch am unrhyw gwestiynau yr hoffech chi eu gofyn wrth ymateb i'r dadleuon.

Bydd y gweithgaredd hwn yn eich helpu chi i ddechrau meddwl yn feirniadol am yr hyn rydych chi'n ei ddarllen, ac yn eich helpu i werthuso effeithiolrwydd dadleuon gwahanol, gan ddatblygu eich sylwadau, a'ch barn a'ch safbwyntiau eich hun. Bydd hyn yn eich helpu wrth ddod i gasgliadau y byddwch yn eu gwneud yn eich atebion i'r cwestiynau AA2 sy'n codi.

Cwestiynau allweddol

Beth fyddai manteision datblygu 'hollgyffredinolrwydd ysbrydol' yn y byd heddiw?

Er mwyn bod yn wirioneddol Fwdhaidd, ddylai Bwdhaeth golli ei hunaniaeth ei hun?

I ba raddau mae hi'n wir mai profiad personol yw'r ffordd orau o gadarnhau honiadau crefydd?

Dyfyniad allweddol

Yn ddiweddarach yn unig, drwy gyfeillgarwch â dynion a menywod Cristnogol ... rydw i wedi gallu cyffwrdd â dyfnderoedd Cristnogaeth. Yr eiliad y cwrddais i â Martin Luther King, Jr., roeddwn i'n gwybod fy mod i ym mhresenoldeb person sanctaidd. Nid yn unig roedd ei waith da'n ffynhonnell ysbrydoliaeth fawr i mi, ond ei fodolaeth hefyd. Ac mae eraill, llai adnabyddus, wedi gwneud i mi deimlo bod yr Arglwydd Iesu yn dal i fod yma gyda ni.

(Nhat Hanh)

Gweithgaredd AA2

Rhestrwch rai casgliadau y byddai'n bosibl dod iddynt ar sail y rhesymeg AA2 yn y testun uchod; ceisiwch gyflwyno o leiaf dri chasgliad gwahanol posibl. Ystyriwch bob un o'r casgliadau a chasglwch dystiolaeth gryno i gefnogi pob casgliad o'r deunydd AA1 ac AA2 ar gyfer y testun hwn. Dewiswch y casgliad sy'n argyhoeddi fwyaf yn eich barn chi ac esboniwch pam mae hyn yn wir. Ceisiwch gyferbynnu hyn â'r casgliad gwannaf ar y rhestr, gan gyfiawnhau eich dadl gyda rhesymu clir a thystiolaeth.

bryd yn wirionedd absoliwt, digyfnewid. Cofiwch osgoi bod yn gul eich meddwl ac yn glwm wrth safbwyntiau presennol. Ewch ati i ddysgu ac arfer diffyg ymlyniad wrth safbwyntiau er mwyn bod yn agored i dderbyn safbwyntiau eraill'. Mae'n rhaid mai dyma'r sylfaen ar gyfer unrhyw fath o ddeialog â chrefyddau eraill, yn ôl Nhat Hanh: 'Mewn deialog wirioneddol, mae'r ddwy ochr yn barod i newid. Rhaid i ni werthfawrogi ei bod hi'n bosibl derbyn gwirionedd o'r tu allan i'n grŵp ni ein hunain, nid oddi mewn iddo'n unig. Os nad ydyn ni'n credu hynny, gwastraff amser fyddai dechrau deialog. Os ydyn ni'n meddwl mai ni'n unig sydd â'r gwirionedd ac rydyn ni'n dal i drefnu deialog, dydy hyn ddim yn ddilys.' Dyma pam mae Nhat Hanh yn beirniadu'r Pab John Paul II (1920–2005) am fynnu mai Iesu yw unig Fab Duw. Roedd y Pab wedi ysgrifennu: 'Mae Crist yn hollol wreiddiol ac yn hollol unigryw ... petai Ef wedi cael "goleuedigaeth" fel y Bwdha, yn sicr, fyddai Crist ddim yr hyn yw Ef'. Mae Nhat Hanh yn dadlau: 'Mae'r agwedd hon yn cau deialog allan ac yn meithrin anoddefgarwch a gwahaniaethu crefyddol. Dydy hyn ddim yn helpu.'

Profiad crefyddol personol yw'r nodwedd allweddol i Nhat Hanh: 'Os yw crefyddau'n ddilys, maen nhw'n cynnwys yr un elfennau, sef sefydlogrwydd, llawenydd, heddwch, dealltwriaeth, a chariad. Mae'r nodweddion tebyg yn ogystal â'r rhai gwahanol yno. O ran pwyslais yn unig maen nhw'n gwahaniaethu.'

Awgrym astudio

Ar gyfer AA2, mae'n hanfodol eich bod chi'n trafod dadleuon yn hytrach nag esbonio'r hyn y gallai rhywun fod wedi'i ddweud yn unig. Ceisiwch ofyn i chi'ch hun, 'a oedd hwn yn bwynt teg i'w wneud?', 'a yw'r dystiolaeth yn ddigon cadarn?', 'a oes unrhyw beth i herio'r ddadl hon?', 'a yw'r ddadl hon yn un gref neu wan?' Bydd dadansoddi beirniadol o'r fath yn eich helpu i ddatblygu eich sgiliau gwerthuso.

Wrth drafod ymagwedd Tenzin Gyatso, y 14eg Dalai Lama, at grefyddau eraill, mae Abraham Velez de Cea yn amlygu cred gadarn y Dalai Lama mewn plwraliaeth grefyddol. Mae amrywiaeth y tueddiadau ysbrydol a'r anianau meddyliol yn golygu bod ffurf ar 'hollgyffredinolrwydd ysbrydol' yn rhywbeth nad oes modd o gwbl ei gynnal. Yn hytrach na bod awydd i gyfuno Bwdhaeth drwy fod yn fwy agored, sy'n arwain at golli hunaniaeth, mae'r Dalai Lama yn defnyddio cydweddiad meddyginiaeth. 'Yn yr un ffordd ag nad yw'n gwneud llawer o wahaniaeth defnyddio un feddyginiaeth at bob math o salwch, mae'r syniad yn anghynaladwy mai un grefydd yn unig neu un ddysgeidiaeth yn unig ddylai fod i bob bod.' Yn ogystal, yn union fel rhoddodd y Bwdha drwy upaya (dulliau medrus) ddysgeidiaethau gwahanol a oedd yn gwrth-ddweud ei gilydd 'yn dibynnu ar anghenion a gallu ei ddisgyblion', mae llawer o grefyddau'n gwneud yr un fath yn union wrth iddyn nhw ddarparu ar gyfer pobl sydd ag 'anian meddyliol gwahanol, a thueddiadau ysbrydol ac athronyddol amrywiol'.

Gellid dadlau nad yw natur agored Bwdhaeth, sut mae'n cydnabod y daioni ym mhob crefydd a'i pharch tuag atyn nhw, erioed wedi atal Bwdhaeth rhag cynnal ei natur wahanol, ei hunaniaeth a hyd yn oed – ar brydiau – ei rhagoriaeth. Yma gallen ni ddychwelyd at stori tröedigaeth Upali. Mae'n werth nodi bod porthor Upali, yn dilyn cyfarwyddyd ganddo, yn dweud wrth Digha-Tapassi y Jain wrth ei weld yn dod yn nes: 'Arhoswch, syr, peidiwch â dod i mewn. O hyn allan mae Upali y perchennog tŷ wedi dod yn un o ddisgyblion yr asgetig Gotama. Mae ei glwyd ar gau i fynachod a lleianod Jain, ac yn agored i fynachod, lleianod a lleygwyr gwrywaidd a benywaidd y Bwdha. Os oes angen bwyd yn elusen arnoch chi, arhoswch yma, a byddan nhw'n dod ag e i chi.'

Dydy Upali ddim yn dangos y parch yr oedd yn arfer ei roi i Nigantha Nataputta. Pan mae'n clywed bod Nigantha Nataputta gyda'i ddilynwyr wedi cyrraedd ei dŷ, mae Upali yn cymryd y sedd uchaf ac orau yn y glwyd ganol iddo'i hun. Fel mae'r sutta yn dweud: 'O'r blaen, pan oedd Upali yn gweld Nigantha Nataputta yn dod, byddai'n mynd allan i'w gyfarch ac, ar ôl sychu'r sedd uchaf ac orau â'i wisg uchaf, byddai'n ei ofleidio ac yn dweud wrtho am eistedd.'

Datblygu sgiliau AA2

Nawr mae'n bwysig ystyried y wybodaeth sydd wedi'i chyflwyno yn yr adran hon; fodd bynnag, mae'r wybodaeth fel y mae yn llawer rhy helaeth ac felly mae'n rhaid ei phrosesu er mwyn bodloni gofynion yr arholiad. Gallwch wneud hyn drwy ymarfer y sgiliau uwch sy'n gysylltiedig ag AA2. Bydd yr ymarferion yn y llyfr hwn yn eich helpu i wneud hyn ac yn eich paratoi ar gyfer yr arholiad. Ar gyfer Amcan Asesu 2 (AA2), sy'n cynnwys dangos sgiliau 'dadansoddi beirniadol' a 'gwerthuso', rydyn ni am ganolbwyntio ar ffyrdd gwahanol o ddangos y sgiliau yn effeithiol, gan gyfeirio hefyd at sut bydd eich perfformiad ym mhob un o'r sgiliau hyn yn cael ei fesur (gweler disgrifyddion band cyffredinol AA2 ar gyfer U2).

▶ **Dyma eich tasg:** Isod mae safbwynt unochrog ynghylch **i ba raddau y mae parodrwydd Bwdhaeth i fod yn agored yn golygu bod perygl y gallai golli ei hunaniaeth.** Mae'n 152 gair o hyd. Mae angen i chi gynnwys y safbwynt hwn ar gyfer gwerthusiad; fodd bynnag, nid yw cyflwyno un ochr y ddadl neu un trywydd rhesymu yn unig yn gyfystyr â gwerthusiad. Gan ddefnyddio'r paragraff isod, ychwanegwch wrthddadl neu drywydd rhesymu amgen er mwyn cyflwyno gwerthusiad mwy cytbwys. Dylech ysgrifennu tua 100 gair wrth lunio eich gwrthddadl neu'ch trywydd rhesymu amgen.

Mae'n bosibl dadlau bod Bwdhaeth mewn perygl o golli ei hunaniaeth ei hun oherwydd, er enghraifft, pan gafodd ei chyflwyno yn y Gorllewin roedd hi'n cael ei gweld fel rhan o ffurf hynafol gyffredinol ar ddoethineb Dwyreiniol a oedd yn cynnwys dysgeidiaethau o Hindŵaeth. O'r safbwynt hwn, mae Bwdhaeth yn cyd-fynd yn dda â Theosoffi, sy'n ffurf ar hollgyffredinolrwydd ysbrydol. Gellid dadlau bod yr ymagwedd hon i'w chael yn y ffaith i Thich Nhat Hanh esbonio sut mae delweddau o'r Bwdha ac Iesu ar ei allor a sut cymerodd ran yn yr Ewcharist Cristnogol. Mae'r ffocws ar blwraliaeth grefyddol sydd gan y Dalai Lama presennol hefyd yn awgrymu y byddai modd gweld Bwdhaeth fel un llwybr ysbrydol yn unig ymysg llawer o rai eraill sydd cystal â'i gilydd. Mae hyn yn awgrymu, cyhyd â bod tosturi, na fyddai problem bod Bwdhaeth yn gorgyffwrdd â chrefyddau eraill o ran credoau, dysgeidiaethau ac arferion.

Nesaf, meddyliwch am ffordd arall o ddadlau neu resymu a allai gefnogi'r naill ddadl neu'r llall, neu fe all fod yn hollol wahanol hyd yn oed, ac ychwanegwch hwn at eich ateb. Yna gofynnwch i chi'ch hun:

- A fydd fy ngwaith, ar ôl ei ddatblygu, yn cynnwys safbwyntiau trylwyr, cyson a chlir wedi'u cefnogi gan resymeg a/neu dystiolaeth helaeth, fanwl?

Sgiliau allweddol
Thema 2

Mae'r ail thema hon yn cynnwys tasgau sy'n ymdrin ag agweddau penodol ar AA2 o ran nodi elfennau allweddol arddull gwerthusol darn ysgrifenedig, gan ganolbwyntio ar wrthddadleuon a chasgliadau (interim a therfynol).

Sgiliau allweddol

Mae dadansoddi'n ymwneud â:

Nodi materion sy'n cael eu codi gan y deunyddiau yn adran AA1, ynghyd â'r rhai a nodwyd yn adran AA2, ac mae'n cyflwyno safbwyntiau cyson a chlir, naill ai gan ysgolheigion neu safbwyntiau personol, yn barod i'w gwerthuso.

Mae hyn yn golygu:

- Bod eich atebion yn gallu nodi meysydd trafod allweddol mewn perthynas â mater penodol
- Eich bod yn gallu nodi'r gwahanol ddadleuon a gyflwynir gan eraill, a rhoi sylwadau arnyn nhw
- Bod eich ateb yn rhoi sylwadau ar effeithiolrwydd cyffredinol pob un o'r meysydd neu ddadleuon hyn.

Mae gwerthuso'n ymwneud ag:

Ystyried goblygiadau amrywiol y materion sy'n cael eu codi, yn seiliedig ar y dystiolaeth a gafwyd wrth ddadansoddi ac mae'n rhoi dadl fanwl eang gyda chasgliad clir.

Mae hyn yn golygu:

- Bod eich ateb yn pwyso a mesur canlyniadau derbyn neu wrthod y dadleuon amrywiol a gwahanol a gafodd eu dadansoddi
- Bod eich ateb yn dod i gasgliad drwy broses rhesymu clir.

Mae'r adran hon yn cwmpasu cynnwys a sgiliau AA1

Cynnwys y fanyleb

Bwdhaeth ym Mhrydain.

Termau allweddol

Syr Edwin Arnold: awdur *The Light of Asia* ac felly person dylanwadol o ran hyrwyddo Bwdhaeth ym Mhrydain ac yn UDA

The Light of Asia: arwrgerdd Syr Edwin Arnold ar fywyd cynnar y Bwdha ac ar y Dhamma a gyhoeddwyd yn 1879

Dyfyniad allweddol

Llwyddodd y ffordd farddonol hon o adrodd hanes bywyd y Bwdha i gyflwyno Gautama mewn ffordd a oedd yn bodloni hiraeth rhamantaidd pobl Oes Fictoria am gyflawniad ysbrydol ... tra oedd hefyd yn cadarnhau rhinweddau moesol y gŵr bonheddig delfrydol yn Oes Fictoria: dim ymlyniad personol ynghyd â hollraslonrwydd personol, uniondeb, gonestrwydd a dyfalbarhad. **(Batchelor ar *The Light of Asia*)**

B: Datblygiad hanesyddol Bwdhaeth

Bwdhaeth ym Mhrydain

Yn 1879, cyhoeddodd Syr Edwin Arnold (1832–1904) *The Light of Asia*. Yn yr arwrgerdd hir hon, mae Arnold yn adrodd hanes bywyd y Bwdha o'i genhedliad ymlaen at ei Ddeffroad a phan bregethodd y Dhamma am y tro cyntaf. Mae'n dechrau gyda'r syniad bod y Bwdha, fel bodhisattva, wedi cael ei aileni ac wedi marw sawl gwaith cyn ei ailenedigaeth ddiwethaf. Bydd y rhan fwyaf o fyfyrwyr Bwdhaeth yn gyfarwydd â llawer o'r digwyddiadau yn y gerdd. Mae'r rhain yn cynnwys: Breuddwyd y Frenhines Maya am yr eliffant, proffwydoliaeth Asita, ymdrech Suddhodana i'w gadw yn y palasau, y briodas ag Yashodara, y Pedair Golygfa gyda Channa y cerbydwr a'r Ymwrthodiad Mawr. Hefyd mae'r gerdd yn cynnwys rhannau allweddol o'r Dhamma a dyfyniadau o'r Dhammapada.

Mae'r gerdd yn ein hatgoffa o gerddi Oes Fictoria o ran ei hiaith a'i harddull, a'r darlun o ffigwr arwrol; e.e., y disgrifiad o'r Bwdha yn cerdded at y Goeden Bodhi:

> 'Yr hwn—wrth iddo lithro i'w chysgod helaeth,
> Wedi'i amgylchynu â chloestr o goesynnau'n syrthio fel colofnau, dan do o
> Fwâu gwyrdd disglair—roedd y ddaear ymwybodol
> Yn ei addoli â gwair tonnog a thwf sydyn
> O flodau o gwmpas ei draed. Plygodd canghennau'r goedwig
> I lawr i'w gysgodi; o'r afon ochneidiodd
> Awelon oer o wynt trymlwythog o beraroglau lotws
> Wedi'u hanadlu gan dduwiau'r dŵr.'

Disgrifir bod Goleuedigaeth y Bwdha a sylweddoli'r Pedwar Gwirionedd Nobl yn arwain at ddealltwriaeth lawn:

> 'Tan—yn fwy na Brenhinoedd, yn fwy llawen na Duwiau! –
> Mae'r ysfa boenus i fyw yn dod i ben, ac mae bywyd yn llithro—
> Yn ddifywyd—i dawelwch dienw, i lawenydd dienw,
> NIRVANA bendigedig—dibechod, gorffwys digyffro
> Y newid hwnnw nad yw byth yn newid!'

Darnau o'r Dhammapada yw rhai rhannau o'r gerdd – er nad ydyn nhw wedi'u henwi – mewn Pali gyda'r cyfieithiad Saesneg yn dilyn. Felly, wrth i'r Bwdha deithio, mae'n adrodd geiriau o adnod 183 y Dhammapada:

'Sabba papassa akaranan;	Mae drygioni'n chwyddo'r dyledion sydd i'w talu,
Kusalassa upasampada;	Mae daioni'n rhyddhau ac yn talu dyled;
Sa chitta pariyodapanan;	Cadw draw oddi wrth ddrygioni, dilyna ddaioni; rheola
Etan Budhanusasanan.	Dy hunan. Dyma'r Ffordd.'

Mae'r gerdd yn dod i ben gyda'r Bwdha yn dysgu pwyntiau allweddol i Suddhodana, Yashodara a Rahulao'r Dhamma, fel er enghraifft y ddeddf ailenedigaeth a kamma:

> 'Mae'r Llyfrau'n dweud yn dda, fy Mrodyr! mae bywyd pob dyn
> Yn ganlyniad i'w fyw yn y gorffennol;
> Mae'r camweddau a fu'n achosi tristwch a thrallod
> Mae'r daioni a fu'n magu llawenydd.'

Nodir y pancha sila ac esbonnir y Llwybr Wythblyg Nobl yn fanwl, gan gloi gyda'r llinellau:

'Ewch i mewn i'r Llwybr! Yno mae'r nentydd iachaol yn tarddu
Gan dorri pob syched! yno mae'r blodau anfarwol yn blodeuo
Gan garpedu'r ffordd i gyd â llawenydd! yno'n tyrru
mae'r oriau cyflymaf a mwyaf melys!'

Cofnodir sut sefydlodd y Bwdha y sangha mynachaidd gan ddisgrifio'r bhikkhus fel hyn:

'Nhw sydd, fel eryrod a gafodd eu deffro, yn hofran fry'n llawn dicter
O ddyffryn isel bywyd, ac yn hedfan tuag at yr Haul ...'

Mae Arnold yn canmol y Bwdha fel yr un a roddodd 'oleuni i'n Asia ni' ac sy'n 'Gariad! Brawd! Arweinydd! Golau'r Ddeddf!' Ar ôl y perorasiwn hwn mae'r gerdd yn cloi gyda'r geiriau:

'Mae'r gwlith ar y lotws! – Cod, O Haul Mawr!
A chod fy neilen a chymysga fi â'r don.
Om Mani Padme Hum, mae'r wawr yn dod!
Mae'r Gwlithyn yn Llithro i Mewn i'r Môr Disglair!'

Mae cerdd Arnold yn dangos nifer o bwyntiau cyffredinol ond pwysig ynghylch datblygiad hanesyddol Bwdhaeth ym Mhrydain.

Yn y lle cyntaf, mae'n dangos, er ei fod yn rhywbeth cymharol ddirgel nad oedd fawr neb yn gwybod amdano ar ddechrau'r 19eg ganrif ym Mhrydain, o ganol y 19eg ganrif ymlaen, roedd traddodiadau allweddol am fywyd y Bwdha hanesyddol ac agweddau allweddol ar ei ddysgeidiaethau wedi cael eu sefydlu'n gadarn ym mhrif ffrwd gwybodaeth gyffredinol y dosbarthiadau canol addysgedig.

Yn ail, mae'r ffaith bod Arnold yn defnyddio Pali yn ei gerdd yn dangos, erbyn ail hanner y 19eg ganrif, fod astudiaethau testunol o lawysgrifau Bwdhaidd mewn amrywiaeth o ieithoedd gan gynnwys Pali, Sansgrit a Tsieinëeg, wedi dod mor dderbyniol ag astudiaethau tebyg o destunau Hebraeg, Aramaeg a Groeg o'r Beibl. Yn wir, gellid gweld bod dulliau ysgolheictod testunau'r Beibl ar waith gyda'r testunau Bwdhaidd o ran dadansoddi ac esbonio manwl. Yn y cyd-destun hwn dadleuir, er enghraifft, fod Brian Houghton Hodgson (1801–1894) a oedd wedi gweithio i'r British East India Company yn rhannol gyfrifol am astudiaethau Bwdhaidd yn Ewrop oherwydd iddo gael gafael ar nifer mawr o lawysgrifau Bwdhaidd yn Tibet a'u hanfon yn ôl i Ewrop i'w cyfieithu.

Yn drydydd, mae poblogrwydd *The Light of Asia* yn dangos parodrwydd llawer o gyhoedd dosbarth canol addysgedig Oes Fictoria i ymateb i ddeunydd pwnc y Bwdha ac i Fwdhaeth. Argraffwyd y gerdd mewn dros gant o argraffiadau ym Mhrydain ac yn UDA, ac roedd yn rhoi portread o'r Bwdha a oedd yn dderbyniol yn gyffredinol. Er enghraifft, yn Chicago yng nghyfarfod cyntaf Senedd Crefyddau'r Byd yn 1893, darllenwyd araith gan Hikkaduwe Sri Sumangala Thera (1827–1911) – arloeswr blaengar wrth adfywio Bwdhaeth yn Sri Lanka. Ynddi mae'n cyhoeddi: 'Mae arwrgerdd Syr Edwin Arnold, *The Light of Asia*, wedi creu cariad poblogaidd at gymeriad dilychwin a thosturiol Gautama Buddha. Caiff ei drin yn gyfiawn; gwelir bod ei bersonoliaeth yn disgleirio'n eithriadol o lachar ymysg ffigyrau hanes dynol.'

Yn bedwerydd, mae cerdd Arnold – beth bynnag yw ei rhinwedd lenyddol – yn llawn o'r ddelweddaeth egsotig a oedd mor ddeniadol i lawer o bobl Oes Fictoria oherwydd ei chysylltiadau â'r Dwyrain dirgel. Gwnaeth hyn i'r gerdd fod yn llawer mwy poblogaidd. Roedd y Bwdha a Bwdhaeth yn perthyn i'r Byd Dwyreiniol yn hytrach nag i'r Byd Gorllewinol. Roedd Bwdha a Bwdhaeth yn ddeniadol iawn oherwydd nad oedden nhw'n cael eu gweld fel rhywbeth cyffredin, pob dydd a diflas. Felly, roedd y syniad bod dysgeidiaethau cudd a chyfrinachol wedi'u

Dyfyniad allweddol

Ffordd allan o ddioddefaint, llwybr gweithredu ac optimistiaeth, cadarnhau cyd-ddibyniaeth, condemnio hunanoldeb, patrwm dynol o dosturi ac ymwrthodiad arwrol, a nod cadarnhaol, llawen – dyna'r neges a gyflwynodd *The Light of Asia*. (Harris)

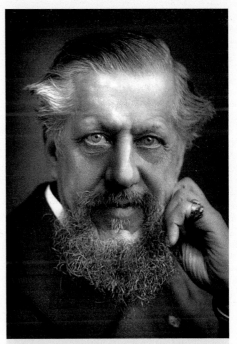

Syr Edwin Arnold, awdur The Light of Asia

Dyfyniad allweddol

Gwnaeth *The Light of Asia* fwy i annog dealltwriaeth o Fwdhaeth yn y Gorllewin nag o bosibl unrhyw ddarn arall o ysgrifennu yn ail hanner y bedwaredd ganrif ar bymtheg. (Harris)

cwestiwn cyflym

3.4 Beth yw ystyr 'Bwdhaeth Brotestannaidd'?

Term allweddol

Theosoffi: mudiad crefyddol esoterig – y Gymdeithas Theosoffyddol a sefydlwyd gan Helena Blavatsky a Henry Olcott yn 1876 sy'n canolbwyntio ar ddoethineb dwyfol hollgyffredinol hynafol

storio mewn mynachlogydd anhygyrch mewn rhannau pellennig o'r byd, yn rhoi rhamantiaeth i Fwdhaeth nad oedd gan Gristnogaeth erbyn hynny.

Yn bumed, roedd *The Light of Asia* yn mynd ati'n gadarnhaol ac yn llawn cydymdeimlad i gyflwyno bywyd athro crefyddol nad oedd yn Iesu o Nasareth ac nad oedd ei ddysgeidiaeth wedi llunio Cristnogaeth. Mae llawer o waith a ysgrifennwyd am ddiwedd Oes Fictoria ym Mhrydain yn derbyn yn gyffredinol bod hwn yn gyfnod pan oedd y dosbarthiadau canol addysgedig a phobl eraill yn mynd i amau'r gred Gristnogol draddodiadol fwyfwy. Mae'n werth nodi na ddaeth cerdd *The Light of the World* Arnold ar fywyd Crist a gyhoeddwyd yn 1891 i fod yn agos mor boblogaidd â *The Light of Asia*.

Yn chweched – ac yn gysylltiedig â'r pwynt blaenorol – mae mater sy'n ymwneud â rhan o'r gerdd lle mae'r Bwdha yn gwrthod y grefydd y mae Arnold yn ei disgrifio fel un 'offeiriaid Brahm' – cyfeiriad at Frahmaniaeth neu Hindŵaeth fel roedd hi'n dod i gael ei hadnabod ym Mhrydain Oes Fictoria. Felly, disgrifir un o ferched Mara fel dewines 'sy'n rhoi eu pŵer i gredoau tywyll'. Cyn i'r Bwdha ddweud wrthi am fynd, mae hi'n gofyn iddo a fyddai e'n mentro:

'Rhoi heibio ein llyfrau sanctaidd, diorseddu ein duwiau,
Diboblogi'r temlau i gyd, gan ysgwyd i lawr
Y ddeddf honno sy'n bwydo'r offeiriad ac yn cynnal y teyrnasoedd?'

Yn gyffredinol, doedd pobl Oes Fictoria ym Mhrydain erioed wedi edrych ar Hindŵaeth mewn ffordd arbennig o gadarnhaol gan ei bod hi'n cael ei hystyried yn estron, gydag aberthau, offeiriaid a defodau'n rhan amlwg ohoni. Roedd Bwdhaeth yn cael ei gweld fel ffordd o ddychwelyd at ffurf bur a dilys ar gred, heb unrhyw ofergoeledd, ac nad oedd yn gofyn am aberthau, offeiriaid a defodau. Yn wir, roedd rhai pobl Oes Fictoria yn gweld bod Bwdhaeth yn debyg i Brotestaniaeth yn yr ystyr, yn union fel roedd Bwdhaeth yn gwrthod traddodiadau Brahmaniaeth neu Hindŵaeth, roedd Protestaniaeth wedi gwrthod traddodiadau Catholigiaeth Rufeinig. Canmolwyd y Bwdha ei hun fel math o Martin Luther (1483–1586), ffigwr cyntaf y Diwygiad Protestannaidd a oedd wedi ceisio diwygio crefydd ei oes. Mae'n werth nodi i rai hefyd wahaniaethu ymhellach rhwng defodau, delweddau a thraddodiadau Bwdhaeth Mahayana a oedd yn cael eu hystyried yn rhai israddol – gan gyfateb hyn i Gatholigiaeth Rufeinig – a Bwdhaeth Theravada, ffurf oedd yn cael ei hystyried yn ffurf lawer uwch, symlach, purach a mwy dilys – gan gyfateb hon â Phrotestaniaeth. Mae rhai pobl hyd yn oed yn galw Bwdhaeth Theravada yn 'Fwdhaeth Brotestannaidd' weithiau heddiw.

Yn olaf, roedd natur egsotig *The Light of Asia* yn mynegi'r diddordeb cynyddol mewn materion cyfriniol a oedd yn gyffredin yn rhan olaf Oes Fictoria a thu hwnt. Fel sydd wedi'i nodi, yn 1880 dau o'r Gorllewinwyr cyntaf i gael tröedigaeth swyddogol i Fwdhaeth – flwyddyn ar ôl cyhoeddi *The Light of Asia* – oedd Helena Blavatsky (1831–1891) a Henry Steel Olcott (1832–1907). Bedair blynedd cyn cyhoeddi *The Light of Asia* roedden nhw wedi sefydlu'r Gymdeithas Theosoffyddol. Yn benodol, dywedodd Blavatsky fod Theosoffi yn grefydd esoterig a oedd yn cyfuno elfennau o Fwdhaeth a Hindŵaeth, ynghyd â chred yn y paranormal, seansau, clirwelediad, clirglyweliad, telepathi, Ysbrydegaeth,

Helena Blavatsky (1831–1891), y fenyw Orllewinol gyntaf i gael tröedigaeth i Fwdhaeth a sylfaenydd y Gymdeithas Theosoffyddol.

Hermetigaeth a Neoblatoniaeth. Honnodd Blavatsky mai ei hymweliadau â mynachlogydd yn Tibet a negeseuon wedi'u rhoi gan lamas Tibetaidd dirgel oedd wedi ysbrydoli peth o'i gwaith ysgrifennu.

Awgrym astudio

Ymchwiliwch i ddadansoddiad Edward Said o'r term 'dwyreinoldeb' (*orientalism*) ac ystyriwch pa mor berthnasol y gallai fod i ddealltwriaeth Brydeinig o Fwdhaeth.

Erbyn diwedd y 19eg ganrif a dechrau'r 20fed ganrif, dechreuodd cymdeithasau ddatblygu yn Llundain a oedd yn ymwneud â hyrwyddo Bwdhaeth ac astudiaethau Bwdhaidd. Gwnaeth y Gymdeithas Pali a sefydlodd Thomas William Rhys Davids (1843–1922) yn 1881 – ddwy flynedd ar ôl cyhoeddi *The Light of Asia* – lawer o waith i ddatblygu astudiaethau academaidd ar Fwdhaeth. Fel gwas sifil yn Sri Lanka roedd Rhys Davids wedi datblygu ei ddiddordeb mewn Bwdhaeth drwy gasglu llawysgrifau ac arysgrifau. Drwy waith y Gymdeithas Pali, hyrwyddwyd astudio Pali a chyfieithwyd llawer o destunau allweddol o'r tipitaka i'r Saesneg. Sefydlwyd Cymdeithas Fwdhaidd Prydain Fawr ac Iwerddon yn 1907 gyda Rhys Davids fel ei llywydd cyntaf. Drwy'r cymdeithasau hyn, helpodd Rhys Davids a'i wraig, Caroline Augusta Foley Rhys Davids (1857–1942), i hyrwyddo astudio Pali mewn prifysgolion a hefyd i hyrwyddo astudio Bwdhaeth Theravada. Gallwn ni sôn yma am y cysylltiadau â Theosoffi a nodwyd eisoes gan fod Caroline Rhys Davids yn credu mewn Theosoffi ac yn cefnogi Cymdeithas Theosoffyddol Blavatsky.

Un o'r bobl gyntaf o Brydain i gael ei ordeinio'n fynach Theravada oedd **Charles Henry Allan Bennett** (1872–1923). Fel llawer o bobl eraill ar y pryd, deffrodd ei ddiddordeb mewn Bwdhaeth ar ôl iddo wrthod Cristnogaeth a darllen cerdd Arnold, *The Light of Asia*, yn 1890. Eto, fel llawer o rai eraill ar y pryd hwnnw, bu'n dilyn Theosoffi Blavatsky i ddechrau, ac astudiodd ddewiniaeth gydag Aleister Crowley (1875–1947) a oedd yn ffrind iddo am rai blynyddoedd. Yn ddiweddarach cafodd Crowley enw drwg am ei ffordd o fyw ofer ac am ei ddiddordeb yn yr ocwlt a dewiniaeth ddu. Mae'n debyg i Bennett symud oddi wrth ddylanwad Crowley ac yn niwedd y 1890au teithiodd o Sri Lanka i Rangoon yn Burma/Myanmar. Yma yn 1901 cafodd ei ordeinio a chafodd yr enw Ananda Metteyya. Iddo ef, ei genhadaeth oedd dod â Bwdhaeth Theravada i'r Gorllewin. Er mwyn gwneud hyn, dechreuodd gymdeithas Fwdhaidd ryngwladol – gyda Syr Edward Arnold yn aelod anrhydeddus cyntaf. Daeth y gymdeithas hon â nifer o ysgolheigion Bwdhaidd at ei gilydd, ac roedden nhw'n cyfrannu i'r cyfnodolyn roedd y gymdeithas yn ei gyhoeddi bob chwarter.

Yn 1908 dychwelodd i Brydain i roi'r genhadaeth Fwdhaeth gyntaf yn y gwledydd hyn. Arhosodd am flwyddyn yn Llundain. Yn ystod y cyfnod hwn, rhaid ei fod wedi bod yn ffigwr nodedig o gofio ei ddillad lliw saffrwn, ei ben wedi'i eillio a'i ymroddiad llwyr i gadw'r holl argymhellion i bhikkhus. Roedd yn cyfeirio'r rhan fwyaf o'i ymdrechion at ddarlithio yng nghyfarfodydd y gymdeithas, ysgrifennu erthyglau am Fwdhaeth a derbyn yn swyddogol y rhai o'r gymdeithas a oedd eisiau cael tröedigaeth i Fwdhaeth. Ar ôl dychwelyd i Rangoon, cynllun Bennett oedd symud yn ôl i Lundain yn 1911 a sefydlu cymuned Fwdhaidd Theravada barhaol yno. Fodd bynnag, ni wireddwyd cynlluniau Bennett oherwydd ei salwch – roedd yn dioddef o asthma cronig – a'i dlodi – doedd ganddo ddim modd ariannol ei hun ac roedd yn dibynnu'n llwyr ar garedigrwydd eraill. Oherwydd ei salwch, bu'n rhaid iddo roi'r gorau i fod yn bhikkhu oherwydd y caledi yr oedd yn ei orfodi arno'i hun drwy gadw mor gaeth at reolau'r Vinaya Pitaka, ac yn 1914 dychwelodd i Loegr. Roedd wedi bwriadu mynd at ei chwaer yn UDA ond oherwydd ei salwch, ni chafodd fyrddio'r llong rhag ofn na fyddai'n goroesi'r daith a hyd yn oed petai'n gwneud hynny, rhag ofn na fyddai'n cael mynd i mewn i UDA.

Erbyn y cyfnod hwn roedd y gymdeithas Fwdhaidd ryngwladol wedi dod i ben ond dyblodd Bennett ei ymdrechion ar ran y Gymdeithas Fwdhaidd yn Llundain. Roedd

Dyfyniad allweddol

Felly boed i chi roi'r gwasanaeth mwyaf posibl i'r Byd Gorllewinol, y mae ei ddirfawr angen arno nawr: lledaenu'r Grefydd fawr a fydd, o'r dechreuad bach sydd wedi'i wneud nawr, yn dal i dyfu hyd nes bod y Gorllewin i gyd sy'n meddwl yn sefyll lle sefwch chi heddiw; y gwasanaeth hwn mewn gwirionedd yw'r unig ffordd o iacháu ei ddioddefiannau amrywiol.

(Bennett)

Term allweddol

Charles Henry Allan Bennett: un o'r bobl gyntaf o Brydain i gael ei ordeinio'n fynach Bwdhaidd

Termau allweddol

Anagarika Dharmapala: mae'n cael ei ystyried fel y cenhadwr Bwdhaidd rhyngwladol cyntaf

Christmas Humphreys: sylfaenydd y Gymdeithas Fwdhaidd a'i llywydd tan ei farwolaeth yn 1983

Y Gymdeithas Fwdhaidd: y grŵp mwyaf dylanwadol a hirhoedlog o nifer o grwpiau Bwdhaidd a ffurfiwyd yn nechrau'r 20fed ganrif, a sefydlwyd yn swyddogol yn 1924

Dyfyniad allweddol

Roedd Humphreys yn drefnydd medrus ac yn ysgrifennwr llyfrau poblogaidd ar Fwdhaeth, ond doedd ganddo ddim o sgiliau athronyddol ac ieithyddol ei gymheiriaid yn yr Almaen, a bu'n ymrwymedig gydol ei oes i 'egwyddorion mawr' Blavatsky. (Batchelor)

yn dal i fod yn argyhoeddedig mai Bwdhaeth oedd yn cynnig y gobaith mwyaf i'r Gorllewin, ac mewn ysgrif olygyddol, ysgrifennodd: 'Rydyn ni'n ystyried bod y ffeithiau hyn yn cyfiawnhau ein casgliad, nid yn unig bod yr ateb i broblemau crefyddol cynyddol y Gorllewin drwy ehangu'r Ddysgeidiaeth fawr hon; ond hyd yn oed, efallai, mai dyma'r unig waredigaeth sy'n bosibl i'r gwareiddiad gorllewinol o'r cyflwr hwnnw o ansefydlogrwydd sylfaenol sy'n bodoli mor amlwg ac yn gynyddol.' Bu farw Bennett yn 1923 a chafodd angladd Bwdhaidd gan un o'r rhai roedd wedi'i helpu i gael tröedigaeth i Fwdhaeth. Cafodd ymdrechion Bennett i sefydlu presenoldeb Bwdhaeth Theravada yn Llundain fwy o lwyddiant drwy waith y dyn o Sri Lanka **Anagarika Dharmapala** (1864–1934) sy'n cael ei ystyried fel cenhadwr rhyngwladol cyntaf Bwdhaeth Theravada. Eto, gellid nodi bod gan Anagarika Dharmapala gysylltiadau agos â'r Gymdeithas Theosoffyddol drwy waith Olcott yn Sri Lanka. David Hewavitharane oedd ei enw pan gafodd ei eni, ond cymerodd yr enw Anagarika Dharmapala. Bu ei addysg Orllewinol a'i deithiau yn y Gorllewin yn ddylanwad arno. Roedd yn nodedig o ran ei rôl yn adfywiad Bwdhaeth yn Sri Lanka. Yn ogystal, pan ymwelodd â Lloegr, cyfarfu â Syr Edwin Arnold, a hefyd mynychodd Senedd Crefyddau'r Byd yn Chicago yn 1893. Llwyddodd Anagarika Dharmapala i gael cefnogaeth ariannol sylweddol, ac yn 1926 sefydlodd y vihara Bwdhaidd cyntaf y tu allan i Asia gyda bhikkhus preswyl o Sri Lanka.

Wrth ddisgrifio datblygiad Bwdhaeth ym Mhrydain, ysgrifenna Robert Bluck: 'Yn ystod hanner cyntaf yr 20fed ganrif, gwelwyd symud graddol o ddiddordeb academaidd i ymwneud personol, er mai ar raddfa fach roedd hyn o hyd. Gwelwyd bywyd a dysgeidiaethau'r Bwdha fwyfwy fel enghreifftiau ac egwyddorion i'w dilyn, ac mae defodau newid byd Bwdhaidd, ynghyd â'r diddordeb mewn myfyrdod, yn dangos dechreuadau arferion Bwdhaidd go iawn.'

Roedd amrywiaeth o gymdeithasau Bwdhaidd Prydeinig, ynghyd â'u cyhoeddiadau, wedi chwarae eu rhan yn y datblygiad hwn. Fodd bynnag, y bwysicaf o'r rhain oedd **y Gymdeithas Fwdhaidd** a sefydlwyd yn 1924 gan **Christmas Humphreys** (1901–1983) y bu'n Llywydd arni hyd at ei farwolaeth. Roedd Humphreys – bargyfreithiwr a barnwr nodedig – wedi bod yn Theosoffydd ond cafodd dröedigaeth yn ddiweddarach i Fwdhaeth, er i ddylanwad Theosoffi barhau. Roedd Humphreys yn gyfoethog ac roedd ganddo lawer o gysylltiadau. Trwyddo ef, roedd y Gymdeithas Fwdhaidd yn gallu cynnig yr hyn mae Bluck yn ei ddisgrifio fel 'eiddo crand yn Llundain, llyfrgell fawr, darlithoedd, dosbarthiadau a dulliau o ledaenu gwybodaeth a llenyddiaeth Fwdhaidd'. Doedd Humphreys ddim yn boblogaidd bob amser gyda grwpiau Bwdhaidd eraill yn nes ymlaen gan eu bod nhw'n ystyried ei fod yn rhy awdurdodol ac yn rhy geidwadol.

Heddiw, mae'r Gymdeithas Fwdhaidd yn ei chyflwyno ei hun fel: 'corff lleyg sy'n un o'r cymdeithasau Bwdhaidd hynaf yn Ewrop. O'r dechrau'n deg, dydy hi ddim wedi bod yn gysylltiedig ag unrhyw un ysgol o Fwdhaeth, mae wedi parhau i fod yn ansectyddol ei natur ac yn agored mewn egwyddor i ddysgeidiaethau pob ysgol a thraddodiad.' Mae'r cymeriad ansectyddol hwn yn amlwg yn ehangder y Fwdhaeth y mae'r Gymdeithas wedi'i gynnwys mewn amrywiaeth o ffyrdd. O 1926 ymlaen, roedd y Gymdeithas Fwdhaidd yn arloesol o ran cyhoeddi llyfrau ar Fwdhaeth yn Saesneg, gan gynnwys erthyglau ar Fwdhaeth yn ei chyhoeddiad chwarterol *The Middle Way*. Yn ogystal, helpodd i hyrwyddo Bwdhaeth Zen drwy ysgrifeniadau Daisetsu Teitaro Suzuki (1870–1966) – a oedd hefyd yn aelod o'r Gymdeithas Theosoffyddol. Hefyd ysgrifennodd neu cyfrannodd Humphreys at nifer o weithiau ar Fwdhaeth gan gynnwys rhai am fyfyrdod, y bywyd Bwdhaidd yn gyffredinol ac ar Fwdhaeth Zen. Pan fu farw yn 1983, gadawodd ei dŷ yn St John's Wood i'r Ganolfan Zen, Llundain. Erbyn hyn, mae'n deml yn nhraddodiad Rinzai.

Gwelir tystiolaeth bellach o natur ansectyddol y Gymdeithas Fwdhaidd yn y ffordd y ceisiodd Humphreys gael amryw o grwpiau Bwdhaidd ledled y byd i dderbyn ei waith *Twelve Principles of Buddhism* a ysgrifennodd yn 1945. Roedd y rhain yn cyflwyno credoau sylfaenol Bwdhaeth mewn modd a oedd yn rhoi'r hyn roedd yn ei ystyried yn sylfaen bosibl ar gyfer un Fwdhaeth Byd unedig. Yn ôl y ddeuddegfed egwyddor: 'Dydy Bwdhaeth ddim yn besimistaidd nac yn "ddihangol", na chwaith yn gwadu bodolaeth Duw neu enaid, er ei bod yn rhoi ei hystyr ei hun ar y termau hyn ... Mae hi'n apelio at y Gorllewin oherwydd nad oes dogma o unrhyw fath yn perthyn iddi, mae'n bodloni'r rheswm a'r galon fel ei gilydd, mae'n dibynnu ar hunanddibyniaeth ynghyd â goddefgarwch tuag at safbwyntiau eraill, mae'n cwmpasu gwyddoniaeth, crefydd, athroniaeth, seicoleg, moeseg a chelf, ac yn pwyntio at ddyn ei hun, fel creawdwr ei fywyd presennol ac unig ddyluniwr ei ffawd.'

At ei gilydd, roedd gan y Gymdeithas Fwdhaidd rôl allweddol ym Mhrydain yn ystod y cyfnod hwn o ran cynnull ysgolheigion, myfyrwyr, Bwdhyddion mewn gair a gweithred, y rhai oedd â diddordeb mewn dod yn Fwdhyddion ac o ran cynnig canolfan i fyfyrdod.

Christmas Humphreys Llywydd y Gymdeithas Fwdhaidd tan ei farwolaeth yn 1983.

cwestiwn cyplym

3.5   Beth oedd yr enw Bwdhaidd a gafodd Charles Bennett?

Dyfyniad allweddol

Agwedd bwysig ar waith y Gymdeithas yw cynnig drws i'r rhai sy'n dangos diddordeb gwirioneddol yn y doethineb hynafol hwn, a chyflwyno hanfodion Bwdhaeth, mewn iaith syml a dealladwy. Fodd bynnag, rydyn ni hefyd yn dysgu nodweddion sylfaenol arferion i'r rhai sydd dim ond yn dymuno dysgu sut i ymlacio, a dod o hyd i ychydig o heddwch a llonyddwch. (Y Gymdeithas Fwdhaidd)

Awgrym astudio

Ymchwiliwch i fywyd Anagarika Dharmapala a cheisiwch gael gwybod rhagor am ei gyfraniad i Foderniaeth Fwdhaidd.

Rhesymau posibl am boblogrwydd Bwdhaeth ym Mhrydain

Anodd iawn yw ceisio nodi ffeithiau a ffigurau o ran nifer y Bwdhyddion sydd ym Mhrydain yn hanner *cyntaf* yr 20fed ganrif. Mae Bluck yn cofnodi bod gan y Gymdeithas Fwdhaidd 1,000 o aelodau yn 1964 a, hefyd, bod rhyw 20 o grwpiau Bwdhaidd. Mae hyn yn awgrymu bod nifer cymharol fach ond cynyddol o Fwdhyddion ym Mhrydain ers dechrau'r ganrif. Roedd y rhan fwyaf ohonyn nhw'n wyn o ran ethnigrwydd, yn addysgedig ac yn ddosbarth canol.

Yn y cyfnod hwn, daeth Bwdhaeth yn fwy poblogaidd dim ond oherwydd bod Cristnogaeth, prif grefydd Prydain, wedi mynd yn llai poblogaidd. Roedd fel petai cred ac arferion crefyddol fel mynegiant unffurf a disgwyliedig o deyrngarwch i'r genedl ac i normau moesol y gymdeithas yn mynd yn llai deniadol ac yn llai perthnasol. Yn ogystal, roedd honiadau Cristnogaeth, fel maen nhw wedi'u diogelu yn sefydliadau'r Eglwys, yn ymddangos yn llai credadwy. Er enghraifft, y ffaith syml bod Cristnogaeth yn rhanedig: roedd rhaid i Eglwysi sefydledig Prydain wynebu'r her gynyddol gan yr Eglwys Gatholig Rufeinig a'r Eglwysi a'r Capeli Anghydffurfiol.

Rheswm arall posibl dros boblogrwydd Bwdhaeth oedd yr hyn roedd hi fel petai'n ei gynnig – yn enwedig ar ffurf Theravada a oedd yn fwy adnabyddus ar y pryd – system o gredoau syml nad oedd yn gofyn am y math o ffydd yr oedd Cristnogaeth yn ei mynnu. Roedd y pethau oedd yn arfer bod yn sicr yn y ffydd Gristnogol yn ymddangos yn llai cadarn: roedd cred yn Nuw fel creawdwr y bydysawd, chwe diwrnod y creu, anffaeledigrwydd y Beibl, bod Iesu o Nasareth yn ddynol ac yn ddwyfol, gwyrthiau Iesu a'r atgyfodiad i gyd yn cael eu cwestiynu a'u hamau fwyfwy. Yn eu lle, roedd pobl yn gweld bod Bwdhaeth yn cynnig athroniaeth

Cynnwys y fanyleb

Rhesymau posibl am boblogrwydd Bwdhaeth ym Mhrydain.

Awgrym astudio

Ymchwiliwch i grwpiau Bwdhaidd sy'n gweithredu yn eich milltir sgwâr chi a nodwch i ba draddodiad Bwdhaidd y maen nhw'n perthyn.

Dyfyniadau allweddol

Yn ail hanner yr ugeinfed ganrif, cafodd nifer na welwyd o'r blaen o Orllewinwyr eu denu at Fwdhaeth. I lawer, roedd fel petai'n cynnig hafan ddiogel o fyd gorffwyll. Yr agwedd gyffredin oedd *Stop the World – I Want to Get Off*, teitl sioe yn Broadway yn y 1960au. (Kraft)

Mae hanes Bwdhaeth ym Mhrydain yn eistedd yng nghyd-destun perthynas newidiol Bwdhaeth â'r Gorllewin a dirywiad graddol Cristnogaeth. (Bluck)

bywyd a oedd mewn cytgord â gwyddoniaeth. Roedd y Pedwar Gwirionedd Nobl yn cynnwys y Llwybr Wythblyg Nobl a allai arwain at oleuedigaeth. Hefyd gellid gweld nad oedd deddf kamma yn ddim mwy ac yn ddim llai na deddf achosiaeth. Roedd cod moesol pancha sila yn syml, a myfyrdod oedd yr unig arfer allweddol gorfodol ac efallai adrodd testunau sanctaidd.

Hefyd mae rheswm posibl arall dros boblogrwydd Bwdhaeth: ar ôl i Gristnogaeth gael ei gwrthod, doedd dim llawer o ddewisiadau eraill derbyniol a allai roi rhyw fath o loches i'r rhai a oedd yn chwilio'n bersonol am yr ysbrydol. Yma daeth Bwdhaeth yn boblogaidd – er yn aml drwy gyfrwng Theosoffi a dysgeidiaethau Blavatsky ac Olcott. Y llwybr i lawer o'r Bwdhyddion Prydeinig cynharaf fel Bennett a Humphreys oedd drwy'r Gymdeithas Theosoffi. Roedd hi'n cyflwyno ei phwyslais ar yr esoterig, dwyreinoldeb, doethineb hynafol, cyfriniaeth a'r ocwlt mewn ffordd ddysgedig a deallusol atyniadol. Yn fwy na dim, roedd hi'n honni bod crefyddau'r Dwyrain yn uwchraddol o ran cynnig y gwirioneddau cyfriniol a allai ateb cwestiynau dyfnaf unigolyn, gan gynnig cartref ysbrydol sicr. Fel hyn, helpodd Theosoffi i wneud i Fwdhaeth fod yn boblogaidd.

Yn sicr, mae'n ymddangos nad yw'r Bwdhyddion cynharaf ym Mhrydain byth yn colli eu cefndir Theosoffaidd yn llwyr. Mae David Guy, yr ysgrifennwr Bwdhaidd, er enghraifft, o'r farn bod 'dylanwad Theosoffi' yn 'ddiffyg mawr yng ngwaith Humphreys am Fwdhaeth' fel yn y darn canlynol: 'Gan ei fod yn methu dysgu popeth a oedd wedi cael ei ddatguddio iddo – oherwydd ei lwon – er iddo ddysgu athroniaeth a oedd yn seiliedig ar y wybodaeth esoterig wirioneddol, rhoddodd y Bwdha ei gorff materol allanol i'r byd a chadw ei enaid ar gyfer ei Etholedig rai. Mae'r "enaid" hwn, Athrawiaeth y Galon, i'w gael mewn rhannau, fel arfer wedi'u darnio, yn holl Ysgrythurau'r byd. Dyma'r Doethineb hynafol y mae pob Arhat, Rishi, a dyn perffaith arall yn ei gyrraedd. Mae miloedd o ffurfiau iddo, eto i gyd mae'n un yn dragwyddol.'

Ers *ail* hanner yr 20fed ganrif hyd heddiw, bu cynnydd syfrdanol mewn Bwdhaeth ym Mhrydain. Un o'r prif resymau dros y cynnydd hwn yw bod Bwdhyddion wedi mewnfudo o dramor gan gynnwys Tibet, China, Hong Kong a Nepal. Mae ffigurau'r cyfrifiad ar gyfer Cymru a Lloegr a gasglwyd gan y Swyddfa Ystadegau Gwladol yn awgrymu'r canlynol o ran nifer y rhai sy'n galw eu hunain yn Fwdhyddion:

2001:   144,453   0.28% o'r boblogaeth
2011:   247,743   0.4% o'r boblogaeth

O ran grwpiau Bwdhaidd ym Mhrydain, mae'n anodd rhoi data cywir, ond mae ffigurau sy'n seiliedig ar grwpiau sydd wedi'u nodi yn y Cyfeiriadur Rhyngwladol Bwdhaidd yn awgrymu bod dros 700 o grwpiau yn y Deyrnas Unedig yn gyfan gwbl erbyn hyn. Fodd bynnag, o ystyried is-draddodiadau'r grwpiau hyn, mae'n debyg bod y nifer ymhell dros 1000 fel mae Bluck yn ei awgrymu.

Rheswm posibl arall dros y cynnydd mewn niferoedd yw'r newidiadau cyflym a ddechreuodd ddigwydd yng nghymdeithas y Gorllewin yn gyfan gwbl – ac nid ym Mhrydain yn unig – o ran meddwl gwleidyddol, diwylliant a newid cymdeithasol o'r 1960au ymlaen. Mae Bluck yn disgrifio ffactorau fel: 'mwy o symudedd economaidd-gymdeithasol, llai fyth yn mynychu eglwysi a mwy o ddiddordeb yng nghrefyddau'r Dwyrain, ffrwydrad o wybodaeth ac ehangu addysg uwch …'

Un rheswm posibl dros boblogrwydd Bwdhaeth y mae Bluck yn cyfeirio ato yw'r cynnydd enfawr yn nifer y bobl sydd wedi gallu fforddio teithio i wledydd fel Nepal, Gwlad Thai, China, Japan a rhannau eraill o Dde Ddwyrain Asia lle maen nhw'n gallu gweld temlau, arferion a defodau Bwdhaeth drostyn nhw eu hunain. Ers y 1960au – pan ddechreuodd teithio'r byd ddod yn fwy fforddiadwy – mae hyn wedi bod yn wir, yn enwedig i bobl ifanc mewn addysg uwch. Er enghraifft, mae dod i gysylltiad fel hyn â Bwdhaeth wedi gwneud i ddelweddau o'r Bwdha fod yn gyffredin mewn gwestai, bariau ac mewn cartrefi – boed fel cerfluniau yn yr ardd neu addurniadau yn y tŷ. Yn ogystal, mae rhai pobl wedi cael tröedigaeth gan eu profiad o Fwdhaeth ar eu teithiau, ac mae eraill wedi dychwelyd i Brydain yn awyddus i gael gwybod rhagor am Fwdhaeth.

Rheswm posibl arall dros boblogrwydd Bwdhaeth yw'r ffordd yr oedd fel petai'n gydnaws ag **Ysbrydolrwydd yr Oes Newydd** i rai. Ers y 1960au dechreuodd ysbrydolrwydd yr Oes Newydd ddatblygu ac mae wedi parhau i fod yn ddeniadol, yn enwedig o ran yr hyn mae fel petai'n ei gynnig yn ymwneud â'r posibilrwydd o gael profiadau ysbrydol cyfriniol personol. Yn ogystal, doedd dim rhaid ymuno â grŵp crefyddol neu fod yn perthyn i un. Gellid mabwysiadu, addasu a chynnwys ysbrydolrwydd yr Oes Newydd law yn llaw â Bwdhaeth, a hynny fel ffurf ar yr hyn y byddai'n bosibl ei ddisgrifio fel 'crefydd *pick and mix*, i'w dewis a'i dethol fel y mynnoch'. Felly, byddai modd i ddelweddau o'r Bwdha gael eu lle wrth ymyl darluniau o Ganesha, casgliad o emau sy'n iacháu, gwaith celf Bwdhaeth Tibet, dalwyr breuddwydion, recordiadau o lafargan 'Hare Krishna' neu 'Om Mani Padme Hum', deiet llysieuol neu fegan, cardiau tarot a ffyn arogldarth. Mae rhai'n dal i ddewis ysbrydolrwydd yr Oes Newydd fel ffurf ar fynegiant crefyddol, wrth i eraill ei weld fel drws at ddarganfod Bwdhaeth.

Rheswm arall posibl dros boblogrwydd Bwdhaeth ym Mhrydain yw'r ffaith bod myfyrdod yn cael ei dderbyn yn gyffredinol a'r posibilrwydd bod tystiolaeth empirig yn cefnogi ei effeithiolrwydd. Mae'n bosibl dod ar draws sawl ffurf ar fyfyrdod, er enghraifft, pan mae'n cael ei gynnig yn rhan o hyfforddiant ymwybyddiaeth ofalgar, cyrsiau llesiant, therapi ymddygiadol gwybyddol, cyfoethogi addysgiadol, cwnsela, ac ati. Er nad oes unrhyw beth crefyddol ynghlwm wrth yr enghreifftiau hyn, mae myfyrdod wedi rhoi llawer iawn o sylw cadarnhaol i Fwdhaeth. Eto gellid gweld hyn mewn rhai achosion fel drws at ddarganfod Bwdhaeth.

Mae'r ffrwydrad o wybodaeth y mae Bluck yn sôn amdano yn rheswm posibl arall dros boblogrwydd Bwdhaeth ym Mhrydain, o gofio faint o sylw y mae Bwdhaeth wedi'i gael. Er enghraifft, ar ôl i'r Dalai Lama ffoi o Tibet yn 1959, mae wedi cael sylw parhaus yn y cyfryngau, yn amrywio o'i gyfarfodydd â gwleidyddion ledled y byd i'w ymddangosiad ar achlysur ei ben-blwydd yn 80 oed yng ngŵyl Glastonbury yn 2015. Drwy'r Rhyngrwyd heddiw mae amrywiaeth eang o ddeunydd Bwdhaidd ar gael, felly mae'n cael ei alw'n 'Dharma-seiber/*Cyberdharma*'.

Dyfyniad allweddol

Mae pob ysgol o Fwdhaeth, fwy neu lai, wedi'i chynrychioli ar-lein y dyddiau hyn. Mae trysorfeydd eang o sutras ac esboniadau a sgyrsiau wedi'u trawsgrifio, a phrojectau niferus er mwyn ychwanegu rhagor bob dydd. Mae orielau o thangkas a mandalas; fforymau sy'n gwahodd trafodaeth ar bynciau sy'n amrywio o ymddaliad i wleidyddiaeth; mynachod sy'n ateb cwestiynau wedi'u he-bostio ynghylch pwyntiau (cynnil a heb fod mor gynnil) arferion; amserlenni ar gyfer canolfannau encilio ledled y byd; a sgyrsiau dharma sain a fideo wedi'u ffrydio, ar gael bob awr o'r dydd. Felly, mewn geiriau eraill, mae llu o ffyrdd y mae unrhyw un sy'n gobeithio meithrin meddwl sydd wedi deffro yn gallu meithrin y symbyliad.
(John House ar Dharma-seiber)

Term allweddol

Ysbrydolrwydd yr Oes Newydd: yr enw ar set o gredoau, sydd ddim yn unedig, a ddatblygodd o'r 1960au ymlaen, yn seiliedig ar amrywiaeth o gredoau ysbrydol ac athronyddol fel rhai'r Gymdeithas Theosoffyddol

Mynach Bwdhaidd ar y Rhyngrwyd

Termau allweddol

Bwdhyddion 'tröedigaeth': yn ôl diffiniad Bluck, term sy'n cyfeirio at 'bobl Ewropeaidd ethnig ym Mhrydain sydd wedi cael tröedigaeth i Fwdhaeth yn hytrach na'u bod yn dod o gefndir Bwdhaidd Asiaidd'

Rinpoche: teitl anrhydeddus sy'n cael ei roi i athro ysbrydol ym Mwdhaeth Tibet

Gwahaniaethau rhwng Bwdhaeth 'treftadaeth' a Bwdhaeth 'tröedigaeth'

Mae ffigurau cyfrifiad 2011 ar gyfer Cymru a Lloegr yn dangos bod 39.7% o Fwdhyddion wedi cael eu geni ym Mhrydain a bod 60.3% wedi cael eu geni y tu allan i Brydain. O ran ethnigrwydd, mae'r ffigurau o'r Swyddfa Ystadegau Gwladol yn dangos y manylion canlynol ar gyfer yr hyn y gellid ei alw'n dair prif grefydd y Dwyrain: Hindŵaeth, Sikhiaeth a Bwdhaeth.

Cymysg/grwpiau aml-ethnig:		Grŵp ethnig arall	
Hindŵ:	1.2%	Hindŵ:	1%
Sikh:	1.2%	Sikh:	9.6%
Bwdhydd:	4%	Bwdhydd:	1.5%
Asiaidd/Asiaidd Prydeinig		Gwyn	
Hindŵ:	95.7%	Hindŵ:	1.5%
Sikh:	87.1%	Sikh:	1.8%
Bwdhydd:	59.7%	Bwdhydd:	33.8%
Du/Affricanaidd/Caribïaidd			
Hindŵ:	0.7%		
Sikh:	0.3%		
Bwdhydd:	1.1%		

Yr hyn sy'n drawiadol am y ffigurau hyn yw eu bod nhw'n awgrymu bod atynfa Bwdhaeth i'r grŵp 'Gwyn Prydeinig', yn ôl disgrifiad y Swyddfa Ystadegau Gwladol, wedi tyfu a pharhau o'r 19eg ganrif ymlaen, ond nad yw hyn wedi digwydd gyda Hindŵaeth na Sikhiaeth.

Wrth ddisgrifio'r grŵp hwn, mae Bluck yn gwrthod defnyddio 'Bwdhyddion gwyn', gan ffafrio **Bwdhyddion 'tröedigaeth'** er mwyn disgrifio 'pobl sy'n Ewropeaidd ethnig ym Mhrydain sydd wedi cael tröedigaeth i Fwdhaeth, yn hytrach na'u bod yn dod yn wreiddiol o gefndir Bwdhaidd Asiaidd'. Mae'n anodd gosod rhif, ond byddai hi'n ymddangos bod tua 80,000 o Fwdhyddion 'tröedigaeth'.

Tasg anodd yw gwahaniaethu rhwng Bwdhaeth 'treftadaeth' a Bwdhaeth 'tröedigaeth' ym Mhrydain oherwydd bod y grwpiau a nodir yn cynrychioli Bwdhyddion Mahayana, Vajrayana (Tibet), Theravada a rhai ansectyddol cymysg. Fodd bynnag, efallai mai'r ffordd orau o ddisgrifio'r gwahaniaethau allweddol rhwng Bwdhyddion 'treftadaeth' a 'thröedigaeth' yw drwy'r ffyrdd y gallai Bwdhyddion 'treftadaeth' geisio dod â'r mynegiant diwylliannol o Fwdhaeth gyda nhw o'u gwlad eu hunain, wrth i Fwdhyddion 'tröedigaeth' geisio cynnwys Bwdhaeth mewn cyd-destun Gorllewinol a Phrydeinig.

Gwelir un enghraifft o Fwdhaeth 'treftadaeth' yn yr ardal sydd wedi profi'r cynnydd mwyaf yn nifer y Bwdhyddion yn y blynyddoedd diweddar: Cyngor Bwrdeistref Rushmoor yn Hampshire. Yma, roedd Aldershot wedi bod yn gartref i gatrawd y Gurkhas sy'n dod o Nepal yn bennaf. Gan i'r llywodraeth roi hawl iddyn nhw i ymsefydlu yn y DU, mae 3.3% o boblogaeth y fwrdeistref yn Fwdhyddion erbyn hyn. Felly, bwrdeistref Rushmoor – wedi'i dilyn gan dair bwrdeistref yn Llundain, sef Greenwich, Kensington a Chelsea a San Steffan – yw'r ardal ym Mhrydain lle mae'r dwysedd poblogaeth mwyaf o Fwdhyddion.

Sefydlwyd Canolfan Gymunedol Fwdhaidd y DU yn Aldershot yn 2007 ac mae'n rhan benodol o draddodiad Nyingma Bwdhaeth Tibet. Cysegrwyd y Ganolfan gan Khyentse Yangsi **Rinpoche** (1993–) ac ers hynny, mae sawl Rinpoche wedi ymweld â hi, yn cynnwys Tenzin Gyatso, y 14eg Dalai Lama a agorodd y Ganolfan yn 2015 ac sy'n noddwr iddi. Mae gan y ganolfan ddau fynach ac mae'n adlewyrchu natur 'treftadaeth' ei Bwdhaeth drwy gynnal digwyddiadau fel rhai grymuso gyda sawl Rinpoche amlwg fel y Terton (datguddiwr trysorau ysbrydol) Namkha Drimed Rinpoche (1938–). Adlewyrchir natur 'treftadaeth' Bwdhaeth y ganolfan drwy gydnabod awdurdod pob Rinpoche, y parch a ddangosir tuag atyn nhw, pwysigrwydd eu hymweliadau a'r seremonïau grymuso nad oes neb ond nhw'n gallu eu perfformio. Mae modd gweld hyn hefyd yn y ffordd y mae'r adeilad gwreiddiol wedi'i addasu, gan ddilyn model Tibetaidd traddodiadol gymaint â phosibl. Mae ystafell y creiriau y tu mewn i'r Ganolfan yn nodweddiadol o Fwdhaeth Tibet, a'r tu allan mae baneri gweddi, olwynion gweddi, rupa o'r Bwdha ar un ochr o'r adeilad a stupa mawr ar yr ochr draw. Mae'r agweddau Tibetaidd hyn i'w gweld hefyd yng nghlwyd y fynedfa gyda'r ddau garw traddodiadol a'r olwyn Dhamma. Yn ôl y disgwyl, iaith Tibet yw prif iaith yr addoli.

Mae enghraifft o ganolfan i Fwdhyddion 'tröedigaeth' i'w gweld yng Nghanolfan Myfyrio Bwdhaidd Kalpa Bhadra Kadampa yn Llandudno. Mae'n cael ei rhedeg gan bobl ordeiniedig a lleygwyr sy'n dilyn y Traddodiad Kadampa Newydd. Bwdhyddion 'tröedigaeth' yw'r aelodau, ac Urdd yw hi sy'n ymgysylltu â dysgeidiaeth y Bwdha yn y byd modern. Sefydlwyd yr Urdd gan yr hybarch Geshe Kelsang Gyatso Rinpoche (1931-), sy'n feistr myfyrdod bydenwog. Ei gred yw 'bod pobl fodern yn gallu trawsnewid eu bywydau ac felly'r byd drwy gymhwyso dysgeidiaethau'r Bwdha ar reoli'r meddwl ... fel hyn, bydd dysgeidiaethau'r Bwdha o fewn eu cyrraedd yn hawdd a byddan nhw'n darganfod heddwch mewnol gwirioneddol. Mae croeso i bawb heb unrhyw wahaniaethu.'

Mae'r math o Fwdhaeth sy'n cael ei arfer yn perthyn i Fwdhaeth Mahayana. Mae gan Ganolfan Fwdhaidd Llandudno neuadd fawr ar gyfer myfyrdod. Cynhelir sesiynau yno gyda'r dydd a'r nos yn ystod yr wythnos, i ddechreuwyr a phobl brofiadol, gydag ambell sesiwn yn cael ei chynnal ar y traeth. Mae digwyddiadau encil a chyrsiau yn rhan o'i rhaglen hefyd ar benwythnosau. Weithiau bydd sesiynau myfyrdod yn cael eu dilyn gan bryd o fwyd llysieuol yn 'Caffi Heddwch Byd' y ganolfan. Trefnir ymweliadau gan ysgolion hefyd.

Gweithgaredd AA1

Esboniwch dwf Bwdhaeth ym Mhrydain ers y 19eg ganrif.

Esboniwch eich ateb gan ddefnyddio tystiolaeth ac enghreifftiau o'r hyn rydych chi wedi ei ddarllen.

cwestiwn cyflym

3.6 Yn ôl ystadegau Cyfrifiad y Swyddfa Ystadegau Gwladol ar gyfer 2011, pa ganran o boblogaeth Cymru a Lloegr sy'n dweud mai Bwdhyddion ydyn nhw?

Awgrym astudio

Ymchwiliwch i'r grwpiau Bwdhaidd agosaf yn eich ardal chi a cheisiwch gael gwybod a ydyn nhw'n bennaf ar gyfer Bwdhyddion 'tröedigaeth' neu Fwdhyddion 'treftadaeth'.

Canolfan Myfyrio Bwdhaidd yn Llandudno

Sgiliau allweddol Thema 2

Mae'r drydedd thema hon yn cynnwys tasgau sy'n ymdrin â hanfodion AA1 o ran blaenoriaethu a dewis y wybodaeth berthnasol allweddol, ei chyflwyno mewn ffordd bersonol (fel yn Thema 1) ac yna defnyddio tystiolaeth ac enghreifftiau i gefnogi ac ehangu ar hyn.

Sgiliau allweddol

Mae gwybodaeth yn ymwneud â:

Dewis ystod o wybodaeth (drylwyr) gywir a pherthnasol sydd â chysylltiad uniongyrchol â gofynion penodol y cwestiwn.

Mae hyn yn golygu:

- Dewis deunydd perthnasol i'r cwestiwn a osodwyd

- Canolbwyntio ar esbonio ac archwilio'r deunydd a ddewiswyd.

Mae dealltwriaeth yn ymwneud ag:

Esboniad helaeth, gan ddangos dyfnder a/neu ehangder gyda defnydd rhagorol o dystiolaeth ac enghreifftiau gan gynnwys (lle y bo'n briodol) defnydd trylwyr a chywir o destunau cysegredig, ffynonellau doethineb a geirfa arbenigol.

Mae hyn yn golygu:

- Defnydd effeithiol o enghreifftiau a thystiolaeth gefnogol i sefydlu ansawdd eich dealltwriaeth

- Perchenogaeth o'ch esboniad sy'n mynegi gwybodaeth a dealltwriaeth bersonol, NID eich bod yn ailadrodd darn o destun o lyfr rydych wedi ei baratoi a'i gofio.

Datblygu sgiliau AA1

Nawr mae'n bwysig ystyried y wybodaeth sydd wedi'i chyflwyno yn yr adran hon; fodd bynnag, mae'r wybodaeth fel y mae yn llawer rhy helaeth ac felly mae'n rhaid ei phrosesu er mwyn bodloni gofynion yr arholiad. Gallwch wneud hyn drwy ymarfer y sgiliau uwch sy'n gysylltiedig ag AA1. Ar gyfer Amcan Asesu 1 (AA1), sy'n cynnwys dangos sgiliau 'gwybodaeth' a 'dealltwriaeth', rydyn ni am ganolbwyntio ar ffyrdd gwahanol o ddangos y sgiliau yn effeithiol, gan gyfeirio hefyd at sut bydd eich perfformiad ym mhob un o'r sgiliau hyn yn cael ei fesur (gweler disgrifyddion band cyffredinol AA1 ar gyfer U2).

▶ **Dyma eich tasg nesaf:** Isod mae crynodeb o **resymau posibl dros boblogrwydd Bwdhaeth ym Mhrydain**. Mae'n 173 gair o hyd. Y tro hwn, does dim pwyntiau wedi'u hamlygu i nodi'r pwyntiau allweddol i'w dysgu o'r dyfyniad hwn. Trafodwch pa bum pwynt yw'r pwysicaf i'w hamlygu yn eich barn chi, ac ysgrifennwch y pwyntiau ar ffurf rhestr.

Mae nifer o ffactorau'n gyfrifol am boblogrwydd Bwdhaeth ym Mhrydain. Er enghraifft, mae Cristnogaeth, a oedd yn arfer bod yn grefydd flaenllaw, wedi dod o dan fwy a mwy o bwysau ers y 19eg ganrif oherwydd ei rhaniadau a'r ffaith ei bod hi'n gwrthod derbyn syniadau gwyddonol. Mae Bwdhaeth wedi dod yn ddewis amgen derbyniol. Yn ogystal, mae Bwdhaeth fel petai'n cynnig mwy o ffordd o fyw ac athroniaeth resymegol, yn hytrach na bod yn grefydd yn ystyr crefyddau eraill. Mae hyn yn golygu bod Bwdhaeth yn apelio at y rhai sy'n seciwlar ac yn atheistiaid hyd yn oed. Mae pobl eraill yn gweld mai crefydd yw Bwdhaeth ond ei bod hi'n wahanol, yn ffres ac yn newydd oherwydd ei bod hi'n dod o'r Dwyrain. Mae hyn yn cysylltu ag Ysbrydolrwydd yr Oes Newydd a sut mae diddordeb mewn Bwdhaeth wedi datblygu wrth i bobl deithio i wledydd Bwdhaidd fel Gwlad Thai a gwneud i bethau fel rupas y Bwdha fod yn boblogaidd iawn. Mae delweddau fel hyn yn denu pobl at Fwdhaeth.

Nawr, defnyddiwch eich pum pwynt i lunio eich crynodeb eich hun (fel yn Thema 1 Datblygu sgiliau) gan geisio gwneud y crynodeb yn fwy personol i'ch arddull ysgrifennu eich hun. Gall hyn hefyd gynnwys aildrefnu'r pwyntiau os ydych yn dymuno gwneud hynny.

Materion i'w dadansoddi a'u gwerthuso

Arwyddocâd cymharol y nodweddion sy'n cyfrannu at boblogrwydd Bwdhaeth ym Mhrydain

Mae'n bosibl dadlau mai'r nodwedd gyntaf sy'n cyfrannu i boblogrwydd Bwdhaeth ym Mhrydain yw ei bod hi'n cynnig rhywbeth nad yw hi'n bosibl i berson sy'n chwilio'n ysbrydol ei ganfod yn unman arall. Yn y gorffennol ym Mhrydain, efallai byddai chwilio ysbrydol fel hyn wedi dechrau yng nghyd-destun Cristnogaeth ac wedi arwain pobl i symud drwy dröedigaeth o un Eglwys i un arall – er enghraifft, o fod yn aelod o'r Eglwys yng Nghymru i fod yn Fedyddiwr. Roedd cymaint o ehangder cred ac arferion mewn Cristnogaeth ar draws gwledydd Prydain fel bod modd darparu ar gyfer y rhai a allai fod wedi teimlo bod angen iddyn nhw chwilio mewn man arall am foddhad ysbrydol. Heddiw, mae Bwdhaeth yn cynnig cartref arall i rai sy'n chwilio'n ysbrydol.

Mae'r ail nodwedd yn ymwneud â'r math o chwilio ysbrydol y gallai pobl fod yn ei wneud. Mae'n anodd cyffredinoli yma, ond, drwy arfer myfyrdod, gellid dadlau bod Bwdhaeth ar ei ffurf sylfaenol yn cynnig ffordd y gall unrhyw berson gael cyfarfyddiad personol dwfn â'i hunan ac â'r pethau hynny a allai wneud synnwyr o fywyd, beth bynnag yw, er enghraifft, ei gefndir cymdeithasol, ei allu neu ei anabledd, ei rywedd, ei oed, ei addysg, ei gyfeiriadedd rhywiol a'i hil.

Mae'r drydedd nodwedd yn ymwneud â sut mae modd gweld Bwdhaeth Brydeinig fel 'esmwythydd' i unrhyw un sy'n dymuno dilyn y pratyekabuddha-yana neu i'r rhai sy'n dymuno ymuno â grŵp Bwdhaidd. Mae Bwdhaeth yn tueddu i beidio â bod yn grefydd genhadol, dydy hi ddim yn fygythiol, dydy hi ddim yn ysgogi anghytuno nac yn tramgwyddo eraill. Mae hyn yn arbennig o wir pan nad yw'r agwedd 'Bwdhaeth sy'n Ymgysylltu â'r Gymdeithas' yno. Felly, er enghraifft, gellid rhoi te a bisgedi neu 'swper llysieuol' cyn sgwrs ar y Dhamma neu ar ôl sesiwn myfyrdod, yn ddigon tebyg i'r ffordd mae lluniaeth ysgafn ar gael cyn neu ar ôl cyfarfodydd a gwasanaethau mewn eglwysi Cristnogol.

Y bedwaredd nodwedd yw bod rhyw ddirgelwch am Fwdhaeth ym Mhrydain o hyd. Mae Bwdhaeth yn aml yn cael ei disgrifio fel 'doethineb hynafol' gan awgrymu bod gan yr hyn sydd wedi cael ei ddysgu a'i arfer ers dros ddwy fil a hanner o flynyddoedd naws a sancteiddrwydd hyd yn oed, wedi'u rhoi gan gyfnod mor hir o amser. Mae hyn yn arbennig o wir o gofio ei tharddiad dwyreiniol. Gallai rhai pobl ystyried bod hon yn syth yn well nag unrhyw beth arall sydd wedi'i fabwysiadu o'r blaen mewn crefyddau gorllewinol fel Iddewiaeth, Cristnogaeth ac Islam.

Nodwedd olaf ar Fwdhaeth Brydeinig yw ei bod hi'n cynnig llawer iawn o ryddid ac amrywiaeth i berson sy'n chwilio'n ysbrydol, o ran pa fath o Fwdhaeth y byddai'n hoffi ei ddilyn a'r math o ymrwymiad a chred y gall fod ei angen. Felly, i lawer, efallai na fydd dod yn Fwdhydd yn gofyn am unrhyw newid arwyddocaol yn ei ffordd o fyw. Efallai fod rhai Bwdhyddion 'tröedigaeth' yn cadw'n gaeth at weddïau gosod, dyddiau ac amseroedd wedi'u neilltuo ar gyfer addoli, gofynion moesol, bod yn rhan o gynulleidfa a dilyn y bywyd mynachaidd, ond bod rhai Bwdhyddion 'tröedigaeth' eraill ddim yn cadw atyn nhw o gwbl. Felly, y canfyddiad o Fwdhaeth ym Mhrydain yw ei bod yn gallu bod yn bopeth i bob un.

Os yw Bwdhaeth yn gallu bod yn bopeth i bob un, yna fel arfer mae Bwdhyddion 'tröedigaeth' fel arfer yn gallu dod o hyd i gredoau sy'n cyfateb i'w credoau eu hunain mewn rhyw grŵp Bwdhaidd Prydeinig penodol. Fodd bynnag, os felly, gellid gofyn i ba raddau mae unrhyw grŵp penodol – dim ots pa mor boblogaidd gallai fod – yn Fwdhaidd mewn gwirionedd.

Mae'r adran hon yn cwmpasu cynnwys a sgiliau AA2

Cynnwys y fanyleb

Arwyddocâd cymharol y nodweddion sy'n cyfrannu at boblogrwydd Bwdhaeth ym Mhrydain.

Dyfyniad allweddol

Mae tynfa'r Dwyrain dirgel, ymagwedd ysgolheigaidd ac ymatalgar, gyda dewisiadau personol (yn hytrach na rhai sefydliadol) am yr hyn sydd i'w gadw neu i gael gwared arno, i gyd yn ymddangos yn nodwedd ar ymagwedd Brydeinig at arferion ysbrydol mewn oes faterol. Prin ei bod hi'n syndod bod Bwdhyddion Prydeinig wedi tueddu i fod yn ddosbarth canol ac yn addysgedig, er efallai fod pwyslais mudiadau Bwdhaidd newydd ar ganolfannau trefol yn annog aelodaeth ehangach. (Bluck)

Gweithgaredd AA2

Wrth i chi ddarllen drwy'r adran hon ceisiwch wneud y pethau canlynol:

1. Dewiswch y gwahanol ddadleuon sy'n cael eu cyflwyno yn y testun a nodwch unrhyw dystiolaeth gefnogol a roddir.

2. Ar gyfer pob dadl a gyflwynir, ceisiwch werthuso a yw'r ddadl yn un gryf neu wan yn eich barn chi.

3. Meddyliwch am unrhyw gwestiynau yr hoffech chi eu gofyn wrth ymateb i'r dadleuon.

Bydd y gweithgaredd hwn yn eich helpu chi i ddechrau meddwl yn feirniadol am yr hyn rydych chi'n ei ddarllen, ac yn eich helpu i werthuso effeithiolrwydd dadleuon gwahanol, gan ddatblygu eich sylwadau, a'ch barn a'ch safbwyntiau eich hun. Bydd hyn yn eich helpu wrth ddod i gasgliadau y byddwch yn eu gwneud yn eich atebion i'r cwestiynau AA2 sy'n codi.

Dyfyniad allweddol

Mae cymaint o fathau o Fwdhaeth ag sydd o ffyrdd gan y meddwl Ewropeaidd darniog sy'n newid o hyd o'u deall nhw ... I resymolwyr mae'n golygu gwrthrych ffilolegol ... I ramantwyr mae'n wrthrych ffantasi lle mae popeth yn bur ac yn dda, yn gyfiawnhad dros ddirmyg rhywun at y Gorllewin llygredig. (Batchelor)

Cwestiynau allweddol

Pa un yw'r nodwedd bwysicaf o ran poblogrwydd Bwdhaeth?

I ba raddau byddai Bwdhaeth yn cael budd o ddod yn grefydd genhadol ym Mhrydain?

Wrth i Fwdhaeth ddod yn fwy sefydledig, ym mha ffyrdd rydych chi'n meddwl y bydd ei phoblogrwydd yn cynyddu neu'n lleihau?

Dameg y deillion a'r eliffant fel dysgodd y Bwdha hi.

Gweithgaredd AA2

Rhestrwch rai casgliadau y byddai'n bosibl dod iddynt ar sail y rhesymeg AA2 yn y testun uchod; ceisiwch gyflwyno o leiaf dri chasgliad gwahanol posibl. Ystyriwch bob un o'r casgliadau a chasglwch dystiolaeth gryno i gefnogi pob casgliad o'r deunydd AA1 ac AA2 ar gyfer y testun hwn. Dewiswch y casgliad sy'n argyhoeddi fwyaf yn eich barn chi ac esboniwch pam mae hyn yn wir. Ceisiwch gyferbynnu hyn â'r casgliad gwannaf ar y rhestr, gan gyfiawnhau eich dadl gyda rhesymu clir a thystiolaeth.

Yn y Sutta Tittha sy'n rhan o'r Udana (6.4) yn y Canon Pali, mae'r Bwdha yn aros ger tref Savatthi lle roedd 'llawer o bobl fyfyrgar, brahmans, a chrwydrwyr o sectau amrywiol ... gyda safbwyntiau gwahanol, barn wahanol, credoau gwahanol, yn ddibynnol am gymorth ar eu safbwyntiau gwahanol'. Yn eu dadleuon am y Dhamma roedden nhw 'yn dadlau, yn ffraeo, ac yn taeru, yn clwyfo ei gilydd ag arfau'r geg'. Roedd pob grŵp yn honni mai ei ddehongliad ef ei hun o'r Dhamma oedd yr un cywir.

Er mwyn esbonio'r sefyllfa i'w ddilynwyr, adroddodd y Bwdha y ddameg adnabyddus am y Brenin yn crynhoi deillion o amser eu geni o gwmpas eliffant. 'I rai o'r deillion, dangosodd ben yr eliffant, gan ddweud, "Dyma, ddeillion, sut mae eliffant yn edrych." I rai ohonyn nhw, dangosodd glust yr eliffant, gan ddweud, "Dyma, ddeillion, sut mae eliffant yn edrych." I rai ohonyn nhw, dangosodd ysgithredd (*tusk*) yr eliffant ... trwnc yr eliffant ... corff yr eliffant ... troed yr eliffant ... rhan ôl yr eliffant ... cynffon yr eliffant ... y twffyn blew ar ben draw cynffon yr eliffant.'

Yna, mae'r Brenin yn gofyn i'r deillion i gyd a ydyn nhw wedi gweld yr eliffant, ac maen nhw'n ateb iddyn nhw wneud hynny. Wedyn, mae'n gofyn iddyn nhw ddweud wrtho sut mae'r eliffant yn edrych. Mae pob grŵp o ddeillion, ar ôl canolbwyntio ar un agwedd yn unig ar yr eliffant, yn rhoi ateb gwahanol, gan gydio yn yr hyn y maen nhw wedi'i brofi'n unig. Yn y pen draw, maen nhw'n dadlau â'i gilydd ac 'yn taro'i gilydd â'u dyrnau'. Mae'r Bwdha yn cloi gyda moeswers y stori: 'O ran y pethau hyn, mae ganddyn nhw ymlyniad – rhai pobl fyfyrgar a brahmans. Maen nhw'n cweryla ac yn ymladd – pobl sy'n gweld un ochr yn unig.'

O ran dameg y deillion a'r eliffant, i Fwdhaeth ym Mhrydain, gellid dadlau mai rhywbeth cadarnhaol yw bod yn bopeth i bob un OS nad oes gan unrhyw un grŵp 'ymlyniad' wrth Fwdhaeth eu grŵp nhw fel yr *unig* safbwynt cywir. Fel mae Batchelor yn nodi: 'Wrth osod yr eliffant mewn naill ai lle neu amser, rydyn ni'n ei ladd. Mae'r eliffant yn anadlu ac yn symud – mewn ffyrdd amhosibl eu rhagweld.'

Felly, gallai rhai grwpiau Bwdhaidd ddod yn boblogaidd drwy bwysleisio eu bod yn barhad o Fwdhaeth Theravada fel Mynachlog Amaravati yn Hemel Hempstead a agorodd yn 1985. Dyma ran o Sangha'r Goedwig gan ddilyn yn nhraddodiad Ajahn Chah (1918–1992). Yma, mae'r gymuned fynachaidd yn byw yn unol â'r Vinaya a'r Dhamma. Neu, gallai grwpiau Bwdhaidd eraill ddod yn boblogaidd drwy fod yn rhan o Fwdhaeth Tibet fel y Traddodiad Kadampa Newydd a sefydlwyd gan Geshe Kelsang Gyatso (1931–). Un o'i brif ganolfannau yw Canolfan Manjushri Kadampa ym Mhriordy Conishead yn Cumbria lle mae coleg Bwdhaidd ers 1976. Mae cangen yn Llandudno hefyd. Gallai grwpiau Bwdhaidd eraill ddod yn boblogaidd drwy eu cysylltiadau â mathau penodol o Fwdhaeth fel Zen. Er enghraifft, mae Abaty Bwdhaidd Throssel Hole yn Northumberland a sefydlwyd yn 1972 yn dilyn Traddodiad Myfyrdod Ystyried Tawel sy'n debyg i Soto Zen Japan. Mae'r gymuned fynachaidd yno'n rhan o Urdd y Mynachod Myfyrgar Bwdhaidd (Order of Buddhist Contemplatives (OBC)) a sefydlwyd yn 1978 gan y Parch. Feistr Jiyu-Kennett (1924–1996).

Yn gyffredinol, gellir nodi ffenomen y Mudiad Crefyddol Newydd (*New Religious Movement* NRM) yma. Mudiad yw hwn sy'n cael ei ystyried yn 'newydd' oherwydd iddo ddod i'r amlwg ar ei ffurf bresennol ers yr Ail Ryfel Byd. Mae'n 'grefyddol' oherwydd ei fod yn cynnig 'system ffydd' sy'n rhoi ystyr yn seiliedig ar ddealltwriaeth ysbrydol o fywyd dynol, ei darddiad a'i nod. Mae'r Mudiadau Crefyddol Newydd yn boblogaidd gyda mathau penodol o bobl oherwydd bod ganddyn nhw gredoau sydd wedi'u diffinio'n dda, ac maen nhw'n perthyn i grŵp sydd ag ymrwymiad, a hunaniaeth sy'n gwahanu'r rhai sydd yn y grŵp oddi wrth y rhai sydd y tu allan. Gellid dadlau mai rhan o boblogrwydd rhai grwpiau Bwdhaidd Prydeinig yw eu statws heddiw fel Mudiadau Crefyddol Newydd.

Natur unigryw Bwdhaeth Brydeinig o gymharu â Bwdhaeth a geir mewn gwledydd eraill

Ffenomen gymharol ddiweddar yw Bwdhaeth Brydeinig, ac mae ceisio diffinio ei natur unigryw o'i chymharu â gwledydd eraill yn gymhleth. Un ffordd o edrych ar y mater hwn yw ystyried y Parch. Meistr Jiyu-Kennett, a sefydlodd yr OBC yn 1978. Oherwydd gwrthwynebiad rhai a oedd eisiau ffurf fwy traddodiadol ar Fwdhaeth Zen ym Mhrydain – fel Christmas Humphreys ac eraill yn y Gymdeithas Fwdhaidd – dechreuodd hi ei gwaith yn y Gorllewin yn Abaty Shasta yn California, UDA.

Ar hyn o bryd mae gan yr OBC demlau a grwpiau myfyrdod yn UDA, Canada, yr Iseldiroedd, yr Almaen a Latvia. Fodd bynnag, mae nifer mawr o demlau a grwpiau ym Mhrydain hefyd: 25 grŵp ac 11 teml. Mae grwpiau myfyrdod mewn sawl ardal ym Mhrydain, yn cynnwys Caerfyrddin yng Nghymru ac Aberdeen yn yr Alban. Mae'r temlau'n cynnwys Priordy Bwdhaeth Zen Norwich a Theml Dragon Bell yn Okehampton.

Cafodd Kennett ei magu yn Eglwys Loegr, darllenodd *The Light of Asia* a chafodd dröedigaeth i Fwdhaeth fel oedolyn. Gellid dadlau bod y drefn fel y digwyddodd hi gyda Kennett – fel sy'n wir am lawer o Fwdhyddion eraill ym Mhrydain – sef cael magwraeth fel Cristion mewn Eglwys sefydledig, cael ei dadrithio gyda'i harferion, ei chredoau a'i dysgeidiaethau ac yna mynd ati i ddewis Bwdhaeth, yn ychwanegu at natur unigryw Bwdhaeth Brydeinig. Mae hyn oherwydd, o ran rhai Bwdhyddion 'tröedigaeth', bod Cristnogaeth yr Eglwys sefydledig yn rhywbeth sy'n dylanwadu ar eu Bwdhaeth: naill ai o ran adweithio yn gryf yn erbyn Cristnogaeth, neu o ran trosglwyddo agweddau ar Gristnogaeth i Fwdhaeth, yn enwedig o ran arferion.

Gellir gweld y pwynt olaf yn y ffordd roedd Kennett yn ffafrio'r termau 'abaty', 'clwysty' a 'phriordy', ynghyd ag 'abad', 'abades', 'prior', 'priores' ac 'offeiriad'. Mae'r rhain i gyd wedi'u cymryd o'r traddodiad mynachaidd Cristnogol. Hefyd addasodd Kennet seremonïau Zen gan ddefnyddio'r model roedd hi wedi bod yn gyfarwydd ag ef yn Eglwys Loegr. Er enghraifft, symudodd ŵyl 'Bwydo'r Ysbrydion Llwglyd' sy'n digwydd ym mis Gorffennaf yn Japan i ddigwydd yr un pryd â Chalan Gaeaf, a symud gŵyl Genedigaeth y Bwdha i Ddydd Nadolig. Yn ôl David Kay: 'Fel hyn, cafodd sensitifrwydd diwylliannol ei disgyblion Gorllewinol o ran dilyn defodau Cristnogol ei roi ar waith, fel bod teimlad crefyddol yn cael ei ailddiffinio o'r tu mewn.'

Gellid dadlau bod defnyddio Saesneg fel cyfrwng ar gyfer dysgeidiaeth ac arferion Bwdhaidd yn sylfaenol i'r hyn sy'n gwneud i Fwdhaeth Brydeinig fod yn unigryw. Cyfieithodd Kennett y testunau a ddefnyddiwyd i'r Saesneg ac – o gofio ei chefndir fel cerddor – gosododd y rhain ar gerddoriaeth Salmdonau Gregoraidd a ddefnyddir mewn mynachlogydd Cristnogol. Yn ogystal, cyfansoddodd emynau Bwdhaidd i'w canu i gyfeiliant cerddoriaeth organ ac i donau emynau a ddefnyddir yng ngwasanaethau Eglwys Loegr. Un o'i hemynau yw 'Welcome Joyous Wesak Day' sy'n cynnwys y pennill hwn sydd wedi'i gyfieithu i'r Gymraeg fan hyn:

'Down i gyfarch â llawenydd

Y Dydd Wesak dedwydd hwn;

Bore ein rhyddhau o dristwch

Ar ffordd Dhamma heb un pwn!

Mae gorfoledd ein calonnau'n

Codi i'r Goleuni Gwir

Ac Anfeidrol, wrth in deimlo

Rhyddid o'n caethiwed hir.'

Mae grwpiau Bwdhaidd eraill hefyd yn defnyddio Saesneg fel cyfrwng ar gyfer dysgeidiaethau ac arferion Bwdhaeth. Mae'r rhai sy'n perthyn i'r Traddodiad Kadampa Newydd yn dechrau pob arfer drwy adrodd gweddi yn Saesneg a

Dyfyniad allweddol

Defnyddiwyd teitlau mynachaidd Cristnogol ... ac roedd y cyfrifoldebau a ddyrannwyd ... yn cynnwys ... 'sacristan' ac 'ysbytŷwr'. Hefyd cafodd gwisg fynachaidd ei haddasu mewn arddull Gristnogol, gyda'r gasog, crys clerigol a choler yr offeiriad Anglicanaidd neu Gatholig yn disodli'r kimono Japaneaidd. Drwy'r addasiadau hyn, yn ôl Kennett, cafodd diwylliant dieithr Japan ei dynnu ymaith, fel bod 'hanfod' Bwdhaeth Zen yn gallu cael ei drosglwyddo i'r Gorllewin ar ffurf fwy addas. **(Kay)**

Gweithgaredd AA2

Wrth i chi ddarllen drwy'r adran hon ceisiwch wneud y pethau canlynol:

1. Dewiswch y gwahanol ddadleuon sy'n cael eu cyflwyno yn y testun a nodwch unrhyw dystiolaeth gefnogol a roddir.

2. Ar gyfer pob dadl a gyflwynir, ceisiwch werthuso a yw'r ddadl yn un gryf neu wan yn eich barn chi.

3. Meddyliwch am unrhyw gwestiynau yr hoffech chi eu gofyn wrth ymateb i'r dadleuon.

Bydd y gweithgaredd hwn yn eich helpu chi i ddechrau meddwl yn feirniadol am yr hyn rydych chi'n ei ddarllen, ac yn eich helpu i werthuso effeithiolrwydd dadleuon gwahanol, gan ddatblygu eich sylwadau, a'ch barn a'ch safbwyntiau eich hun. Bydd hyn yn eich helpu wrth ddod i gasgliadau y byddwch yn eu gwneud yn eich atebion i'r cwestiynau AA2 sy'n codi.

Cwestiynau allweddol

Ym mha ffyrdd y byddai cael tröedigaeth i Fwdhaeth o fod yn Gristion ym Mhrydain yn dylanwadu ar Fwdhydd?

I ba raddau mae defnyddio Saesneg fel cyfrwng ar gyfer dysgeidiaeth ac arferion Bwdhaidd yn gwneud i Fwdhaeth Brydeinig fod yn unigryw?

Os yw Bwdhaeth yn cael ei gwahanu oddi wrth ddiwylliant Asiaidd, i ba raddau mae'n parhau i fod yn wirioneddol Fwdhaidd?

Dyfyniad allweddol

Yn bennaf oll, Bwdhyddion Prydeinig ydyn ni ein hunain; nid Bwdhaeth Zen Japan rydyn ni'n ei hastudio, Bwdhaeth Zen Brydeinig rydyn ni'n ei hastudio; nid dillad Japaneaidd rydyn ni'n eu gwisgo, dillad Prydeinig rydyn ni'n eu gwisgo ... Rydyn ni'n cynnal ysbryd Bwdhaeth Zen, ac yn ei mynegi mewn ffordd Brydeinig ar yr un pryd. (Kennett)

Awgrym astudio

Ar gyfer AA2, mae'n hanfodol eich bod chi'n trafod dadleuon yn hytrach nag esbonio'r hyn y gallai rhywun fod wedi'i ddweud yn unig. Ceisiwch ofyn i chi'ch hun, 'a oedd hwn yn bwynt teg i'w wneud?', 'a yw'r dystiolaeth yn ddigon cadarn?', 'a oes unrhyw beth i herio'r ddadl hon?', 'a yw'r ddadl hon yn un gref neu wan?' Bydd dadansoddi beirniadol o'r fath yn eich helpu i ddatblygu eich sgiliau gwerthuso.

gyfansoddwyd gan Kelsang Gyatso. Mae hyn yn cynnwys y pennill hwn a addaswyd i'r Gymraeg yma:

'O Fendigaid Un, Bwdha Shakyamuni,

Trysorfa werthfawr tosturi,

Rhoddwr yr heddwch mewnol goruchaf,

Rwyt ti, sy'n caru pob bod yn ddieithriad,

Yn ffynhonnell hapusrwydd a daioni;

Ac rwyt ti'n ein harwain at y llwybr sy'n rhyddhau.'

Mae grwpiau eraill yn defnyddio Saesneg ond mae cadw'r traddodiad yn dal i fod yn bwysig iddyn nhw hefyd. Er enghraifft, ym Mynachlog Amaravati mae'r llafarganu mewn Pali gyda chyfieithiad Saesneg – ac yn Saesneg er bod y fersiwn Pali i'w weld bob amser hefyd. Fodd bynnag, dydy'r llafar-dôn ddim wedi'i gosod ar gerddoriaeth Orllewinol ond ar yr hyn y gellid ei ystyried fel y fformat Thai gwreiddiol.

Byddai modd dadlau mai rhan o nodwedd gynyddol ar Fwdhaeth Brydeinig yw dull rhai grwpiau o fewn iddi o ddefnyddio Saesneg fel cyfrwng ar gyfer dysgeidiaethau ac arferion Bwdhaidd, ac o ddefnyddio ffurfiau mwy Gorllewinol a syml ar gelf Fwdhaidd mewn temlau a chreirfeydd. Un egwyddor wrth ddilyn y dull hwn yw gwrthod yr hyn sy'n cael ei alw'n 'ddwyreinoldeb'. Mae Kay yn crynhoi hyn fel 'mecanwaith diffinio a dehongli'r Dwyrain – a Bwdhaeth yn benodol – sy'n hidlo'n gysyniadol i ymgorffori ac adlewyrchu diwylliant y Gorllewin a'i dealltwriaeth ohoni hi'i hun'. Roedd Kennett, er enghraifft, yn pwysleisio ei bod hi'n bwysig i Orllewinwyr werthfawrogi eu harferion a'u diwylliannau eu hunain ac y dylai Bwdhaeth Zen gael ei mynegi mewn ffordd Orllewinol. Disodlwyd rhai o addasiadau Gorllewinol Kennett, ond mae ei dull, sef dod o hyd i ffurf hanfodol ar Fwdhaeth y byddai'n bosibl ei thrawsblannu i'r Gorllewin heb addurniadau diwylliant Asiaidd, yn dal i fod yn fodel arwyddocaol.

Mewn erthygl gyda'r teitl 'Is Buddhism like a Tomato?' mae Eva K. Neumaier-Dargyay yn trafod y cysyniad bod Bwdhaeth yn cael ei 'thrawsblannu' i'r Almaen – ond mae ei dadl gyffredinol yn un ddefnyddiol wrth ystyried Bwdhaeth ym Mhrydain. Dadl Neumaier-Dargyay yw bod pawb yn cytuno bod person yn gallu prynu planhigyn tomato mewn planhigfa ac yna dod ag e'n ôl a'i drawsblannu yn ei ardd ei hun. Yn ei ardd, planhigyn tomato yw e o hyd a bydd tomatos yn tyfu arno. Fel mae Neumaier-Dargyay yn ei nodi, mae rhywbeth deniadol am y trosiad hwn: 'Mae'r syniad bod systemau symbolaidd diwylliant yn gallu cael eu symud a'u trawsblannu fel planhigion neu bethau materol eraill yn un deniadol. Mae'n pecynnu prosesau cymhleth yn eithaf twt.'

Eto i gyd, fel rydyn ni wedi'i weld yn enghraifft Kennett a Bwdhaeth Zen, dydy trawsblannu Bwdhaeth i'r Gorllewin ddim mor syml ag y byddai trosiad y planhigyn tomato'n cael ei drawsblannu yn ei awgrymu. Er enghraifft, mae llawer yn dibynnu ar sylfaenydd y grŵp Bwdhaidd sy'n dod â Bwdhaeth i'r Gorllewin. Gall hwn fod yn ffactor pwysig o ystyried natur unigryw'r Fwdhaeth sy'n cael ei thrawsblannu.

Fel rydyn ni wedi'i nodi, roedd gan Kennett ei chefndir fel Cristion yn Eglwys Loegr yn ogystal â'i chefndir fel cerddor medrus. Felly hefyd, gallai rhai ddadlau, roedd gan sylfaenydd y Traddodiad Kadampa Newydd, Kelsang Gyatso, ei gefndir ei hun fel dilynwr Traddodiad Gelug Bwdhaeth Tibet ond ar yr un pryd fel rhywun oedd – yn wahanol i eraill yn Nhraddodiad Gelug fel Tenzin Gyatso y 14eg Dalai Lama – ag ymroddiad cryf i'r gwarchodwr ysbrydol Dorje Shugden.

Gan barhau â throsiad y planhigyn tomato, gellid dweud bod llawer yn dibynnu hefyd ar y pridd y mae Bwdhaeth yn cael ei phlannu ynddo. O ran Bwdhaeth Brydeinig, byddai modd dadlau mai'r gwerthoedd diwylliannol cyffredinol sydd wedi cyfrannu i natur unigryw Bwdhaeth Brydeinig. Yn yr un ffordd ag y mae'r gwerthoedd hyn wedi newid ers cyhoeddi *The Light of Asia* yn 1879 felly byddan nhw'n parhau i newid o ran yr hyn y gallwn ni ei ragweld o'r dyfodol. Gellid dadlau nad yw Bwdhaeth Brydeinig yn gallu aros yn ddigyfnewid.

Dilysrwydd cymharol Bwdhaeth 'tröedigaeth' a Bwdhaeth 'treftadaeth'

O un safbwynt gellid dadlau bod pob ffurf ar Fwdhaeth yn ddilys pan maen nhw'n cynnwys edrych yn ôl ar fywyd, enghraifft a dysgeidiaeth y Bwdha hanesyddol. Felly does dim gwahaniaeth rhwng Bwdhaeth 'tröedigaeth' a Bwdhaeth 'treftadaeth' – mae'r ddau yr un mor ddilys.

Mae Batchelor yn dyfynnu Nhat Hanh: 'Mae'n rhaid i'r ffurfiau ar Fwdhaeth newid fel y gall hanfod Bwdhaeth aros yr un fath. Mae'r hanfod hwn yn cynnwys egwyddorion byw sydd ddim yn gallu bod â fformiwleiddiad penodol.' Mae'r safbwynt hwn yn cysylltu'n ôl â dameg y deillion a'r eliffant lle mae pob un o'r deillion yn deall y Dhamma – ond un agwedd yn unig. Gellid dweud mai eu camgymeriad yw credu mai'r hyn y maen nhw'n cydio ynddo yw *'hanfod* Bwdhaeth', oherwydd mewn gwirionedd maen nhw wedi cydio yn un o'r *'ffurfiau* ar Fwdhaeth' yn unig.

Byddai modd holi hefyd a yw ceisio dod o hyd i *'hanfod* Bwdhaeth' neu ei diffinio, heblaw am 'y *ffurfiau*' sydd arni, yn rhan o rywbeth y gellid ei weld fel obsesiwn Gorllewinol â diriaethu – gweld rhywbeth haniaethol fel peth materol. Fel mae Lopez yn nodi, roedd hyn yn dynodi tarddiad y categori 'Hindŵaeth'. Term a oedd yn tarddu o 'derm brodorol am nodwedd ddaearyddol, Afon Indus, a esblygodd, dros amser, yn enw haniaethol': mae 'Hindŵaeth', yr enw haniaethol hwnnw, wedi cael ei ddiriaethu fel un o grefyddau'r byd.

Mae Lopez yn dadlau bod modd dweud yr un peth o ran Bwdhaeth mewn rhai ffyrdd. Cafodd y gair ei ddiffinio a'i ddiriaethu yn y 19eg ganrif. Ers hynny mae'r term wedi bod ar y cyfan yn 'daflunio hanesyddol sy'n deillio o lawysgrifau a phrintiau bloc, testunau sy'n ymwneud yn bennaf ag "athroniaeth", a oedd wedi cael eu cynhyrchu ac wedi'u dosbarthu ymysg cylch bychan o elitau mynachaidd.' Felly mae ceisio gweld beth yw *'hanfod* Bwdhaeth' yn dasg y mae'n rhaid mynd ati i'w gwneud yn ofalus – heb sôn am ystyried dilysrwydd cymharol Bwdhaeth 'tröedigaeth' o'i chymharu â Bwdhaeth 'treftadaeth'. Hefyd byddai diriaethu fel petai'n groes i lakshana anicca sy'n dysgu nad oes dim byd yn barhaol. Felly, mae'r term 'Bwdhaeth' yn cyfeirio at ffenomen weithredol yn unig – proses ac nid peth.

O'i hystyried fel hyn, gellid dadlau mai Bwdhaeth 'tröedigaeth' yw pob Bwdhaeth ar ryw ystyr. Gallai hyn fod yr un mor berthnasol i Upali y Jain ag i Charles Bennett a ddaeth yn bhikkhu Ananda Metteyya. Cafodd Upali brofiad o'r Bwdha a'r Dhamma o lygad y ffynnon, ond cafodd Bennett brofiad ohono drwy lens y traddodiad Theravada fel caiff ei fynegi yn Sri Lanka a Burma/Myanmar. Cyflwynodd y ddau eu cefndir a'u magwraeth grefyddol eu hunain i Fwdhaeth, ac mae'n debygol iddyn nhw roi hyn ar waith fel Bwdhyddion o ran sut roedden nhw'n byw eu bywydau bob dydd.

Mae'r cwestiwn y mae Lopez yn ei godi yn ymddangos yn un dilys: 'a oes rhywbeth o'r enw "Bwdhaeth" heblaw am yr arferion lleol a'r sefydliadau y cyfeirir atyn nhw yn y Gorllewin fel Bwdhaeth Japan, Bwdhaeth China, Bwdhaeth Gwlad Thai, Bwdhaeth Korea, Bwdhaeth Nepal ...' Gallai rhywun ychwanegu Bwdhaeth Brydeinig at y rhestr honno.

Pan mae Bwdhaeth yn cael ei hystyried fel proses ac nid fel peth, mae'n bosibl gweld cwestiynau am ddilysrwydd mewn ffordd wahanol iawn. Mae'n bosibl gweld enghreifftiau o fynegiant modernaidd o Fwdhaeth ymysg Bwdhyddion 'tröedigaeth' yn arferion Urdd y Mynachod Myfyrgar Bwdhaidd, neu wrth i sangha mynachaidd caeth gael ei wrthod o blaid 'Bwdhyddion ar gamau amrywiol o ymrwymiad a dealltwriaeth' yn Urdd Fwdhaidd Triratna. Eto i gyd, gellid gweld nad yw'r mynegiadau hyn yn wahanol o gwbl o ran sylwedd neu ffurf i'r newidiadau a ddigwyddodd yn y gwahanol fynegiant o Fwdhaeth wrth i'r Dhamma symud drwy fynachod, lleianod ac arteffactau Bwdhaidd ar hyd y llwybrau masnach amrywiol o India i Sri Lanka, Tibet, China, Japan, Cambodia, Gwlad Thai a Viet Nam.

O safbwynt gwahanol, mae Batchelor, fel Bwdhydd seciwlar, yn dadlau bod rhai cysyniadau wedi'u gwreiddio mewn bodau dynol, dim ond o achos 'y diwylliant, yr

Cynnwys y fanyleb

Dilysrwydd cymharol Bwdhaeth 'tröedigaeth' a Bwdhaeth 'treftadaeth'.

Dyfyniad allweddol

I Fwdhaeth mae amrywiaeth yr arferion a'r sefydliadau y mae'r term yn ei chwmpasu mor amrywiol mewn llawer o achosion fel mai dim ond o safbwynt hollwybodus yr ysgolhaig y mae'n cael ei chydnabod fel rhywbeth Bwdhaidd. Ychydig iawn o fynachod Bwdhaeth Theravada heddiw, er enghraifft, fyddai'n ystyried bod arfer Bwdhaeth y Wlad Bur, sef adrodd Namu amida butsu, yn arfer Bwdhaidd effeithiol, heb sôn am fod yr unig arfer i gael iachawdwriaeth fel cyhoeddodd Shinra, y meistr Japaneaidd.
(Lopez)

Gweithgaredd AA2

Wrth i chi ddarllen drwy'r adran hon ceisiwch wneud y pethau canlynol:

1. Dewiswch y gwahanol ddadleuon sy'n cael eu cyflwyno yn y testun a nodwch unrhyw dystiolaeth gefnogol a roddir.

2. Ar gyfer pob dadl a gyflwynir, ceisiwch werthuso a yw'r ddadl yn un gryf neu wan yn eich barn chi.

3. Meddyliwch am unrhyw gwestiynau yr hoffech chi eu gofyn wrth ymateb i'r dadleuon.

Bydd y gweithgaredd hwn yn eich helpu chi i ddechrau meddwl yn feirniadol am yr hyn rydych chi'n ei ddarllen, ac yn eich helpu i werthuso effeithiolrwydd dadleuon gwahanol, gan ddatblygu eich sylwadau, a'ch barn a'ch safbwyntiau eich hun. Bydd hyn yn eich helpu wrth ddod i gasgliadau y byddwch yn eu gwneud yn eich atebion i'r cwestiynau AA2 sy'n codi.

Dyfyniad allweddol

Rhaid aros i weld a fydd dod ar draws bydolwg seciwlar modern, dros genedlaethau ... yn dieithrio Bwdhyddion Asiaidd oddi wrth eu credoau a'u harferion traddodiadol. Ac mae hi'r un mor ansicr a fydd cred ddogmatig y rhai sydd wedi cael tröedigaeth fyth yn dod yn ddigon brodorol er mwyn i syniad ailenedigaeth weithredu mewn ... amgylcheddau nad ydyn nhw'n rhai Bwdhaidd traddodiadol. (Batchelor)

Cwestiynau allweddol

I ba raddau byddai Bwdhydd 'treftadaeth' a Bwdhydd 'tröedigaeth' yn rhannu'r un bydolwg mewn gwirionedd?

I ba raddau y dylid gweld pob cred Fwdhaidd fel un gymharol a dros dro?

Aseswch y safbwynt y dylai Bwdhyddion 'tröedigaeth' fabwysiadu enwau Bwdhaidd bob amser.

Gweithgaredd AA2

Rhestrwch rai casgliadau y byddai'n bosibl dod iddynt ar sail y rhesymeg AA2 yn y testun uchod; ceisiwch gyflwyno o leiaf dri chasgliad gwahanol posibl. Ystyriwch bob un o'r casgliadau a chasglwch dystiolaeth gryno i gefnogi pob casgliad o'r deunydd AA1 ac AA2 ar gyfer y testun hwn. Dewiswch y casgliad sy'n argyhoeddi fwyaf yn eich barn chi ac esboniwch pam mae hyn yn wir. Ceisiwch gyferbynnu hyn â'r casgliad gwannaf ar y rhestr, gan gyfiawnhau eich dadl gyda rhesymu clir a thystiolaeth.

iaith a'r gymdeithas benodol' y maen nhw'n tyfu ynddyn nhw. Wedyn mae popeth y mae bodau dynol yn ei ddeall amdanyn nhw eu hunain a'r byd lle maen nhw'n byw 'wedi'i lunio'n ieithyddol a chymdeithasol'. Oherwydd y 'gwreiddio' hwn, ystyrir bod llawer yn amlwg yn wir ohono'i hun a 'byddai angen cael ymdrech benderfynol, ymwybodol i gael gwared arno a dod â rhywbeth arall yn ei le'.

Mae Batchelor yn cymhwyso'r ymagwedd hon i gysyniad Karma ac ailymgnawdoliad: 'Gan fod Bwdhaeth wedi datblygu mewn diwylliannau lle roedd bydolwg India glasurol naill ai wedi dylanwadu'n barod neu wedi cael ei dderbyn dros nifer o genedlaethau, mae ei dysgeidiaethau'n cymryd deddf karma yn ganiataol fel esboniad cosmogonig am sut mae pethau fel maen nhw...' Felly, i Fwdhyddion 'treftadaeth', mae karma ac ailymgnawdoliad wedi'u gwreiddio ac yn hunanamlwg a does dim angen rhagor o esboniad neu gyfiawnhad. Ar y llaw arall, mae Bwdhyddion 'tröedigaeth' yn wynebu anhawster: 'Rydych chi'n debygol o gymryd Bwdhaeth yn llawer mwy difrifol na'ch cyd-grefyddwyr Asiaidd ond o deimlo'n llawer llai sicr o ran ei dilysrwydd oherwydd, yn wahanol iddyn nhw, rydych chi'n methu ei chymryd yn ganiataol.'

A yw hi'n wir felly nad yw rhai credoau Bwdhaidd creiddiol yn gallu cael eu gwreiddio mewn diwylliant sydd ddim yn un Asiaidd ond mai Bwdhyddion 'treftadaeth' yn unig sy'n gallu eu cadw nhw? Os felly, efallai y byddai'n bosibl amau dilysrwydd cymharol Bwdhaeth 'tröedigaeth'.

Wrth drafod proses sut mae'r Dhamma yn cael ei drosglwyddo, mae Lopez yn gwneud pwynt defnyddiol ynghylch term allweddol: 'mae'r geiriau (Saesneg) *tradition* a *treason* yn dod o'r un gwreiddyn Lladin, sef *tradere*; gall trosglwyddo o un person i'r llall fod yn *treason* hefyd'. Gellid dadlau yn erbyn Nhat Hanh bod gan 'hanfod Bwdhaeth' 'fformwleiddiad penodol' a bod symud o'r 'fformwleiddiad penodol' hwnnw o Fwdhaeth yn 'bradychu' Bwdhaeth.

I roi un enghraifft yn unig, gallai rhai gredu, drwy sefydlu'r sangha mynachaidd, i'r Bwdha roi 'fformwleiddiad penodol' o Fwdhaeth. Byddai'r rhan fwyaf o Fwdhyddion yn enwi'r sangha wrth gymryd y tair Noddfa – y Bwdha, y Dhamma a'r sangha. O gofio mai'r sangha mynachaidd a gadwodd ac a drosglwyddodd y Dhamma drwy'r canrifoedd ers cyfnod y Bwdha, a fyddai'n bosibl dweud bod y sangha mynachaidd yn perthyn i 'hanfod Bwdhaeth'?

O safbwynt Bwdhyddion 'treftadaeth' byddai hynny'n ymddangos yn wir o gofio'r arferion sy'n ymwneud â'r sangha mynachaidd ac yn dibynnu arno – o danna yn cael ei gynnig er mwyn cael karma teilwng, i ddathlu Kathina ar ddiwedd Vassa. Mae'r sangha mynachaidd, ar ôl dod i arbenigo ar arferion Bwdhaidd a dod yn gymwys i drafod testunau Bwdhaidd, yn cynnig y ffynhonnell allweddol sy'n sicrhau bod Bwdhyddion lleyg yn dehongli'r Dhamma yn y ffordd gywir. Yn y rhan fwyaf o draddodiadau Bwdhaeth 'treftadaeth', mae'r sangha mynachaidd yn cael y parch mwyaf.

Er bod rhai Bwdhyddion 'tröedigaeth' yn ceisio dilyn y model hwn ym Mhrydain, yn gyffredinol mae'r sangha mynachaidd yn amlwg yn ei absenoldeb. Felly, mae Bluck yn nodi mai '2 y cant yn unig o'r gymuned Fwdhaidd Brydeinig sydd wedi'u hordeinio'. Hefyd mae'n dyfynnu nifer o ysgolheigion sydd wedi awgrymu mai rhan o boblogrwydd Bwdhaeth yn y Gorllewin yw 'symudiad tuag at egalitariaeth, lle mae'r hierarchaeth Asiaidd rhwng Bwdhyddion wedi'u hordeinio a lleygwyr yn gwanhau'. Gellid holi a yw Bwdhaeth 'tröedigaeth' Brydeinig, gyda'i thueddd i amau hierarchaeth a'i phwyslais ar weithredu'n gynhwysol a gwneud penderfyniadau democrataidd, yn gallu honni ei bod yr un mor ddilys â Bwdhaeth 'treftadaeth'.

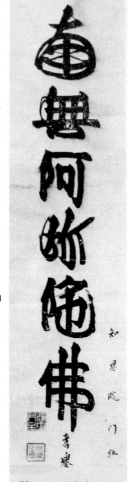

'Namu amida butsu' fel mae arferion Bwdhaeth y Wlad Bur yn ei lafarganu.

Datblygu sgiliau AA2

Nawr mae'n bwysig ystyried y wybodaeth sydd wedi'i chyflwyno yn yr adran hon; fodd bynnag, mae'r wybodaeth fel y mae yn llawer rhy helaeth ac felly mae'n rhaid ei phrosesu er mwyn bodloni gofynion yr arholiad. Gallwch wneud hyn drwy ymarfer y sgiliau uwch sy'n gysylltiedig ag AA2. Ar gyfer Amcan Asesu 2 (AA2), sy'n cynnwys dangos sgiliau 'dadansoddi beirniadol' a 'gwerthuso', rydyn ni am ganolbwyntio ar ffyrdd gwahanol o ddangos y sgiliau yn effeithiol, gan gyfeirio hefyd at sut bydd eich perfformiad ym mhob un o'r sgiliau hyn yn cael ei fesur (gweler disgrifyddion band cyffredinol AA2 ar gyfer U2).

▶ **Dyma eich tasg nesaf:** Isod mae gwerthusiad sy'n ymwneud â **dilysrwydd cymharol Bwdhaeth 'tröedigaeth' a Bwdhaeth 'treftadaeth'**. Mae'n 165 gair o hyd. Ar ôl y paragraff cyntaf, mae'r casgliad hyd yma wedi'i amlygu mewn lliw melyn. Fel grŵp ceisiwch nodi ble gallech ychwanegu mwy o gasgliadau i weddill y darn wrth iddo ddatblygu. Rhowch gynnig ar hyn.

Mae Thich Nhat Hanh yn codi pwynt pwysig drwy ddweud bod 'rhaid i ffurfiau ar Fwdhaeth newid fel bod hanfod Bwdhaeth yn aros yr un fath'. Gellid dadlau bod hyn yn derbyn Bwdhaeth 'tröedigaeth' oherwydd mewn gwirionedd, dim ond ffurf yr un mor ddilys ar Fwdhaeth yw hi. Felly, gall fod gan Fwdhydd Gorllewinol o Gaerfyrddin gredoau ac arferion sydd wedi'u llunio gan ei hamgylchedd, ei haddysg a'i phrofiad crefyddol a fyddai'n wahanol iawn i rai Bwdhydd 'treftadaeth' a anwyd yng Ngwlad Thai. Felly mae'n ymddangos mai rhywbeth arwynebol yn unig yw mater 'Bwdhaeth tröedigaeth' a 'Bwdhaeth 'treftadaeth'.

I'r gwrthwyneb, gellid dweud mai Bwdhyddion 'treftadaeth' yn unig sy'n ddilys, gan eu bod nhw'n rhannu yn y bydolwg cyfan y tarddodd Bwdhaeth ohono. Mae hyn yn cynnwys cred gynhenid mewn karma ac ailenedigaeth y gallen nhw ei derbyn yn ddi-gwestiwn. At hynny, mae Bwdhyddion 'treftadaeth' yn gallu deall cysyniadau fel dukkha yn llawn, er enghraifft, cysyniadau nad yw'n hawdd eu cyfieithu i'r Gymraeg nac i'r Saesneg.

Ar ôl i chi wneud hyn, byddwch yn gweld yn glir ei fod o gymorth yn AA2 i gynnwys crynodeb byr o'r dadleuon wrth i'r gwaith fynd rhagddo, yn hytrach nag aros tan y diwedd i lunio casgliad terfynol. Fel hyn, rydych chi'n dangos eich bod yn cynnal eich gwerthusiad drwy gydol yr ateb yn hytrach nag ailadrodd gwybodaeth a ddysgwyd yn unig.

Sgiliau allweddol Thema 2

Mae'r drydedd thema hon yn cynnwys tasgau sy'n ymdrin ag agweddau penodol ar AA2 o ran nodi elfennau allweddol arddull gwerthusol darn ysgrifenedig, gan ganolbwyntio ar wrthddadleuon a chasgliadau (interim a therfynol).

Sgiliau allweddol

Mae dadansoddi'n ymwneud â:

Nodi materion sy'n cael eu codi gan y deunyddiau yn adran AA1, ynghyd â'r rhai a nodwyd yn adran AA2, ac mae'n cyflwyno safbwyntiau cyson a chlir, naill ai gan ysgolheigion neu safbwyntiau personol, yn barod i'w gwerthuso.

Mae hyn yn golygu:

- Bod eich atebion yn gallu nodi meysydd trafod allweddol mewn perthynas â mater penodol
- Eich bod yn gallu nodi'r gwahanol ddadleuon a gyflwynir gan eraill, a rhoi sylwadau arnyn nhw
- Bod eich ateb yn rhoi sylwadau ar effeithiolrwydd cyffredinol pob un o'r meysydd neu ddadleuon hyn.

Mae gwerthuso'n ymwneud ag:

Ystyried goblygiadau amrywiol y materion sy'n cael eu codi, yn seiliedig ar y dystiolaeth a gafwyd wrth ddadansoddi ac mae'n rhoi dadl fanwl eang gyda chasgliad clir.

Mae hyn yn golygu:

- Bod eich ateb yn pwyso a mesur canlyniadau derbyn neu wrthod y dadleuon amrywiol a gwahanol a gafodd eu dadansoddi
- Bod eich ateb yn dod i gasgliad drwy broses rhesymu clir.

Cynnwys y fanyleb

Perswadiwyd y Bwdha i ordeinio menywod, safbwyntiau gwahanol mewn Bwdhaeth ynghylch a yw menywod yn gallu bod yn lleianod neu brofi deffroad.

Termau allweddol

Ananda: un o ddeg disgybl agosaf y Bwdha a oedd yn adnabyddus am fod â chof da ac a oedd yn gynorthwyydd ac yn llefarydd y Bwdha

Cullavagga: rhan o ail lyfr y Vinaya Pitaka sy'n cynnwys manylion am ordeinio bhikkhunis

Garudhammas: yr Wyth Prif Reol – enw arall yw'r rheolau 'trwm' neu 'bwysfawr' – a osododd y Bwdha, a dderbyniodd Maha-Pajapati-Gotami ac a gafodd eu cymhwyso i bhikkhunis

Maha-Pajapati Gotami: modryb a mam faeth y Bwdha y mae hanes ei bywyd fel bhikkhuni wedi'i gofnodi mewn amrywiaeth o destunau sanctaidd

Tathagata: term yr oedd y Bwdha yn ei ddefnyddio i'w ddisgrifio ei hun, a hefyd roedd eraill yn ei ddefnyddio fel teitl ar y Bwdha. Does dim sicrwydd beth yw ei ystyr ac weithiau caiff ei gyfieithu fel 'yr un a aeth felly' neu 'yr un sydd wedi cyrraedd felly'

C: Y berthynas rhwng crefydd a chymdeithas: crefydd, cydraddoldeb a gwahaniaethu

Safbwyntiau gwahanol mewn Bwdhaeth ynghylch a yw menywod yn gallu bod yn lleianod

Mae testun allweddol o Fwdhaeth Theravada ynghylch rôl menywod yn ail lyfr y Vinaya Pitaka, sy'n cael ei alw'n Cullavagga. Mae traddodiad yn awgrymu i'r testunau hyn, ynghyd â'r rhan fwyaf o weddill y Vinaya, gael eu llunio'n syth ar ôl marwolaeth y Bwdha, yn y Cyngor Bwdhaidd cyntaf neu efallai ryw saith deg mlynedd yn ddiweddarach yn yr ail Gyngor Bwdhaidd. Yn negfed bennod y Cullavagga mae hanes ordeinio menywod a dysgeidiaethau dilynol ynghylch dyletswyddau a safle bhikkhus a bhikkhunis (mynachod a lleianod Bwdhaidd).

Roedd y Bwdha eisoes wedi sefydlu urdd y bhikkhus erbyn hyn. Yn ystod ei gyfnod yn teithio ac yn pregethu, mae'n cael ymweliad gan Maha-Pajapati Gotami a oedd yn fodryb ac yn fam faeth iddo. Wrth iddi gyrraedd, mae hi'n ymgrymu i'r Bwdha ac yna'n sefyll i'r naill ochr ac yn holi: 'Byddai'n dda, Arglwydd, petai menywod yn cael rhoi'r gorau i'w cartrefi a mynd yn ddigartref o dan yr athrawiaeth a'r ddisgyblaeth y mae'r Tathagata yn eu cyhoeddi.' Yn syml, mae'n holi a gaiff menywod ddilyn llwybr y bhikkhu.

Mae'r Bwdha yn gwrthod ei chais ac yn ateb: 'Dyna ddigon, O Gotami! Na foed iti gael dy blesio bod menywod yn cael gwneud hynny.' Mae hyn yn digwydd ail a thrydedd waith ac yna mae Maha-Pajapati Gotami yn gadael dan grio. Yna mae'r Bwdha yn teithio ymhellach ac eto mae Maha-Pajapati Gotami yn dod i'w weld, ond y tro hwn gyda grŵp o fenywod. Mae hi wedi torri ei gwallt i gyd ac wedi gwisgo dillad lliw oren. Mae hi'n sefyll 'gyda thraed chwyddedig ac yn llwch drosti, yn drist ac yn ddigalon, yn crio ac yn ei dagrau' ym mhorth mynedfa'r neuadd lle mae'r Bwdha yn eistedd.

Ar hyn, yn y naratif, mae Ananda yn cyrraedd ac wrth glywed ei chais, mae'n mynd at y Bwdha ac yn holi dair gwaith ar ei rhan. Bob tro mae'r Bwdha yn rhoi'r un ateb: 'Dyna ddigon, Ananda! Na foed iti gael dy blesio bod menywod yn cael gwneud hynny.' Wedyn mae Ananda yn holi'r Bwdha, petai menywod yn 'rhoi'r gorau i'w cartrefi a mynd yn ddigartref o dan yr athrawiaeth a'r ddisgyblaeth' yr oedd e'n eu dysgu, a fydden nhw'n gallu dod yn hollol oleuedig fel arhatau. Mae'r Bwdha yn cytuno y byddai hynny'n digwydd, ac felly mae Ananda yn parhau drwy atgoffa'r Bwdha bod Maha-Pajapati Gotami yn barod iawn ei chymwynas iddo wrth ei fwydo, rhoi llaeth iddo a gofalu amdano ar ôl marwolaeth Maya ei fam. Mae Ananda yn cloi drwy ddweud: 'Byddai'n dda, Arglwydd, petai menywod yn cael caniatâd i adael bywyd y cartref a mynd yn ddigartref o dan yr athrawiaeth a'r ddisgyblaeth y mae'r Tathagata yn eu cyhoeddi.'

Mae'r Bwdha yn ateb: 'Os, Ananda, yw Maha-Pajapati Gotami yn cymryd yr Wyth Prif Reol arni ei hun, boed i hynny gael ei chyfrif iddi hi fel ei defod dderbyn.' Felly, drwy dderbyn y rheolau hyn, bydd hi'n dod yn bhikkhuni. Enw'r rheolau hyn yw'r Wyth Garudhamma ac ar ddiwedd pob un mae'r Bwdha yn cyhoeddi: 'Mae hon yn rheol i'w pharchu ac i'w dwysbarchu, i'w hanrhydeddu ac i'w dilyn, ac na ddylai gael ei thorri gydol ei hoes.'

Maha-Pajapati Gotami yn ceisio dod yn bhikkhuni.

Gallwn ni grynhoi'r Garudhammas fel hyn:

1. Dylai bhikkhuni, hyd yn oed os oedd hi yn yr urdd ers can mlynedd, 'gyfarch bhikkhu, codi yn ei bresenoldeb, ymgrymu o'i flaen, a gwneud pob dyletswydd briodol tuag ato, hyd yn oed os yw newydd gael ei ddefod dderbyn'.

2. Ddylai bhikkhuni ddim treulio Vassa (yr encil yn nhymor y glawogydd) mewn ardal lle nad oes bhikkhu.

3. Bob pythefnos dylai bhikkhuni holi'r sangha o bhikkhus ynghylch dyddiad seremonïau penodol a'r amser pan fydd bhikkhu yn dod i roi sgwrs.

4. Ar ddiwedd Vassa (yr encil yn nhymor y glawogydd) dylai bhikkhunis ddod gerbron y sangha o bhikkhunis a bhikkhus er mwyn cyffesu beiau.

5. Rhaid i bhikkhuni sydd wedi cyflawni bai gael hyn wedi'i ystyried gan y sangha o bhikkhunis a bhikkhus.

6. Ar ôl dwy flynedd fel nofis, dylai bhikkhuni ofyn am ordinhad uwch gan y sangha o bhikkhunis a bhikkhus.

7. Does dim unrhyw esgus i bhikkhuni 'sarhau neu gam-drin bhikkhu'.

8. Mae bhikkhunis wedi'u gwahardd rhag rhoi rhybudd neu gerydd swyddogol i bhikkhus, ond dydy bhikkhus 'ddim wedi'u gwahardd' rhag rhoi rhybudd neu gerydd swyddogol i bhikkhunis.

Mae Ananda yn dychwelyd at Maha-Pajapati Gotami ac yn adrodd y Garudhammas iddi, ac mae hithau'n eu derbyn yn llawen: 'Yn union, Ananda, fel byddai dyn neu fenyw, pan mae'n ifanc ac yn gyfarwydd ag addurno ei hun, wedi golchi ei ben, yn derbyn garlant o flodau lotws, neu flodau jasmin, neu flodau atimuttaka, yn ei ddwy law, ac yn ei osod ar gorun ei ben; hyd yn oed felly rwyf i, Ananda, yn ymgymryd â'r Wyth Prif Reol hyn, na ddylent gael eu torri gydol fy oes.'

Yn yr adrannau dilynol o'r Cullavagga, mae eglurhad ac esboniad mwy manwl o'r rheolau hyn. Felly, mae Maha-Pajapati Gotami yn dychwelyd at Ananda ac yn holi a allai fod cydraddoldeb o ran 'y cyfarch, y codi ym mhresenoldeb un arall, y rhoi parch, a'r gwneud dyletswyddau priodol tuag at ei gilydd' rhwng bhikkhus a bhikkhunis yn ôl eu hynafedd. Ar ôl clywed y cais hwn gan Ananda, mae'r Bwdha yn cyhoeddi: 'Mae hyn yn amhosibl, Ananda, ac yn amhosibl ei ganiatáu, y dylwn i orchymyn felly. Dydy'r rhai eraill hyd yn oed, Ananda, athrawon athrawiaeth wael, ddim yn caniatáu ymddygiad o'r fath tuag at fenywod; gymaint yn llai, felly, y gall y Tathagata ei ganiatáu?' Wedyn mae'r Bwdha yn dweud wrth y bhikkhus sydd wedi ymgynnull nad ydyn nhw'n cael dangos y fath gydraddoldeb o ran cyfarch menywod. Mae unrhyw un sy'n gwneud hynny'n euog o gamweithredu.

Mewn man arall, daw dadleuon rhwng bhikkhus a bhikkhunis at y Bwdha iddo roi barn. Mewn un ddadl, mae bhikkhu a oedd ar yr heol yn cael ei daro a'i fwrw drosodd gan bhikkhuni. Mae'r Bwdha yn cyhoeddi bod hyn yn anghywir ac yn dod i'r casgliad: 'Rwy'n argymell y dylai bhikkhuni, O bhikkhus, wrth weld bhikkhu, symud allan o'r ffordd pan fydd yn dal i fod ymhell, a gwneud lle iddo.' Eto esbonnir sut ceisiodd bhikkhunis gymryd rôl arweinyddiaeth dros bhikkhus ac am hyn mae'r Bwdha yn cyhoeddi: 'Rhaid i bhikkhuni, O bhikkhus, beidio â gwneud unrhyw un o'r gweithredoedd swyddogol hyn tuag at bhikkhu. Petai hi'n gwneud hynny, mae'r weithred ei hun yn annilys ...' Hefyd cyhoeddir bod gweithred fel hyn yn gam weithredu.

Yn union ar ôl i Maha-Pajapati Gotami dderbyn y Garudhammas a dod felly yn bhikkhuni, esboniodd y Bwdha i Ananda yr effaith negyddol y byddai hyn yn ei chael ar y Dhamma: 'Ananda, petai menywod heb gael caniatâd i fynd allan o fywyd y cartref a mynd yn ddigartref, o dan yr athrawiaeth a'r ddisgyblaeth a gyhoeddodd y Tathagata, yna byddai'r grefydd bur, Ananda, wedi para'n hir, byddai'r ddeddf dda wedi aros yn gadarn am fil o flynyddoedd. Ond Ananda, gan fod menywod wedi cael y caniatâd hwnnw, fydd y grefydd bur, Ananda, ddim yn para mor hir bellach, bydd y ddeddf dda yn aros yn gadarn am bum can mlynedd yn unig.' (Mae'r 'cyflwr digartref' yn cyfeirio at fyw bywyd bhikkhuni

Ananda, disgybl y Bwdha

Dyfyniad allweddol

Erbyn hyn mae llawer o'r rheolau ychwanegol hyn yn anachronistig, ac mewn rhai canghennau o Fwdhaeth Mahayana cawson nhw eu gollwng amser maith yn ôl. Mae'r traddodiad Bwdhaidd mor geidwadol, fodd bynnag, fel eu bod nhw'n dal i fod mewn llawer o ganghennau'r urdd Fwdhaidd hyd y dydd heddiw.
(Brazier)

Dyfyniadau allweddol

Ac yn union, Ananda, fel mae'r clefyd o'r enw malltod (*blight*) yn syrthio ar gae o gâns siwgr mewn cyflwr da, dydy'r cae hwn o gâns siwgr ddim yn para'n hir; felly hefyd, Ananda, o dan ba bynnag athrawiaeth a disgyblaeth y caiff menywod fynd rhagddyn nhw o fywyd y cartref i'r cyflwr digartref, dydy'r grefydd honno ddim yn para'n hir. (**Y Bwdha, yn ôl y Cullavagga**)

Roedd trafodaeth am fenywod mewn Bwdhaeth gynnar yn adlewyrchu hen stereoteipiau diwylliannol a oedd yn gwrthdaro ag egwyddorion egalitaraidd Bwdhaidd am ryddhad i bob bod. (**Schireson**)

mewn cymuned fynachaidd.) Mae'r Bwdha yn mynd rhagddo drwy roi nifer o gydweddiadau, ac yn cloi drwy ddweud y dylai'r Garudhammas gael eu cymharu ag 'arglawdd cronfa ddŵr fawr, na ddylai dŵr lifo'r tu hwnt iddo'.

Mae'r darnau hyn o'r Cullavagga o bwys mawr o ran y safbwyntiau gwahanol mewn Bwdhaeth ynghylch a yw menywod yn gallu bod yn lleianod. Mae hwn yn fater trafod sydd wedi codi i rai Bwdhyddion ers diwedd y 19eg ganrif. Hefyd mae wedi dod yn fwyfwy perthnasol yn y degawdau diweddar oherwydd effaith Bwdhaeth Orllewinol a dylanwad ffeministiaeth.

Yn y maes hwn, mae'r brif ystyriaeth i lawer o Fwdhyddion yn un fanwl a thechnegol mewn rhai ffyrdd. O'i symleiddio, mae'n ymwneud ag a yw'r bhikkhuni wedi derbyn yr ordinhad uwch neu a gaiff hi wneud hynny ai peidio. Fel mae'r Garudhamma yn ei esbonio, rhaid i ordinhad uwch gael ei roi gan sangha o bhikkhunis – gyda phob un ohonyn nhw wedi cael ordinhad uwch eu hunain – yn ogystal â gan sangha o bhikkhus. Y sangha deuol yw'r enw ar hyn.

I rai Bwdhyddion, mae'r mater yn mynd yn fwy cymhleth oherwydd bod rhaid ystyried gwahanol ysgolion Bwdhaeth hefyd ac, yn bennaf oll, y cwestiwn a oes yna linach barhaus o ordinhad uwch bhikkhunis ai peidio y mae'n bosibl ei holrhain yn ôl o'r presennol i gyfnod y Bwdha. Gallai'r llinach hon fod yn un sy'n dechrau mewn un wlad ond – drwy waith cenhadon Bwdhaidd – sy'n cael ei pharhau wedyn mewn gwlad arall. O'u cymryd gyda'i gilydd, y tair llinach gydnabyddedig yw:

1. Llinach Theravada sydd yng ngwledydd De Ddwyrain Asia fel Gwlad Thai, Burma/Myanmar a Sri Lanka.

2. Llinach Tibet sy'n Dibetaidd/Vajrayana fel sydd mewn gwledydd fel Tibet a Mongolia.

3. Llinach China sy'n gymysgedd o Mahayana a Theravada fel sydd yng ngwledydd Dwyrain Asia fel China, Korea, Taiwan a Viet Nam.

O ran llinach Theravada, fel mae Bhikkhu Bodhi yn ei esbonio: 'Mae'r dystiolaeth olaf o fodolaeth y Sangha Bhikkhuni gwreiddiol mewn gwlad sy'n dilyn Bwdhaeth Theravada yn dyddio o Sri Lanka yn yr 11eg ganrif.' O ran yr ail linach, mae'n aneglur a gafodd ordinhad uwch ei wneud erioed, ond yr ordinhad is fel nofis yn unig sydd i'w gael yn llinach Tibet. Yn y drydedd linach yn unig, llinach China, mae'n bosibl gweld tystiolaeth bod y sangha deuol wedi cynnal ordinhad uwch i bhikkhunis erioed. Fodd bynnag, dylid nodi nad yw llinach China, i rai Bwdhyddion Theravada, yn un 'bur' ond yn hytrach yn un 'draws-sangha' gan fod bhikkhus a bhikkhunis Theravada a Mahayana yn y llinach sydd wedi bod yn ymwneud â'r broses ordeinio.

Gan ganolbwyntio ar y ddadl o fewn Bwdhaeth Theravada, mae rhai sy'n credu na all menywod fod yn bhikkhunis. Un o ddadleuon y rhain yw bod y Bwdha ei hun yn gyndyn iawn o ordeinio menywod yn y lle cyntaf, a bod rhaid i Ananda ei berswadio. Yn ogystal, roedd yn barod i gytuno dim ond os oedd bhikkhunis yn derbyn baich ychwanegol y rheolau yn y Garudhamma. Hyd yn oed wedyn, ar ôl i Maha-Pajapati Gotami ddod yn bhikkhuni, rhagfynegodd y byddai effaith bhikkhunis ar y Dhamma yn un negyddol gyda'r 'ddeddf dda' a fyddai wedi para am fil o flynyddoedd bellach yn mynd i barhau am bum can mlynedd yn unig. Mae'r ffaith bod y sangha bhikkhuni Theravada wedi peidio â bod yn yr 11eg ganrif yn un sydd, gallai rhai ddadlau, yn profi bod y Bwdha yn gywir i fod yn gyndyn, ac yn un sy'n cefnogi'r farn na all menywod fod yn bhikkhunis heddiw.

Mae Brazier yn gweld datganiad y Bwdha yn y Cullavagga ynghylch effaith negyddol menywod yn cael eu hordeinio ar barhad y Dhamma mewn ffordd gadarnhaol sy'n cyd-fynd â ffeministiaeth. Mae'n dadlau: 'Os gwelwn ni mai agenda'r Bwdha oedd sefydlu Gwlad Bur … ac os gwelwn ni mai'r dharma oedd y dull o gyflawni hyn, yna gellir cymryd hefyd bod y darn yn golygu y bydd y gwaith, gyda menywod yn ogystal â dynion yn ymwneud ag ef, yn cymryd hanner yr amser.'

Dadl arall yw, fel deddfodd y Bwdha yn y Cullavagga, er mwyn i fenyw gael ordinhad uwch, bod rhaid iddi gael ei hordeinio gan y sangha deuol o bhikkhunis a bhikkhus. Gan na fu sangha bhikkhuni Theravada ers yr 11eg ganrif, mae'n amhosibl i'r ordinhad uwch hwn gan sangha deuol ddigwydd nawr neu byth yn y dyfodol. Yn hytrach, y ddadl yw y gall ac y dylai menywod dderbyn rolau llai a allai gynnwys cael ordinhad fel nofis yn unig. Mewn gwahanol rannau o'r byd Bwdhaidd mae rolau eraill fel un 'mae chi' yng Ngwlad Thai. Menywod Bwdhaidd yw'r rhain a allai gymryd yr un argymhellion â bhikkhu, gwisgo gwisgoedd gwyn a byw mewn cymunedau ger temlau a mynachlogydd. Fodd bynnag, dydyn nhw ddim yn cael eu hystyried fel rhai sydd wedi'u hordeinio.

Mae rhai menywod mewn Bwdhaeth Theravada wedi ceisio mynd i'r afael â hyn drwy gael eu hordeinio drwy'r sangha bhikkhu yn unig. Felly gallai bhikkhus – yn enwedig rhai o'r Gorllewin – gydymdeimlo â'u hachos a chytuno i'w hordeinio nhw. Fodd bynnag, dydy hyn ddim yn rhywbeth y gall y sangha bhikkhu unigol ei wneud oherwydd bod y Bwdha yn y Cullavagga yn dweud bod rhaid cael ordinhad drwy sangha deuol. Er mwyn cefnogi eu hachos ymhellach, gallai Bwdhyddion Theravada ddyfynnu'r ddeddf o Wlad Thai a basiodd y Cyngor Sangha Goruchaf yn 1928 a oedd yn gwahardd unrhyw bhikkhu o Wlad Thai rhag ordeinio menywod fel lleianod nofis a bhikkhunis.

Eto, mae rhai menywod Bwdhaidd Theravada wedi ceisio mynd i'r afael â'r mater hwn drwy gael eu hordeinio drwy sangha deuol o bhikkhunis o linach China a bhikkhus Theravada sy'n cydymdeimlo â'u hachos. Fodd bynnag, safbwynt swyddogol Bwdhaeth Theravada yng Ngwlad Thai yw nad yw hyn yn cael ei gydnabod o hyd fel yr ordinhad uwch, gan nad yw llinach bhikkhuni China yn un Theravada bur ond yn un 'draws-sangha' gyda chymysgedd o Mahayana a Theravada. Felly dydy menywod sy'n cael eu hordeinio fel bhikkhunis fel hyn ddim yn cael eu cydnabod heddiw hyd yn oed fel rhai sydd wedi'u hordeinio yn llinach Theravada.

Hefyd mae rhai o fewn Bwdhaeth Theravada – yn Sri Lanka yn enwedig – sy'n credu y gall menywod gael eu hordeinio fel bhikkhunis. Gan ddychwelyd i'r Cullavagga, un ddadl gyffredinol i gefnogi bod menywod yn cael eu hordeinio yw nad yw llawer o'r hyn sydd yma ynghylch bhikkhunis yn ddilys ac na ddylai gael ei briodoli i'r Bwdha ei hun ond yn hytrach i bhikkhus a oedd eisiau cryfhau eu safle a'u hawdurdod dros bhikkhunis. Felly gwelir y geiriau sy'n cael eu priodoli i'r Bwdha yn gynnyrch meddwl patriarchaidd diweddarach a ddylai gael ei weld yn y cyd-destun hwnnw, ac na ddylai gael ei ddefnyddio'n rhwystr i ordeinio menywod. Un ymateb i'r ymagwedd hon yw dadlau bod y Cullavagga yn rhan o'r Vinaya, sef y rhan hynaf o'r Canon Pali. Mae'n amhosibl ystyried ei fod yn annilys mewn unrhyw fodd o gwbl. Mae'r Cullavagga yn destun 'wedi'i rewi' nad yw'n bosibl ei ddiweddaru a'i addasu oherwydd byddai hyn yn bwrw amheuaeth ar union sylfeini'r Dhamma.

Dadl arall o ran y Cullavagga yw derbyn ei ddilysrwydd fel Dhamma y Bwdha ei hun, ond yna esbonio nad yw'r rhesymau y tu ôl i'w ddysgeidiaeth yn berthnasol iawn heddiw. Felly, gellid dadlau bod petruster y Bwdha, y ffaith iddo osod y Garudhammas, a'i ragfynegiad ynghylch effaith negyddol bhikkhunis ar barhad y 'ddeddf dda' yn ganlyniad i'w ddiffyg dealltwriaeth ef gan mai dyn ei gyfnod oedd e. Yn ôl Gross: 'Felly dydy hyn ddim yn syndod, er ei bod hi'n anffodus ac yn peri tristwch nad oedd y Bwdha, mewn cymdeithas batriarchaidd a oedd yn llawn o rolau rhywedd, yn croesawu menywod yn llawn gyda'u cais i ymgymryd â thasg anghonfensiynol.' Wedyn gellid dadlau bod y gymdeithas wedi newid ac y dylid gwrthod cymdeithas batriarchaidd y gorffennol a'i ffyrdd. Felly gellid dweud, petai'r Bwdha yn fyw heddiw, na fyddai'n petruso am eiliad cyn ordeinio menywod fel bhikkhunis heb y baich ychwanegol y mae'r Garudhammas yn ei osod. Gan gofio hynny, dylai menywod gael eu croesawu'n llawn fel bhikkhunis. Y prif ymateb i'r ddadl hon yw ei gwrthod hi'n llwyr gan ei bod hi'n awgrymu bod terfyn ar natur hollwybodus y Bwdha, a gafodd adeg ei oleuedigaeth, a gan ei bod hi'n amau ei dosturi o ran ei ymwneud â menywod.

Mae chi yng Ngwlad Thai

Dyfyniad allweddol

Nod y ddisgyblaeth gaeth sydd gan y traddodiad Theravada i gadw'r Dhamma a'r ffurf wreiddiol, h.y. y ffordd o fyw fynachaidd a'r gweithredoedd cyfreithiol ar gyfer y gymuned fynachaidd ... yw cadw'r hyn y maen nhw'n ei gredu yw'r ffurf fwyaf gwreiddiol ar Fwdhaeth. Ysgogiad yr ymdrech hon yw ofni colli ystyr gwreiddiol drwy broses o erydu hanesyddol, h.y. anghofio neu fanipiwleiddio bwriadol. Drwy gydol ei hanes, mae'r traddodiad Theravada wedi ystyried bod y vinaya yn allweddol er mwyn diogelu parhad a hirhoedledd Bwdhaeth. (Seeger)

141

Gellid nodi un ddadl sy'n canolbwyntio ar ordeinio Chatsumarn Kabilsingh (1944–) yn 2004. Hi oedd y fenyw Thai gyntaf i gael ei hordeinio yn llinach Theravada gan gymryd yr enw Dhammananda. Ar hyn o bryd, hi yw Abades yr unig deml yng Ngwlad Thai lle mae bhikkhunis. Er mwyn cael ei hordeinio fel bhikkhuni, aeth i Sri Lanka lle mae'r sangha bhikkhuni wedi cael ei hadfywio a lle mae'n cael mwy a mwy o dderbyniad a chefnogaeth. Bu'r sangha deuol o bhikkhus a bhikkhunis yn ymwneud â'i hordeinio, ond roedd y bhikkhunis yn cynnwys rhai o linach China y sangha bhikkhuni. Meddai Dhammananda: 'Rwy'n eich sicrhau chi bod tarddiad ordeinio lleianod yn China mewn llinach Bwdhaeth Theravada. Ond, er gwaethaf hyn, mae ein Bwdhaeth Theravada yn ceisio gwrthod ei disgynyddion ei hun, yn hytrach na'u derbyn nhw gan edmygu eu bod wedi gallu aros yn gadarn a throsglwyddo eu traddodiad'. Fel rydyn ni wedi'i weld, yr ymateb i hyn gan y rhai sy'n gwrthwynebu ordeinio menywod fel bhikkhunis fyddai cyfeirio at y diffyg 'purdeb' yn llinach China gan ei bod hi'n 'draws-sangha', gyda chymysgedd o Fwdhaeth Mahayana a Theravada. Felly fyddai Dhammananda ddim yn cael ei gweld fel bhikkhuni gan na chafodd ei hordeinio yn llinach Theravada.

Dadl arall ynghylch y Cullavagga yw un sy'n edrych ar y testun fel un cwbl ddilys, ond yn un y mae'n bosibl ei egluro yn y fath fodd fel nad yw'n unrhyw rwystr i fenywod gael eu hordeinio fel bhikkhunis heddiw. Felly awgryma Harvey fod petruster y Bwdha yn debyg iawn i'w betruster yn union ar ôl ei oleuedigaeth pan oedd yn ystyried a ddylai ddysgu'r Dhamma i bobl ai peidio: 'Yn y ddau achos, dim ond ar ôl clywed rhesymau da y mae'n cytuno: mae gan rai "ychydig o lwch yn eu llygaid" a byddan nhw'n deall; gall menywod gyrraedd cyflyrau mewnwelediad uwch.' Mae dadl bod oedi'r Bwdha ar y pryd a'r ffaith iddo osod rheolau'r Garudhammas yn ddim ond ffordd angenrheidiol o amddiffyn bhikkhunis rhag cael eu hecsbloetio ac o ddiogelu rhag unrhyw feirniadaeth neu sgandal ynghylch perthnasoedd rhywiol rhwng mynachod a lleianod. Felly rhaid croesawu ysbryd dysgeidiaeth y Bwdha sy'n caniatáu i fenywod gael eu hordeinio. Ymateb cyffredinol posibl i hyn yw efallai nad oes modd gwahanu ysbryd dysgeidiaeth y Bwdha oddi wrth yr hyn sy'n cael ei ddweud yn benodol yn y Cullavagga.

Mae rhai'n dadlau bod rhaid i destun y Cullavagga ynghylch ordeinio bhikkhunis gael ei roi yng nghyd-destun ehangach dysgeidiaethau eraill y Bwdha. Yma, dydy'r Bwdha ddim yn gwneud unrhyw ymgais i gadw bhikkhunis allan nac i ddweud bod eu safle'n eilradd i safle bhikkhus. Yr hyn sydd ymhlyg yma yw bod y Dhamma yn cael ei gynnig i bawb er mwyn dilyn y llwybr sydd fwyaf addas iddyn nhw, beth bynnag yw eu rhywedd. I gefnogi'r ymagwedd hon, mae Bhikkhu Bodhi yn dyfynnu geiriau'r Bwdha ynghylch dysgeidiaeth y Pedwar Gwirionedd Nobl: 'Esboniais i'r bhikkhus, y bhikkhunis, y dilynwyr lleyg gwrywaidd, a'r dilynwyr lleyg benywaidd, fel bod y bywyd ysbrydol hwn wedi dod yn llwyddiannus ac yn ffyniannus, yn eang, yn boblogaidd, yn gyffredinol, wedi'i ddatgan yn dda ymysg duwiau a bodau dynol.' Drwy estyniad felly, dydy hi ddim yn bosibl gwadu mynediad llawn i lwybr y bhikkhuni heddiw ar sail eu rhywedd. Ymateb posibl i hyn fyddai dweud nad yw hi'n bosibl rhoi rheolau manwl a phenodol y Cullavagga o'r neilltu ar sail yr hyn y gallai testunau eraill ei awgrymu neu sydd ymhlyg ynddynt. Yma eto, mae'r ddadl yn seiliedig ar faint o awdurdod ddylai gael ei roi i'r Canon Pali a'r Vinaya Pitaka yn benodol.

Awgrym astudio

Ymchwiliwch i sangha bhikkhuni fel sydd yn Sri Lanka heddiw er mwyn deall ymagwedd wahanol at ordeinio menywod fel bhikkhunis.

cwestiwn cyflym

3.7 Beth mae'r Bwdha yn ei ddweud ar ôl pob un o'r Garudhammas?

Dyfyniad allweddol

Yn y Gorllewin, mae Bwdhaeth, i raddau amrywiol, yn addasu i normau cymdeithasol wedi'u dylanwadu gan ffeministiaeth, fel mae wedi addasu i normau cymdeithasol eraill yn Asia ... Mewn cyd-destun lle gall pobl ddewis rhwng traddodiadau Bwdhaidd, efallai fod safbwyntiau ac arferion yr ail gategori yn ymwneud â menywod yn ffactor sy'n dylanwadu ar eu dewis. (Harvey)

Y Sutra Lotus: natur Bwdhadod a safbwyntiau gwahanol mewn Bwdhaeth ynghylch a yw menywod yn gallu cael deffroad

Mae testun allweddol o Fwdhaeth Mahayana ynghylch y gred bod gan bawb fel ei gilydd y potensial i gyrraedd Bwdhadod yn neuddegfed bennod y Sutra Lotus sydd â'r teitl 'Devadatta'.

Ar ddechrau'r bennod hon, mae'r Bwdha yn adrodd sut, nifer anfesuradwy o flynyddoedd yn ôl, gwnaeth brenin lw i geisio'r 'oleuedigaeth uchaf'. Daeth dyn doeth ato a chyhoeddi, 'Mae gen i ddysgeidiaeth Mahayana o'r enw y Sutra Lotus. Os dilynwch chi fi'n ffyddlon ac ufuddhau i mi, byddaf yn esbonio'r ddysgeidiaeth i chi.' Yna gwasanaethodd y brenin y dyn doeth am fil o flynyddoedd: 'Er lles y Dharma, gwasanaethodd ef yn ddyfal, gan wneud yn siŵr nad oedd angen dim ar y dyn doeth byth.' Yn y pen draw, daeth y brenin yn Fwdha. Yna mae'r Bwdha yn dweud, 'Fi fy hun oedd y brenin ar yr adeg honno, a'r hwn oedd y dyn doeth yw Devadatta nawr'. Bydd y Devadatta hwn yn dod yn Fwdha o'r enw Devaraja gyda'i fyd ei hun. Bydd yn goleuo nifer di-rif o fodau ymdeimladol 'cynifer â gronynnau tywod Afon Ganges'. Eto ar ôl cyfnod o amser, 'bydd y bodau ymdeimladol di-rif yn dod yn arhatau'.

Pwynt allweddol y darn hwn yn hanner cyntaf y bennod yw mai cefnder y Bwdha yw Devadatta sy'n cael ei ddisgrifio mewn nifer o destunau Bwdhaidd fel ymgorfforiad o ddrygioni. Mae'n ceisio lladd y Bwdha ar sawl achlysur – er enghraifft, pan mae'n rhoi alcohol i'r eliffant Nalagiri ac yn ei annog i ymosod ar y Bwdha, neu'n ceisio rholio maen mawr o gopa bryn i wasgu'r Bwdha. Yn ogystal, mae Devadatta yn ceisio creu rhaniad yn y sangha mynachaidd ac yna cymryd arweinyddiaeth y sangha pan mae'r Bwdha yn mynd yn sâl. Yn y diwedd, mae'r ddaear yn ymagor o dan Devadatta ac mae'n cwympo i un o deyrnasoedd uffern. Mae'r ffaith bod Devadatta hyd yn oed yn gallu dod yn Fwdha yn dangos natur hollgyffredinol Bwdhadod – mae'n agored i bawb.

Y Bwdha yn tawelu Nalagiri yr eliffant a ddefnyddiodd Devadatta i geisio ei ladd.

Yn ail hanner y bennod, mae'r bodhisattva Manjushri yn codi o'r cefnfor lle mae wedi bod ym mhalas y Draig Frenin. Mae bodhisattva arall yn ei holi ynghylch faint o fodau ymdeimladol y llwyddodd i'w hysbrydoli yn nheyrnas y Draig Frenin. Mae Manjushri yn ateb, 'mae eu nifer yn anfesuradwy ac yn amhosibl ei gyfrif' ac er mwyn dangos hyn mae bodhisattvas di-rif yn codi o'r cefnfor. Mae Manjushri yn cyhoeddi mai y Sutra Lotus oedd ei unig ddysgeidiaeth yn y cefnfor. Wedyn gofynnir iddo: 'Os yw bodau ymdeimladol yn ymdrechu'n ddyfal i arfer y Sutra hwn, a fyddan nhw'n dod yn Fwdhau ai peidio?' Ateb Manjushri yw, 'Byddan nhw, yn wir'.

Ar hyn, er mwyn dangos ei fod yn dweud y gwir, mae Manjushri yn esbonio bod merch y Draig Frenin – sydd hefyd yn cael ei galw'n ferch y Brenin Naga – yn wyth mlwydd oed ond hyd yn oed wedyn: 'Yn syth cynhyrchodd feddwl yr oleuedigaeth a chyrraedd cam dim dirywiad'. Mae Manjushri yn mynd ymlaen i ddweud: 'Mae ei rhinweddau'n berffaith. Mae ei meddyliau a'i hesboniadau'n gynnil ac yn helaeth, yn drugarog, ac yn dosturiol. Mae ganddi feddwl cydgordiol ac mae hi wedi cyrraedd goleuedigaeth.' Fodd bynnag, mae bodhisattva yn herio Manjushri drwy ddweud mai dim ond ar ôl cyfnod anfesuradwy o amser y cafodd y Bwdha ei hun oleuedigaeth a bod ei dosturi i'w weld ym mhob rhan o'r cosmos. Mae'r bodhisattva yn dod i'r casgliad: 'Mae'n anodd credu y bydd y ferch hon yn cyrraedd goleuedigaeth lwyr yn syth.'

Cynnwys y fanyleb

Mae'r Sutra Lotus yn cyflwyno amryw o ddysgeidiaethau: gall pawb yn ddiwahân brofi deffroad y Bwdha; merch y Draig Frenin (Pennod 12) yn cael ei gweddnewid yn ddyn cyn profi deffroad: safbwyntiau gwahanol mewn Bwdhaeth ynghylch a yw menywod yn gallu bod yn lleianod neu brofi deffroad.

Term allweddol

Devadatta: cefnder y Bwdha sy'n cael ei gyflwyno fel ffigwr drygioni mewn testunau Bwdhaidd ond sy'n dod yn Fwdha yn y Sutra Lotus

Manjushri y Bodhisattva

Dyfyniadau allweddol

Mae mewnwelediad pwysig i Fwdhydd ac esboniad dharmig o'r motiff hwn wedi'u gwreiddio yn y storïau hyn, ond mae dehonglwyr patriarchaidd a ffeministaidd yn eu hesgeuluso'n aml. Dydy'r person sy'n byw mewn gwacter ac sy'n mynd drwy newid rhyw ddim yn canolbwyntio ar rywedd a does ganddo ddim ymlyniad wrtho. Does gan fenyw ddim ymlyniad wrth ei benyweidd-dra ond bydd yn ei adael ar ôl pan fyddai newid rhyw yn ddefnyddiol er mwyn dysgu'r dharma. (Gross)

Yn y testunau hyn, chwaraeir â'r cysyniad nad yw benyw yn gallu bod yn Bodhisattva neu'n Fwdha uwch ac edrychir ar hyn yn feirniadol. Mae'n amlwg bod menyw yn gallu mynd yn ei blaen i fod yn fod fel hyn. Ar y naill law, does dim angen trosgynnu'r rhyw fenywaidd er mwyn cyrraedd rhagoriaeth ysbrydol; ar y llaw arall, dydy'r doeth ddim yn gweld rheswm dros fod ag ymlyniad wrtho, drwy wrthod ei newid. (Harvey)

Yn sydyn mae merch y Draig Frenin yn ymddangos iddyn nhw i gyd, yn canmol y Bwdha, yn dweud ei bod hi wedi cael goleuedigaeth ac y bydd yn datguddio'r Mahayana er mwyn achub bodau ymdeimladol rhag dioddefaint. Mae Sariputra – fel cynrychiolydd Theravada – yn lleisio ei amheuon: 'Rwyt ti'n meddwl y byddi di'n cyrraedd y ffordd ddihafal yn fuan mewn dim o dro. Mae'n anodd credu hyn. Pam? Oherwydd bod corff menyw yn frwnt ac yn amhur, nid yn llestr i'r Dharma. Sut gallet ti gyrraedd deffroad dihafal? Mae ffordd y Bwdha yn hir ac yn helaeth. Dim ond ar ôl oesau dirifedi o ddioddef caledi, crynhoi gweithredoedd da, a gwneud yr holl arferion yn drylwyr y mae'n bosibl ei chyrraedd.' Wedyn mae Sariputra yn rhestru pum peth na allai menyw fod, a'r olaf o'r rhain yw na all hi gael corff Bwdha.

Ar hyn, mae merch y Draig Frenin yn cymryd gem werthfawr ac yn ei chynnig i'r Bwdha. Mae'r Bwdha yn ei derbyn ac mae hi'n holi'r bodhisattva a Sariputra a gafodd yr em ei chynnig a'i derbyn yn gyflym. Maen nhw'n ateb: 'Cafodd hyn ei wneud yn hynod o gyflym'. Mae hi'n dweud wrthyn nhw am ddefnyddio eu pwerau sanctaidd a'i gwylio hi'n dod yn Fwdha hyd yn oed yn gyflymach. Mae'r darn yn parhau: 'Wedyn mae pawb oedd wedi ymgynnull yn gweld draig fach yn trawsnewid yn wryw yn syth, yn dilyn arferion bodhisattva, ac yn mynd yn syth i'r byd a enwir Dilychwin, yn y rhanbarth deheuol, lle, gan eistedd ar flodau lotws gwerthfawr, cyrhaeddodd ddeffroad diduedd, gwirioneddol. Gyda'r tri deg dwy o nodweddion ac wyth deg o nodweddion deniadol gwahanol, cyhoeddodd hi'r dharma gwych i bob bod dynol byw ym mhob man arall yn y bydysawd.' Mae Sariputra, a'r bodhisattvas yn ei gwylio hi o bell wrth i fodau ymdeimladol di-rif gyrraedd goleuedigaeth. Roedd pawb a oedd wedi ymgynnull 'yn credu ac yn derbyn hyn yn dawel'.

Prif ddysgeidiaeth y darn hwn yn ail ran y bennod yw, yn ôl dealltwriaeth Fwdhaidd draddodiadol, nad yw merch y Draig Frenin yn fod ymdeimladol a ddylai allu cyrraedd goleuedigaeth am dri rheswm o leiaf: yn gyntaf, wyth oed yn unig yw hi; yn ail, nid bod dynol yw hi; ac yn drydydd, benyw yw hi. Fodd bynnag, yn ôl yr hyn sy'n cael ei ddisgrifio, mae hi'n dechrau fel un wyth oed, mae hi'n dod yn bodhisattva yr eiliad nesaf ac yn syth wedyn mae hi'n dod yn Fwdha gyda'r tri deg dwy o nodweddion traddodiadol sy'n cael eu priodoli i'r Bwdha.

Mae'r darn sy'n ymwneud â merch y Draig Frenin yn ffactor pwysig sy'n cyfrannu llawer i'r safbwyntiau gwahanol mewn Bwdhaeth ynghylch a all menywod gyrraedd goleuedigaeth. Mae'r drafodaeth yn canolbwyntio ar y manylyn yn y stori bod 'merch y ddraig yn trawsnewid yn wryw yn syth'. Byddai'n ymddangos bod hyn yn awgrymu bod rhaid bod yn wryw o ran hunaniaeth rywedd i gael goleuedigaeth lawn i gyflwr bodhisattva. Fel y mae Gross yn ei nodi, 'mae'n amhosibl i unrhyw un sydd â theimladau ffeministaidd beidio â bod ychydig yn anghyfforddus gyda diwedd y stori, yn enwedig o wybod bod dynion yn defnyddio'r stori hon weithiau i herio eu cyfoeswyr benywaidd a oedd yn ceisio cael safleoedd o awdurdod mewn Bwdhaeth'.

Yn ôl Harvey, byddai'r rhan fwyaf o draddodiadau o fewn Bwdhaeth yn dysgu na all benyw gyrraedd statws ysbrydol 'Un sydd wedi cael Deffroad Perffaith a Llwyr' – hynny yw, dod yn Fwdha llawn. Gwelir hyn mewn un testun Mahayana y mae Gross yn ei ddyfynnu lle mae'r athronydd Asanga yn esbonio pam na all menywod byth fod yn Fwdhau: 'Mae pob menyw o ran natur yn llawn halogrwydd ac yn wan o ran deallusrwydd. A dydy un sy'n llawn halogrwydd ac yn wan o ran deallusrwydd ddim yn gallu cyrraedd Bwdhadod sydd wedi'i berffeithio'n llwyr.' Mae stori merch y Draig Frenin yn gwrth-ddweud y ddysgeidiaeth hon. Felly, yn ôl Harvey: 'Doedd y stori ddim i'w gweld yn dangos bod rhaid i'r ferch ddod yn ddyn cyn dod yn Fwdha, ond iddi, ar ôl cyrraedd Bwdhadod yn barod drwy fewnwelediad sydyn, fynd ymlaen wedyn i ddangos ffurf ddynol.'

Un ffordd o fynd at y testun yw ei weld yng nghyd-destun darnau Bwdhaidd eraill lle mae newid rhyw dan sylw o ran cyrraedd goleuedigaeth. Yma, y safbwynt cyffredinol yw mai rhywbeth mewn enw yn unig yw hunaniaeth rywedd yn y pen draw, sy'n berthnasol i ffurf gorfforol y person dynol ac nad oes iddi yr hyn y mae Harvey yn ei ddisgrifio fel 'bodolaeth sefydlog, ymfodol'. Mae'r ffaith bod merch y

Draig Frenin yn fenyw un eiliad ac yn wryw yr eiliad nesaf yn dangos y pwynt hwn: 'Dydy 'bod yn wryw' a 'bod yn fenyw' ddim yn gynhwysion hanfodol pobl, ond yn gyflyrau neu'n labeli perthnasol sydd wedi'u cyflyru.'

Gellid gweld bod yr ymagwedd hon yn adeiladu ar ddysgeidiaeth y ddau wirionedd fel sy'n cael ei hesbonio yn yr Abhidhamma – trydedd ran y Tipitaka. **Sammuti sacca** yw gwirionedd confensiynol ac mae'n cyfeirio at ymadroddion fel 'gwrywaidd' a 'benywaidd' yr ydyn ni'n eu defnyddio ar gyfer pethau sy'n bodoli mewn enw, neu fel label, yn unig. Wrth ddefnyddio'r termau hyn, defnyddir iaith gonfensiynol i sôn am edrychiad confensiynol. I'r gwrthwyneb, **paramattha sacca** yw gwirionedd eithaf, a gellir gweld bod hyn yn cyfeirio at y realiti gwaelodol o dan yr edrychiad ar y wyneb. O safbwynt paramattha sacca, does dim 'gwrywaidd' a 'benywaidd'.

Mae Gross yn datblygu'r ddadl hon drwy gyflwyno cysyniad sunyata – gwacter – y gellid ei ystyried yn paramattha sacca. Mae Gross yn gweld bod y stori'n dangos 'na ddylai rhywun ddibynnu ar arwyddion a symbolau confensiynol wrth geisio pennu hunaniaeth wirioneddol rhywun'. Mae hi'n gosod ei dealltwriaeth o fewn cysyniad sunyata: 'Pwy yw'r person hwn mewn gwirionedd? A wnaiff y dywysoges-Naga go iawn sefyll, os gwelwch yn dda? Y Bodhisattva gwirioneddol? Y Bwdha gwirioneddol â'r tri deg dwy o nodweddion? Nid bod y naill wedi troi yn y llall, oherwydd mewn gwacter, does gan y dywysoges Naga na'r bodhisattva, na'r Bwdha ddim bodolaeth sefydlog.'

Yn gysylltiedig â hyn, mae Martin Seeger yn cyflwyno safbwyntiau Suwanna Satha-Anand, athro athroniaeth Fwdhaidd, ar fater 'gwryw' a 'benyw' a safbwyntiau ar gyrraedd goleuedigaeth. Ei hymagwedd yw dadlau bod paramattha sacca yn y cyd-destun hwn yn ymwneud yn unig â 'photensial cyfartal dynion a menywod i gael deffroad'. Mae'n rhaid i hyn gael blaenoriaeth dros sammuti sacca sydd, oherwydd ei ddefnydd o labeli, bob amser yn amodol ar 'gyfyngiadau diwylliannol yr oes'. Mae hi'n dadlau: 'dylai egwyddor y gwirionedd [eithaf] dros wirionedd confensiynol fod yn sylfaen i ddeongliadau ffeministaidd a thrafodaethau am yr ysgrythurau Bwdhaidd yn y dyfodol. Hefyd dylai fod yn sylfaen i benderfyniadau sefydliadol y Sangha o ran materion menywod. Nid yn unig mae hawliau dynol menywod yn y fantol, ond hefyd natur hollgyffredinol athronyddol ac integriti sefydliadol Bwdhaeth ei hun.'

Felly, efallai y dylai'r ffocws gwirioneddol ddychwelyd i hanner cyntaf deuddegfed bennod y Sutra Lotus. Gellid gweld mai'r pwynt allweddol, yn syml ddigon, yw ei bod hi'n bosibl i unrhyw berson – hyd yn oed Devadatta drwg – fod yn Fwdha. Mae'r ffurf hon ar oleuedigaeth yn llwybr sy'n agored i bawb.

Mae'r Sutra Lotus yn destun enwog, ac mae'r ddeuddegfed bennod yn cael ei defnyddio'n aml wrth drafod a all menywod gyrraedd deffroad. Fodd bynnag, yn anaml bydd cyfeiriad at destun llawer cynharach o'r enw y **Therigatha** sydd yn Sutta Pitaka y Canon Pali, er ei fod yn un o'r testunau cynharaf sy'n disgrifio profiad ysbrydol menywod; cafodd ei ysgrifennu yn y ganrif 1af CCC ar ôl cyfnod hir o drosglwyddo llafar. Gellid cyfieithu Therigatha fel 'Penillion y Menywod sy'n Henaduriaid', ac mae Gross yn disgrifio'r penillion hyn fel 'cerddi huawdl lle mae'r menywod yn mynegi eu sylweddoliad a'u mewnwelediad treiddgar'. Y dybiaeth yn gyffredinol yw bod y menywod a gyfansoddodd y penillion hyn yn bhikkhunis a oedd yn dilyn yn y llwybr a osododd Maha-Pajapati Gotami.

Nid goleuedigaeth yw thema allweddol y Therigatha. Er enghraifft, yn y bennod gyntaf mae'r adnodau canlynol:

'Ar ôl mynd a gadael cartref ordeiniais,
ar ôl mynd a gadael mab, anifail, un annwyl;
Ar ôl mynd â gadael chwant a chasineb,
ar ôl cael gwared ar anwybodaeth yn llawn hefyd;
Ar ôl tynnu dyhead allan gyda'i wreiddyn,
rwyf wedi ymdawelu, wedi fy rhyddhau.'

145

Eto yn y drydedd bennod mae deialog rhwng Mara a'r bhikkhuni o'r enw Soma. Mae Mara yn dechrau drwy holi a all menywod gyrraedd goleuedigaeth.

'Beth bynnag oedd y cyflwr a gyrhaeddodd y gwŷr doeth, cyflwr y mae'n anodd dod o hyd i'w darddiad;

dydy menywod â doethineb dau fys ddim yn gallu ei gyrraedd.'

Mae Soma yn ateb hyn drwy ddweud:

'Beth yw'r ots am fenywdod, pan mae'r meddwl wedi'i ffrwyno'n dda;

Gyda phresenoldeb gwybodaeth, gan weld ffenomenau'n gywir gyda mewnwelediad.

Mae pleser wedi'i ddinistrio'n llwyr ym mhobman, mae meini tywyllwch wedi'u chwalu.

Boed i ti wybod felly, O Un Drygionus, fy mod i wedi dy ddinistrio di.'

Awgrym astudio

Darllenwch bennod 12 y Sutra Lotus i gyd er mwyn deall ei neges a gweld y ddelweddaeth farddonol a ddefnyddir.

cwestiwn cyflym

3.8 Pa enw sydd ar yr eliffant y mae Devadatta yn ceisio ei gael i ladd y Bwdha?

Rita Gross: ymrwymiad Bwdhaeth i roi diwedd ar ddioddefaint fel rhywbeth cynhenid ffeministaidd

Roedd Rita Gross (1943–2015) yn arloeswr mewn astudiaethau academaidd a oedd yn ymwneud â ffeministiaeth a chrefydd gymharol. Yn ogystal daeth yn Fwdhydd Tibetaidd. Mewn rhan helaeth o'i gwaith roedd hi'n ystyried y berthynas rhwng crefydd a stereoteipiau rolau dynion a menywod. Mae llawer o'r farn bod ei llyfr *Buddhism After Patriarchy* (1993) yn waith allweddol ar bwnc Bwdhaeth a ffeministiaeth oherwydd ei gyfuniad o ysgolheictod, beirniadaeth ffeministaidd, a chred bersonol.

Disgrifiodd Gross ei llyfr fel un sy'n cyflwyno **ailwerthuso** ffeministaidd o Fwdhaeth. Ar y naill law mae hyn yn ymwneud â datgelu'r 'islif enfawr o rywiaeth a rhagfarn yn erbyn menywod' ac ar y llaw arall 'trwsio'r traddodiad, gan ddod ag ef yn llawer nes at ei werthoedd a'i weledigaeth sylfaenol ei hun nag oedd ei ffurf batriarchaidd'.

Wrth edrych sut datblygodd y stereoteipiau o rolau dynion a menywod mewn Bwdhaeth, un o'r termau allweddol y mae Gross yn ei ddefnyddio yw 'androganologrwydd': gellid ei ddiffinio fel gosod safbwynt gwrywaidd ynghanol dealltwriaeth person. Mae hi'n disgrifio **pedair lefel o androganolgrwydd** mewn Bwdhaeth:

1. **Androganologrwydd y lefel gyntaf**: y testunau a'r storïau a gadwodd Bwdhyddion lle 'roedd storïau am ddynion a gosodiadau dynion yn llawer mwy tebygol o gael eu cofnodi nag roedd storïau am fenywod'.

2. **Androganologrwydd yr ail lefel**: testunau a storïau am fenywod a gofnodwyd yn cael yr ail safle i'r rhai am ddynion. Yma, er enghraifft, mae Gross yn nodi sut digwyddodd hyn i'r Therigatha.

3. **Androganologrwydd y drydedd lefel**: mae ysgolheictod Bwdhaidd Gorllewinol yn dilyn tueddiadau testunau a storïau Bwdhaidd wrth gyflwyno ei fersiwn o Fwdhaeth.

4. **Androganologrwydd y bedwaredd lefel**: mae Bwdhaeth gyfoes, Asiaidd a Gorllewinol, 'yn ddygn o ran ei androganologrwydd parhaus'.

O ganlyniad i'r pedair lefel androganologrwydd hyn, mae Bwdhaeth yn grefydd sy'n aml â menywod Bwdhaidd lleyg yn flaenllaw o ran cred ac arferion, ond bod ei sefydliadau ar y cyfan yn gwahardd menywod rhag bod â rolau arweinyddiaeth a rhag dilyn eu credoau ysbrydol ar unrhyw lefelau astudio uwch. Yn ogystal, mae pedair lefel androganologrwydd yn golygu bod menywod mewn Bwdhaeth yn cael eu trin 'fel eithriadau i'r norm y mae angen eu rheoleiddio, eu hesbonio a'u gosod yn y byd'.

Cynnwys y fanyleb

Nid oes tystiolaeth o fodolaeth stereoteipiau diwylliannol o ran rolau dynion a menywod mewn Bwdhaeth. Gellir ystyried ymrwymiad Bwdhaeth i roi diwedd ar ddioddefaint fel agwedd ffeministaidd yn ei hanfod (fel y nodwyd gan Rita Gross).

Termau allweddol

Ailwerthuso: term y mae Rita Gross yn ei ddefnyddio ar gyfer beirniadu patriarchaeth androganolog testunau a storïau Bwdhaidd, ac yna ar gyfer trwsio'r traddodiad Bwdhaidd wedyn

Pedair lefel androganologrwydd: pedair ffordd y mae androganologrwydd wedi treiddio drwy Fwdhaeth: cadw testunau a storïau gwrywaidd; blaenoriaethu testunau a storïau gwrywaidd, cadw'r duedd wrywaidd mewn ysgolheictod Gorllewinol, arfer y duedd wrywaidd hon mewn Bwdhaeth Asiaidd a Gorllewinol gyfoes

Gyda'i gilydd, mae pedair lefel androganologrwydd yn creu amodau patriarchaeth. Mae hyn yn cyfeirio at hierarchaeth rywedd dynion *dros* fenywod a stereoteipio deuaidd eu rolau fel dynion a menywod. Fodd bynnag, er bod Bwdhaeth yn androganolog a phatriarchaidd, dydy Gross ddim yn credu ei bod hi'n fisogynistaidd. Mewn geiriau eraill, ychydig o dystiolaeth sydd yn y testunau a'r storïau am gasáu ac ofni benywod a benyweidd-dra.

Mae Gross yn cyflwyno damcaniaeth a dderbynnir yn gyffredinol bod y stereoteipiau o ran rolau dynion a menywod yn y gorffennol wedi cael eu llunio gan ddwy 'rôl rywedd batriarchaidd' allweddol: cynhyrchu economaidd ac atgenhedlu dynol.

Ym maes cynhyrchu economaidd roedd menywod wedi cael eu gwahanu'n gynyddol oddi wrth reolaeth dros gynhyrchu economaidd, a daeth dynion i'w gymryd drosodd. Ar yr un pryd, daeth ei 'rôl yn atgenhedlu yn fwyfwy arbennig, gan gael ei gyfyngu i hon, a'i diffinio ganddi'. O ganlyniad, datblygodd patrymau eglur o batriarchaeth i fenywod: 'roedd maes eu pŵer a'u dylanwad o fewn y cartref a'r teulu estynedig, yr hyn a oedd yn cael ei adnabod fel y 'bywyd preifat'. Yn y cyfamser, symudodd dynion i ffwrdd o faes bywyd preifat, 'i arbenigo ar faterion milwrol, economaidd, crefyddol a gwleidyddol yn yr hyn a oedd yn cael ei adnabod fel y 'byd cyhoeddus''.

O'r Chwyldro Diwydiannol yn y 19eg ganrif ymlaen, mae'r model hwn o batriarchaeth yn y Gorllewin wedi edwino'n raddol. Felly, er enghraifft, does dim angen rhannu llafur yn batriarchaidd yn seiliedig ar gryfder corfforol mwy dynion ym maes gwaith oherwydd bod gwaith erbyn hyn yn gofyn am 'hyfforddiant, sgiliau a deallusrwydd' sydd ddim yn benodol i rywedd. Gellir gweld yr un newid chwyldroadol ym maes atgenhedlu dynol: 'Oherwydd bod atal cenhedlu, cyfraddau marwolaethau babanod a mamau yn llawer is, a rhychwant oes yn llawer mwy, dydy menywod ddim yn gallu gwneud atgenhedlu yn ffocws eu bywydau cyfan ...' Mae Gross yn dadlau bod y rhyddid hwn i fenywod wedi golygu eu bod nhw, drwy eu deallusrwydd a'u creadigrwydd 'yn ymgymryd â swyddi arweinyddiaeth ym maes gwleidyddiaeth, crefydd ac economeg'.

Mae Gross yn gweld bod y ffaith bod tranc patriarchaeth yn y Gorllewin a thwf ffeministiaeth wedi digwydd ar yr un pryd â darganfod Bwdhaeth yn 'gyd-ddigwyddiad ffafriol' sy'n golygu bod modd ail-werthuso Bwdhaeth yn ffeministaidd.

Felly wrth ystyried y stereoteipio o ran rolau dynion a menywod mewn Bwdhaeth, mae rhan gyntaf yr ail-werthuso'n cydnabod yr 'islif enfawr o rywiaeth a rhagfarn yn erbyn menywod'. Mae Gross yn crynhoi'r rhain fel yr honiad sylfaenol bod 'rhyw broblem gyda'r rhyw fenywaidd'. Mewn testunau a storïau Bwdhaidd felly: 'Credir bod menywod yn llawer llai tebygol na dynion o wneud cynnydd sylweddol ar y llwybr, ac mae dynion Bwdhaidd yn pregethu ynghylch bod gwrywdod yn fwy dymunol na benyweidd-dra'.

Rita Gross (1943–2015)

Dyfyniad allweddol

Bob amser, y cwestiwn, y broblem, yw beth i'w wneud am fenywod, pa reolau arbennig y byddai'n rhaid iddyn *nhw* eu dilyn, a ydyn *nhw* yn gallu cael goleuedigaeth ai peidio, a allen *nhw* symud ymlaen mor bell â dynion ar y llwybr Bwdhaidd. (Gross)

Mae ail ran yr ail-werthuso'n ymwneud â 'thrwsio'r traddodiad' o ran rolau dynion a menywod. Mae hyn yn golygu cydnabod a derbyn nad yw 'bod yn fenyw yn rhwystr o gwbl i gyrraedd rhyddid'. Mae'r safle hwn yn bodoli drwy gydol hanes Bwdhaidd a gellir ei weld yn y ffordd nad yw'r Dhamma yn wryw nac yn fenyw, a bod rhywedd yn amherthnasol yn y pen draw a hyd yn oed heb fod yn bodoli mewn dysgeidiaethau Bwdhaidd. Mae Gross yn dadlau hefyd y gellid dod o hyd i destunau a storïau hefyd sy'n dangos bod 'benyweidd-dra yn fantais mewn gwirionedd'.

Er bod yr ail-werthuso ffeministaidd hwn yn cael effaith ar Fwdhaeth ledled y byd, mae stereoteipiau diwylliannol ynghylch rolau dynion a menywod yn dal i fod yn flaenllaw yn yr hyn y mae Gross yn ei alw'n 'famwlad Asiaidd Bwdhaeth'. Gellir gweld hyn hyd yn oed yn y lleoliadau symlaf. Un traddodiad diwylliannol yng Ngwlad Thai y mae Sallie B. King yn ei ddisgrifio yw ymgrymu fel arwydd o barch: 'po isaf mae rhywun yn ymgrymu, mwyaf y mae rhywun yn cyfleu ei wyleidd-dra ei hun a statws aruchel y llall'. Mae ymgrymu fel hyn yn cael ei roi'n arbennig i'r sangha mynachaidd. Gall fod yn ymgrymu isel, ymgrymu â'r penliniau neu hyd yn oed ymgrymu'n llwyr ar y llawr. Mae aelodau'r teulu brenhinol yng Ngwlad Thai hyd yn oed yn ymgrymu i'r sangha mynachaidd.

Fodd bynnag, y pwynt allweddol yma yw nad oes sangha bhikkhuni. Yn ôl King: 'Pan mai bhikkhus *gwrywaidd* yn unig sydd, mae rhywun yn sylweddoli ar ôl tipyn bod rhywun yn byw mewn man lle mae dynion a menywod yn ymgrymu'n isel yn rheolaidd gerbron rhai dynion, ond nad yw unrhyw ddynion byth yn ymgrymu mor isel gerbron unrhyw fenywod. Mae hyn yn iaith y corff bwerus iawn. Er nad dyna yw ei bwriad, mae'n dal ati i gadarnhau cysyniadau poblogaidd am statws israddol menywod yn

Dyfyniadau allweddol

Bod yn ffeminist *yw* anghytuno â'r byd sydd wedi'i lunio'n gymdeithasol y mae rhywun wedi'i etifeddu a cheisio llunio byd amgen. (Gross)

Roedd menywod yn tybio'n syml ddigon, os oedd arferion Bwdhaidd difrifol yn fuddiol, yna y bydden nhw'n fuddiol iddyn nhw. Anwybyddwyd y modelau Asiaidd yn llwyr, i'r graddau yr awgrymwyd mai'r un gwahaniaeth mwyaf rhwng Bwdhaeth Asiaidd a Gorllewinol yw bod menywod yn ymwneud yn weithredol ac yn gyfartal ym mhob agwedd ar arferion Bwdhaidd. (Gross)

gymdeithasol ac o ran karma.' Os sefydlir sangha bhikkhuni byth yng Ngwlad Thai, efallai y bydd dynion yn ymgrymu'n isel gerbron menywod a byddai hyn wedyn yn hyrwyddo 'cydraddoldeb a pharch rhwng y rhywiau'.

Gellid dadlau, pan gyrhaeddodd Bwdhaeth yn y Gorllewin a dechrau cael ei sefydlu, roedd llywodraethiant a strwythur grwpiau Bwdhaidd – a oedd yn cynnwys Bwdhyddion 'tröedigaeth' lleyg yn bennaf – yn wrywaidd neu roedd gwrywod yn flaenllaw bob amser. Eto, y math o barch a ddangoswyd tuag at arweinwyr crefyddol Bwdhaidd yn Asia gan Fwdhyddion 'treftadaeth' fel y disgrifiodd King, a roddodd y model ar gyfer yr hyn oedd i'w ddisgwyl gan Fwdhyddion 'tröedigaeth' Gorllewinol. P'un a oedd y dyn o dan sylw yn roshi Zen o Japan, yn rinpoche o Tibet neu'n bhikkhu uwch o Wlad Thai, roedd ymagwedd Orllewinol menywod Bwdhaeth 'tröedigaeth' yn cyfateb i norm diwylliannol menywod yn ymwneud â dynion mewn cymdeithas batriarchaidd.

Daeth hi'n amlwg y gallai hyn fod yn niweidiol fel y mae King yn ei esbonio: 'yn y 1970au a'r 80au ffrwydrodd nifer o sgandalau mewn canolfannau arferion Zen a Tibetaidd yn America, yn ymwneud â phenaethiaid (gwrywaidd) a wnaeth awgrymiadau rhywiol i fyfyrwyr benywaidd neu a gafodd berthnasoedd rhywiol â nhw'. Ar ôl i'r sgandalau hyn ddod i'r amlwg, codwyd nifer o gwestiynau a heriodd na ddylid mewnforio'r hyn y gellid ei alw'n stereoteip diwylliannol Bwdhaeth batriarchaidd a oedd i'w ganfod mewn rhai rhannau o Asia. Mae King yn awgrymu bod y trafodaethau o ganlyniad i hyn yn canolbwyntio o anghenraid ar 'natur hierarchaidd Bwdhaeth, yr ymddiriedaeth ddi-gwestiwn yn yr athro, strwythur pŵer mewn sefydliadau arferion Bwdhaidd, a phatrwm goruchafiaeth gan wrywod'.

At ei gilydd, mae Gross yn dod i'r casgliad bod Bwdhyddion 'tröedigaeth' yn rhydd ar y cyfan o'r hyn y mae'n ei ddisgrifio fel 'y baich patriarchaidd diwylliannol Asiaidd' o ran rolau dynion a menywod. Yr allwedd i'r rhyddid hwn yw bod 'athrawon Bwdhaidd yn ofalus wrth wahaniaethu rhwng arferion diwylliannol a'r dharma'. Mae hyn yn golygu bod athrawon Bwdhaidd 'ddim eisiau i'w myfyrwyr ddod yn Dibetaidd neu'n Japaneaidd, ond yn Fwdhyddion. Mae'r rhan fwyaf ohonyn nhw'n cytuno mai rhagfarn ddiwylliannol, nid dysgeidiaeth Fwdhaidd, yw gwahaniaethu yn erbyn menywod.'

Ar yr un pryd, mae Gross yn feirniadol o agwedd ddi-gwestiwn nifer o Fwdhyddion 'tröedigaeth' yn y Gorllewin tuag at bedair lefel androganologrwydd. Er bod Bwdhyddion 'tröedigaeth' yn rhydd at ei gilydd o'r hyn y mae'n ei ddisgrifio fel 'y baich patriarchaidd diwylliannol Asiaidd' o ran stereoteipio rolau dynion a menywod, maen nhw'n tueddu i fod yn 'anwybodus am record batriarchaidd Bwdhaeth'. Yn eu hymagwedd, 'maen nhw'n tueddu i weld bod ffeministiaeth yn ddiangen mewn cyd-destun Bwdhaidd a bod ffeminyddion Bwdhaidd yn fradwyr, os nad yn hereticiaid, nad ydyn nhw'n deall bod diffyg ymlyniad yn gwbl ganolog i ddysgeidiaeth Fwdhaidd'.

Mae modd gweld enghraifft o'r hyn y gellid ei ddeall fel androganologrwydd wrth hyrwyddo stereoteipiau diwylliannol o rolau dynion a menywod mewn Bwdhaeth yn sylwadau'r Dalai Lama mewn cyfweliad yn 2015. Pan ofynnwyd iddo a allai ei olynydd fod yn fenyw, cytunodd y gallai hyn ddigwydd gan y byddai gan Dalai Lama a oedd yn fenyw 'fwy o botensial yn fiolegol i ddangos hoffter a thosturi'. Yna aeth rhagddo drwy ddweud: 'Os bydd Dalai Lama benywaidd yn dod, rhaid i'r wyneb fod yn – dylai fod yn atyniadol iawn, iawn'. Pan ofynnwyd iddo egluro ei sylwadau, meddai: 'Hynny yw, os bydd Dalai Lama benywaidd yn dod, yna rhaid i'r fenyw honno fod yn ddeniadol iawn. Fel arall, dim llawer o iws'.

Gellid dadlau bod y Dalai Lama, wrth ddweud bod gan fenywod 'fwy o botensial yn fiolegol i ddangos hoffter a thosturi', yn cadarnhau stereoteip arall gan nad yw data gwyddonol ac astudiaethau rhywedd yn ategu'r honiad hwn. Ar y llaw arall, gellid dweud bod y Dalai Lama, wrth gysylltu natur fenywaidd â thosturi, yn dangos mai'r ffordd orau o ddeall ymrwymiad Bwdhaeth i roi diwedd ar ddioddefaint pob bod ymdeimladol yw drwy ddelwedd y bodhisattva benywaidd yn hytrach na'r un gwrywaidd.

Er enghraifft, fel y mae Harvey yn ei nodi, cafodd y bodhisattva gwrywaidd Avalokitesvara sy'n ymgorffori tosturi 'ei bortreadu'n raddol fel benyw' yn China o dan yr enw Kuan-yin. Mae Harvey yn priodoli hyn i'r ffaith bod 'pobl China yn gweld mai rhinwedd "fenywaidd" oedd tosturi'. Daeth Kuan-yin i gael ei gweld 'fel "mam-dduwies" holl-dosturiol, y duwdod mwyaf poblogaidd yn China i gyd'. Ar yr un pryd dywedir mai bodhisattvau benywaidd fel Tara yn Tibet – yn enwedig ar ei ffurfiau mwyaf poblogaidd fel Tara Werdd a Thara Wen – yw 'mam pob Bwdha' a'i bod 'yn osgeiddig, yn ddeniadol ac yn hawdd mynd ati, ac yn barod bob amser i ofalu'n dyner am y rhai mewn trallod'.

Wrth drafod llwybr y bodhisattva, mae Gross yn gweld bod 'cydymdeimlad dwfn rhwng moeseg Mahayana a ... rhai o fewnwelediadau mwyaf pwysig ffeministiaeth'. Dydy ymrwymiad y bodhisattva i gael gwared ar ddioddefaint drwy arfer tosturi ddim yn un sy'n cydweddu'n hawdd â'r ymagwedd androganolog. Mae hi'n ystyried bod hon yn rhy ddeallusol ac yn ymwneud â gwahanu emosiynau oddi wrth arferion. Ymreolaeth a hunangynhaliaeth unigol yw'r canllawiau sy'n rheoli. Fodd bynnag, mae'n haws deall ymrwymiad y bodhisattva i roi diwedd ar ddioddefaint yng nghyd-destun ffeministiaeth o gofio'r safbwynt, er enghraifft, bod ymagwedd ffeministiaeth yn dechrau drwy weld bywyd fel rhywbeth sy'n ymwneud â pherthnasoedd yn y bôn – ac felly bod rhaid cael tosturi. O'r safbwynt hwn, fel mae Gross yn esbonio: 'Gall a dylai menywod deimlo eu bod wedi'u cadarnhau o ran eu ffordd o fod, perthyn, a gofalu, drwy bwyslais Bwdhaeth Mahayana ar natur ganolog profiadau fel hyn i ysbrydolrwydd dilys.'

Mae Gross yn gweld tosturi o'r safbwynt ffeministaidd hwn fel yr ysgogiad i ddod â dioddefaint i ben. Mae hi'n dadlau, er bod gan Fwdhaeth 'ddysgeidiaethau aruchel a hynod gywrain am dosturi', nad ydyn nhw wedi'u rhoi ar waith yn y cylch cymdeithasol. 'Mae'n debygol bod y rhan fwyaf o Fwdhyddion wedi teimlo bod trawsnewid a goleuedigaeth unigol yn gymaint o flaenoriaeth, a bod y gymdeithas mor ystyfnig ac amhosibl ei goleuo, fel bod gweithredu cymdeithasol yn tynnu sylw ac yn wastraff egni.'

Felly oherwydd ei hymrwymiad i ddod â dioddefaint i ben drwy arfer tosturi, mae'n awgrymu bod Bwdhaeth yn gynhenid ffeministaidd. Mae hyn oherwydd, pan mae Bwdhaeth yn driw iddi ei hunan 'mae'n dangos yr un weledigaeth ag y mae ffeministiaeth yn ei dangos'.

Dyfyniad allweddol

Tosturi tuag at y rhai sydd wedi'u dal mewn cefnfor o samsara, yn dioddef yr holl amarch sy'n gynhenid i fodolaeth o'r fath, yw'r prif ysgogiad dros y ffordd Fwdhaidd o fyw a'r prif gyfiawnhad drosti. Mae byw ar lwybr wythblyg moesoldeb unigol a chymdeithasol Bwdhaidd yn ymwneud â pheidio â niweidio a gweithio er lles pob bod ymdeimladol ar bob lefel. (Gross)

Awgrym astudio

Chwiliwch am ddelweddau o Fwdhyddion yn addoli yn y Gorllewin a'r Dwyrain ac ystyriwch beth mae'r delweddau hyn yn ei ddangos ynghylch rolau dynion a menywod.

Gweithgaredd AA1

Rhowch resymau y gallai rhai Bwdhyddion eu rhoi dros beidio ag ordeinio bhikkhunis.

Esboniwch eich ateb gan ddefnyddio tystiolaeth ac enghreifftiau o'r hyn rydych chi wedi ei ddarllen.

Cerflun enfawr o Kuan-yin yn Nanshan, China.

cwestiwn cyplym

3.9 Beth yw enw'r bodhisattva tosturi mwyaf enwog yn China?

Sgiliau allweddol Thema 2

Mae'r drydedd thema hon yn cynnwys tasgau sy'n ymdrin â hanfodion AA1 o ran blaenoriaethu a dewis y wybodaeth berthnasol allweddol, ei chyflwyno mewn ffordd bersonol (fel yn Thema 1) ac yna defnyddio tystiolaeth ac enghreifftiau i gefnogi ac ehangu ar hyn.

Sgiliau allweddol

Mae gwybodaeth yn ymwneud â:

Dewis ystod o wybodaeth (drylwyr) gywir a pherthnasol sydd â chysylltiad uniongyrchol â gofynion penodol y cwestiwn.

Mae hyn yn golygu:

- Dewis deunydd perthnasol i'r cwestiwn a osodwyd
- Canolbwyntio ar esbonio ac archwilio'r deunydd a ddewiswyd.

Mae dealltwriaeth yn ymwneud ag:

Esboniad helaeth, gan ddangos dyfnder a/neu ehangder gyda defnydd rhagorol o dystiolaeth ac enghreifftiau gan gynnwys (lle y bo'n briodol) defnydd trylwyr a chywir o destunau cysegredig, ffynonellau doethineb a geirfa arbenigol.

Mae hyn yn golygu:

- Defnydd effeithiol o enghreifftiau a thystiolaeth gefnogol i sefydlu ansawdd eich dealltwriaeth
- Perchenogaeth o'ch esboniad sy'n mynegi gwybodaeth a dealltwriaeth bersonol, NID eich bod yn ailadrodd darn o destun o lyfr rydych wedi ei baratoi a'i gofio.

Datblygu sgiliau AA1

Nawr mae'n bwysig ystyried y wybodaeth sydd wedi'i chyflwyno yn yr adran hon; fodd bynnag, mae'r wybodaeth fel y mae yn llawer rhy helaeth ac felly mae'n rhaid ei phrosesu er mwyn bodloni gofynion yr arholiad. Gallwch wneud hyn drwy ymarfer y sgiliau uwch sy'n gysylltiedig ag AA1. Ar gyfer Amcan Asesu 1 (AA1), sy'n cynnwys dangos sgiliau 'gwybodaeth' a 'dealltwriaeth', rydyn ni am ganolbwyntio ar ffyrdd gwahanol o ddangos y sgiliau yn effeithiol, gan gyfeirio hefyd at sut bydd eich perfformiad ym mhob un o'r sgiliau hyn yn cael ei fesur (gweler disgrifyddion band cyffredinol AA1 ar gyfer U2).

▶ **Dyma eich tasg olaf ar gyfer y thema hon:** Isod mae crynodeb o'r **Bwdha yn ordeinio menywod ar ôl petruso'n unig**. Mae'n 150 gair o hyd. Y tro hwn, does dim pwyntiau wedi'u hamlygu i nodi'r pwyntiau allweddol i'w dysgu o'r dyfyniad hwn. Trafodwch pa bum pwynt yw'r pwysicaf i'w hamlygu yn eich barn chi, ac ysgrifennwch y pwyntiau ar ffurf rhestr.

Mae hanes y Bwdha yn ordeinio menywod yn y Canon Pali, yn negfed bennod y Cullavagga. Mae'n disgrifio sut mae'r Bwdha yn teithio o le i le yn pregethu. Mewn un lle, mae Maha-Pajapati Gotama, ei fodryb a'i fam faeth, yn gofyn iddo dair gwaith am gael ei hordeinio. Mae'r Bwdha yn gwrthod ei chais ond mae hi'n dychwelyd gyda menywod eraill sydd eisiau cael eu hordeinio hefyd. Mae'r Bwdha yn gwrthod ei chais ond ar ôl i Ananda ei berswadio ar ei rhan, mae'r Bwdha yn derbyn y gall menywod gael deffroad/goleuedigaeth. Hefyd mae e'n derbyn bod Maha-Pajapati Gotama wedi gwneud cymwynas fawr ag ef pan oedd e'n blentyn. Felly mae'r Bwdha yn cytuno â'i chais. Fodd bynnag, mae'r ffaith iddo betruso'n parhau oherwydd iddo osod yr wyth Garudhamma arni hi a'r menywod. Mae'r rhain yn cyfyngu'n llym ar safle menywod fel bhikkhunis. Yn ogystal, mae'n bosibl gweld iddo betruso oherwydd iddo ragfynegi y byddai 'deddf dda' y Dhamma yn parhau am bum can mlynedd yn unig bellach, yn hytrach nag am fil o flynyddoedd.

Nawr, defnyddiwch eich pum pwynt i lunio eich crynodeb eich hun (fel yn Thema 1 Datblygu sgiliau) gan geisio gwneud y crynodeb yn fwy personol i'ch arddull ysgrifennu eich hun. Gall hyn hefyd gynnwys aildrefnu'r pwyntiau os ydych yn dymuno gwneud hynny. Ar ben hyn, ceisiwch ychwanegu rhai dyfyniadau a chyfeiriadau i ddatblygu'ch crynodeb (fel yn Thema 2 Datblygu sgiliau).

Canlyniad hyn fydd ateb eithaf hir a gallech ei wirio yn erbyn y disgrifyddion band ar gyfer U2; edrychwch yn benodol ar y gofynion sydd wedi'u disgrifio yn y disgrifyddion band uwch y dylech chi fod yn anelu atyn nhw. Gofynnwch i chi'ch hun:

- A yw fy ngwaith yn dangos gwybodaeth a dealltwriaeth drylwyr, gywir a pherthnasol o grefydd a chred?
- A yw fy ngwaith yn dangos cydlyniad (cysondeb neu synnwyr rhesymegol), eglurder a threfn o safon ragorol?
- A fydd fy ngwaith, ar ôl ei ddatblygu, yn ateb helaeth a pherthnasol sy'n bodloni gofynion penodol y dasg?
- A yw fy ngwaith yn dangos dyfnder a/neu ehangder sylweddol ac yn gwneud defnydd rhagorol o dystiolaeth ac enghreifftiau?
- Os yw'n briodol i'r dasg, a yw fy ateb yn cynnwys cyfeiriadau trylwyr a chywir at destunau cysegredig a ffynonellau doethineb?
- A ellir gwneud unrhyw gysylltiadau treiddgar ag elfennau eraill o fy nghwrs?
- A fydd fy ateb, ar ôl ei ddatblygu a'i ehangu i gyfateb i'r hyn sy'n ddisgwyliedig mewn ateb arholiad, yn cynnwys ystod eang o safbwyntiau ysgolheigion/ysgolion o feddwl?
- A yw'r defnydd o iaith a geirfa arbenigol yn drylwyr a chywir, pan geir enghreifftiau o hynny?

Materion i'w dadansoddi a'u gwerthuso

I ba raddau y mae Bwdhaeth yn cydweddu â ffeministiaeth

Yn gyntaf, gellid dadlau nad yw Bwdhaeth yn cydweddu â ffeministiaeth oherwydd byddai'n cydweddu ei hun â'r hyn sy'n sammuti sacca. O'r safbwynt hwn, fel sydd wedi'i nodi, rhywbeth mewn enw yn unig yw rhywedd ac mae'n un o'r skandhas. Felly, mewn bywyd blaenorol, efallai fod menyw wedi bod yn ddyn ac efallai fod dyn wedi bod yn fenyw. Yma, does dim byd sy'n barhaol neu sy'n gysylltiedig â paramattha sacca.

Mae ail ddadl yn awgrymu nad yw Bwdhaeth yn cydweddu â ffeministiaeth oherwydd mai ei blaenoriaeth erioed fu cael gwared ar dukkha oddi wrth bobl heb ystyried materion rhywedd. Fel mae Harvey yn esbonio: 'Y prif beth, o safbwynt Bwdhaidd, yw a yw syniad, agwedd neu arfer penodol yn ffafrio cynnydd neu ostyngiad – i ddynion ac i fenywod – mewn rhinweddau fel haelioni, dim ymlyniad, llonyddwch, caredigrwydd, tosturi, eglurder meddwl, ac ymwybyddiaeth o natur cyflyrau meddyliol a chorfforol, a mewnwelediad iddyn nhw.'

Trydydd pwynt fyddai honni nad yw Bwdhaeth yn gallu cydweddu â ffeministiaeth oherwydd bod hyn yn awgrymu tanha – dal gafael mewn ffeministiaeth fel ideoleg a gwrthod gollwng gafael arni. Fel mae'r Pedwar Gwirionedd Nobl yn ei ddysgu, dyma achos dukkha. Mae Harvey yn cyfeirio at 'safbwyntiau dogmatig ... rhwng ffeministiaid a rhai nad ydyn nhw'n ffeministiaid ac o fewn y ddwy garfan'. Ychwanega: 'gall hyn arwain at "ddal gafael ar safbwyntiau" – cydio mewn safbwyntiau penodol gydag ymlyniad a dicter – rhywbeth y mae Bwdhaeth bob amser wedi bod yn wyliadwrus ohono, er nad yw Bwdhyddion wedi llwyddo i osgoi hyn bob amser'.

Pedwaredd ffordd o ddadlau nad yw Bwdhaeth yn cydweddu â ffeministiaeth yw cydnabod ei bod hi wedi'i gwreiddio mewn cymdeithas batriarchaidd o'r dechrau'n deg. Mae safbwyntiau patriarchaidd i'w gweld yn y Dhamma drwyddi draw. Er bod ordeinio Maha-Pajapati Gotami yn gam arwyddocaol wrth gydnabod y gallai menywod gyrraedd yr un statws ysbrydol â dynion, roedd hyn mewn cyd-destun patriarchaidd eglur o hyd fel y gallwn ni weld gyda sefydlu'r Garudhammas. Mae'r cyd-destun patriarchaidd hwnnw wedi'i gydblethu cymaint â Bwdhaeth fel y byddai'n rhaid i Fwdhaeth wrthod rhai agweddau allweddol ar ei realiti petai hi'n cydweddu â ffeministiaeth nawr. Mae Gross yn nodi'r pwynt hwn yn drawiadol: 'Gadawodd Siddartha Gautama, y Bwdha, ei wraig a'i faban newydd anedig oherwydd ei fod wedi'i argyhoeddi eu bod nhw'n rhwystr i'w ddatblygiad ysbrydol ei hun. Serch hynny, gwrthwynebodd ymdrechion menywod i adael eu cyfrifoldebau domestig a cheisio eu datblygiad a'u rhyddid ysbrydol eu hunain. A yw hi'n bosibl i grefydd a sefydlwyd gan y fath ddyn fodloni diddordebau ac anghenion menywod?'

O ongl wahanol, pumed pwynt posibl fyddai dadlau na ddylai Bwdhaeth gydweddu â ffeministiaeth oherwydd bod y mudiad ffeministaidd modern yn un cymharol ddiweddar, ac yn benodol bod ei wreiddiau mewn diwylliant rhyddfrydol Gorllewinol ymysg Bwdhyddion 'tröedigaeth'. Felly, er enghraifft, mae'r mudiad dros ordeinio bhikkhunis yn y traddodiad Theravada i raddau helaeth yn gynnyrch galwadau gan fenywod Bwdhaidd sy'n byw yn y Gorllewin. Gallai rhai Bwdhyddion dwyreiniol a Bwdhyddion 'treftadaeth' yn gyffredinol ystyried bod y galwadau hyn yn ffurf ar imperialaeth ddiwylliannol sy'n awgrymu mai 'y Gorllewin sy'n gwybod orau'.

Mae ordeinio bhikkhunis yn dangos problem Bwdhaeth yn cydweddu â ffeministiaeth. Un enghraifft yw'r ddadl ynghylch ordeinio pedair menyw fel bhikkhunis gan sangha deuol yn Awstralia yn 2009. Roedden nhw'n perthyn i Sangha'r Goedwig Ajahn Chah gyda'i arweinwyr yng Ngwlad Thai. Roedd llawer o Fwdhyddion – yn enwedig yn y Gorllewin – yn cefnogi'r cam hwn, ac yn cefnogi

Cynnwys y fanyleb

I ba raddau y mae Bwdhaeth yn cydweddu â ffeministiaeth.

Dyfyniad allweddol

... mae'r un goleuedig yn gallu newid ei feddwl ar ôl gwrando ar ddadl synhwyrol i'r gwrthwyneb. Datblygodd Bwdhaeth mewn hinsawdd o drafod a datblygodd ei gwyddoniaeth ei hun o resymu a dadlau. Mewn llawer o fannau, mae'n ymddangos bod hyn wedi'i golli. Mae'r rhesymeg wedi mynd yn ffug gyda chasgliadau y mae modd eu rhagweld ... Daeth ysbryd o amau meddwl a gwrthod y deall yn gyffredin. Mae'r ysbryd hwn yn ormesol, yn wrth-Fwdhaidd ac yn wrth-oleuedigaeth. (Brazier)

Gweithgaredd AA2

Wrth i chi ddarllen drwy'r adran hon ceisiwch wneud y pethau canlynol:

1. Dewiswch y gwahanol ddadleuon sy'n cael eu cyflwyno yn y testun a nodwch unrhyw dystiolaeth gefnogol a roddir.

2. Ar gyfer pob dadl a gyflwynir, ceisiwch werthuso a yw'r ddadl yn un gryf neu wan yn eich barn chi.

3. Meddyliwch am unrhyw gwestiynau yr hoffech chi eu gofyn wrth ymateb i'r dadleuon.

Bydd y gweithgaredd hwn yn eich helpu chi i ddechrau meddwl yn feirniadol am yr hyn rydych chi'n ei ddarllen, ac yn eich helpu i werthuso effeithiolrwydd dadleuon gwahanol, gan ddatblygu eich sylwadau, a'ch barn a'ch safbwyntiau eich hun. Bydd hyn yn eich helpu wrth ddod i gasgliadau y byddwch yn eu gwneud yn eich atebion i'r cwestiynau AA2 sy'n codi.

Cwestiynau allweddol

A ddylai'r Bwdha gael ei weld yn rhan o'r gorffennol patriarchaidd yn hytrach nag yn rhan o'r presennol ôl-batriarchaidd?

I ba raddau y gellid dadlau bod diweddaru testunau sanctaidd Bwdhaidd, er mwyn creu cydraddoldeb rhwng y rhywiau, yn hanfodol er mwyn i Fwdhaeth oroesi?

A ddylid ystyried bod cydweddu Bwdhaeth â ffeministiaeth fel sy'n digwydd yn y Gorllewin yn amarchu hanes, traddodiadau a diwylliant Bwdhyddion 'treftadaeth'?

Dyfyniad allweddol

Ystyrir bod hyfforddiant siladhara yn gyfrwng hollol addas i wireddu rhyddhad, a chaiff ei barchu felly yn ein traddodiad ni. Caiff ei gynnig fel hyfforddiant cyflawn fel y mae, ac nid fel cam yn yr esblygiad tuag at ffurf wahanol fel ordeinio bhikkhunis. (Pumed Pwynt y Datganiad Pum Pwynt a gyhoeddodd Sangha'r Goedwig Ajahn Chah yn 2009)

Awgrym astudio

Ar gyfer AA2, mae'n hanfodol eich bod chi'n trafod dadleuon yn hytrach nag esbonio'r hyn y gallai rhywun fod wedi'i ddweud yn unig. Ceisiwch ofyn i chi'ch hun, 'a oedd hwn yn bwynt teg i'w wneud?', 'a yw'r dystiolaeth yn ddigon cadarn?', 'a oes unrhyw beth i herio'r ddadl hon?', 'a yw'r ddadl hon yn un gref neu wan?' Bydd dadansoddi beirniadol o'r fath yn eich helpu i ddatblygu eich sgiliau gwerthuso.

Ajahn Brahm (ganwyd fel Peter Betts, Llundain 1951) o Sangha'r Goedwig Ajahn Chah – a oedd wedi hwyluso'r ordeinio.

Roedd Ajahn Brahm yn cefnogi sangha bhikkhuni yn frwd: 'Yn y Gorllewin, mae absenoldeb bhikkhunis yn cael ei weld fel gwendid mawr Bwdhaeth. Mae'r diffyg ffigwr benywaidd sy'n cyfateb i'r mynach Bwdhaidd Theravada yn rheswm mawr pam nad yw llawer o Orllewinwyr yn dod yn Fwdhyddion. Fy marn bersonol i yw os nad ydyn ni'n sefydlu *Sangha* bhikkhuni, yna fydd Bwdhaeth ddim yn para 50 mlynedd arall hyd yn oed yn y Gorllewin!'

Ymateb bhikkhus uwch Sangha'r Goedwig oedd cael gwared ar Ajhan Brahm rhag iddo gael unrhyw gysylltiad â mynachlogydd Sangha'r Goedwig yng Ngwlad Thai ac yn y Gorllewin – gan gynnwys Mynachlog Amaravati yn Lloegr. Yma, fel y mae Christine Toomey yn ei esbonio yn *The Saffron Robe: A Journey with Buddha's Daughters* a gyhoeddwyd yn 2015, roedd nifer y menywod a oedd yn ymuno â'r gymuned wedi bod yn cynyddu ond doedd dim un yn gallu cael ordinhad uwch. Yn hytrach, statws is siladhara yn unig oedd ganddyn nhw. Mae Toomey yn dyfynnu tystiolaeth y Chwaer Candasiri: '... dyma adeg pan oedd ymdrechion gwirioneddol tuag at gydraddoldeb rhwng y rhywiau yn cael eu gwneud mewn diwylliannau gorllewinol ehangach, felly pan ddechreuon ni sôn am hyn yn ein cymuned fynachaidd, chafodd hyn ddim o'i werthfawrogi.'

Yn 2009, ar ôl trafodaeth rhwng abad Amaravati, Ajahn Sumedho (ganwyd fel Robert Jackman, Seattle 1934), abadau eraill mynachlogydd Sangha'r Goedwig, a Chyngor yr Henaduriaid yng Ngwlad Thai, cytunwyd ar Ddatganiad Pum Pwynt. Yn hytrach nag ystyried cydraddoldeb rhwng y rhywiau, cadarnhaodd y pwyntiau hyn ymagwedd draddodiadol Bwdhaeth Theravada. Felly roedd y pwynt cyntaf yn dweud bod 'y bhikkhu isaf yn "uwch" na'r siladhara uchaf'. Y cadarnhad a roddon nhw oedd bod 'y Vinaya yn diffinio'r berthynas hon o statws uwch, dydy hi ddim yn cael ei hystyried yn rhywbeth y gallwn ni ei newid'.

Ym Mwdhaeth Tibet, mae'r Dalai Lama yn cefnogi rhoi ordinhad uwch i bhikkhunis. Mae wedi bod yn anodd gwneud hyn ym Mwdhaeth Tibet: rhaid i fenywod Bwdhaeth Tibet sy'n dilyn y llwybr hwn gael eu hordeinio gan y sangha deuol sy'n cynnwys bhikkhunis o linach China cyn parhau o fewn y traddodiad Tibetaidd. Mae wedi awgrymu y dylai'r Dwyrain wneud pethau'n raddol: er enghraifft, mae bhikkhunis yn dod i Dharamsala ac yn byw fel sangha bhikkhuni. Dros gyfnod, gallen nhw gael eu derbyn wedyn gan bhikkhus Tibetaidd.

Yn y Gorllewin, mae'r Dalai Lama yn cefnogi ffyrdd o gyfuno dysgeidiaethau Bwdhaidd traddodiadol â ffurfiau diwylliannol Gorllewinol newydd. Un enghraifft yw Abaty Sravasti yn Washington UDA a sefydlwyd yn 2003, gan ei abades Thubten Chodron (ganwyd fel Cheryl Greene 1950). Mae'r abaty'n hyfforddi lleianod a mynachod ac mae wedi'i strwythuro mewn ffordd sydd ddim yn batriarchaidd a ddisgrifiwyd fel 'ffordd lorweddol, fwy cydweithredol, gyda chydraddoldeb rhwng y rhywiau a statws uwch yn seiliedig ar flynyddoedd o brofiad a gwybodaeth'.
Mae'r Dalai Lama yn cydnabod cydraddoldeb rhwng y rhywiau: 'Rwy'n falch o gael gwybod bod y gymuned yn ceisio cynnig nid yn unig cyfleoedd cyfartal i fynachod a lleianod, ond cyfrifoldeb cyfartal i astudio, arfer a dysgu'r dharma.'

Mae'n bosibl dadlau mai mewnwelediadau newydd Bwdhyddion ffeministaidd sy'n gyfrifol am ddechrau ailystyried o ran herio tybiaethau patriarchaidd a deongliadau sy'n awgrymu bod Bwdhaeth yn gallu cydweddu â ffeministiaeth. Mae Brazier yn awgrymu y dylai Bwdhyddion sydd â safbwynt penodol yn erbyn ordeinio bhikkhunis er enghraifft, ddysgu gan y Bwdha a newidiodd ei feddwl ar ôl clywed y safbwynt a gyflwynodd Ananda ynghylch ordeinio Maha-Pajapati Gotami.

Gallai rhai ddadlau bod Bwdhaeth wedi cydweddu â ffeministiaeth erioed ond bod agweddau patriarchaidd wedi cuddio hyn – pwynt a wnaeth Grace Schireson yn ei gwaith ar fenywod mewn Bwdhaeth Zen. Mae hi'n canolbwyntio ar Suta Prajnaparamita sy'n cael ei galw'n 'Fam Fawr'. O'r safbwynt Americanaidd, mae ailddarganfod y 'Fam Fawr' yn dasg newydd. 'Wrth i Fwdhaeth dyfu i fyny yn America, rydyn ni hefyd yn tyfu i fyny. Rydyn ni'n sylweddoli na allwn ni barhau i efelychu arferion mynachod Asiaidd ifanc. Nid arfer Asiaidd yw Bwdhaeth Zen; mae'n mynegi angen dynol cyffredinol.'

Datblygu sgiliau AA2

Nawr mae'n bwysig ystyried y wybodaeth sydd wedi'i chyflwyno yn yr adran hon; fodd bynnag, mae'r wybodaeth fel y mae yn llawer rhy helaeth ac felly mae'n rhaid ei phrosesu er mwyn bodloni gofynion yr arholiad. Gallwch wneud hyn drwy ymarfer y sgiliau uwch sy'n gysylltiedig ag AA2. Ar gyfer Amcan Asesu 2 (AA2), sy'n cynnwys dangos sgiliau 'dadansoddi beirniadol' a 'gwerthuso', rydyn ni am ganolbwyntio ar ffyrdd gwahanol o ddangos y sgiliau yn effeithiol, gan gyfeirio hefyd at sut bydd eich perfformiad ym mhob un o'r sgiliau hyn yn cael ei fesur (gweler disgrifyddion band cyffredinol AA2 ar gyfer U2).

▶ **Dyma eich tasg olaf ar gyfer y thema hon:** Isod mae tri chasgliad sylfaenol wedi'u gwneud o werthusiad ynghylch **i ba raddau y mae Bwdhaeth yn cydweddu â ffeministiaeth.** Eich tasg yw datblygu pob un o'r casgliadau hyn drwy nodi'n fyr y cryfderau (gan gyfeirio'n fyr at rai rhesymau y tu ôl iddyn nhw) ond gan gynnwys ymwybyddiaeth hefyd o heriau sydd wedi cael eu gwneud i'r casgliadau hyn (gall y rhain fod yn wendidau yn dibynnu ar eich safbwynt).

1. Mae Bwdhaeth yn cydweddu â ffeministiaeth oherwydd mai'r pwynt allweddol am sgwrs y Bwdha â Maha-Pajapati Gotama oedd: iddo dderbyn bod menywod yn gallu cael goleuedigaeth, newidiodd ei feddwl ar ôl clywed dadleuon Ananda, ac ordeiniodd fenywod fel bhikkhunis.

2. Mae Bwdhaeth yn cydweddu â ffeministiaeth oherwydd yn y Gorllewin mae menywod yn chwarae rhan fwyfwy arwyddocaol mewn Bwdhaeth o ran cymryd rhan ac arwain. Mae'r rhan fwyaf o Fwdhyddion wedi derbyn hyn yn gyffredinol fel cam cadarnhaol.

3. Mae Bwdhaeth yn cydweddu â ffeministiaeth oherwydd ei bod hi'n canolbwyntio ar nodweddion a rhinweddau benywaidd fel tosturi a charedigrwydd cariadus sydd i'w gweld ar eu ffurf ddelfrydol mewn bodhisattvau a Bwdhau benywaidd fel Kuan-Yin yn China.

Dylech ysgrifennu tri pharagraff cymwys iawn a allai fod yn gasgliad terfynol i unrhyw werthusiad.

Ar ôl i chi orffen y dasg, cyfeiriwch at y disgrifyddion band ar gyfer U2 ac edrychwch yn benodol ar y gofynion sydd wedi'u disgrifio yn y disgrifyddion band uwch y dylech chi fod yn anelu atyn nhw. Gofynnwch i chi'ch hun:

- A yw fy ateb yn ddadansoddiad beirniadol hyderus a gwerthusiad craff o'r mater?
- A yw fy ateb yn nodi'r materion a godwyd gan y cwestiwn yn llwyddiannus ac yn mynd i'r afael â nhw'n drylwyr?

Sgiliau allweddol Thema 2

Mae'r drydedd thema hon yn cynnwys tasgau sy'n ymdrin ag agweddau penodol ar AA2 o ran nodi elfennau allweddol arddull gwerthusol darn ysgrifenedig, gan ganolbwyntio ar wrthddadleuon a chasgliadau (interim a therfynol).

Sgiliau allweddol

Mae dadansoddi'n ymwneud â:

Nodi materion sy'n cael eu codi gan y deunyddiau yn adran AA1, ynghyd â'r rhai a nodwyd yn adran AA2, ac mae'n cyflwyno safbwyntiau cyson a chlir, naill ai gan ysgolheigion neu safbwyntiau personol, yn barod i'w gwerthuso.

Mae hyn yn golygu:

- Bod eich atebion yn gallu nodi meysydd trafod allweddol mewn perthynas â mater penodol
- Eich bod yn gallu nodi'r gwahanol ddadleuon a gyflwynir gan eraill, a rhoi sylwadau arnyn nhw
- Bod eich ateb yn rhoi sylwadau ar effeithiolrwydd cyffredinol pob un o'r meysydd neu ddadleuon hyn.

Mae gwerthuso'n ymwneud ag:

Ystyried goblygiadau amrywiol y materion sy'n cael eu codi, yn seiliedig ar y dystiolaeth a gafwyd wrth ddadansoddi ac mae'n rhoi dadl fanwl eang gyda chasgliad clir.

Mae hyn yn golygu:

- Bod eich ateb yn pwyso a mesur canlyniadau derbyn neu wrthod y dadleuon amrywiol a gwahanol a gafodd eu dadansoddi
- Bod eich ateb yn dod i gasgliad drwy broses rhesymu clir.

Cynnwys y fanyleb

Perthynas Bwdhaeth â chrefydd gyn-Fwdhaidd Bon.

Jowo Rinpoche yn dyddio o'r 7fed ganrif OCC.

Termau allweddol

Bonpos: yr enw ar ddilynwyr Bon, crefydd frodorol Tibet

Dre: duwiau neu ysbrydion drwg mewn Bon

lha: duwiau neu ysbrydion da mewn Bon

Jowo Rinpoche: cerflun o'r Bwdha yn Nheml Jokhang a gafodd ei gludo i Tibet yn 641 OCC

cwestiwn cyplym

4.1 Pwy sy'n cael ei ystyried fel sylfaenydd ymerodraeth Tibet?

154

A: Credoau ac arferion traddodiadau Bwdhaeth Tibet

Perthynas Bwdhaeth â chrefydd gyn-Fwdhaidd Bon

Digwyddodd eiliad allweddol, sydd efallai yn dynodi cyflwyno Bwdhaeth i Tibet yn symbolaidd, yn ystod teyrnasiad 33ain Tsenpo (brenin) Tibet, o'r enw Songtsen Gampo (tua 617–650 OCC). Fe sy'n cael ei ystyried yn sylfaenydd ymerodraeth Tibet. Priododd â thywysoges o China, ac yn 641 daeth hi â delwedd fawr o'r Bwdha o'r enw **Jowo Rinpoche** yn rhan o'i gwaddol. Roedd y ddelwedd wedi'i hanfon i China o India. Yn ôl traddodiad, roedd y Bwdha ei hun wedi bendithio'r ddelwedd. Wedyn rhoddwyd y Jowo Rinpoche yn nheml Jokhang yn Lhasa, a heddiw dyma un o'r cerfluniau y mae Bwdhyddion Tibet yn ei ddwysbarchu fwyaf.

O dan Songtsen Gampo, dechreuodd Bwdhaeth gael ei sefydlu yn Tibet. Fodd bynnag, mae trafod a dadlau o hyd ynghylch a oedd Bwdhaeth yn bodoli yn Tibet cyn ei deyrnasiad. Er enghraifft, mae rhai ysgolheigion yn nodi mai'r gwledydd a oedd yn ffinio â Tibet oedd China, Nepal ac India, lle roedd Bwdhaeth wedi'i gwreiddio'n gadarn yn barod. Felly, daeth y Jowo Rinpoche o India i China cyn cyrraedd Tibet. Mae'n ddigon posibl, felly, fod credoau ac arferion Bwdhaidd wedi cyrraedd Tibet yn llawer cynharach. Yn ogystal, mae ysgolheigion yn dal i drafod y grefydd wreiddiol yn Tibet cyn Bwdhaeth, sy'n cael ei galw'n Bon.

Ystyr y gair 'Bon' yw 'galwad' ac enw ei dilynwyr yw **Bonpos**. Mae hwn yn faes cymhleth iawn oherwydd fel arfer mae Bonpos heddiw yn nodi bod tri cham i Bon:

1. Hen Bon – crefydd o hud a defodau er mwyn cael cefnogaeth neu ddylanwadu ar dduwiau neu ysbrydion da o'r enw **lha** ac er mwyn rheoli neu gael gwared ar dduwiau neu ysbrydion drwg o'r enw **dre**. Felly roedd Hen Bon yn animistaidd – yn credu y gallai fod ysbryd gan wrthrychau naturiol, ffenomenau naturiol a'r bydysawd ei hun. Hefyd roedd Hen Bon yn siamanaidd – yn credu y gallai'r ysbrydion hyn ym myd natur fod yn dda neu'n ddrwg, ac y gallai siamaniaid â phwerau arbennig eu rheoli neu ddylanwadu arnyn nhw.

2. Bon Yungdrung – a sefydlwyd gan Shenrab Miwoche a ddaeth o wlad gyfriniol ger Tibet rai miloedd o flynyddoedd yn ôl. (Ystyr y gair 'yungdrung' yw tragwyddol a'i symbol yw'r swastika sy'n troi i'r chwith.) Weithiau mae Shenrab Miwoche yn cael ei alw'n Bwdha Shenrab ac roedd yn byw bywyd tebyg iawn i'r Bwdha hanesyddol, rai miloedd o flynyddoedd yn gynharach. Dysgeidiaeth Fwdhaidd oedd ganddo ef hefyd. Llwyddodd Shenrab i roi tröedigaeth i ddilynwyr Hen Bon i Yungdrung Bon. Oherwydd hyn, mae rhai Bonpos yn gweld ei bod hi'n ffurf fwy hynafol ar Fwdhaeth na'r un a gyflwynwyd o dan Songtsen Gampo.

3. Bon Newydd – sefydlwyd y fynachlog Fwdhaidd gyntaf yn yr 8fed ganrif. Yn ôl traddodiad, digwyddodd hyn gyda help Padmasambhava, yr athro Bwdhaidd mawr o India a ddangosodd feistrolaeth wrth ddylanwadu ar lha a rheoli dre ledled Tibet. Dros y canrifoedd wedi hynny, aeth Bonpos ati i gymhathu, addasu a mabwysiadu llawer o'r Dhamma Bwdhaidd a ddaeth i Tibet wedyn ond cadwon nhw eu traddodiadau Bon. Mae gan Bon Newydd ei thestunau sanctaidd, ei mynachlogydd a'i harweinwyr crefyddol ei hun, ac mae'r Dalai Lama yn ei chydnabod fel un o draddodiadau crefyddol Tibet.

Mae ysgolheigion fel Harvey yn 1990 wedi disgrifio'r hyn a oedd yn cael ei ystyried fel Bon cyn-Fwdhaidd fel dim byd mwy na 'chwlt animistaidd a siamanaidd o frenhinoedd marw, meddiant gan ysbrydion, hud, a bwrw allan diafoliaid a fampirod, er ei bod, fel Bwdhaeth, yn credu mewn ailenedigaeth'.

Yn y blynyddoedd mwy diweddar mae'r safbwynt hwn wedi newid o ganlyniad i ragor o waith ymchwil ac archwilio testunau sanctaidd Bon. 'Mae'r deunyddiau hyn yn cynnig tystiolaeth bod traddodiadau Bwdhaeth a Bon Tibet wedi'u gwreiddio mewn ffurfiau diwylliannol sydd wedi aros fwy neu lai'n sefydlog, er gwaethaf hanes Tibet o wleidyddiaeth sectyddol, dadleuon athronyddol, a chymhathu elfennau heb fod yn Fwdhaidd' (Petit).

Erbyn hyn mae rhai ysgolheigion yn dadlau ei bod hi'n anodd iawn adnabod neu wahanu'r hyn a oedd wedi'i ddisgrifio fel Bon cyn-Fwdhaidd oddi wrth Fwdhaeth brif ffrwd Tibet. Felly, wrth ysgrifennu yn 2013, mae Kapstein yn nodi fel hyn: 'er bod Bon yn aml yn cael ei ddefnyddio fel teitl ar grefydd Tibet cyn Bwdhaeth, does neb wir yn deall bywyd crefyddol Tibet cyn i Fwdhaeth gael ei chyflwyno. Oherwydd bod system ysgrifennu Tibet wrthi'n cael ei mabwysiadu wrth i Fwdhaeth ddod i'r amlwg, ychydig o gofnodion sydd am grefydd gynnar Tibet lle nad oes unrhyw ddylanwad Bwdhaidd o gwbl. O'r testunau sy'n bodoli, dydy hi ddim hyd yn oed yn eglur bod term penodol a oedd yn cael ei ddefnyddio'n rheolaidd yn enw ar grefydd Tibet cyn Bwdhaeth.'

Awgrym astudio

Er mwyn cael dealltwriaeth well o Bon a Bwdhaeth Tibet, byddai'n syniad da i chi weld ble mae Tibet ar fap a meddwl am leoliad daearyddol y wlad.

Datblygiad arferion penodol sy'n gysylltiedig â Bwdhaeth Vajrayana

Mae holl faes Bwdhaeth Tibet yn gymhleth iawn, a gan ei fod yn faes astudio academaidd cymharol newydd, mae ysgolheigion wrthi o hyd yn ailwerthuso ac yn ailasesu beth yw Bwdhaeth Tibet a'r ffordd orau o esbonio hyn. Mae hyn yr un mor wir am y derminoleg a ddefnyddir ag am yr arferion sy'n gysylltiedig â Bwdhaeth Tibet. Rhywbeth arall sy'n cymhlethu pethau eto yw'r amrywiaeth enfawr o ddeongliadau sy'n cael eu rhoi i destunau sanctaidd Bwdhaeth Tibet: y Kangyur – casgliad o ddywediadau'r Bwdha – a'r Tengyur – sylwadau ar y testunau sanctaidd.

Mae ysgolheigion yn dal i ddadlau am Bon cyn-Fwdhaidd, ond mae'n ymddangos bod peth cytuno ar un pwynt cyffredinol, sef bod Bon wedi rhoi i Fwdhaeth Tibet safbwynt dynamig ar fyd natur ac ar ddefnyddio'r synhwyrau a roddwyd i bobl yn y byd daearol fel ffordd o fynd i mewn i'r uwchddaearol. Rhaid gweld hyn hefyd yn erbyn cefndir arferion defodol crefyddol mewn Hindŵaeth, a ddylanwadodd ar ddatblygiad Bwdhaeth yn India ac yn Tibet. Yn ôl rhai, gellid disgrifio arferion fel hyn fel rhai Tantra. Yn Tibet gallen nhw gael eu galw hefyd yn Vajrayana.

Mae'n anodd bod yn fanwl o ran Tantra gan nad yw ysgolheigion yn cytuno ar un diffiniad cyffredinol. Yn wir, mae ceisio diffinio Tantra yn rhywbeth y mae Williams yn dweud 'ddylai atal y doeth'. Yn gyffredinol, fodd bynnag, mae'n bosibl ystyried ei fod yn ymwneud ag arferion sy'n rhoi'r modd i rywun gael goleuedigaeth. Drwy

Dyfyniadau allweddol

Yn ymarferol, mae dilynwyr Bon a Bwdhaeth yn ymwneud cymaint â'i gilydd â chynnal perthynas dda ag ysbrydion a diafoliaid lleol, ag osgoi llygredd ysbrydol a chaffael arwyddion sy'n llawn o fendithion lwc dda, ac â defodau newid byd sy'n dechrau pan mae lama yn sibrwd enw i glust baban ac yn dod i ben wrth i rywun ymadael adeg marwolaeth. (Kapstein)

Mae athrawiaeth, hanes ac arferion Bon i'w cael drwy Tibet i gyd, ac maen nhw wedi cael dylanwad dwfn ar y ffurf ar Fwdhaeth sydd wedi gwreiddio yno, yn union fel mae Bwdhaeth yn Tibet wedi cael dylanwad dwfn ar Bon. (Gardner)

Cynnwys y fanyleb

Datblygiad arferion penodol sy'n gysylltiedig â Bwdhaeth Vajrayana.

cwestiwn cyflym

4.2 Beth yw ystyr 'yungdrung'?

Termau allweddol

Kangyur: casgliad o ddywediadau'r Bwdha

Tantra: arferion sy'n rhoi'r modd i rywun gael goleuedigaeth

Tengyur: sylwadau ar y testunau sanctaidd

Dyfyniad allweddol

Mae Tantra yn ffurf arbrofol ac ymarferol ar Fwdhaeth, sy'n pwysleisio profiad go iawn o'r nod Bwdhaidd, i'w gyflawni'n sacramentaidd ac yn symbolaidd. (Cush)

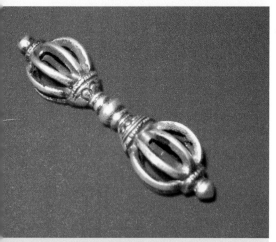

Y vajra; mae llawer o ddefnydd arno yn arferion defodol Bwdhaeth Tibet.

Term allweddol

Yidam: bod sanctaidd neu bodhisattva

gamau mwyaf datblygedig arferion fel hyn 'gall person ddod yn Fwdha goleuedig llawn mewn un oes ... Dyma pam mae gan Fwdhaeth Tibet enw da am hud a dirgelwch! Dyma pam hefyd mae eiconograffeg gymhleth ... a defodau caboledig ... gan Fwdhaeth Tibet.' (Williams)

Mae dysgeidiaethau tantrig i'w cael mewn testunau sanctaidd cymhleth. Mae'n rhaid eu dadansoddi a'u hesbonio'n ofalus gan nad ydyn nhw'n gwneud llawer o synnwyr wrth eu darllen y tro cyntaf. Yn ogystal, mae defodau sy'n cael eu cadw'n gyfrinachol a'u trosglwyddo i'r rhai sy'n cael eu derbyn i'r grefydd. Mae hyn i gyd yn golygu, efallai'n fwy na ffurfiau eraill ar Fwdhaeth, bod Bwdhaeth Tibet yn rhoi pwyslais mawr ar bwysigrwydd athro sy'n gallu arwain myfyrwyr wrth iddyn nhw wneud cynnydd.

Datblygodd y term 'Vajrayana' am y ffurf hon ar Tantra yn seiliedig ar ddefnyddio'r vajra – efallai arf rhyfel yn wreiddiol a oedd yn deyrnwialen. Daeth y vajra yn wrthrych defodol ac mae'n cael ei ddefnyddio'n aml yn arferion Bwdhaeth Tibet. Ystyr vajra yw 'mellten' a hefyd 'diemwnt'. O gofio mai 'cerbyd' yw ystyr 'yana', mae'n bosibl deall felly mai Vajrayana yw'r cerbyd diemwnt neu fellten sy'n arwain at oleuedigaeth.

Mae Harvey yn esbonio bod y vajra yn cael ei weld fel symbol da oherwydd ei fod 'mor anorchfygol â mellten, sy'n awgrymu pŵer aruthrol y meddwl sydd wedi deffro i ddinistrio rhwystrau ysbrydol; mor galed â diemwnt, sy'n awgrymu natur anninistriol y meddwl sydd wedi deffro'.

Yn ôl Williams, mae'r Vajrayana yn defnyddio 'arferion hudol er mwyn trawsffurfio realiti daearol yn ffurf fwyaf addas i helpu eraill'. Un ffordd o geisio gwneud y trawsffurfio hwn yw drwy ddelweddu cain a chymhleth, gwireddu a grymuso. Mae pedair sect wahanol Bwdhaeth Tibet yn rhoi hyn ar waith ar amrywiaeth o ffurfiau: Nyingmapa, Kagyupa, Sakyapa a Gelugpa.

Mae'r pedair sect hyn yn rhannu'r un ddysgeidiaeth Fwdhaidd ond maen nhw'n gwahaniaethu o ran eu pwyslais ar arferion Bwdhaidd. Felly, yn ôl y Dalai Lama (sy'n perthyn i sect Gelugpa): 'Dros gyfnod o amser, ymddangosodd gwahanol linachau yn y traddodiad cyflawn hwn, o dan ddylanwad meistri hynod a aeth ati, ar adegau gwahanol ac mewn mannau gwahanol, i fynegi'r dysgeidiaethau mewn ffyrdd ychydig yn wahanol. Er gwaetha'r gwahaniaethau rhwng y llinachau hyn, maen nhw i gyd yn cynnwys dysgeidiaethau'r Bwdha yn llawn.'

Wrth ddelweddu, gallai ymarferwyr ddelweddu a chanolbwyntio ar **yidam** a ddewisodd eu lama neu athro ar eu cyfer. Mae yidam yn cyfeirio at dduwdod neu bodhisattva. Dylai ymarferwyr fod mewn cytgord â'r yidam, a fyddai, yn ei dro, yn eu hamddiffyn a'u harwain. Gall yidams fod yn wrywaidd neu'n fenywaidd ac yn heddychlon neu'n ddig. Dydy rhai yidams ddim yn ddig ac yn ffyrnig wrth yr ymarferwr neu wrth y bobl, ond yn hytrach wrth rith ac wrth bopeth sy'n atal y Dhamma rhag cynhyrchu goleuedigaeth yn yr ymarferwr. Fel arfer dydy yidams ddim yn cael eu delweddu ar eu pennau eu hunain gan eu bod nhw'n gysylltiedig â bodhisattvau a Bwdhau eraill ac yn cyfuno â nhw.

Yn ystod gwireddu, sy'n gam mwy datblygedig, mae ymarferwyr yn gallu meddwl amdanyn nhw eu hunain yn cyfuno â'r yidam, â'r bodhisattvau ac â'r Bwdhau eraill, ac mewn ffordd yn eu gwneud nhw'n bresennol ynddyn nhw eu hunain.

Yn dilyn y ddau gam hyn, mae ymarferwyr yn cael eu grymuso wedyn yn yr un ffordd â'r yidam, y bodhisattvau a'r Bwdhau o ran dod â thosturi i bob bod ymdeimladol.

Mae un enghraifft o ddelweddu, gwireddu a grymuso i'w chael yn yr esboniadau amrywiol ar 'Dair Prif Agwedd y Llwybr at yr Oleuedigaeth Uchaf' a ysgrifennwyd gan sylfaenydd sect Gelugpa, Tsongkhapa (1357–1419). Un o'i brif ddisgyblion oedd Gedun Drupa, y Dalai Lama cyntaf.

I baratoi, gallai ymarferwyr adrodd mantras amrywiol er mwyn puro fel 'Om vajrasattva hum' filoedd lawer o weithiau, gan alw ar yr yidam, sef Bodhisattva Vajrasattva i buro karma, i ddod â heddwch ac i achosi goleuedigaeth.

Yn ystod y delweddu, byddai ymarferwyr yn delweddu'r Bwdha, bodhisattvau a'u lamas eu hunain o'u blaenau. Yna bydden nhw'n delweddu'r golau sy'n disgleirio o'r Bwdha ac yn meddwl y byddan nhw'n cael rhyddid oddi wrth ddioddefaint ac yn cyrraedd cyflwr Bwdhadod perffaith 'er lles pob bod ymdeimladol'. Yna bydden nhw'n mynd am noddfa yn eu lamas, y Bwdhau, y Dhamma a'r sanga.

Bydden nhw hefyd yn delweddu Tsongkapha ar frig coeden o emau, gan ei weld 'gyda chorff gwyn clir a cheg yn gwenu'n fodlon. Mae'n gwisgo'r tair gwisg grefyddol ... Mae ei ddwy law yn perfformio mudra olwyn Dhamma yn ei galon ac mae coesynnau lotysau yn estyn dros ei ysgwyddau.'

Yna mae angen i ymarferwyr feddwl: 'Doed a ddelo, rhaid i mi gyrraedd cyflwr gwerthfawr Bwdha hollol berffaith, yn gyflym, yn gyflym er lles pob bod ymdeimladol.'

Yn ystod y delweddu, mae gwireddu'n digwydd pan fydd dyblygiadau o'r holl lamas a'r duwiau sydd o flaen yr ymarferwyr yn gwahanu oddi wrth eu cyrff ac yn symud i ymdoddi i mewn i'r ymarferwyr eu hunain. 'Felly, mae eich corff, am eiliad, yn troi'n gorff lama a Bwdha. Mae pelydrau o oleuni'n dod o'ch corff sydd wedi'i drawsnewid yn lama ac yn Fwdha. Drwy daro'r holl fodau ymdeimladol sy'n byw o'ch cwmpas chi, mae'r pelydrau o oleuni'n puro eu pechodau a'u rhwystrau.'

Ar ôl hyn, mae'r ymarferwyr yn gweddïo am gael eu grymuso i fynd i mewn i'r llwybr i oleuedigaeth cyn gynted â phosibl er lles pob bod ymdeimladol fel bod diwedd ar ailenedigaeth gylchol a dioddefaint.

Wedyn mae'r ymarferwyr yn gwneud offrymau gan ddefnyddio mudras amrywiol. Hefyd gallen nhw wneud offrwm mandala yn eu meddyliau. Gallai hwn fod yn seiliedig ar fandala corfforol sydd wedi'i greu, gan ddangos y bydysawd ar ffurf symbolaidd gyda Mynydd Meru yn y canol, yr holl deyrnasoedd a'r holl fodau yn y teyrnasoedd hyn. Weithiau defnyddir plât offrwm mandala hefyd. Wedyn gallai'r ymarferwyr adrodd gweddïau fel: 'O, grymuswch fi â bendithion. Rwy'n cynnig y tir sydd wedi'i eneinio ag arogldarth, wedi'i daenu â blodau, wedi'i addurno â Meru, y pedwar cyfandir, yr Haul a'r Lleuad ac wedi'i ddelweddu fel Gwlad Bur.'

Awgrym astudio

Defnyddiwch bwyntiau bwled i grynhoi'r broses delweddu a nodir uchod.

Mudra (symudiadau corfforol defodol, ystumiau llaw yn aml)

Ystyr y gair mudra yw 'arwydd' a gall gyfeirio at yr ystum y mae dwylo'r delweddau o'r Bwdha yn ei wneud. Mae mudras i'w cael mewn Hindŵaeth hefyd. Yn aml, gall y mudra helpu Bwdhyddion i ganolbwyntio ar agweddau penodol ar y Dhamma. Er enghraifft, mae gan lawer o ddelweddau o'r Bwdha mudra Dhyana, sy'n golygu myfyrdod. Yma, mae cefn y llaw dde'n gorffwys ar gledr y llaw arall sydd wedi'i throi i fyny gyda blaenau'r bodiau'n cyffwrdd yn ysgafn. Yn ôl un dehongliad, mae'r llaw uchaf yn symbol o oleuedigaeth; a'r llaw waelod yn symbol o fyd ymddangosiadau. Felly, mae'r mudra i gyd yn awgrymu goruchafiaeth y meddwl goleuedig.

Mewn Vajrayana, mae mynachod yn defnyddio mudras yn aml wrth ddelweddu, gwireddu a grymuso. Mewn rhai achosion, mae'r mudra y mae mynach yn ei ddefnyddio yn adlewyrchu'r mudra sy'n gysylltiedig â'u yidam neu ag agwedd benodol ar y Dhamma fel haelioni, dewrder neu fuddugoliaeth dros rith. Mae mudras fel hyn yn ffurfiol yn gyffredinol o ran bod ganddyn nhw batrwm penodol yn y ffordd y mae'r dwylo wedi'u dal a'r bysedd yn cael eu rhoi at ei gilydd.

cwestiwn cyflym

4.3 I ba sect Bwdhaeth Tibet mae'r Dalai Lama yn perthyn?

Dyfyniad allweddol

Mae'r amrywiaeth llawer ehangach o mudras a ddefnyddir mewn defodau tantrig yn cael eu gweld fel arwyddion – ac achosion – cyflyrau meddwl penodol. Drwy wneud ystumiau amrywiol, mae'n bosibl ysgogi neu gyfoethogi cyflyrau meddwl penodol. (Harvey)

Term allweddol

Mudra: arwydd, ystumiau llaw gan ddwylo'r Bwdha mewn delweddau, symudiadau corfforol defodol

cwestiwn cyflym

4.4 Pa yidam y mae cyfeiriad ato yn y mantra 'Om vajrasattva hum'?

Cynnwys y fanyleb

Mudra (symudiadau corfforol defodol, ystumiau llaw yn aml).

Bwdha sy'n eistedd o'r 12fed ganrif gyda mudra Dhyana.

Cynnwys y fanyleb

Mantra (seiniau sanctaidd).

Dyfyniad allweddol

Gwelir bod mantra fel allwedd seicig
sy'n galluogi pobl naill ai i fod â
phŵer dros bethau 'corfforol' neu i
ddelweddu a chyfathrebu â bod/grym
sy'n berchen ar y mantra hwnnw.
(Harvey)

Er enghraifft, yn mudra Humkara (buddugoliaeth), mae'r ddwy law wedi'u croesi a'u dal fel dyrnau gyda'r ail a'r trydydd bys yn ffurfio cylchoedd gyda'r bodiau a'r bys cyntaf a'r pedwerydd bys wedi'u hestyn. Felly gellir defnyddio mudra Humkara fel arwydd o oleuedigaeth a'r fuddugoliaeth dros ailenedigaeth gylchol.

Mae'r mudra hwn yn aml yn cael ei gysylltu â'r bodhisattvau Vajradhara a Vajrasattva ac efallai bydd delweddau yn eu dangos nhw yn defnyddio'r vajra a'r tribu (cloch) yn eu dwylo. Mewn llawer o arferion Vajrayana, mae mudras yn cael eu defnyddio gyda'r vajra a'r tribu. Mae'r rhain yn cael eu dal ym mhob llaw a'u symud mewn ffordd ddefodol a manwl er mwyn sianelu a chanolbwyntio'r meddwl yn ystod delweddu, gwireddu a grymuso.

Mewn achosion eraill, gellid gweld y mudra fel ffordd o gynrychioli byd ffenomenaidd y pum elfen: tân, aer, ether, daear a dŵr. Mewn rhai arferion, mae'r bawd yn cynrychioli'r tân ac ymwybyddiaeth gyffredinol, mae'r mynegfys yn cynrychioli aer ac ymwybyddiaeth unigol, mae'r bys canol yn cynrychioli'r ether sy'n cysylltu pob peth, mae bys y fodrwy'n cynrychioli'r ddaear ac ae'r bys bach yn cynrychioli dŵr. Fel noda Harvey, caiff mudras 'eu defnyddio i chwyddo effeithiolrwydd y mantras wrth alw ar rymoedd seicig a chyflyrau ymwybyddiaeth uwch'.

Felly, yn eithaf aml, mae mudras yn gain iawn ac yn ystumiau offrymu ynddyn nhw eu hunain. Mae Vessantara, yr athro Bwdhaidd o Loegr, yn disgrifio hyn yn dda yn ei brofiad cyntaf o arferion Bwdhaeth Tibet. 'Roedd y mudras – ystumiau symbolaidd – dawns y dwylo, ar ffurfiau di-rif, yn osgeiddig ac eto'n llifo. Roedd y dwylo'n dangos ffurfiau pob math o offrymau: bwyd a diod, blodau, goleuadau ac ati; roedden nhw'n mynegi defosiwn i rymoedd uwch a bygythiad i'r rhai a oedd yn rhwystro. Roedden nhw'n cynhyrchu bydoedd cyfan i'w cynnig i'r Bwdhau a'r bodau goleuedig. Eto i gyd, roedd y bydoedd hyn yn cael eu creu bob amser drwy rym y meddwl wedi'i fynegi drwy'r bysedd yn unig.'

Mantra (seiniau sanctaidd)

Mae'r gair **mantra** yn dod o'r gair Sansgrit 'man' sy'n golygu 'meddwl' a 'tra' sy'n golygu 'adnodd'. Felly, ystyr llythrennol mantra yw 'offeryn er mwyn meddwl'. Y gred yw bod mantras yn helpu i buro ac i ffocysu'r meddwl. Yn ogystal, gellir eu defnyddio i gynnig defosiwn neu i ddiolch i'r Bwdha neu i'r bodhisattva. Hefyd adroddir mantras i gael amddiffyniad ysbrydol ac i feithrin gweithgarwch ysbrydol. Mae mantras yn elfen hanfodol o Fwdhaeth Vajrayana. Gellir gweld hyn yn y ffordd y mae rhai'n disgrifio Vajrayana fel Mantrayana neu lwybr y Mantra. Eto, mae'r pwyslais ar symud y meddwl o feddyliau daearol, deallusol a rhesymegol i'r uwchddaearol.

Er efallai y bydd mynachod, lleianod ac ymarferwyr uwch Vajrayana yn canolbwyntio ar edrych yn fanwl ar ystyr pob un o sillafau'r mantra, mae hefyd yn eithaf posibl adrodd y mantra heb ei ddeall ryw lawer. Mae hyn oherwydd bod union eiriau'r mantra yn llai pwysig na realiti'r sillafau sy'n cael eu hyngan, a'r effaith y credir ei bod hi'n ei chael ar feddwl y person sy'n llafarganu'r mantra.

Weithiau cyfeirir at y mantra mwyaf adnabyddus mewn Vajrayana fel **Mani mantra** y bodhisattva Chenrezig; mae enwau eraill arno hefyd yng ngweddill Asia fel Avalokitesvara. Mae Chenrezig yn cael ei weld fel Bwdha, ac mae'r Dalai Lama presennol, Tenzin Gyatso, a ffigyrau ysbrydol Tibetaidd amlwg eraill yn cael eu gweld fel deilliannau o Chenrezig.

Mani mantra Chenrezig yw: 'om mani padme hum', sy'n golygu 'gwrogaeth i'r un sy'n dal gem a lotus'. Y gred yw bod llafarganu'r geiriau hyn yn aml yn helpu tuag at oleuedigaeth. Yn ogystal, gellid defnyddio'r mantra fel gweddi sy'n ceisio tosturi, grymuso a bendithion Chenrezig. O fewn Vajrayana, efallai y byddai'r pwyslais ar y chwe sillaf yn unig. Dywed Kapstein ei bod hi'n 'well gan rai ddehongli ei chwe sillaf yn symbolaidd fel rhai sy'n cyfleu bendithion tosturi i fodau sy'n byw yn chwe theyrnas y fodolaeth ddaearol'.

Er ei bod hi'n bosibl llafarganu'r mantra, mae geiriau'r mantra wedi'u hysgrifennu hefyd ar olwynion gweddi, adeiladau, baneri a cherrig. Mae hyn i gyd yn gwneud i'r mantra fod yn hygyrch i bawb a does dim angen unrhyw hyfforddiant neu wybodaeth arbennig.

Dadansoddwyd y Mani mantra mewn amrywiaeth o ffyrdd gyda dehongliadau gwahanol yn cael eu rhoi i bob un o'r sillafau. Er enghraifft, mae'r Dalai Lama presennol, Tenzin Gyatso, wedi rhoi un esboniad y mae'n bosibl ei grynhoi fel hyn:

Mae 'Om' yn cynnwys tair llythyren 'AUM' ac yn cynrychioli cyflwr y person sy'n llafarganu'r mantra fel un sy'n amhur o ran corff, lleferydd a meddwl. Ond hefyd mae'n cynrychioli nod dod yn Fwdha sy'n bur o ran corff, lleferydd a meddwl.

Ystyr 'mani' yw 'gem'. Yn union fel mae gem yn cael gwared ar dlodi, felly hefyd 'mae meddwl anhunanol goleuedigaeth yn gallu cael gwared ar dlodi, neu anawsterau, bodolaeth gylchol ac yn gallu cael heddwch unig'.

Ystyr 'padme' yw 'lotus' ac mae'n symbol o ddoethineb o ran cydnabod nad oes dim byd yn hunangynhaliol neu'n bodoli'n sylweddol. Yn union fel mae blodyn lotus yn tyfu allan o'r llaid ond heb gael ei ddifrodi gan y llaid, felly gall y meddwl dyfu o ran ymwybyddiaeth heb gael ei ffrwyno gan anwybodaeth am wacter pob peth.

Mae 'hum' yn cynrychioli undod anwahanadwy doethineb ac arferion fel 'un endid diwahaniaeth'. 'Hum' hefyd yw'r sillaf sy'n gysylltiedig ag Akshobhya, un o Fwdhau Doethineb Tibet. Mae dweud hyn ar ddiwedd y mantra yn dynodi mai'r hyn sy'n cael ei ddweud yw 'y sefydlog, y digyfnewid, yr hyn nad oes dim byd yn gallu tarfu arno'.

Mae hyn i gyd yn golygu bod 'ystyr y chwe sillaf yn fawr ac yn helaeth' i'r Dalai Lama. Mae adrodd neu weld mantra Mani dro ar ôl tro yn golygu cydnabod y realiti 'wrth ddibynnu ar arferion llwybr sy'n undeb anwahanadwy o ddull a doethineb, gallwch drawsnewid eich corff, eich lleferydd a'ch meddwl amhur yn gorff, lleferydd a meddwl pur aruchel Bwdha'.

Awgrym astudio

Cadarnhewch eich gwybodaeth drwy esbonio yn eich geiriau eich hun pam mae 'om mani padme hum' yn bwysig ym Mwdhaeth Tibet.

Mandala (diagramau cosmig)

I rai yn y Gorllewin, mae mandala Bwdhaeth Vajrayana yn gysylltiedig â seremonïau defodau derbyn cymhleth o dan oruchwyliaeth y Dalai Lama, ac y mae miloedd o bobl yn eu mynychu. Yn ystod y rhain caiff mandalas Kalachakra eu creu i gyfeiliant drymiau, clychau, gongiau ac utgyrn. Efallai bydd y mandalas wedi'u gwneud o ronynnau o dywod lliw lle mae pob gronyn yn cael ei osod yn ofalus gan ddilyn cynllun wedi'i fesur i'r dim. Yn aml iawn mae'r cynllun yn grwn ac mae'n gofyn am wybodaeth hynod dechnegol a sgìl manwl gywir.

Er mai ystyr llythrennol mandala yw 'cylch', pan mae wedi'i gwblhau, credir yn gyffredinol bod y mandala yn cynrychioli'r bydysawd allanol mewn dau ddimensiwn. Mae palas sanctaidd pum llawr enfawr gyda'r Bwdhau a'r bodhisattvau ynddo'n cynrychioli'r bydysawd mewnol. Mae pedair mynedfa i'r palas, ac mae gan bob un ei hamddiffynnydd ei hun. Mae gwahanol siapau a phatrymau o dywod wedi'i liwio yn cynrychioli'r Bwdhau, y bodhisattvau a'r amddiffynwyr. Gellir deall bod pob llawr o'r palas yn cynrychioli agwedd wahanol ar y bydysawd, o'r corff ar y llawr gwaelod i'r meddwl, doethineb ac yna llawenydd mawr ar y llawr uchaf.

Rhaid i berson sy'n dymuno cael ei dderbyn, drwy ganolbwyntio'n ddwys, ymdrechu i ddelweddu o'i flaen yr hyn y mae'r mandala yn ei gynrychioli. Mae hyn yn cynnwys y bydysawd cyfan, y mynedfeydd i'r palas, amddiffynwyr y mynedfeydd a'r Bwdhau a'r bodhisattvau y tu mewn. Wedyn efallai y byddan nhw'n ymdrechu i'w delweddu eu hunain fel y Bwdha neu'r bodhisattvau y tu mewn i'r palas. Fel

Y mantra 'om mani padme hum' wedi'i beintio ar gerrig.

Dyfyniad allweddol

Yr hyn sy'n bwysig am mantra yw ei fod yn cael rhyw effaith (neu bŵer) y tu hwnt i ddim ond yngan y seiniau sydd ynddo. Mae modd deall mantra fel rhyw fath o ... 'yngan perfformio'. Mae hyn yn yngan sy'n gwneud rhywbeth, sy'n weithred yn ogystal â lleferydd. (Williams)

cwestiwn cyflym

4.5 At beth, yn ôl y Dalai Lama, mae 'om' yn cyfeirio pan mae mewn mantras?

Cynnwys y fanyleb

Mandala (diagramau cosmig).

Mandala kalachakra o dywod wedi'i liwio.

Dyfyniad allweddol

I Fwdhaeth dantrig, caiff y mandala ei ddeall yn bennaf fel tiriogaeth y duwdod sydd yn ei ganol. Eto i gyd, i'r graddau y mae duwdodau fel hyn wedi cael deffroad llwyr, mae'r mandala hefyd yn cynrychioli'r bydysawd fel mae gwybyddiaeth sydd wedi'i deffro yn ei ganfod. (Williams)

cwestiwn cyflym

4.6 Â beth mae Akshobhya wedi'i gysylltu?

---

nodwyd uchod, dyma ffordd arall y mae'r hyn sydd yn y byd daearol yn cael ei ddefnyddio fel ffordd o fynd i mewn i'r uwchddaearol – o drawsnewid y meddwl cyffredin fel bod goleuedigaeth yn gallu digwydd.

Un math o mandala yn unig yw mandalas tywod Kalachakra. Dydyn nhw ddim yn barhaol, oherwydd ar ddiwedd y seremoni, mae'r tywod sydd yn y mandala yn cael ei ysgubo ac, er enghraifft, yn cael ei roi mewn afon er mwyn lledaenu ei fendithion i'r byd. Hefyd gellir peintio mandalas parhaol ar liain neu eu defnyddio mewn murluniau ar waliau temlau. Mae'r plât offrwm mandala yn ffurf barhaol arall ar mandala. Gall unrhyw blât gwastad wneud y tro. Mae'r plât mandala yn cael ei lenwi â reis a phan gaiff ei osod mewn cysegr parhaol, efallai bydd sawl haen o blatiau gyda replica o'r palas nefol ar eu pennau. Gellir ei ddefnyddio mewn defodau fel ffordd o offrymu'r bydysawd yn symbolaidd i'r Bwdha, i'r bodhisattvau, i'r yidams ac i'r lamas. Strwythurau materol a ffisegol yw'r mandala hyn, ond hefyd gall mandala fod yn llwyr ym meddwl y person sy'n cymryd rhan yn y ddefod. Yn yr ystyr hwn maen nhw'n adeiladau anfaterol, wedi'u gwneud yn y meddwl.

Mewn ffurfiau uwch eraill ar arferion tantrig, gwelir corff yr ymarferwr ei hun naill ai mewn mandala neu fel mandala cymhleth a chain ei hun. O'r safbwynt hwn mae'r corff yn cael ei weld fel yr yidam ac yna bob elfen o'r corff fel yidam. Mae Lopez yn disgrifio dechrau'r broses yn unig fel hyn: 'Nesaf mae'r mynach yn troi at ddelweddu mandala'r corff, lle mae tri deg saith rhan ei gorff ... yn cael eu trawsnewid yn dri deg saith duwdod. Mae'r tri deg saith lle yn cynnwys dau ddeg pedwar lle y corff, wyth sianel yr organau synhwyro, pedair sianel olwyn y galon, a'r cwymp annistryw.'

Efallai bydd gan mandalas gwahanol fframweithiau cysyniadol gwahanol: mewn rhai, Mynydd Meru yw canol y mandala, fel canol y bydysawd gyda'r teyrnasoedd bodolaeth i gyd wedi'u darlunio o'i gwmpas; mewn rhai, mae Gwlad Bur un o fydysawdau'r Bwdha wedi'i darlunio ar ffurf diagram; mewn rhai, mae'r mandala wedi'i lunio o gwmpas bodhisattvau neu yidams penodol sy'n gysylltiedig â'r person sy'n myfyrio.

Mae rhai mandalas wedi'u llunio o gwmpas delweddau'r pum prif Fwdha sy'n cael eu galw'n 'goncwerwyr rhithdyb a marwolaeth'. Y Bwdha yng nghanol y mandala yw canolbwynt penodol y delweddu. Mae hyn yn ychwanegu'r hyn sy'n gallu ymddangos yn lefel cymhlethdod arall. Yng ngeiriau Cush: 'Felly mae'r pum prif Fwdha cosmig (Vairocana, Amoghasiddhi, Amitabha, Akshobya a Ratnasambhava) yn cael eu huniaethu â'r pum skandha sy'n llunio'r bod dynol ond hefyd â phum elfen faterol tân, dŵr, daear, aer ac ether. Bwriad ystyried cyfatebiaethau fel hyn yn y mandala yw eich helpu i sylweddoli "gwacter" pob peth.' Cyfatebiaeth arall mewn mandalas yw y gallan nhw gynrychioli, fel y mae Kapstein yn awgrymu, 'y bydysawd macrocosmig' a 'microcosm yr unigolyn'.

Awgrym astudio

Ymchwiliwch i'r amrywiaeth o mudras, mantras a mandalas er mwyn ehangu a dyfnhau eich gwybodaeth yn y maes hwn.

Gweithgaredd AA1

Esboniwch sut gallai Bwdhydd ymateb i'r safbwynt canlynol: 'Defnyddio'r mantra yw'r arfer pwysig mewn Bwdhaeth Vajrayana.'

Esboniwch eich ateb gan ddefnyddio tystiolaeth ac enghreifftiau o'r hyn rydych chi wedi ei ddarllen.

Datblygu sgiliau AA1

Nawr mae'n bwysig ystyried y wybodaeth sydd wedi'i chyflwyno yn yr adran hon; fodd bynnag, mae'r wybodaeth fel y mae yn llawer rhy helaeth ac felly mae'n rhaid ei phrosesu er mwyn bodloni gofynion yr arholiad. Gallwch wneud hyn drwy ymarfer y sgiliau uwch sy'n gysylltiedig ag AA1. Bydd yr ymarferion yn y llyfr hwn yn eich helpu i wneud hyn ac yn eich paratoi ar gyfer yr arholiad. Ar gyfer Amcan Asesu 1 (AA1), sy'n cynnwys dangos sgiliau 'gwybodaeth' a 'dealltwriaeth', rydyn ni am ganolbwyntio ar ffyrdd gwahanol o ddangos y sgiliau yn effeithiol, gan gyfeirio hefyd at sut bydd eich perfformiad ym mhob un o'r sgiliau hyn yn cael ei fesur (gweler disgrifyddion band cyffredinol AA1 ar gyfer U2).

▶ **Dyma eich tasg newydd:** bydd rhaid i chi ysgrifennu ateb o dan amodau wedi'u hamseru i gwestiwn sy'n gofyn i chi esbonio neu edrych ar **dri arfer penodol sy'n gysylltiedig â Bwdhaeth Vajrayana – mudra (symudiadau corfforol defodol, ystumiau llaw yn aml) mandala (diagramau cosmig) a mantra (seiniau sanctaidd)**. Byddai'n well cwblhau'r ymarfer hwn mewn grŵp bach yn y lle cyntaf.

1. Dechreuwch drwy lunio rhestr o gynnwys dangosol, fel y gwnaethoch o bosibl yn y gwerslyfr blaenorol yn y gyfres. Does dim rhaid i'r rhestr fod mewn trefn benodol yn y lle cyntaf, ond wrth i chi ymarfer hyn byddwch yn gweld bod eich rhestrau yn fwy trefnus gan adlewyrchu eich dealltwriaeth.

2. Datblygwch y rhestr gan ddefnyddio un neu ddau ddyfyniad perthnasol. Nawr, ychwanegwch rywfaint o gyfeiriadau at ysgolheigion a/neu destunau crefyddol.

3. Yna ysgrifennwch eich cynllun, o fewn amser penodol, gan gofio'r egwyddorion o esbonio gan roi tystiolaeth a/neu enghreifftiau.

Ar ôl i chi orffen y dasg, cyfeiriwch at y disgrifyddion band ar gyfer U2 ac edrychwch yn benodol ar y gofynion sydd wedi'u disgrifio yn y disgrifyddion band uwch y dylech chi fod yn anelu atyn nhw. Gofynnwch i chi'ch hun:

- A yw fy ngwaith yn dangos gwybodaeth a dealltwriaeth drylwyr, gywir a pherthnasol o grefydd a chred?

- A yw fy ngwaith yn dangos cydlyniad (cysondeb neu synnwyr rhesymegol), eglurder a threfn o safon ragorol?

- A fydd fy ngwaith, ar ôl ei ddatblygu, yn ateb helaeth a pherthnasol sy'n bodloni gofynion penodol y dasg?

- A yw fy ngwaith yn dangos dyfnder a/neu ehangder sylweddol ac yn gwneud defnydd rhagorol o dystiolaeth ac enghreifftiau?

- Os yw'n briodol i'r dasg, a yw fy ateb yn cynnwys cyfeiriadau trylwyr a chywir at destunau cysegredig a ffynonellau doethineb?

- A ellir gwneud unrhyw gysylltiadau treiddgar ag elfennau eraill o fy nghwrs?

- A fydd fy ateb, ar ôl ei ddatblygu a'i ehangu i gyfateb i'r hyn sy'n ddisgwyliedig mewn ateb arholiad, yn cynnwys ystod eang o safbwyntiau ysgolheigion/ysgolion o feddwl?

- A yw'r defnydd o iaith a geirfa arbenigol yn drylwyr a chywir, pan geir enghreifftiau o hynny?

Sgiliau allweddol Thema 4

Mae'r bedwaredd thema yn cynnwys tasgau sy'n atgyfnerthu eich sgiliau AA1 ac yn mireinio'r sgiliau hyn er mwyn paratoi ar gyfer yr arholiad.

Sgiliau allweddol

Mae gwybodaeth yn ymwneud â:

Dewis ystod o wybodaeth (drylwyr) gywir a pherthnasol sydd â chysylltiad uniongyrchol â gofynion penodol y cwestiwn.

Mae hyn yn golygu:

- Dewis deunydd perthnasol i'r cwestiwn a osodwyd

- Canolbwyntio ar esbonio ac archwilio'r deunydd a ddewiswyd.

Mae dealltwriaeth yn ymwneud ag:

Esboniad helaeth, gan ddangos dyfnder a/neu ehangder gyda defnydd rhagorol o dystiolaeth ac enghreifftiau gan gynnwys (lle y bo'n briodol) defnydd trylwyr a chywir o destunau cysegredig, ffynonellau doethineb a geirfa arbenigol.

Mae hyn yn golygu:

- Defnydd effeithiol o enghreifftiau a thystiolaeth gefnogol i sefydlu ansawdd eich dealltwriaeth

- Perchenogaeth o'ch esboniad sy'n mynegi gwybodaeth a dealltwriaeth bersonol, NID eich bod yn ailadrodd darn o destun o lyfr rydych wedi ei baratoi a'i gofio.

Mae'r adran hon yn cwmpasu cynnwys a sgiliau AA2

Cynnwys y fanyleb

Natur unigryw Bwdhaeth Vajrayana.

cwestiwn cyflym

4.7 Beth yw ystyr y gair 'yana'?

Dyfyniad allweddol

Mae delweddu'n chwarae rhan ganolog mewn arferion tantrig. P'un ai'r nod yw deffro neu warchod cnydau ardal, fel arfer mae'r ddefod berthnasol yn gofyn am ddelweddu duwdod neu set o dduwdodau, yn aml wedi'u lleoli ym man sanctaidd mandala. Mae delweddu'n trawsnewid byd ymddangosiadau …

(Harvey)

Awgrym astudio

Gwnewch yn siŵr eich bod yn deall y gwahanol ffyrdd y mae'r gair 'yana' yn ymddangos mewn Bwdhaeth: Hinayana, Mahayana, Vajrayana, Navayana.

Gweithgaredd AA2

Wrth i chi ddarllen drwy'r adran hon ceisiwch wneud y pethau canlynol:

1. Dewiswch y gwahanol ddadleuon sy'n cael eu cyflwyno yn y testun a nodwch unrhyw dystiolaeth gefnogol a roddir.

2. Ar gyfer pob dadl a gyflwynir, ceisiwch werthuso a yw'r ddadl yn un gryf neu wan yn eich barn chi.

3. Meddyliwch am unrhyw gwestiynau yr hoffech chi eu gofyn wrth ymateb i'r dadleuon.

Bydd y gweithgaredd hwn yn eich helpu chi i ddechrau meddwl yn feirniadol am yr hyn rydych chi'n ei ddarllen, ac yn eich helpu i werthuso effeithiolrwydd dadleuon gwahanol, gan ddatblygu eich sylwadau, a'ch barn a'ch safbwyntiau eich hun. Bydd hyn yn eich helpu wrth ddod i gasgliadau y byddwch yn eu gwneud yn eich atebion i'r cwestiynau AA2 sy'n codi.

Materion i'w dadansoddi a'u gwerthuso

Natur unigryw Bwdhaeth Vajrayana

Mae llawer o ddadlau ysgolheigaidd yn parhau ac yn newydd ynghylch Bwdhaeth yn Tibet. Ychydig o gytuno sydd ar rai o'r categorïau sylfaenol sy'n cael eu defnyddio hyd yn oed.

Disgrifiodd Harvey, wrth ysgrifennu yn 1990, fod y Fwdhaeth a oedd yn datblygu 'yng ngwledydd y Fwdhaeth Ogleddol' yn 'gerbyd newydd, mwy pwerus i gyrraedd iachawdwriaeth' a'r enw arni yw Tantrayana. Esboniodd mai 'term cyffredin am y mudiad newydd oedd Vajrayana' a therm arall amdano oedd Mantrayana. Wrth ysgrifennu yn 2013, dydy Harvey ddim yn defnyddio'r naill derm na'r llall mwyach, ond mae'n cyfeirio at Fwdhaeth dantrig a Mantrayana. Wrth ysgrifennu yn 2000, mae Williams yn esbonio 'dydy'r ymadroddion "Bwdhaeth Vajrayana" a "Bwdhaeth dantrig" ddim yn gyfystyr. Dydy'r hyn sy'n wir am Fwdhaeth Vajrayana ddim o angenrheidrwydd yn wir am Fwdhaeth dantrig yn ei chyfanrwydd.'

Mater arall yw ei bod hi'n gallu ymddangos bod Bwdhaeth Vajrayana yn derm sy'n cael ei drin fel un cyfystyr â Bwdhaeth Tibet o ran bod modd defnyddio'r naill derm neu'r llall. At hynny, mae rhai'n ystyried bod Bwdhaeth Vajrayana yn gangen o Mahayana wrth i eraill ei hystyried fel y trydydd prif fath o Fwdhaeth yn ychwanegol at Theravada a Mahayana. Maes arall yw ai Bwdhaeth ddiweddar a ddaeth o India, lle dirywiodd yn gyflym yn y 12fed ganrif, ac sy'n dal i ffynnu mewn gwirionedd yw Bwdhaeth Tibet. O farnu fel hyn, mae elfennau tantrig Bwdhaeth Tibet ar y cyfan yn dystiolaeth o ddylanwad arferion Hindŵaidd hyd at y cyfnod hwnnw.

Rhan o'r broblem o ran categoreiddio yw bod Tibet, oherwydd lleoliad daearyddol y wlad, yn bair gwirioneddol o arferion a chredoau Bwdhaidd. Mae'n bosibl gweld elfennau o'r hyn y gellid ei ystyried fel cysyniadau Mahayana China wrth ochr elfennau cysyniadau Mahayana India. Dros y canrifoedd, mae'r rhyngweithio cyfoethog rhwng y llinynnau hyn a sut roedd Bwdhyddion Tibet yn eu deall a'u dehongli wedi creu'r hyn y mae Kapstein yn ei ddisgrifio fel traddodiad sy'n 'ddatblygiad hir, diddiwedd o amrywiol, a hynod gywrain o fewn diwylliant rhagorol Tibet'.

Mae'r Dalai Lama ei hun yn disgrifio tri cham Bwdhaeth sydd yn Tibet. Y cyntaf yw'r Shravakayana, neu'r Cerbyd Sylfaenol, sef llwybr y Pedwar Gwirionedd Nobl sy'n arwain at oleuedigaeth drwy hyfforddiant mewn disgyblaethau, canolbwyntio a doethineb. Yr ail yw'r Mahayana neu'r Cerbyd Mawr, sy'n cynnwys chwe paramita. Y trydydd yw'r Vajrayana, y mae'r Dalai Lama yn ei ddisgrifio fel: 'cerbyd y mantras cyfrinachol, sy'n nodi'r dulliau rhyfeddol ar gyfer gwireddu canolbwyntio dwfn drwy uno tawelwch meddyliol a mewnwelediad eglur (samatha a vipassana) ac er mwyn symud ymlaen drwy'r pedwar dosbarth tantra'.

Felly, gyda pheth gofal gallai fod yn bosibl i ni uniaethu Bwdhaeth dantrig â'r Fwdhaeth Vajrayana y mae'r Dalai Lama yn ei disgrifio ac awgrymu mai hon yw'r ffurf fwyaf amlwg ar Fwdhaeth sydd yn Tibet. Yn ôl Harvey: 'Llwyddodd Tibet, drwy etifeddu Bwdhaeth India mewn dau gam o'r 8fed i'r 12fed ganrif, i ddatblygu traddodiad a oedd yn edrych yn hollol dantrig. O ganlyniad mae pob ysgol o Fwdhaeth Tibet yn ystyried mai Bwdhaeth dantrig yw'r ffurf uchaf a fwyaf effeithiol ar Fwdhaeth.'

O fwrw trosolwg ar Vajrayana, mae rhai nodweddion y gallai rhai pobl ddadlau eu bod nhw'n unigryw yn yr ystyr nad ydyn nhw i'w gweld mewn ffurfiau eraill ar Fwdhaeth neu yn yr ystyr bod Vajrayana yn rhoi mwy o arwyddocâd iddyn nhw na ffurfiau eraill ar Fwdhaeth.

Un nodwedd allweddol mewn Vajrayana yw'r pwyslais ar ddelweddu a'i arferion cysylltiedig fel allwedd i oleuedigaeth. Mae Williams yn sôn sut cafodd yr arfer dantrig hon ei hailweithio i fywyd y Bwdha yn nhestunau sanctaidd Vajrayana. Felly, adroddir sut mae'r Bwdha, wrth iddo eistedd o dan y goeden Bodhi, yn cael ymweliad gan bedwar Bwdha sy'n dweud wrtho na fydd yn cyrraedd goleuedigaeth drwy eistedd mewn myfyrdod yn unig. Wedyn maen nhw'n rhoi nifer o fantras iddo i'w hadrodd. Ar ôl iddo wneud hyn, mae delweddu'n digwydd wrth iddo weld vajra yn ei galon, ac mae'r meddwl goleuedig yn cael ei gynhyrchu a'i sefydlogi. Ar hyn, mae'r pedwar Bwdha yn mynd i mewn i'r vajra yn ei galon ac mae doethineb y pedwar yn ei rymuso.

Wedyn mae'r Bwdha wedi'i oleuo'n wirioneddol ac mae'n cael y teitl Vajradhatu – 'cylch-Vajra'. Wedyn maen nhw'n mynd ag ef i gopa Mynydd Meru ac yn ei osod ar orsedd llew tra mae'r pedwar Bwdha yn eistedd ar sedd yr un ar bob un o bedwar pwynt y cwmpawd. Dyma sut mae'r mandala o bum Bwdha yn cael ei ffurfio. Wedyn mae'r Bwdha yn mynd yn ôl i eistedd o dan y goeden Bodhi ac mae stori draddodiadol ei Oleuedigaeth yn parhau. Dyma sylwadau Williams ar sut mae'r hanesion arferol wedi'u hailweithio: 'Nid yn unig mae'n cyfiawnhau lle arferion tantrig fel rhan allweddol o'r llwybr Bwdhaidd, mae hefyd yn cynnig enghraifft ar gyfer defod dderbyn ac arferion tantrig. Felly, gwelir bod yr ymarferwr tantrig yn ymarfer gweithredoedd a phrofiadau'r Bwdha.'

Cyn dod yn fynach yn Tibet, dysgwyd Batchelor am bwysigrwydd delweddu fel 'dosbarth uchaf tantra'. Wedyn cafodd ei dderbyn i mandala yidam Yamantaka, a oedd yn golygu delweddu ac adrodd bob dydd weddill ei oes y testun sy'n disgrifio sut mae'n dod yn Yamantaka: 'o hyn ymlaen, bob bore byddwn i'n dod yn Yamantaka ysblennydd a chryf â phen tarw'.

Er mwyn arfer delweddu a chael eich grymuso, mae Bwdhaeth Vajrayana yn mynnu ei bod hi'n bwysig cael athro – lama. Y lama yw'r unig un 'sy'n rhoi mynediad at arferion tantrig ac sy'n trosglwyddo dysgeidiaethau'r ysgrythurau tantrig amrywiol' (Williams). Er bod y Dhamma Bwdhaidd cyffredinol yn cael ei roi i bawb, roedd yr ysgrythurau tantrig yn gyfrinach ac roedd y lama yn eu cyfleu i'r rhai yr oedd e'n credu eu bod yn addas i'w derbyn yn unig. Er mwyn i rywun gael ei dderbyn, rhaid cael grymuso tantrig. Yn ôl Batchelor am ei brofiad o hyn cyn dod yn fynach yn Tibet: 'Dysgeidiaethau cyfrinachol oedd y rhain, ac er mwyn eu derbyn a'u harfer roedd rhaid i rywun gael ei rymuso gan feistr tantrig cymwys. Yn ei dro, roedd hwnnw wedi cael ei rymuso gan linach ddi-dor o athrawon, yn mynd yn ôl i'r Bwdha ei hun.'

Byddai gan ymarferwr Vajrayana lun o'i lama ar ei gysegr ac yn ystod delweddu byddai'n gweld ei lama yn mynd yn un â'i yidam ac â'r Bwdha. Mae parch mawr at lamas oherwydd ystyrir nhw, nid fel bodau dynol cyffredin ond fel Bwdhau byw a oedd wedi'u haileni ar y ddaear hon o achos tosturi. Rhaid i ymarferwyr gymryd llw o deyrngarwch llwyr i'w lama. Yn ôl Batchelor: 'Cymerais lw i beidio byth ag amharchu athro o'r fath. Canlyniad torri fy ymrwymiad tantrig iddo fyddai ailenedigaeth yn yr uffern waethaf posibl. Oherwydd dim ond drwy ysbrydoliaeth a bendithion y dynion rhyfeddol hyn roedd hi'n bosibl gwneud cynnydd ar hyd y llwybr i oleuedigaeth.

Er y gallai Bwdhaeth Vajrayana ymddangos yn unigryw, gellid dadlau hefyd bod ganddi gysylltiadau sylfaenol â ffurfiau eraill ar Fwdhaeth. Er enghraifft, ym Mwdhaethau Japan fel Zen, mae trosglwyddiad o'r meistr i'r disgybl yn aml yn angenrheidiol. Eto, mae Williams yn dadlau, er gwaethaf natur gymhleth a baróc delweddu, yn sail iddo mae cysyniad Mahayana sunyata – gwacter. Rhaid i ymarferwr delweddu gydnabod hyn: 'nid endid sefydlog yw'r unigolyn ond proses newidiol sydd heb ... hunanfodolaeth ... neu heb ddeuoliaeth goddrych-gwrthrych'.

Yidam Yamantaka, dinistriwr marwolaeth.

Dyfyniad allweddol

Dywedir yn aml bod Bwdhaeth Tibet yn rhyw fath o hybrid rhyfedd, yn ganlyniad i Fwdhaeth India yn cymysgu â'r grefydd gyn-Fwdhaidd yma. Eto i gyd, does dim tystiolaeth eglur ar gyfer hyn. Yn sicr, mae Bwdhaeth wedi cymhathu peth o'r cyltiau a'r diwylliant lleol ym mhob gwlad y mae hi wedi ymledu iddi. Digwyddodd hyn yn China a Japan gymaint ag yn Tibet. Nid rhywbeth unigryw i Tibet yw hyn. **(Harvey)**

Cwestiynau allweddol

A yw Vajrayana fel petai'n ffurf unigryw ar Fwdhaeth?

I ba raddau mae arferion tantrig yn gydnaws â'r syniad poblogaidd am Fwdhaeth?

A fyddai delweddu'r hunan fel yidam mewn mandala yn ddefnyddiol ar y llwybr i oleuedigaeth?

Awgrym astudio

Ar gyfer AA2, mae'n hanfodol eich bod chi'n trafod dadleuon yn hytrach nag esbonio'r hyn y gallai rhywun fod wedi'i ddweud yn unig. Ceisiwch ofyn i chi'ch hun, 'a oedd hwn yn bwynt teg i'w wneud?', 'a yw'r dystiolaeth yn ddigon cadarn?', 'a oes unrhyw beth i herio'r ddadl hon?', 'a yw'r ddadl hon yn ddadl gref neu wan?' Bydd dadansoddi beirniadol o'r fath yn eich helpu i ddatblygu eich sgiliau gwerthuso.

Gweithgaredd AA2

Rhestrwch rai casgliadau y byddai'n bosibl dod iddynt ar sail y rhesymeg AA2 yn y testun uchod; ceisiwch gyflwyno o leiaf dri chasgliad gwahanol posibl. Ystyriwch bob un o'r casgliadau a chasglwch dystiolaeth gryno i gefnogi pob casgliad o'r deunydd AA1 ac AA2 ar gyfer y testun hwn. Dewiswch y casgliad sy'n argyhoeddi fwyaf yn eich barn chi ac esboniwch pam mae hyn yn wir. Ceisiwch gyferbynnu hyn â'r casgliad gwannaf ar y rhestr, gan gyfiawnhau eich dadl gyda rhesymu clir a thystiolaeth.

Cynnwys y fanyleb

Pa mor ganolog yw arferion fel modd o fynegi syniadau Bwdhaidd.

Dyfyniad allweddol

Dywedir yn aml efallai mai syniadau Bwdhaeth sy'n llenwi bwlch yn y Gorllewin yn hytrach na diwylliant Bwdhaeth mewn gwirionedd. Ond a yw hi mor hawdd gwahanu'r syniadau hyn oddi wrth y diwylliant Bwdhaidd ... does bosibl bod syniadau Bwdhaeth yn colli eu hegni o'u tynnu o'u cyd-destun diwylliannol, yn lle cael eu trawsnewid yn athroniaeth syml – wrth i arferion Bwdhaeth fynd yn rhyw fath o chwaraeon, yn debyg i jiwdo neu aikido? (Faure)

cwestiwn cyflym

4.8 Beth yw'r tribu?

Gweithgaredd AA2

Wrth i chi ddarllen drwy'r adran hon ceisiwch wneud y pethau canlynol:

1. Dewiswch y gwahanol ddadleuon sy'n cael eu cyflwyno yn y testun a nodwch unrhyw dystiolaeth gefnogol a roddir.

2. Ar gyfer pob dadl a gyflwynir, ceisiwch werthuso a yw'r ddadl yn un gryf neu wan yn eich barn chi.

3. Meddyliwch am unrhyw gwestiynau yr hoffech chi eu gofyn wrth ymateb i'r dadleuon.

Bydd y gweithgaredd hwn yn eich helpu chi i ddechrau meddwl yn feirniadol am yr hyn rydych chi'n ei ddarllen, ac yn eich helpu i werthuso effeithiolrwydd dadleuon gwahanol, gan ddatblygu eich sylwadau, a'ch barn a'ch safbwyntiau eich hun. Bydd hyn yn eich helpu wrth ddod i gasgliadau y byddwch yn eu gwneud yn eich atebion i'r cwestiynau AA2 sy'n codi.

Pa mor ganolog yw arferion fel modd o fynegi syniadau Bwdhaidd

Fel nodwyd yn barod, un o nodweddion arbennig Bwdhaeth Vajrayana yw sut mae'r ymarferwr tantra yn defnyddio'r vajra a'r tribu. Mae'r ddau'n cael eu gweld fel symbolau. Mae'r vajra yn cynrychioli upaya – dulliau medrus – ac mae'r tribu yn cynrychioli prajna – doethineb. Defnyddir y ddau wrthrych – y vajra a'r tribu – gyda'i gilydd bob amser gyda'r upaya yn cael ei ddisgrifio fel tantra'r tad a'r prajna fel tantra'r fam. Gellid dadlau i ryw raddau bod upaya yn cwmpasu'r llu o arferion Bwdhaidd, a bod prajna yn cwmpasu'r agweddau hynny ar Fwdhaeth y byddai modd eu galw'n gredoau.

Mae Bhajagovinda Ghosh yn dyfynnu'r cydweddiad a ddefnyddir ym Mwdhaeth Tibet, sef mai'r goes yw upaya a'r llygad yw prajna. Esbonnir ystyr hyn wedyn yn y ddameg fer hon: 'Aeth dau ddyn ar daith i ddinas Nirvana, ond doedd y naill na'r llall yn gallu symud ymlaen rhyw lawer oherwydd bod un yn ddall a'r llall yn gloff. Yn y pen draw, penderfynon nhw ymuno, felly dringodd y dyn cloff ar gefn y dyn dall ac felly aethon nhw gyda'i gilydd gyda'r dyn a oedd â llygaid yn dweud pa ffordd i fynd a'r dyn â'r coesau cadarn yn symud ar hyd iddi. Felly cyrhaeddon nhw'r ddinas yn ddiogel'. Mae hyn yn dysgu bod arferion a chredoau'n rhannau hanfodol o'r ffordd i oleuedigaeth.

Un feirniadaeth ar ymagweddau Gorllewinol tuag at Fwdhaeth yw dadlau bod tuedd yn y Gorllewin i ganolbwyntio ar gredoau a syniadau Bwdhaidd, ac i esgeuluso arferion Bwdhaidd. Mae Faure yn awgrymu bod hyn yn ganlyniad i weld Bwdhaeth yn grefydd sy'n ymwneud yn bennaf ag ysbrydolrwydd, y bywyd mewnol, ac unigoliaeth. Yn sgil hyn, mae arferion Bwdhaidd fel troelli olwynion gweddi, cerdded o gwmpas stupas ac adrodd mantras yn cael eu hesgeuluso, eu gwrthod neu eu troi'n ysbrydol. Mae gan bob un o'r rhain yr hyn y mae Faure yn ei alw'n ddimensiwn apotropäig – i gadw drygioni draw – a dimensiwn hudol – i fod yn llesol.

Fodd bynnag, mae'r ymagwedd Orllewinol gyffredinol yn gwadu'r hyn y mae Faure yn ei ystyried yn wir: 'bod Bwdhaeth, i fwyafrif helaeth ei dilynwyr Asiaidd ... yn ffurf ar ddefod yn bennaf oll'. Mae'n dadlau bod 'yr elît Bwdhaidd Gorllewinol' yn ailffurfio ac yn trawsnewid Bwdhaeth yn grefydd addas i'r pwrpas yn y byd modern. 'Wrth wneud hynny, maen nhw'n anghofio un peth: mae athroniaeth, metaffiseg, mythau a defodau Bwdhaidd yn creu cyfanwaith organig. Mae'n amhosibl cael gwared ar un (ddefod) heb effeithio ar y lleill.'

Er bod Faure yn canolbwyntio ar ddefodau Bwdhaidd, mae ffyrdd eraill wrth gwrs y gellid dadlau bod arferion fel myfyrdod yn ganolog fel ffordd o fynegi syniadau Bwdhaidd. Fodd bynnag, er y gellid ystyried bod myfyrdod yn arfer canolog i Fwdhyddion, dydy hyn ddim o hyd yn wir. Yn ôl Lopez: 'Yn wir, mae'n ddefnyddiol cofio nad yw mwyafrif helaeth Bwdhyddion drwy gydol hanes Asiaidd wedi arfer myfyrdod. Yn draddodiadol, mae wedi cael ei ystyried yn rhywbeth y mae mynachod yn ei wneud, yn wir, rhywbeth y mae rhai mynachod yn unig yn ei wneud. Mae'r codau mynachaidd yn cyfeirio o hyd at anghenion mynachod a oedd yn myfyrio, gan awgrymu eu bod nhw'n cynrychioli grŵp o arbenigwyr o fewn yr urdd fynachaidd.'

Un enghraifft lle mae arferion Bwdhaidd yn greiddiol i fynegi cred Fwdhaidd yw o ran ennill teilyngdod er mwyn cael ailenedigaeth dda. Felly, mewn nifer o gymunedau Theravada, un arfer yw i'r teulu roi lliain i wneud dillad yn rhoddion i fynachod yn ystod gwyliau fel Kathina a rhoi bwyd yn rhoddion iddyn nhw bob dydd, fel adeg brecwast.

Mae datblygiad o'r arfer hwn i'w weld mewn angladdau Bwdhaidd hefyd. Yma, y gred yw bod teilyngdod yn gallu cael ei drosglwyddo o'r byw i'r marw er mwyn sicrhau ailenedigaeth dda i'r rhai sydd wedi marw, ac yn enwedig er mwyn sicrhau bod ailenedigaeth yn nheyrnas yr Ysbrydion Llwglyd yn cael ei hosgoi.

Yn y Sutra Tirokudda mae'r Bwdha yn dysgu: 'Does dim wylo, dim galar, dim galarnadu arall o fudd i'r meirw.' Yn hytrach, yr hyn sydd o fudd iddyn nhw yw trosglwyddo teilyngdod o'r byw i'r marw: 'Mae'r rhai sy'n teimlo cydymdeimlad at eu perthnasau marw yn rhoi rhoddion amserol o fwyd a diod dda gan feddwl: "Boed i hyn fod ar ran ein perthnasau ni. Boed i'n perthnasau fod yn hapus!"' Drwy wneud offrymau i fynachod y gall y meirw gael budd: 'Mae'n gweithio er budd tymor hir iddyn nhw ac maen nhw'n elwa'n syth. Fel hyn, dangoswyd y ddyletswydd briodol tuag at berthnasau, mae anrhydedd fawr wedi'i gwneud i'r meirw, ac mae'r mynachod wedi cael cryfder.'

Mae llafargan o'r Sutra Tirokudda yn crynhoi'r cysyniad hwn: 'Fel mae dŵr sy'n glawio ar fryn yn llifo i lawr i'r dyffryn, hyd yn oed felly mae'r hyn a roddir yma o fudd i'r meirw. Fel mae afonydd, yn llawn o ddŵr yn llenwi'r cefnfor, hyd yn oed wedyn mae'r hyn a roddir yma o fudd i'r meirw.'

Mae Brazier yn lleoli arferion fel trosglwyddo teilyngdod o fewn cwmpas ehangach arferion addoli Bwdhaidd mewn temlau ac wrth gysegrau. Mae'n dadlau bod addoli fel hyn yn greiddiol gan ei fod yn mynegi cred Fwdhaidd: 'Mae dilynwyr yn offrymu bwyd, dŵr, canhwyllau, arogldarth, cerddoriaeth, a rhoddion eraill. Maen nhw'n penlinio ac yn ymostwng. Maen nhw'n eistedd gyda'u dwylo ynghyd i weddïo. Maen nhw'n gadael i rym y Bwdha fynd i mewn i'w meddyliau.'

Awgrym astudio

Ar gyfer AA2, mae'n hanfodol eich bod chi'n trafod dadleuon yn hytrach nag esbonio'r hyn y gallai rhywun fod wedi'i ddweud yn unig. Ceisiwch ofyn i chi'ch hun, 'a oedd hwn yn bwynt teg i'w wneud?', 'a yw'r dystiolaeth yn ddigon cadarn?', 'a oes unrhyw beth i herio'r ddadl hon?', 'a yw'r ddadl hon yn ddadl gref neu wan?' Bydd dadansoddi beirniadol o'r fath yn eich helpu i ddatblygu eich sgiliau gwerthuso.

Mae llawer yn dibynnu ar sut dehonglir 'arferion Bwdhaidd'. Gallai'r ymadrodd gynnwys troelli olwyn weddïo, adrodd mantra, ymuno â gwrthdystiad heddychwyr, arfer ymwybyddiaeth ofalgar neu gerdded o gwmpas stupa. Ar un ystyr, efallai nad yw'r un o'r rhain yn ymddangos yn greiddiol o gwbl o ran mynegi syniadau Bwdhaidd. I'r gwrthwyneb, mae'n bosibl gweld bod arferion a chred wedi'u cysylltu'n agos iawn yn yr arfer o fynd am noddfa. Efallai mai dyma'r agosaf at fformiwla gred sydd mewn Bwdhaeth. Yn aml mae Bwdhyddion yn adrodd 'Rwy'n mynd am noddfa yn y Bwdha, rwy'n mynd am noddfa yn y Dhamma, rwy'n mynd am noddfa yn y sangha' ac yn ymgrymu neu'n ymostwng ar yr un pryd.

Fodd bynnag, mae gan Batchelor ymagwedd wahanol at y gair 'arferion' ac mae'n ei ddefnyddio mewn ystyr llawer mwy cyffredinol. 'Dydw i ddim yn meddwl mwyach am arferion Bwdhaidd fel mater o ddod yn hyddysg mewn myfyrdod a chael cyflawniadau "ysbrydol" yn unig.' Felly, iddo ef, pedair tasg yn unig sydd mewn 'Arfer Dharma': croesawu dioddefaint, gollwng gafael ar adweithedd, edrych ar adweithedd yn dod i ben, a meithrin ffordd integredig o fyw.

Mae tystiolaeth dros natur greiddiol y dull hwn o ddeall y term arferion mewn Bwdhaeth yn y Sutta Kalama pan ddywedodd y Bwdha: 'Peidiwch â mynd yn ôl adroddiadau, chwedlau, traddodiadau, ysgrythurau, dyfalu rhesymegol, casgliadau, cydweddiadau, cytundeb drwy ystyried safbwyntiau, tebygolrwydd, neu'r syniad mai ein hathro yw'r dyn myfyrgar hwn.'

Mae hyn fel petai'n gwrthod bod credoau ynddyn nhw eu hunain yn ganolog i Fwdhaeth. Yn hytrach, mae'r pwyslais ar arferion Bwdhaidd ac ar ganlyniad ymarferol y rhain mewn bywyd. Drwy brofi empirig fel hyn yn unig y mae'n bosibl datrys cwestiynau ynghylch gwireddu'r hyn sy'n wir. Felly, mae'r Bwdha yn cyhoeddi, 'Bobl Kalama, pan fyddwch chi eich hunain yn gwybod: "Mae'r pethau hyn yn dda; dydy'r pethau hyn ddim yn haeddu cael eu beio; mae'r pethau hyn yn cael eu canmol gan y doeth; o'u gwneud a'u dilyn, mae'r pethau hyn yn arwain at fudd a hapusrwydd," gwnewch nhw a glynwch wrthyn nhw.'

Arfer addoli mewn teml Fwdhaidd.

Sgiliau allweddol Thema 4

Mae'r thema hon yn cynnwys tasgau sy'n atgyfnerthu eich sgiliau AA2 ac yn mireinio'r sgiliau hyn er mwyn paratoi ar gyfer yr arholiad.

Sgiliau allweddol

Mae dadansoddi'n ymwneud â:

Nodi materion sy'n cael eu codi gan y deunyddiau yn adran AA1, ynghyd â'r rhai a nodwyd yn adran AA2, ac mae'n cyflwyno safbwyntiau cyson a chlir, naill ai gan ysgolheigion neu safbwyntiau personol, yn barod i'w gwerthuso.

Mae hyn yn golygu:

- Bod eich atebion yn gallu nodi meysydd trafod allweddol mewn perthynas â mater penodol
- Eich bod yn gallu nodi'r gwahanol ddadleuon a gyflwynir gan eraill, a rhoi sylwadau arnyn nhw
- Bod eich ateb yn rhoi sylwadau ar effeithiolrwydd cyffredinol pob un o'r meysydd neu ddadleuon hyn.

Mae gwerthuso'n ymwneud ag:

Ystyried goblygiadau amrywiol y materion sy'n cael eu codi, yn seiliedig ar y dystiolaeth a gafwyd wrth ddadansoddi ac mae'n rhoi dadl fanwl eang gyda chasgliad clir.

Mae hyn yn golygu:

- Bod eich ateb yn pwyso a mesur canlyniadau derbyn neu wrthod y dadleuon amrywiol a gwahanol a gafodd eu dadansoddi
- Bod eich ateb yn dod i gasgliad drwy broses rhesymu clir.

Datblygu sgiliau AA2

Nawr mae'n bwysig ystyried y wybodaeth sydd wedi'i chyflwyno yn yr adran hon; fodd bynnag, mae'r wybodaeth fel y mae yn llawer rhy helaeth ac felly mae'n rhaid ei phrosesu er mwyn bodloni gofynion yr arholiad. Gallwch wneud hyn drwy ymarfer y sgiliau uwch sy'n gysylltiedig ag AA2. Bydd yr ymarferion yn y llyfr hwn yn eich helpu i wneud hyn ac yn eich paratoi ar gyfer yr arholiad. Ar gyfer Amcan Asesu 2 (AA2), sy'n cynnwys dangos sgiliau 'dadansoddi beirniadol' a 'gwerthusiad', rydyn ni am ganolbwyntio ar ffyrdd gwahanol o ddangos y sgiliau yn effeithiol, gan gyfeirio hefyd at sut bydd eich perfformiad ym mhob un o'r sgiliau hyn yn cael ei fesur (gweler disgrifyddion band cyffredinol AA2 ar gyfer U2).

▶ Dyma eich tasg newydd: bydd rhaid i chi ysgrifennu ymateb o dan amodau wedi'u hamseru i gwestiwn sy'n gofyn i chi werthuso **natur unigryw Bwdhaeth Vajrayana**. Byddai'n well cwblhau'r ymarfer hwn mewn grŵp bach yn y lle cyntaf.

1. Dechreuwch drwy lunio rhestr o ddadleuon neu resymu dangosol, fel y gwnaethoch o bosibl yn y gwerslyfr blaenorol yn y gyfres. Does dim rhaid i'r rhestr fod mewn trefn benodol yn y lle cyntaf, ond wrth i chi ymarfer hyn byddwch yn gweld bod eich rhestrau yn fwy trefnus, yn arbennig o ran y cysylltiadau rhwng dadleuon.

2. Datblygwch y rhestr gan ddefnyddio un neu ddau ddyfyniad perthnasol. Nawr, ychwanegwch rywfaint o gyfeiriadau at ysgolheigion a/neu destunau crefyddol

3. Yna ysgrifennwch eich cynllun, o dan amodau wedi'u hamseru, gan gofio egwyddorion gwerthuso gyda chymorth rhesymu helaeth, manwl a/neu dystiolaeth.

Ar ôl i chi orffen y dasg, cyfeiriwch at y disgrifyddion band ar gyfer U2 ac edrychwch yn benodol ar y gofynion sydd wedi'u disgrifio yn y disgrifyddion band uwch y dylech chi fod yn anelu atyn nhw. Gofynnwch i chi'ch hun:

- A yw fy ateb yn ddadansoddiad beirniadol hyderus a gwerthusiad craff o'r mater?
- A yw fy ateb yn nodi'r materion a godwyd gan y cwestiwn yn llwyddiannus ac yn mynd i'r afael â nhw'n drylwyr?
- A yw fy ngwaith yn dangos cydlyniad, eglurder a threfn o safon ragorol?
- A fydd fy ngwaith, ar ôl ei ddatblygu, yn cynnwys safbwyntiau trylwyr, cyson a chlir wedi'u cefnogi gan resymeg a/neu dystiolaeth helaeth, fanwl?
- A yw safbwyntiau ysgolheigion/ysgolion o feddwl yn cael eu defnyddio'n helaeth a phriodol, ac yn eu cyd-destun?
- A yw fy ateb yn cyfleu dadansoddiad hyderus a chraff o natur unrhyw gysylltiadau posibl ag elfennau eraill o'm cwrs?
- A yw'r defnydd o iaith a geirfa arbenigol yn drylwyr a chywir, pan geir enghreifftiau o hynny?

B: Bwdhaeth a newid: Mudiad Ymwybyddiaeth Ofalgar/Meddylgarwch

Dealltwriaeth athronyddol o natur realiti a phrofiad crefyddol a geir yn y mudiad Ymwybyddiaeth Ofalgar/meddylgarwch cyfoes

Er bod llawer o ddadlau'n bosibl ynghylch tarddiad y Mudiad Ymwybyddiaeth Ofalgar cyfoes, derbynnir yn gyffredinol bod Jon Kabat-Zinn (1944–) wedi bod â rhan allweddol wrth ddod â'r mudiad i amlygrwydd. Disgrifiwyd ef fel tad bedydd y Mudiad Ymwybyddiaeth Ofalgar cyfoes ac fel yr un a ddaeth ag Ymwybyddiaeth Ofalgar i'r Gorllewin.

Fel esboniodd yn ei lyfrau, cafodd ei ddoethuriaeth (PhD) mewn Bioleg Foleciwlaidd o Sefydliad Technoleg Massachusetts yn 1971. Ers hynny, mae ei yrfa ymchwil wedi canolbwyntio ar ryngweithio meddwl/corff er mwyn iacháu ac ar gymhwyso hyfforddiant myfyrdod ymwybyddiaeth ofalgar yn glinigol i bobl sydd â phoen cronig ac anhwylderau sy'n gysylltiedig â straen. Mae gwaith Kabat-Zinn wedi cyfrannu at dwf y Mudiad Ymwybyddiaeth Ofalgar cyfoes i mewn i arferion a sefydliadau prif ffrwd fel meddygaeth, seicoleg, gofal iechyd, ysgolion, corfforaethau, carchardai a chwaraeon proffesiynol.

Yn 1979 sefydlodd y Clinig Lleihau Straen yn Seiliedig ar Ymwybyddiaeth Ofalgar (*Mindfulness-Based Stress Reduction Clinic*), a dros y blynyddoedd datblygodd gwrs wyth wythnos sydd wedi dod i gael ei gydnabod yn rhyngwladol, sef Lleihau Straen yn Seiliedig ar Ymwybyddiaeth Ofalgar (*Mindfulness-Based Stress Reduction* MBSR). Yn seiliedig ar ei waith, mae Kabat-Zinn wedi cael llawer o wobrau ac mae wedi ymwneud â sefydlu a chefnogi nifer o sefydliadau sy'n canolbwyntio ar ryngweithio meddwl/corff er mwyn iacháu.

Mae'r cwrs MBSR yn canolbwyntio ar yr hyn y gellid ei alw'n ymwybyddiaeth fyfyrgar o fyw fesul eiliad. Disgrifia Kabat-Zinn **saith sylfaen agwedd** y mae'n rhaid i bob cyfranogwr fod â nhw, yn ogystal ag ymrwymiad, hunanddisgyblaeth a bwriad:

1. **Dim barnu**: bod yn ymwybodol o'r hunan heb farnu ynghylch beth sy'n codi yn eich meddwl.
2. **Amynedd**: gadael i bethau ddatblygu yn eu hamser eu hunain.
3. **Meddwl dechreuwr**: gadael i'ch hunan brofi pethau fel petai am y tro cyntaf.
4. **Ymddiriedaeth**: ymddiried yn eich greddf a'ch teimladau eich hun yn ystod y broses gyfan.
5. **Dim ymdrechu**: peidio ag ymdrechu i gyrraedd nod heblaw am fod yn chi eich hun.
6. **Derbyn**: dod i delerau â phethau amdanoch chi eich hun fel maen nhw.
7. **Gollwng gafael**: peidio â gadael ein meddwl i ddal gafael ar feddyliau a phrofiadau.

Yn ogystal, mae Kabat-Zinn yn sôn am feithrin wyth 'rhinwedd y meddwl a'r galon':

1. **Dim niweidio**
2. **Haelioni**
3. **Diolchgarwch**
4. **Amynedd**
5. **Caredigrwydd**
6. **Tosturi**
7. **Llawenydd empathig**
8. **Pwyll (Llonyddwch a Hunanfeddiant)**

Cynnwys y fanyleb

Dealltwriaeth athronyddol o natur realiti a phrofiad crefyddol a geir yn y mudiad Ymwybyddiaeth Ofalgar/ meddylgarwch cyfoes.

Dyfyniad allweddol

Ymwybyddiaeth yw ymwybyddiaeth ofalgar sy'n codi drwy roi sylw, yn fwriadol, yn yr eiliad hon, heb farnu. Mae'n ymwneud â gwybod beth sydd ar eich meddwl. **(Kabat-Zinn)**

Jon Kabat-Zinn (1944–) sylfaenydd y Clinig Lleihau Straen.

Termau allweddol

MBSR: Lleihau Straen yn Seiliedig ar Ymwybyddiaeth Ofalgar (*Mindfulness-Based Stress Reduction*)

Saith sylfaen agwedd: dim barnu, amynedd, meddwl y dechreuwr, ymddiriedaeth, dim ymdrechu, derbyn, gollwng gafael

cwestiwn cyflym

4.9 Ym mha flwyddyn y sefydlodd Kabat-Zinn y Clinig Lleihau Straen yn Seiliedig ar Ymwybyddiaeth Ofalgar?

Termau allweddol

Hunan-sgan y corff: arsylwi pob rhan o'r corff yn y meddwl

Monyddiaeth athronyddol: mae'r meddwl a'r corff yn arwyddion o endid sengl

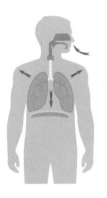 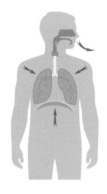

ANADLU I MEWN   ANADLU ALLAN

Proses anadlu, y mae Kabat-Zinn yn ei disgrifio fel cymorth i iacháu.

cwestiwn cyflym

4.10 Beth yw ystyr tawelwch meddwl?

Gyda hyn i gyd yn sylfaen, mae ymwybyddiaeth ofalgar yn golygu eistedd yn dawel neu orwedd gyda'r llygaid ar gau gan fod yn fyfyrgar ymwybodol o feddyliau ac emosiynau wrth iddyn nhw godi a disgyn yn y meddwl. Hefyd, byddai modd canolbwyntio'n fanwl ar **hunan-sgan y corff**. Yma mae'r person yn arsylwi pob rhan o'i gorff yn ei feddwl.

Awgryma Kabat-Zinn mai'r pwynt allweddol yma yw bod person yn newid o 'fodd gwneud' i 'fodd bod'. Drwy'r broses hon y gall person wedyn ddysgu 'sut i wneud amser i chi eich hun, sut i arafu a meithrin tawelwch meddwl a hunanddderbyn ynoch chi eich hun, dysgu arsylwi beth mae eich meddwl yn ei wneud o eiliad i eiliad, sut i wylio eich meddyliau a sut i ollwng gafael arnyn nhw heb gael eich dal a'ch gyrru ganddyn nhw, sut i wneud lle i ffyrdd newydd o weld hen broblemau ac o ganfod y cysylltiad rhwng pethau'.

Gan fod cymaint wedi cael ei ysgrifennu am ymwybyddiaeth ofalgar, mae'n gallu bod yn anodd gweld yn union beth yw'r hyn y mae'n bosibl ei ddisgrifio fel ei ddealltwriaeth athronyddol o natur realiti. Un o'r problemau yma yw bod athroniaeth, seicoleg a bioleg yn dod at ei gilydd yn y Mudiad Ymwybyddiaeth Ofalgar cyfoes wrth asesu'r hyn y gellid ei alw'n wyddoniaeth y meddwl. Oherwydd hyn mae'n anodd defnyddio iaith briodol.

Mae'r canfyddiad sylfaenol o realiti sydd i'w gael yn y Mudiad Ymwybyddiaeth Ofalgar cyfoes wedi'i amlygu yn llyfr cyntaf Kabat-Zinn yn y maes hwn, sef *Full Catastrophe Living* (1990). Dewiswyd y gair 'catastrophe' (trychineb) yn ofalus gan mai dyma'r unig air sydd 'wir yn cwmpasu amrywiaeth eang profiadau mewn bywyd sy'n achosi trallod a phoen i ni ac sy'n gwneud i ni gael ymdeimlad gwaelodol o ofn, ansicrwydd, a cholli rheolaeth'. Yn yr ystyr hwn mae'r Mudiad Ymwybyddiaeth Ofalgar cyfoes wedi'i gyfeirio at y rhai sy'n teimlo, ar ba lefel bynnag, rhyw fath o ddioddefaint neu ryw ymdeimlad o 'anfodlonrwydd' bywyd.

Ar yr un pryd, dydy'r gair 'trychineb' ddim i fod i gael ei gymryd yn hollol negyddol, gan mai ei fwriad yw crynhoi 'gwerthfawrogiad arbennig o gyfoeth bywyd a natur anochel ei ddilemâu, ei dristwch, ei drawmâu, ei drasiedïau, a'i eironïau i gyd'. Felly, bwriad dysgeidiaeth y Mudiad Ymwybyddiaeth Ofalgar cyfoes yw taro tant gyda phawb.

Wrth fynd i'r afael â thrychineb bywyd, un ffactor y mae'r Mudiad Ymwybyddiaeth Ofalgar cyfoes yn ei wrthod yw deuoliaeth athronyddol Platon, Aristotle a Descartes yn yr ystyr bod y meddwl a'r corff yn endidau penodol ac nid yn unfath. Yn hytrach, mae'n ymddangos bod rhaid cael **monyddiaeth athronyddol**. O'r safbwynt hwn, mae'r meddwl a'r corff yn arwyddion o endid sengl. Mae'r ymagwedd fateryddol hon yn awgrymu mai canlyniad prosesau corfforol yw popeth rydyn ni'n ei ganfod a'i ddeall am realiti.

Anadlu yw'r symlaf o brosesau corfforol fel hyn. Nid cyd-ddigwyddiad felly yw mai teitl un o adrannau cyntaf *Full Catastrophe Living* yw, 'The Power of Breathing: Your Unsuspected Ally in the Healing Process'. Mae Kabat-Zinn yn esbonio proses gorfforol anadlu: 'gyda phob anadl, rydyn ni'n cyfnewid moleciwlau carbon deuocsid o'r tu mewn i'n cyrff am foleciwlau ocsigen o'r aer o'n cwmpas. Gwaredu gwastraff gyda phob anadl allan, adnewyddu gyda phob anadl i mewn.'

Fodd bynnag, drwy reoli proses gorfforol syml anadlu a chanolbwyntio arni yn unig y mae'n bosibl galluogi person i ddatblygu strategaethau i ymdrin â 'thrychineb lawn' byw fel mae'r meddwl yn ei brofi. O ganlyniad, dim ond wedyn gall y meddwl ymdrin â phoen corfforol a dioddefaint corfforol.

Gellir gweld agwedd arall ar wrthod deuoliaeth athronyddol o blaid monyddiaeth yn y ffordd y mae'r Mudiad Ymwybyddiaeth Ofalgar cyfoes yn croesawu cysyniad 'rhyng-gysylltedd', sef cysylltiad popeth â'i gilydd, yn frwd. Mae hyn nid yn unig yn cyfeirio at ryng-gysylltedd y meddwl a'r corff ond at ryng-gysylltedd mewn ystyr llawer ehangach a chyfannol.

Awgrym astudio

Sicrhewch eich bod yn deall y gwahaniaeth mewn athroniaeth rhwng ymagwedd ddeuolaidd a monistaidd at y cwestiwn meddwl/corff.

O'r safbwynt hwn, dydy natur realiti ddim yn gadael i bobl ystyried bod ganddyn nhw eu hunain fodolaeth hollol benodol ac unigol. Teitl un o'r adrannau yn *Full Catastrophe Living* yw 'World Stress'. Yma mae Kabat-Zinn yn tanlinellu ei ganfyddiad, gan ein bod ni i gyd yn byw mewn byd wedi'i ryng-gysylltu, 'bydd ein lles a'n hiechyd unigol, a lles ac iechyd ein teuluoedd a'n disgynyddion, yn dibynnu ar y grymoedd ecolegol a geowleidyddol mwy hyn'. Felly, rhaid i ymwybyddiaeth ofalgar fod 'ar raddfa fach' ar y lefel unigol ond hefyd rhaid iddi fod 'ar raddfa fawr' o ran y rhywogaeth ddynol: 'beth bynnag sy'n datblygu o hyn allan mewn hanes dynol, o gofio cyflwr ein planed fregus a'i hecosystemau a'i chylchredau homeostatig, bydd ymwybyddiaeth ofalgar o angenrheidrwydd yn ffactor pwysig, a allai fod yn allweddol'.

Esbonnir yr ymagwedd fonistaidd hon ymhellach mewn cyfweliad yn 2017 pan ddywedodd Kabat-Zinn: 'pan nad yw'r meddwl dynol yn gwneud gwaith ymwybyddiaeth ofalgar, yn y pen draw mae'n mynd yn garcharor i'w safbwyntiau myopig sy'n rhoi "fi" uwchlaw popeth arall. Rydyn ni'n canolbwyntio cymaint ar safbwyntiau deuolaidd "ni" a "nhw". Ond yn y pen draw does dim "nhw". Dyna'r hyn y mae angen i ni ei sylweddoli.'

Er ei bod hi'n bosibl gwneud rhyw synnwyr o ddealltwriaeth athronyddol natur realiti yn y Mudiad Ymwybyddiaeth Ofalgar cyfoes, mae'n llawer mwy anodd mynd i'r afael â'r hyn sydd ganddo i'w ddweud o ran profiad crefyddol. Er enghraifft, mae Kabat-Zinn wedi mynd i drafferth fawr i beidio â chysylltu'r mudiad yn agored o gwbl â Bwdhaeth fel crefydd ynddi ei hun. Yn yr un cyfweliad yn 2017 dywedodd am MBSR: 'Es i i drafferth fawr i'w strwythuro ac i ddod o hyd i ffyrdd o siarad amdano a oedd yn osgoi'r perygl iddo gael ei ystyried yn Fwdhaidd cymaint â phosibl.'

Efallai fod modd cael mewnwelediad o'r hyn y gellid ei alw'n brofiad crefyddol o un stori yn *Full Catastrophe Living* lle mae Kabat-Zinn yn sôn am sut aeth rhywun at y Bwdha i holi ai Duw oedd e. Ateb y Bwdha i hyn oedd 'Nage, rwy'n effro'.

Mae'r syniad hwnnw o fod yn 'effro' yn allweddol i ddeall Henry David Thoreau (1817–1862). Mae Kabat-Zinn yn cyfeirio ato'n aml. Disgrifiwyd Thoreau fel un o drosgynolwyr allweddol America yn y 19eg ganrif. Roedd gan y grŵp hwn o feddylwyr gysylltiad llac â chred Gristnogol, syniadau Kant, a barddoniaeth y traddodiad Rhamantaidd Saesneg.

Er eu bod nhw'n anodd eu gosod mewn categori, un o'r cysyniadau yr oedd y trosgynolwyr yn eu rhannu oedd y syniad bod profiad crefyddol yn trosgynnu'r deallusol a'r rhesymegol. Roedd hi'n bosibl gweld profiad fel hwn yn benodol ym mhrydferthwch natur. Fodd bynnag, nid mewn natur ar ei ffurf anarferol ond yn hytrach natur ar ei ffurf pob dydd y gallai rhywun gael profiad ohoni mewn unrhyw leoliad gwledig. Yr amod, fodd bynnag, oedd bod pobl yn hollol ymwybodol ac yn hollol fyw i'r hyn a oedd o'u cwmpas nhw.

Gwaith mwyaf poblogaidd Thoreau a gyhoeddwyd yn 1854 yw *Walden: or Life in the Woods*. Yn hwn mae'n rhoi hanes y ddwy flynedd a dreuliodd yn byw'n syml yn Walden Pond ger Concord, Massachusetts. Er nad dyma'r profiad crefyddol nodweddiadol ynddo'i hun, yr hyn y mae Thoreau yn ei ddisgrifio yw mwy o ymwybyddiaeth o natur o'i gwmpas a bod yn fwy sylwgar iddi – gweld y cyffredin â llygaid newydd ac â mwy o fewnwelediad.

Yn ôl Thoreau: 'Es i i'r goedwig oherwydd fy mod i eisiau byw'n fwriadol, i wynebu ffeithiau hanfodol bywyd yn unig, a gweld oni allwn i ddysgu'r hyn yr oedd gan fywyd i'w ddysgu i mi, ac nid darganfod, wrth farw, nad oeddwn i wedi byw.'

Roedd byw fesul eiliad, fel petai, yn rhoi i Thoreau yr hyn y gellir ei alw'n brofiad crefyddol parhaol o ran mwy o ymwybyddiaeth o arallrwydd pethau. 'Yn nhragwyddoldeb does dim dwywaith bod rhywbeth gwir ac aruchel. Ond mae'r holl adegau a'r lleoedd a'r achlysuron hyn yma ac nawr. Mae Duw ei hun yn cyrraedd ei anterth yn yr eiliad hon ...'

Yn *Wherever You Go, There You Are: Mindfulness Meditation for Everyday Life* (1994) – y llyfr a ddaeth â'r Mudiad Ymwybyddiaeth Ofalgar cyfoes i sylw'r cyhoedd yn

Dyfyniad allweddol

Erbyn hyn mae gwyddoniaeth yn chwilio am fodelau mwy cynhwysfawr sy'n fwy triw i'n dealltwriaeth o ryng-gysylltedd gofod ac amser, mater ac egni, meddwl a chorff, hyd yn oed ymwybyddiaeth a'r bydysawd, a pha ran mae'r ymennydd dynol, y ffurf fwyaf cymhleth, ryng-gysylltiedig, arbenigol a newidiol o drefnu mater yn y bydysawd rydyn ni'n gwybod amdani, yn ei chwarae yn hyn i gyd.

(**Kabat-Zinn**)

Henry David Thoreau (1817–1862), ffigwr allweddol gyda'r trosgynolwyr o America.

Dyfyniad allweddol

Mae'r miliynau'n ddigon effro i wneud llafur corfforol; ond un mewn miliwn yn unig sy'n ddigon effro i wneud ymdrech ddeallusol effeithiol, un mewn can miliwn yn unig sy'n effro i fywyd barddol neu ddwyfol. Bod yn effro yw bod yn fyw. Dwi ddim eto wedi cwrdd â dyn a oedd yn hollol effro. Sut gallwn i fod wedi edrych ym myw ei lygaid?

(Thoreau)

cwestiwn cyplym

4.11 Beth mae Kabat-Zinn yn ei olygu wrth y term 'trychineb'?

fwy cyffredinol – mae Kabat-Zinn yn aml yn defnyddio dyfyniadau gan Thoreau. Mae'n awgrymu bod ymagwedd Thoreau, sef byw'n syml a byw'n fwriadol, yn allweddol i ddeall ymwybyddiaeth ofalgar. Mae'n disgrifio 'Walden' fel 'rapsodi i ymwybyddiaeth ofalgar' oherwydd, uwchlaw popeth, roedd Thoreau yn effro i bopeth o'i gwmpas. I Kabat-Zinn, mae ymwybyddiaeth ofalgar yn ymwneud yn y bôn â bod yn 'hollol effro'. Ysgrifennodd Thoreau: 'Rhaid i ni ddysgu i ddeffro o'r newydd a chadw ein hunain yn effro, nid drwy gymorth mecanyddol, ond drwy ddisgwyl y wawr yn ddiderfyn, y wawr nad yw'n cefnu arnon ni pan rydyn ni'n cysgu drymaf'. Yn llinellau olaf 'Walden', dywed Thoreau: 'Dim ond y diwrnod hwnnw rydyn ni'n effro iddo sy'n gwawrio'.

Awgryma Kabat-Zinn, er efallai nad oes gan bobl gyfle i wneud yr hyn a wnaeth Thoreau wrth fyw'n syml yn y goedwig, y gallan nhw ddilyn ei enghraifft mewn ffyrdd eraill: 'Ond does dim rhaid i chi fynd allan o'ch ffordd neu ddod o hyd i rywle arbennig i ymarfer ymwybyddiaeth ofalgar. Mae'n ddigon i chi wneud ychydig o amser yn eich bywyd ar gyfer llonyddwch a'r hyn rydyn ni'n ei alw'n 'ddim gwneud', ac yna gwrando ar eich anadlu. Mae Walden Pond i gyd o fewn eich anadl.'

Awgrym astudio

Er mwyn cael mwy o ymdeimlad o'r Mudiad Ymwybyddiaeth Ofalgar cyfoes, ymchwiliwch i 'Walden' Thoreau a'i ddarllen.

Walden Pond, lle cafodd Thoreau brofiad o fyw'n syml yn y goedwig.

Y defnydd o ymwybyddiaeth ofalgar ym maes gofal iechyd, addysg a busnes

Un maes allweddol lle mae ymwybyddiaeth ofalgar yn cael ei ddefnyddio ym maes gofal iechyd yw rheoli poen. Mae Kabat-Zinn yn gwahaniaethu rhwng poen acíwt – fel sy'n digwydd, er enghraifft, wrth ichi fwrw eich bys â morthwyl ar ddamwain – a phoen cronig – poen sy'n parhau dros gyfnod ac sydd ddim yn hawdd ei leddfu. Yn y ddau achos, diben ymwybyddiaeth ofalgar (gan adeiladu ar ymrwymiad, hunanddisgyblaeth a bwriad y claf, a gan ddefnyddio saith sylfaen agwedd) yw galluogi newid i ddigwydd yn y ffordd y mae'r claf yn edrych ar ei gorff ac felly ar ei boen.

Awgryma Kabat-Zinn fod pobl yn tueddu i weld eu corff yn yr un ffordd ag y gallen nhw weld car – fel endid ar wahân. Os yw'r car wedi'i ddifrodi mewn unrhyw ffordd, neu os yw rhan ohono'n stopio gweithio, yna mae'n cael mynd at y mecanig i'w drwsio. Drwy estyniad, os yw person yn teimlo poen yn ei gorff, yna mae'n mynd at y meddyg i drin y poen drwy feddyginiaeth. Fodd bynnag, o adeiladu ar y ddealltwriaeth fonistaidd, dydy'r corff sy'n teimlo poen ddim ar wahân i'r meddwl. 'Swyddogaethau gwybyddol ac emosiynol uwch' yr ymennydd sy'n dehongli ysgogiadau synhwyraidd y corff ac sydd wedyn yn dangos bod yr hyn sy'n cael ei deimlo yn boenus.

Drwy ymwybyddiaeth ofalgar, credir ei bod hi'n bosibl datblygu'r cyneddfau gwybyddol ac emosiynol uwch dros gyfnod o amser mewn ffyrdd sy'n golygu bod poen yn cael ei ail-ddehongli. Felly, yn hytrach na meddwl yn nhermau bod ag ofn y poen, ymladd y poen neu wneud popeth posibl i osgoi'r poen, mae ymwybyddiaeth ofalgar yn ymwneud â 'rhoi croeso cynnes' i boen. Mae ymwybyddiaeth ofalgar yn annog y person i wneud ei hunan-sgan o'r corff wrth anadlu'n araf i ailgysylltu â'i gorff. Mae hyn yn golygu bod y poen yn cael ei gydnabod a'i dderbyn heb ei feirniadu. Felly gwelir poen fel rhywbeth monolithig y mae'r corff yn ei brofi ond fel rhywbeth sydd fesul eiliad yn cynnwys amrywiaeth o gynyrfiadau, emosiynau, meddyliau a theimladau. Wrth symud y ddealltwriaeth fel hyn, mae'r person yn gallu dod i delerau â'i boen, 'gwneud lle iddo, dod yn ffrind iddo, byw gydag e'.

Mae'r ymagwedd fonistaidd hon at y person dynol yn un sydd hefyd yn sylfaen i driniaeth am straen, iselder a gorbryder, rheoli canser a thrin dibyniaeth. Yn yr achosion hyn, mae Kabat-Zinn yn awgrymu mai'r hyn sy'n digwydd yw bod y person yn dod o dan straenachoswyr allanol, a allai fod yn gorfforol, yn gymdeithasol neu'n amgylcheddol, a 'straenachoswyr' mewnol a allai gael eu hachosi gan feddyliau, emosiynau neu boen. Wrth wynebu'r straenachoswyr hyn, awgryma Kabat-Zinn fod mecanweithiau mewnol y corff sy'n cynnal alostasis – term sy'n golygu aros yn sefydlog drwy allu newid – yn cael eu rhoi o dan bwysau.

Yn nodweddiadol, mae'r corff yn ymateb i straenachoswyr fel hyn gydag ymateb awtomatig i straen, sef ymladd neu ffoi – gweithio yn erbyn straenachoswyr neu ffoi rhagddyn nhw. Gallai hyn achosi cynnydd mewn pwysedd gwaed a chyfradd curiad y galon. Wedyn gallai'r straen gael ei fewnoli gan arwain at amrywiaeth o symptomau gan gynnwys panig, llid, pennau tost, anhwylderau cysgu, ac ati. Oherwydd nad yw system y corff yn ei reoleiddio ei hun yn normal, mae mwy o alwadau wedyn ar fecanweithiau alostatig y corff.

Yn dibynnu ar y claf unigol a'i gyflwr, yr hyn sy'n digwydd fel arfer wedyn yw ei fod yn chwilio am ffyrdd o ymdopi ag effeithiau'r straenachoswyr allanol a mewnol. Mewn rhai achosion – er enghraifft pan mae dibyniaeth yn gysylltiedig – gall dibyniaeth ar sylwedd fynd yn norm wrth i'r person droi at gyffuriau anghyfreithlon. Mewn achosion eraill – fel mewn iselder – gall gorfwyta fynd yn norm ac mae'r person yn troi at fwyd. Eto, mewn rhai achosion – er enghraifft, pan mae diagnosis o ganser neu mae lefelau gorbryder uchel – efallai mai bod yn orfywiog fydd yr ymateb, neu'r gwrthwyneb iddo, blinder eithafol. Ym mhob achos, efallai byddai'r ffyrdd hyn yn helpu, petai ond yn y tymor byr, ac felly dyma ffordd sefydlog y corff o ymateb i straenachoswyr allanol a mewnol, sydd wedyn yn cael ei ailadrodd. Felly mae system gylch yn cael ei ffurfio.

Mae dilyn y cylch hwn drwy'r amser fel ffordd o ymdopi yn gallu – gan ddibynnu ar y claf unigol – arwain at symptomau sy'n gwaethygu fel gorludded, chwythu eich plwc (llosgi allan), a chyflyrau corfforol eraill, yn seiliedig ar hanes meddygol y person, fel mwy o berygl o gael trawiad ar y galon neu strôc. Yn y pen draw gallai'r gorlwytho alostatig arwain at waeledd corfforol a/neu feddyliol.

Mae Kabat-Zinn yn awgrymu mai wrth ymateb yn syth i straenachoswyr allanol a mewnol y gallai fod gan ymwybyddiaeth ofalgar ran arwyddocaol. Yn hytrach na dilyn llwybr ymladd neu ffoi a mewnoli straen, byddai modd ymateb drwy gyfrwng ymwybyddiaeth ofalgar.

Dyfyniad allweddol

Felly os yw meddyg yn awgrymu y gallai myfyrdod eich helpu chi gyda'ch poen, dydy hynny ddim yn golygu nad yw eich poen yn un 'go iawn'. Mae'n golygu nad dau endid ar wahân a gwahanol yw eich corff a'ch meddwl, ac felly, bod dimensiwn meddyliol i boen bob amser. (**Kabat-Zinn**)

Termau allweddol

Alostasis: gallu'r corff i aros yn sefydlog drwy allu newid

Straenachoswyr: ffactorau mewnol neu allanol sy'n achosi i berson fod o dan straen

4.12 Beth yw ystyr yr ymateb 'ymladd neu ffoi'?

Term allweddol

MBCT: Therapi Gwybyddol yn seiliedig ar Ymwybyddiaeth Ofalgar (*Mindfulness-Based Cognitive Therapy*)

Dyfyniad allweddol

Mae'r rhan fwyaf o bobl yn dod i mewn i'r rhaglen gyda nifer cymharol uchel o symptomau. Nifer cyfartalog y symptomau yw 22 allan o tua 110 o rai posibl. Mae hynny'n llawer o symptomau. Pan mae pobl yn gadael, maen nhw'n dileu tua 14 symptom ar gyfartaledd, ac â 36 y cant yn llai o symptomau na phan ddechreuon nhw. Mae hyn yn lleihad syfrdanol mewn cyfnod byr, yn enwedig i bobl sydd â chymaint â hynny o symptomau yn y lle cyntaf ac sydd â nhw ers cyfnod eithaf hir. (**Kabat-Zinn**)

Gan adeiladu ar ymrwymiad, hunanddisgyblaeth a bwriad y claf, a gan ddefnyddio'r saith sylfaen agwedd, mae'r claf yn cael ei annog i wneud ei hunan-sgan o'r corff wrth anadlu'n araf a byw fesul eiliad i ailgysylltu â'i gorff. Mae hyn yn arwain at ymwybyddiaeth o feddyliau, emosiynau a theimladau. Wrth reoli canser, er enghraifft, gallai arwain at ymdeimlad o dderbyn y cyflwr yn fwy.

Yn gyffredinol, gallai cleifion wedyn ddatblygu mwy o ymwybyddiaeth a gwerthfawrogiad llawnach ohonyn nhw eu hunain, ac o ddarlun cyflawn o pwy ydyn nhw, ac yna o'r gwahanol strategaethau ac opsiynau er mwyn ymdrin â'r straenachoswyr allanol a mewnol yn hytrach na'r ymatebion a allai fod yn ddinistriol sy'n digwydd fel arfer.

Awgrym astudio

Gweithiwch allan beth yw eich dealltwriaeth o'r ymadrodd sy'n cael ei ddefnyddio weithiau mewn cysylltiad â phoen a straen, sef ei fod 'i gyd yn y meddwl'.

Mae'n bwysig *iawn* nodi *nad* yw Kabat-Zinn yn awgrymu bod ymwybyddiaeth ofalgar fyfyrgar yn disodli triniaeth feddygol neu seiciatrig ffurfiol neu'n ddewis arall yn ei lle. Yn wir, mae'n dadlau efallai mai triniaethau safonol fyddai'r mwyaf defnyddiol yn aml o ran atal effeithiau negyddol straenachoswyr allanol a mewnol rhag datblygu'n gylch dinistriol.

Fodd bynnag, mae'n dadlau, er enghraifft, pan mae'r corff yn dangos symptomau o un math neu'r llall, fel y rhai sy'n gysylltiedig â straenachoswyr allanol a mewnol, mewn gwirionedd ffordd o dawelu'r corff yw'r ymateb cyntaf o guddio neu ddileu'r symptomau hynny drwy gyffuriau (cyfreithlon neu anghyfreithlon) neu ffyrdd eraill o ymdopi. Yn hytrach, mae'n ddigon posibl bod y corff yn anfon neges bod rhywbeth yn anghytbwys a heb ei reoli'n iawn a bod angen edrych ar achos sylfaenol y symptom a rhoi ymateb priodol iddo.

Mae rhai yn ystyried bod MBSR yn adnodd arwyddocaol mewn maes eang o ofal iechyd, yn amrywio o helpu i drin cleifion sydd â chanser y fron i'r rhai sydd â phwysedd gwaed uchel.

Ym maes penodol iselder, derbynnir bod Therapi Gwybyddol yn seiliedig ar Ymwybyddiaeth Ofalgar (*Mindfulness-Based Cognitive Therapy* MBCT) yn adnodd arall i'r rhai sy'n gweithio ym maes iselder arwyddocaol sy'n ei ailadrodd ei hun. Mae Sefydliad Cenedlaethol dros Ragoriaeth mewn Iechyd a Gofal y DU (NICE) wedi cymeradwyo MBCT fel triniaeth effeithiol i atal cleifion rhag cael rhagor o byliau o iselder. Yn ôl gwefan MBCT: 'Mae ymchwil wedi dangos bod pobl sydd wedi bod ag iselder clinigol dair neu ragor o weithiau (weithiau am ugain mlynedd neu fwy) yn gweld bod dilyn y rhaglen a dysgu'r sgiliau hyn yn eu helpu i leihau eu siawns y bydd yr iselder yn dychwelyd.'

Mae rhaglen MBCT wedi'i haddasu o raglen MBSR Kabat-Zinn ac mae'n cynnwys ffyrdd o ymladd yn erbyn yr hyn y mae'n ei alw'n synfyfyrio melancolaidd: 'pan mae eich prosesau meddwl yn gwneud i chi deimlo'n fwyfwy annigonol, isel, a diymadferth drwy'r amser'.

Mae MBCT yn annog y person sydd â'r cyflwr hwn, er enghraifft, i arsylwi prosesau'r meddwl yn dawel, i fyw yn yr eiliad hon, i beidio â barnu eu hunain ac i – ar ryw ystyr – 'roi croeso cynnes' i'w synfyfyrio melancolaidd heb ymladd yn ei erbyn. Fel hyn, fel mae gwefan MBCT yn esbonio, efallai bydd person 'yn gweld y gall fod yn ymwybodol o feddyliau a theimladau anodd ac nad oes eu heisiau, a'u gweld o safbwynt cwbl wahanol – safbwynt sy'n dod ag ymdeimlad o dosturi i'r dioddefaint rydyn ni'n ei brofi'.

Y tu hwnt i ofal iechyd, mae ymwybyddiaeth ofalgar wedi cyrraedd byd addysg hefyd. Yn y DU yn 2009, sefydlodd Richard Burnett a Chris Cullen, dau athro ac ymarferwyr ymwybyddiaeth ofalgar **MiSP** (Project Ymwybyddiaeth Ofalgar mewn Ysgolion/*Mindfulness in Schools Project*). Mae gwefan MiSP yn esbonio bod yr elusen wedi hyfforddi dros 4,100 o athrawon bellach i gyflwyno meysydd llafur i'r ystafell ddosbarth sy'n dysgu sgiliau sy'n seiliedig ar ymwybyddiaeth ofalgar. Drwy waith yr athrawon hyn, dysgir ymwybyddiaeth ofalgar wedyn i bobl ifanc mewn ysgolion ac i'r rhai sy'n gweithio gyda nhw.

Mae MiSP yn rhedeg drwy dri math o raglen: 'Paws b' i rai 7–11 oed (sy'n chwarae ar y gair *pause* a *paws* i apelio at blant; a 'b' i gynrychioli *to be* sef 'bod'), '.b' ('dot-b' sy'n golygu *stop and be*) i rai 11–8 oed a '.b Foundations' i staff ysgol a'r rhai sy'n gweithio ym myd addysg. Yn gyffredinol, mae'r rhaglenni'n dysgu'r un math o ymwybyddiaeth ofalgar ag y mae Kabat-Zinn yn ei arddel, ond ei bod bod y math hwn wedi'i addasu i'w gyflwyno mewn ysgolion.

Gwelir hyn yn y cwricwlwm ar gyfer '.b'. Ymysg y deg gwers mae rhai sy'n canolbwyntio ar 'Fod yma a nawr', sy'n dysgu sut i fyw fesul eiliad ac i ymateb, yn hytrach nag adweithio i sefyllfaoedd. Mae gwers arall yn canolbwyntio ar 'Gamu'n ôl', sy'n awgrymu ffordd newydd o gysylltu â meddyliau fel nad ydyn nhw'n cymryd rheolaeth ac yn arwain pobl ifanc i fannau lle byddai'n well ganddyn nhw beidio â bod. Mae gwers arall yn canolbwyntio ar 'Weld y Daioni' ac mae'n ymwneud â 'diolchgarwch a natur gadarnhaol gweld a gwerthfawrogi'r hyn sy'n dda mewn bywyd'.

Fodd bynnag, sylfaen y gwersi o hyd yw datblygu sgiliau ymwybyddiaeth fyfyrgar, o fyw fesul eiliad, drwy ganolbwyntio ar anadlu a drwy wneud hunan-sgan y corff. Enw ar un dull sy'n cael ei ddysgu yma, yn hytrach na 'myfyrdod', (*meditation*) yw 'gwelydod' (*beditation*) – yn y bôn myfyrdod wrth orwedd – er bod y broses o ymdawelu, bod yn llonydd, canolbwyntio ar yr anadlu a gwneud hunan-sgan y corff yr un fath. Mae rhai ysgolion yn annog defnyddio 7/11. Ymarfer anadlu yw techneg 7/11 lle mae'r person yn anadlu i mewn gan gyfrif 7 ac allan gan gyfrif 11. Mae'n cael ei ddefnyddio i helpu pobl i ymdawelu ac i ganolbwyntio. Mae hyn i gyd yn cysylltu'n ôl â chysyniad cychwynnol Kabat-Zinn am bwysigrwydd troi o 'fodd gwneud' i 'fodd bod'.

Mae manteision posibl ymwybyddiaeth ofalgar ym myd addysg yn dal i gael eu hadolygu. Mae MiSP yn cyfeirio at yr adroddiad a ysgrifennodd yr Athro Katherine Weare (1950–) o'r enw 'Evidence for the Impact of Mindfulness on Children and Young People'.

Yng nghrynodeb gweithredol Weare o'i chanfyddiadau, dywed fod ymwybyddiaeth ofalgar mewn addysg yn gallu:

1. Gwella iechyd a lles meddyliol, emosiynol, cymdeithasol a chorfforol pobl ifanc.

2. Lleihau straen, gorbryder, ymateb i eraill ac ymddygiad gwael.

3. Gwella cwsg a hunan-barch ac achosi mwy o lonyddwch, ymlacio, y gallu i reoli ymddygiad ac emosiynau, hunanymwybyddiaeth ac empathi.

4. Cyfrannu'n uniongyrchol i ddatblygu sgiliau gwybyddol a pherfformio, a swyddogaeth weithredol.

5. Helpu pobl ifanc i fod yn fwy sylwgar, i ganolbwyntio mwy, i feddwl mewn ffyrdd mwy arloesol, i ddefnyddio gwybodaeth bresennol yn fwy effeithiol, i wella'r cof gweithio, ac i wella sgiliau cynllunio, i ddatrys problemau ac ymresymu.

6. Bod â mwy o emosiynau cadarnhaol, bod yn fwy poblogaidd a bod â mwy o ffrindiau, a llai o emosiynau negyddol a gorbryder.

Mae ymwybyddiaeth ofalgar i'w chael mewn busnesau a chorfforaethau mawr hefyd. Mae Kabat-Zinn yn cynnig ymagwedd gyffredinol i gyflogwyr a gweithwyr mewn pennod o'r enw 'Work Stress'. I lawer o bobl, mae gwaith a phopeth sydd ynghlwm wrtho yn gallu bod yn straenachosydd allanol arwyddocaol. Wrth gwrs mae gwahanol fathau o straenachoswyr allanol, yn dibynnu ar a yw person yn rheolwr yn y brif swyddfa neu'n weithiwr ar lawr y ffatri. Sut bynnag mae hi, mae Kabat-Zinn yn awgrymu bod pawb ym maes gwaith yn gallu profi 'straen, ansicrwydd, rhwystredigaeth a methiant wrth eu gwaith'.

Dyfyniad allweddol

Ymysg oedolion mae tystiolaeth gymharol gref bod ymwybyddiaeth ofalgar yn cael effaith gadarnhaol ar amrywiaeth eang o gyflyrau iechyd meddwl ac iechyd corfforol, ar lesiant a sgiliau cymdeithasol ac emosiynol, ac ar ddysgu a gwybyddiaeth. (Weare)

cwestiwn cyflym

4.13 Byrfodd o beth yw NICE?

Dyfyniad allweddol

Rydyn ni'n gymuned fyd-eang sy'n gwneud i ymwybyddiaeth ofalgar a deallusrwydd emosiynol fod yn ymarferol ac yn hygyrch. Gyda'n gilydd, rydyn ni'n gweithio tuag at fyd mwy heddychlon lle mae pob person yn teimlo'n gysylltiedig ac yn ymddwyn yn dosturiol. **(Datganiad cenhadaeth SIYLI)**

Ymateb ymwybyddiaeth ofalgar yw dadlau bod angen i bobl ddod o hyd i ffyrdd o adfywio eu hegni, eu sylw a'u ffocws. Efallai bydd hyn yn golygu peidio â gorweithio a hynny ar draul llesiant cyffredinol, peidio â chael pethau'n tynnu sylw'n ddi-baid yn y gwaith a cheisio peidio â gwneud mwy nag un dasg ar y tro. Gallai olygu ailfeddwl am amserau egwyl a chinio yn y gwaith drwy dreulio amser yn ymarfer, gwneud hunan-sgan y corff neu anadlu'n unig. Dyma un enghraifft gan Kabat-Zinn: 'Ceisiwch stopio am un funud bob awr a dod yn ymwybodol o'ch anadl. Rydyn ni'n gwastraffu llawer mwy o amser na hyn yn pensynnu, neu'n breuddwydio, yn y gwaith. Defnyddiwch y myfyrdodau bach hyn i ganolbwyntio ar y presennol ac i fod, dim mwy'.

Efallai fod cydweithwyr yn broblem fawr yn y gwaith, ac yma mae Kabat-Zinn yn awgrymu bod pobl yn ofalus wrth gyfathrebu bob dydd: 'Byddwch yn ymwybodol o bobl sy'n tueddu i ymwneud â chi mewn ffordd oddefol neu anghyfeillgar. Meddyliwch am sut gallech chi ymwneud â nhw yn fwy effeithiol. Ceisiwch weld eich cydweithwyr â llygaid sy'n gweld llun llawn.'

Mae enghreifftiau o fusnesau sydd wedi buddsoddi amser ac arian i ddod ag ymwybyddiaeth ofalgar i'r gweithle. Er enghraifft, yn 2007 gweithiodd tîm o arbenigwyr ar ymwybyddiaeth ofalgar, niwrowyddoniaeth a deallusrwydd emosiynol i ddylunio cwrs a oedd yn addas i weithwyr Google. Mae'r cwrs 'Chwilio y Tu Mewn i'ch Hunan' yn cynnwys llawer o ymarferion wedi'u codi o ymwybyddiaeth ofalgar gyfoes. Mae eiliadau o fyfyrdod o dan arweiniad yn cynnwys, er enghraifft, 'Bod yn Bresennol', 'Hunan-sgan y Corff', 'Anadlu' a 'Dim ond Stopio'. Mae'r cwrs yn trafod testunau fel deallusrwydd emosiynol a hunanymwybyddiaeth, hunanreoleiddio a hunanysgogi, empathi a sgiliau cymdeithasol.

Yn 2012 sefydlwyd Sefydliad Arweinyddiaeth Chwilio y Tu Mewn i'ch Hunan (*Search Inside Yourself Leadership Institute* SIYLI) ac, yn ôl ei wefan, 'Mae Chwilio y Tu Mewn i'ch Hunan wedi dod yn rhaglen sy'n cael ei chydnabod yn fyd-eang ac mae SIYLI yn dal i weithio gyda Google, yn ogystal â chyrff corfforaethol, dielw a llywodraethol ledled y byd'.

Un astudiaeth achos yw un SAP, cwmni rhyngwladol o'r Almaen, sy'n un o gwmnïau meddalwedd a rhaglennu mwyaf y byd. Yn 2018 adroddwyd bod SAP, ar ôl dilyn rhaglen beilot, wedi cyflwyno hyfforddiant ymwybyddiaeth ofalgar i'w staff yn yr Almaen er mwyn iddyn nhw roi sylw i'r eiliad hon a gwrando ar feddyliau, teimladau a'r byd o'u hamgylch. Canlyniadau ymarferol y cwrs oedd eiliadau o lonyddwch ar ddechrau cyfarfodydd, a bwyta a cherdded yn ystod amser egwyl mewn ffordd ymwybodol ofalgar.

Yr egwyddor bwysig i SAP a busnesau a chorfforaethau eraill yw y gall staff sy'n ymwneud ag ymwybyddiaeth ofalgar fod o dan lai o straen, efallai fod ganddyn nhw fwy o ymdeimlad o lesiant ac ymagwedd fwy cytbwys at fywyd. Felly, y gred yw y bydd y staff wedyn yn well wrth eu gwaith o ran ysgogiad, canolbwyntio a phresenoldeb.

Roedd ystadegau a roddodd SAP yn awgrymu bod cynnydd o 1% yn yr ymgysylltu gan weithwyr â'u gwaith yn troi'n gynnydd o 50 i 60 miliwn ewro i'r elw gweithredol. Gwelwyd bod y fenter ymwybyddiaeth ofalgar yn rhoi elw o 200% ar y buddsoddiad, gyda'r hyfforddiant yn arwain at gynnydd mewn ymgysylltu gan weithwyr a gostyngiad mewn absenoldeb.

Awgrym astudio

Ymchwiliwch i ffyrdd y mae busnesau heddiw yn defnyddio ymwybyddiaeth ofalgar ar gyfer eu gweithwyr.

Mae un wrthddadl arwyddocaol i'r Mudiad Ymwybyddiaeth Ofalgar cyfoes a'i ddefnydd mewn busnesau a chorfforaethau yn seiliedig ar y rhesymeg y mae'r un busnesau a'r corfforaethau hynny yn union yn ei ddefnyddio. Fel y nodwyd uchod, mae tystiolaeth o SAP yn awgrymu bod gweithwyr sy'n ymwneud ag ymwybyddiaeth ofalgar yn dod *yn well wrth eu gwaith* o ran ysgogiad, canolbwyntio a phresenoldeb. Eto, ymysg saith sylfaen agwedd ymwybyddiaeth ofalgar mae dim barnu, amynedd, derbyn a gollwng gafael. Yma hefyd, gallai busnesau a chorfforaethau elwa oherwydd, byddai'n bosibl dadlau mai canlyniadau ymwybyddiaeth ofalgar fyddai staff mwy ufudd a llai anfodlon. Byddai staff yn fwy tueddol o dderbyn lefelau eu cyflogau, y strwythur uwch-reoli a'r *status quo* fel mae yn y gweithle. Yn bwysicaf oll, byddai staff yn llai tueddol o herio unrhyw ofynion gan y cwmni.

Mae'n bosibl iawn mai ystyriaethau fel hyn yw'r rheswm dros ddadleuon Slavoj Žižek (1949–), yr athronydd a'r esboniwr cyfoes o Slovenia, mewn erthygl o 2001 o'r enw, 'From Western Marxism to Western Buddhism'. Mae'n dadlau, yn yr oes ôl-fodern, fod bygythiad i oruchafiaeth yr etifeddiaeth Iddewig-Gristnogol, a oedd wedi bod yn 'archstrwythur ideolegol' y Gorllewin; y bygythiad hwnnw yw yr hyn y mae'n ei alw'n feddwl 'Asiatig' yr Oes Newydd, yn amrywio o Fwdhaeth Orllewinol 'i wahanol Taos'. Mae syniadau Asiatig yr Oes Newydd wedi dod yn 'ideoleg hegemonaidd cyfalafiaeth fyd-eang'.

Damcaniaeth Žižek yw bod Bwdhaeth Orllewinol yn ei chyflwyno'i hun fel yr unig gyfrwng i gael heddwch mewnol a 'Gelassenheit' – llonyddwch digynnwrf – i wynebu sioc yn y dyfodol. Mae'n esbonio mai ystyr 'sioc yn y dyfodol' yw sut mae pobl 'yn methu ymdopi'n seicolegol erbyn hyn â rhythm llachar datblygiad technolegol a'r newidiadau cymdeithasol sy'n dod gydag ef'. Gan fod pethau'n symud mor gyflym yn y byd heddiw, mae pobl yn ei chael hi'n fwyfwy anodd i ddeall yr hyn sy'n digwydd yn llawn yn eu meddyliau – dydyn nhw bellach ddim yn gallu gwneud hyd yn oed 'y mapio gwybyddol mwyaf sylfaenol'.

Wedyn rydyn ni'n gallu gweld bod Bwdhaeth Orllewinol yn un ateb i'r broblem hon oherwydd mae fel petai'n awgrymu *na ddylai* pobl geisio ymdopi â datblygiad technolegol a newidiadau cymdeithasol. Yn hytrach, fel gellid dweud bod ymwybyddiaeth ofalgar yn ei awgrymu, dylen nhw arfer dim barnu, amynedd, derbyn ac yn bennaf oll, gollwng gafael. Wedyn byddai modd gweld mai enghreifftiau eraill o anicca ar waith yn y byd yn syml ddigon yw datblygiad technolegol a newidiadau cymdeithasol. 'Lledaenu ansylweddol o bethau ymddangosiadol sydd ddim, mewn gwirionedd, yn ymwneud â chraidd dyfnaf ein bod' ydyn nhw.

Mae 'safbwynt myfyrgar' Bwdhaeth Orllewinol – a fyddai'n cynnwys y Mudiad Ymwybyddiaeth Ofalgar cyfoes – yn gweithio'n berffaith ar gyfer cyfalafiaeth fyd-eang gan ei bod hi'n galluogi gweithwyr 'i gymryd rhan lawn mewn dynameg gyfalafol a dal i roi'r argraff eu bod yn gall yn feddyliol'.

Awgrym astudio

Esboniwch sut mae proses anadlu'n allweddol i ddulliau o roi ymwybyddiaeth ofalgar ar waith.

Gweithgaredd AA1

Esboniwch sut mae ymwybyddiaeth ofalgar yn newid ymddygiad dynol.

Esboniwch eich ateb gan ddefnyddio tystiolaeth ac enghreifftiau o'r hyn rydych chi wedi ei ddarllen.

Slavoj Žižek (1949–)

cwestiwn cyflym

4.15 Pam mae Žižek yn beirniadu'r ffaith mai nod y Mudiad Ymwybyddiaeth Ofalgar cyfoes yw creu Gelassenheit?

Dyfyniad allweddol

Mae [Bwdhaeth Orllewinol] yn eich galluogi i gyfranogi'n llawn yng nghyflymdra gwyllt y gêm gyfalafol wrth gynnal y canfyddiad nad ydych chi'n rhan ohoni go iawn; eich bod chi'n hollol ymwybodol o ba mor ddiwerth yw'r sioe hon; ac mai'r hyn sy'n bwysig i chi mewn gwirionedd yw heddwch yr Hunan mewnol yr ydych chi'n gwybod y gallwch encilio iddo bob amser. (Žižek)

Sgiliau allweddol
Thema 4

Mae'r bedwaredd thema yn cynnwys tasgau sy'n atgyfnerthu eich sgiliau AA1 ac yn mireinio'r sgiliau hyn er mwyn paratoi ar gyfer yr arholiad.

Sgiliau allweddol

Mae gwybodaeth yn ymwneud â:

Dewis ystod o wybodaeth (drylwyr) gywir a pherthnasol sydd â chysylltiad uniongyrchol â gofynion penodol y cwestiwn.

Mae hyn yn golygu:

- Dewis deunydd perthnasol i'r cwestiwn a osodwyd
- Canolbwyntio ar esbonio ac archwilio'r deunydd a ddewiswyd.

Mae dealltwriaeth yn ymwneud ag:

Esboniad helaeth, gan ddangos dyfnder a/neu ehangder gyda defnydd rhagorol o dystiolaeth ac enghreifftiau gan gynnwys (lle y bo'n briodol) defnydd trylwyr a chywir o destunau cysegredig, ffynonellau doethineb a geirfa arbenigol.

Mae hyn yn golygu:

- Defnydd effeithiol o enghreifftiau a thystiolaeth gefnogol i sefydlu ansawdd eich dealltwriaeth
- Perchenogaeth o'ch esboniad sy'n mynegi gwybodaeth a dealltwriaeth bersonol, NID eich bod yn ailadrodd darn o destun o lyfr rydych wedi ei baratoi a'i gofio.

Datblygu sgiliau AA1

Nawr mae'n bwysig ystyried y wybodaeth sydd wedi'i chyflwyno yn yr adran hon; fodd bynnag, mae'r wybodaeth fel y mae yn llawer rhy helaeth ac felly mae'n rhaid ei phrosesu er mwyn bodloni gofynion yr arholiad. Gallwch wneud hyn drwy ymarfer y sgiliau uwch sy'n gysylltiedig ag AA1. Ar gyfer Amcan Asesu 1 (AA1), sy'n cynnwys dangos sgiliau 'gwybodaeth' a 'dealltwriaeth', rydyn ni am ganolbwyntio ar ffyrdd gwahanol o ddangos y sgiliau yn effeithiol, gan gyfeirio hefyd at sut bydd eich perfformiad ym mhob un o'r sgiliau hyn yn cael ei fesur (gweler disgrifyddion band cyffredinol AA1 ar gyfer U2).

▶ **Dyma eich tasg newydd:** bydd rhaid i chi ysgrifennu ymateb o dan amodau wedi'u hamseru i gwestiwn sy'n gofyn i chi archwilio neu esbonio **prif nodweddion y Mudiad Ymwybyddiaeth Ofalgar cyfoes**. Gallwch gwblhau'r ymarferiad hwn mewn grŵp neu ar eich pen eich hun.

1. Dechreuwch drwy lunio rhestr o gynnwys dangosol, fel y gwnaethoch o bosibl yn y gwerslyfr blaenorol yn y gyfres. Gellir trafod hyn mewn grŵp neu ei wneud ar eich pen eich hun. Does dim rhaid i'r rhestr fod mewn trefn benodol yn y lle cyntaf, ond wrth i chi ymarfer hyn byddwch yn gweld bod eich rhestrau yn fwy trefnus gan adlewyrchu eich dealltwriaeth.

2. Datblygwch y rhestr gan ddefnyddio un neu ddau ddyfyniad perthnasol. Nawr, ychwanegwch rywfaint o gyfeiriadau at ysgolheigion a/neu destunau crefyddol.

3. Yna ysgrifennwch eich cynllun, o fewn amser penodol, gan gofio'r egwyddorion o esbonio gan roi tystiolaeth a/neu enghreifftiau. Yna gofynnwch i rywun arall ddarllen eich ateb ac edrychwch i weld a allan nhw eich helpu i'w wella mewn unrhyw ffordd.

4. Mae marcio ar y cyd yn helpu dysgwyr i werthfawrogi safbwyntiau eraill ac, o bosibl, y pethau na chafodd eu cynnwys. Mae hefyd yn helpu i dynnu sylw at gryfderau rhywun arall y gallwch ddysgu oddi wrthyn nhw. Gan gadw hyn mewn cof, mae cyfnewid a chymharu atebion yn beth da er mwyn gwella eich atebion eich hun.

Ar ôl i chi orffen y dasg, cyfeiriwch at y disgrifyddion band ar gyfer U2 ac edrychwch yn benodol ar y gofynion sydd wedi'u disgrifio yn y disgrifyddion band uwch y dylech chi fod yn anelu atyn nhw. Gofynnwch i chi'ch hun:

- A yw fy ngwaith yn dangos gwybodaeth a dealltwriaeth drylwyr, gywir a pherthnasol o grefydd a chred?
- A yw fy ngwaith yn dangos cydlyniad (cysondeb neu synnwyr rhesymegol), eglurder a threfn o safon ragorol?
- A fydd fy ngwaith, ar ôl ei ddatblygu, yn ateb helaeth a pherthnasol sy'n bodloni gofynion penodol y dasg?
- A yw fy ngwaith yn dangos dyfnder a/neu ehangder sylweddol ac yn gwneud defnydd rhagorol o dystiolaeth ac enghreifftiau?
- Os yw'n briodol i'r dasg, a yw fy ateb yn cynnwys cyfeiriadau trylwyr a chywir at destunau cysegredig a ffynonellau doethineb?
- A ellir gwneud unrhyw gysylltiadau treiddgar ag elfennau eraill o fy nghwrs?
- A fydd fy ateb, ar ôl ei ddatblygu a'i ehangu i gyfateb i'r hyn sy'n ddisgwyliedig mewn ateb arholiad, yn cynnwys ystod eang o safbwyntiau ysgolheigion/ ysgolion o feddwl?
- A yw'r defnydd o iaith a geirfa arbenigol yn drylwyr a chywir, pan geir enghreifftiau o hynny?

Materion i'w dadansoddi a'u gwerthuso

I ba raddau y gellir ystyried y mudiad Ymwybyddiaeth Ofalgar/meddylgarwch cyfoes fel mudiad Bwdhaidd

Mewn rhai ffyrdd, mae'n ddadleuol a yw'r Mudiad Ymwybyddiaeth Ofalgar cyfoes yn tarddu o Fwdhaeth ai peidio. Mae Kabat-Zinn fel petai'n mynd allan o'i ffordd i bellhau'r Mudiad Ymwybyddiaeth Ofalgar oddi wrth Fwdhaeth. Felly, yn *Wherever You Go, There You Are: Mindfulness Meditation for Everyday Life*, mae'n dyfynnu Thoreau, y trosgynolydd o America fel ffigwr allweddol ym maes ymwybyddiaeth ofalgar.

Ym mhennod gyntaf y llyfr, lle mae'n diffinio ymwybyddiaeth ofalgar, mae Kabat-Zinn yn ysgrifennu, er bod Bwdhyddion yn edrych ar natur ymwybyddiaeth ers miloedd o flynyddoedd, dydy eu safbwynt 'ddim yn arbennig o Ddwyreiniol nac yn gyfriniol. Gwelodd Thoreau yr un broblem gyda'n cyflwr meddwl cyffredin yn New England yn 1846 ac ysgrifennodd yn llawn angerdd am ei ganlyniadau anffodus.'

Fel rydyn ni wedi'i nodi, un o'r cysyniadau y mae Kabat-Zinn yn tynnu sylw ato o 'Walden' Thoreau yw bod yn effro. Mae'n dyfynnu un o linellau olaf 'Walden' lle mae Thoreau yn dweud: 'Dim ond y diwrnod hwnnw rydyn ni'n effro iddo sy'n gwawrio'. Mae hyn yn cysylltu ag union ddiffiniad y gair 'Bwdha' sy'n golygu'n syml, yn ôl Kabat-Zinn, 'un sydd wedi cael ei ddeffro i'w natur wirioneddol ei hun'.

Felly, mae Kabat-Zinn yn cyflwyno Bwdhaeth yn nhermau 'bod mewn cysylltiad â'ch natur ddyfnaf eich hun a gadael iddi lifo allan ohonoch chi heb rwystr'. Yn y bôn, ystyr hyn yw ei fod yn fodlon dod i'r casgliad y bydd ymwybyddiaeth ofalgar ynddi'i hun 'ddim yn gwrthdaro ag unrhyw gredoau neu draddodiadau – crefyddol neu wyddonol o ran hynny – a dydy hi chwaith ddim yn ceisio gwerthu unrhyw beth i chi, yn enwedig nid system gredoau neu ideoleg newydd'.

O edrych yn ôl ar gyfweliad Kabat-Zinn yn 2017, mae'r cyfwelydd yn nodi, er bod llawer o sôn am Dhamma, bod Kabat-Zinn yn dweud 'dydy e ddim yn Fwdhydd'. At hynny, dywed, 'mae mynnu bod myfyrdod ymwybyddiaeth ofalgar yn Fwdhaidd fel dweud bod disgyrchiant yn Seisnig gan mai Syr Isaac Newton a dynnodd sylw ato'.

Yn y llawlyfr poblogaidd iawn 'for Dummies', mae Shamash Alidina – hyfforddwr a darlithydd ymwybyddiaeth ofalgar ers pedair blynedd ar ddeg – yn ysgrifennu am ymwybyddiaeth ofalgar ac yn disgrifio'r gosodiad 'Rhywbeth i Fwdhyddion yn unig yw Ymwybyddiaeth Ofalgar' fel un o'r deg myth am ymwybyddiaeth ofalgar sydd i'w datgelu. Er ei fod yn dweud bod y Bwdha a Bwdhyddion wedi ymchwilio i ymwybyddiaeth ofalgar, 'nid Bwdhyddion yn unig sydd â'r hawliau ar ymwybyddiaeth ofalgar'.

Mae gwahanu ymwybyddiaeth ofalgar oddi wrth Fwdhaeth wedi creu'r hyn y mae rhai pobl wedi'i alw'n 'McMindfulness'. Defnyddir y term i esbonio bod rhaid ailfrandio ymwybyddiaeth ofalgar fel ei fod yn gwerthu cymaint â phosibl, er mwyn iddi fod yn dderbyniol ac yn gymeradwy gan bawb. Gallai rhan o'r ail-frandio hwnnw olygu bod ymwybyddiaeth ofalgar yn ei disgrifio ei hun fel rhywbeth 'wedi'i ysbrydoli gan Fwdhaeth' gan fod hyn yn ychwanegu at ei nodwedd arbennig fel cysyniad wedi'i brofi a 'ffasiynol', efallai. Fodd bynnag, ar yr un pryd, mae'n rhaid ei thorri hi'n llwyr oddi wrth ei tharddiad Bwdhaidd a'i chysylltu â meysydd anghrefyddol ac anysbrydol fel niwrowyddoniaeth. O wneud hyn, mae'n bosibl ei marchnata a gwneud iddi apelio at bawb i'r eithaf. Fel brand, wedyn mae 'McMindfulness' yn cyfuno ymwybyddiaeth ofalgar â thestunau fel rhianta, bwyta ac addysgu ac mae'n bosibl ei weld yn ymyl llawlyfrau hunan-help di-rif eraill. Erbyn hyn mae ymwybyddiaeth ofalgar yn rhan arwyddocaol o'r diwydiant 'llesiant' byd-eang cyfan.

Er bod y Mudiad Ymwybyddiaeth Ofalgar cyfoes yn honni ei fod yn seciwlar, gellir dadlau nad yw'n gallu dianc oddi wrth ei darddiad Bwdhaidd yn y pen draw. Er

Th4 Arferion crefyddol sy'n dylanwadu ar hunaniaeth grefyddol

Mae'r adran hon yn cwmpasu cynnwys a sgiliau AA2

Cynnwys y fanyleb

I ba raddau y gellir ystyried y mudiad Ymwybyddiaeth Ofalgar/meddylgarwch cyfoes fel mudiad Bwdhaidd.

Dyfyniad allweddol

Mae ymwybyddiaeth ofalgar yn sgìl ac yn briodoledd ddynol hollgyffredinol, yn nodwedd sylfaenol ar fod yn fyw, yn union fel mae'r llygaid, clustiau a stumog yn rhan o gorff dynol. Mae ymwybyddiaeth ofalgar yn golygu bod yn ymwybodol, a dydy hi ddim yn bosibl priodoli ymwybyddiaeth i unrhyw un grefydd. (Alidina)

cwestiwn cyflym

4.16 Beth yw ystyr McMindfulness?

Gweithgaredd AA2

Wrth i chi ddarllen drwy'r adran hon ceisiwch wneud y pethau canlynol:

1. Dewiswch y gwahanol ddadleuon sy'n cael eu cyflwyno yn y testun a nodwch unrhyw dystiolaeth gefnogol a roddir.

2. Ar gyfer pob dadl a gyflwynir, ceisiwch werthuso a yw'r ddadl yn un gryf neu wan yn eich barn chi.

3. Meddyliwch am unrhyw gwestiynau yr hoffech chi eu gofyn wrth ymateb i'r dadleuon.

Bydd y gweithgaredd hwn yn eich helpu chi i ddechrau meddwl yn feirniadol am yr hyn rydych chi'n ei ddarllen, ac yn eich helpu i werthuso effeithiolrwydd dadleuon gwahanol, gan ddatblygu eich sylwadau, a'ch barn a'ch safbwyntiau eich hun. Bydd hyn yn eich helpu wrth ddod i gasgliadau y byddwch yn eu gwneud yn eich atebion i'r cwestiynau AA2 sy'n codi.

Cwestiynau allweddol

Ydy hi'n bosibl gwahanu ymwybyddiaeth ofalgar oddi wrth ei gwreiddiau Bwdhaidd?

I ba raddau mae ymwybyddiaeth ofalgar yn wahanol i arafu a dim mwy?

A yw ymwybyddiaeth ofalgar yn fwy anodd heddiw oherwydd ei bod hi mor hawdd i'r cyfryngau cymdeithasol dynnu ein sylw ar ffonau symudol, tabledi a chaledwedd electronig arall?

Dyfyniad allweddol

Ymwybyddiaeth ofalgar yw'r wyrth sy'n ei gwneud hi'n bosibl i ni ein meistroli a'n hadfer ni ein hunain ... Dyma'r wyrth sy'n gallu galw ein meddwl ar wasgar yn ôl a'i adfer i fod yn gyfan fel y gallwn fyw pob munud o'n bywyd. Felly, mae ymwybyddiaeth ofalgar yn ddull ac yn nod ar yr un pryd, yn hedyn ac yn ffrwyth. **(Nhat Hanh)**

Thich Nhat Hanh (1926–) awdur The Miracle Of Mindfulness!

Gweithgaredd AA2

Rhestrwch rai casgliadau y byddai'n bosibl dod iddynt ar sail y rhesymeg AA2 yn y testun uchod; ceisiwch gyflwyno o leiaf dri chasgliad gwahanol posibl. Ystyriwch bob un o'r casgliadau a chasglwch dystiolaeth gryno i gefnogi pob casgliad o'r deunydd AA1 ac AA2 ar gyfer y testun hwn. Dewiswch y casgliad sy'n argyhoeddi fwyaf yn eich barn chi ac esboniwch pam mae hyn yn wir. Ceisiwch gyferbynnu hyn â'r casgliad gwannaf ar y rhestr, gan gyfiawnhau eich dadl gyda rhesymu clir a thystiolaeth.

enghraifft, Nhat Hanh a ysgrifennodd y rhagair i lyfr Kabat-Zinn *Full Catastrophe Living*. Cydnabyddir bod Nhat Hanh yn un o athrawon Kabat-Zinn ar ôl iddo gael ei gyflwyno i fyfyrdod. Yn y cyfweliad uchod yn 2017, mae Kabat-Zinn yn esbonio sut daeth at fyfyrdod yn 1965 drwy 'ddrws Zen'. O'r cyfnod hwnnw ymlaen, mae wedi myfyrio bob dydd am 5 y bore.

Gellid dadlau bod llwyddiant Kabat-Zinn mewn gwirionedd yn seiliedig ar y ffaith bod Nhat Hanh wedi cyflwyno cysyniad ymwybyddiaeth ofalgar i gynulleidfa ryngwladol yn barod drwy ei lyfr poblogaidd a gyhoeddwyd yn 1975 *The Miracle of Mindfulness! A Manual on Meditation*.

Mae'n bosibl gweld *The Miracle of Mindfulness* fel rhan o'r Mudiad Ymwybyddiaeth Ofalgar cyfoes, ond dydy e ddim yn ei bellhau ei hun oddi wrth Fwdhaeth. Yn ddieithriad, mae holl storïau ac enghreifftiau Nhat Hanh wedi'u tynnu o'i brofiad fel Bwdhydd neu o lenyddiaeth Fwdhaidd. Er efallai fod ganddo enghreifftiau seciwlar, cysylltir y rhain hefyd yn ôl â Bwdhaeth wedyn.

Mewn un enghraifft, mae Nhat Hanh yn ysgrifennu am olchi llestri gan ddefnyddio llwch, plisg reis a chroen cnau coco – gan nad oedd sebon – pan oedd yn nofis ym Mhagoda Tu Hieu. 'Wrth olchi'r llestri dylai rhywun fod yn golchi'r llestri'n unig, sy'n golygu y dylai rhywun, wrth olchi'r llestri, fod yn hollol ymwybodol o'r ffaith fod rhywun yn golchi'r llestri.' Mae'n esbonio hyn fel enghraifft o ymwybyddiaeth ofalgar – y dylai person ganolbwyntio ar yr hyn y mae'n ei wneud: nid golchi'r llestri er mwyn cael llestri glân, ond golchi'r llestri er mwyn golchi'r llestri. Drwy ganolbwyntio'n llwyr ar y dasg o dan sylw yn hytrach na'r hyn sy'n digwydd nesaf, mae person yn osgoi 'cael ei sugno i ffwrdd i'r dyfodol' ac felly mae'n dangos ei fod yn gallu 'byw un eiliad o'i fywyd yn wirioneddol'.

Mewn man arall yn y llyfr, mae Nhat Hanh yn disgrifio cerdded ac eistedd mewn ffordd ymwybyddol ofalgar a phwysigrwydd 'dal gafael ar eich anadl'.

Yn y pen draw gellid dadlau bod y Mudiad Ymwybyddiaeth Ofalgar cyfoes yn Fwdhaidd oherwydd bod y term 'ymwybyddiaeth ofalgar' yn gyfieithiad o'r term technegol Pali 'sati'. Yn *The Mind Illuminated: A Complete Meditation Guide*, mae Culadasa, Immergut a Graves yn awgrymu mai 'sati' yw'r 'rhyngweithio gorau posibl rhwng sylw'r meddwl ac ymwybyddiaeth ymylol sy'n gofyn am rym ymwybodol cyfan y meddwl'. Felly hefyd, mae Batchelor yn disgrifio ymwybyddiaeth ofalgar fel bod 'yn ymwybodol o'r hyn sy'n digwydd yn hytrach na gadael i bethau lifo heibio mewn niwlen hanner ymwybodol neu gael digwyddiadau'n ymosod arnoch chi mor ffyrnig fel bod rhywun yn adweithio cyn cael amser i feddwl hyd yn oed'. Mae'r ddau ddiffiniad yn cyd-fynd yn dda iawn â dealltwriaeth Kabat-Zinn.

Mae'r Sutta Anapanasati yn destun Bwdhaidd allweddol yma – mae 'Anapana' yn cyfeirio at anadlu. Yn y sutta hwn – efallai un o'r rhai sy'n cael ei ddefnyddio fwyaf mewn Bwdhaeth o ran myfyrio – mae'r Bwdha yn disgrifio mynach sy'n mynd i 'gysgod coeden, neu i adeilad gwag' sy'n eistedd wedyn yn y safle lotus gydag ymwybyddiaeth ofalgar ar flaen ei feddwl. Y cyfan sy'n digwydd wedyn yw bod y mynach yn anadlu. Mae'r Bwdha yn disgrifio'r mynach yn anadlu i mewn ac allan ac yn arsylwi'r broses hon: 'Wrth anadlu i mewn yn hir, mae'n dirnad, "Rwy'n anadlu i mewn yn hir"; neu wrth anadlu allan yn hir, mae'n dirnad, "Rwy'n anadlu allan yn hir". Neu wrth anadlu i mewn yn fyr, mae'n dirnad, "Rwy'n anadlu i mewn yn fyr"; neu wrth anadlu allan yn fyr, mae'n dirnad, "Rwy'n anadlu allan yn fyr".' Wrth anadlu, mae'r mynach yn canolbwyntio wedyn ar y corff, yr emosiynau, y meddwl a gwrthrychau'r meddwl. Mae'r Bwdha'n sôn fel hyn am arfer y mynach: dylai'r mynach, wrth arfer ymwybyddiaeth ofalgar, heblaw am anadlu ac arsylwi ei anadlu, atal unrhyw feddyliau sy'n arwain at 'drachwant neu drallod gyda golwg ar y byd'.

Gellid dadlau bod hyn i gyd yn debyg iawn i ymagwedd Ymwybyddiaeth ofalgar gyfoes Kabat-Zinn. Yn y broses y mae'r Bwdha yn ei disgrifio, gallwn nodi saith sylfaen agwedd Kabat-Zinn, yr ymrwymiad, yr hunanddisgyblaeth a'r bwriad sydd eu hangen, a saith 'rhinwedd meddwl a chalon' ymarferwr.

I ba raddau y mae'r mudiad Ymwybyddiaeth Ofalgar/meddylgarwch cyfoes yn cynnig datrysiad i ddioddefaint

Un o'r suttas allweddol sydd wedi'i neilltuo i 'sati' yw'r Sutta Satipatthana. Mae modd cyfieithu Satipatthana fel 'sylfeini ymwybyddiaeth ofalgar'. Fel arfer mae'r pedair sylfaen hyn yn cael eu hadnabod fel y corff, teimladau, ymwybyddiaeth a gwrthrychau meddyliol. Fodd bynnag, y pwynt allweddol yma yw bod y Bwdha yn dweud mai ymwybyddiaeth ofalgar yw: 'yr unig ffordd, fynachod, i buro bodau, i oresgyn tristwch a galarnadau, i ddinistrio dioddefaint a galar, i gyrraedd y llwybr cywir, i gyrraedd Nibbana ...'

Mae'n ei gwneud hi'n eglur bod ymwybyddiaeth ofalgar yn cael ei gweld fel datrysiad i ddioddefaint. Mae hyn yn amlwg hefyd oherwydd ei bod yn cael ei chynnwys fel seithfed agwedd y Llwybr Wythblyg. Yma, dysgir 'samma sati' neu 'ymwybyddiaeth ofalgar gywir'. Mae ymwybyddiaeth ofalgar gywir yn gysylltiedig â phob un o rannau eraill y Llwybr Wythblyg. Y nod yw datblygu agweddau a gweithredoedd medrus a fydd yn gwrthsefyll y Tri Gwenwyn, sef anwybodaeth, trachwant a chasineb. Mae'r tri hyn i gyd yn gysylltiedig â tanha ac felly maen nhw'n achosi dukkha neu ddioddefaint.

Yn draddodiadol, dydy ymwybyddiaeth ofalgar ei hun ddim yn cael ei gweld fel datrysiad i ddioddefaint oherwydd bod y Llwybr Wythblyg hefyd yn cynnwys ffordd doethineb (prajna) a ffordd moesoldeb (sila). Mae dysgeidiaeth y Bwdha yn dangos bod pob un o'r rhain yn gysylltiedig â'i gilydd a'i bod hi'n amhosibl gwahanu un ffordd oddi wrth ffordd arall a rhoi mwy o bwysigrwydd iddi. Gallai rhai ddadlau bod hon yn enghraifft allweddol o pratitya samutpada – tarddiad dibynnol. O'r safbwynt hwn, gan fod ffordd sila yn cynnwys gweithredu cywir, llefaru cywir a bywoliaeth gywir, dydy person ddim yn gallu canolbwyntio ar ymwybyddiaeth ofalgar yn unig a chael datrysiad i ddioddefaint ynddi ond gan anwybyddu agweddau eraill ar y Llwybr Wythblyg ar yr un pryd.

Mewn sylwadau ynghylch sut mae'r Mudiad Ymwybyddiaeth Ofalgar cyfoes yn mynd yn 'McMindfulness', mae Ron Purser a David Loy yn awgrymu nad yw problem y Tri Gwenwyn sy'n achosi dioddefaint yn cael sylw. O'r safbwynt hwn, y cyfan y mae'r Mudiad Ymwybyddiaeth Ofalgar cyfoes yn ei gynnig yw ffurf ar therapi hunan-help sy'n canolbwyntio ar wella sylw a lleihau straen, ac sydd felly yn galluogi person i fod yn ddinesydd llai problemus a mwy cynhyrchiol. Fodd bynnag, dydy hyn ddim yn rhoi unrhyw sylw uniongyrchol i Dri Gwenwyn anwybodaeth, trachwant a chasineb. O ganlyniad, does dim sylw i tanha ac felly mae dioddefaint yn parhau.

O un safbwynt, dydy'r Mudiad Ymwybyddiaeth Ofalgar cyfoes dim yn rhoi digon o sylw i ymwybyddiaeth ofalgar fel 'samma sati' – ymwybyddiaeth ofalgar gywir. Felly gellid ystyried yr hyn sy'n cael ei hyrwyddo fel 'miccha sati' – ymwybyddiaeth ofalgar anghywir. Mewn sylwadau ar y Sutta Satipatthana, yn ôl Analyo, er mwyn bod yn 'samma sati', mae angen i ymwybyddiaeth ofalgar fod yn fwy na 'ffactor meddyliol cyffredinol' yn unig. Mae'n rhaid cael y cyfuniad angenrheidiol cywir o rinweddau meddyliol 'wedi'i gefnogi gan gyflwr meddwl sy'n rhydd o ddyheadau ac anfodlonrwydd, ac wedi'i gyfeirio at y corff, y teimladau, y meddwl a'r Dhammas'. Hyn yn unig sy'n creu 'samma sati'. Fel nodwyd, mae'r Mudiad Ymwybyddiaeth Ofalgar cyfoes yn tueddu i bwysleisio nad yw'n gysylltiedig â Bwdhaeth, ac felly fyddai dim ystyriaeth yn cael ei chyfeirio at y Dhamma Bwdhaidd. Felly, dydy'r mudiad ddim yn cynnig datrysiad go iawn neu barhaol i ddioddefaint.

Gellid ystyried 'miccha sati' hefyd gan ddefnyddio enghraifft fwy eithafol. Fel rydyn ni wedi gweld yn barod, saith sylfaen agwedd Kabat-Zinn sy'n ofynnol gan bob cyfranogwr yn ogystal ag ymrwymiad, hunanddisgyblaeth a bwriad yw dim barnu, amynedd, meddwl dechreuwr, ymddiriedaeth, dim ymdrechu, derbyn a gollwng gafael. O un safbwynt, hyfforddiant yn seiliedig ar y sylfeini hyn yn unig fyddai'r

Cynnwys y fanyleb

I ba raddau y mae'r mudiad Ymwybyddiaeth Ofalgar/ meddylgarwch cyfoes yn cynnig datrysiad i ddioddefaint.

Dyfyniad allweddol

Mae datgysylltu ymwybyddiaeth ofalgar oddi wrth ei chyd-destun moesegol a chrefyddol Bwdhaidd yn ddealladwy fel cam cyfleus i wneud i hyfforddiant fel hyn fod yn gynnyrch hawdd ei werthu ar y farchnad agored. Ond efallai fod y brys i seciwlareiddio ac i droi ymwybyddiaeth ofalgar yn nwydd hawdd ei farchnata yn newid natur yr arfer hynafol hwn mewn ffordd anffodus. Y bwriad oedd iddo fod yn llawer mwy na rhywbeth i leddfu pen tost, i leihau pwysedd gwaed, neu i helpu gweithwyr mewn swyddi uchel i ganolbwyntio'n well ac i fod yn fwy cynhyrchiol. **(Purser a Loy)**

Gweithgaredd AA2

Wrth i chi ddarllen drwy'r adran hon ceisiwch wneud y pethau canlynol:

1. Dewiswch y gwahanol ddadleuon sy'n cael eu cyflwyno yn y testun a nodwch unrhyw dystiolaeth gefnogol a roddir.

2. Ar gyfer pob dadl a gyflwynir, ceisiwch werthuso a yw'r ddadl yn un gryf neu wan yn eich barn chi.

3. Meddyliwch am unrhyw gwestiynau yr hoffech chi eu gofyn wrth ymateb i'r dadleuon.

Bydd y gweithgaredd hwn yn eich helpu chi i ddechrau meddwl yn feirniadol am yr hyn rydych chi'n ei ddarllen, ac yn eich helpu i werthuso effeithiolrwydd dadleuon gwahanol, gan ddatblygu eich sylwadau, a'ch barn a'ch safbwyntiau eich hun. Bydd hyn yn eich helpu wrth ddod i gasgliadau y byddwch yn eu gwneud yn eich atebion i'r cwestiynau AA2 sy'n codi.

Cwestiynau allweddol

O gofio cymhlethdod y person dynol, a yw dweud bod ymwybyddiaeth ofalgar yn cynnig ffordd o ddatrys dioddefaint yn rhy syml?

A allai 'miccha sati' gynhyrchu mwy neu lai o ddioddefaint yn y byd?

A ddylai athrawon ymwybyddiaeth ofalgar fod yn rhoi dosbarthiadau i'r lluoedd arfog?

Dyfyniad allweddol

Mewn carfannau milwrol a gafodd Hyfforddiant Ffitrwydd Meddwl yn Seiliedig ar Ymwybyddiaeth Ofalgar cyn cael eu rhyddhau i frwydro, cadwyd gallu'r cof gweithredol ar ôl hynny ... diryiodd mewn milwyr na chafodd yr ymyriad ymwybyddiaeth ofalgar. Yn ogystal, gostyngodd y lefelau straen a oedd i'w gweld ymysg y carfannau milwrol a gafodd yr ymyriad o'i gymharu â rheolyddion. (Brewer)

Awgrym astudio

Ar gyfer AA2, mae'n hanfodol eich bod chi'n trafod dadleuon yn hytrach nag esbonio'r hyn y gallai rhywun fod wedi'i ddweud yn unig. Ceisiwch ofyn i chi'ch hun, 'a oedd hwn yn bwynt teg i'w wneud?', 'a yw'r dystiolaeth yn ddigon cadarn?', 'a oes unrhyw beth i herio'r ddadl hon?', 'a yw'r ddadl hon yn ddadl gref neu wan?' Bydd dadansoddi beirniadol o'r fath yn eich helpu i ddatblygu eich sgiliau gwerthuso.

union beth sydd ei angen ar berson sy'n cyflawni trosedd wedi'i chynllunio'n drefnus ymlaen llaw. Yn amlwg, fyddai hyn ddim yn datrys dioddefaint. Sylw Purser a Loy yw 'dydy sylw gofalus a chanolbwyntio penderfynol gan derfysgwr, llofrudd sy'n saethu, neu droseddwr coler wen ddim yn ymwybyddiaeth ofalgar o'r un ansawdd ag y mae'r Dalai Lama ac arbenigwyr Bwdhaidd eraill wedi'i ddatblygu.' Mae hyn oherwydd bod rhaid i 'samma sati' fod 'wedi'i arwain gan fwriadau a chymelliadau sy'n seiliedig ar hunanymatal, cyflyrau meddwl iach ac ymddygiad moesegol – nodau sy'n cynnwys ond yn disodli lleihau straen a gwella canolbwyntio'.

Dydy holl ymagwedd y Mudiad Ymwybyddiaeth Ofalgar cyfoes ddim yn beirniadu unrhyw unigolyn sy'n dymuno dod yn ymarferwyr – mae ymwybyddiaeth ofalgar i bawb. Mae hyn yn cynnwys personél milwrol. Mewn erthygl yn *American Journal of Psychiatry*, mae Dr Judson Brewer yn disgrifio gwaith Dr Elizabeth Stanley, sy'n un o nawfed genhedlaeth ym Myddin UDA. Mae hi wedi datblygu Hyfforddiant Ffitrwydd Meddwl yn Seiliedig ar Ymwybyddiaeth Ofalgar yn benodol ar gyfer amgylchiadau milwrol. Fel nodwyd yn barod o ran rheoli poen, y mater allweddol yw sut mae rheoli straenachoswyr allanol a mewnol. Mae rhaglen Stanley yn hyfforddi milwyr i arsylwi eu straen ac i'w reoli'n fwy effeithiol hefyd. Mae hyn yn helpu milwyr i ymdopi â PTSD ac i fod yn fwy effeithlon wrth ymladd.

Gallai rhai Bwdhyddion ystyried ei bod hi'n ddadleuol bod y Mudiad Ymwybyddiaeth Ofalgar cyfoes wedi cael lle gyda'r lluoedd arfog gan mai'r nod eglur yw gwneud i filwyr fod yn fwy gwydn wrth ymladd, gallu ymdopi'n well â straen ac felly yn fwy medrus yn gyffredinol o ran eu gallu i weithredu. Gan fod milwyr sy'n ymladd yn debygol o ymwneud â gweithredoedd sy'n niweidio ac yn lladd, byddai hyn yn mynd yn hollol groes i ddull 'ahimsa' (dim trais) Bwdhaeth a hefyd byddai'n mynd yn groes i'r Pancha Sila cyntaf, dim niweidio. Yma hefyd gellid dweud nad oes dim yn cael ei gynnig i ddatrys dioddefaint.

Yn *The Miracle of Mindfulness*, mae Nhat Hanh yn ailadrodd stori Tri Chwestiwn yr Ymerawdwr gan Leo Tolstoy (1828–1910). Yn y stori, y cwestiynau hyn yw: Beth yw'r amser gorau i ddechrau unrhyw beth? Pwy yw'r bobl bwysicaf i weithio gyda nhw? Beth yw'r peth pwysicaf i'w wneud ar bob adeg?

Mae Nhat Hanh yn crynhoi'r atebion y mae'r Ymerawdwr yn eu cael fel hyn: 'yr eiliad hon yw'r unig amser y mae gennyn ni reolaeth drosto. Y person pwysicaf bob amser yw'r person rydych chi gydag ef/hi ... Y gweithgaredd pwysicaf yw gwneud i'r person sy'n sefyll wrth eich ochr fod yn hapus, oherwydd dyna unig weithgarwch bywyd.'

I Nhat Hanh mae'r atebion hyn yn rhoi 'ystyr a chyfeiriad' i fywyd, ond os gofynnir y cwestiwn sut mae cyflawni'r pethau hyn, mae'n ateb: 'Yr ateb yw hyn: rhaid i ni arfer ymwybyddiaeth ofalgar. Mae'r egwyddor y mae Tolstoy yn ei rhoi yn ymddangos yn hawdd. Ond er mwyn ei rhoi ar waith, rhaid i ni ddefnyddio dulliau ymwybyddiaeth ofalgar er mwyn ceisio dod o hyd i'r ffordd.' Felly gellid dadlau bod ymwybyddiaeth ofalgar yn cynnig datrysiad i ddioddefaint.

Mae Nhat Hanh yn cyfeirio at ymwybyddiaeth ofalgar fel rhywbeth sy'n ymwneud â phoeni am eraill ac nid â'r ymarferwr yn unig. Mae Purser a Loy yn sôn am hyn: perygl 'McMindfulness' yw ei fod yn gosod ymwybyddiaeth ofalgar mewn adran ar ei ben ei hun: 'Does dim cysylltiad rhwng eich trawsnewidiad personol eich hun a'r math o drawsnewid cymdeithasol a chyfundrefnol sy'n ystyried achosion a chyflyrau dioddefaint yn yr amgylchedd ehangach. Mae ynysu ymwybyddiaeth ofalgar fel hyn yn cael effaith gyfryngol. Mae'n newid cyfeiriad yr arfer at anghenion y farchnad, yn hytrach nag at ystyried yn feirniadol beth yw achosion ein dioddefaint torfol, neu ein dukkha cymdeithasol.'

Mae Culadasa, Immergut a Graves yn cadarnhau'r un pwynt: drwy ymwybyddiaeth ofalgar mae ymarferwr yn colli ei ymdeimlad o fod yn hunan ar wahân sy'n dioddef, ac yn lle hynny gall 'ymddwyn yn fwy gwrthrychol er lles pawb ... Yna byddwn wedi darganfod gwir ffynhonnell hapusrwydd, a diwedd dioddefaint'.

Datblygu sgiliau AA2

Nawr mae'n bwysig ystyried y wybodaeth sydd wedi'i chyflwyno yn yr adran hon; fodd bynnag, mae'r wybodaeth fel y mae yn llawer rhy helaeth ac felly mae'n rhaid ei phrosesu er mwyn bodloni gofynion yr arholiad. Gallwch wneud hyn drwy ymarfer y sgiliau uwch sy'n gysylltiedig ag AA2. Ar gyfer Amcan Asesu 2 (AA2), sy'n cynnwys dangos sgiliau 'dadansoddi beirniadol' a 'gwerthusiad', rydyn ni am ganolbwyntio ar ffyrdd gwahanol o ddangos y sgiliau yn effeithiol, gan gyfeirio hefyd at sut bydd eich perfformiad ym mhob un o'r sgiliau hyn yn cael ei fesur (gweler disgrifyddion band cyffredinol AA2 ar gyfer U2).

▶ **Dyma eich tasg newydd:** bydd yn rhaid i chi ysgrifennu ymateb dan amodau wedi'u hamseru i gwestiwn sy'n gofyn i chi werthuso **a yw'r Mudiad Ymwybyddiaeth Ofalgar cyfoes yn gallu cael ei ystyried yn Fwdhaidd.** Gallwch gwblhau'r ymarferiad hwn mewn grŵp neu ar eich pen eich hun.

1. Dechreuwch drwy lunio rhestr o ddadleuon neu resymu dangosol, fel y gwnaethoch o bosibl yn y gwerslyfr blaenorol yn y gyfres. Does dim rhaid i'r rhestr fod mewn trefn benodol yn y lle cyntaf, ond wrth i chi ymarfer hyn byddwch yn gweld bod eich rhestrau yn fwy trefnus, yn arbennig o ran y cysylltiadau rhwng dadleuon.

2. Datblygwch y rhestr gan ddefnyddio un neu ddau ddyfyniad perthnasol. Nawr, ychwanegwch rywfaint o gyfeiriadau at ysgolheigion a/neu destunau crefyddol.

3. Yna ysgrifennwch eich cynllun, o fewn amser penodol, gan gofio'r egwyddorion o esbonio gan roi tystiolaeth a/neu enghreifftiau. Yna gofynnwch i rywun arall ddarllen eich ateb ac edrychwch i weld a allan nhw eich helpu i'w wella mewn unrhyw ffordd.

4. Mae marcio ar y cyd yn helpu dysgwyr i werthfawrogi safbwyntiau eraill ac, o bosibl, y pethau na chafodd eu cynnwys. Mae hefyd yn helpu i dynnu sylw at gryfderau rhywun arall y gallwch ddysgu oddi wrthyn nhw. Gan gadw hyn mewn cof, mae cyfnewid a chymharu atebion yn beth da er mwyn gwella eich atebion eich hun.

Ar ôl i chi orffen y dasg, cyfeiriwch at y disgrifyddion band ar gyfer U2 ac edrychwch yn benodol ar y gofynion sydd wedi'u disgrifio yn y disgrifyddion band uwch y dylech chi fod yn anelu atyn nhw. Gofynnwch i chi'ch hun:

- A yw fy ateb yn ddadansoddiad beirniadol hyderus a gwerthusiad craff o'r mater?
- A yw fy ateb yn nodi'r materion a godwyd gan y cwestiwn yn llwyddiannus ac yn mynd i'r afael â nhw'n drylwyr?
- A yw fy ngwaith yn dangos cydlyniad, eglurder a threfn o safon ragorol?
- A fydd fy ngwaith, ar ôl ei ddatblygu, yn cynnwys safbwyntiau trylwyr, cyson a chlir wedi'u cefnogi gan resymeg a/neu dystiolaeth helaeth, fanwl?
- A yw safbwyntiau ysgolheigion/ysgolion o feddwl yn cael eu defnyddio'n helaeth a phriodol, ac yn eu cyd-destun?
- A yw fy ateb yn cyfleu dadansoddiad hyderus a chraff o natur unrhyw gysylltiadau posibl ag elfennau eraill o'm cwrs?
- A yw'r defnydd o iaith a geirfa arbenigol yn drylwyr a chywir, pan geir enghreifftiau o hynny?

Mae'r thema hon yn cynnwys tasgau sy'n atgyfnerthu eich sgiliau AA2 ac yn mireinio'r sgiliau hyn er mwyn paratoi ar gyfer yr arholiad.

Sgiliau allweddol
Mae dadansoddi'n ymwneud â:

Nodi materion sy'n cael eu codi gan y deunyddiau yn adran AA1, ynghyd â'r rhai a nodwyd yn adran AA2, ac mae'n cyflwyno safbwyntiau cyson a chlir, naill ai gan ysgolheigion neu safbwyntiau personol, yn barod i'w gwerthuso.

Mae hyn yn golygu:

- Bod eich atebion yn gallu nodi meysydd trafod allweddol mewn perthynas â mater penodol
- Eich bod yn gallu nodi'r gwahanol ddadleuon a gyflwynir gan eraill, a rhoi sylwadau arnyn nhw
- Bod eich ateb yn rhoi sylwadau ar effeithiolrwydd cyffredinol pob un o'r meysydd neu ddadleuon hyn

Mae gwerthuso'n ymwneud ag:

Ystyried goblygiadau amrywiol y materion sy'n cael eu codi, yn seiliedig ar y dystiolaeth a gafwyd wrth ddadansoddi ac mae'n rhoi dadl fanwl eang gyda chasgliad clir.

Mae hyn yn golygu:

- Bod eich ateb yn pwyso a mesur canlyniadau derbyn neu wrthod y dadleuon amrywiol a gwahanol a gafodd eu dadansoddi
- Bod eich ateb yn dod i gasgliad drwy broses rhesymu clir

Cynnwys y fanyleb

Y rhesymau dros ddatblygiad Bwdhaeth sy'n Ymgysylltu â'r Gymdeithas.

Dyfyniadau allweddol

Wnaeth Thich Nhat Hanh a'i gyd-weithredwyr Bwdhaidd ddim ochri gyda'r gogledd Comiwnyddol na'r de gwrth-Gomiwnyddol. Doedden nhw ddim yn coleddu unrhyw awydd am rym gwleidyddol iddyn nhw eu hunain chwaith. Ceision nhw gael dealltwriaeth yn hytrach na gwrthdaro. **(Batchelor)**

Yn y 1960au dioddefodd De Viet Nam frwydr hir a gwaedlyd ... Ysbrydolodd yr Eglwys Fwdhaidd Unedig a'r Mudiad Brwydro Bwdhaidd ymgyrch hanesyddol ddi-drais dorfol dros drydedd ffordd a allai ddod â rhyfel i ben a sefydlu Viet Nam niwtral ... Roedd y mudiad dros heddwch yn gysylltiedig â gweithredu dros gyfiawnder cymdeithasol a chwyldro cymdeithasol. **(Jones)**

Awgrym astudio

Mae'r Fanyleb yn cyfeirio at 'gael sylw mawr yn y cyfryngau', er enghraifft, hunanladdiad protest Thich Quang Duc a Gwobr Heddwch Nobel y Dalai Lama. Drwy gydol yr adran hon mae llawer o enghreifftiau eraill i chi eu defnyddio.

C: Bwdhaeth sy'n Ymgysylltu â'r Gymdeithas: traddodiadau 'rhyddhaol'

Y rhesymau dros ddatblygiad Bwdhaeth sy'n Ymgysylltu â'r Gymdeithas

Un o'r problemau gydag unrhyw ddehongli a thrafod Bwdhaeth sy'n Ymgysylltu â'r Gymdeithas yw'r diffiniad ohoni. Mae Phil Henry yn esbonio hyn yn ei lyfr *Adaptations and Developments in Western Buddhism* (2013): 'mae ysgolheigion ac ymarferwyr fel ei gilydd yn anghytuno ynghylch ble, pryd a sut dechreuodd Bwdhaeth wleidyddol neu Fwdhaeth sy'n Ymgysylltu â'r Gymdeithas gyntaf mewn gwirionedd ...'

Mae rhai ysgolheigion yn tueddu i weld yn ddiweddar bod gwreiddiau'r hyn y gellir ei alw'n 'Fwdhaeth *sy'n Ymgysylltu*' yn Viet Nam. Mae hanes Bwdhaeth Viet Nam yn gymhleth ond ar ôl cael ei chyflwyno o China yn yr 2il ganrif CCC, tyfodd a dod yn fwyfwy poblogaidd. Roedd Bwdhaeth Viet Nam yn cynnwys Bwdhaeth Zen, Theravada a'r Wlad Bur. Cymhathodd bob un o'r rhain y crefyddau gwerin brodorol, gan eu mabwysiadu a'u haddasu. Yn ogystal, roedd Daoaeth a Chonfiwsiaeth yn ddylanwadol.

Daeth cenhadon Catholig i Viet Nam o'r 16eg ganrif ymlaen a daeth Catholigiaeth yn fwyfwy arwyddocaol. Roedd awydd Ffrainc i drefedigaethu'r rhan honno o'r byd yn ddylanwad arall, felly erbyn diwedd y 19eg ganrif roedd Viet Nam yn drefedigaeth Ffrengig. Er bod hyn yn gorsymleiddio pethau, gellid dweud bod Bwdhaeth yn Viet Nam wedi dechrau ailddatgan ei hunaniaeth yn yr 20fed ganrif er mwyn ymateb i rym trefedigaethol Ffrainc ac i'r oruchafiaeth mewn rhai o gylchoedd yr Eglwys Gatholig.

Ar ôl rhyfel cartref, gyda gwledydd pwerus y byd yn ei helpu a'i ategu, ymrannodd Viet Nam yn ddwy wlad yn 1954: Gogledd a De. Arweinydd Gogledd Viet Nam oedd y comiwnydd Ho Chi Minh (1890–1969) ac arweinydd De Viet Nam oedd y Catholig Ngo Dinh Diem (1901–1963). Mewn llawer o ffyrdd, roedd rhyfel rhwng y Gogledd a'r De yn anochel. Dechreuodd yn 1959 gyda UDA yn cefnogi'r De a'r Undeb Sofietaidd ar y pryd yn cefnogi'r Gogledd. Daeth y rhyfel i ben yn 1975 yn y pen draw pan gipiodd byddin Gogledd Viet Nam ddinas Saigon yn y De. Wedi hyn ail-unwyd y wlad.

Mae rhai yn dadlau mai yn erbyn cefndir cythryblus cymhlethdodau anhrefnus Rhyfel Viet Nam y ganwyd ffurf ar Fwdhaeth sy'n Ymgysylltu. Mewn cyflwyniad i'r pwnc hwn, mae Kenneth Kraft yn disgrifio sut aeth mynachod a lleianod Bwdhaidd Viet Nam ati yng nghanol y 1960au 'i ddechrau gweithio mewn ffordd ddi-drais ac amhleidiol i gynorthwyo eu cydwladwyr a oedd yn dioddef'. Mewn un digwyddiad, aeth 18 o fynachod a lleianod Bwdhaidd ati i helpu i arwain tua 200 o sifiliaid allan o barth rhyfel ynghanol saethu a thanio rocedi. Yn ôl Kraft, 'ar y diwrnod hwnnw ac ar nifer o rai eraill, rhannodd Bwdhyddion Viet Nam y môr coch o waed a oedd yn llifo dros eu gwlad. Dangoson nhw bwyll, dewrder ac anhunanoldeb tangnefeddwyr go iawn.'

Fodd bynnag, nid ymagwedd oddefol oedd 'Bwdhaeth sy'n Ymgysylltu' yn Viet Nam ar y pryd. Mewn gwirionedd, mudiad o dan arweiniad mynachod Bwdhaidd oedd yr hyn sy'n cael ei alw'n Argyfwng Bwdhaidd 1963. Roedden nhw'n protestio yn erbyn polisïau'r Arlywydd Catholig Ngo Dinh Diem a oedd yn cael eu gweld fel rhai gormesol a gwahaniaethol. Yn ystod yr Argyfwng Bwdhaidd, bu anufudd-dod sifil, ralïau a gwrthdystiadau o dan arweiniad mynachod. Daeth penllanw argyfwng 1963 pan gipiodd y fyddin rym a disodli'r Arlywydd Diem, a'i lofruddio'n ddiweddarach. Dair blynedd wedyn yn 1966, digwyddodd y Gwrthryfel Bwdhaidd. Eto, bu mynachod Bwdhaidd yn arwain mewn brwydrau yn erbyn yr unbennaeth filwrol ar y pryd ac yn erbyn parhau'r rhyfel â Gogledd Viet Nam. Roedd mwy o drais y tro hwn gydag ymgyrchwyr Bwdhaidd yn ymladd i amddiffyn mannau addoli yn ogystal a'chodi terfysg.

Ar 11 Mehefin 1963, llosgodd y mynach Bwdhaidd Thich Quang Duc (1897–1963) ei hun i farwolaeth yn Saigon gyda 350 o fynachod a lleianod Bwdhaidd o'i gwmpas. Rhoddodd y cyfryngau sylw enfawr i'r ffotograff o'r hyn a ddigwyddodd. O un safbwynt byddai'n bosibl ei weld fel mynegiant dwfn o 'Fwdhaeth sy'n Ymgysylltu'. Yn ôl Sallie B. King yn ei lyfr *Socially Engaged Buddhism* (2009): 'Mae Thich Nhat Hanh wedi esbonio mai ymdrech i gyfathrebu dioddefaint rhyfel oedd yr hunanaberth. Ymdrechu oedden nhw i gyrraedd calonnau'r rhai a oedd yn cefnogi'r rhyfel ac i gyffwrdd rhywbeth yno a fyddai'n gwneud iddyn nhw fod yn amharod i barhau i gefnogi'r rhyfel.'

Felly gellid gweld bod 'Bwdhaeth sy'n Ymgysylltu' wedi datblygu yn Viet Nam wrth ymateb i set benodol o amgylchiadau hanesyddol a heriodd Fwdhyddion o ran eu ffydd a'u ffordd o fyw. Roedd angen i Fwdhyddion ymwneud ac ymroi mewn cyfnodau eithriadol o wrthdaro, anghyfiawnder a thrais. Yn arbennig, gwelodd Bwdhyddion ddioddefaint dynol ar raddfa enfawr, ac yn bersonol yn aml, ac roedd angen ymateb.

Mae Stephen J. Laumakis yn ei lyfr *Introduction to Buddhist Philosophy* (2008) yn ystyried bod Nhat Hanh yn greiddiol o ran deall mudiad 'Bwdhaeth sy'n Ymgysylltu'. Mae'n dehongli mai ystyr yr enw ordeinio 'Nhat Hanh' yw 'un weithred' ac mai honno yw 'un weithred' sylfaenu'r mudiad 'Bwdhaeth sy'n Ymgysylltu' y mae enw da Nhat Hanh yn y Gorllewin yn seiliedig arno. Ar y naill law, mae'r mudiad yn cynnal arferion myfyrgar y bywyd myfyriol mynachaidd. Ar y llaw arall, mae'n cynnal gofynion ymarferol gweithredu tosturiol yn y byd hefyd. Casgliad Laumakis yw, 'y ffordd orau o ddisgrifio ei fywyd yw fel "un weithred" hyrwyddo heddwch a hawliau dynol drwy "uno arferion myfyrgar er mwyn cael trawsnewid mewnol â gweithredu cymdeithasol er lles y gymdeithas"'.

Rhan o'r 'gweithredu tosturiol' a gefnogodd Nhat Hanh oedd sefydlu Ysgol Ieuenctid ar gyfer Gwasanaethau Cymdeithasol (*School of Youth for Social Services* SYSS) yn 1964 fel rhaglen Prifysgol Fwdhaidd Van Hanh. Helpodd i'w sefydlu a bu'n addysgu yno. Fel yr esboniodd Laumakis, roedd y myfyrwyr yn cael eu hanfon i helpu unrhyw un a oedd yn dioddef oherwydd y rhyfel. Roedd hyn yn golygu helpu pentrefwyr gydag 'anghenion addysgol, iechyd ac economaidd'. Roedd y rhai a oedd yn helpu fel hyn i fod i ddeall bod rhaid i'r wybodaeth a'r doethineb damcaniaethol sydd yn y Dhamma arwain yn y pen draw at wasanaeth goleuedig a gweithredu tosturiol.

Byddai Nhat Hanh yn ymuno ag eraill yn SYSS yn addysgu yn ystod yr wythnos ac yn gweithio mewn pentrefi cyfagos yn ystod y penwythnosau, yn gwneud yr hyn a oedd yn fath o waith cymdeithasol mewn llawer o ffyrdd o ran rhoi cymorth ymarferol i'r rhai mewn angen. Efallai mai'r ffordd hon o ddeall gweithredu tosturiol sydd bellach yn rhan o'r hyn sy'n cael ei alw'n *Fwdhaeth* sy'n Ymgysylltu â'r Gymdeithas (*Socially Engaged Buddhism* SEB).

Ffordd wahanol iawn o ddeall datblygiad Bwdhaeth sy'n Ymgysylltu â'r Gymdeithas yw meddwl am yr hyn sy'n cael ei ystyried fel y mudiad mwyaf a mwyaf llwyddiannus sy'n ymroi i ddatblygiad economaidd yn y byd. Dyma fudiad Sarvodaya yn Sri Lanka, a ddechreuodd yn 1958 drwy waith Dr A. T. Ariyaratne (1931–). Sarvodaya yw'r mudiad anllywodraethol mwyaf yn Sri Lanka ac mae ei athroniaeth a'i ymagwedd yn seiliedig ar ddysgeidiaeth Mahatma Gandhi (1869–1948) ac ar gredoau Bwdhaidd. Heddiw mae dros 15,000 o'r tua 24,000 o bentrefi yn Sri Lanka wedi mabwysiadu agweddau ar ddysgeidiaeth mudiad Sarvodaya. Mae King yn esbonio sut mae Sarvodaya yn gwrthod cyfalafiaeth Orllewinol ac mai ei nod yw bodloni anghenion pobl yn unig, yn hytrach na'r hyn y gellid ei alw'n ddyheadau pobl – eu 'trachwant'. Fel hyn mae'n dilyn Llwybr Canol Bwdhaeth gan mai 'dyheadau yw sylfaen dukkha, ac maen nhw'n gynhenid yn amhosibl eu diwallu'.

Nod Sarvodaya yw 'deffro' pentrefwyr fel unigolion ac yna 'deffro'r pentref yn ei gyfanrwydd. Mae'r deg angen sylfaenol yn cynnwys amgylchedd glân, cyflenwad dŵr glân a digonol a thai syml. Mae datblygiad diwylliannol ac ysbrydol yn un o'r anghenion sylfaenol. Mae King yn dadlau bod hyn yn 'diriaethu dealltwriaeth y Bwdha bod rhaid i ddyn llwglyd fwyta cyn gallu gwrando ar y Dharma'. Wedyn

Thich Quang Duc, mynach Bwdhaidd a losgodd ei hun i farwolaeth yn 1963.

cwestiwn cyflym

4.17 Trefedigaeth pa wlad oedd Viet Nam erbyn diwedd y 19eg ganrif?

Termau allweddol

Sarvodaya: mudiad 'Deffroad' yn Sri Lanka a ddechreuodd yn 1958

SYSS: Ysgol Gwasanaethau Cymdeithasol Ieuenctid (*School of Youth Social Services*)

Thich Quang Duc: mynach Bwdhaidd a losgodd ei hun i farwolaeth yn 1963

Dyfyniadau allweddol

Oherwydd mai dulliau ac nid nodau yw anghenion materol, ac oherwydd mai'r gwir nod yw cyflwr ysbrydol sy'n cynnwys bodlonrwydd a'r hyn sy'n ddigonol, mae Sarvodaya yn gwrthwynebu'r dybiaeth economaidd arferol bod twf economaidd diddiwedd yn angenrheidiol ac yn dda. **(King)**

Mae [Bwdhaeth sy'n Ymgysylltu â'r Gymdeithas] yn dod â safbwynt Bwdhaidd rhyddfrydol i amrywiaeth o faterion cyfoes, o gydraddoldeb rhywedd i ewthanasia. Ei nod yw cyfuno meithrin heddwch mewnol â thosturi cymdeithasol gweithredol mewn arfer a ffordd o fyw sy'n cyfoethogi'r ddau beth. **(Jones)**

Term allweddol

Shramadana: rhoi llafur

4.18 Pam mae'r enw 'Nhat Hanh' yn arwyddocaol?

mae pentrefwyr yn cydweithio i fodloni'r anghenion hyn drwy gamau ymarferol fel adeiladu ffyrdd. **Shramadana** yw enw'r broses hon o gydweithio, a'i ystyr yw 'rhoi llafur'. Eto, mae hyn yn gysylltiedig â dealltwriaeth Fwdhaidd danna – haelioni – sy'n un o'r Chwe Pherffeithder.

Mae pratitya samutpada a chyd-ddibyniaeth yn cael eu cydnabod hefyd yn yr ystyr bod cyfraniad pob pentrefwr mor werthfawr ag un unrhyw bentrefwr arall. Felly hefyd, er mwyn bodloni pob un o'r deg angen sylfaenol, rhaid gweithio i roi sylw i'r lleill. Mae'r ymagwedd amlochrog hon yn cynnwys cydnabod a dathlu'r gwahanol draddodiadau crefyddol y mae pob un o'r pentrefwyr yn perthyn iddyn nhw.

At ei gilydd, mae King yn crynhoi gwaith Sarvodaya fel 'mynd ati'n radical a gweledigaethol i ailfeddwl damcaniaeth economaidd a chyflawni llawer yn ymarferol o ran datblygu a grymuso economaidd', sy'n 'pwysleisio gwerthoedd Bwdhaidd y Llwybr Canol, cymedroldeb a bodlonrwydd sydd wedi hen sefydlu'.

Mae rhai wedi dadlau bod twf Bwdhaeth yn y Gorllewin wedi bod yn rheswm pwysig dros ddatblygiad Bwdhaeth sy'n Ymgysylltu â'r Gymdeithas. Yma, cafodd Bwdhaeth sy'n Ymgysylltu â'r Gymdeithas ei derbyn yn gynyddol fel un agwedd yn unig ar fyw bywyd Bwdhaeth 'tröedigaeth' – pa draddodiad Bwdhaidd bynnag sy'n cael ei ddilyn – ac ymwneud yn llawn ac yn weithredol yn y gymdeithas ar yr un pryd. Un enghraifft yw'r Cymro Ken Jones (1930–2015), y gweithredwr Bwdhaidd a'r Marcsydd.

Ar adegau amrywiol yn ei fywyd bu'n ymwneud â'r Blaid Gomiwnyddol, y Blaid Lafur, Plaid Cymru a'r Blaid Werdd. Roedd yn aelod o'r Gymdeithas Heddwch Fwdhaidd ac yn sylfaenydd Rhwydwaith y DU o Fwdhyddion sy'n Ymgysylltu â'r Gymdeithas. Yn ei lyfr *The New Social Face of Buddhism* (2003), diffiniodd fod Bwdhaeth sy'n Ymgysylltu â'r Gymdeithas yn estyn 'ar draws ymgysylltu cyhoeddus ym meysydd gofal a gwasanaeth, protest a dadansoddi cymdeithasol ac amgylcheddol, y dull di-drais fel ffordd greadigol o oresgyn gwrthdaro, a "bywoliaeth gywir" a mentrau tebyg tuag at gymdeithas gymdeithasol gyflawn ac ecolegol gynaliadwy'.

Hefyd gellid nodi dylanwad Gorllewinol o ran Nhat Hanh. Er enghraifft, roedd e'n gyfarwydd iawn â bywyd yn UDA yn y 1960au. Yn ystod llawer o'r degawd hwnnw bu'n byw ac yn darlithio yno. Roedd wedi astudio ym Mhrifysgol Princeton ac wedi darlithio ym Mhrifysgol Columbia. Felly gwyddai Nhat Hanh bopeth am y mudiad Hawliau Sifil o dan arweiniad y Parch. Dr Martin Luther King Jr (1929–1968). O ran rhai o'i agweddau, byddai'n bosibl disgrifio'r mudiad hwn fel un sy'n seiliedig ar Gristnogaeth sy'n ymgysylltu â'r gymdeithas o gofio ei gyfuniad o gred Gristnogol, ceisio cael cyfiawnder cymdeithasol ac agwedd ahimsa – dim trais.

Bu Nhat Hanh yn gohebu â Martin Luther King a chafodd y ddau gyfarfod am y tro cyntaf yn 1966. Dyma pryd llwyddodd Nhat Hanh i berswadio Martin Luther King i godi llais yn erbyn Rhyfel Viet Nam. Oherwydd areithiau Nhat Hanh yn erbyn Rhyfel Viet Nam dros UDA i gyd, enwebodd Martin Luther King ef am Wobr Heddwch Nobel yn 1967. Yma, mae'n bosibl dangos sut mae Bwdhaeth Mahayana yn gefndir i Fwdhaeth sy'n Ymgysylltu â'r Gymdeithas drwy lw'r bodhisattva i achub pob bod ymdeimladol rhag dioddefaint. Dyma pam dywedodd Nhat Hanh wrth Martin Luther King yn 1967: 'Martin, wyddoch chi rywbeth? Yn Viet Nam maen nhw'n eich galw chi'n bodhisattva, bod goleuedig sy'n ceisio deffro bodau dynol eraill a'u helpu nhw i fynd i gyfeiriad tosturi a dealltwriaeth.'

Awgrym astudio

Ymchwiliwch i'r ffeithiau allweddol am Ryfel Viet Nam a'r gwrthwynebiad i'r rhyfel er mwyn cael dealltwriaeth o'r cymhlethdodau a arweiniodd at ddatblygiad Bwdhaeth sy'n Ymgysylltu â'r Gymdeithas fel mudiad.

Hyfforddiant Ymwybyddiaeth Ofalgar Thich Nhat Hanh a'r brif ymdrech i drechu dioddefaint

Cynnwys y fanyleb

Hyfforddiant Ymwybyddiaeth Ofalgar Thich Nhat Hanh; y brif ymdrech i drechu dioddefaint (nid dim ond i sicrhau ailenedigaeth gadarnhaol neu ddeffroad i'r hunan).

Yng nghanol y 1960au, sefydlodd Nhat Hanh urdd Fwdhaidd newydd, Urdd Tiep Hien, a oedd ar gyfer y sanga pedwarplyg – mynachod, lleianod, lleygwyr gwrywaidd a benywaidd. Mae ei chanolfan yn Plum Village yn Ffrainc erbyn hyn. Mae Urdd Tiep Hien yn cynnig ffordd ddefnyddiol iawn o ddeall beth yw ystyr Bwdhaeth sy'n Ymgysylltu â'r Gymdeithas; gallwn ni weld hyn yn yr enw a roddwyd i'r Urdd. Gellir cyfieithu 'Tiep' fel 'bod mewn cysylltiad â/parhad'. Mae hyn yn cyfuno'r syniad o fod mewn cysylltiad â realiti'r byd a'r meddwl, a pharhau i estyn ffordd goleuedigaeth. Gellir cyfieithu 'Hien' fel 'gwneud hyn yma a nawr/ gwireddu'. Mae hyn yn cyfeirio at y ffordd y mae'n rhaid i weithred dosturiol ddigwydd nawr – a chael ei gwireddu yma a nawr.

Aeth Nhat Hanh ati i gyfieithu Tiep Hien drwy fathu gair newydd: Rhyngfodolaeth. Felly, yn y Gorllewin, mae'r Urdd yn cael ei galw'n Urdd Rhyngfodolaeth. Mae'r term 'Rhyngfodolaeth' yn dod â chysyniadau Bwdhaidd allweddol ynghyd, yn enwedig anatta – absenoldeb hunan ar wahân – pratitya samutpada – tarddiad dibynnol lle mae popeth yn ddibynnol ar bopeth arall ac yn gysylltiedig ag ef – sunyata – gwacter – ac anicca – bod popeth yn rhan o gontinwwm o newid parhaus.

Dangosodd Nhat Hanh gysyniad Rhyngfodolaeth, a allai ymddangos yn gymhleth, drwy enghraifft dalen o bapur, gan ddweud y gallai person allu gweld cwmwl yn hofran ar y ddalen o bapur. 'Heb gwmwl, fydd dim glaw; heb law, dydy'r coed ddim yn gallu tyfu: a heb goed, allwn ni ddim gwneud papur. Mae'r cwmwl yn hanfodol er mwyn i'r papur fodoli. Felly os nad yw'r cwmwl yma, dydy'r ddalen o bapur ddim yn gallu bod yma chwaith. Felly, gallwn ni ddweud bod y cwmwl a'r papur yn rhyng-fod.' Yn yr un ffordd, gellir gweld heulwen yn y ddalen o bapur. Mae Nhat Hanh yn cloi: 'Ac os daliwn ni i edrych, gallwn ni weld y coediwr a dorrodd y goeden ac a ddaeth â hi i'r felin i gael ei thrawsnewid yn bapur. A gallwn ni weld y gwenith. Rydyn ni'n gwybod na all y coediwr fodoli heb ei fara beunyddiol, ac felly mae'r gwenith a ddaeth yn fara iddo yn y ddalen hon o bapur hefyd. Ac mae tad a mam y coediwr ynddi hefyd. Pan edrychwn ni fel hyn, rydyn ni'n gweld, heb yr holl bethau hyn, nad yw'r ddalen hon o bapur yn gallu bodoli.'

Y pwynt y mae'r cydweddiad hwn yn ei wneud yw nad oes dim byd yn gallu 'bod' yn unig, oherwydd mae'n gysylltiedig â phopeth arall. Oherwydd hynny, 'rhyng-fod' yn unig mae popeth. Dyma'r sylfaen i ymagwedd Nhat Hanh at Fwdhaeth sy'n Ymgysylltu â'r Gymdeithas. Dydy pob person ddim yn gallu 'bod' yn unig oherwydd mae pob person yn 'rhyng-fod'. Ystyr hyn yw bod dioddefaint unrhyw berson yn gysylltiedig â phob person. At hynny, dydy byd mewnol y meddwl a'r byd allanol ddim ar wahân ond yn rhan o'r un realiti – maen nhw'n 'rhyng-fod'.

Yn erbyn y cefndir hwn mae'n bosibl deall **Pedwar Hyfforddiant ar Ddeg Ymwybyddiaeth Ofalgar** Hanh. Mae'r rhain yn seiliedig ar y dasa sila (y pum argymhelliad) ac maen nhw'n ddyheadau sy'n helpu i lywio bywydau aelodau'r Urdd Rhyngfodolaeth fel y gallan nhw greu llai o ddioddefaint yn eu bywydau eu hunain drwy hyfforddiant ymwybyddiaeth ofalgar. O ganlyniad bydd llai o ddioddefaint ym mywydau eraill a llai o ddioddefaint yn y byd.

Adroddir Pedwar Hyfforddiant ar Ddeg Ymwybyddiaeth Ofalgar yn rheolaidd, ac mae aelodau'r Urdd Rhyngfodolaeth yn manteisio ar bob cyfle i ddod â'u hunain i gyflwr o ymwybyddiaeth ofalgar amdanyn nhw eu hunain yn fewnol ac o ymwybyddiaeth o ddioddefaint yn allanol. Felly gallai anadlu ymwybyddol ofalgar gael ei ysgogi mewn amrywiaeth o ffyrdd – drwy daro cloch mewn Canolfan Ymwybyddiaeth Ofalgar, drwy anadlu'n ymwybyddol ofalgar pan mae'r golau traffig yn goch neu pan mae'r ffôn yn canu.

Termau allweddol

Pedwar Hyfforddiant ar Ddeg Ymwybyddiaeth Ofalgar: argymhellion y mae aelodau'r Urdd Rhyngfodolaeth yn eu dilyn

Rhyngfodolaeth: absenoldeb hunan ar wahân a bod popeth yn gysylltiedig yn rhan o newid parhaus

Dyfyniad allweddol

Dydy'r Urdd Rhyngfodolaeth ddim yn ystyried unrhyw sutra neu grŵp o sutras fel ei Hysgrythur(au) sylfaenol. Mae'r Urdd Rhyngfodolaeth yn ceisio gwireddu ysbryd y Dharma mewn Bwdhaeth gynnar, yn ogystal ag yn natblygiad yr ysbryd hwnnw drwy hanes y sangha, a'i fywyd a'i ddysgeidiaethau ym mhob traddodiad Bwdhaidd.
(Nhat Hanh)

Dyfyniadau allweddol

Mae arfer ymddygiad moesegol yn gallu arwain at dawelwch meddwl, sy'n cael ei ystyried yn hanfodol ar gyfer dealltwriaeth a thosturi. Bwriad Pedwar Hyfforddiant ar Ddeg Ymwybyddiaeth Ofalgar yw dod â sefydlogrwydd meddwl ac ymwybyddiaeth o ddioddefaint, sy'n meithrin tosturi i ddiogelu pobl, anifeiliaid, planhigion a mwynau.

(Henry)

Anadlwch, a dewch â'ch hunan yn llwyr i'r eiliad hon. Mae'n bosibl y byddwch yn cael profiad ohonoch chi eich hunan yn rhan o gontinwwm, yn rhan o'r byd naturiol. Efallai y byddwch chi'n colli eich ymdeimlad arferol o unrhyw hunan ar wahân. Y profiad hwn yw doethineb.

(Nhat Hanh)

Mae'r Hyfforddiant Ymwybyddiaeth Ofalgar Cyntaf yn gwrthod ffanatigiaeth grefyddol ac ymagwedd sy'n glynu 'wrth unrhyw ddysgeidiaeth, damcaniaeth neu ideoleg, hyd yn oed rhai Bwdhaidd' oherwydd bod hyn yn creu dioddefaint. Yn yr ail, gwrthodir 'ymlyniad wrth safbwyntiau a chanfyddiadau anghywir' oherwydd bod hyn yn achosi dioddefaint hefyd. Yn hytrach dywedir 'dydy'r wybodaeth sydd gennym ar hyn o bryd ddim yn wirionedd digyfnewid, absoliwt'. Yn y trydydd, gwrthodir gwthio safbwyntiau ar eraill – 'hyd yn oed ar blant' – gan fod hyn yn achosi dioddefaint hefyd. Yn hytrach, rhaid mynd at 'ffanatigiaeth a chulni' drwy 'ddeialog dosturiol'.

Mae cyfeiriad penodol at y brif ymdrech i frwydro yn erbyn tlodi yn y Pedwerydd Hyfforddiant Ymwybyddiaeth Ofalgar. Mae'n dweud: 'Gan ein bod ni'n ymwybodol bod edrych yn ddwfn ar natur dioddefaint yn gallu ein helpu i ddatblygu tosturi a dod o hyd i ffyrdd allan o ddioddefaint, rydyn ni'n benderfynol o beidio ag osgoi dioddefaint neu gau ein llygaid iddo. Rydyn ni wedi ymrwymo i ddod o hyd i ffyrdd, gan gynnwys cyswllt personol, delweddau, a seiniau, o fod gyda'r rhai sy'n dioddef, fel y gallwn ni ddeall eu sefyllfa'n fanwl a'u helpu i drawsnewid eu dioddefaint yn dosturi, heddwch, a llawenydd.'

Mae'r Pumed Hyfforddiant Ymwybyddiaeth Ofalgar yn canolbwyntio ar yr angen am fyw'n syml ac yn iach, ac mae'r Chweched Hyfforddiant yn ymwneud â dicter a'r angen am edrych â 'llygaid tosturi' ar y rhai sy'n creu dicter.

Mae'r Seithfed Hyfforddiant Ymwybyddiaeth Ofalgar yn canolbwyntio ar bwysigrwydd ymwybyddiaeth ofalgar ei hun, ac yn disgrifio sut mae byw yma a nawr yn hwyluso 'gwaith trawsnewid ac iacháu'. Mae hyn yn arwain at yr Wythfed Hyfforddiant, sy'n ystyried pwysigrwydd cyfathrebu, oherwydd hebddo mae 'arwahanrwydd a dioddefaint' bob amser. Pwynt allweddol yma yw pwysigrwydd gallu 'gwrando'n astud heb farnu nac adweithio ac ymatal rhag yngan geiriau sy'n gallu creu anghytgord neu achosi i'r gymuned dorri'. Mae'r Nawfed Hyfforddiant Ymwybyddiaeth Ofalgar yn cyfeirio at siarad gonest a chariadus, a'r Degfed Hyfforddiant at bwysigrwydd gwarchod y sangha.

Mae cysyniad Rhyngfodolaeth a Bwdhaeth sy'n Ymgysylltu â'r Gymdeithas yn Unfed Hyfforddiant ar Ddeg Ymwybyddiaeth Ofalgar, sy'n ymwneud â bywoliaeth gywir – rhan o'r Llwybr Wythblyg. Mae'n dweud: 'Gan ein bod ni'n ymwybodol bod anghyfiawnder a thrais mawr wedi'u gwneud i'n hamgylchedd ac i'n cymdeithas, rydyn ni wedi ymrwymo i beidio â byw gyda galwedigaeth sy'n niweidiol i fodau dynol neu i natur. Byddwn ni'n gwneud ein gorau i ddewis bywoliaeth sy'n helpu i wireddu ein delfryd o ddealltwriaeth a thosturi. Gan ein bod ni'n ymwybodol o realiti economaidd, gwleidyddol a chymdeithasol byd-eang, byddwn ni'n ymddwyn yn gyfrifol fel defnyddwyr ac fel dinasyddion, gan beidio â buddsoddi mewn cwmnïau sy'n amddifadu eraill o'u cyfle i fyw.'

Mae'r Deuddegfed Hyfforddiant Ymwybyddiaeth Ofalgar yn dilyn o hyn ac yn ymwneud â pharch at fywyd a dim trais, ac mae'r Trydydd ar Ddeg yn cyfeirio at bwysigrwydd haelioni. Mae'n cloi gyda'r geiriau, 'Byddwn ni'n parchu eiddo pobl eraill, ond byddwn ni'n ceisio atal pobl eraill rhag elwa ar ddioddefaint dynol neu ddioddefaint bodau eraill'. Mae Pedwerydd Hyfforddiant ar Ddeg Ymwybyddiaeth Ofalgar yn ymwneud â'r ymddygiad cywir i aelodau lleyg y sangha ac yn canolbwyntio ar berthnasoedd rhywiol. Er mwyn osgoi 'dioddefaint, rhwystredigaeth a theimlo'n ynysig' ddylai'r rhain ddim digwydd 'heb ddealltwriaeth, cariad, ac ymrwymiad tymor hir y naill at y llall'.

Dysgeidiaeth Nhat Hanh yw bod gan bob person natur-Bwdha oddi mewn iddo. Drwy ddatblygu ymwybyddiaeth ofalgar a byw yma a nawr yn y presennol, fesul eiliad, mae rhinweddau cariad a dealltwriaeth yn datblygu ac felly mae natur-Bwdha yn cael ei datgelu. Mae ymwybyddiaeth ofalgar, yn enwedig, yn atal y person rhag mynd i gylch negyddol drwy feddwl gormod am edifeirwch y gorffennol neu am orbryder am y dyfodol. Felly, mae byw'n ymwybyddol ofalgar yn ennyn heddwch yn yr unigolyn. Drwy ddatblygu heddwch ynddyn nhw eu hunain, mae aelodau'r Urdd Rhyngfodolaeth mewn gwirionedd yn creu heddwch yn y byd.

Ystyr hyn i gyd yw bod dealltwriaeth wahanol o gael ailenedigaeth gadarnhaol wedi datblygu. Dysgeidiaeth Nhat Hanh yw, gan fod bodau dynol yn 'rhyng-fod' â phopeth arall, na allan nhw gael eu geni ac na allan nhw farw ac na allan nhw gael eu haileni. Mae bodau dynol yn rhan o gontinwwm diddiwedd ffurfiau sy'n newid. Mae'r pum skhanda (elfennau sy'n gwneud bod dynol) fel pum afon sy'n llifo gyda'i gilydd: ffurf, teimlad, canfyddiad, ffurfiannau meddyliol ac ymwybyddiaeth – does gan ddim un fodolaeth ar wahân a dydy hi ddim yn bosibl adnabod un fel yr hunan oherwydd nad oes hunan. Mae ymlyniad wrth syniadau bod a pheidio â bod, yr hunan a'r arall, genedigaeth a marwolaeth, mynd a dod mewn ailenedigaeth, yn ymlyniad wrth syniadau anghywir a chanfyddiadau anghywir.

I Nhat Hanh, mae'n golygu cael gwared ar yr ymlyniad wrth y syniadau hyn, gan achosi nirvana neu oleuedigaeth i'r hunan: 'Nirvana yw'r gallu i gael gwared ar y cysyniadau anghywir, y canfyddiadau anghywir, sef arfer rhyddid. Gellir cyfieithu nirvana fel rhyddid: rhyddid oddi wrth safbwyntiau. Ac mewn Bwdhaeth, mae pob safbwynt yn safbwynt anghywir. Pan rydych chi'n cysylltu â realiti, does gennych chi ddim safbwyntiau bellach. Mae gennych chi ddoethineb. Mae gennych chi gyfarfod uniongyrchol â realiti, ac nid safbwyntiau yw'r enw ar hynny mwyach.'

Mae Nhat Hanh yn dyfynnu geiriau Antoine Lavoisier (1743–1794), y gwyddonydd o Ffrainc, fel rhywun a oedd, drwy arsylwi realiti o'i gwmpas, yn gallu gollwng gafael ar safbwyntiau anghywir a chanfyddiadau anghywir: 'Ym myd natur, does dim yn cael ei greu, does dim yn cael ei golli, mae popeth yn newid'.

Ar ôl cael gwared ar safbwyntiau anghywir a chanfyddiadau anghywir drwy arfer ymwybyddiaeth ofalgar, wedyn yn unig y gall person ymgysylltu â'r byd fel rhywun sy'n gwrando, sy'n ymateb ac sy'n dangos tosturi tuag at ddioddefaint pobl eraill. I Nhat Hanh, dyma ystyr cael deffroad gwirioneddol: 'Ystyr Bwdhaeth yw bod yn effro – bod yn ymwybodol ofalgar o'r hyn sy'n digwydd yn eich corff, eich teimladau a'ch meddwl ac yn y byd. Os ydych chi'n effro, allwch chi wneud dim heblaw am ymddwyn yn dosturiol i helpu i leddfu'r dioddefaint rydych chi'n ei weld o'ch cwmpas chi. Felly, rhaid i Fwdhaeth ymgysylltu â'r byd. Os nad yw'n ymgysylltu, nid Bwdhaeth ydyw.'

Cefnogaeth i Fwdhaeth sy'n Ymgysylltu â'r Gymdeithas gan y Dalai Lama (protest ddi-drais yng nghyd-destun Tibet)

Fel mae gwefan swyddogol y Dalai Lama presennol yn ei egluro, 'credir bod pob Dalai Lama yn ailymgnawdoliad o Avalokitesvara neu Chenrezig, bodhisattva Tosturi a nawddsant Tibet. Y gred yw bod bodhisattvau yn fodau goleuedig sydd wedi gohirio eu nirvana eu hunain ac wedi dewis cymryd ailenedigaeth er mwyn gwasanaethu'r ddynoliaeth.' Mae natur dosturiol Avalokitesvara yn aml yn cael ei symboleiddio drwy ddarluniau sy'n ei dangos hi gyda llawer o bennau a llygaid sy'n gallu gweld y dioddefaint yn y byd a gyda mil o freichiau i roi cymorth i'r rhai sy'n dioddef.

Mae'r Dalai Lama presennol – Tenzin Gyatso – wedi dangos ei gefnogaeth i Fwdhaeth sy'n Ymgysylltu â'r Gymdeithas drwy ei fywyd, ei batrwm byw a'i ddysgeidiaeth. Mae hyn wedi bod yn arbennig o amlwg yn ei brotest ddi-drais yng nghyd-destun Tibet. Fel dywed Laumakis, ers ei alltudiaeth yn 1959, mae'r Dalai Lama wedi 'gweithio'n ddiflino i amddiffyn bywydau ei bobl, i gadw diwylliant Tibet, ac i hyrwyddo heddwch a hapusrwydd ledled y byd'. Cafodd ei ymdrechion parhaus i hyrwyddo ateb di-drais i'r sefyllfa wleidyddol yn Tibet eu cydnabod yn 1989 pan enillodd Wobr Heddwch Nobel.

Yn ei ddysgeidiaeth, sy'n debyg iawn i un Nhat Hanh, mae'r Dalai Lama wedi cyflwyno'r safbwynt mai drwy gariad, tosturi a charedigrwydd yn unig y gall person gael heddwch mewnol. Dydy hi byth yn bosibl gwneud hyn drwy ddefnyddio dicter. Yn ei Ddarlith Gwobr Heddwch Nobel yn 1989, meddai: 'Fel llefarydd rhydd dros fy nghydwladwyr caeth, rwy'n teimlo mai fy nyletswydd yw codi llais ar eu rhan. Dydw i ddim yn siarad gyda theimlad o ddicter neu gasineb tuag at y rhai sy'n gyfrifol am ddioddefaint enfawr ein pobl ac am ddinistrio ein tir, ein cartrefi a'n diwylliant ni. Bodau dynol sy'n ymdrechu i ddod o hyd i hapusrwydd ydyn nhw hefyd, ac maen nhw'n haeddu ein tosturi.'

Dyfyniad allweddol

Pan rydych chi'n edrych ar gwmwl, rydych chi'n meddwl bod gan y cwmwl fodolaeth. Ac yn nes ymlaen, pan mae'r cwmwl yn troi'n law, dydych chi ddim yn gweld y cwmwl mwyach ac rydych chi'n dweud nad yw'r cwmwl yno. Rydych chi'n disgrifio'r cwmwl fel rhywbeth nad yw'n bodoli. Ond os edrychwch chi'n fanwl, gallwch chi weld y cwmwl yn y glaw. A dyna pam mae'n amhosibl i'r cwmwl farw. Mae'r cwmwl yn gallu troi'n law, yn eira neu'n iâ. Ond dydy'r cwmwl ddim yn gallu mynd yn ddim byd. A dyna pam nad yw'n bosibl cymhwyso'r cysyniad o farwolaeth i'r realiti. Mae trawsnewid. Mae parhad.

(Nhat Hanh)

Bodhisattva Tosturi Avalokitesvara. Y gred yw bod y Dalai Lama yn ymgnawdoliad o Avalokitesvara, neu Chenrezig fel mae'n cael ei alw yn Tibet.

Dyfyniad allweddol

Felly, er bod ceisio cael heddwch drwy drawsnewid mewnol yn anodd, dyna'r unig ffordd o gael heddwch byd sy'n para. Hyd yn oed os na chaiff hyn ei gyflawni yn ystod fy oes fy hun, mae hynny'n iawn. Bydd mwy o fodau dynol yn dod – y genhedlaeth nesaf a'r un wedyn – a gall cynnydd barhau. (Tenzin Gyatso, y 14eg Dalai Lama)

Mae'r Dalai Lama yn defnyddio enghraifft o bâr priod lle, os bydd gan un ohonyn nhw heddwch mewnol, bydd 'hapusrwydd rhwng rhieni a phlant; llai o ddadleuon rhwng gŵr a gwraig; dim gofidiau am ysgariad'. Wedyn mae'n bosibl 'estyn hyn i'r lefel genedlaethol' lle mae agwedd fel hyn yn seiliedig ar heddwch mewnol unigolion yn gallu dod ag 'undod, cytgord, a chydweithredu gydag ysgogiad gwirioneddol. Wedyn mae'n bosibl estyn hyn ymhellach i'r lefel ryngwladol lle mae 'ymddiriedaeth o'r ddwy ochr, parch y naill at y llall a thrafodaethau cyfeillgar a didwyll yn gallu arwain at ymdrechion ar y cyd i ddatrys problemau'r byd.'

Er bod y Dalai Lama yn cydnabod bod yr ymagwedd hon at Fwdhaeth sy'n Ymgysylltu â'r Gymdeithas ac at gael heddwch byd yn anodd iawn, mae'n credu bod 'dim dewis arall'. Rhaid i bopeth ddechrau gyda heddwch mewnol pob unigolyn yn seiliedig ar gariad a thosturi. Yn y meddwl mae person yn gallu meithrin llai o ddicter, mwy o barch tuag at hawliau pobl eraill, sylweddoli'n fwy eglur sut mae pob bod dynol a'r amgylchedd yn ymgysylltu, ac ymwybyddiaeth o ddioddefaint pobl eraill.

Un ymateb i'r ymagwedd y mae'r Dalai Lama yn ei hyrwyddo yw y gall ymddangos yn ffurf ar ddiffyg gweithredu goddefol – dydy'r person ddim yn 'gwneud' dim mewn gwirionedd er mwyn achosi heddwch, heblaw am gael heddwch yn ei feddwl ei hun. Ymateb Nhat Hanh i'r feirniadaeth hon oedd: 'Ystyr gwaith heddwch, yn gyntaf oll, yw bod yn heddwch ... Dydych chi ddim yn gallu achosi heddwch drwy fynd allan i orymdeithio yn erbyn taflegrau niwclear. Gyda'n gallu i wenu, i anadlu ac i fod yn heddwch y gallwn ni wneud heddwch.'

Daeth y Dalai Lama â'i Ddarlith Gwobr Heddwch Nobel i ben drwy ddyfynnu gweddi y mae'n ei defnyddio'n aml o *Ffordd y Bodhisattva* a ysgrifennodd Shantideva, y mynach Bwdhaidd yn yr 8fed ganrif OCC. Yma eto rydyn ni'n gweld llw'r bodhisattva i ryddhau pob bod dynol o ddioddefaint:

'Cyhyd ag y mae'r gofod yn parhau,

A chyhyd ag y mae bodau byw yn parhau,

Tan hynny, boed i minnau, hefyd, fyw

I gael gwared ar ddioddefaint y byd.'

cwestiwn cyflym

4.19 Beth yw ystyr Tiep Hien?

Awgrym astudio

Ymchwiliwch i rai o'r llu o erthyglau a ysgrifennodd Thich Nhat Hanh er mwyn ehangu eich dealltwriaeth o ystyr Bwdhaeth sy'n Ymgysylltu â'r Gymdeithas iddo ef.

Y Dalai Lama yn derbyn Gwobr Heddwch Nobel yn 1989.

Cynnwys y fanyleb

Bwdhaeth sy'n Ymgysylltu â'r Gymdeithas a'i chysylltiadau â mudiadau sy'n ei chefnogi: Sakyadhita a'r Gymdeithas Heddwch Fwdhaidd.

Bwdhaeth sy'n Ymgysylltu â'r Gymdeithas a'i chysylltiadau â mudiadau sy'n ei chefnogi: Sakyadhita a'r Gymdeithas Heddwch Fwdhaidd

Cafodd Cymdeithas Ryngwladol Menywod Bwdhaidd Sakyadhita ei ffurfio gan dair lleian Fwdhaidd o dan nawdd y Dalai Lama yn 1987. Mae Bwdhaeth sy'n Ymgysylltu â'r Gymdeithas yn gysylltiedig â Sakyadhita oherwydd nad yw'r gymdeithas yn un sy'n ei chyfyngu ei hun i drafod y Dhamma yn ysgolheigaidd nac i gymryd rôl ategol yn y cefndir i ddynion yn y sangha.

Yn hytrach, mae Sakyadhita – sy'n golygu 'merched Bwdha' – yn canolbwyntio ar oleuo menywod Bwdhaidd drwy ymchwilio i hanes menywod Bwdhaidd, a thrwy roi cymorth ymarferol wrth gefnogi mentrau menywod Bwdhaidd. Mae'r rhain yn cynnwys projectau addysg, cyfleusterau encilio i fenywod, canolfannau hyfforddi i fenywod, llochesi i fenywod sy'n dioddef cam-drin a phrojectau lles cymdeithasol menywod. Y nod cyffredinol yw creu cyfleoedd teg i fenywod ym mhob traddodiad Bwdhaidd.

Mae Sakyadhita yn rhestru'r canlynol ymysg ei amcanion:

- Sefydlu cynghrair rhyngwladol o fenywod Bwdhaidd.
- Hyrwyddo lles ysbrydol a seciwlar menywod y byd.
- Gweithio dros degwch rhywedd mewn addysg, hyfforddiant, strwythurau sefydliadol, ac ordeinio Bwdhaidd.
- Hyrwyddo cytgord a deialog rhwng y traddodiadau Bwdhaidd a chrefyddau eraill.
- Annog ymchwil a chyhoeddiadau ar bynciau o ddiddordeb i fenywod Bwdhaidd.
- Meithrin gweithredu cymdeithasol tosturiol er lles y ddynoliaeth.
- Hyrwyddo heddwch byd drwy ddysgeidiaethau'r Bwdha.

Mae'n bosibl gweld enghraifft o sut mae Sakyadhita yn cysylltu â Bwdhaeth sy'n Ymgysylltu â'r Gymdeithas yn *Time to Stand Up: An Engaged Buddhist Manifesto for our Earth – The Buddha's Life and Message through Feminine Eyes* (2015) gan Thanissara, yr athrawes Fwdhaidd. Yn hwn mae'n dadlau bod Bwdhaeth 'androganolog' wedi tueddu i anwybyddu'r amgylchedd a'r byd drwy ganolbwyntio'n hytrach ar 'iachawdwriaeth bersonol a'r trosgynnol'. Rhaid gwrthod yr ymagwedd androganolog o blaid 'gweithredu tosturiol sy'n ymgysylltu', sef yr hyn y mae'n credu y gall menywod Bwdhaidd yn benodol ei gyflwyno. Yn ôl Thanissara: 'Wrth i ni wynebu byd sy'n llosgi sydd angen ymateb rhagweithiol ac effeithiol, mae'n rhaid i ni esblygu y tu hwnt i'n tueddiad i fod yn fewnblyg ac yn narsisaidd fel ymarferwyr Dharma – sy'n aml yn cael ei gyfiawnhau ag ethos sinigaidd sy'n gweld y byd fel samsara, ac felly ddim wir yn haeddu cael ei achub.'

Sefydlwyd Y Gymdeithas Heddwch Fwdhaidd (*The Buddhist Peace Fellowship* BPF) yn 1978 gan Robert Aitken (1917–2010), ei wraig Anne (1911–1994), a phobl eraill a oedd yn ymddiddori mewn Bwdhaeth gan gynnwys Nelson Foster, yr awdur Bwdhaeth Zen Orllewinol. Cododd o drafodaethau grŵp yn Hawaii a San Francisco ymysg Bwdhyddion o'r un meddwl ynghylch yr angen am ddiarfogi byd-eang. Mae ganddi fwy o gysylltiad â Bwdhaeth sy'n Ymgysylltu â'r Gymdeithas nag unrhyw fudiad Bwdhaidd arall oherwydd ei bod yn gweld ei hun fel 'catalydd ar gyfer Bwdhaeth sy'n Ymgysylltu â'r Gymdeithas'. Dydy bod yn aelod o'r BPF ddim yn gyfyngedig i unrhyw ysgol Fwdhaeth unigol ond mae'n cynnwys rhai o draddodiadau Bwdhaeth Theravada, Mahayana a Tibet. Mae'r BPF yn seilio ei gweledigaeth ar gysyniad Bwdhaidd pratitya samutpada, a'i nod yw meithrin amodau cadarnhaol ar gyfer heddwch ymysg y rhai sy'n perthyn i BPF, yn y cymunedau lle maen nhw'n byw ac yn y byd yn gyffredinol.

Mae'r BPF yn diffinio ei phwrpas fel hyn: 'helpu bodau i'w rhyddhau eu hunain o'r dioddefaint sy'n dod i'r amlwg mewn unigolion, perthnasoedd, sefydliadau, a systemau cymdeithasol. Mae rhaglenni, cyhoeddiadau a grwpiau arferion BPF yn cysylltu dysgeidiaethau doethineb a thosturi Bwdhaeth â newid cymdeithasol

Termau allweddol

BPF: Y Gymdeithas Heddwch Fwdhaidd (*The Buddhist Peace Foundation*)

Sakyadhita: mudiad 'Merched y Bwdha' sy'n hyrwyddo lle menywod yn y byd Bwdhaidd

Dyfyniad allweddol

Bydd Bwdhaeth sy'n datgysylltu ei hun oddi wrth ymgysylltu'n uniongyrchol ag ymdrechion pobl gyffredin yn ei chael hi'n anodd gwreiddio yn enaid ac yn niwylliant y gymuned o'i chwmpas. (Thanissara)

blaengar'. Byddai'n bosibl gweld y BPF fel y cynrychiolwyr Bwdhaidd mewn llawer o wrthdystiadau, yn cynnwys y rhai sy'n cefnogi gweithredu ar newid hinsawdd neu yn y rhai sy'n gwrthwynebu gweithredu milwrol.

Er mwyn hyrwyddo'r hyn sy'n cael ei alw'n mandala 'newid cymdeithasol blaengar', mae ymagwedd driphlyg i arfer cyffredinol y BPF:

1. Dysgu: adeiladu cymunedau Bwdhaidd sy'n ymgysylltu â'r gymdeithas
2. Siarad: cyfathrebu dysgeidiaethau Bwdhaidd i roi sylw i sefyllfaoedd yn y byd.
3. Gwneud: cydweithio â grwpiau eraill i feithrin heddwch.

Wrth ymgyrraedd at fandala newid cymdeithasol blaengar, mae ymagwedd driphlyg i hyfforddiant arweinyddiaeth y BPF:

1. Rhwystro – sy'n cyfeirio at rwystro niwed a gorthrwm sy'n achosi dioddefaint.
2. Adeiladu – sy'n cyfeirio at lunio perthnasoedd, cymunedau a strwythurau fel ffyrdd amgen o fynd at faterion sy'n adeiladu ar ddoethineb Bwdhaidd.
3. Bod – sy'n cyfeirio at ymgysylltu mewn cymdeithas 'gan gydweddu â'r dharma' drwy gynnwys gwerthoedd ysbrydol 'doethineb, tosturi a rhyddid'.

At ei gilydd, mae gan y BPF yr hyn y byddai'n bosibl ei alw'n ymagwedd asgell chwith. Er enghraifft, teitl un o'i chyrsiau yw 'Beth yw Fy Rôl yn y Chwyldro?' Mae'r cwrs yn ystyried y frwydr i achosi 'trawsnewid cymdeithasol ac ysbrydol gwirioneddol' yn y gymdeithas ac yn awgrymu nad yw hi'n bosibl gwneud hyn heb ymagwedd newydd. Mae geiriau Audre Lorde (1934–1992), yr ysgrifennwr ffeministaidd, lesbaidd, ddu, yn cael eu dyfynnu i gefnogi'r safbwynt hwn: 'Fydd offer y meistr byth yn datgymalu tŷ'r meistr. Efallai y byddan nhw'n ein gadael ni i'w guro ar ei dir ei hun, ond fyddan nhw byth yn ein galluogi ni i achosi newid gwirioneddol.'

Cyfraniad ysgolheigaidd Joanna Macy a Damien Keown ar Fwdhaeth sy'n Ymgysylltu â'r Gymdeithas

Mae Joanna Macy (1929–) yn cyfuno ei chefndir fel Bwdhydd yn y traddodiad Theravada â datblygu rhaglenni seicolegol o ran goresgyn trallod ac apathi ynghylch pryderon byd-eang ecolegol, ac ailgysylltu â gweithredu adeiladol a chydweithredol. Fel sy'n wir am safbwyntiau eraill ar Fwdhaeth sy'n Ymgysylltu â'r Gymdeithas, mae hi'n pwysleisio pwysigrwydd pratitya samutpada: 'oherwydd natur y ddeddf honno, mae pob gweithred yr ydyn ni'n ei gwneud, pob gair a siaradwn, pob peth a feddyliwn, nid yn unig wedi'u heffeithio gan yr elfennau eraill yng ngwe enfawr bodolaeth lle mae pob peth yn digwydd, ond hefyd mae iddyn nhw ganlyniadau mor bellgyrhaeddol fel na allwn ni eu gweld neu eu dychmygu nhw'.

Mae cyfeiriad Macy at 'we eang bod' yn adeiladu ar drosiad o Fwdhaeth Mahayana: Rhwyd Indra. Mae hyn i'w weld mewn sylwadau ar y Sutra Avatamsaka sy'n cael eu priodoli i Tu-Shun (557–640 OCC). Gallwn ni grynhoi'r sylwadau fel hyn. Yn nhrigfan nefolaidd Indra mae rhwyd sy'n ymestyn allan i anfeidredd i bob cyfeiriad. Ar bob pwynt o'r rhwyd sy'n cysylltu mae gem wedi'i chaboli. Gan fod y rhwyd yn anfeidraidd, felly hefyd nifer y gemau. Os bydd rhywun yn dewis ac yn edrych ar unrhyw un em, gwelir bod yr holl emau eraill wedi'u hadlewyrchu yn ei harwyneb sgleiniog. Hefyd gwelir bod pob un o'r gemau sydd wedi'i hadlewyrchu yn yr un em honno hefyd yn adlewyrchu pob un o'r gemau eraill. Felly, mae proses yr adlewyrchu'n anfeidraidd. Mae popeth yn rhan o rwyd Indra sy'n cynnwys pob bywyd ymdeimladol a phob bywyd nad yw'n ymdeimladol. Mae'r safbwynt cyfannol hwn o realiti'n pwysleisio'r pwynt, er enghraifft, bod rhaid bod yr hyn sy'n digwydd i un rhan o'r byd lle mae pobl yn byw yn cael effaith ar bob rhan arall.

Yr ymagwedd hon yw'r sylfaen ar gyfer diddordeb Macy mewn ecoleg. Mae'r Ddaear fel planed, a phopeth sydd ynddi o ran planhigion ac anifeiliaid yn rhan o Rwyd Indra. O'r safbwynt hwn, dylai materion fel disbyddu adnoddau naturiol, cynhesu byd-eang a newid hinsawdd fod yn bethau y mae Bwdhydd yn uniaethu â nhw o ran y dioddefaint sy'n cael ei achosi y mae'n bosibl ei atal. Mae gwaith diweddaraf Macy yn edrych ar yr amgylchedd o ran y bobl sy'n byw ar hyn o bryd drwy senario byd-eang 'Busnes fel Arfer' lle mae'r gymdeithas twf diwydiannol, economïau cloddio a marchnadoedd arian hapfasnachol yn dominyddu. Fodd bynnag, mae'r ymagwedd hon yn cael effaith mor niweidiol ar y ddaear o ran diraddiad amgylcheddol fel bod dim modd ei chynnal, ac mae'n debygol iawn o arwain at yr hyn y mae'n ei alw'n 'Ddatod Mawr'. Wrth fyw ar hyn o bryd, fodd bynnag, mae cyfle i bobl o'r un anian wrthod y senario 'Dal Ati fel Arfer' a dadlau dros rywbeth gwell. Felly gallai hon fod yn oes y 'Troi Mawr' lle mae gofal am yr amgylchedd, heddwch a chyfiawnder cymdeithasol yn mynd i ganol y llwyfan byd-eang drwy Fudiad Dinasyddion Byd-eang. Yma mae hi'n cyfeirio'n ôl at Rwyd Indra fel bod 'elfennau a oedd yn arfer cystadlu â'i gilydd yn dechrau ffurfio mosaig hynod o hardd' ac mae cyfangorff yn cael ei greu sydd 'yn fwy na chyfanswm ei rannau'.

O safbwynt materion cymdeithasol, mae Macy yn dadlau nad yw Bwdhaeth erioed wedi ymwneud â'r 'byd arall' ac mae hi'n dyfynnu enghraifft yr Ymerawdwr Ashoka 'a aeth ati, oherwydd ei ymroddiad i'r Dharma, i adeiladu ysbytai a ffynhonnau cyhoeddus a heolydd a choed ar hyd iddyn nhw er lles pob bod'. Yma, mae Macey o'r farn bod mudiad Sarvodaya yn dangos yr hyn y gall Bwdhaeth sy'n Ymgysylltu â'r Gymdeithas fod o ran cyfuno'r Dhamma â datblygiad cymdeithasol. Er enghraifft, mae'r mudiad wedi gosod pedwar cartref y Bwdha yn sylfaen i'w hathroniaeth: metta (caredigrwydd cariadus), karuna (tosturi), mudhita (llawenydd byw o wneud i bobl eraill fod yn hapus) a upekkha (tegwch). Mae'r rhain yn cael eu trosi yn ymddygiad pob dydd, ac maen nhw'n ymagweddau at fywyd yn y pentref.

Fel hyn, mae'r pwyslais yn gallu bod ar ddioddefaint ac ar ddod â dioddefaint i ben ar y lefel seico-ysbrydol a'r lefel economaidd-gymdeithasol. Yn ôl Macy: 'dydych chi ddim yn gwanhau neu'n llurgunio'r gwirioneddau nobl drwy eu cymhwyso nhw i amodau o ddioddefaint corfforol neu o wrthdaro cymdeithasol. Mae'r gwirionedd yn natur amodol dioddefaint, sut bynnag rydych chi'n edrych arno. Oherwydd bod achos iddo, mae'n gallu dod i ben. Oherwydd ei fod yn codi'n gyd-ddibynnol, mae'n bosibl ei oresgyn.'

Un o oblygiadau Rhwyd Indra i Macy yw bod y rhai sy'n ymwneud â Bwdhaeth sy'n Ymgysylltu â'r Gymdeithas yn gallu dewis canolbwyntio eu hegni'n fwy manwl ar un mater yn unig o ran yr hyn y mae hi'n ei alw'n 'argyfwng byd-eang'. Mae hyn oherwydd – yn union fel y gemau yn Rhwyd Indra – bod popeth yn rhyng-gysylltiedig. Mae'r ymagwedd hon yn un sy'n osgoi 'chwythu plwc' o ran bod y rhai sy'n ymwneud â Bwdhaeth sy'n Ymgysylltu â'r Gymdeithas yn ceisio gwneud gormod. Felly, er enghraifft, mae'r cwestiwn a ddylai Bwdhydd geisio amddiffyn morfilod neu geisio atal cloddio brig adnoddau naturiol yn mynd yn ddiangen: 'Os ydych chi'n dal i geisio atal y cloddio brig yn unig, rydych chi'n helpu i achub y morfilod, oherwydd bod popeth yn cydblethu'.

I Macy, rhaid bod sefydlu Bwdhaeth sy'n Ymgysylltu â'r Gymdeithas yn golygu gweithredu fel cyhoeddodd y Bwdha gan ddefnyddio'r ymadrodd sydd yn y Rig Veda: 'bahujana hitaya, bahujana sukhaya' sy'n golygu gweithredu 'er hapusrwydd llawer, er lles llawer'.

Mae Damien Keown (1951–) yn cyflwyno ymagwedd wahanol iawn at Fwdhaeth sy'n Ymgysylltu â'r Gymdeithas o'i chymharu ag un Macy. Fel ysgolhaig, mae wedi cyhoeddi nifer o lyfrau ar foeseg Fwdhaidd ac mae'n un o'r golygyddion a sefydlodd *Journal of Buddhist Ethics*. Fel esboniodd hefyd mewn cyfres o ddarlithiau yn Hong Kong yn 2010, fyddai e ddim yn ei ystyried ei hun yn Fwdhydd ac yn sicr nid yn Fwdhydd sy'n Ymgysylltu. Felly o anghenraid, mae ei agwedd at Fwdhaeth sy'n Ymgysylltu â'r Gymdeithas yn un ofalus.

Awgryma Keown mai un o'r problemau wrth drafod moeseg Fwdhaidd yn gyffredinol yw'r duedd i symleiddio ac i awgrymu mai un ymagwedd Fwdhaidd sydd at unrhyw bwnc penodol fel erthyliad, ewthanasia, gwleidyddiaeth ac ymgysylltu cymdeithasol. Mae'n ysgrifennu: 'Yn union fel mae rhaniadau ymysg Cristnogion ar faterion sylfaenol, gallwn ni ddisgwyl bod gan Fwdhyddion safbwyntiau cwbl wrthwynebus i'w gilydd ar nifer o gwestiynau'. Fodd bynnag, wrth drafod yr ymagwedd Fwdhaidd at faterion moesegol, mae Keown yn dadlau bod modd dod i safbwynt Bwdhaidd yn seiliedig ar feini prawf. Er enghraifft, a oes modd i'r ymagwedd gael ei chanfod a'i chefnogi mewn testunau sanctaidd Bwdhaidd ac a yw'r rhan fwyaf o Fwdhyddion, boed yn rhai Theravada neu Mahayana, yn rhannu'r ymagwedd honno.

Dyfyniad allweddol

Yn y dadansoddiad olaf, Rhwyd Gemau Indra yw'r hyn ydyn ni a'r hyn a ddaeth â ni i fodolaeth. Wrth godi gyda'n gilydd ac yn anwahanadwy, allwn ni byth â chwympo allan o rwyd ein realiti/cartref. Wrth agor i'w phresenoldeb a'i gwydnwch, gallwn ni ymddiried nawr. Wrth symud y tu hwnt i ofnau'r ego, gallwn ni gymryd risg, gallwn ni weithredu. **(Macy)**

cwestiwn cyflym

4.20 Beth yw ystyr 'bahujana hitaya, bahujana sukhaya'?

Term allweddol

Camddefnydd diwylliannol: safbwyntiau yn y Gorllewin yn cael eu darllen yn ôl i draddodiad Asiaidd Bwdhaeth

Dyfyniad allweddol

Wrth i fomentwm moderneiddio gyflymu, fodd bynnag, mae'n fwyfwy anodd, hyd yn oed mewn cymdeithasau traddodiadol, i gynnal agwedd fel estrys a gobeithio y bydd problemau moderniaeth yn 'mynd i ffwrdd' ac yn caniatáu i fynachod ailgydio mewn cyflymder bywyd tawel, canoloesol. (Keown)

cwestiwn cyflym

4.21 Beth yw ystyr 'Rhwystro, Adeiladu, Bod'?

Awgrym astudio

Gwiriwch eich nodiadau ar pratityasamutpada ac esboniwch ei arwyddocâd o ran Bwdhaeth sy'n Ymgysylltu â'r Gymdeithas yn eich geiriau eich hun.

Gweithgaredd AA1

Esboniwch beth yw ystyr Bwdhaeth sy'n Ymgysylltu â'r Gymdeithas.

Esboniwch eich ateb gan ddefnyddio tystiolaeth ac enghreifftiau o'r hyn rydych chi wedi ei ddarllen.

Wrth bwysleisio cymhlethdod Bwdhaeth, yn enwedig o ran ei datblygiad hanesyddol cynnar, mae Keown yn herio'r safbwynt sy'n gweld bod rhyw ffurf ar Fwdhaeth ddilys yn gwrthod bywyd pob dydd cyffredin lle mae'r unig ganolbwynt ar fyfyrdod a goleuedigaeth yr hunan. Dyma sylw Peter Hershock wrth ysgrifennu am foeseg Bwdhaeth yn yr oes fodern: 'Er bod rhai pobl wedi cael eu temtio i ystyried mai datblygiad cymharol ddiweddar yw'r twf yn y ffurfiau ar syniadau ac arferion Bwdhaidd sy'n ymgysylltu â'r gymdeithas, yn Asia yn ogystal ag yn y Gorllewin, mae gwaith Keown yn ein gorfodi i gydnabod bod Bwdhaeth wedi codi ac esblygu, nid yn unig mewn cyd-destunau cymdeithasol cymhleth, ond hefyd er mwyn ymateb iddyn nhw.'

O ran Bwdhaeth sy'n Ymgysylltu â'r Gymdeithas, mae Keown yn cydnabod ymagwedd rhai Bwdhyddion, sef dweud nad 'y math o beth y dylai mynach ymwneud â nhw' yw pynciau fel hyn. Fodd bynnag, mae'n amhosibl i'r safbwynt hwn oroesi i Fwdhyddion yn y Gorllewin. Yma, yn hytrach na bod y pwyslais ar y sangha mynachaidd, mae Bwdhyddion tröedigaeth yn llawer mwy tebygol o fod mewn amrywiaeth eang o fudiadau lleyg. Yn ôl Keown, mewn cyd-destunau fel hyn, 'mae aelodau'r grŵp yn trafod eu dealltwriaeth o ddysgeidiaethau Bwdhaidd yn rhydd ac yn wybodus, ac maen nhw'n fwy parod i herio, beirniadu a diwygio cysyniadau sy'n ymddangos yn hen ffasiwn neu'n anghywir'. I Keown, mae Bwdhaeth sy'n Ymgysylltu â'r Gymdeithas yn hanfodol oherwydd 'os nad yw Bwdhaeth yn ymateb i her y byd modern, bydd yn edwino ac yn marw'.

Yn ogystal, mae Keown yn gweld bod ymgysylltu â'r byd yn golygu mynd ati'n wirioneddol i adeiladu ar enghraifft y Bwdha ei hun. Roedd 'gwaith gydol oes [y Bwdha] wedi'i gyfeirio at les y byd ac wedi'i wneud mewn cefndir cymdeithasol'. Mae Keown yn dadlau, pan fydd y Bwdha yn cael ei weld fel yr athro, dylid cydnabod nad oedd 'yn osgoi hyn na chwaith yn amhendant amdano, ac mae'n debygol ei fod o'r farn bod atebion i gyfyng-gyngor moesol a bod modd dod o hyd iddyn nhw'. Mae'n bosibl cymhwyso'r Dhamma fel deddf foesol dragwyddol mewn unrhyw sefyllfa – yr hyn sydd ei angen yw 'rhesymu, dadansoddi, adfyfyrio a myfyrio'. Yn yr ystyr hwn mae'r Bwdha yn 'realydd moesol'.

O ran Bwdhaeth sy'n Ymgysylltu â'r Gymdeithas a'r materion moesegol y mae Keown yn ysgrifennu amdanyn nhw, fel clonio, yn aml does dim datganiad eglur gan y Bwdha neu o destunau sanctaidd Bwdhaidd. Mae hyn yn gallu gwneud i waith y rhai sy'n ymwneud â Bwdhaeth sy'n Ymgysylltu â'r Gymdeithas fod yn gymhleth – 'ychydig bach fel rhoi jig-so at ei gilydd'. Mae angen edrych ar gyfeiriadau mewn testunau sanctaidd, storïau, damhegion, esboniadau, a'u rhoi at ei gilydd i lunio patrwm sy'n clymu'n dwt. Yn aml iawn gallai hyn gyflwyno safbwynt hollol newydd ar bwnc y mae Bwdhaeth sy'n Ymgysylltu â'r Gymdeithas yn ymdrin ag ef. Y pwynt allweddol yma yw nad derbyn dysgeidiaeth flaenorol yn unig yw'r hyn sy'n ofynnol yn aml ond 'dychymyg a chreadigrwydd' ac 'ymgysylltu gweithredol' â'r hyn sydd wedi'i drosglwyddo.

Ar yr un pryd, mae Keown yn rhoi rhybudd y mae'n bosibl ei gymhwyso i Fwdhaeth sy'n Ymgysylltu â'r Gymdeithas. Mae'n defnyddio'r term **camddefnydd diwylliannol** i gyfeirio at y sefyllfa pan mae safbwyntiau sy'n cael eu dal yn y Gorllewin heddiw yn cael eu 'darllen yn ôl' i'r hyn sy'n draddodiad Asiaidd yn y bôn. Mae'r broses hon yn gallu digwydd pan mae Bwdhyddion 'tröedigaeth' sydd eu hunain 'yn eangfrydig, yn rhesymol, yn amgylcheddol gyfeillgar, yn garedig wrth anifeiliaid, yn heddychol a heb fod yn awdurdodol na chwaith yn athrawiaethol' yn gweld adlewyrchiad o'u safbwyntiau eu hunain mewn Bwdhaeth. Term Keown ar y math hwn o gysyniadaeth yw 'Bwdhaeth ryddfrydol' ac mae'n awgrymu bod hon yn seiliedig ar yr ymateb i rai credoau Cristnogol dogmataidd ac i'r diwylliant Gorllewinol. Mae'n dod i'r casgliad: 'Mae ffynonellau Bwdhaidd … yn datgelu darlun llawer mwy anniben sy'n gwrthddweud ei hun weithiau, darlun sy'n cynnwys gwahanol linynnau. Os ydyn ni'n dewis y rhai sy'n cyd-fynd â thueddiadau ffasiynol yn y gymdeithas Orllewinol yn unig, rydyn ni'n trin Bwdhaeth yn arwynebol, ac yn methu ymgysylltu o ddifrif â'i safbwyntiau.'

Fodd bynnag, byddai'n bosibl dadlau bod Bwdhaeth sy'n Ymgysylltu â'r Gymdeithas yn hanfodol i Keown oherwydd ei bod hi'n ymwneud â byd gwleidyddiaeth, economeg a meddygaeth ac yn herio ymagwedd a fyddai'n hollol seciwlar. Oherwydd hyn mae Bwdhaeth yn dal i fod yn berthnasol. Mewn sawl ffordd heb Fwdhaeth sy'n Ymgysylltu â'r Gymdeithas, 'fel mae statws ac awdurdod y byd seciwlar yn tyfu', gallai ddigwydd 'y bydd cyfnod cyn hir pan mae'r fynachlog mor bell o fywyd pob dydd pobl gyffredin fel na fydd hi'n fwy perthnasol nag eitem mewn arddangosfa neu barc thema hanesyddol'.

Datblygu sgiliau AA1

Nawr mae'n bwysig ystyried y wybodaeth sydd wedi'i chyflwyno yn yr adran hon; fodd bynnag, mae'r wybodaeth fel y mae yn llawer rhy helaeth ac felly mae'n rhaid ei phrosesu er mwyn bodloni gofynion yr arholiad. Gallwch wneud hyn drwy ymarfer y sgiliau uwch sy'n gysylltiedig ag AA1. Ar gyfer Amcan Asesu 1 (AA1), sy'n cynnwys dangos sgiliau 'gwybodaeth' a 'dealltwriaeth', rydyn ni am ganolbwyntio ar ffyrdd gwahanol o ddangos y sgiliau yn effeithiol, gan gyfeirio hefyd at sut bydd eich perfformiad ym mhob un o'r sgiliau hyn yn cael ei fesur (gweler disgrifyddion band cyffredinol AA1 ar gyfer U2).

▶ **Dyma eich tasg newydd:** Mae'n amhosibl ymdrin â'r holl draethodau yn yr amser sy'n cael ei ganiatáu gan y cwrs; fodd bynnag, mae datblygu cynlluniau manwl y gallwch eu defnyddio o dan amodau wedi'u hamseru yn ymarfer da. Fel ymarferiad olaf:

1. Lluniwch rai cynlluniau delfrydol gan ddefnyddio'r hyn rydyn ni wedi ei wneud hyd yn hyn yn adrannau Datblygu sgiliau Themâu 4.

2. Y tro hwn, ar ôl i chi lunio eich cynllun ewch ati i gyfnewid cynlluniau â phartner astudio.

3. Gwiriwch gynlluniau eich gilydd yn ofalus. Trafodwch unrhyw bethau na chafodd eu cynnwys neu ychwanegiadau a allai gael eu cynnwys, heb anghofio herio unrhyw ddeunyddiau amherthnasol.

4. Cofiwch, mae dysgu ar y cyd yn bwysig iawn wrth adolygu. Nid yn unig mae'n helpu i atgyfnerthu dealltwriaeth o'r gwaith a gwerthfawrogiad o'r sgiliau sy'n gysylltiedig, mae hefyd yn rhoi cymhelliant ac yn ffordd o feithrin hyder yn eich dysgu. Er bod ymgeiswyr yn sefyll yr arholiad ar eu pennau eu hunain, mae adolygu mewn pâr neu grŵp bach yn werthfawr iawn.

Ar ôl i chi orffen pob cynllun, fel pâr neu grŵp bach, cyfeiriwch at y disgrifyddion band ar gyfer U2 ac edrychwch yn benodol ar y gofynion sydd wedi'u disgrifio yn y disgrifyddion band uwch y dylech chi fod yn anelu atyn nhw. Gofynnwch i chi'ch hun:

- A yw fy ngwaith yn dangos gwybodaeth a dealltwriaeth drylwyr, gywir a pherthnasol o grefydd a chred?

- A yw fy ngwaith yn dangos cydlyniad (cysondeb neu synnwyr rhesymegol), eglurder a threfn o safon ragorol?

- A fydd fy ngwaith, ar ôl ei ddatblygu, yn ateb helaeth a pherthnasol sy'n bodloni gofynion penodol y dasg?

- A yw fy ngwaith yn dangos dyfnder a/neu ehangder sylweddol ac yn gwneud defnydd rhagorol o dystiolaeth ac enghreifftiau?

- Os yw'n briodol i'r dasg, a yw fy ateb yn cynnwys cyfeiriadau trylwyr a chywir at destunau cysegredig a ffynonellau doethineb?

- A ellir gwneud unrhyw gysylltiadau treiddgar ag elfennau eraill o fy nghwrs?

- A fydd fy ateb, ar ôl ei ddatblygu a'i ehangu i gyfateb i'r hyn sy'n ddisgwyliedig mewn ateb arholiad, yn cynnwys ystod eang o safbwyntiau ysgolheigion/ ysgolion o feddwl?

- A yw'r defnydd o iaith a geirfa arbenigol yn drylwyr a chywir, pan geir enghreifftiau o hynny?

Sgiliau allweddol

Mae gwybodaeth yn ymwneud â:

Dewis ystod o wybodaeth (drylwyr) gywir a pherthnasol sydd â chysylltiad uniongyrchol â gofynion penodol y cwestiwn.

Mae hyn yn golygu:

- Dewis deunydd perthnasol i'r cwestiwn a osodwyd

- Canolbwyntio ar esbonio ac archwilio'r deunydd a ddewiswyd.

Mae dealltwriaeth yn ymwneud ag:

Esboniad helaeth, gan ddangos dyfnder a/neu ehangder gyda defnydd rhagorol o dystiolaeth ac enghreifftiau gan gynnwys (lle y bo'n briodol) defnydd trylwyr a chywir o destunau cysegredig, ffynonellau doethineb a geirfa arbenigol.

Mae hyn yn golygu:

- Defnydd effeithiol o enghreifftiau a thystiolaeth gefnogol i sefydlu ansawdd eich dealltwriaeth

- Perchenogaeth o'ch esboniad sy'n mynegi gwybodaeth a dealltwriaeth bersonol, NID eich bod yn ailadrodd darn o destun o lyfr rydych wedi ei baratoi a'i gofio.

Cynnwys y fanyleb

Cyfiawnder cymdeithasol fel amod ar gyfer ufuddhau i ddysgeidiaeth Fwdhaidd.

Dyfyniad allweddol

Heblaw am gael ei chadw mewn mynachlog, aeth [Bwdhaeth Zen] yn esoterig ac yn elitaidd – fe aeth hi ymhellach mewn dwy ffordd oddi wrth y gymuned o'i hamgylch. Roedd hi'n ymwneud â chynnal a chaboli ei hathrylith, ac yn neilltuo ei hadnoddau i oleuedigaeth ei haelodau ac i dyfu a gwella ei mynachlogydd. Daeth adeiladu ei sefydliadau'n brif ffordd o hyrwyddo'r Dharma, ac wrth ddilyn y llwybr hwn, gwnaeth llawer o abadau'r camsyniad o ffurfio cynghreiriau ansanctaidd gyda'r cyfoethog a'r pwerus. (**Foster**)

Gweithgaredd AA2

Wrth i chi ddarllen drwy'r adran hon ceisiwch wneud y pethau canlynol:

1. Dewiswch y gwahanol ddadleuon sy'n cael eu cyflwyno yn y testun a nodwch unrhyw dystiolaeth gefnogol a roddir.

2. Ar gyfer pob dadl a gyflwynir, ceisiwch werthuso a yw'r ddadl yn un gryf neu wan yn eich barn chi.

3. Meddyliwch am unrhyw gwestiynau yr hoffech chi eu gofyn wrth ymateb i'r dadleuon.

Bydd y gweithgaredd hwn yn eich helpu chi i ddechrau meddwl yn feirniadol am yr hyn rydych chi'n ei ddarllen, ac yn eich helpu i werthuso effeithiolrwydd dadleuon gwahanol, gan ddatblygu eich sylwadau, a'ch barn a'ch safbwyntiau eich hun. Bydd hyn yn eich helpu wrth ddod i gasgliadau y byddwch yn eu gwneud yn eich atebion i'r cwestiynau AA2 sy'n codi.

Materion i'w dadansoddi a'u gwerthuso

Cyfiawnder cymdeithasol fel amod ar gyfer ufuddhau i ddysgeidiaeth Fwdhaidd

O un safbwynt ar Fwdhaeth at ei gilydd, mae Deg Darlun Gyrru'r Ych, sy'n dangos camau arferion mewn Bwdhaeth Zen, yn dangos i lawer o Fwdhyddion yr hyn y maen nhw'n ei ddeall wrth Fwdhaeth yn gyffredinol. Hynny yw, ei bod hi'n ymwneud â pherson fel bod ar wahân, yn anghysbell ac mewn byd arall wrth iddo fynd ar ei daith unigol i chwilio am ryw fath o oleuedigaeth bersonol.

Fel dywedodd Kenneth Kraft (1949–), yr ysgolhaig Bwdhaidd: 'Yn ystod camau cyntaf y chwilio ysbrydol ... mae'r rhan fwyaf o sylw ac egni ymarferwr wedi'i neilltuo i'r llwybr sy'n arwain tuag i mewn'. Yn y darlun olaf yn unig gwelir dychwelyd i'r gymdeithas, sy'n cael ei ddarlunio fel mynd i mewn i'r farchnad gyda dwylo sy'n helpu. Yn ôl Kraft, o'r deg llun hyn 'sy'n olrhain camau'r mewnwelediad sy'n dyfnhau i'r Gwir natur ... yr olaf yn unig sy'n cyfeirio'n ôl allan i'r byd'.

Wrth ystyried Deg Darlun Gyrru'r Ych, gellid dadlau, gan fod prif bwyslais Bwdhaeth Zen ar oleuedigaeth bersonol, yna nad yw hi'n bosibl gweld bod materion fel cyfiawnder cymdeithasol yn angenrheidiol. Wrth ysgrifennu ar thema Zen a mynd i mewn i'r farchnad gyda dwylo sy'n helpu, nododd Foster mewn gwaith cynharach 'mae'n rhyfeddol nad oes gan Zen draddodiad eglur o weithredu cymdeithasol'. Mae'n cydnabod bod 'enghreifftiau unigol o bobl sy'n mynd ar lwybrau annibynnol o wasanaeth cymdeithasol' ac ysgrifeniadau ar lwon y bodhisattva a'r argymhellion sy'n 'mynd i'r afael â materion moesegol mwyaf bywyd mewn ffyrdd sy'n gydnaws â gwasanaeth cymdeithasol'.

At ei gilydd, fodd bynnag, mae Foster yn disgrifio Zen y gorffennol fel hyn: 'mae'n cyfyngu bywiogrwydd y sangha o fewn waliau'r fynachlog'. O fewn 'amodau tŷ gwydr' y lleoliad mynachaidd, cafodd llawer ei greu sy'n dal i gael ei werthfawrogi heddiw, fel traddodiad gerddi Zen, haikus, seremonïau te, caligraffeg a llonyddwch syml. Fodd bynnag, oherwydd hyn doedd Zen ddim yn ymwneud â'r bywyd oedd yn digwydd y tu allan i glwydi'r fynachlog. Mewn geiriau eraill, i Fwdhyddion Zen, cyfyng ac ymylol iawn oedd y diddordeb yn yr angen am fynd i mewn i'r farchnad a'r defnydd ohono.

Mae Foster yn disgrifio datblygiad Bwdhaeth Zen yn China, Korea a Japan fel proses raddol o fynd yn fewnblyg. Yn ystod y broses hon, aeth ymatal cymdeithasol a chydymffurfio cymdeithasol yn batrwm ac, yn wir, yn nod. Felly, er mwyn dilyn dysgeidiaethau Bwdhaidd, nid cyfiawnder cymdeithasol oedd yn angenrheidiol ond yn hytrach ufudd-dod i normau cymdeithasol. Mae Foster fel petai'n awgrymu bod Bwdhaeth Zen rywsut wedi colli rhan o'r hyn oedd bod yn Fwdhaidd ddilys o ran dilyn y Dhamma a phatrwm byw y Bwdha.

Wrth gyflwyno Zen, mae Foster yn dadlau mai 'wrth i Zen symud tua'r Gorllewin' yn unig, a dod yn rhydd o'i chyfyngiadau yn y gorffennol, y mae hi'n gallu ymgysylltu â'r hyn y mae'n ei alw'n wleidyddiaeth prajna – 'y gogwydd gwerthoedd sy'n gynhenid i brofiad doethineb'. Iddo ef, mae gwleidyddiaeth prajna yn gydnabyddiaeth syml o'r realiti hwn: 'wrth fyw a meddwl yn unig, rydyn ni'n ymwneud â gweithgarwch gwleidyddol bwriadol'. O ran sanghas Americanaidd: 'gwelir eu bod yn torri rhai o'r rhwymau sydd wedi clymu Zen yn Asia'. Nawr, 'mae Zen Americanaidd fel petai'n rhydd i ddatblygu yn ôl goleuni prajna'.

Mae ystyried cyflwyniad Foster o Fwdhaeth Zen yn ffordd ddefnyddiol o edrych ar yr hyn sy'n faes dadleuol o ran Bwdhaeth a chyfiawnder cymdeithasol yn gyffredinol. Y cwestiwn sylfaenol yma yw a fyddai'r Bwdha ei hun wedi ystyried cyfiawnder cymdeithasol yn amod ar gyfer ufuddhau i'w ddysgeidiaeth. Er enghraifft, mae Jones yn dyfynnu Christopher Green, yr ysgolhaig Bwdhaidd, sy'n dod i'r casgliad 'ar ôl pedwar ugain mlynedd o ymchwil newydd, mae llawer o arbenigwyr yn tueddu i gytuno ... nad oedd Bwdhaeth gynnar yn y bôn yn seiliedig ar wasanaeth i eraill, ond ar chwilio am oleuedigaeth unigol'.

Gallai rhai gefnogi'r safbwynt hwn gan nad oes dim byd yn y Pedwar Gwirionedd Nobl a'r Llwybr Wythblyg sy'n dangos ymwneud penodol â'r hyn y mae Foster yn ei alw'n wleidyddiaeth prajna. Felly dydy cyfiawnder cymdeithasol a'r cysyniad o fynd i mewn i'r farchnad gyda dwylo sy'n helpu ddim fel petaen nhw'n uchel ar restr pryderon y Bwdha a Bwdhaeth gynnar, os ydyn nhw yno o gwbl.

Er enghraifft, mae anicca (byrhoedledd) yn berthnasol i bopeth, yn cynnwys strwythurau'r gymdeithas lle mae pobl yn byw. Os yw hynny'n wir, gellid ystyried mai camddefnyddio amser ac ymdrech yw canolbwyntio ar chwarae â strwythurau fel hyn, o gofio y byddan nhw – oherwydd natur pethau – yn newid dros amser beth bynnag mae unrhyw berson yn ei wneud. Byddai'n bosibl gweld bod hyn hyd yn oed yn fwy gwir o gofio bod ansawdd sunyata (gwacter) i bopeth, yn cynnwys pryderon am gyfiawnder cymdeithasol. Efallai y byddai'r farn hon yn cael ei chadarnhau gan y safbwynt bod y byd yn rhan o samsara ac mai'r nod Bwdhaidd yw dianc rhag samsara, yn hytrach na'i newid.

Casgliad Richard Gombrich, yr ysgolhaig Bwdhaidd, yw mai unig ddysgeidiaeth y Bwdha oedd sut gall unigolyn gyrraedd ei oleuedigaeth ei hun drwy ryddid oddi wrth dukkha. Mae'n dadlau mai'r 'soterioleg bur' hon oedd diddordeb y Bwdha ac nad oedd yn unrhyw fath o 'ddiwygiwr cymdeithasol' er 'fel canlyniad anfwriadol i'w ddysgeidiaeth' gallai rhai ddadlau bod y Bwdha 'wedi gwneud i fywyd yn y byd fod yn werth ei fyw yn fwy'.

Mae'n bosibl dadlau y gallai Deg Darlun Gyrru'r Ych awgrymu mai yn y Degfed Llun yn unig y mae pwrpas a nod y chwilio unigol am oleuedigaeth bersonol – mynd i mewn i'r farchnad gyda dwylo sy'n helpu. Felly, mae'r holl broses o edrych tuag i mewn yn digwydd fel bod hyn yn gallu arwain at edrych tuag allan a gweld realiti fel mae hi go iawn. Pan mae hyn wedi'i wneud yn unig y mae'n bosibl cydnabod bod cyfiawnder cymdeithasol yn amod ar gyfer ufuddhau i ddysgeidiaeth Fwdhaidd.

Gellid nodi mai un o brif nodau unrhyw Fwdhydd sy'n myfyrio yw adnabod tri gwenwyn anwybodaeth, trachwant a chasineb ynddo'i hun a chael gwared arnyn nhw. Y tri gwenwyn hyn sy'n greiddiol i samsara ac yn achosi tanha unigol ac, o ganlyniad, dukkha unigol. Mae Diane Winston, y darlithydd Ymwybyddiaeth ymwybodol ofalgar, yn dadlau mai drwy'r broses hon o edrych tuag i mewn y mae'n bosibl adnabod y strwythurau realiti allanol hyn sy'n achosi'r tri gwenwyn. Wedyn yn unig y mae'n bosibl ennyn tosturi tuag at y rhai sy'n parhau'r tri gwenwyn, ynghyd â 'mewnwelediad i ddeall yn union sut a pham mae'r strwythurau hynny'n gweithio, a beth gellid ei wneud amdanyn nhw'.

Yn gyffredinol mae'n werth ailadrodd y pwynt a wnaeth Keown uchod – bod rhaid cael 'dychymyg a chreadigrwydd' ochr yn ochr â dealltwriaeth ddofn o destunau sanctaidd Bwdhaidd er mwyn cael mewnwelediad i ddysgeidiaeth y Bwdha ar gyfiawnder cymdeithasol. Er enghraifft, byddai modd dadlau mai lles economaidd yw conglfaen cyfiawnder cymdeithasol. Yn y cyd-destun hwn mae Walpola Rahula (1907–1997) yn cyfeirio at y sgwrs rhwng y Bwdha ac Anathapindika, y banciwr. Yma, mae esboniad o'r pedwar math o hapusrwydd: yr un sy'n cael ei achosi gan sicrwydd economaidd, yr un sy'n cael ei achosi wrth fod yn hael â chyfoeth, yr un sy'n cael ei achosi wrth fod yn rhydd o ddyledion, a'r un sy'n cael ei achosi gan hapusrwydd ysbrydol byw bywyd di-fai. Felly, gellir dadlau bod Bwdhaeth yn annog cyfiawnder cymdeithasol fel mae cynnydd materol yn ei ddangos. Ond yr unig ffordd y gall yr hyn sy'n digwydd yn allanol fod yn wirioneddol flaengar yw os yw'n seiliedig ar 'ddatblygiad y cymeriad moesol ac ysbrydol' mewnol.

Cwestiynau allweddol

Beth yw ystyr 'cyfiawnder cymdeithasol'?

I ba raddau y gall cyfiawnder cymdeithasol fod yn bwysig i berson sy'n ceisio ei Ddeffroad ei hun?

Ydy pawb, drwy kamma a thrwy fyw ac anadlu'n unig, ynghlwm wrth gydnabod a cheisio cael cyfiawnder cymdeithasol?

Dyfyniad allweddol

Nid trefn sefydlog neu gymdeithas gyfiawn yw prif nod Bwdhaeth ond darganfod rhyddid gwirioneddol (neu ddeffroad) i bob person ... Nid bod yn ddiwygiwr cymdeithasol yw galwedigaeth y bodhisattva hyd yn oed, ond bod yn gatalydd i drawsnewid personol yn y gymdeithas. (Bardwell L Smith, yr ysgolhaig Bwdhaidd)

Gweithgaredd AA2

Rhestrwch rai casgliadau y byddai'n bosibl dod iddynt ar sail y rhesymeg AA2 yn y testun uchod; ceisiwch gyflwyno o leiaf dri chasgliad gwahanol posibl. Ystyriwch bob un o'r casgliadau a chasglwch dystiolaeth gryno i gefnogi pob casgliad o'r deunydd AA1 ac AA2 ar gyfer y testun hwn. Dewiswch y casgliad sy'n argyhoeddi fwyaf yn eich barn chi ac esboniwch pam mae hyn yn wir. Ceisiwch gyferbynnu hyn â'r casgliad gwannaf ar y rhestr, gan gyfiawnhau eich dadl gyda rhesymu clir a thystiolaeth.

Cynnwys y fanyleb

Ymgysylltu â'r gymdeithas yn arfer sy'n tynnu sylw oddi ar y llwybr i Ddeffroad.

Dyfyniad allweddol

Mae her gweithredu cymdeithasol yn gyfle gwerthfawr i ehangu'r ffordd rydyn ni'n arfer y Dharma, fel gweithred ymwybodol ofalgar, gwasanaeth ymwybodol ofalgar. Mae hyn oherwydd mai ein cyflwr dirfodol creiddiol sydd bwysicaf. O hyn mae ein cyflwr cymdeithasol yn tarddu; ac mae'r iachâd radical ar gyfer elfennau afiach y cyflwr cymdeithasol hwnnw'n dibynnu ar newid heb fod yn llai radical yn y math o berson ydyn ni fel arfer.

[Jones]

Gweithgaredd AA2

Wrth i chi ddarllen drwy'r adran hon ceisiwch wneud y pethau canlynol:

1. Dewiswch y gwahanol ddadleuon sy'n cael eu cyflwyno yn y testun a nodwch unrhyw dystiolaeth gefnogol a roddir.

2. Ar gyfer pob dadl a gyflwynir, ceisiwch werthuso a yw'r ddadl yn un gryf neu wan yn eich barn chi.

3. Meddyliwch am unrhyw gwestiynau yr hoffech chi eu gofyn wrth ymateb i'r dadleuon.

Bydd y gweithgaredd hwn yn eich helpu chi i ddechrau meddwl yn feirniadol am yr hyn rydych chi'n ei ddarllen, ac yn eich helpu i werthuso effeithiolrwydd dadleuon gwahanol, gan ddatblygu eich sylwadau, a'ch barn a'ch safbwyntiau eich hun. Bydd hyn yn eich helpu wrth ddod i gasgliadau y byddwch yn eu gwneud yn eich atebion i'r cwestiynau AA2 sy'n codi.

Ymgysylltu â'r gymdeithas yn arfer sy'n tynnu sylw oddi ar y llwybr i Ddeffroad

Wrth drafod Bwdhaeth sy'n Ymgysylltu â'r Gymdeithas, mae Jones yn cyflwyno'r ddameg ganlynol: 'Un tro roedd brenin goleuedig a oedd eisiau rhyddhau ei ddeiliaid i gyd oddi wrth ddioddefaint. Ym mhobman, roedd drain a cherrig miniog o dan draed. Awgrymodd ei brif weinidog y dylai roi carped o ledr dros y deyrnas, drwyddi draw. Ond roedd y gweinidog cyllid yn erbyn hyn, gan y byddai hynny'n anymarferol. Yna cafodd y brenin y syniad gwych y dylai pob un o'i ddeiliaid glymu ei ddarn ei hun o ledr am ei draed. Gyda sandalau gallai pob un "fod yn noddfa" iddyn nhw eu hunain.'

Mae'r ddameg hon yn awgrymu mai ymagwedd normadol Bwdhaeth yn y gorffennol yw na allai fod unrhyw newid i amgylchiadau anodd bywyd fel tlodi a chlefydau cyffredin a oedd yn cyfrannu i dukkha yn y byd 'allan fan draw'. A defnyddio cydweddiad Jones, doedd gosod carped 'drwyddi draw' ddim yn opsiwn realistig. Oherwydd hynny, mae Bwdhaeth wedi bod yn canolbwyntio ar roi dulliau i unigolion i ddilyn y llwybr ysbrydol i oleuedigaeth drwy ddysgeidiaethau fel y Pedwar Gwirionedd Nobl. Eto, a defnyddio cydweddiad Jones, mae pob person yn gwneud ei sandalau ei hun. Fel hyn yn unig y mae'n bosibl goresgyn dukkha.

Heddiw yn y Gorllewin, yn enwedig, mae'r byd 'allan fan draw' wedi newid yn llwyr. Mae datblygiadau ym meysydd gwyddoniaeth, technoleg, meddygaeth, addysg, glanweithdra a chyfathrebu – ynghyd â chynnydd mewn cyfoeth a safonau byw personol – wedi gwella llawer o amgylchiadau anodd y byd 'allan fan draw'. Felly, mae'r ymagwedd gosod carped 'drwyddi draw' tuag at ddioddefaint fel petai'n dod yn fwyfwy posibl.

Oherwydd hynny, a ddylai Bwdhyddion Gorllewinol roi blaenoriaeth i'r meysydd sy'n dal i achosi problemau yn y byd 'allan fan draw' fel, er enghraifft, mynd i'r afael â phob ffurf ar wahaniaethu? Eto i gyd, a ddylai'r flaenoriaeth fod ar ddarparu tai fforddiadwy, cefnogi ymgyrchoedd yn erbyn globaleiddio a gorymdeithio dros ddiarfogi niwclear? Neu, a ddylai fod ar gynnal hawliau ffurfiau bywyd ymdeimladol sydd heb fod yn fyw ac amddiffyn Gaia – y Fam Ddaear – rhag cynhesu byd-eang a newid hinsawdd wedi'u hachosi gan fodau dynol?

Mae'n bosibl dadlau mai'r broblem wrth ganolbwyntio ar y byd 'allan fan draw' fel hyn yw nad oes dim byd arbennig o Fwdhaidd amdano. Mewn rhai ffyrdd mae'n bosibl felly nad oes llawer iawn o wahaniaeth rhwng pryderon Bwdhyddion, Dyneiddwyr, Atheistiaid a'r rhai sy'n perthyn i unrhyw rai o grefyddau'r byd wrth iddyn nhw ymgyrchu dros fyd gwell. Gallai pob un rannu sylw'r Dalai Lama: 'Does dim angen athrawiaethau cymhleth, ddim temlau hyd yn oed. Ein hymennydd ni ein hunain, ein calon ni ein hunain yw ein teml. Caredigrwydd yw'r athroniaeth.'

O un safbwynt, mae pwyslais fel hyn ar ymgysylltu cymdeithasol yn gallu tynnu sylw oddi ar oleuedigaeth bersonol. Fel dywedodd Milarepa, y Bwdhydd o Dibet yn yr 11eg ganrif OCC: 'Hyd yn oed heb geisio bod o fudd i eraill, mae'n anodd llwyddo gyda gweithredoedd sydd er eich lles eich hun hyd yn oed. Mae fel petai dyn sy'n boddi yn ceisio achub dyn arall sydd â'r un broblem. Ddylai rhywun ddim bod yn rhy awyddus ac ar frys i fynd ati i wasanaethu eraill cyn bod rhywun wedi gwireddu'r Gwirionedd yn ei gyflawnder; byddai gwneud hynny fel y dall yn arwain y dall.'

Un ymateb i ddameg Jones yw ystyried mai trefedigaethu Gorllewinol ar Fwdhaeth a ddatblygodd ar ôl y 1960au yw'r ymagwedd 'drwyddi draw' at gael gwared ar dukkha o'r byd 'allan fan draw'. Gwelir bod y math hwn o ymgysylltu â'r gymdeithas yn wleidyddol ac yn seciwlar. Mae'n canolbwyntio cymaint ar weithredu, gwneud, newid, herio, dangos a phrotestio fel nad yw'n gwneud dim ond tynnu sylw oddi ar y llwybr i oleuedigaeth bersonol. Byddai'n bosibl cefnogi ymateb fel hyn drwy ddadlau nad yw ymgysylltu â'r gymdeithas fel mae'r Gorllewin yn ei ddeall yn gyson â dysgeidiaeth y Bwdha. Gellid dyfynnu geiriau'r Dhammapada (167–8): 'Peidiwch â'ch cysylltu eich hun â safbwyntiau anghywir. Peidiwch ag ymgolli ym mhethau'r byd. Codwch! Peidiwch â bod yn ddifater. Ewch ati i fyw'r Dhamma yn dda'. Felly, gellid ystyried ymgysylltu â'r byd fel dim mwy nag 'ymgolli ym mhethau'r byd', bod yn ddifater, a pheidio â 'byw'r Dhamma yn dda'. At hynny, gellid ystyried bod gweld ymgysylltu â'r gymdeithas yn y Dhamma yn ganlyniad edrych arno drwy lens Gorllewinol wedi'i foderneiddio sydd wedi ystumio ei neges wreiddiol.

Ymateb amgen i ddameg Jones yw ystyried y *dylai* Bwdhyddion ddilyn yr ymagwedd 'drwyddi draw' at gael gwared ar dukkha o'r byd 'allan fan draw'. Gellid dadlau nad yw ymgysylltu â'r gymdeithas fel hyn yn tynnu sylw oddi ar y llwybr i oleuedigaeth bersonol oherwydd ei fod wedi'i wreiddio yng nghenhadaeth y Bwdha. Cyhoeddodd y Bwdha: 'O'r blaen a nawr, dioddefaint yn unig rwy'n ei ddisgrifio a dod â dioddefaint i ben'. Gellid dweud bod Bwdhaeth Orllewinol, yn hytrach na rhoi lens sy'n ystumio, wedi datguddio'r Dhamma gwreiddiol ac ymrwymiad y Bwdha i ymgysylltu â'r gymdeithas drwy astudiaethau testunol. Yn ogystal, gellid dadlau nad yw Bwdhyddion Gorllewinol yn ddifater wrth ymgolli ym mhethau'r byd, oherwydd bod ymgysylltu â'r byd yn seiliedig ar arferion fel myfyrdod. Gellid dweud mai holl bwrpas goleuedigaeth bersonol yw dilyn enghraifft y Bwdha. Ar ôl ei ddeffroad yn Bodh Gaya, gadawodd y lle hwnnw *nid* i ddod o hyd i fan anghysbell ar gyfer myfyrdod ond i ymgysylltu â phobl mewn pentrefi a threfi er mwyn iddyn nhw allu 'byw'r Dhamma yn dda'.

Mae awgrym Thomas Yarnall yn 2000 wrth gategoreiddio sut mae Bwdhyddion yn ymgysylltu â'r gymdeithas yn dal i fod yn ddadleuol. Mae'n dadlau bod dwy ymagwedd.

Bwdhyddion traddodiadol sy'n Ymgysylltu yw'r rhai sy'n credu bod *dim* rhaniad rhwng dimensiwn y byd arall/ysbrydol/soteriolegol a'r dimensiwn bydol/cymdeithasol/gwleidyddol hwn ar Fwdhaeth. I Fwdhydd traddodiadol, ystyr bod yn Fwdhydd yw bod yn weithgar wrth ymgysylltu â'r gymdeithas oherwydd bod hyn yn parhau'r traddodiad Bwdhaidd sy'n olrhain yn ôl i'r Bwdha ei hun. Mae'n bosibl dadlau bod yr ymagwedd hon i'w gweld, er enghraifft, yn nysgeidiaeth Nhat Hanh: 'Felly, dydy'r Bwdha ddim yn y mynydd. Y gred yw ei fod ym mhob un, felly er mwyn heddwch a lles y bobl i gyd, byddai'n rhaid i bob Bwdhydd gyflawni ei gyfrifoldeb i'r gymuned ond heb esgeuluso ei fywyd mewnol.'

Bwdhyddion modernaidd sy'n Ymgysylltu yw'r rhai sy'n credu bod y dimensiwn bydol/cymdeithasol/gwleidyddol hwn ar Fwdhaeth yn gudd ond heb ei wireddu mewn credoau a dysgeidiaethau Bwdhaidd. Dim ond pan ddaeth Bwdhaeth wyneb yn wyneb â'r Gorllewin yn y cyfnod modern y daeth hyn yn amlwg ac y cafodd ei wireddu. Mae gan y mudiad Ymgysylltu â'r Gymdeithas a ddatblygodd o ganlyniad rai o nodweddion traddodiadol Bwdhaeth, ond oherwydd ei fod yn ymgysylltu â'r byd Gorllewinol modern, mae llawer ynddo sy'n newydd. I Fodernydd, ystyr bod yn Fwdhydd yw bod yn weithgar wrth ymgysylltu â'r gymdeithas mewn ffordd wahanol oherwydd bod cymhlethdodau dukkha heddiw yn unigryw. Felly'n naturiol, mae diffyg dilyniant rhwng Bwdhyddion heddiw a Bwdhyddion a oedd yn perthyn i'r oes gyn-fodern. Byddai modd dweud bod yr ymagwedd hon i'w chael yn arsylwadau Foster: 'Doedd yr hen athrawon ddim yn byw mewn byd a oedd wedi'i ddifetha cymaint neu a oedd mor anhapus ac ansicr â'n byd ni. Allwn ni ddim gwybod sut bydden nhw wedi ymateb petaen nhw wedi byw yn yr oes atomig.'

Mae'r ddadl yn parhau. Ai cymhwyso gwleidyddiaeth prajna, yn syml ddigon, yw ymgysylltu Bwdhyddion â'r gymdeithas fel rhan anochel o fod ar y llwybr i oleuedigaeth bersonol? Neu a yw ymgysylltu Bwdhaeth Orllewinol â'r gymdeithas mor newydd fel y dylid ei weld ochr yn ochr â Theravada a Mahayana fel Navayana – cerbyd Bwdhaidd newydd i'r Gorllewin?

Cwestiynau allweddol

I ba raddau mae dioddefaint yn y byd 'allan fan draw' mor fawr fel na fydd ymgysylltu Bwdhaidd â'r gymdeithas byth yn gallu gwneud unrhyw wahaniaeth?

A ddylai ymgysylltu Bwdhaidd â'r gymdeithas byth gynnwys gwrthdaro treisgar?

I ba raddau y dylid gweld bod ymgysylltu â'r gymdeithas yn digwydd cyn neu ar ôl Deffroad personol?

Dyfyniad allweddol

Ystyr Bwdhaeth yw bod yn effro ... yn ymwybyddol ofalgar o'r hyn sy'n digwydd ... Os ydych chi'n effro, allwch chi wneud dim heblaw am ymddwyn yn dosturiol i helpu i leddfu'r dioddefaint rydych chi'n ei weld o'ch cwmpas chi. Felly, rhaid i Fwdhaeth ymgysylltu â'r byd. Os nad yw'n ymgysylltu, nid Bwdhaeth ydyw. (Nhat Hanh)

Gweithgaredd AA2

Rhestrwch rai casgliadau y byddai'n bosibl dod iddynt ar sail y rhesymeg AA2 yn y testun uchod; ceisiwch gyflwyno o leiaf dri chasgliad gwahanol posibl. Ystyriwch bob un o'r casgliadau a chasglwch dystiolaeth gryno i gefnogi pob casgliad o'r deunydd AA1 ac AA2 ar gyfer y testun hwn. Dewiswch y casgliad sy'n argyhoeddi fwyaf yn eich barn chi ac esboniwch pam mae hyn yn wir. Ceisiwch gyferbynnu hyn â'r casgliad gwannaf ar y rhestr, gan gyfiawnhau eich dadl gyda rhesymu clir a thystiolaeth.

Sgiliau allweddol Thema 4

Mae'r thema hon yn cynnwys tasgau sy'n atgyfnerthu eich sgiliau AA2 ac yn mireinio'r sgiliau hyn er mwyn paratoi ar gyfer yr arholiad.

Sgiliau allweddol

Mae dadansoddi'n ymwneud â:

Nodi materion sy'n cael eu codi gan y deunyddiau yn adran AA1, ynghyd â'r rhai a nodwyd yn adran AA2, ac mae'n cyflwyno safbwyntiau cyson a chlir, naill ai gan ysgolheigion neu safbwyntiau personol, yn barod i'w gwerthuso.

Mae hyn yn golygu:

- Bod eich atebion yn gallu nodi meysydd trafod allweddol mewn perthynas â mater penodol

- Eich bod yn gallu nodi'r gwahanol ddadleuon a gyflwynir gan eraill, a rhoi sylwadau arnyn nhw

- Bod eich ateb yn rhoi sylwadau ar effeithiolrwydd cyffredinol pob un o'r meysydd neu ddadleuon hyn.

Mae gwerthuso'n ymwneud ag:

Ystyried goblygiadau amrywiol y materion sy'n cael eu codi, yn seiliedig ar y dystiolaeth a gafwyd wrth ddadansoddi ac mae'n rhoi dadl fanwl eang gyda chasgliad clir.

Mae hyn yn golygu:

- Bod eich ateb yn pwyso a mesur canlyniadau derbyn neu wrthod y dadleuon amrywiol a gwahanol a gafodd eu dadansoddi

- Bod eich ateb yn dod i gasgliad drwy broses rhesymu clir.

Datblygu sgiliau AA2

Nawr mae'n bwysig ystyried y wybodaeth sydd wedi'i chyflwyno yn yr adran hon; fodd bynnag, mae'r wybodaeth fel y mae yn llawer rhy helaeth ac felly mae'n rhaid ei phrosesu er mwyn bodloni gofynion yr arholiad. Gallwch wneud hyn drwy ymarfer y sgiliau uwch sy'n gysylltiedig ag AA2. Ar gyfer Amcan Asesu 2 (AA2), sy'n cynnwys dangos sgiliau 'dadansoddi beirniadol' a 'gwerthusiad', rydyn ni am ganolbwyntio ar ffyrdd gwahanol o ddangos y sgiliau yn effeithiol, gan gyfeirio hefyd at sut bydd eich perfformiad ym mhob un o'r sgiliau hyn yn cael ei fesur (gweler disgrifyddion band cyffredinol AA2 ar gyfer U2).

▶ Dyma eich tasg newydd: Mae'n amhosibl ymdrin â'r holl draethodau yn yr amser sy'n cael ei ganiatáu gan y cwrs; fodd bynnag, mae datblygu cynlluniau manwl y gallwch eu defnyddio o dan amodau wedi'u hamseru yn ymarfer da. Fel ymarferiad olaf:

1. Lluniwch rai cynlluniau delfrydol gan ddefnyddio'r hyn rydyn ni wedi ei wneud hyd yn hyn yn adrannau Datblygu sgiliau Themâu 4.

2. Y tro hwn, ar ôl i chi lunio eich cynllun ewch ati i gyfnewid cynlluniau â phartner astudio.

3. Gwiriwch gynlluniau eich gilydd yn ofalus. Trafodwch unrhyw bethau na chafodd eu cynnwys neu ychwanegiadau a allai gael eu cynnwys, heb anghofio herio unrhyw ddeunyddiau amherthnasol.

4. Cofiwch, mae dysgu ar y cyd yn bwysig iawn wrth adolygu. Nid yn unig mae'n helpu i atgyfnerthu dealltwriaeth o'r gwaith a gwerthfawrogiad o'r sgiliau sy'n gysylltiedig, mae hefyd yn rhoi cymhelliant ac yn ffordd o feithrin hyder yn eich dysgu. Er bod ymgeiswyr yn sefyll yr arholiad ar eu pennau eu hunain, mae adolygu mewn pâr neu grŵp bach yn werthfawr iawn.

Ar ôl i chi orffen y dasg, cyfeiriwch at y disgrifyddion band ar gyfer U2 ac edrychwch yn benodol ar y gofynion sydd wedi'u disgrifio yn y disgrifyddion band uwch y dylech chi fod yn anelu atyn nhw. Gofynnwch i chi'ch hun:

- A yw fy ateb yn ddadansoddiad beirniadol hyderus a gwerthusiad craff o'r mater?

- A yw fy ateb yn nodi'r materion a godwyd gan y cwestiwn yn llwyddiannus ac yn mynd i'r afael â nhw'n drylwyr?

- A yw fy ngwaith yn dangos cydlyniad, eglurder a threfn o safon ragorol?

- A fydd fy ngwaith, ar ôl ei ddatblygu, yn cynnwys safbwyntiau trylwyr, cyson a chlir wedi'u cefnogi gan resymeg a/neu dystiolaeth helaeth, fanwl?

- A yw safbwyntiau ysgolheigion/ysgolion o feddwl yn cael eu defnyddio'n helaeth a phriodol, ac yn eu cyd-destun?

- A yw fy ateb yn cyfleu dadansoddiad hyderus a chraff o natur unrhyw gysylltiadau posibl ag elfennau eraill o'm cwrs?

- A yw'r defnydd o iaith a geirfa arbenigol yn drylwyr a chywir, pan geir enghreifftiau o hynny?

Cwestiynau ac Atebion

Thema 1: ABC

Ateb AA1: *Ateb sy'n edrych ar bwysigrwydd Sutra'r Galon.*

Ateb gwan

Mae Sutra'r Galon yn ysgrythur Fwdhaidd enwog y mae mynachod mewn Bwdhaeth yn ei defnyddio. Cafodd ei hysgrifennu filoedd o flynyddoedd yn ôl ac mae'n cynnwys doethineb a mewnwelediad uwch i'r Pedwar Gwirionedd Nobl. Sutra'r Galon yw'r enw arni oherwydd dyma'r ddysgeidiaeth Fwdhaidd fwyaf pwysig erioed. [1]

Mae'r dysgeidiaethau sydd ynddi yn sôn llawer iawn am wacter. Does dim byd sy'n bodoli go iawn, ac felly does dim rhaid i Fwdhyddion ddilyn y Llwybr Wythblyg, ond yn hytrach gallan nhw gymryd llwon y bodhisattva. [2]

Mae Sutra'r Galon yn nodi pwysigrwydd llwon a chamau a pherffeithder y bodhisattva. Fel arfer mae Bwdhyddion yn myfyrio arno achos mae mor rhyfedd i'w ddarllen yn uchel ond mae hyn yn annog ac yn ysbrydoli Bwdhyddion i ddilyn llwybr y bodhisattva. [3]

Os awn ni'n ôl at wacter, mae cred mai gwacter sy'n gwneud i bopeth fod yn bosibl ac felly mae Bwdhaeth Mahayana yn wahanol iawn i Fwdhaeth Theravada. Dyma pam mae Sutra'r Galon yn arwyddocaol achos ei fod yn gwahanu'r ddau fath o Fwdhyddion. [4]

Wedi dweud hynny, mae Bwdhyddion Theravada yn derbyn anatta a gwacter hefyd ond dydyn nhw ddim wir yn sôn llawer amdanyn nhw. Oherwydd yr hyn mae Bwdhyddion Mahayana yn ei wneud gyda'r ddysgeidiaeth am wacter yn Sutra'r Galon, mae'n fwy pwysig. Dyna pam mae'n ffocws i fyfyrdod bob dydd. [5]

Sylwadau

1. Mae'r cyflwyniad yn eithaf annelwig ac mae angen iddo fod yn fwy pendant. Mae rhagor i'w ddweud ynghylch pam mai Sutra'r 'Galon' yw e. Does dim canolbwyntio'n syth ar wacter, ond mae'r ymgeisydd yn cofio amdano wedyn yn yr ail baragraff.
2. Mae'r paragraff hwn yn ddryslyd a heb fod yn ddigon penodol. Yn gyntaf, mae'r ddealltwriaeth o wacter yn anghywir ac yn ail, er efallai fod llwybr y bodhisattva yn arwyddocaol, dydy Sutra'r Galon ddim yn canolbwyntio arno ac felly dydy e ddim yn rhoi sylw i'r cwestiwn a osodwyd.
3. Mae'r paragraff hwn yn neidio'n sydyn i ganolbwyntio ar bodhisattva. Dim ond gwybodaeth nad oes ei hangen yn yr ateb hwn sydd yma.
4. Mae'r paragraff hwn mewn gwirionedd yn dechrau taro ar rywbeth perthnasol ond mae wedi'i esbonio a'i ddatblygu mor wael fel mai'r unig beth sydd yma o

ganlyniad yw sylw nad yw Theravada a Mahayana yn defnyddio'r Sutra. Trueni oherwydd mae'r llinell 'cred mai gwacter sy'n gwneud i bopeth fod yn bosibl' yn arwyddocaol a gellid bod wedi datblygu hon.

5. Mae'r paragraff hwn yn cynnwys peth gwybodaeth newydd ond mae angen ehangu arni. Crynhoi gwan o'i arwyddocâd.

Crynodeb

Mae hwn yn ateb gwan sydd â lefel sylfaenol iawn o ran dealltwriaeth a chywirdeb. Mae'r esboniadau neu'r enghreifftiau'n aml yn rhy annelwig neu'n anghywir. Mae rhai agweddau ar yr ateb nad ydyn nhw wedi'u hesbonio'n iawn, felly mae eu gwerth yn cael ei golli. Mae angen gwella'r ateb drwy fod yn llawer mwy eglur am y pwyntiau sy'n cael eu gwneud a thrwy esbonio eu harwyddocâd o ran ffocws y cwestiwn, sef pwysigrwydd Sutra'r Galon.

Ateb AA2: *Ateb sy'n gwerthuso a yw Sutra'r Galon yn realistig.*

Ateb cryf

Un ddadl bosibl yw bod y dysgeidiaethau am realiti sydd yn y Prajnaparamita, er enghraifft Sutra'r Galon, mewn gwirionedd yn cynrychioli realiti oherwydd eu bod nhw'n cyd-fynd â'r hyn a ddysgodd y Bwdha. Mae'r cysyniad o wacter yn ymwneud â safbwynt empirig o'r 'hunan' fel confensiynau'n unig, a bod realiti yn y pen draw yn fwy cynnil ac yn ymwneud ag anatta – di-hunan neu absenoldeb eich bodolaeth eich hun (svabhava) fel mae Sutra'r Galon yn ei esbonio. Yn wir, mae llawer sy'n arfer Bwdhaeth yn defnyddio dadansoddiad mwy confensiynol o realiti ond yn cydnabod, yn y pen draw, bod popeth yn wag. [1]

Fodd bynnag, gellid dadlau bod dadansoddi a gwir sylweddoli bod popeth yn wag ar lefel eithaf uchel a bod dilyn y Pedwar Gwirionedd Nobl, y Llwybr Wythblyg ac arferion fel dana a metta bhavana yn fwy realistig i fwyafrif Bwdhyddion. Mewn gwirionedd, mae'r cyfan yn dibynnu ar a ydyn ni'n cyfateb 'real' i 'gwir'. Byddai'n well gen i weld realiti yn nhermau bod yn athronyddol ddichonadwy ac ymarferol. O ran 'ymarferol' felly, gellid dadlau efallai nad yw realaeth gwacter yn addas i'r rhai sydd ddim ar gam uwch. [2]

O ran dichonoldeb athronyddol, o safbwynt gwyddonol, cadarnhaodd darganfod 'cwarciau' mewn ffiseg efallai nad yw realiti'n union yr hyn rydyn ni'n meddwl yw e. Yn wir, mae Brian Greene a'i lyfrau, er enghraifft, y ffordd y mae'n edrych ar fydysawdau paralel yn *The Hidden Reality*, yn awgrymu bydysawdau paralel ac aml-fydysawdau. Mae'n dadlau efallai fod hyn yn ymddangos yn rhyfedd ond bod sail gadarn iddo ym maes gwyddoniaeth: 'mae pob un o'r cynigion am fydysawdau paralel y byddwn ni'n eu cymryd o ddifri yn dod i'r amlwg yn ddigymell o fathemateg damcaniaethau a ddatblygwyd i esbonio data ac arsylwadau confensiynol'. Felly, mae esboniad Sutra'r Galon bod gwacter yn creu posibiliadau diddiwedd fel Gwledydd Pur neu Feysydd Bwdha, yn cyd-fynd â dealltwriaeth wyddonol o realiti ac â chysyniad aml-fydysawdau. Fel mae Nagarjuna yn ei ddweud: 'Mae popeth yn bosibl pan mae gwacter yn bosibl. Does dim byd yn bosibl pan mae gwacter yn amhosibl'. [3]

Fodd bynnag, efallai nad yw'r dichonoldeb athronyddol yn ymestyn cyn belled â disgrifio natur 'bydysawdau' fel hyn; mae'r Sutras Mahayana yn portreadu bydysawd o ddiafoliaid, brenhinoedd, aswras, devas, bodhisattvau nefol a theyrnasoedd dibenion lluosog, sydd ddim yn cynrychioli realiti fel y mae'n cael ei ddeall yn y paradeim gwyddonol. Er ei bod hi'n bosibl tynnu'r chwedloniaeth o hyn i gyd a'i ddehongli fel trosiad, mae'r posibiliadau y mae cysyniad gwacter yn eu hagor i Fwdhyddion yn fwy o destun dyfalu na rhai gwyddoniaeth. [4]

Gallai rhai ddadlau bod rhaid cael rhyw gysyniad o darddiad o ran y bydysawd. Fodd bynnag, mae'r gwrthwynebiad hwn yn anghywir os yw gwyddoniaeth ac athroniaeth yn awgrymu bod cysyniad gwacter yn dileu'r angen am hyn. [5]

I gloi, mae'n ymddangos bod y cysyniadau gwacter sydd yn Sutra'r Galon mewn gwirionedd yn ddigon realistig i fod yn ddichonadwy'n athronyddol a hefyd yn ymarferol – er bod hynny i ymarferwr uwch Bwdhaeth. Mae'n ymddangos bod y materion a godir yma yn ymwneud â'r ffaith mai mater o ddyfalu yw beth yn union yw realaeth. Byddai'n bosibl dadlau mai dyma lle mae realiti ysbrydol Bwdhaidd ac ymchwil gwyddonol i realiti'n ymadael â'i gilydd. [6]

Sylwadau

1 Cyflwyniad eglur iawn sy'n diffinio'n eglur beth sy'n mynd i gael ei ystyried o ran Sutra'r Galon Bwdhaeth.

2 Codir pwynt unigol da sy'n ceisio egluro beth yw ystyr 'realistig'. Mae'r rhannu'n agweddau ymarferol ac athronyddol yn ffordd dda o fynd i'r afael â hyn.

3 Mae hwn yn baragraff cryf iawn sy'n edrych ar ddichonoldeb athronyddol mewn perthynas â gwyddoniaeth. Mae'n defnyddio dau ddyfyniad da. Mae'n eglur bod peth cyfatebiaeth, wedi'i sefydlu drwy ddefnyddio tystiolaeth yn eglur.

4 Mae hon yn ddadl dda iawn sy'n dangos bod terfynau i'r gyfatebiaeth ac nad yw hi'n bosibl sefydlu popeth yn eglur.

5 Cyflwynir dadl arall a nodir ei gwendid.

6 Clo personol da iawn. Mae'n dychwelyd at y diffiniad gwreiddiol ond mae'n cyfeirio hefyd at y ffaith bod yr ateb wedi dangos terfynau'r gyfatebiaeth hon.

Crynodeb

Mae hwn yn ateb cryf gyda strwythur clir ac mae llawer o bethau i'w canmol yma. Mae'r ateb yn cyfeirio at safbwyntiau gwahanol, mae'n defnyddio dyfyniadau ac amrywiaeth o ffynonellau, ac mae'n cloi gydag ymateb personol. Gellid ei ddatblygu ymhellach drwy edrych ar ochr 'ymarferol' realistig yn fwy nag y mae'n ei wneud.

Thema 2: ABC

Ateb AA1: Ateb sy'n edrych ar ymatebion Bwdhaeth i heriau gwyddoniaeth.

Ateb gwan

Mae gwyddoniaeth yn astudio llawer o bethau. Er enghraifft, mae gwyddoniaeth yn cynnwys ffiseg, cemeg, ac astudiaeth o DNA ac mae hefyd yn gallu cynnwys materion meddygol. Mae gwyddoniaeth yn seiliedig ar brofi pethau, gan arsylwi'r canlyniadau, ailbrofi pethau ac yna cadarnhau'r canlyniadau. [1]

Gallai llawer o bobl ddweud bod gennyn ni yn y Gorllewin ymagwedd wyddonol at bopeth, yn enwedig heddiw. Mae pobl yn ymddiried mewn gwyddoniaeth ac maen nhw'n ymddiried mewn gwyddonwyr yn hytrach na chrefydd i ddweud y gwir am sut mae pethau go iawn. [2]

Gan fod gwyddoniaeth yn herio crefydd, mae gwyddoniaeth yn herio Bwdhaeth oherwydd nid ffordd o fyw yw Bwdhaeth ond crefydd. Er enghraifft, mae Bwdhyddion yn credu mewn bodhisattvau, duwiau a duwiesau, bywyd ar ôl marwolaeth, a bodolaeth gwahanol deyrnasoedd bodolaeth fel teyrnas y duwiau a theyrnas yr ysbrydion llwglyd. Mae pob un o'r rhain yn bethau y mae gwyddoniaeth yn gallu eu herio oherwydd dydych chi ddim yn gallu eu profi nhw drwy astudio neu brofi pethau. Fodd bynnag, dydy Bwdhyddion ddim yn rhannu cred mewn Duw y creawdwr ac oherwydd hyn maen nhw'n gallu ymateb i heriau gwyddoniaeth mewn ffordd gryfach oherwydd does dim angen iddyn nhw esbonio sut creodd Duw y byd. [3]

Yn gyffredinol mae Bwdhyddion yn ymateb drwy ganolbwyntio ar y rhannau o'u crefydd sy'n gallu cael eu profi, fel effeithiau ymwybyddiaeth ofalgar a myfyrdod. Er enghraifft, mae'r GIG yn defnyddio technegau ymwybyddiaeth ofalgar sy'n dangos bod rhaid ei fod wedi'i brofi'n wyddonol fel dull ac felly'n iawn. [4]

Mae'r Dalai Lama wedi bod yn ddylanwadol yma oherwydd bu ganddo ddiddordeb mewn seryddiaeth erioed ers pan oedd yn blentyn. Roedd yn defnyddio telesgop, a gwnaeth hyn a'i deithiau iddo sylweddoli bod dysgeidiaeth Bwdhaeth mai Mynydd Meru oedd canol y bydysawd yn anghywir. Dywedodd, 'os yw gwyddoniaeth yn profi bod rhyw gred mewn Bwdhaeth yn anghywir, yna bydd rhaid i Fwdhaeth newid'. [5]

Mae hyn i gyd yn mynd yn ôl i'r hyn ddywedodd y Bwdha pan oedd yn nhref Kesaputta sydd yng Ngogledd India. Roedd e'n teithio yno yn dysgu'r dharma i bobl oedd â diddordeb mewn dod yn Fwdhyddion. Dywedodd wrth y bobl yn y Sutta Kalama am feddwl yn ofalus am yr hyn oedd yn cael ei ddysgu iddyn nhw cyn dechrau credu ynddo. Mae hyn yn dangos bod Bwdhaeth, o gyfnod y Bwdha, wedi bod yn agored i dderbyn gwahanol fathau o dystiolaeth. [6]

Sylwadau

1 Mae'r brawddegau cyntaf yn canolbwyntio ar y gair 'gwyddoniaeth' yn unig ac yn dweud pethau diangen gan eu bod nhw'n amlwg.

2 Er bod hyn yn ymddangos yn berthnasol, mae'n fwy o osodiad gwerthusol na disgrifiad ac esboniad fel sydd ei angen mewn atebion AA1.

3 Dyma baragraff sy'n canolbwyntio ar y cwestiwn ond byddai'n llawer gwell petai'n cyflwyno iaith a geirfa arbenigol mewn cyd-destun. Er enghraifft, yn hytrach na 'Bwdhyddion' gallai'r ymateb dynnu sylw at Fwdhyddion Mahayana ac yn hytrach na 'bodhisattvau' gallai'r ateb roi enghreifftiau fel Manjushri.

4 Mae hwn yn ddatganiad cywir, ond does dim manylion nac enghreifftiau. Er enghraifft, profwyd yn glinigol bod ymwybyddiaeth ofalgar yn ddefnyddiol mewn iselder, ac ati.

5 Dyma ran orau'r ateb hyd yma ond gellid ei wella'n fawr drwy gysylltu'r hyn sy'n cael ei ddweud yn ôl â'r cwestiwn sy'n cael ei ofyn.

6 Mae deunydd defnyddiol yma oherwydd bod y fanyleb yn cysylltu cwestiwn Bwdhaeth a gwyddoniaeth â'r Sutta Kalama. Fodd bynnag, gan fod hyn wedi'i adael tan ddiwedd y traethawd, mae'n amhosibl edrych mewn unrhyw fanylder arwyddocaol ar ddysgeidiaeth y Bwdha.

Crynodeb

Mae hwn yn ateb cymharol wan oherwydd ei fod yn symud o rai darnau sy'n awgrymu gwybodaeth a dealltwriaeth gyfyngedig at rai eraill sy'n awgrymu gwybodaeth a dealltwriaeth gywir a pherthnasol yn bennaf. Mae'r ateb yn enghraifft glir o'r angen am feddwl a chynllunio *cyn* ysgrifennu. Dydy'r agoriad ddim yn rhoi sylw i *heriau* gwyddoniaeth ond yn hytrach mae'n rhoi pwyntiau cyffredinol am wyddoniaeth. Yn lle gwneud hyn, drwy ddechrau yn hytrach na gorffen gyda'r Sutta Kalama, sef y testun sanctaidd allweddol, byddai'r ateb wedi bod yn llawer gwell o ran cydlyniad.

Ateb AA2: *Ateb sy'n gwerthuso a oes perthynas agos rhwng Bwdhaeth a gwyddoniaeth.*

Ateb cryf

Wrth ateb y cwestiwn hwn, mae'n bwysig canolbwyntio ar y gair 'Bwdhaeth' gan fod llawer yn dibynnu ar y math o Fwdhaeth o dan sylw a pha agweddau ar Fwdhaeth sy'n cael eu hystyried. Er enghraifft, mae credoau Bwdhaeth y Wlad Bur, sy'n canolbwyntio ar y nembutsu, ffydd ym Mwdha Amida ac ailenedigaeth yn y Wlad Bur, yn amhosibl eu profi'n wyddonol. Fodd bynnag, mae'n bosibl profi honiadau Bwdhyddion yn gyffredinol bod myfyrdod yn cael effaith fesuradwy ar sut mae'r ymennydd yn gweithio ac mae hynny wedi digwydd. 1

Wrth ddadlau bod perthynas agos rhwng Bwdhaeth a gwyddoniaeth, mae'n bwysig ystyried gwaith y Dalai Lama. Sefydlodd Sefydliad y Meddwl a Bywyd yn 1997, sy'n dod â Bwdhyddion a gwyddonwyr ynghyd i astudio niwrowyddoniaeth a gwyddoniaeth wybyddol. Mae hyn yn cynnwys maes astudio o'r enw niwroblastigedd, sy'n edrych ar sut mae'r ymennydd yn cynhyrchu cysylltiadau niwral newydd o ganlyniad i fyfyrdod dwfn. 2

Gellid dadlau hefyd bod perthynas agos rhwng Bwdhaeth a gwyddoniaeth yn seiliedig ar y Sutta Kalama, sy'n destun sanctaidd Bwdhaidd allweddol o'r Canon Pali. Yma, gofynnir i'r Bwdha sut gall llwyth y Kalama wybod pa draddodiad crefyddol y dylen nhw ei ddilyn. Mae'r Bwdha yn cynghori yn erbyn dibynnu ar draddodiad ond yn lle hynny mae'n dweud bod angen iddyn nhw bwyso a mesur y dystiolaeth. Yr ymadrodd allweddol yw 'pan fyddwch chi'n gwybod hynny drosoch eich hun'. Gwelir bod hyn yn cefnogi'r angen am gael data empirig o dystiolaeth, sy'n sylfaen i ymchwil gwyddonol. 3

Fodd bynnag, mae'n bosibl dadlau o ran y rhan fwyaf o ffurfiau ar Fwdhaeth bod elfen y goruwchnaturiol yn bwysig iawn ac mae'n amhosibl i hyn fod yn gysylltiedig â gwyddoniaeth. Er enghraifft, ym Mwdhaeth Tibet mae'r gred mewn yidams ac ysbrydion drwg. Eto, mae'r rhan fwyaf o Fwdhyddion Mahayana yn credu mewn bodhisattvau fel Manjushri neu Tara a bod y bodhisattvau hyn yn ateb gweddïau ac yn rhoi help ymarferol. 4

At ei gilydd, byddwn i'n dadlau efallai gyda ffurfiau Gorllewinol ar Fwdhaeth, yn enwedig i Fwdhyddion seciwlar neu Fwdhyddion tröedigaeth, bod perthynas agos rhwng Bwdhaeth a gwyddoniaeth yn cael ei derbyn. Mae hyn yn bennaf oherwydd nad yw Bwdhaeth yn ymwneud â'r cwestiynau sydd heb eu hateb, er enghraifft a yw'r cosmos yn feidraidd neu'n anfeidraidd, yn dragwyddol neu beidio. Yn ogystal, mae'n helpu oherwydd nad yw Bwdhyddion yn credu mewn Duw y creawdwr. 5

Sylwadau

1 Dyma ffordd dda o ddechrau oherwydd mae'n ymwneud â holi neu amlygu gair allweddol yn y cwestiwn ac mae'n dangos i'r arholwr bod gwerthuso'n digwydd.

2 Mae hwn yn baragraff cryf oherwydd mae'n cyfeirio'n gywir at y Dalai Lama ac at Sefydliad y Meddwl a Bywyd. Gyda'i gilydd mae'r rhain yn rhoi tystiolaeth fanwl.

3 Rhoddir rhagor o dystiolaeth fanwl yma drwy gyfeirio at y testunau sanctaidd. Mae'r ateb yn cyflwyno dadansoddiad hyderus a threiddgar o awgrym posibl y Sutta Kalama.

4 Nawr mae'r ateb yn cyflwyno gwrthddadl eglur drwy ymresymu sy'n dadlau fel arall. Mae'r dystiolaeth a gyflwynir yn eglur ac yn gydlynol. Hefyd mae tystiolaeth glir o iaith a therminoleg arbenigol.

5 Mae hwn yn glo da sy'n nodi'r mater y mae'r cwestiwn yn ei godi ac yn mynd i'r afael ag ef.

Crynodeb

Yn gyffredinol, mae'r ateb yn gytbwys. Efallai y gallai fod yn hirach gyda'r syniadau am yr wrthddadl wedi'u datblygu'n well. Yma, fel bob amser, mae'n hanfodol eich bod chi'n gweithio'r amseru allan ar gyfer y traethodau hyn a'r ffordd orau o wneud hyn yw drwy ymarfer. Mae'r ateb ar ei ennill yn benodol oherwydd ei fod yn canolbwyntio ar y pwnc yn y cwestiwn drwy'r amser ac yn cyfeirio'n ôl at y geiriau yn y cwestiwn.

Thema 3: ABC

Ateb AA1: *Ateb sy'n edrych ar ddatblygiad hanesyddol Bwdhaeth ym Mhrydain.*

Ateb cryf

Daeth y dosbarth canol addysgedig ym Mhrydain i wybod am Fwdhaeth i ddechrau drwy gerdd Edward Arnold *The Light of Asia* (1879). Mae'n cynnwys storïau a chredoau Bwdhaidd allweddol a dyfyniadau o'r Dhammapada. Cafodd y gerdd hon effaith fawr drwy wneud i lawer o'r bobl gyntaf ym Mhrydain gael tröedigaeth i Fwdhaeth. **1**

Roedd Helena Blavatsky a Henry Olcott, sylfaenwyr y Gymdeithas Theosoffyddol, ymysg y rhai cyntaf o'r Gorllewin i gael tröedigaeth. Roedd Theosoffi'n cynnwys llawer o gyfeiriadau at Fwdhaeth fel crefydd a oedd yn cynnig doethineb hynafol o'r Dwyrain a fyddai'n dod ag iechyd a hapusrwydd i'r Gorllewin. Dylanwadodd credoau Theosoffi ar nifer o'r rhai cyntaf ym Mhrydain i gael tröedigaeth i Fwdhaeth.

Daeth credoau Bwdhaidd yn rhan o astudiaeth academaidd wrth i destunau Pali gael eu casglu a'u hastudio. Yr academyddion a astudiodd y testunau hyn a fuodd wrthi'n sefydlu cymdeithasau Bwdhaidd. O'r rhain tyfodd y bwysicaf, sef y Gymdeithas Fwdhaidd yn Llundain a sefydlwyd yn swyddogol yn 1924. **2**

Er bod ei ddylanwad yn anodd ei asesu, dylid tynnu sylw at un o'r bobl gyntaf o Brydain i gael ei ordeinio'n fynach Bwdhaidd. Daeth Charles Bennett yn Ananda Metteyya a bu'n byw fel mynach Theravada ac ysgrifennodd lawer o erthyglau i gyhoeddiadau Bwdhaidd. Hefyd helpodd Anagarika Dharmapala wrth ddatblygu Bwdhaeth ym Mhrydain fel cenhadwr Bwdhaidd o Sri Lanka. **3**

Hyd at y 1960au, gellid dweud bod y Gymdeithas Fwdhaidd o dan Christmas Humphreys yn bwysig iawn yn natblygiad Bwdhaeth ym Mhrydain. Ar ôl y cyfnod hwnnw, oherwydd bod Bwdhyddion wedi mudo o wledydd fel Tibet, China a Hong Kong, dechreuodd Bwdhaeth ddatblygu mewn gwahanol ffyrdd wrth i Fwdhyddion 'treftadaeth' sefydlu yn y wlad. Hefyd, dylanwadodd pobl a oedd o'r genhedlaeth iau yn aml ar y datblygiad hwn wrth iddyn nhw deithio i wledydd fel Gwlad Thai lle roedd Bwdhaeth wedi'i sefydlu. Daethon nhw â chredoau ac arferion Bwdhaidd yn ôl gyda nhw. **4**

Ym Mhrydain heddiw, mae grwpiau Bwdhaidd mawr wedi'u cynrychioli. Mae gan rai ysgolion Bwdhaidd fynachlogydd mawr fel Canolfan Manjushri yn Cumbria, sydd â chanolfan yn Llandudno. Mae'r hyn a allai gael ei ddisgrifio fel ffurf Brydeinig ar Fwdhaeth wedi datblygu drwy waith Sangharakshita ac Urdd Fwdhaidd Triratna. **5**

Sylwadau

1 Er nad yw'r paragraff agoriadol yn baragraff agoriadol nodweddiadol, dydy e ddim yn gwastraffu amser gan fynd yn syth i ddisgrifio effaith *The Light of Asia*. Mae'r dull hwn yn aml yn ddefnyddiol os oes llawer o ddeunydd i'w ysgrifennu.

2 Dewiswyd pwyntiau allweddol, enwau allweddol a chysyniadau allweddol yn natblygiad Bwdhaeth ym Mhrydain yn llwyddiannus yn y ddau baragraff hyn. Mae'r rhain i gyd yn cyfrannu i'r testunau sanctaidd a'r ffynonellau doethineb ac awdurdod sydd eu hangen yn y bandiau asesu.

3 Mae'r paragraff hwn yn dechrau gyda'r hyn allai ymddangos yn werthusiad, ond mewn gwirionedd mae'n dweud beth mae ysgolheigion yn ei arsylwi o ran dylanwad Bennett. Eto gyda maes cymhleth iawn, mae amlygu'r pwyntiau allweddol yn unig yn sgìl hanfodol.

4 Mae'r paragraff hwn yn crynhoi'r cyfnod o'r 1960au ymlaen. Gallai fod mwy o fanylion yma ond o gofio bod angen amseru'n ofalus, mae rhai pwyntiau allweddol yma.

5 Mae'r paragraff olaf hwn yn rhoi tair enghraifft o Fwdhaeth(au) sydd i'w gweld ym Mhrydain. Efallai y byddai wedi bod yn ddefnyddiol nodi'r math o grwpiau Bwdhaidd, h.y. Tibet, Theravada a Mahayana, ac ati.

Crynodeb

Mae hwn yn ateb cryf oherwydd y ffordd mae deunydd perthnasol wedi'i ddewis. Fel hyn mae'n dangos gwybodaeth a dealltwriaeth gywir a pherthnasol. At ei gilydd mae'r ateb yn gytbwys yn yr ystyr bod tua hanner yr ateb yn cwmpasu'r cyfnod hyd at y 1960au a hanner yn sôn am y cyfnod wedyn. Mae rhai pwyntiau rhy syml y gellid bod wedi'u datblygu ond mae llawer yn dibynnu ar yr amseru. Yr unig wendid yw nad oes cyfeiriad o gwbl yn y traethawd at unrhyw ddata rhifyddol o'r cyfrifiad o ran canran y Bwdhyddion ym mhoblogaeth Prydain.

Ateb AA2: *Ateb sy'n gwerthuso natur unigryw Bwdhaeth Brydeinig o gymharu â Bwdhaeth a geir mewn gwledydd eraill.*

Ateb gwan

Mae'n bosibl olrhain tarddiad Bwdhaeth ym Mhrydain yn ôl i 1879 a cherdd Syr Edward Arnold *The Light of Asia*. Yn yr arwrgerdd hon, mae Arnold yn disgrifio genedigaeth a magwraeth y Bwdha. Hefyd mae'n disgrifio Deffroad y Bwdha a'i ddysgeidiaeth i'r pum mynach cyntaf. Mae'r gerdd yn ddiddorol iawn yn enwedig yn y ffordd mae'n dyfynnu'r Dhammapada. Disgrifir y Bwdha fel hyn, 'Carwr! Brawd! Arweinydd! Lamp y Ddeddf!' **1**

Ym Mhrydain heddiw mae nifer o wahanol grwpiau Bwdhaidd. Er enghraifft, mae Abaty Bwdhaidd Throssel Hole yng ngogledd Lloegr. Mae'n dilyn y traddodiad Theravada yn agos iawn gyda llafarganu mewn Pali a Saesneg. Mae llafarganu mewn Pali mewn mynachlogydd eraill hefyd, fel Mynachlog Amaravati. Byddwn i'n dadlau mai defnyddio Saesneg wrth lafarganu sy'n gwneud i Fwdhaeth Brydeinig fod yn unigryw. **2**

Fodd bynnag, dydy Bwdhaeth Brydeinig ddim yn unigryw gan ei fod yn rhannu'r holl gredoau a'r rhan fwyaf o'r mathau o addoli sydd gan Fwdhyddion ledled y byd. Er enghraifft, byddai gan bob Bwdhydd, Prydeinig neu beidio, rupa Bwdha i hoelio ffocws arno, a hefyd bydden nhw'n dilyn yr un ffurfiau ar fyfyrdod. **3**

Mae cyfieithu termau Bwdhaidd i'r Saesneg yn gwneud i Fwdhaeth Brydeinig fod yn unigryw oherwydd weithiau dydy'r cyfieithiadau ddim yn cyfleu ystyr llawn y termau. Er enghraifft, 'dioddefaint' yw'r cyfieithiad o'r gair 'dukkha' ond mae'n golygu llawer mwy na hynny, fel 'bod yn anfodlon'. Mae bod yn anfodlon yn wahanol i ddioddefaint ac mae hyn yn newid sut mae Gwirionedd Nobl mor bwysig yn cael ei ddeall. O fynd yn ôl at *The Light of Asia*, cafodd Bwdhaeth ei chyflwyno ar ffurf Saesneg gan y gerdd, ffurf a oedd yn unigryw i Brydain. **4**

Byddwn i'n dadlau bod Urdd Fwdhaidd Triratna a sefydlwyd gan Dennis Lingwood yn ffurf unigryw ar Fwdhaeth Brydeinig. Mae hyn yn mynd yn ôl i'r 1960au. Wedi cael ei hyfforddi, daeth Dennis Lingwood yn ôl â ffordd wahanol o gyflwyno Bwdhaeth i bobl dosbarth gweithiol gyffredin ym Mhrydain. Hefyd ysgrifennodd lawer o lyfrau yn Saesneg am Fwdhaeth, a helpodd hyn i'w gwneud hi'n fwy poblogaidd. Mae ei ffurf ef ar Fwdhaeth yn unigryw oherwydd mai ei fersiwn ef o Fwdhaeth a ddilynodd pobl a oedd yn perthyn i'r urdd. Eto, mae cyflwyno Bwdhaeth yn Saesneg yn ei gwneud hi'n unigryw o'i chymharu â Bwdhaeth mewn gwledydd eraill. **5**

I gloi, byddwn i'n dadlau bod Bwdhaeth Brydeinig yn unigryw oherwydd y cymysgu rhwng Bwdhyddion tröedigaeth a Bwdhyddion treftadaeth. Mae hyn yn golygu bod Bwdhyddion tröedigaeth yn gallu addoli ochr yn ochr â Bwdhyddion o wledydd fel Tibet a Nepal. **6**

Mae cael syniadau a mantras Bwdhaidd yn Saesneg yn gwneud i Fwdhaeth Brydeinig fod yn unigryw hefyd oherwydd fyddai hi ddim ar gael y tu allan i wledydd fel UDA a Chanada. Fodd bynnag, o edrych yn ôl ar y cwestiwn, efallai nad oes ffurf 'unigryw' ar Fwdhaeth oherwydd bod cymaint o fathau gwahanol o Fwdhaeth fel y Wlad Bur a Nichiren. Felly math arall o Fwdhaeth yn unig yw Bwdhaeth Brydeinig. Gallai Bwdhaeth Brydeinig fod yn unigryw oherwydd nad oes llawer o fynachod ym Mhrydain. Peth arall yw mai menywod yw llawer o Fwdhyddion ym Mhrydain, sydd ddim yr un peth ym mhob man yn y byd. **7**

Sylwadau

1 Mae'r cyflwyniad hwn yn rhoi gwybodaeth a dealltwriaeth o'r pwnc. Fodd bynnag, does dim ymdeimlad bod y pwnc yn cael ei ddadansoddi'n feirniadol a'i werthuso'n graff. Dydy hi ddim yn eglur o'r dechrau'n deg i ble mae'r traethawd hwn yn mynd i fynd o ran gwerthuso a dadansoddi.

2 Mae'r paragraff hwn yn cynnwys gwall ffeithiol oherwydd bod Abaty Throssel Hole yn gysylltiedig â Bwdhaeth Zen – nid Theravada. Dydy gwneud camgymeriadau fel hyn ddim o bwys mawr gan nad oes marcio negyddol. Mae'r ateb yn mynd yn ei flaen drwy wneud y pwynt gwerthusol cyntaf, sef bod Bwdhaeth Brydeinig yn unigryw oherwydd ei bod hi'n defnyddio Saesneg.

3 Mae defnyddio'r geiriau allweddol 'fodd bynnag' yn awgrymu bod y gwerthusiad yn mynd i barhau ac mae'n air AA2 pwysig mewn atebion. Mae'r pwyntiau sy'n cael eu gwneud yn y paragraff hwn yn rhai cryf sy'n dechrau mynd i'r afael â'r cwestiwn.

4 Mae'r paragraff hwn yn ailadrodd y ddadl ynghylch bod Bwdhaeth Brydeinig yn unigryw oherwydd ei bod hi'n defnyddio'r Saesneg. Byddai wedi bod yn well cadw'r ddadl hon mewn un paragraff wedi'i ddatblygu'n dda oherwydd mai un pwynt yn unig yw e. Dydy'r frawddeg olaf am *The Light of Asia* ddim yn ychwanegu dim byd a allai ennill marciau.

5 Mae'r paragraff hwn yn dechrau'n dda – mae 'Byddwn i'n dadlau' yn hollol dderbyniol gan ei fod yn gwneud i'r ddadl edrych fel un y mae'r person sy'n ysgrifennu'n uniaethu â hi. Fodd bynnag, mae'r paragraff yn mynd yn ei flaen ar hap braidd, ac yn sôn eto am y Saesneg.

6 Mae'n ymddangos mai dyma'r paragraff clo ond nid felly mae hi. Y broblem gyda'r paragraff hwn yw ei fod yn cyflwyno pwynt hollol newydd nad oes cyfeiriad wedi bod ato mewn man arall yn y traethawd. Felly mae'n dweud ffaith yn hytrach na gwerthuso a dadansoddi.

7 Ar ôl cyfeiriad arall at Saesneg, mae'r paragraff olaf hwn yn dechrau codi rhai materion diddorol iawn i'w gwerthuso a'u dadansoddi, er enghraifft a yw unrhyw ffurf ar Fwdhaeth yn unigryw. Hefyd mae'r ddwy frawddeg olaf yn nodi meysydd a allai fod wedi cynhyrchu llawer mwy o werthuso a dadansoddi – diffyg sangha mynachaidd arwyddocaol ym Mhrydain a rôl arwyddocaol a chyfartal menywod mewn Bwdhaeth Brydeinig. Fodd bynnag, dylai'r materion hyn fod wedi cael mwy o sylw a'u datblygu'n llawer cynharach yn y traethawd.

Crynodeb

Mae'r math hwn o ateb yn gallu bod yn rhwystredig gan ei fod yn cynnwys elfennau sy'n awgrymu dealltwriaeth a gwybodaeth dda iawn. Fodd bynnag, dydyn nhw ddim wedi cael eu defnyddio'n dda. Dydy ailadrodd un pwynt – defnyddio'r Saesneg yn yr achos hwn – ddim yn gwneud i'r pwynt hwnnw fod yn gryfach o angenrheidrwydd. Mae cyfeiriadau hwnt ac yma at yr un pwynt hefyd yn awgrymu diffyg rheolaeth ar y deunydd sy'n cael ei drafod. Mae cyflwyno pwyntiau byr fel sydd yn y paragraffau olaf yn wendid arall yn y traethawd hwn gan nad yw'r pwyntiau hyn wedi'u cefnogi'n llawn â rhesymu a thystiolaeth dda.

Thema 4: ABC

Ateb AA1: *Ateb sy'n edrych ar Fwdhaeth sy'n Ymgysylltu â'r Gymdeithas.*

Ateb cryf iawn

Gellir diffinio Bwdhaeth sy'n Ymgysylltu â'r Gymdeithas gan ddefnyddio geiriau Ken Jones, fel Bwdhaeth sy'n bwriadu 'cyfuno meithrin heddwch mewnol â thosturi cymdeithasol gweithredol'. Ystyr hyn yw, er ei bod hi'n canolbwyntio ar arferion Bwdhaidd mewnol fel myfyrdod, mae'n canolbwyntio hefyd ar arferion allanol fel helpu'r gymuned ehangach. [1]

O un safbwynt mae'n bosibl olrhain gwreiddiau Bwdhaeth sy'n Ymgysylltu â'r Gymdeithas yn ôl i waith Thich Nhat Hanh yn Viet Nam, pan anogodd fyfyrwyr Bwdhaidd ifanc yn y brifysgol yn ystod Rhyfel Viet Nam i fynd allan a helpu pobl gyda'u hanghenion addysgol, iechyd ac economaidd.

O safbwynt arall, gellir gweld Bwdhaeth sy'n Ymgysylltu â'r Gymdeithas hefyd ym mudiad Sarvodaya Ariyaratne yn Sri Lanka. Sefydlwyd y mudiad yn 1958, a'i nod oedd deffro pentrefwyr unigol ac yna deffro pentrefi cyfan er mwyn iddyn nhw gydweithio i roi sylw i ddeg angen sylfaenol fel dŵr glân a thai i bawb. [2]

Pan ymsefydlodd Bwdhaeth yn fwy yn y Gorllewin a daeth cynnydd yn nifer y Bwdhyddion tröedigaeth, cafodd Bwdhaeth sy'n Ymgysylltu â'r Gymdeithas ei derbyn fwyfwy fel rhan bwysig o fod yn Fwdhydd. Mae'n bosibl gweld enghraifft dda o hyn yn y ffordd yr ymunodd Thich Nhat Hanh â Martin Luther King i gefnogi hawliau sifil ac i bregethu yn erbyn Rhyfel Viet Nam.

I Thich Nhat Hanh, roedd rhaid i Fwdhaeth ymwneud â chael gwared ar ddioddefaint o'r gymdeithas ac nid cael hunanddeffroad neu ailenedigaeth well yn unig. Mae hyn i'w weld yn Urdd Tiep Hien, a sefydlwyd gan Thich Nhat Hanh yn seiliedig ar Bedwar Hyfforddiant ar Ddeg Ymwybyddiaeth Ofalgar. Mae un o'r rhain yn dweud na ddylai aelodau'r Urdd 'osgoi dioddefaint neu gau eu llygaid rhagddo'. [3]

Mae'r Gymdeithas Heddwch Fwdhaidd yn un enghraifft o fudiad sy'n canolbwyntio ar Fwdhaeth sy'n Ymgysylltu â'r Gymdeithas. Sefydlwyd hon yn UDA gan Fwdhyddion tröedigaeth, a heddiw mae'n ymwneud â chefnogi pethau fel gweithredu yn erbyn newid hinsawdd, globaleiddio a gweithredu milwrol. Mae Sakyadhita yn fudiad arall sy'n ceisio deffro menywod Bwdhaidd a gweithio dros eu lles ysbrydol a seciwlar. Mae hefyd yn ymwneud â chymhwyso ymagwedd Fwdhaidd ffeministaidd i'r amgylchedd. [4]

Yn gyffredinol, mae Bwdhaeth sy'n Ymgysylltu â'r Gymdeithas yn mynd ati i ddysgu, oherwydd pratityasamutpada, bod pawb a phopeth yn rhyng-gysylltiedig. Felly, mae dioddefaint unigolyn, er enghraifft, oherwydd gormes a gwahaniaethu, yn gysylltiedig â phawb arall. Enghraifft Joanna Macy yw bod pob person a'r byd i gyd yn 'we enfawr bodolaeth' fel rhwyd gemau anfeidraidd Indra. Felly gall neb feddwl amdano'i hun a'i ddeffroad yn unig oherwydd nad ynys yw unrhyw un. [5]

Sylwadau

1 Dyma gyflwyniad da iawn sy'n diffinio'r term Bwdhaeth sy'n Ymgysylltu â'r Gymdeithas. Hefyd mae'r dyfyniad gan Ken Jones yn ddefnydd pwysig o ffynhonnell doethineb ac awdurdod. Mae'r diffiniad yn dangos dyfnder ac ehangder.

2 Mae hwn yn baragraff da iawn oherwydd ei fod yn cyflwyno dwy enghraifft wahanol o wreiddiau Bwdhaeth sy'n Ymgysylltu â'r Gymdeithas – yng ngwaith Thich Nhat Hanh ac yng ngwaith mudiad Sarvodaya Ariyaratne.

3 Mae hwn yn baragraff da iawn gan fod enghraifft Thich Nhat Hanh a'r Hyfforddiant Ymwybyddiaeth Ofalgar yn y fanyleb. Amlygir y cysylltiad rhwng dioddefaint a'r Hyfforddiant Ymwybyddiaeth Ofalgar hefyd.

4 Mae'r Gymdeithas Heddwch Fwdhaidd a Sakyadhita yn y fanyleb fel enghreifftiau o fudiadau sy'n gweithio ym maes Bwdhaeth sy'n Ymgysylltu â'r Gymdeithas. Felly mae'r ddau fudiad yn berthnasol ac yn benodol i gwestiwn Bwdhaeth sy'n Ymgysylltu â'r Gymdeithas.

5 Mae hwn yn gasgliad da iawn. Dyfynnir Macy fel ffynhonnell doethineb ac awdurdod, ac mae iaith arbenigol hefyd. Yn ogystal, mae tystiolaeth o gysylltiad â mewnwelediad o ran Rhwyd Indra sy'n dod â phopeth ynghyd.

Crynodeb

Yn gyffredinol mae strwythur da iawn i'r ateb: cyflwyniad gyda diffiniad clir; wedyn mae'n ymdrin â hanes Bwdhaeth sy'n Ymgysylltu â'r Gymdeithas; wedyn mae'n cyfeirio at enghreifftiau penodol o Fwdhaeth sy'n Ymgysylltu â'r Gymdeithas ar waith. Drwyddi draw mae defnydd da o enghreifftiau, ffynonellau doethineb ac awdurdod, dyfyniadau byr a therminoleg arbenigol. Mae'r clo yn enwedig yn dangos rheolaeth gref iawn ar y deunydd.

Ateb AA2: *Ateb sy'n gwerthuso a yw ymgysylltu â'r gymdeithas yn tynnu sylw oddi ar y llwybr i Ddeffroad.*

Ateb gwan

Cafodd Bwdhaeth ei sefydlu gan y Bwdha dros ddwy fil o flynyddoedd yn ôl ac mae'n dal i'w gweld ledled y byd heddiw. Yn benodol mae'n tyfu'n gryf yn y Gorllewin. Mae'n bosibl gweld pob math o Fwdhaeth, o Fwdhaeth Tibet i Fwdhaeth Theravada. Pan gafodd Bwdhaeth ei sefydlu gan y Bwdha, roedd wedi gadael y palas yn 29 oed ac ar ôl rhai blynyddoedd o asgetigiaeth, daeth o hyd i'w Ddeffroad o dan y goeden Bodhi yn Bodh Gaya. Erbyn hynny roedd yn 35 oed. Ond a fuodd y Bwdha yn ymgysylltu â'r gymdeithas? [1]

Y broblem gydag ymgysylltu â'r gymdeithas yw, oherwydd bod person yn ymgysylltu â'r gymdeithas, does ganddo ddim llawer o amser iddo'i hunan. Dim ond gydag amser iddo'i hunan y mae person yn gallu cyrraedd Deffroad. Er enghraifft, petai person eisiau cael deffroad, byddai'n rhaid treulio llawer o amser yn myfyrio. Mae llawer o wahanol fathau o fyfyrdod gan gynnwys vipassana sy'n gofyn am lawer o waith caled a chanolbwyntio. Mae hyn yn cymryd amser, ond dyna wnaeth y Bwdha ac felly mae'n rhywbeth y dylai Bwdhyddion ei wneud hefyd. **2**

Problem arall gydag ymgysylltu â'r gymdeithas yw nad yw'n Fwdhaidd mewn gwirionedd. Yn bennaf, mae'n rhywbeth y mae Bwdhyddion yn y Gorllewin – yn enwedig Bwdhyddion tröedigaeth – yn ymddiddori ynddo. **3**

Pwynt arall y byddwn i'n ei wneud yw nad oes sôn am ymgysylltu â'r gymdeithas yn y Pedwar Gwirionedd Nobl o gwbl. Mae'r gwirioneddau'n sôn am ddioddefaint, trachwantau, diwedd dioddefaint a'r Llwybr Wythblyg. Y Ffordd Ganol yw'r llwybr hwn. Ystyr hyn i gyd yw nad yw ymgysylltu â'r gymdeithas yn Fwdhaidd. **4**

Gallai rhai pobl anghytuno a dweud bod ymgysylltu â'r gymdeithas yn Fwdhaidd. Wedi'r cyfan, doedd y Bwdha ddim yn hunanol – helpodd bobl fel Kisa Gotami a oedd yn ceisio dod o hyd i'r ateb pam roedd ei phlentyn wedi marw. Dangosodd y Bwdha dosturi tuag ati oherwydd ei bod hi'n dioddef. Mae tosturi'n nodwedd Fwdhaidd bwysig iawn.

Byddai modd disgrifio Bwdhyddion Theravada fel rhai hunanol oherwydd eu bod nhw'n canolbwyntio ar Ddeffroad yn unig. Dyna pam mae gan Fwdhyddion Mahayana bodhisattvau oherwydd mai tosturi yw popeth iddyn nhw. Maen nhw'n fodelau rôl i Fwdhyddion. Ystyr hyn i gyd yw bod ymgysylltu â'r gymdeithas yn Fwdhaidd.

Mae'r Dalai Lama yn enghraifft dda o ymgysylltu â'r gymdeithas. Pan gafodd Tibet ei goresgyn gan y Tsieineaid, gadawodd am India. Ers bod yn India, mae wedi teithio'r byd, yn ceisio trefnu i gael heddwch yn Tibet. Enillodd Wobr Heddwch Nobel oherwydd iddo beidio ag annog trais ymysg pobl Tibet. Dangosodd ymgysylltu â'r gymdeithas drwy annog heddwch. Gwnaeth Thich Nhat Hanh yr un fath am y rhyfel yn Viet Nam. **5**

Mae'r cyfan yn dibynnu ar ba fath o Fwdhydd allech chi fod, ond rwy'n meddwl bod ymgysylltu â'r gymdeithas yn bwysig oherwydd bod pawb yn rhan o'r byd o'u cwmpas a dylen nhw ymwneud â'r hyn sy'n digwydd. Mae helpu pobl drwy ymgysylltu â'r gymdeithas yn dda gan ei fod yn atal pobl rhag bod yn hunanol. Rwy'n meddwl efallai fod bod yn hunanol yn atal person rhag cael gwared ar y tri gwenwyn y tu mewn iddo.

Mae hawliau dynol yn fater pwysig iawn ac mae'n bwysig bod Bwdhyddion yn ymwneud â chefnogi hawliau pobl, yn enwedig grwpiau lleiafrifol. Gwnaeth y Bwdha waith da yma, yn dysgu y gallai menywod gyrraedd Deffroad a hefyd ordeiniodd fenywod fel lleianod. Mae hyn yn golygu bod y sangha yn bedwarplyg – yn cynnwys mynachod, lleianod, dynion a menywod. **6**

I gloi, credaf nad yw ymgysylltu â'r gymdeithas yn Fwdhaidd iawn ond mae'n bwysig ar gyfer Deffroad. **7**

Sylwadau

1 Dydy'r math hwn o gyflwyniad ddim yn canolbwyntio o gwbl ar destun y cwestiwn. Mae'n awgrymu'n barod bod yr ateb yn mynd i fod yn gyfyngedig o ran dadansoddi a gwerthuso. Yn gyffredinol, dydy gofyn cwestiynau rhethregol mewn traethawd ddim yn ddefnyddiol wrth gyflwyno trafodaeth. Wrth i chi ddarllen y traethawd, sylwch, petai'r cyflwyniad hwn yn cael ei ddileu, na fyddai gwahaniaeth go iawn i'r traethawd.

2 Yn y paragraff hwn mae rhai pwyntiau da. Gallai hyn fod wedi bod yn ffordd dda o ddechrau'r traethawd gan ei fod yn codi'r pwnc a fyddai'n well treulio amser ar gyflawni Deffroad neu ar ymgysylltu â'r gymdeithas.

3 Dydy paragraffau byr iawn fel hyn ddim yn ddefnyddiol oherwydd nad ydyn nhw'n arwain at ragor o ddatblygiad neu at ddadansoddi a gwerthuso fel sydd ei angen yn y math hwn o draethawd.

4 Mae hwn yn bwynt dilys. O'i ddatblygu ymhellach gallai fod wedi bod yn rhan o baragraff llawer mwy effeithiol sy'n dangos gwerthuso a dadansoddi.

5 Mae'r paragraffau hyn yn dangos rhai syniadau da o ran gwybodaeth a dealltwriaeth. Fodd bynnag, fel maen nhw nawr, does dim digon o gysylltiad rhyngddyn nhw i ddangos dadansoddiad o natur y cysylltiadau rhwng elfennau'r pwnc a astudiwyd.

6 Efallai fod y pwyntiau hyn yn ymddangos yn ddilys ond maen nhw wedi'u gosod yn y traethawd ar hap, braidd, fel bod hyn eto'n tynnu oddi ar unrhyw elfen o ddadansoddi a gwerthuso.

7 Nid casgliad yw hwn mewn gwirionedd – dim ond nodi safbwynt heb dystiolaeth i'w gefnogi.

Crynodeb

Mae hwn yn ateb gwan, yn bennaf oherwydd nad oes llawer o ystyried neu gynllunio wedi bod. Gyda mwy o feddwl, gallai'r pwyntiau a'r syniadau fod wedi cael eu rhoi at ei gilydd a'u datblygu'n llawer mwy cydlynol. Wrth ddarllen yr ateb, dydy hi ddim yn ymddangos fel bod dadl resymegol sy'n cysylltu popeth â'i gilydd.

Atebion i'r cwestiynau cyflym

Thema 1

1.1 Y Canon Pali, casgliad o ysgrythurau sy'n cynnwys dysgeidiaethau'r Bwdha hanesyddol. Cafodd ei ysgrifennu'n wreiddiol ar ddail palmwydd a'i gadw mewn basgedi; dyna'r rheswm am yr enw.

1.2 227 i bhikkhus a 311 i bhikkhunis.

1.3 Y pedwar Parajika.

1.4 Y Suttavibhanga, y Khandhaka a'r Parivara.

1.5 Cael eich diarddel o'r sangha mynachaidd; cyfarfod o'r sangha i ddelio â'r canlyniadau; cael penyd; fforffedu; cyffesu neu gydnabod yn gyhoeddus bod y weithred wedi digwydd.

1.6 Crynodeb o reolau'r Patimokkha, arweiniad gwerthfawr ar sut i ddilyn y Vanaya. Caiff ei ddefnyddio yn rhan o hyfforddiant mynachod i gyfarwyddo ac i arholi bhikkhus a bhikkhunis.

1.7 Y Sutta Pitaka a Bwdha-vacana.

1.8 Mae'r Dhammapada, 'llwybr y Gwirionedd', yn gasgliad o ddywediadau'r Bwdha hanesyddol. Y gred yw mai ei ddisgyblion agosaf a'u casglodd nhw'n uniongyrchol. Mae'r Dhammapada wedi'i drefnu'n 423 o adnodau hawdd eu cofio.

1.9 Mae'r Jatakas yn cynnwys casgliad o dros 500 o hanesion a chwedlau a adroddodd y Bwdha am brofiadau yn ystod ei fywydau blaenorol.

1.10 Dysgeidiaethau athronyddol sy'n datgelu safbwynt Bwdhaeth ar y byd ac ar realiti.

1.11 'Perffeithder doethineb' a'r 'Galon'.

1.12 Bwdhaeth Tibet a Zen.

1.13 Bodhisattva tosturi.

1.14 Dydy gwacter ddim yn golygu diddymdra.

1.15 Pwysleisio dealltwriaeth uniongyrchol o'r ysgrythurau, cynorthwyo pobl i sylweddoli rhyng-gysylltedd ac i ddeffro i natur realiti neu satori.

1.16 Gwirionedd confensiynol yw pan rydyn ni'n gweld pethau fel rhai perthynol neu ar wahân ac amrywiol. Gwirionedd eithaf yw gweld y gwirionedd absoliwt, sef nad oes unrhyw fodolaeth ar wahân.

1.17 'Sutra Blodyn Lotus y Ddeddf Ryfeddol.'

1.18 Term sy'n cael ei ddefnyddio, mewn Bwdhaeth Mahayana yn bennaf, i gyfeirio at y Bwdha hanesyddol, a'i ystyr yw 'dyn doeth y Shakya'. Mae Shakyamuni y Sutra Lotus yn cael ei weld fel y Bwdha Tragwyddol.

1.19 Felly rwyf wedi'i glywed.

1.20 Y sravaka-yana, pratyekabuddha-yana a'r bodhisattva-yana.

1.21 Urdd Rhyngfodolaeth.

1.22 *Mindfulness Bell* a *Walk With Me*.

1.23 Am brotestio'n heddychlon yn erbyn y gyfundrefn Gomiwnyddol a'r rhyfel cartref. Gwnaeth ei gartref newydd yn Plum Village yn Ne Ffrainc.

1.24 Byw'n ymwybyddol ofalgar gan ddilyn Pedwar Hyfforddiant ar Ddeg Ymwybyddiaeth Ofalgar. Dim ymlyniad wrth safbwyntiau, anicca, pratityasamutpada ac upaya.

1.25 Natur Rhyngfodolaeth, realiti bywyd, sy'n gallu cael ei brofi yma a nawr.

1.26 Mynach Bwdhaidd syml. Ysgol Gelugpa.

1.27 Oracl y Wladwriaeth.

1.28 Y Cadeirydd Mao, arweinydd gwleidyddol China ac oherwydd ei bod hi ar ôl yr Ail Ryfel Byd.

1.29 Oherwydd ei frwydr ddi-drais dros ryddid Tibet.

1.30 Er mwyn gweithredu dysgeidiaeth Fwdhaidd ahimsa.

1.31 Mae'n dod â chysur iddyn nhw, mae'n dangos eu teyrngarwch a'u parch. Mae Gweriniaeth Pobl China yn gwahardd pobl rhag gwneud hyn yn Tibet.

Thema 2

2.1 552 OCC.

2.2 Enryaku-ji.

2.3 Mahakasyapa.

2.4 'Namu Amida Butsu' ('Rwy'n mynd am noddfa yn Bwdha Amida').

2.5 Nichiren Gohonzon, daimoku, kaidan.

2.6 'Ffydd dawel a llawen' yw pasada a 'ffydd ar sail gadarn neu hyder llawn ymddiriedaeth' yw saddha.

2.7 Dywedodd wrthi am ddychwelyd ato gyda hadau mwstard o gartref lle doedd neb wedi cael profiad o farwolaeth aelod o'r teulu neu ffrind.

2.8 Kesaputta.

2.9 Brenin y devas.

2.10 Addysg wyddoniaeth fodern – yn arbennig seicoleg, ffiseg a seryddiaeth.

2.11 Malunkyaputta.

2.12 Y Canon Pali.

2.13 Egwyddor Amodoldeb, Egwyddor Tasg Bedwarplyg, Safbwynt Ymwybyddiaeth Ofalgar, Pŵer Hunanddibyniaeth.

2.14 Dharmavidya.

2.15 Sambhogakaya.

2.16 Canfyddiad eglur o'r hyn sy'n sylfaenol.

Thema 3

3.1 'Yr hunan yw noddfa'r hunan.'

3.2 Mae'n dibynnu a yw'r rafft/Dhamma yn cael ei (h) ystyried yn hanfodol, neu bod modd cael gwared ar y rafft/Dhamma.

3.3 Gwerth twf yn hanfodion pob crefydd; pwysigrwydd ymatal rhag sôn am eich crefydd eich hun; parchu crefyddau eraill; mae cyswllt rhwng crefyddau'n beth da.

3.4 Ffurf bur, ddilys ar Fwdhaeth Theravada.

3.5 Ananda Metteyya.

3.6 0.4%.

3.7 'Mae hon yn rheol i'w pharchu ac i'w dwysbarchu, i'w hanrhydeddu ac i'w dilyn, ac na ddylai gael ei thorri gydol ei hoes.'

3.8 Nalagiri.

3.9 Kuan-yin.

Thema 4

4.1 Songtsen Gampo.

4.2 Tragwyddol.

4.3 Gelugpa.

4.4 Vajrasattva.

4.5 Cyflwr y person sy'n llafarganu a'i nod, sef Bwdhadod.

4.6 Un o'r pum skandha neu un o'r pum elfen faterol.

4.7 Cerbyd.

4.8 Cloch.

4.9 1979.

4.10 Llonyddwch a hunanfeddiant.

4.11 Profiadau mewn bywyd sy'n achosi trallod a phoen i ni ac sy'n achosi ymdeimlad gwaelodol o ofn, ansicrwydd a cholli rheolaeth ynon ni.

4.12 Gweithio yn erbyn straenachoswyr neu ffoi rhagddyn nhw.

4.13 Sefydliad Cenedlaethol dros Ragoriaeth mewn Iechyd a Gofal y DU.

4.14 Myfyrdod wrth orwedd.

4.15 Mae'n awgrymu y dylai pobl dderbyn datblygiad technolegol a newidiadau cymdeithasol yn oddefol.

4.16 Ystyr brandio ymwybyddiaeth ofalgar yw ei gwneud yn dderbyniol.

4.17 Ffrainc.

4.18 Mae'n golygu 'un weithred'.

4.19 Bod mewn cysylltiad â'r yma a nawr/ei wneud yma a nawr: rhyngfodolaeth.

4.20 Er hapusrwydd llawer, er lles llawer.

4.21 Rhwystro niwed a gorthrwm; meithrin perthnasoedd; cydweddu â'r dharma.

Geirfa

Abhidhamma Pitaka: trydedd ran y Canon Pali o ysgrythurau; mae'r rhan hon yn cynnwys trafodaethau ac esboniadau athronyddol ysgolheigion diweddarach

Achosiaeth: y weithred o achosi rhywbeth; neu'r berthynas rhwng achos ac effaith

Ahimsa: y ddysgeidiaeth Fwdhaidd na ddylech chi wneud niwed i unrhyw beth byw, dull di-drais

Ailwerthuso (*revalorisation*)**:** term y mae Rita Gross yn ei ddefnyddio ar gyfer beirniadu patriarchaeth androganolog testunau a storïau Bwdhaidd ac yna ar gyfer cywiro'r traddodiad Bwdhaidd wedyn

Akaravati saddha: hyder yn seiliedig ar reswm a phrofiad

Alostasis: gallu'r corff i aros yn sefydlog drwy allu newid

Amulika saddha: ffydd ddall

Anagarika Dharmapala: mae'n cael ei ystyried fel y cenhadwr Bwdhaidd rhyngwladol cyntaf

Ananda: un o ddeg disgybl agosaf y Bwdha a oedd yn adnabyddus am fod â chof da ac a oedd yn gynorthwyydd ac yn llefarydd y Bwdha

Arahatiaeth: dod yn arahant (arhat (Sansgrit)), 'un anrhydeddus neu glodwiw' sydd wedi cyrraedd goleuedigaeth

Avalokitesvara: 'Yr un sy'n clywed cri'r byd.' Bodhisattva tosturi

Bhikkhu: mynach

Bhikkhuni: lleian

Bon: crefydd wreiddiol yn Tibet cyn Bwdhaeth

Bonpos: yr enw ar ddilynwyr Bon, crefydd frodorol Tibet

BPF: Y Gymdeithas Heddwch Fwdhaidd (*The Buddhist Peace Foundation*)

Brahma: y duw cyntaf yn trimurti Hindŵaeth – yn draddodiadol mae'n cael ei ystyried fel duw y creawdwr

Bwdha Bhaishajya: Bwdha Meddygaeth

Bwdha sasana: dysgeidiaeth neu athrawiaeth y Bwdha

Bwdha vacana: geiriau neu ddywediadau'r Bwdha

Bwdhadod: cysyniad Bwdhaeth Mahayana o Ddeffroad neu Oleuedigaeth sydd ar gael i bawb

Bwdhaeth sy'n Ymgysylltu â'r Gymdeithas: mudiad y mae llawer yn credu iddo gael ei sefydlu gan arferion Thich Nhat Hanh (ond mae hefyd yn cael ei olrhain yn ôl i Viet Nam y 13eg ganrif) sy'n dweud bod rhaid i Fwdhyddion ymwneud â materion cymdeithasol a'u bod yn ymrwymo mewn amgylchiadau eithriadol o wrthdaro, anghyfiawnder a thrais (weithiau cyfeirir ati hefyd fel Bwdhaeth sy'n Ymgysylltu)

Bwdhaethau: term sy'n adlewyrchu'r safbwynt nad un system gredoau unedig yn unig yw Bwdhaeth fel sy'n wir am rai eraill o grefyddau'r byd

Bwdhyddion 'tröedigaeth': yn ôl diffiniad Bluck, term sy'n cyfeirio at 'bobl Ewropeaidd ethnig ym Mhrydain sydd wedi cael tröedigaeth i Fwdhaeth yn hytrach na'u bod yn dod o gefndir Bwdhaidd Asiaidd'

Camddefnydd diwylliannol: safbwyntiau yn y Gorllewin yn cael eu darllen yn ôl i draddodiad Asiaidd Bwdhaeth

Canon: casgliad o ysgrythurau sydd ag awdurdod

Charles Henry Allan Bennett: un o'r bobl gyntaf o Brydain i gael ei ordeinio'n fynach Bwdhaidd

Christmas Humphreys: sylfaenydd y Gymdeithas Fwdhaidd a'i llywydd tan ei farwolaeth yn 1983

Cittamatra: ysgol Meddwl yn Unig Bwdhaeth Mahayana

Cullavagga: rhan o ail lyfr y Vinaya Pitaka sy'n cynnwys manylion am ordeinio bhikkhunis

Cyfnod Kamakura hanes Japan: y cyfnod o 1185 i 1333 a ddechreuodd drwy lywodraeth gan y Shogun cyntaf

Cyhoeddeb y Graig: datganiadau Ashoka wedi'u harysgrifennu ar graig sydd wedi cael eu darganfod yn India ac mewn gwledydd cyfagos

Daimoku: llafargan (neu fantra) ganolog pob ffurf ar Fwdhaeth Nichiren

Dalai Lama: 'Cefnfor o Ddoethineb' yw ei ystyr, dyma'r teitl sy'n cael ei roi i arweinydd Bwdhaeth Tibet sydd wedi'i ailymgnawdoli

Dana: rhoi

Dasa sila: y deg argymhelliad y mae mynachod a lleianod yn eu cymryd

Deva: bod goruwchnaturiol, tebyg i dduw, sy'n byw ar Fynydd Meru

Devadatta: cefnder y Bwdha sy'n cael ei gyflwyno fel ffigwr drygioni mewn testunau Bwdhaidd ond sy'n dod yn Fwdha yn y Sutra Lotus

Devanampiya Piyadasi: yr enw ar Ashoka – y gellir ei gyfieithu fel 'Anwylyd y duwiau – Ef sy'n gwylio gyda charedigrwydd'

Dhamma (Pali)/Dharma (Sansgrit): uned bodolaeth. Rhaid cofio ei fod yn wahanol i Dhamma/Dharma sef dysgeidiaeth neu wirionedd Bwdhaidd

Dhammas: yr unedau neu'r elfennau y mae popeth wedi'i wneud ohonyn nhw

Dharmacharya: athro/athrawes

Dharmaguptaka: un o ddeunaw ysgol gynnar Bwdhaeth

Dharmakaya: corff dharma

Dharmapalas: devas sy'n amddiffyn y dharma

Digha-Tapassi: un o'r prif asgetigion Jain a disgybl Nigantha Nataputta

Diwrnodau Uposatha: diwrnodau o ymrwymiad o'r newydd i'r dharma, sy'n digwydd fel arfer adeg lleuad lawn

Dre: duwiau neu ysbrydion drwg mewn Bon

Ehi-passiko: ystyried rhesymegol a phrofi manteision y llwybr yw'r rhesymau dros ddilyn y llwybr – yn llythrennol ei ystyr yw 'yr hyn y gallwch ddod i'w weld'

Ekayana: cysyniad un cerbyd neu 'un ffordd', sef ffordd Bwdhadod

Enryaku-ji: adeiladau'r deml/fynachlog ar gopa Mynydd Hiei a gafodd eu dinistrio yn 1571

Enw Dharma: yr enw sy'n cael ei roi i Fwdhydd yn ystod defod dderbyn i'r sangha

Gandavyuha: 39ain pennod yr Avatamsaka

Garudhammas: yr Wyth Prif Reol – enw arall yw'r rheolau 'trwm' neu 'bwysfawr' – a osododd y Bwdha, a dderbyniodd Maha-Pajapati-Gotami ac a gafodd eu cymhwyso i bhikkhunis

Gelugpa: 'ffordd rinweddol' yw'r ystyr; dyma sect o Fwdhaeth Tibet sy'n canolbwyntio ar reolau Vinaya, ymgadw'n ddibriod mynachaidd ac ysgolheictod

Gwirionedd confensiynol: gwirionedd sy'n gweithredu yn y byd empirig ac sy'n gwneud synnwyr o'r ddysgeidiaeth am wacter; ffordd o esbonio'r byd o'n cwmpas ni gan ddefnyddio dulliau medrus; weithiau cyfeirir at hyn fel gwirionedd 'rhannol' neu 'dros dro' neu 'berthynol'

Gwirionedd eithaf: safbwynt goleuedig o fodolaeth fel sunyata (gwag)

Hinayana: term a ddefnyddir mewn Bwdhaeth Mahayana, yn y Sutra Lotus, i ddisgrifio dysgeidiaethau Bwdhaeth Therevada

Hoben: pennod 2 y Sutra Lotus, sy'n cael ei galw'n 'Ddulliau Rhwyddhau'

Hunan-sgan y corff: arsylwi pob rhan o'r corff yn y meddwl

Jain: yr enw ar ddilynwyr Jainiaeth – crefydd sy'n canolbwyntio ar asgetigiaeth a ddatblygodd o dan arweinyddiaeth Mahavira – a oedd hefyd yn cael ei alw'n Nigantha Nataputta (tua 599–527 CCC) – un o gyfoeswyr y Bwdha

Jambudvipa: y cyfandir lle mae bodau dynol yn byw

Jowo Rinpoche: cerflun o'r Bwdha yn Nheml Jokhang a gafodd ei gludo i Tibet yn 641 OCC

Kangyur: casgliad o ddywediadau'r Bwdha

Kami: yr egni dwyfol sydd yn y byd naturiol a'r bodau dwyfol y mae dilynwyr Shinto yn arfer defosiwn iddyn nhw

Khandhaka: ail ran y Vinaya Pitaka sy'n cynnwys storïau am Ddeffroad y Bwdha a rheolau ymddygiad i'r sangha mynachaidd

Lama: guru neu athro/athrawes

lha: duwiau neu ysbrydion da mewn Bon

Lhamo Thondup: enw'r Dalai Lama pan gafodd ei eni

Llinach: roedd y math o Fwdhaeth oedd yn cael ei ddysgu wedi cael ei throsglwyddo o brif athro neu sylfaenydd y fynachlog, ac yn driw iddo

Llinach Mauryaidd: llinach a oedd yn rheoli llawer o India o tua 321 i 187 CCC – Ashoka oedd trydydd rheolwr y llinach hon

Madhyamaka: Yr Ysgol Ganol, Bwdhaeth sy'n seiliedig ar ddysgeidiaeth Nagarjuna. Mae'r ysgol hon wrth wraidd Bwdhaeth Mahayana

Maha-Pajapati Gotami: modryb a mam faeth y Bwdha y mae hanes ei bywyd fel bhikkhuni wedi'i gofnodi mewn amrywiaeth o destunau sanctaidd

Malas: gleiniau myfyrio Tibetaidd

Mandala: diagram Tibetaidd o'r cosmos i ganolbwyntio arno yn ystod myfyrdod

Mani mantra: 'om mani padme hum' ('gwrogaeth i'r un sy'n dal gem a lotws)

Manjushri: un o'r bodhisattvau mwyaf pwysig mewn Bwdhaeth Mahayana sy'n ymgorffori doethineb

Mantra: adnodd ar gyfer meddwl, seiniau sanctaidd

Mappo: y drydedd o'r tair oes yn dilyn y Bwdha, sef oes dadfeiliad y Dhamma

MBCT: Therapi Gwybyddol yn seiliedig ar Ymwybyddiaeth Ofalgar (*Mindfulness-Based Cognitive Therapy*)

MBSR: Lleihau Straen yn seiliedig ar Ymwybyddiaeth Ofalgar (*Mindfulness-Based Stress Reduction*)

MiSP: Project Ymwybyddiaeth Ofalgar mewn Ysgolion (*Mindfulness in Schools Project*)

Monyddiaeth athronyddol: mae'r meddwl a'r corff yn arwyddion o endid sengl

Mu Koan: y koan sy'n holi a oes gan gi natur-Bwdha ai peidio

Mudra: arwydd, ystumiau llaw gan ddwylo'r Bwdha mewn delweddau, symudiadau corfforol defodol

Mulamadhyamikakarikas: 'adnodau ar hanfodion y Ffordd Ganol' wedi'u cyfansoddi gan Nagarjuna, yr athronydd a'r mynach o India

Mynachod rhwydweithiol: mynachod oedd yn cario credoau Bwdhaidd rhwng canolfannau a chyrion daearyddol a diwylliannol

Mynydd Meru: mynydd mawr y byd

Nagarjuna: yr athronydd Bwdhaidd cynnar mwyaf adnabyddus (tua 150–250 OCC)

Natur-Bwdha: natur sylfaenol pob bod, sef eu *bod* nhw'n oleuedig yn barod a bod angen iddyn nhw sylweddoli hynny yn y bôn

Nembutsu: adroddiad a ddefnyddir ym Mwdhaeth y Wlad Bur

Nirmanakaya: corff deillio'r Bwdha (ffurf y Bwdha sy'n ymddangos yn y byd) yn ôl athroniaeth Trikaya

Niwroblastigedd: gallu'r ymennydd i gynhyrchu celloedd nerfau a chysylltiadau niwrol newydd, a thrwy hynny newid emosiynau, ymddygiad, a chanfyddiadau

Nyingmapa: traddodiad Bwdhaidd hynaf Tibet

Oracl y Wladwriaeth: mynach clirweledol (*clairvoyant*) ym Mwdhaeth Tibet

Padmasambhava: mynach Bwdhaeth Mahayana tantrig hynafol o India y mae pob traddodiad o'r farn iddo gyflwyno Bwdhaeth i Tibet

Palas Potala: pencadlys Bwdhaeth Tibet a chartref y Dalai Lama cyn iddo gael ei alltudio o Tibet

Pali: iaith hynafol o India

Parajikas: y 'gorchfygiadau' neu ymddygiad sy'n golygu bod rhaid colli'r wisg a chael eich diarddel o'r urdd fynachaidd

Paramattha sacca: yn gyffredinol caiff ei gyfieithu fel y gwirionedd eithaf neu realiti gwaelodol y gellid ei ystyried fel sunyata – gwacter

Parinirvana: y symud terfynol i nirvana o gylch bywyd, marwolaeth ac ailenedigaeth

Parivara: trydedd ran y Vinaya Pitaka sy'n cynnwys crynodeb o reolau'r Vinaya

Pasada: ffydd dawel a llawen

Patimokkha: 227 o reolau'r gymuned Fwdhaidd o fynachod sydd yn y Vinaya; mae 311 o reolau gan leianod

Pedair lefel androganologrwydd: pedair ffordd y mae androganologrwydd wedi treiddio drwy Fwdhaeth: cadw testunau a storïau gwrywaidd; blaenoriaethu testunau a storïau Bwdhaidd, cadw'r duedd wrywaidd mewn ysgolheictod Gorllewinol, arfer y duedd wrywaidd hon mewn Bwdhaeth Asiaidd a Gorllewinol gyfoes

Pedwar Hyfforddiant ar Ddeg Ymwybyddiaeth Ofalgar: argymhellion y mae aelodau'r Urdd Rhyngfodolaeth yn eu dilyn

Pitaka: basged i gadw'r testunau Bwdhaidd gwreiddiol

Plum Village: canolfan encilio a sefydlodd Thich Nhat Hanh yn Ne Ffrainc. Lleoliad pencadlys Urdd Rhyngfodolaeth

Prajna: doethineb

Prajnaparamita: sy'n golygu 'y doethineb sydd wedi mynd ymhellach neu y hwnt' neu 'perffeithder/rhagoriaeth doethineb' ac mae'n gasgliad o ysgrythurau Bwdhaidd cynnar o draddodiad Bwdhaeth Mahayana

Prasangika: dehongliad penodol o athroniaeth Nagarjuna sy'n dadlau yn erbyn y syniad o wrthod gwacter ac eto i gyd cydnabod rhyw ffurf ar hanfod empirig confensiynol neu natur gynhenid. Mae'r safbwynt olaf hwn, a wrthododd Nagarjuna, yn cael ei gysylltu fel arfer â dehongliad Svatantrika yr ysgolhaig Bwdhaidd o India yn y 6ed ganrif, sef Bhaviveka

Pratityasamutpada: tarddiad dibynnol

Pratyekabuddha: yn llythrennol 'bwdha unig', 'bwdha ar ei ben ei hun' neu 'fwdha preifat', mae'n un o dri math o fod goleuedig yn ôl rhai o ysgolion Bwdhaeth. Bwdha sy'n cyrraedd goleuedigaeth ac sydd ddim yn mynd ymlaen i fod yn athro

Pratyekabuddha-yana: yana y Bwdha unig. Mae hyn yn cyfeirio at rywun sydd y tu allan i'r sangha mynachaidd sydd heb athro ac sydd, felly, heb gael ei drwytho yn y Dhamma

Pratyekabuddhas: y rhai a oedd wedi dod o hyd i Oleuedigaeth eu hunain

Pregeth y Blodyn a'r Wên: y bregeth ddieiriau a roddodd y Bwdha drwy godi lotus a gafodd ei hadnabod gan Mahakasyapa, a roddodd wên

Rinpoche: teitl anrhydeddus sy'n cael ei roi i athro ysbrydol ym Mwdhaeth Tibet

Rhwyd Indra: trosiad y mae Macy yn ei ddefnyddio i bwysleisio safbwynt cyfannol ar y ddaear

Rhyngfodolaeth: absenoldeb hunan ar wahân a bod popeth yn gysylltiedig yn rhan o newid parhaus

Saddha: ffydd ar sail gadarn neu hyder llawn ymddiriedaeth

Saith sylfaen agwedd: dim barnu, amynedd, meddwl y dechreuwr, ymddiriedaeth, dim ymdrechu, derbyn, gollwng gafael

Sakyadhita: mudiad 'Merched y Bwdha' sy'n hyrwyddo lle menywod yn y byd Bwdhaidd

Sambhogakaya: y corff nefolaidd neu nefol o fwdhau sy'n aml mewn bydoedd fel y Wlad Bur

Sammuti Sacca: fel arfer caiff ei gyfieithu fel gwirionedd confensiynol sydd wedi'i gyflyru gan enw neu label

Sariputra: mewn Bwdhaeth Theravada, un o brif ddisgyblion y Bwdha ond mewn rhai testunau – fel y Sutra Lotus – mae'n cael ei gyflwyno fel un sy'n cael trafferth deall Dharma Mahayana

Sarvodaya: mudiad 'Deffroad' yn Sri Lanka a ddechreuodd yn 1958

Sefydliad y Meddwl a Bywyd: cydsefydlwyd gan y Dalai Lama yn 1997 er mwyn dod â gwyddoniaeth fodern ac arferion myfyrdod at ei gilydd

Shakyamuni: term a ddefnyddir, mewn Bwdhaeth Mahayana yn bennaf, i gyfeirio at y Bwdha, Siddhartha Gautama, a'i ystyr yw 'dyn doeth y Shakya'. Mae Shakyamuni o'r Sutra Lotus yn cael ei weld fel y Bwdha Tragwyddol hefyd

Shinto: crefydd frodorol Japan sydd heb un sylfaenydd neu destun sanctaidd ac sydd â defod yn hytrach na chred yn ganolbwynt iddi

Shodai: llafarganu'r daimoku am amser hir

Shramadana: rhoi llafur

Sima: ffin o gwmpas y deml neu'r fynachlog

SIYLI: Sefydliad Arweinyddiaeth Chwilio y Tu Mewn i'ch Hunan (*Search Inside Yourself Leadership Institute*)

Sravaka-yana: yana yr arhat a oedd, fel disgybl, wedi cael ei ddrwytho yn Dhamma y Bwdha ac sy'n rhan o'r sangha mynachaidd

Sravakas: y rhai oedd yn clywed y dharma, a fyddai'n cyrraedd statws arhat

Straenachoswyr: ffactorau mewnol neu allanol sy'n achosi i berson fod o dan straen

Sukhavati: y term am 'y Wlad Bur', kshetra Bwdha Bwdha Amitabha

Sunyata (Sansgrit)/sunna neu sunya (Pali): y cysyniad bod ffurf (cysyniadau corfforol a meddyliol o 'fodolaeth') yn wag o fodolaeth ymfodol ac felly nad oes dim byd yn bodoli'n annibynnol, ond i'r gwrthwyneb bod gwacter yn golygu bod rhaid cael ffurf

Sutra Avatamsaka: yn llythrennol, Sutra'r 'Garlant Blodau' hirach na'r Beibl Cristnogol, sy'n bwysig ym Mwdhaeth De Asia, yn enwedig ysgol Hua Yen Bwdhaeth China yn ystod llinach Tang

Sutra Hrdaya: 'Sutra'r Galon' sydd hefyd yn cael ei alw'n 'Sutra Calon Doethineb Perffaith' neu 'Sutra Hanfod Doethineb'

Sutta Pitaka: ail ran ysgrythurau'r Canon Pali; mae'r rhan hon yn cynnwys storïau a dysgeidiaeth y Bwdha

Suttavibhanga: llyfr cyntaf Vinaya Pitaka Bwdhaeth Theravada

Svabhava: bodolaeth ymfodol; eich 'bod' eich hun yn annibynnol ar bopeth arall

Syr Edwin Arnold: awdur *The Light of Asia* ac felly person dylanwadol o ran hyrwyddo Bwdhaeth ym Mhrydain ac yn UDA

SYSS: Ysgol Gwasanaethau Cymdeithasol Ieuenctid (*School of Youth Social Services*)

Tantra: arferion sy'n rhoi'r modd i rywun gael goleuedigaeth

Tathagata: term yr oedd y Bwdha yn ei ddefnyddio i'w ddisgrifio ei hun a hefyd roedd eraill yn ei ddefnyddio fel teitl ar y Bwdha. Does dim sicrwydd beth yw ei ystyr ac weithiau caiff ei gyfieithu fel 'yr un a aeth felly' neu 'yr un sydd wedi cyrraedd felly'

Tengyur: sylwadau ar y testunau sanctaidd

Tenzin Gyatso: enw'r 14eg Dalai Lama

Tipitaka: enw ar y Canon Pali (tair basged, wedi'u ffurfio o'r Vinaya Pitaka, y Sutta Pitaka a'r Abidhamma Pitaka); corff o ysgrythurau'r Bwdhyddion Theravada; dyma'r awdurdod yn eu golwg nhw

Trikaya: y 'tri chorff' neu ffyrdd bodolaeth y Bwdha, dharmakaya, sambhogakaya a nirmanakaya

Tsongkhapa: 'y dyn o Gwm y Winwns/Nionod' yw'r ystyr, sylfaenydd ysgol Gelugpa Bwdhaeth Tibet

Tulku: lama wedi'i ymgnawdoli sy'n cael ei hyfforddi o oedran ifanc i drosglwyddo'r dysgeidiaethau o linach benodol o Fwdhaeth Tibet

Thay: athro/athrawes

The Light of Asia: arwrgerdd Syr Edwin Arnold ar fywyd cynnar y Bwdha ac ar y Dhamma a gyhoeddwyd yn 1879

Theosoffi: mudiad crefyddol esoterig – y Gymdeithas Theosoffyddol a sefydlwyd gan Helena Blavatsky a Henry Olcott yn 1876 sy'n canolbwyntio ar ddoethineb dwyfol hollgyffredinol hynafol

Therigatha: casgliad o ddywediadau a cherddi wedi'u hysgrifennu gan bhikkhunis uwch sydd yn y Canon Pali

Thich Nhat Hanh: Meistr Bwdhaeth Zen Viet Nam a sylfaenydd Urdd Rhyngfodolaeth

Thich Quang Duc: mynach Bwdhaidd a losgodd ei hun i farwolaeth yn 1963

Upali: un o ddeg prif ddisgybl y Bwdha a oedd yn adalw holl reolau'r Vinaya

Upaya kausalya: dulliau medrus mewn Sansgrit, cyflwyno Dhamma (Dharma) Bwdhaeth i bobl yn ôl eu gallu a'u hanghenion ysbrydol, a hefyd yn ôl gallu emosiynol a deallusol

Upaya kosalla: yn llythrennol, 'dulliau medrus', sy'n disgrifio ffordd wedi'i symleiddio i ddysgu cysyniadau anodd yn effeithlon i'r rhai sydd heb allu (hefyd mae'n cael ei alw'n upaya kausalya mewn Bwdhaeth Mahayana)

Urdd Rhyngfodolaeth: Tiep Hien – sangha lleyg a mynachaidd a sefydlodd Thich Nhat Hanh, gyda'i bencadlys yn Plum Village yn Ne Ffrainc

Vinaya Pitaka: rhan gyntaf y Canon Pali; mae'r rhan hon yn cynnwys y rheolau a'r rheoliadau yn ymwneud â disgyblaeth y gymuned o fynachod a lleianod

Y Fam Teresa o Calcutta (1910–1997): santes yr Eglwys Gatholig Rufeinig sy'n adnabyddus am roi tosturi ar waith ymhlith tlodion, pobl sâl a'r rhai oedd yn marw ar strydoedd Calcutta

Y Gymdeithas Fwdhaidd: y grŵp mwyaf dylanwadol a hirhoedlog o nifer o grwpiau Bwdhaidd a ffurfiwyd yn nechrau'r 20fed ganrif, a sefydlwyd yn swyddogol yn 1924

Yana: cerbyd

Yidam: bod sanctaidd neu bodhisattva

Ymarfer delweddu: ffurf ar fyfyrdod sy'n cynnwys creu darlun yn eich meddwl, er enghraifft, o'r Wlad Bur a greodd Amida

Yr Ymwrthodiad Mawr: pan adawodd Gotama ei wraig, ei fab a'r palas yn dilyn y Pedair Golygfa; ei benderfyniad i ymwrthod â bywyd o hedoniaeth

Ysbrydolrwydd yr Oes Newydd: yr enw ar set o gredoau, sydd ddim yn unedig, a ddatblygodd o'r 1960au ymlaen, yn seiliedig ar amrywiaeth o gredoau ysbrydol ac athronyddol fel rhai'r Gymdeithas Theosoffyddol

Zazen: myfyrdod sy'n golygu gwneud dim ond eistedd yn yr ystum cywir a gollwng gafael ar y meddwl a'r corff

Mynegai